Maik Bunzel

Der strafprozessuale Zugriff auf IT-Systeme

Eine Untersuchung aus technischer und verfassungsrechtlicher Perspektive

Kontakt zum Autor: mbunzel@posteo.de

Bibliografische Information der Deutschen Nationalbibliothek

Die Deutsche Nationalbibliothek verzeichnet diese Publikation in der Deutschen Nationalbibliografie; detaillierte bibliografische Daten sind im Internet über http://dnb.d-nb.de abrufbar.

ISBN 978-3-8325-3909-2

Logos Verlag Berlin GmbH
Comeniushof, Gubener Str. 47,
10243 Berlin
Tel.: +49 (0)30 42 85 10 90
Fax: +49 (0)30 42 85 10 92
INTERNET: http://www.logos-verlag.de

Meiner Familie

Vorwort

Die vorliegende Arbeit entstand von September 2012 bis Dezember 2014 – größtenteils neben meiner beruflichen Tätigkeit als wissenschaftlicher Mitarbeiter einer internationalen Anwaltssozietät und als Richter am Amtsgericht Lichtenfels.

Ich danke allen – auch ehemaligen – Freunden, Kollegen und wissenschaftlichen Weggefährten, die den Abschluss der Arbeit ermöglicht haben – sei es durch Verständnis für meine knapp bemessene Freizeit, sei es durch Diskussionsbereitschaft und wertvolle Hinweise zu inhaltlichen Teilaspekten, sei es durch Hilfen bei der Endkorrektur vor Drucklegung.

Mein Dank gilt ferner Herrn Prof. Dr. Klaus Rogall, der den Untersuchungsgegenstand als Dissertationsthema angeregt hat. Wenngleich er seit Mitte Oktober 2014 für die Betreuung meines Promotionsvorhabens nicht mehr zur Verfügung stand, hat er die vorliegende Arbeit in Teilen durch sein wissenschaftliches Werk wesentlich beeinflusst. Seine Entscheidung respektiere ich: Sie steht im Einklang mit der Haltung vierundfünfzig weiterer deutscher Strafrechtsprofessoren, die sich außerstande sahen, das Betreuungsverhältnis fortzuführen und damit Zeugnis vom Zustand der Wissenschaftsfreiheit ablegten.

Mainleus, im Dezember 2014   *Maik Bunzel*

Inhaltsübersicht

Inhaltsverzeichnis

Abkürzungsverzeichnis

a. A.	andere(r) Ansicht
a. a. O.	am angegebenen Ort
a. F.	alte Fassung
Abk.	Abkürzung
Abs.	Absatz
AES	Advanced Encryption Standard
AEUV	Vertrag über die Arbeitsweise der Europäischen Union
AG	Amtsgericht
AK	Alternativkommentar
Anm.	Anmerkung
AöR	Archiv des öffentlichen Rechts
Art.	Artikel
AT	Allgemeiner Teil
AufenthG	Gesetz über den Aufenthalt, die Erwerbstätigkeit und die Integration von Ausländern im Bundesgebiet
BayPAG	Gesetz über die Aufgaben und Befugnisse der Bayerischen Staatlichen Polizei
BayVSG	Bayerisches Verfassungsschutzgesetz
Bd.	Band
BeckOK	Beck'scher Online-Kommentar
Beck-TKG	Beck'scher TKG-Kommentar
Begr.	Begründer
BGB	Bürgerliches Gesetzbuch
BGBl.	Bundesgesetzblatt
BGH	Bundesgerichtshof
BGHSt	Entscheidungen des Bundesgerichtshofs in Strafsachen
BGHZ	Entscheidungen des Bundesgerichtshofs in Zivilsachen
BIOS	Basic Input Output System
BITKOM	Bundesverband Informationswirtschaft, Telekommunikation und neue Medien e. V.
BKA	Bundeskriminalamt
BKAG	Gesetz über das Bundeskriminalamt und die Zusammenarbeit des Bundes und der Länder in kriminalpolizeilichen Angelegenheiten
BMC	BioMed Central
BMI	Bundesministerium des Innern
BMJ	Bundesministerium der Justiz

BR-Drucks.	Bundesratsdrucksache
BSI	Bundesamt für Sicherheit in der Informationstechnik
BSIG	Gesetz über das Bundesamt für Sicherheit in der Informationstechnik
BT-Drucks.	Bundestagsdrucksache
BtM	Betäubungsmittel
Buchst.	Buchstabe
BVerfG	Bundesverfassungsgericht
BVerfGE	Entscheidungen des Bundesverfassungsgerichts
BVerfGG	Gesetz über das Bundesverfassungsgericht
BVerfGK	Kammerentscheidungen des Bundesverfassungsgerichts
BVerwG	Bundesverwaltungsgericht
bzw.	beziehungsweise
CA	Certification Authority
CC ITÜ	Kompetenzzentrum Informationstechnische Überwachung
CCC	Chaos Computer Club
CD	Compact Disk
ComKrimÜbk	Übereinkommen über Computerkriminalität
CPU	Central Processing Unit
CR	Computer und Recht
CSI	Computer Society of India
d. h.	das heißt
DDoS.	Distributed Denial of Service
dens.	denselben
ders.	derselbe
DES	Data Encryption Standard
dies.	dieselbe
DJT	Deutscher Juristentag
DMA	Direct Memory Access
DNS	Domain Name System
DÖV	Die Öffentliche Verwaltung
DRiZ	Deutsche Richterzeitung
DStR	Deutsches Steuerrecht
DuD	Datenschutz und Datensicherheit
DVBl	Deutsches Verwaltungsblatt
DVD	Digital Versatile Disk
e. V.	eingetragener Verein
E/A-Einheiten	Ein- und Ausgabeeinheiten
ECB	Electronic Code Book
EDV	elektronische Datenverarbeitung
EGMR	Europäischer Gerichtshof für Menschenrechte
EGRC	Charta der Grundrechte der Europäischen Union

EGV	Vertrag zur Gründung der Europäischen Gemeinschaft
Einl.	Einleitung
EL	Ergänzungslieferung
EMRK	Europäische Menschenrechtskonvention
ERA	Europäische Rechtsakademie
EStG	Einkommensteuergesetz
EU	Europäische Union
EuGH	Europäischer Gerichtshof
EuR	Zeitschrift Europarecht
EUV	Vertrag über die Europäische Union
EVA	Eingabe, Verarbeitung, Ausgabe
f.	folgende
ff.	fortfolgende
FS	Festschrift
GA	Goltdammer's Archiv für Strafrecht
GB	Gigabyte
GBA	Generalbundesanwalt
GG	Grundgesetz
ggf.	gegebenenfalls
GPG	GNU Privacy Guard
h. M.	herrschende Meinung
Halbs.	Halbsatz
Hervorh. d. Verf.	Hervorhebung(en) durch den Verfasser
HGrG	Gesetz über die Grundsätze des Haushaltsrechts des Bundes und der Länder
HK	Heidelberger Kommentar
HRRS	Onlinezeitschrift für Höchstrichterliche Rechtsprechung zum Strafrecht
Hrsg.	Herausgeber
HSOG	Hessisches Gesetz über die öffentliche Sicherheit und Ordnung
HTML	Hypertext Markup Language
HTTP	Hypertext Transfer Protocol
HTTPS	Hypertext Transfer Protocol Secure
i. d. F.	in der Fassung
i. d. R.	in der Regel
i. e. S.	im engeren Sinne
i. S. d.	im Sinne des/der
i. V. m.	in Verbindung mit
IaaS	Infrastructure as a Service
ICT	Information and Communication Technology
IKT	Informations- und

	Kommunikationstechnik/-technologie
IMEI	International Mobile Equipment Identity
IMSI	International Mobile Subscriber Identity
IP	Internet Protocol
ISP	Internet Service Provider
IT	Informationstechnik/Informationstechnologie
IT-NetzG	Gesetz über die Verbindung der informationstechnischen Netze des Bundes und der Länder
IT-System	informationstechnisches System
ITÜ	informationstechnische Überwachung
JA	Juristische Arbeitsblätter
JR	Juristische Rundschau
JURA	Juristische Ausbildung
jurisPR-ITR	juris PraxisReport IT-Recht
JurPC	Internet-Zeitschrift für Rechtsinformatik und Informationsrecht
JuS	Juristische Schulung
JZ	JuristenZeitung
K&R	Kommunikation & Recht
Kap.	Kapitel
KG	Kammergericht
KK	Karlsruher Kommentar
KOK	Kriminaloberkommissar
Krit.	Kritisch
KritV	Kritische Vierteljahresschrift für Gesetzgebung und Rechtswissenschaft
LG	Landgericht
LK	Leipziger Kommentar
LKÄ	Landeskriminalämter
m. w. N.	mit weiteren Nachweisen
MAC	Media Access Control
MITM	Man in the middle
MMR	MultiMedia und Recht
NJOZ	Neue Juristische Online-Zeitschrift
NJW	Neue Juristische Wochenschrift
NK	Neue Kriminalpolitik
Nr.	Nummer
NStZ	Neue Zeitschrift für Strafrecht
NVwZ	Neue Zeitschrift für Verwaltungsrecht
NZWiSt	Neue Zeitschrift für Wirtschafts-, Steuer- und Unternehmensstrafrecht

XXVIII

OLG	Oberlandesgericht
OTR	Off-the-Record
OVG	Oberverwaltungsgericht
PaaS	Platform as a Service
PC	Personalcomputer
PDA	Personal Digital Assistant
PGP	Pretty Good Privacy
PIN	Persönliche Identifikationsnummer
POG RP	Polizei- und Ordnungsbehördengesetz von Rheinlad-Pfalz
PP	Polizeipräsidium
PTB.	Physikalisch-Technische Bundesanstalt
PUK	Personal Unblocking Key
RAM	Random Access Memory
RIPA	Regulation of Investigatory Powers Act
RIPEMD	RACE Integrity Primitives Evaluation Message Digest
RiStBV	Richtlinien für das Strafverfahren und das Bußgeldverfahren
RiVASt	Richtlinien für den Verkehr mit dem Ausland in strafrechtlichen Angelegenheiten
Rn.	Randnummer
ROM	Read-Only Memory
RSA	Rivest, Shamir, Adleman
RStGB	Reichsstrafgesetzbuch
RStPO	Reichsstrafprozessordnung
S.	Satz bzw. Seite
S/MIME	Secure/Multipurpose Internet Mail Extensions
SaaS	Software as a Service
SIM	Subscriber Identity Module
SK	Systematischer Kommentar
SMS	Short Message Service
SMTP	Simple Mail Transfer Protocol
sog.	sogenannt
SSD	Solid-State Disk
SSL	Secure Socket Layer
st. Rspr.	ständige Rechtsprechung
StGB	Strafgesetzbuch
StPO	Strafprozessordnung
StraFo	Strafverteidiger Forum
StrEG	Gesetz über die Entschädigung für Strafverfolgungsmaßnahmen
StV	Strafverteidiger

TB	Terabyte
TDDSG	Teledienstedatenschutzgesetz
TEMPEST	Temporary Emanation and Spurious Transmission
ThürPAG	Thüringer Gesetz über die Aufgaben und Befugnisse der Polizei
TKG	Telekommunikationsgesetz
TKÜ	Telekommunikationsüberwachung
TKÜV	Telekommunikationsüberwachungsverordnung
TLS	Transport Layer Security
TMG	Telemediengesetz
TOR	The Onion Router
TR TKÜV	Technische Richtlinie zur Umsetzung gesetzlicher Maßnahmen zur Überwachung der Telekommunikation und zum Auskunftersuchen für Verkehrsdaten
u. a.	unter anderem
u. U.	unter Umständen
UAbs.	Unterabsatz
URL	Uniform Resource Locator
USB	Universal Serial Bus
v.	von bzw. vom
VBlBW	Verwaltungsblätter für Baden-Württemberg
VerfGH	Verfassungsgerichtshof
VGH	Verwaltungsgerichtshof
vgl.	vergleiche
VoIP	Voice over IP
Vorbem.	Vorbemerkungen
VoZählG	Gesetz über eine Volks-, Berufs-, Wohnungs- und Arbeitsstättenzählung
VPN	Virtual Private Network
VSG-NRW	Gesetz über den Verfassungsschutz in Nordrhein-Westfalen
VVDStL	Veröffentlichungen der Vereinigung der Deutschen Staatsrechtslehrer
VwVfG	Verwaltungsverfahrensgesetz
WRV	Weimarer Reichsverfassung
WÜK	Wiener Übereinkommen über konsularische Beziehungen
z. B.	zum Beispiel
z. T.	zum Teil
ZD	Zeitschrift für Datenschutz
ZFAS	Zeitschrift für Außen- und Sicherheitspolitik
ZG	Zeitschrift für Gesetzgebung
ZIS	Zeitschrift für Internationale Strafrechtsdogmatik

XXX

ZJS	Zeitschrift für das Juristische Studium
ZKA	Zollkriminalamt
ZÖR	Zeitschrift für öffentliches Recht
ZPO	Zivilprozessordnung
ZRP	Zeitschrift für Rechtspolitik
ZRTP	Z(immermann) Real-time Transport Protocol
ZStW	Zeitschrift für die gesamte Strafrechtswissenschaft
ZUM	Zeitschrift für Urheber- und Medienrecht
ZWH	Zeitschrift für Wirtschaftsstrafrecht und Haftung in Unternehmen

***

Literaturverzeichnis

Aepli, Michael: Die strafprozessuale Sicherstellung von elektronisch gespeicherten Daten, 2004.

Aernecke, Eva: Der Schutz elektronischer Daten im Verfassungsrecht – Bedrohungen durch neue Ermittlungsmethoden, 2012.

Akavia, Adi/ Goldwasser, Shafi/ Vaikuntanathan, Vinod: Simultaneous Hardcore Bits and Cryptography against Memory Attacks, Theory of Cryptography 2009, 474-495.

Albers, Marion: Informationelle Selbstbestimmung, 2005.

Albrecht, Florian: Pflicht zum Einsatz grundrechtsschonender Hard- und Software, jurisPR-ITR 14/2013, Anm. 4.

Albrecht, Florian/ Braun, Frank: Die strafprozessuale Überwachung des Surfverhaltens, HRRS 2013, 500-508.

Albrecht, Florian/ Dienst, Sebastian: Der verdeckte hoheitliche Zugriff auf informationstechnische Systeme – Rechtsfragen von Online-Durchsuchung und Quellen-TKÜ, JurPC 5/2012, Abs. 1-65.

Albrecht, Hans-Jörg/ Dorsch, Claudia/ Krüpe-Gescher, Christiane: Rechtswirklichkeit und Effizienz der Überwachung der Telekommunikation nach den §§ 100a, 100b StPO und anderer verdeckter Ermittlungsmaßnahmen, 2003.

Ambos, Kai: Beweisverwertungsverbote – Grundlagen und Kasuistik, internationale Bezüge, ausgewählte Probleme, 2010.

Amelung, Knut: Zur dogmatischen Einordnung strafprozessualer Grundrechtseingriffe, JZ 1987, 737-745.

Amelung, Knut: Grundfragen der Verwertungsverbote bei beweissichernden Haussuchungen im Strafverfahren, NJW 1991, 2533-2540.

Amelung, Knut: Subjektive Rechte in der Lehre von den strafprozessualen Beweisverboten, Schulz, Joachim; Vormbaum, Thomas (Hrsg.): Festschrift für Günter Bemmann zum 70. Geburtstag am 15. Dezember 1997, 1997, 505-523.

Amelung, Knut: Die Darstellung der Lehre von den Informationsbeherrschungsrechten im strafprozessualen Gutachten für den 67. Deutschen Juristentag in Erfurt, JR 2008, 327-328.

Amelung, Knut/ Mittag, Matthias: Beweislastumkehr bei Haussuchungen ohne richterliche Anordnung gemäß § 105 StPO, NStZ 2005, 614-617.

Armknecht, Frederik/ Katzenbeisser, Stefan/ Peter, Andreas: Group homomorphic encryption – characterizations, impossibility results, and applications, Designs, Codes and Cryptography 2013, 209-232.

Artkämper, Heiko: Die gestörte Hauptverhandlung – Eine praxisorientierte Fallübersicht, 4. Auflage 2013.

Aulehner, Josef: Grundrechte und Gesetzgebung, 2011.

Bäcker, Matthias: Die Vertraulichkeit der Internetkommunikation, Rensen, Hartmut/ Brink, Stefan (Hrsg.): Linien der Rechtsprechung des Bundesverfassungsgerichts: Erörtert von den wissenschaftlichen Mitarbeitern 2009, 99-136.

Bäcker, Matthias: Das IT-Grundrecht: Funktion, Schutzgehalt, Auswirkungen auf staatliche Ermittlungen, Uerpmann-Wittzack, Robert (Hrsg): Das neue Computergrundrecht 2009, 1-30.

Bäcker, Matthias/ Freiling, Felix C./ Schmitt, Sven: Selektion vor der Sicherung, DuD 2010, 80-85.

Backes, Otto/ Gusy, Christoph: Wer kontrolliert die Telefonüberwachung? Eine empirische Untersuchung zum Richtervorbehalt bei der Telefonüberwachung, 2003.

Badura, Peter: Staatsrecht, 5. Auflage 2012.

Barrot, Johannes: Der Kernbereich privater Lebensgestaltung, 2012.

Bär, Wolfgang: Der Zugriff auf Computerdaten im Strafverfahren, 1992.

Bär, Wolfgang: Strafprozessuale Fragen der EDV-Beweissicherung, MMR 1998, 577-584.

Bär, Wolfgang: Handbuch zur EDV-Beweissicherung im Strafverfahren, 2007.

Bär, Wolfgang: Anmerkung zum Beschluss des BGH-Ermittlungsrichters vom 25.11.2006, 1 BGs 184/2006, MMR 2007, 175-177.

Bär, Wolfgang: Telekommunikationsüberwachung und andere verdeckte Ermittlungsmaßnahmen – Gesetzliche Neuregelungen zum 1.1.2008, MMR 2008, 215-222.

Bär, Wolfgang: TK-Überwachung – §§ 100a-101 StPO mit Nebengesetzen, 2010.

Bär, Wolfgang: Anmerkung zum Urteil des LG Landshut vom 20.01.2011, 4 Qs 346/10, MMR 2011, 691-693.

Bär, Wolfgang: Transnationaler Zugriff auf Computerdaten, ZIS 2011, 53-59.

Bär, Wolfgang: Die Neuregelung des § 100j StPO zur Bestandsdatenauskunft – Auswirkungen auf die Praxis der Strafverfolgung, MMR 2013, 700-704.

Baumann, Jürgen (Begr.)/ Weber, Ulrich/ Mitsch, Wolfgang: Strafrecht – Allgemeiner Teil, 11. Auflage 2003.

Baun, Christian: Computernetze kompakt, 2012.

Baun, Christian/ Kunze, Marcel/ Nimis, Jens/ Tai, Stefan: Cloud Computing – Webbasierte dynamische IT-Services, 2. Auflage 2011.

Beckedahl, Markus/ Lüke, Falk: Die digitale Gesellschaft: Netzpolitik, Bürgerrechte und die Machtfrage, 2012.

Becker, Christian/ Meinicke, Dirk: Die sog. Quellen-TKÜ und die StPO – Von einer „herrschenden Meinung" und ihrer fragwürdigen Entstehung, StV 2011, 50-52.

Becker, Maximilian: Sharehoster – gefangen zwischen Datenschutz und Störerhaftung?, DuD 2013, 207-214.

Bedner, Mark: Cloud Computing, 2013.

Bedrune, Jean-Baptiste/ Filiol, Éric/ Raynal, Frédéric: Cryptography: all-out attacks or how to attack cryptography without intensive cryptanalysis, Journal of Computer Virology and Hacking Techniques 2010, 207-237.

Bergan, Maik/ Martin, Sascha: Die elektronische Bilanz, DStR 2010, 1755-1759.

Bertino, Elisa/ Martino, Lorenzo/ Paci, Federica/ Squicciarini, Anna: Security for Web Services and Service-Oriented Architectures, 2010.

Bethge, Herbert: Der Grundrechtseingriff, VVDStL 57 (1998), 7-56.

Beukelmann, Stephan: Outsourcing bei Polizei und Strafjustiz, NJW-Spezial 2008, 280.

Beukelmann, Stephan: Europäisierung des Strafrechts – Die neue strafrechtliche Ordnung nach dem Vertrag von Lissabon, NJW 2010, 2081-2086.

Beulke, Werner: Beweiserhebungs- und Beweisverwertungsverbote im Spannungsfeld zwischen den Garantien des Rechtsstaates und der effektiven Bekämpfung von Kriminalität und Terrorismus, JURA 2008, 653-666.

Beulke, Werner: Strafprozessrecht, 11. Auflage 2010.

Beulke, Werner/ Meininghaus, Florian: Anmerkung zum Beschluss des BGH-Ermittlungsrichters vom 21.02.2006, 3 BGs 31/06, StV 2007, 63-65.

Birk, Dominik/ Heinson, Dennis/ Wegener, Christoph: Virtuelle Spurensuche – Digitale Forensik in Cloud-Umgebungen, DuD 2011, 329-332.

Birkenstock, Laura Danny: Zur Online-Durchsuchung – Zugang zu einem informationstechnischen System und Infiltration zur Datenerhebung im Strafverfahren, 2013.

Bizer, Johann: Gegen die Online-Durchsuchung, DuD 2007, 640.

Blozik, Michael: Subsidiaritätsklauseln im Strafverfahren, 2012.

Böckenförde, Ernst-Wolfgang: Schutzbereich, Eingriff, verfassungsimmanente Schranken – zur Kritik gegenwärtiger Grundrechtsdogmatik, Der Staat 42 (2003), 165-192.

Böckenförde, Thomas: Die Ermittlung im Netz – Möglichkeiten und Grenzen neuer Erscheinungsformen strafprozessualer Ermittlungstätigkeit, 2003.

Böckenförde, Thomas: Auf dem Weg zur elektronischen Privatsphäre – Zugleich Besprechung von BVerfG, Urteil v. 27.2.2008 - „Online-Durchsuchung", JZ 2008, 925-939.

Bode, Thomas A.: Verdeckte strafprozessuale Ermittlungsmaßnahmen, 2012.

Bogk, Andreas: Antwort zum Fragenkatalog zur Verfassungsbeschwerde 1 BvR 370/07 und 1 BvR 95/07, 2007.

Bohnert, Cornelia: Zu Straftheorie und Staatsverständnis im Schulenstreit der Jahrhundertwende, 1992.

Bonnekoh, Mareike: Voice over IP, 2007.

Boos, Carina/ Kroschwald, Steffen/ Wicker, Magda: Datenschutz bei Cloud Computing zwischen TKG, TMG und BDSG, ZD 2013, 205-209.

Borges, Georg/ Schwenk, Jörg/ Stuckenberg, Carl-Friedrich/ Wegener, Christoph: Identitätsdiebstahl und Identitätsmissbrauch im Internet – Rechtliche und technische Aspekte, 2011.

Bosesky, Pino/ Hoffmann, Christian/ Schulz, Sönke E.: Datenhoheit im Cloud-Umfeld, DuD 2013, 95-100.

Bratke, Bastian: Die Quellen-Telekommunikationsüberwachung im Strafverfahren, 2013.

Braun, Frank: Überwachung des Surfverhaltens nach den §§ 100a, 100b StPO zulässig, jurisPR-ITR 18/2013, Anm. 5.

Braun, Frank/ Roggenkamp, Jan Dirk: 0zapftis – (Un)Zulässigkeit von „Staatstrojanern", K&R 2011, 681-686.

Braun, Frank/ Roggenkamp, Jan Dirk: Privatisierung technisch gestützter Ermittlungsmaßnahmen?, NK 2012, 141-146.

Britz, Gabriele: Vertraulichkeit und Integrität informationstechnischer Systeme – Einige Fragen zu einem neuen Grundrecht, DÖV 2008, 411-415.

Britz, Gabriele: Schutz informationeller Selbstbestimmung gegen schwerwiegende Grundrechtseingriffe – Entwicklungen im Lichte des Vorratsdatenspeicherungsurteils, JA 2011, 81-86.

Brodowski, Dominik: Anmerkung zur Entscheidung des LG Landshut vom 20.01.2011 (4 Qs 346/10; NJW-Spezial 2011, 122) – Zur Frage der Rechtsgrundlage für die Quellen-TKÜ, JR 2011, 533-538.

Brodowski, Dominik: Innere Sicherheit in der Europäischen Union, JURA 2013, 492-504.

Brodowski, Dominik/ Eisenmenger, Florian: Zugriff auf Cloud-Speicher und Internetdienste durch Ermittlungsbehörden – Sachliche und zeitliche Reichweite der „kleinen Online-Durchsuchung" nach § 110 Abs. 3 StPO, ZD 2014, 119-126.

Buchmann, Johannes: Einführung in die Kryptographie, 5. Auflage 2010.

Buchmann, Johannes (Hrsg.): Internet Privacy, 2012.

Buermeyer, Ulf: Die „Online-Durchsuchung". Verfassungsrechtliche Grenzen des verdeckten hoheitlichen Zugriffs auf Computersysteme, HRRS 2007, 329-337.

Buermeyer, Ulf: Die „Online-Durchsuchung". Technischer Hintergrund des verdeckten hoheitlichen Zugriffs auf Computersysteme, HRRS 2007, 154-166.

Buermeyer, Ulf: Zum Begriff der „laufenden Kommunikation" bei der Quellen-Telekommunikationsüberwachung („Quellen-TKÜ") – Ein Beitrag zu den gebotenen legislativen Konsequenzen aus der Online-Durchsuchungs-Entscheidung des BVerfG, StV 2013, 470-476.

Buermeyer, Ulf/ Bäcker, Matthias: Zur Rechtswidrigkeit der Quellen-Telekommunikationsüberwachung auf Grundlage des § 100a StPO, HRRS 2009, 433-441.

Bull, Hans Peter: Reasonable Expectations of Privacy, Datenschutz, Informationsrecht und Rechtspolitik – gesammelte Aufsätze 2005, 362-371.

Bull, Hans Peter: Informationelle Selbstbestimmung – Vision oder Illusion? Datenschutz im Spannungsverhältnis von Freiheit und Sicherheit, 2009.

Bull, Hans Peter: Grundsatzentscheidungen zum Datenschutz bei den Sicherheitsbehörden – Rasterfahndung, Online-Durchsuchung, Kfz-Kennzeichenerfassung und Vorratsdatenspeicherung in der Rechtsprechung des Bundesverfassungsgerichts, Möllers, Martin H. W.; van Ooyen, Robert Christian (Hrsg.): Bundesverfassungsgericht und Öffentliche Sicherheit, Bd. 1: Grundrechte, 2. Auflage 2012, 65-96.

Bull, Hans Peter: Netzpolitik – Freiheit und Rechtsschutz im Internet, 2013.

Bülte, Jens: Verwertung von im Ausland erlangten Beweismitteln und Anwendungsvorrang des Unionsrechts als Grenze von Verfahrensrechten im nationalen Strafprozess, ZWH 2013, 219-225.

Bundesamt für Sicherheit in der Informationstechnik: Leitfaden „IT-Forensik", Version 1.0.1, 2011.

Bundesministerium des Innern: Antworten zum Fragenkatalog des Bundesministeriums der Justiz, 2007.

Bunzel, Heide: Erkenntnisgewinn aus konzelierten Daten – zur Verpflichtung einer Entschlüsselung kryptografisch gesicherter Daten zum Zwecke der Erkenntnis- und Beweisgewinnung im Strafverfahren, 2011.

Buxmann, Peter/ Diefenbach, Heiner/ Hess, Thomas: Die Softwareindustrie – Ökonomische Prinzipien, Strategien, Perspektiven, 2. Auflage 2011.

Canfora, Gerardo/ Iannaccone, Antonio Niccolò/ Vissagio, Corrado Aaron: Static analysis for the detection of metamorphic computer viruses using repeated-instructions counting heuristics, Journal of Computer Virology and Hacking Techniques 2014, 11-27.

Chaos Computer Club: Analyse einer Regierungs-Malware, 2011.

Chaos Computer Club: 0ZAPFTIS – Teil 2: Analyse einer Regierungs-Malware – Drei Jahre sind in der IT eine wirklich lange Zeit, 2011.

Claus, Volker/ Schwil, Andreas: Duden Informatik, 3. Auflage 2001.

Creutzig, Christopher/ Buhl, Andreas/ Zimmermann, Philip R.: PGP – Pretty Good Privacy, 4. Auflage 1999.

Curtin, Matt: Brute Force – Cracking the Data Encryption Standard, 2005.

Dalakouras, Theoharis: Beweisverbote bezüglich der Achtung der Intimsphäre, 1988.

Dalby, Jacob: Das neue Auskunftsverfahren nach § 113 TKG – Zeitdruck macht Gesetze, CR 2013, 361-369.

Dammann, Ilmer: Der Kernbereich der privaten Lebensgestaltung: Zum Menschenwürde- und Wesensgehaltsschutz im Bereich der Freiheitsgrundrechte, 2011.

Degener, Wilhelm: Grundsatz der Verhältnismäßigkeit und strafprozessuale Zwangsmaßnahmen, 1985.

Denninger, Erhard/ Bäumlin, Richard/ Azzola, Axel: Kommentar zum Grundgesetz für die Bundesrepublik Deutschland – Alternativkommentar, Loseblattausgabe, 2. EL 2002.

Deutscher Juristentag: Verhandlungen des 69. Deutschen Juristentages, Bd. II/2 – Sitzungsberichte (Diskussion und Beschlussfassung), 2013.

Deutscher Juristentag: Verhandlungen des 69. Deutschen Juristentages, Bd. II/1 – Sitzungsberichte (Referate und Beschlüsse), 2013.

Diehl, Malte: Kryptographiegesetzgebung im Wandel, DuD 2008, 243-247.

Diersch, Verena: Ein Bericht über den Cyber Security Summit 2013 der Münchner Sicherheitskonferenz und der Deutschen Telekom in Bonn, ZFAS 2014, 67-73.

Dolle, Wilhelm: Computer-Forensik in der Praxis, DuD 2009, 183-188.

Dose, Catharina: Übermittlung und verfahrensübergreifende Verwendung von Zufallserkenntnissen, 2013.

Drallé, Lutz: Das Grundrecht auf Gewährleistung der Vertraulichkeit und Integrität informationstechnischer Systeme, 2010.

Dreier, Horst (Hrsg.): Grundgesetz – Kommentar, Bd. 2, 2. Auflage 2004.

Drews, Claudia: Die Wesensgehaltsgarantie des Art. 19 II GG, 2005.

Drosdowski, Günther (Hrsg.): Duden – das große Wörterbuch der deutschen Sprache in sechs Bänden, 1981.

Dürig, Günter: Der Grundrechtssatz von der Menschenwürde – Entwurf eines praktikablen Wertsystems der Grundrechte aus Art. 1 Abs. I in Verbindung mit Art. 19 Abs. II des Grundgesetzes, AöR 81 (1956), 117-157.

Duttge, Gunnar: Der Begriff der Zwangsmaßnahme im Strafprozeßrecht, 1995.

Eberhard, Harald: Das Legalitätsprinzip im Spannungsfeld von Gemeinschaftsrecht und nationalem Recht – Stand und Perspektiven eines „europäischen Legalitätsprinzips", ZÖR 2008, 49-116.

Ebert, Andreas: Der Tatverdacht im Strafverfahren unter spezieller Berücksichtigung des Tatnachweises im Strafbefehlsverfahren, 2000.

Eckert, Claudia: IT-Sicherheit – Konzepte, Verfahren, Protokolle, 7. Auflage 2012.

Eckhardt, Jens: Telekommunikations-Überwachungsverordnung – Ein Überblick, CR 2001, 670-678.

Eckhardt, Jens: Die Neuregelung der Telekommunikationsüberwachung und anderer verdeckter Ermittlungsmaßnahmen, CR 2007, 336-344.

van Eck, Wim: Electromagnetic Radiation from Video Display Units – An Eavesdropping Risk?, Computers & Security 1985, 269-286.

Edenharter, Andrea: Der Schutz informationstechnischer Systeme auf der Ebene der Europäischen Union, Uerpmann-Wittzack, Robert (Hrsg): Das neue Computergrundrecht 2009, 111-125.

Eiermann, Helmut: Das IT-Grundrecht und seine Folgen, DuD 2012, 452.

Eifert, Martin: Informationelle Selbstbestimmung im Internet – Das BVerfG und die Online-Durchsuchungen, NVwZ 2008, 521-523.

Eigner, Martin/ Gerhardt, Florian/ Gilz, Torsten/ Mogo Nem, Fabrice: Informations-technologie für Ingenieure, 2012.

Eisenberg, Ulrich: Straf(verfahrens-)rechtliche Maßnahmen gegenüber „Organi-siertem Verbrechen", NJW 1993, 1033–1039.

Eisenberg, Ulrich: Beweisrecht der StPO – Spezialkommentar, 8. Auflage 2011.

Ellbogen, Klaus: Die Fluchttagebücher Frank Schmökel und ihre Verwertbarkeit im Strafprozess, NStZ 2001, 460-465.

Epping, Volker: Grundrechte, 5. Auflage 2012.

Epping, Volker/ Hillgruber, Christian (Hrsg.): Beck'scher Online-Kommentar GG, 2013.

Erbs, Georg/ Kohlhaas, Max (Begr.): Strafrechtliche Nebengesetze, 199. EL 2014.

Erichsen, Hans-Uwe/ Ehlers, Dirk (Hrsg.): Allgemeines Verwaltungsrecht, 14. Auflage 2010.

Fernandez-Vargas, Jacobo/ Pfaff, Hanns Uwe/ Rodríguez, Francisco B./ Varona, Pablo: Assisted closed-loops for brain-computer interfaces, BMC Neuroscience 2013, P406.

Fiedler, Arno/ Thiel, Christoph: Certificate Transparency, DuD 2014, 679-683.

Finger, Thorsten: Prozessuale Beweisverbote – Eine Darstellung ausgewählter Fallgruppen, JA 2006, 529-539.

Fischer, Kristian: Informationsfreiheit versus Betriebs- und Geschäftsgeheimnis-se, NVwZ 2013, 337-341.

Fischer, Peter/ Hofer, Peter: Lexikon der Informatik, 15. Auflage 2011.

Fox, Dirk: Stellungnahme zur „Online-Durchsuchung" – Verfassungsbeschwer-den 1 BvR 370/07 und 1 BvR 595/07, 2007.

Fox, Dirk: Datenverschlüsselung mit TrueCrypt, DuD 2008, 475-478.

Fox, Dirk: Sicheres Löschen von Daten auf Festplatten, DuD 2009, 110-113.

Fox, Dirk: Zero Day Exploits, DuD 2009, 250.

Fox, Dirk: Backdoor, DuD 2014, 119.

Freiling, Felix C.: Schriftliche Stellungnahme zum Fragenkatalog Verfassungsbeschwerden 1 BvR 370/07 und 1 BvR 595/07, 2007.

Freiling, Felix C./ Sack, Konstantin: Selektive Datensicherungen in der IT-Forensik, DuD 2014, 112-117.

Freire, Emanuel Pacheco/ Ziviani, Artur/ Sallas, Ronaldo Moreira: On Metrics to Distinguish Skype Flows from HTTP Traffic, Journal of Network and Systems Management 2009, 53-72.

Friauf, Karl Heinrich/ Höfling, Wolfram (Hrsg.): Berliner Kommentar zum Grundgesetz, Loseblattausgabe, 44. EL 2014.

Fuhrberg, Kai/ Häger, Dirk/ Wolf, Stefan: Internet-Sicherheit – Browser, Firewalls und Verschlüsselung, 3. Auflage 2001.

Fülbier, Ulrich/ Splittgerber, Andreas: Keine (Fernmelde-)Geheimnisse vor dem Arbeitgeber?, NJW 2012, 1995–2001.

Gaede, Karsten: Fairness als Teilhabe – Das Recht auf konkrete und wirksame Teilhabe durch Verteidigung gemäß Art. 6 EMRK, 2007.

Gaede, Karsten: Der grundrechtliche Schutz gespeicherter E-Mails beim Provider und ihre weltweite strafprozessuale Überwachung, StV 2009, 96-102.

Ganten, Peter H./ Wulf, Alex: Debian GNU/Linux – Grundlagen, Einrichtung und Betrieb, 2007.

Gasch, Patrick: Grenzen der Verwertbarkeit von Daten der elektronischen Mauterfassung zu präventiven und repressiven Zwecken, 2012.

Gast, Wolfgang: Juristische Rhetorik, 4. Auflage 2006.

Gau, Patrick J.: Die rechtswidrige Beweiserhebung nach § 136a StPO als Verfahrenshindernis, 2006.

Generalbundesanwalt: Rechtliche Zulässigkeit der sog. „Quellen-TKÜ" – Vermerk des Generalbundesanwalts beim BGH v. 29.10.2010, StV 2013, 476-478.

Geppert, Martin/ Piepenbrock, Hermann-Josef (Hrsg.): Beck'scher TKG-Kommentar, 4. Auflage 2013.

Gercke, Björn: Sicherstellung von E-Mails beim Provider – Anmerkung zu BGH, Beschluss vom 31.03.2009, 1 StR 76/09, StV 2009, 624-626.

Gercke, Björn: Zur Zulässigkeit sog. Transborder Searches – Der strafprozessuale Zugriff auf im Ausland gespeicherte Daten, StraFo 2009, 271-274.

Gercke, Björn/ Julius, Karl-Peter/ Temming, Dieter/ Zöller, Mark A. (Hrsg.): Heidelberger Kommentar – Strafprozessordnung, 5. Auflage 2012.

Gercke, Marco: Heimliche Online-Durchsuchung – Anspruch und Wirklichkeit, CR 2007, 245-253.

Gercke, Marco: Strafrechtliche und strafprozessuale Aspekte von Cloud Computing und Cloud Storage, CR 2010, 345-348.

Gercke, Marco: Die Entwicklung des Internetstrafrechts 2010/2011, ZUM 2011, 609-623.

Gercke, Marco: Die Entwicklung des Internetstrafrechts 2012/2013, ZUM 2013, 605-613.

Gerhards, Julia: (Grund-)Recht auf Verschlüsselung?, 2010.

Germann, Michael: Gefahrenabwehr und Strafverfolgung im Internet, 2000.

Geschonneck, Alexander: Computer-Forensik, 6. Auflage 2014.

Gietl, Andreas: Die Zukunft der Vorratsdatenspeicherung – Anmerkung zum Urteil des BVerfG vom 2. März 2010, DuD 2010, 398-403.

Glauben, Paul J.: Kann der „Große Lauschangriff" zulässig sein?, DRiZ 1993, 41-42.

Gleß, Sabine: Zur „Beweiswürdigungs-Lösung" des BGH, NJW 2001, 3606-3607.

Gleß, Sabine: Beweisverbote in Fällen mit Auslandsbezug, JR 2008, 317-326.

Grabitz, Eberhard (Begr.)/ Hilf, Meinhard/ Nettesheim, Martin (Hrsg.): Das Recht der Europäischen Union, Bd. I: EUV/AEUV, 2013.

Graf, Jürgen Peter (Hrsg.): Beck'scher Online-Kommentar Strafprozessordnung, 2012.

Grawe, Stefan: Die strafprozessuale Zufallsverwendung – Zufallsfunde und andere Zweckdivergenzen bei der Informationsverwendung im Strafverfahren, 2008.

Grünwald, Andreas/ Döpkens, Harm-Randolf: Cloud Control? Regulierung von Cloud Computing-Angeboten, MMR 2011, 287-290.

Grünwald, Gerald: Zur selbstverschuldeten Verhandlungsunfähigkeit, JZ 1976, 767-773.

Grünwald, Gerald: Das Beweisrecht der Strafprozeßordnung, 1993.

Guckelberger, Annette: Die Einführung nationaler Bildungsstandards, NVwZ 2005, 750-755.

Gudermann, Anne: Online-Durchsuchung im Lichte des Verfassungsrechts, 2010.

Gumm, Heinz-Peter/ Sommer, Manfred: Einführung in die Informatik, 9. Auflage 2011.

Gurlit, Elke: Verfassungsrechtliche Rahmenbedingungen des Datenschutzes, NJW 2010, 1035-1041.

Gusy, Christoph: Parlamentarische Kontrolle, JA 2005, 395-399.

Gusy, Christoph: Gewährleistung der Vertraulichkeit und Integrität informationstechnischer Systeme – Neuer Grundrechtsname oder neues Grundrechtsschutzgut?, DuD 2009, 33-41.

Haft, Fritjof: Strafrecht – Allgemeiner Teil, 9. Auflage 2004.

Hahn, Carl/ Mugdan, Benno (Hrsg.): Die gesammten Materialien zur Strafprozeßordnung und dem Einführungsgesetz zu derselben vom 1. Februar 1877 – Abt. 1 – auf Veranlassung des Kaiserlichen Reichsjustizamts, 1880.

Hahn, Carl/ Mugdan, Benno (Hrsg.): Die gesammten Materialien zur Strafprozeßordnung und dem Einführungsgesetz zu derselben vom 1. Februar 1877 – Abt. 2 – auf Veranlassung des Kaiserlichen Reichsjustizamts, 1881.

Hannich, Rolf (Hrsg.): Karlsruher Kommentar zur Strafprozessordnung – mit GVG, EGGVG und EMRK, 7. Auflage 2013.

Hansen, Marit: Vertraulichkeit und Integrität von Daten und IT-Systemen im Cloud-Zeitalter, DuD 2012, 407-412.

Hansen, Marit: Datenschutz nach dem Summer of Snowden, DuD 2014, 439-444.

Hansen, Markus/ Pfitzmann, Andreas: Techniken der Online-Durchsuchung – Gebrauch, Missbrauch, Empfehlungen, Roggan, Fredrik (Hrsg.): Online-Durchsuchungen: rechtliche und tatsächliche Konsequenzen des BVerfG-Urteils vom 27. Februar 2008, 2008, 131-154.

Härting, Niko/ Schneider, Jochen: Das Dilemma der Netzpolitik, ZRP 2011, 233-236.

Hassemer, Winfried: Die „Funktionstüchtigkeit der Strafrechtspflege" – ein neuer Rechtsbegriff?, StV 1982, 275-280.

Hauck, Pierre: Heimliche Strafverfolgung und Schutz der Privatheit – Eine vergleichende und interdisziplinäre Analyse des deutschen und englischen Rechts unter Berücksichtigung der Strafverfolgung in der Europäischen Union und im Völkerstrafrecht, 2014.

Hauck, Pierre: Kritische Anmerkungen zur Regelung der Bestandsdatenauskunft in § 100j StPO, StV 2014, 360-366.

Hauschka, Christoph E. (Hrsg.): Corporate Compliance – Handbuch der Haftungsvermeidung im Unternehmen, 2. Auflage 2010.

Heckmann, Dirk: Staatliche Schutz- und Förderpflichten zur Gewährleistung von IT-Sicherheit – Erste Folgerungen aus dem Urteil des Bundesverfassungsgerichts zur „Online-Durchsuchung", Rüßmann, Helmut (Hrsg.): Festschrift für Gerhard Käfer 2009, 129-164.

Heckmann, Dirk: Der virtuelle Raum als Wohnung? Die sogenannte Online-Durchsuchung zwischen Privatsphäre und offenem Netz, Peilert, Andreas; Müller, Martin; Kluth, Winfried (Hrsg.): Aktuelle sicherheitsrechtliche Fragen zwischen staatlicher und privater Aufgabenerfüllung 2010, 59-76.

Heghmanns, Michael/ Scheffler, Uwe (Hrsg.): Handbuch zum Strafverfahren, 2008.

Heidrich, Joerg/ Wegener, Christoph: Sichere Datenwolken Cloud Computing und Datenschutz, MMR 2010, 803-807.

Herold, Helmut/ Lurz, Bruno/ Wohlrab, Jürgen: Grundlagen der Informatik, 2. Auflage 2012.

Herrmann, Christoph: Das Grundrecht auf Gewährleistung der Vertraulichkeit und Integrität informationstechnischer Systeme – Entstehung und Perspektiven, 2010.

Hertelendi, Bela: Das Internet – Protokolle, Dienste und Anwendungen, 2. Auflage 2002.

Herzog, Roman: Grundrechte aus der Hand des Gesetzgebers, Fürst, Walther (Hrsg.): Festschrift für Wolfgang Zeidler, Bd. 2 1987, 1415-1428.

Heun, Sven-Erik (Hrsg.): Handbuch Telekommunikationsrecht, 3. Auflage 2013.

Hiéramente, Mayeul: Legalität der strafprozessualen Überwachung des Surfverhaltens, StraFo 2013, 96-102.

v. Hippel, Robert: Deutsches Strafrecht in 2 Bänden – Bd. I: Allgemeine Grundlagen, 1925.

Hirsch, Burkhard: Das Grundrecht auf Gewährleistung der Vertraulichkeit und Integrität informationstechnischer Systeme – Zugleich Anmerkung zu BVerfG, NJW 2008, 822, NJOZ 2008, 1907-1915.

Hoeren, Thomas: Was ist das „Grundrecht auf Integrität und Vertraulichkeit informationstechnischer Systeme"?, MMR 2008, 365-366.

Hoeren, Thomas/ Sieber, Ulrich/ Holznagel, Bernd (Hrsg.): Handbuch Multimedia-Recht – Rechtsfragen des elektronischen Geschäftsverkehrs, 2014.

Hoffmann, Christian: Die Gewährleistung der Vertraulichkeit und Integrität elektronischer Daten- und Dokumentensafes, 2012.

Hoffmann, Dirk W.: Grundlagen der technischen Informatik, 2013.

Hoffmann-Riem, Wolfgang: Gesetzliche Gewährleistung der Freiheit der Kommunikation im Internet?, Ladeur, Karl-Heinz (Hrsg.): Innovationsoffene Regulierung des Internet 2003, 53-82.

Hoffmann-Riem, Wolfgang: Enge oder weite Gewährleistungsgehalte der Grundrechte?, Bäuerle, Michael; Hanebeck, Alexander; Hausotter, Carola; Mayer, Matthias; Mohr, Jörg; Mors, Michael; Preedy, Kara; Wallrabenstein, Astrid (Hrsg.): Haben wir wirklich Recht? Zum Verhältnis von Recht und Wirklichkeit, Beiträge zum Kolloquium anlässlich des 60. Geburtstags von Brun-Otto Bryde 2004, 53-76.

Hoffmann-Riem, Wolfgang: Der grundrechtliche Schutz der Vertraulichkeit und Integrität eigengenutzter informationstechnischer Systeme, JZ 2008, 1009-1022.

Hoffmann-Riem, Wolfgang: Gesetz und Gesetzesvorbehalt im Umbruch – Zur Qualitäts-Gewährleistung durch Normen, AöR 130 (2005), 5-70.

Hoffmann-Riem, Wolfgang: Grundrechtsanwendung unter Rationalitätsanspruch – Eine Erwiderung auf Kahls Kritik an neueren Ansätzen in der Grundrechtsdogmatik, Der Staat 43 (2004), 203-233.

Hoffmann-Riem, Wolfgang: Grundrechts- und Funktionsschutz für elektronisch vernetzte Kommunikation, AöR 134 (2009), 513-541.

Hofmann, Manfred: Die Online-Durchsuchung – staatliches „Hacken" oder zulässige Ermittlungsmaßnahme?, NStZ 2005, 121-125.

Holznagel, Bernd/ Bonnekoh, Mareike: Voice over IP – Regulierungsbedarf und erste Lösungen, MMR 2005, 585-591.

Hornung, Gerrit: Ermächtigungsgrundlage für die „Online-Durchsuchung"?, DuD 2007, 575-580.

Hornung, Gerrit: Ein neues Grundrecht – Der verfassungsrechtliche Schutz der Vertraulichkeit und Integrität informationstechnischer Systeme, CR 2008, 299-306.

Hufen, Friedhelm: Staatsrecht II: Grundrechte, 4. Auflage 2014.

Isensee, Josef: Das staatliche Gewaltmonopol als Grundlage und Grenze der Grundrechte, Franßen, Everhardt; Redeker, Konrad; Schlichter, Otto; Wilke, Dieter (Hrsg.): Bürger – Richter – Staat, Festschrift für Horst Sendler zum Abschied aus seinem Amt 1991, 39-63.

Jacobi, Christoph Alexander: Methodenlehre der Normwirkung – Die Normwirkung als Maßstab der Rechtsgewinnung, 2008.

Jaeger, Stefan: Computerkriminalität, 1998.

Jäger, Christian: Anmerkung zum Beschluss des LG Mannheim vom 30.11.2001 (22 KLs 628 Js 15707/00) – Zulässigkeit der Beschlagnahme und Verwertung von E-Mails, StV 2002, 243-246.

Jäger, Christian: Beweisverwertung und Beweisverwertungsverbote im Strafprozess, 2003.

Jager, Tibor: Die Zukunft der Kryptographie, DuD 2014, 445-451.

Jahn, Matthias: Verhandlungen des 67. Deutschen Juristentages, Bd. I (Gutachten) – Gutachten C – Beweiserhebungs- und Beweisverwertungsverbote im Spannungsfeld zwischen den Garantien des Rechtsstaats und der effektiven Bekämpfung von Kriminalität und Terrorismus, S. C 11-C 128, 2008.

Jahn, Matthias/ Kudlich, Hans: Die strafprozessuale Zulässigkeit der Online-Durchsuchung, JR 2007, 57-61.

Jähnke, Burkhard/ Laufhütte, Heinrich Wilhelm/ Odersky, Walter (Hrsg.): Strafgesetzbuch – Leipziger Kommentar, Einleitung; §§ 1-31, 11. Auflage 2003.

Janssen, Dirk: Die Regulierung abweichenden Verhaltens im Internet, 2003.

Jarass, Hans D./ Pieroth, Bodo: Grundgesetz für die Bundesrepublik Deutschland – Kommentar, 13. Auflage 2014.

Jendrian, Kai: 30 Jahre nach 1983 – oder die Rettung der Privatsphäre im Internet, DuD 2013, 563-566.

Jescheck, Hans-Heinrich/ Weigend, Thomas: Lehrbuch des Strafrechts, Allgemeiner Teil, 5. Auflage 1996.

Joecks, Wolfgang/ Miebach, Klaus (Hrsg.): Münchener Kommentar zum Strafgesetzbuch, 2. Auflage 2012.

Kalabis, Lukas/ Kunz, Thomas/ Wolf, Ruben: Sichere Nutzung von Cloud-Speicherdiensten, DuD 2013, 512-516.

Kappes, Martin: Netzwerk- und Datensicherheit, 2007.

Kasiske, Peter: Neues zur Beschlagnahme von E-Mails beim Provider – Besprechung von BGH 1 StR 76/09 und BVerfG 2 BvR 902/06, StraFo 2010, 228-235.

Kelnhofer, Evelyn/ Nadeborn, Diana: Anmerkung zum Beschluss des LG Mannheim vom 12.10.2010, 24 Qs 1/10, StV 2011, 352-354.

Kemper, Martin: Die Beschlagnahmefähigkeit von Daten und E-Mails, NStZ 2005, 538-544.

Kerschbaum, Florian: Sicheres und nachhaltiges Benchmarking in der Cloud, Wirtschaftsinformatik 2011, 129-138.

Kilian, Wolfgang/ Heussen, Benno (Hrsg.): Computerrechts-Handbuch – Informationstechnologie in der Rechts- und Wirtschaftspraxis, Loseblattausgabe, 31. EL 2012.

Kindhäuser, Urs: Strafrecht – Allgemeiner Teil, 5. Auflage 2011.

Kindhäuser, Urs/ Neumann, Ulfrid/ Paeffgen, Hans-Ullrich (Hrsg.): Strafgesetzbuch, 4. Auflage 2013.

Kirmes, Raoul: Private IT-Forensik und private Ermittlungen – zwei Seiten einer Medaille?, 2012.

Kisker, Gunter: Neue Aspekte im Streit um den Vorbehalt des Gesetzes, NJW 1977, 1313-1360.

Klemke, Olaf/ Elbs, Hansjörg: Einführung in die Praxis der Strafverteidigung, 3. Auflage 2013.

Klesczewski, Diethelm: Straftataufklärung im Internet – Technische Möglichkeiten und rechtliche Grenzen von strafprozessualen Ermittlungseingriffen im Internet, ZStW 123 (2011), 737-766.

Klever, Stefan: Die Rasterfahndung nach § 98a StPO, 2003.

Kloepfer, Michael: Der Vorbehalt des Gesetzes im Wandel, JZ 1984, 685-695.

Kloepfer, Michael/ Schärdel, Florian: Grundrechte für die Informationsgesellschaft – Datenschutz und Informationszugangsfreiheit ins Grundgesetz?, JZ 2009, 453-462.

Kohlhaas, Max: Beweisverbote im Strafprozeß, DRiZ 1966, 286-291.

Kohlmann, Diana: Online-Durchsuchungen und andere Maßnahmen mit Technikeinsatz, 2012.

Korge, Tobias: Die Beschlagnahme elektronisch gespeicherter Daten bei privaten Trägern von Berufsgeheimnissen, 2009.

Kotulla, Michael: Fortgeltung von Rechtsverordnungen nach Wegfall ihrer gesetzlichen Grundlage?, NVwZ 2000, 1263-1265.

Kratzsch, Silke: Die so genannte Annexkompetenz im Strafverfahrensrecht, 2009.

Krause, Peter: Das Recht auf informationelle Selbstbestimmung – BVerfGE 65, 1, JuS 1984, 268-275.

Krehl, Christoph: Die Erkundigungspflicht des Zeugen bei fehlender oder beeinträchtigter Erinnerung und mögliche Folgen ihrer Verletzung, NStZ 1991, 416-418.

Krey, Volker: Studien zum Gesetzesvorbehalt im Strafrecht, 1977.

Krey, Volker: Gesetzestreue und Strafrecht, ZStW 101 (1989), 838-873.

Krey, Volker/ Haubrich, Edgar: Zeugenschutz, Rasterfahndung, Lauschangriff, Verdeckte Ermittler, JR 1992, 309-315.

Krishnamurthy, Sandeep: On the intrinsic and extrinsic motivation of free/libre/open source (FLOSS) developers, Knowledge, Technology & Policy 2006, 17-39.

Krüger, Hartmut: Anmerkung zum Beschluss des BVerfG vom 16.06.2009, 2 BvR 902/06, MMR 2009, 680-683.

Krüger, Herbert: Der Wesensgehalt der Grundrechte i. S. des Art. 19 GG, DÖV 1955, 597-602.

Kubieziel, Jens: Anonym im Netz – Techniken der digitalen Bewegungsfreiheit, 2007.

Kudlich, Hans: Strafverfolgung im Internet – Bestandsaufnahme und aktuelle Probleme, GA 2011, 193-208.

Kühling, Jürgen/ Seidel, Christian/ Sivridis, Anastasios: Datenschutzrecht, 2. Auflage 2011.

Kühne, Hans-Heiner: Strafprozessrecht – eine systematische Darstellung des deutschen und europäischen Strafverfahrensrechts, 8. Auflage 2010.

Kulwicki, Christine: Verfassungswandel – die Wechselwirkung zwischen Grundrechten und informationstechnischen Ermittlungsmethoden, 2011.

Künast, Renate: „Meine Daten gehören mir" – und der Datenschutz gehört ins Grundgesetz, ZRP 2008, 201-205.

Kurose, James F./ Ross, Keith W.: Computernetze, 2002.

Kurz, Constanze: Kernbereichsschutz im digitalen Zeitalter - Die technische Wirklichkeit überholt das Bundesverfassungsgericht, Betrifft Justiz 2009, 164-168.

Küsters, Ralf/ T. Wilke, Thomas: Moderne Kryptographie, 2011.

Kutscha, Martin: Der Lauschangriff im Polizeirecht der Länder, NJW 1994, 85-88.

Kutscha, Martin: Verdeckte „Online-Durchsuchung" und Unverletzlichkeit der Wohnung, NJW 2007, 1169-1172.

Kutscha, Martin: Mehr Schutz von Computerdaten durch ein neues Grundrecht?, NJW 2008, 1042-1044.

Kutscha, Martin: Mehr Datenschutz – aber wie?, ZRP 2010, 112-114.

Lagodny, Otto: Strafrecht vor den Schranken der Grundrechte, 1996.

Landau, Herbert: Die Pflicht des Staates zum Erhalt einer funktionstüchtigen Strafrechtspflege, NStZ 2007, 121-129.

Landau, Herbert: Die Ambivalenz des Beschleunigungsgebots, Herzog, Felix; Neumann, Ulfried (Hrsg.): Festschrift für Winfried Hassemer zum 70. Geburtstag am 17. Februar 2010, 2010, 1073-1087.

Larenz, Karl: Methodenlehre der Rechtswissenschaft, 3. Auflage 1975.

Lechtenbörger, Jens: Zur Sicherheit von De-Mail, DuD 2011, 268-269.

Lehner, Marcel/ Hermann, Eckehard: Auffinden von verschleierter Malware, DuD 2006, 768-772.

Lemcke, Thomas W.: Die Sicherstellung gem. § 94 StPO und deren Förderung durch die Inpflichtnahme Dritter als Mittel des Zugriffs auf elektronisch gespeicherte Daten, 1995.

Lenaerts, Koen: Die EU-Grundrechtecharta – Anwendbarkeit und Auslegung, EuR 2012, 3-17.

Lennartz, Hans-Albert: Rechtliche Steuerung informationstechnischer Systeme, 1993.

Lepsius, Oliver: Besitz und Sachherrschaft im öffentlichen Recht, 2002.

Lepsius, Oliver: Das Computer-Grundrecht: Herleitung, Funktion, Überzeugungskraft, Roggan, Fredrik (Hrsg.): Online-Durchsuchungen: rechtliche und tatsächliche Konsequenzen des BVerfG-Urteils vom 27. Februar 2008, 2008, 21-56.

Liang, Min: Symmetric quantum fully homomorphic encryption with perfect security, Quantum Information Processing 2013, 3675-3687.

Löffelmann, Markus: Die normativen Grenzen der Wahrheitserforschung im Strafverfahren – Ideen zu einer Kritik der Funktionsfähigkeit der Strafrechtspflege, 2008.

Löffelmann, Markus: Die Lehre von den Verwertungsverboten oder die Freude am Hindernislauf auf Umwegen, JR 2009, 10-13.

Lorenzmeier, Stefan: Europarecht, 4. Auflage 2011.

Löwe, Ewald (Begr.)/ Erb, Volker/ Esser, Robert/ Franke, Ulrich/ Graalmann-Scheerer, Kirsten/ Hilger, Hans/ Ignor, Alexander (Hrsg.): Die Strafprozeßordnung und das Gerichtsverfassungsgesetz – Großkommentar, 26. Auflage 2006-2014.

Lucas, Michael W.: PGP & GPG – Email for the Practical Paranoid, 2006.

Luch, Anika D.: Das neue „IT-Grundrecht" – Grundbedingung einer „Online-Handlungsfreiheit", MMR 2011, 75-79.

Luch, Anika D./ Schulz, Sönke E.: Die digitale Dimension der Grundrechte – Die Bedeutung der speziellen Grundrechte im Internet, MMR 2013, 88-93.

v. Mangoldt, Hermann (Begr.)/ Klein, Friedrich/ Starck, Christian (Hrsg.): Kommentar zum Grundgesetz, 6. Auflage 2010.

Manssen, Gerrit: Das „Grundrecht auf Vertraulichkeit und Integrität informationstechnischer Systeme" – Ein gelungener Beitrag zur Findung unbenannter Freiheitsrechte?, Uerpmann-Wittzack, Robert (Hrsg): Das neue Computergrundrecht 2009, 61-72.

Martínez-Soria, José: Grenzen vorbeugender Kriminalitätsbekämpfung im Polizeirecht – Die automatisierte Kfz-Kennzeichenerkennung, DÖV 2007, 779-785.

Martini, Mario/ v. Zimmermann, Georg: Voice over IP am regulatorischen Scheideweg, CR 2007, 368-373.

Mason, Stephen: Electronic evidence – dealing with encrypted data and understanding software, logic and proof, ERA Forum 2014, 25-36.

Matzky, Ralph: Zugriff auf EDV im Strafprozeß – rechtliche und technische Probleme der Beschlagnahme und Durchsuchung beim Zugriff auf das Beweismittel „EDV", 1999.

Maunz, Theodor (Begr.)/ Schmidt-Bleibtreu, Bruno/ Klein, Franz/ Bethge, Herbert (Hrsg.): Bundesverfassungsgerichtsgesetz – Kommentar, Loseblattausgabe, 41. EL 2013.

Maunz, Theodor/ Dürig, Günter (Begr.)/ Herzog, Roman (Hrsg.): Grundgesetz – Kommentar, Loseblattausgabe, 71. EL 2014.

Maurer, Hartmut: Allgemeines Verwaltungsrecht, 16. Auflage 2006.

Mayer, Christoph: Pflicht zur Vorratsdatenspeicherung bei unentgeltlichen E-Mail-Diensten?, K&R 2009, 313-317.

Meinberg, Ralf/ Grabe, Olaf: Voice over IP – IP basierter Sprachdienst vor dem Hintergrund des novellierten TKG, K&R 2004, 409-417.

Meinicke, Dirk: Anmerkung zum Beschluss des AG Reutlingen vom 31.10.2011 (5 Ds 43 Js 18155/10 jug; StV 2012, 462) – Zur Beschlagnahme von (Facebook-)Nutzerkonten, StV 2012, 463-464.

Meinicke, Dirk: Big Brother und das Grundgesetz, Traeger, Jürgen (Hrsg.): Law as a Service (LaaS) – Recht im Internet- und Cloud-Zeitalter, Bd. 2 2013, 967-980.

Meinicke, Dirk: Der Zugriff der Ermittlungsbehörden auf beim Provider zwischengelagerte E-Mails, 2013.

L

Meininghaus, Florian: Der Zugriff auf E-Mails im strafrechtlichen Ermittlungs-verfahren, 2007.

Messmer, Hans-Peter: PC-Hardwarebuch: Aufbau, Funktionsweise, Programmie-rung, 6. Auflage 2000.

Meyer-Goßner, Lutz/ Schmitt, Bertram: Strafprozessordnung – Gerichtsverfas-sungsgesetz, Nebengesetze und ergänzende Bestimmungen, 57. Auflage 2014.

Meyer-Ladewig, Jens: EMRK – Europäische Menschenrechtskonvention – Hand-kommentar, 3. Auflage 2011.

Michalke, Regina: Staatlicher Zugriff auf elektronische Medien, StraFo 2008, 287-292.

Middendorf, Max: Zur Wesensgehaltsgarantie des Grundgesetzes, JURA 2003, 232-236.

Mueller, Scott: PC-Hardware Superbibel. Das komplette Referenzwerk, 14. Auf-lage 2003.

Müller, Klaus-Rainer: IT-Sicherheit mit System, 3. Auflage 2008.

Müller-Teckhof, Alexander: Gesetz zur Förderung des elektronischen Rechtsver-kehrs mit den Gerichten – Harmonisierung der Formerfordernisse mit Mög-lichkeiten moderner Kommunikation, MMR 2014, 95-100.

Nack, Armin: Indizienbeweisführung und Denkgesetze, NJW 1983, 1035-1037.

Nagelmann, Friedrich Gottlob: Der Parlamentarier als Störenfried – für mehr Ord-nung im Bundestag, 1995.

Ness, Karsten: Privacy-Handbuch, 2013.

Neuhöfer, Daniel: Der Zugriff auf serverbasiert gespeicherte E-Mails beim Provi-der, 2011.

Neumann, Linus: Stellungnahme zur 7. Sitzung des Ausschusses Digitale Agen-da des Deutschen Bundestages, 2014.

Noltenius, Bettina: Grenzenloser Spielraum des Gesetzesgebers im Strafrecht? Kritische Bemerkungen zur Inzestentscheidung des Bundesverfassungsge-richt vom 26. Februar 2008, ZJS 2009, 15-21.

Obenhaus, Nils: Cloud Computing als neue Herausforderung für Strafverfol-gungsbehörden und Rechtsanwaltschaft, NJW 2010, 651-655.

Oberschelp, Walter/ Vossen, Gottfried: Rechneraufbau und Rechnerstrukturen, 2006.

Obwexer, Walter: Der Beitritt der EU zur EMRK – Rechtsgrundlagen, Rechtsfragen und Rechtsfolgen, EuR 2012, 115-149.

Oelmaier, Florian/ Hörtreiter, Jochen/ Seitz, Andreas: Apple's iPad im Enterprise-Einsatz – Einsatzmöglichkeiten, Programmierung, Betrieb und Sicherheit im Unternehmen, 2011.

Ohler, Christoph: Der institutionelle Vorbehalt des Gesetzes, AöR 131 (2006), 336-377.

Oltmann, Shannon M.: Encryption and Incrimination: The Evolving Status of Encrypted Drives, Bulletin of Association for Information Science and Technology 2014, 22-26.

Otnes, Kevin: Windows 7 Made Simple, 2011.

Otto, Harro: Grundkurs Strafrecht – Allgemeine Strafrechtslehre, 7. Auflage 2004.

Paa, Bernhard: Der Zugriff der Strafverfolgungsbehörden auf das Private im Kampf gegen schwere Kriminalität, 2013.

Park, Tido: Durchsuchung und Beschlagnahme – Rechtsgrundlagen, Voraussetzungen und Grenzen, 2. Auflage 2009.

Paul, Tobias: Unselbständige Beweisverwertungsverbote in der Rechtsprechung, NStZ 2013, 489-497.

Paulus, Sachar: Standards für Trusted Clouds, DuD 2011, 317-321.

Perschke, Stefan: Die Zulässigkeit nicht spezialgesetzlich geregelter Ermittlungsmethoden im Strafverfahren, 1997.

Petri, Thomas Bernhard: Das Urteil des Bundesverfassungsgerichts zur Online-Durchsuchung, DuD 2008, 443-448.

Petri, Thomas Bernhard: Prüfbericht Quellen-TKÜ, 2012.

Pfeiffer, Gerd: Strafprozessordnung – Kommentar, 5. Auflage 2005.

Pfitzmann, Andreas: Contra Online-Durchsuchung, Informatik Spektrum 2008, 65-69.

Pitschas, Rainer/ Aulehner, Josef: Informationelle Sicherheit oder „Sicherheitsstaat"?, NJW 1989, 2353-2359.

Pohl, Hartmut: Zero-Day und Less-than-Zero-Day Vulnerabilities und Exploits, Zacharias, Christoph; ter Horst, Klaus W.; Witt, Kurt-Ulrich; Sommer, Volker; Ant, Marc; Essmann, Ulrich; Mülheims, Laurenz (Hrsg.): Forschungsspitzen und Spitzenforschung – Innovationen an der FH Bonn-Rhein-Sieg, Festschrift für Wulf Fischer 2009, 113-123.

Pohlmann, Norbert: Die Vertrauenswürdigkeit von Software, DuD 2014, 655-659.

Popp, Andreas: Verfahrenstheoretische Grundlagen der Fehlerkorrektur im Strafverfahren, 2005.

Popp, Andreas: Die „Staatstrojaner"-Affäre: (Auch) ein Thema für den Datenschutz – Kurzer Überblick aus strafprozessualer und datenschutzrechtlicher Sicht, ZD 2012, 51-55.

Puschke, Jens: Die kumulative Anordnung von Informationsbeschaffungsmaßnahmen im Rahmen der Strafverfolgung, 2006.

Puschke, Jens/ Singelnstein, Tobias: Telekommunikationsüberwachung, Vorratsdatenspeicherung und (sonstige) heimliche Ermittlungsmaßnahmen der StPO nach der Neuregelung zum 1. 1. 2008, NJW 2008, 113-119.

Radtke, Henning: Wahrheitsermittlung im Strafverfahren – Leitprinzipien, Methoden und Grenzen, GA 2012, 187-201.

Raghavan, Sriram: Digital forensic research – current state of the art, CSI Transactions on ICT 2013, 91-114.

Rath, Christian: Mehr Schutz für beschlagnahmte Computer, DRiZ 2009, 117.

Rauscher, Thomas (Hrsg.): Münchener Kommentar zur Zivilprozessordnung mit Gerichtsverfassungsgesetz und Nebengesetzen, 4. Auflage 2012.

Redler, Ursula: Die strafprozessuale Online-Durchsuchung – Ein Gesetzesentwurf, 2012.

Rehak, Rainer: Angezapft – Technische Möglichkeiten einer heimlichen Online-Durchsuchung und der Versuch ihrer rechtlichen Bändigung, 2013.

Reinecke, Jan: Die Fernwirkung von Beweisverwertungsverboten, 1990.

Rogall, Klaus: Der Beschuldigte als Beweismittel gegen sich selbst – ein Beitrag zur Geltung des Satzes „Nemo tenetur seipsum prodere" im Strafprozeß, 1977.

Rogall, Klaus: Frontalangriff auf die Bürgerrechte oder notwendige Strafverfolgungsmaßnahme? – Zur Regelung der sog. Schleppnetzfahndung in § 163d StPO, NStZ 1986, 385-392.

Rogall, Klaus: Strafverteidigung und die Verpolizeilichung des Ermittlungsverfahrens durch Informationstechnologie, 13. Strafverteidigertag, 21.-23. April 1989 in Köln, Sicherheitsstaat und Strafverteidigung 1989, 97-121.

Rogall, Klaus: Informationseingriff und Gesetzesvorbehalt im Strafprozeßrecht, 1992.

Rogall, Klaus: Beweisverbote im System des deutschen und des amerikanischen Strafverfahrensrechts, Wolter, Jürgen (Hrsg.): Zur Theorie und Systematik des Strafprozeßrechts, Symposium zu Ehren von Hans-Joachim Rudolphi 1995, 113-160.

Rogall, Klaus: „Abwägungen" im Recht der Beweisverbote, Ebert, Udo; Rieß, Peter; Roxin, Claus; Wahle, Eberhard (Hrsg.): Festschrift für Ernst-Walter Hanack zum 70. Geburtstag am 30. August 1999, 1999, 193-309.

Rogall, Klaus: Grundsatzfragen der Beweisverbote, Höpfel, Frank; Huber, Barbara (Hrsg.): Beweisverbote in Ländern der EU und vergleichbaren Rechtsordnungen/Exclusion of Evidence Within the EU and Beyond, Europäisches Kolloquium, Wien, 18.-20. September 1997, 1999, 119-148.

Rogall, Klaus: Zur Lehre von den Beweisverboten – Anmerkungen zum gegenwärtigen Diskussionsstand, Samson, Erich; Dencker, Friedrich; Frister, Helmut; Reiß, Wolfram (Hrsg.): Festschrift für Gerald Grünwald zum siebzigsten Geburtstag 1999, 523-547.

Rogall, Klaus: Verwertungsverbote im Besteuerungsverfahren, Hanack, Ernst-Walter; Hilger, Hans; Mehle, Volkmar; Widmaier, Gunter (Hrsg.): Festschrift für Peter Rieß zum 70. Geburtstag am 4. Juni 2002, 2002, 951-982.

Rogall, Klaus: Kernbereichsmystik im Strafverfahren, Weßlau, Edda; Wohlers, Wolfgang (Hrsg.): Festschrift für Gerhard Fezer zum 70. Geburtstag 2008, 61-86.

Rogall, Klaus: Beweiserhebungs- und Beweisverwertungsverbote im Spannungsfeld zwischen den Garantien des Rechtsstaates und der effektiven Bekämpfung von Kriminalität und Terrorismus, JZ 2008, 818-830.

Rogall, Klaus: Zur Zulässigkeit einer heimlichen akustischen Überwachung von Ehegattengesprächen in der Untersuchungshaft, HRRS 2010, 289-295.

Rogall, Klaus: Gegenwärtiger Stand und Entwicklungstendenzen der Lehre von den strafprozessualen Beweisverboten, ZStW 91 (1979), 1-44.

Roggan, Fredrik: Präventive Online-Durchsuchungen – Überlegungen zu den Möglichkeiten einer Legalisierung im Polizei- und Geheimdienstrecht, Roggan, Fredrik (Hrsg.): Online-Durchsuchungen: rechtliche und tatsächliche Konsequenzen des BVerfG-Urteils vom 27. Februar 2008, 2008, 97-128.

Roggenkamp, Jan Dirk: Verfassungs- und datenschutzrechtliche Anforderungen an die technische Gestaltung von sogenannten Staatstrojanern, Peters, Falk; Kersten, Heinrich; Wolfensteiner, Klaus-Dieter (Hrsg.): Innovativer Datenschutz 2012, 267-279.

Ronellenfitsch, Michael: Der Vorrang des Grundrechts auf informationelle Selbstbestimmung vor dem AEUV, DuD 2009, 451-461.

Roßnagel, Alexander: Das De-Mail-Gesetz – Grundlage für mehr Rechtssicherheit im Internet, NJW 2011, 1473-1478.

Roßnagel, Alexander/ Schnabel, Christoph: Das Grundrecht auf Gewährleistung der Vertraulichkeit und Integrität informationstechnischer Systeme und sein Einfluss auf das Privatrecht, NJW 2008, 3534-3538.

Röwer, Bettina: Erscheinungsformen und Zulässigkeit heimlicher Ermittlungen, 2007.

Roxin, Claus: Strafrecht – Allgemeiner Teil – Grundlagen – Der Aufbau der Verbrechenslehre, 4. Auflage 2006.

Roxin, Claus/ Schünemann, Bernd: Strafverfahrensrecht, 27. Auflage 2012.

Rudolphi, Hans-Joachim: Grenzen der Überwachung des Fernmeldeverkehrs nach den §§ 100a, b StPO, Grünwald, Gerald (Hrsg.): Festschrift für Friedrich Schaffstein zum 70. Geburtstag am 28. Juli 1975, 1975, 433-453.

Rudolphi, Hans-Joachim (Begr.)/ Degener, Wilhelm/ Wolter, Jürgen (Hrsg.): SK StPO – Systematischer Kommentar zur Strafprozessordnung und zum Gerichtsverfassungsgesetz, Loseblattausgabe, 43. EL 2005.

Rudolphi, Hans-Joachim (Begr.)/ Degener, Wilhelm/ Wolter, Jürgen (Hrsg.): SK StPO – systematischer Kommentar zur Strafprozessordnung – mit GVG und EMRK, 4. Auflage 2010-2014.

Ruhrmann, Ingo: NSA, IT-Sicherheit und die Folgen, DuD 2014, 40-46.

Rux, Johannes: Ausforschung privater Rechner durch die Polizei- und Sicherheitsbehörden – Rechtsfragen der Online-Durchsuchung, JZ 2007, 285-295.

Rzepka, Dorothea: Zur Fairness im deutschen Strafverfahren, 2000.

Säcker, Franz Jürgen (Hrsg.): Telekommunikationsgesetz – Kommentar, 3. Auflage 2013.

Sack, Harald/ Meinel, Christoph: Digitale Kommunikation – Vernetzen, Multimedia, Sicherheit, 2009.

Sankol, Barry: Überwachung von Internet-Telefonie – Ein Schatten im Lichte der §§ 100a ff. StPO, CR 2008, 13-18.

Schaar, Peter: Bericht gemäß § 26 Abs. 2 Bundesdatenschutzgesetz über Maßnahmen der Quellen-Telekommunikationsüberwachung bei den Sicherheitsbehörden des Bundes, 2012.

Schaar, Peter: Schreiben an den Vorsitzenden des Innenausschusses des Deutschen Bundestages vom 14.08.2012, 2012.

Schaar, Peter: Überwachung total – Wie wir in Zukunft unsere Daten schützen, 2014.

Schaar, Peter/ Landwehr, Sebastian: Anmerkung zum Beschluss des BGH vom 31.01.2007, StB 18/06, K&R 2007, 202-205.

Schallaböck, Jan: Datenschutzkontrolle durch Open-Source, DuD 2009, 161-166.

Schantz, Peter: Verfassungsrechtliche Probleme von „Online-Durchsuchungen", KritV 90 (2007), 310-330.

Schenk, Imke/ Thomas, Marion: Hacker's guide – Sicherheit im Internet und im lokalen Netz, 1999.

Schiffmann, Wolfram/ Bähring, Helmut/ Hönig, Udo: Technische Informatik 3 – Grundlagen der PC-Technologie, 2011.

Schild, Hans-Hermann/ Tinnefeld, Marie-Theres: Datenschutz in der Union – Gelungene oder missglückte Gesetzentwürfe?, DuD 2012, 312-317.

Schilling, Hellen/ Rudolph, Carsten/ Kuntze, Nicolai: Sicherstellung elektronischer Daten und „selektive Datenlöschung", HRRS 2013, 207-212.

Schlegel, Stephan: Warum die Festplatte keine Wohnung ist – Art. 13 GG und die „Online-Durchsuchung", GA 2007, 648-663.

Schlegel, Stephan: Online-Durchsuchung light – Die Änderung des § 110 StPO durch das Gesetz zur Neuregelung der Telekommunikationsüberwachung, HRRS 2008, 23-30.

Schmale, Wolfgang/ Tinnefeld, Marie-Theres: „Der Bau" von Kafka oder die (Staats)Trojaner-Architektur, DuD 2012, 401-405.

Schmidbauer, Wilhelm: Moderne Technik, das Bundesverfassungsgericht und die Polizei – Vorstellungen zur Polizeiarbeit im Computerzeitalter, Uerpmann-Wittzack, Robert (Hrsg): Das neue Computergrundrecht 2009, 31-51.

Schmidt, Walter: Der Verfassungsvorbehalt der Grundrechte, AöR 106 (1981), 497-525.

Schmitz, Herbert/ Schmitz, Detlef: Computerkriminalität, 1990.

Schmitz, Peter: TDDSG und das Recht auf informationelle Selbstbestimmung, 2000.

Schneider, Axel: Warum der Rundfunkbeitrag keine Haushaltsabgabe ist – und andere Fragen zum Rundfunkbeitragsstaatsvertrag, NVwZ 2013, 19-23.

Schneider, Franziska: Rechtliche Rahmenbedingungen für die Vornahme von Online-Durchsuchungen – Online-Durchsuchungen als Mittel zur Terrorismusbekämpfung in Deutschland und den USA, 2012.

Schneider, Hans: Verfassungsrechtliche Beurteilung des Volkszählungsgesetzes 1983, DÖV 1984, 161-164.

Schneider, Ludwig: Der Schutz des Wesensgehalts von Grundrechten nach Art. 19 Abs. 2 GG, 1983.

Scholz, Rupert/ Pitschas, Rainer: Informationelle Selbstbestimmung und staatliche Informationsverantwortung, 1984.

Scholz, Rupert/ Uhle, Arnd: Staatsangehörigkeit und Grundgesetz, NJW 1999, 1510-1517.

Schön, Stephanie: Ermittlungsmaßnahmen über das Internet, 2013.

Schröder, Thorsten: Stellungnahme von Thorsten Schröder zum Fragenkatalog für das öffentliche Fachgespräch des Ausschusses Digitale Agenda des Deutschen Bundestages zum Thema „IT-Sicherheit" am Mittwoch, dem 7. Mai 2014, 2014.

Schulze-Heiming, Ingeborg: Der strafrechtliche Schutz der Computerdaten gegen die Angriffsformen der Spionage, Sabotage und des Zeitdiebstahls, 1995.

Schulz, Gabriel: Das neue IT-Grundrecht – staatliche Schutzpflicht und Infrastrukturverantwortung, DuD 2012, 395-400.

Schulz, Lorenz: Normiertes Misstrauen – Der Verdacht im Strafverfahren, 2001.

Schulz, Sönke E./ Tischer, Jakob: Das Internet als kritische Infrastruktur, ZG 2013, 339-357.

Schuster, Fabian/ Reichl, Wolfgang: Cloud Computing & SaaS – Was sind die wirklich neuen Fragen?, CR 2010, 38-43.

Schütz, Dietrich: Der Grundsatz der Verhältnismäßigkeit bei strafprozessualen Maßnahmen, 1969.

Schwabenbauer, Thomas: Heimliche Grundrechtseingriffe – ein Beitrag zu den Möglichkeiten und Grenzen sicherheitsbehördlicher Ausforschung, 2013.

Schwabenbauer, Thomas: Kommunikationsschutz durch Art. 10 GG im digitalen Zeitalter, AöR 137 (2012), 1-41.

Schwenk, Jörg: Sicherheit und Kryptographie im Internet, 3. Auflage 2010.

Seidel, Dietmar: Computerkriminalität, 1989.

Selke, Gisbert W.: Kryptographie: Verfahren, Ziele, Einsatzmöglichkeiten, 2000.

Sengbusch, René: Die Subsidiarität der Notwehr, 2008.

Šepec, Miha: Digital Data Encryption – Aspects of Criminal Law and Dilemmas in Slovenia, Digital Evidence and Electronic Signature Law Review 2013, 147-154.

Sick, Philipp: Objektiv-rechtlicher Gewährleistungsgehalt oder Abwehrfunktion des neuen „Computergrundrechts"?, VBlBW 2009, 85-91.

Sieber, Ulrich: Informationsrecht und Recht der Informationstechnik – Die Konstituierung eines Rechtsgebietes in Gegenstand, Grundfragen und Zielen, NJW 1989, 2569-2580.

Sieber, Ulrich: Stellungnahme zu dem Fragenkatalog des Bundesverfassungsgerichts in dem Verfahren 1 BvR 370/07 zum Thema der Online-Durchsuchungen, 2007.

Sieber, Ulrich: Verhandlungen des 69. Deutschen Juristentages, Bd. I (Gutachten) – Gutachten C – Straftaten und Strafverfolgung im Internet, S. C 1-C 157, 2012.

Sievers, Christopher: Telekommunikationsüberwachung in den Landespolizeigesetzen und der Strafprozessordnung, 2008.

Sievers, Malte: Der Schutz der Kommunikation im Internet durch Artikel 10 des Grundgesetzes, 2003.

Singelnstein, Tobias: Rechtsschutz gegen heimliche Ermittlungsmaßnahmen nach Einführung des § 101 VII 2-4 StPO, NStZ 2009, 481-486.

Singelnstein, Tobias: Verhältnismäßigkeitsanforderungen für strafprozessuale Ermittlungsmaßnahmen – am Beispiel der neueren Praxis der Funkzellenabfrage, JZ 2012, 601-608.

Singelnstein, Tobias: Möglichkeiten und Grenzen neuerer strafprozessualer Ermittlungsmaßnahmen – Telekommunikation, Web 2.0, Datenbeschlagnahme, polizeiliche Datenverarbeitung & Co, NStZ 2012, 593-606.

Singelnstein, Tobias/ Stolle, Peer: Die Sicherheitsgesellschaft – soziale Kontrolle im 21. Jahrhundert, 3. Auflage 2012.

Singh, Maurizio/ Reiff, Gunter: Im Dialog mit den Digital Natives – Social-Media-Strategien für Unternehmen, Controlling & Management Review 2013, 66-70.

Sinner, Stefan/ Kreuzer, Arthur: Kein Verfahrenshindernis bei Anstiftung durch Lockspitzel, StV 2000, 114-117.

Skistims, Hendrik/ Roßnagel, Alexander: Rechtlicher Schutz vor Staatstrojanern? Verfassungsrechtliche Analyse einer Regierungs-Malware, ZD 2012, 3-7.

Soiné, Michael: Eingriffe in informationstechnische Systeme nach dem Polizeirecht des Bundes und der Länder, NVwZ 2012, 1585-1590.

Spanke, Ulf: Multimediale Systeme und Dienste am Arbeitsplatz – Kontrollpotentiale für den Arbeitgeber und Arbeitnehmerdatenschutz, 2011.

Spies, Axel: USA: Cloud Computing – Schwarze Löcher im Datenschutzrecht, MMR 2009, XI-XII.

Spindler, Gerald/ Schuster, Fabian (Hrsg.): Recht der elektronischen Medien – Kommentar, 2. Auflage 2011.

Spitz, Stephan/ Pramateftakis, Michael/ Swoboda, Joachim: Kryptographie und IT-Sicherheit: Grundlagen und Anwendungen, 2. Auflage 2011.

Stadler, Thomas: Zulässigkeit der heimlichen Installation von Überwachungssoftware – Trennung von Online-Durchsuchung und Quellen-Telekommunikationsüberwachung möglich?, MMR 2012, 18-20.

Statistisches Bundesamt: Statistisches Jahrbuch 2012 – Deutschland und Internationales, 2012.

Statistisches Bundesamt: Statistisches Jahrbuch 2014 – Deutschland und Internationales, 2014.

Staupe, Jürgen: Parlamentsvorbehalt und Delegationsbefugnis, 1986.

Stedman, Ryan/ Yoshida, Kayo/ Goldberg, Ian: A User Study of Off-the-Record Messaging, 2008.

Steinmetz, Jan: Zur Kumulierung strafprozessualer Ermittlungsmaßnahmen, NStZ 2001, 344-349.

Stelkens, Paul/ Bonk, Heinz Joachim/ Sachs, Michael: Verwaltungsverfahrensgesetz – Kommentar, 8. Auflage 2014.

Stern, Klaus: Das Staatsrecht der Bundesrepublik Deutschland – Bd. III/1: Grundlagen und Geschichte, nationaler und internationaler Grundrechtskonstitutionalismus, juristische Bedeutung der Grundrechte, Grundrechtsberechtigte, Grundrechtsverpflichtete, 1988.

Stiefel, Patrick: Eine dezentrale Informations- und Kollaborationsarchitektur für die unternehmensübergreifende Produktentwicklung, 2011.

Strauß, Michael: Das Ende der Ermittlungsbefugnis der Staatsanwaltschaft, NStZ 2006, 556-560.

Streinz, Rudolf: Die Rechtsprechung des EuGH zum Datenschutz, DuD 2011, 602-608.

Streiß, Christoph: Das Trennungsgebot zwischen Polizei und Nachrichtendiensten: im Lichte aktueller Herausforderungen des Sicherheitsrechts, 2011.

Stüttgen, Johannes: Selective Imaging – Creating Efficient Forensic Images by Selecting Content First, 2011.

Sunshine, Joshua/ Egelman, Serge/ Almuhimedi, Hazim/ Atri, Neha/ Cranor, Lorrie Faith: Crying Wolf: An Empirical Study of SSL Warning Effectiveness, 2009.

Süptitz, Thomas/ Utz, Christine/ Eymann, Torsten: State-of-the-Art: Ermittlungen in der Cloud, DuD 2013, 307-312.

Talaska, Claudia Elisabeth: Der Richtervorbehalt – Ein sinnvolles Element des Grundrechtsschutzes?, 2007.

Tiedemann, Paul: Von den Schranken des allgemeinen Persönlichkeitsrecht, DÖV 2003, 74-78.

Tilborg, Henk C. A. van/ Jajodia, Sushil (Hrsg.): Encyclopedia of cryptography and security, 2011.

Tinnefeld, Marie-Theres: Die „Staatstrojaner" aus verfassungsrechtlicher Sicht – Gedanken zum Prüfbericht des Bayerischen Landesbeauftragten für den Datenschutz, ZD 2012, 451-454.

Tinnefeld, Marie-Theres/ Buchner, Benedikt/ Petri, Thomas Bernhard: Einführung in das Datenschutzrecht – Datenschutz und Informationsfreiheit in europäischer Sicht, 5. Auflage 2012.

Trüg, Gerson/ Habetha, Jörg: Beweisverwertung trotz rechtswidriger Beweisgewinnung – insbesondere mit Blick auf die „Liechtensteiner Steueraffäre", NStZ 2008, 481-492.

Uerpmann-Wittzack, Robert: Der Schutz informationstechnischer Systeme nach der Europäischen Menschenrechtskonvention, Uerpmann-Wittzack, Robert (Hrsg): Das neue Computergrundrecht 2009, 99-109.

Vogelgesang, Klaus: Informationelle Selbstbestimmung, 1987.

Vogel, Robert/ Koçoğlu, Tarkan/ Berger, Thomas: Desktopvirtualisierung, 2010.

Vogt, Carsten: Informatik – eine Einführung in Theorie und Praxis, 2004.

Volkmann, Uwe: Anmerkung zum Urteil des BVerfG vom 27.2.2008, 1 BvR 370/07 und 1 BvR 595/07, DVBl 2008, 590-593.

Wabnitz, Heinz-Bernd/ Janovsky, Thomas (Hrsg.): Handbuch des Wirtschafts- und Steuerstrafrechts, 4. Auflage 2014.

Wagner, Joachim: Zur Anordnung von Untersuchungshaft in Ladendiebstahlsverfahren, NJW 1978, 2002-2005.

Warntjen, Maximilian: Heimliche Zwangsmaßnahmen und der Kernbereich privater Lebensgestaltung, 2007.

Weil, Stephan: Verdeckte Ermittlungen im Strafverfahren und die Unverletzlichkeit der Wohnung, ZRP 1992, 243-247.

Weiß, André: Online-Durchsuchungen im Strafverfahren, 2009.

Welsing, Ruth: Das Recht auf informationelle Selbstbestimmung im Rahmen der Terrorabwehr – Darstellung anhand einer Untersuchung der präventiven Rasterfahndung, 2009.

Wernert, Manfred: Internetkriminalität, 2011.

Wessels, Johannes (Begr.)/ Beulke, Werner: Strafrecht – Allgemeiner Teil – Die Straftat und ihr Aufbau, 42. Auflage 2012.

Wicker, Magda: Ermittlungsmöglichkeiten in der Cloud, Traeger, Jürgen (Hrsg.): Law as a Service (LaaS) – Recht im Internet- und Cloud-Zeitalter, Bd. 2 2013, 981-1000.

Wicker, Magda: Durchsuchung in der Cloud Nutzung von Cloud-Speichern und der strafprozessuale Zugriff deutscher Ermittlungsbehörden, MMR 2013, 765-769.

Wicker, Magda: Die Neuregelung des § 100j StPO auch beim Cloud Computing – Zugriff auf Zugangsdaten zur Cloud nach der neuen Bestandsdatenauskunft, MMR 2014, 298-302.

Widmaier, Gunter (Begr.): Münchener Anwaltshandbuch Strafverteidigung, 2. Auflage 2014.

Wolfinger, Christine/ Gulbins, Jürgen/ Hammer, Carsten: Linux-Systemadministration, 2005.

Wölfl, Bernd: Sphärentheorie und Vorbehalt des Gesetzes, NVwZ 2002, 49-51.

Wolfslast, Gabriele: Staatlicher Strafanspruch und Verwirkung, 1995.

Wolter, Jürgen: Heimliche und automatisierte Informationseingriffe wider Datenschutzgrundrecht – Gesamtanpassung vor Gesamtreform von Strafprozeß- und Polizeirecht, GA 1988, 49-90.

Zeder, Fritz: Europastrafrecht, Vertrag von Lissabon und Stockholmer Programm: Mehr Grundrechtsschutz?, EuR 2012, 34-59.

Zehetgruber, Christoph: Anmerkung zum Beschluss des BGH vom 21.11.2012, 1 StR 310/12, NZWiSt 2013, 464-468.

Zephaniah, Phillips V./ Kim, Jae Gwan: Recent functional near infrared spectroscopy based brain computer interface systems – Developments, applications and challenges, Biomedical Engineering Letters 2014, 223-230.

Ziebarth, Wolfgang: Online-Durchsuchung, 2013.

Ziercke, Jörg: Pro Online-Durchsuchung, Informatik Spektrum 2008, 62-64.

Zimmer, Heiko: Zugriff auf Internetzugangsdaten, 2012.

Zimmerli, Erwin: Computermißbrauch, Computersicherheit, 1984.

Alle zitierten Internetquellen waren am 16. Dezember 2014 abrufbar.

A. Einleitung

I. Vernetzte Informationstechnik und gesellschaftlicher Wandel

Technische Entwicklungen verändern die Gesellschaft. Dies umso stärker, je größer die Zahl der Menschen ist, deren Alltag durch eine technische Entwicklung beeinflusst wird und je facettenreicher sich eine technische Entwicklung in diesem Alltag niederschlägt. Gemessen hieran ist die heute etablierte Informationstechnik eine technische Entwicklung, wie sie in wenigstens den letzten hundert Jahren ihresgleichen sucht. Das Aufkommen immer leistungsfähigerer Computersysteme gepaart mit der Verbreitung des Internet mit immer schnelleren Übertragungswegen hat eine Infrastruktur hervorgebracht, die heute nahezu jeden Lebensbereich erfasst: Computersysteme speichern und verarbeiten verschiedenste Daten von Behörden, Unternehmen und Einzelpersonen, sind Bestandteil diverser elektronischer Geräte und zunehmend untereinander vernetzt. Die Nutzung dieser Infrastruktur erschöpft sich schon lange nicht mehr im Ersatz von Telefonen, Aktenordnern und Karteikarten. Sie hat neue Kommunikationsformen, Denk- und Arbeitsweisen sowie neue Möglichkeiten der politischen Partizipation geschaffen.[1] Sie ist durch die Verbreitung auch mobiler Endgeräte allgegenwärtig in der Lebensführung einer steigenden Zahl von Menschen: 80 % der Deutschen nutzen täglich oder nahezu täglich das Internet; seltener als einmal pro Woche nutzten es nur 6 %.[2] Jeder zweite Deutsche nutzt das Internet auch unterwegs, hierbei in 41 % der Fälle per Smartphone[3].

---

[1] *Beckedahl/Lüke*, Die digitale Gesellschaft, passim; *Bull*, Netzpolitik, S. 97 ff.

[2] *Statistisches Bundesamt*, Statistisches Jahrbuch 2014, S. 203.

[3] *Statistisches Bundesamt*, Statistisches Jahrbuch 2014, S. 202. Ein Smartphone ist ein Mobiltelefon mit dem Funktionsumfang eines Computers durch die Möglichkeit, verschiedenste Programme – sogenannte *Apps* – aufzuspielen. Der Begriff leitet sich als Kurzform vom englischen Begriff für Programm *application* ab. Mitte 2014 gab es allein für das *iPhone* des Herstellers *Apple* über 1 Millionen verschiedene Apps, vgl. http://de.statista.com/statistik/daten/studie/208599/umfrage/anzahl-der-apps-in-

II. Die Alltagswirklichkeit der Digital Natives

Die Nutzungsmodalitäten innerhalb der vernetzten Digitalsphäre mögen sich in verschiedenen Altersgruppen noch deutlich unterscheiden; in der Generation der Geburtenjahrgänge ab etwa 1980, der sog. *Digital Natives*, heben sich diese Unterschiede aber weitgehend auf – vernetzte Informationstechnik ist hier ein zentrales Element der Lebensgestaltung.[4] Entsprechend emotional wird die Debatte über staatliche Zugriffe im „digitalen Raum" von dieser Seite oftmals geführt. Menschen, die der informationstechnischen Entwicklung kritisch, gleichgültig oder überfordert gegenüberstehen und sie deshalb im Wesentlichen nicht mitvollzogen haben, reagieren hierauf vielfach mit Unverständnis.

Nachvollziehbar wird die Sensibilität dessen, was sich in vernetzter Informationstechnik der Digital Natives finden lässt, wenn man die Nutzungsmodalitäten und die technischen Hintergründe – insbesondere die häufig allumfassende und zeitlich unbegrenzte Protokollierung aller Aktivitäten –[5] kennt. Ein typischer Tagesablauf eines Digital Native (D) aus Berlin könnte so aussehen: D wird morgens vom Wecker seines Smartphones geweckt. Zum Frühstück wählt er auf dem Smartphone das Internetangebot eines Radios aus und streamt es auf Lautsprecher in seiner Wohnung. Er wirft einen Blick in seinen digitalen Kalender und liest die neuesten E-Mails und Mitteilungen in verschiedenen sozialen Netzwerken auf seinem Tablet, das über ein Cloud-System[6] mit dem Smartphone und einem Notebook synchronisiert ist. D fährt mit der S-Bahn zur Arbeit, ruft

---

den-top-app-stores.

[4] Vgl. *Singh/Reiff*, Controlling & Management Review 2013, 66 (70); *S. E. Schulz/Tischer*, ZG 2013, 339 (344), jeweils mit Beispielen und statistischen Nachweisen.

[5] Die Ausstattung von Computersystemen mit immer größeren Festplatten bzw. die Auslagerung der permanenten Datenspeicherung in Clouds führt (ganz abgesehen davon, dass ein [physikalisches] Löschen von Daten nicht so trivial ist, wie entsprechende Schaltflächen einer Programmoberfläche vermuten lassen, siehe hierzu unten S. 21) dazu, dass der Nutzer entweder aus Gewohnheit und Bequemlichkeit nichts löscht oder gar keinen Einfluss darauf hat, inwieweit Daten durch den Cloud-Anbieter tatsächlich gelöscht werden, vgl. hierzu unten Fn. 388.

[6] Siehe hierzu unten S. 25 ff.

unterwegs auf dem Tablet seinen Bankkontostand ab und führt nötige Überweisungen durch, liest auf dem Gerät die digital abonnierte Tageszeitung und hört dabei Musik aus seiner digitalen Sammlung in der Cloud. Am Arbeitsplatz angekommen, sitzt er die nächsten Stunden vor einem Computersystem des Arbeitgebers. In den Pausen kommt abermals das Tablet zum Einsatz – E-Mails, soziale Netzwerke und Musik. Nach Feierabend wiederholt sich die S-Bahn-Prozedur. Wieder zu Hause, beantwortet D am Notebook E-Mails von alten Schulfreunden und ehemaligen Kommilitonen, die in der Welt verstreut wohnen und arbeiten, skypt[7] mit seiner Schwester in Australien und seiner Lebensgefährtin in München, die er nur am Wochenende sieht. Schließlich öffnet er auf dem Notebook die Fernsehapp und streamt das Programm auf einen großen Monitor im Wohnzimmer, während er einen Einkaufszettel und eine To Do-Liste für den nächsten Tag auf dem Smartphone erstellt. D hat kein Radio, kein klassisches Telefon und keinen herkömmlichen Fernseher, keine Tageszeitung in Papierform und keine Musik-CDs. Persönliche Dokumente befinden sich digitalisiert auf dem Notebook, auf zwei externen Backup-Festplatten und in der Cloud – in Papierform hebt er so gut wie keines dieser Dokumente auf. Mit dem Smartphone telefoniert er – soweit möglich –[8] kostenlos über VoIP-Dienste[9] des Herstellers oder eines Drittanbieters, nicht über das hergebrachte Mobilfunknetz. Anstelle von SMS-Nachrichten schreibt er kostenlose Kurzmitteilungen über ein eigenes System des Geräteherstellers, in sozialen Netzwerken oder mit Messenger-Apps.

III. Konzentrierte Informationen und ihr Schutz gegen Begehrlichkeiten Dritter

Vernetzte Informationstechnik kann berufliche, private und in-

---

[7] Siehe hierzu unten S. 62.

[8] Festnetznummern oder „klassische" Mobiltelefone muss D (noch) über das Telefonnetz anrufen.

[9] Siehe hierzu unten S. 60 ff.

timste Lebensinhalte nicht nur zum Vorteil des befugten Nutzers konzentrieren. So komfortabel es ist, Einkaufszettel, Tagebuch und Bibliothek, Musiksammlung, Kalender und Adressbuch sowie das Büro samt Aktenbestand und Kundendatei jederzeit in Griffweite zu haben, so folgenschwer kann es sein, wenn sich Dritte unbefugt denselben Zugriff verschaffen. Die Möglichkeiten hierfür sind vielfältig. Sie reichen vom körperlichen Verlust der Geräte bis zu diversen virtuellen Angriffsszenarien. Zwar gibt es wirksame technische Schutzmaßnahmen. Ihre Umsetzung erfordert jedoch oft fundierte Kenntnisse, an denen es den meisten Nutzern fehlt: Laut einer Studie des *BSI* aus dem Jahre 2011 schätzen 78 % der Bundesbürger ihre IT-Sicherheitskenntnisse mit Schulnoten von 3 bis 6 ein.[10] Daneben kann größtmögliche Datensicherheit die Bereitschaft erfordern, auf besonders annehmliche Funktionen zu verzichten oder sie zumindest um weitere nötige Bedienschritte zu erweitern. Auch hierzu sind die meisten Nutzer nicht bereit.[11]

Infolge dessen sollte es – für Kriminelle wie für staatliche Stellen gleichermaßen – zumeist zwar nicht erforderlich sein, das vollständige Repertoire versierter Hacker aufzubieten, um auf den Datenbestand eines bestimmten Nutzers zuzugreifen. Allerdings dürfte gerade derjenige seine Daten besonders gut gegen unautorisierte Zugriffe absichern, der solche Zugriffe fürchtet – sei es, weil er die Sammlung und Auswertung seiner Daten zur Vermarktung durch Internetunternehmen oder zur Begehung von Straftaten durch „Identitätsdiebe" verhindern möchte; sei es, weil er aufgrund seiner beruflichen Position das Interesse von Konkurrenten zu wecken meint; sei es, weil er gegen Strafgesetze verstößt und die Strafverfolgung vereiteln will.

---

[10]   https://www.bsi.bund.dc/DE/Presse/Pressemitteilungen/Presse2011/BSI-Buergerumfrage-Internetsicherheit_11022011.html.

[11]   Vgl. *E. Huber*, http://www.pentaeder.de/projekte/2013/07/05/die-saat-des-misstrauens-und-der-fluch-der-bequemlichkeit.

IV. Die Aushöhlung überkommener Ermittlungswerkzeuge

Durch den gesellschaftlichen Siegeszug vernetzter Informationstechnik verlieren überkommene strafprozessuale Ermittlungswerkzeuge zunehmend an Bedeutung. Dies gilt nicht nur für den Bereich der sog. Computer- und Internetkriminalität[12]: Wird der vorgenannte D zum Beschuldigten im Ermittlungsverfahren wegen des Verdachts *irgendeiner* Straftat, wird eine Wohnungsdurchsuchung bei ihm praktisch keine persönlichen Aufzeichnungen oder Briefe zutage fördern. Eine Überwachung seines Mobilfunkanschlusses beim Anbieter wird bestenfalls einen Bruchteil seiner tatsächlich geführten Telefonate und versandten Kurznachrichten abbilden. Ob sich die gegenständliche Straftat „im Internet" abgespielt hat oder ob sie per Computersystem begangen bzw. vorbereitet wurde, ist dabei einerlei – die Alltagsintegration der Digitaltechnik führt schlicht dazu, dass immer weniger „analoge" Beweismittel anfallen.

V. Neue Ermittlungsansätze mit neuen Problemlagen

Umgekehrt bedarf es nicht allzu viel Phantasie, sich vorzustellen, welche Auswirkungen die Sicherstellung von Smartphone, Tablet, Notebook und allen auffindbaren Datenträgern[13] nicht nur auf die Lebensführung des D, sondern auch auf den Ermittlungserfolg hat: Er wird – verglichen mit Wohnungsdurchsuchung und Post- bzw. Telefonüberwachung – ungleich größer sein, wenn es gelingt, diese Geräte auszuwerten oder D gar heimlich in Echtzeit bei ihrer Nutzung zu beobachten, also alle Eingaben mitzulesen und alle Bildschirminhalte zu sehen, die D sieht.

Soll die Kommunikation des D erfolgversprechend überwacht

---

[12] Hier verstanden i. e. S. als Straftaten, bei denen Elemente der Informationstechnik zu den Tatbestandsmerkmalen gehören, vgl. *Wernert*, Internetkriminalität, S. 14 f. Hierzu zählen im StGB etwa die §§ 149, 202a bis 202c, 263a, 269, 270, 303a und 303b.

[13] Genau dies entspricht der gängigen strafprozessualen Praxis, vgl. *Kurz*, Betrifft Justiz 2009, 164 (167); *Rath*, DRiZ 2009, 117. Vgl. hierzu auch die Diskussion der strafrechtlichen Abteilung des 69. DJT, Bd. II/2, S. L 80 f. Vgl. ferner *Bär*, EDV-Beweissicherung, S. 281 f.

werden, muss der komplette Datentransfer am Festnetz- und Mobil-funknetzanschluss mitgeschnitten und auf relevante Kommunikationsinhalte durchsucht werden. Zugleich werden hierbei jedoch Informationen erhoben, die bei einer Telefonüberwachung niemals zu erlangen wären, z. B. alle von D aufgerufenen Internetadressen. In der „analogen" Welt kämen die Erkenntnisse mitunter denen eines unsichtbaren Beobachters gleich, der D in Arztpraxen, anonyme Selbsthilfegruppen und Geschäfte folgt und bis ins Detail erfährt, was D sagt, sieht und hört. Auch alle Daten, die D mit Cloud-Systemen synchronisiert, werden zwangsläufig mitgeschnitten – dies kann mitunter den gesamten Datenbestand eines IT-Systems[14] umfassen.[15] Die vollständige Anschlussüberwachung eröffnet mithin den Zugang zu Erkenntnissen, die vor einigen Jahren (wenn überhaupt) nur auf lokalen Datenträgern, in Papierform oder durch Observationsmaßnahmen zu erlangen waren – vorausgesetzt, die mitgeschnittenen Daten können ausgewertet werden. Dies gestaltet sich oftmals schwierig, denn der Datentransfer im Internet erfolgt zunehmend verschlüsselt – das erfolgreiche Abgreifen unverschlüsselter Daten auf dem Übertragungsweg ist ein Auslaufmodell.[16] Auch der Datenbestand auf körperlich sichergestellten Endgeräten ist immer häufiger verschlüsselt.[17]

VI. Bisherige Ansätze in der Praxis

Die Ermittlungspraxis versucht dieser Probleme im Wesentlichen mit zwei Ansätzen Herr zu werden: Ist es Anbietern von Internetdiensten technisch möglich, lesbare Daten herauszugeben, werden

---

[14] Siehe zum Begriff sogleich unten S. 12 ff.

[15] Siehe hierzu unten S. 25 ff.

[16] Im Jahre 2013 waren bereits 23 % der im Internet übertragenen Daten verschlüsselt, vgl. *Schaar*, Überwachung total, S. 31. Vgl. hierzu im Kontext des Cloud Computing auch den Diskussionsbeitrag von *Kurz* auf dem 69. DJT, Bd. II/2, S. L 166 f.

[17] Vgl. *Bäcker/Freiling/S. Schmitt*, DuD 2010, 80; *Bär*, in: Wabnitz/Janovsky, Kap. 27, Rn. 146; *M. Gercke*, CR 2007, 245 (247). Befördert wird diese Entwicklung durch standardisiert in verbreitete Betriebssysteme integrierte Festplattenverschlüsselungsroutinen, die dem Nutzer keinen wesentlichen Implementierungsaufwand abverlangen. Vgl. für Microsoft Windows *Otnes*, Windows 7 Made Simple, S. 759.

Auskunfts- bzw. Herausgabeersuchen direkt an diese gerichtet[18] oder Durchsuchungsmaßnahmen nach § 103 StPO bei ihnen durchgeführt[19]. Scheidet diese Möglichkeit aus, weil etwa einem Anbieter durch unklare Firmierungsgeflechte mit Auslandsbezug[20] und unbekannte Serverstandorte[21] nicht habhaft zu werden ist, wird der gesamte Datenverkehr an den Internetanschlüssen des Beschuldigten auf Grundlage der §§ 100a, 100b StPO aufgezeichnet.[22] Werden die Daten jedoch auf dem Übertragungsweg und/oder Ende-zu-Ende-verschlüsselt,[23] ist es je nach verwandter Methode nur schwer oder überhaupt nicht möglich, sie lesbar zu machen.

Seit Mitte der 2000er Jahre bildet sich daher als paralleler Ansatz der staatliche Einsatz technischer Mittel heraus, die in ihrer Funktionsweise den von Hackern genutzten entsprechen. So wurden etwa verschlüsselte VoIP-Telefonate[24] mittels sog. Quellen-TKÜ abgehört[25] und (potentiell) verschlüsselte E-Mails schon während ihrer Eingabe durch Bildschirmfotos dokumentiert.[26] Für beide Maßnahmen bedarf es der Installation einer speziellen Software auf dem

---

[18] Vgl. *Bär*, EDV-Beweissicherung, S. 301 ff.

[19] *Bär*, EDV-Beweissicherung, S. 239.

[20] Einige Anbieter von Speicherplatz im Internet agieren in einer rechtlichen Grauzone, weil sie u. a. Infrastruktur für Urheberrechtsverstöße zur Verfügung stellen, vgl. *M. Becker*, DuD 2013, 207. Ist ein solcher Anbieter darauf bedacht, seine Identität zu verschleiern, werden an offizielle Kontaktadressen gerichtete Auskunfts- und Herausgabeersuchen zumeist unbeantwortet bleiben.

[21] Oftmals betreiben Cloud-Anbieter zahlreiche Server, die sich in verschiedenen Staaten befinden können und ihrerseits von Dritten angemietet sind. Ein einzelnes beweisrelevantes Datum kann physikalisch auf mehrere solcher Server verteilt sein, sodass die Beschlagnahme eines einzelnen Servers keinen Erfolg verspricht. Siehe hierzu unten Fn. 161.

[22] *Süptitz/Utz/Eymann*, DuD 2013, 307 (309). Die vollständige Überwachung des Datentransfers an Internetanschlüssen ist auch aus anderen Ermittlungsanlässen bereits verbreitet, vgl. BGH, Beschluss vom 23.03.2010 – StB 7/10 –, NStZ 2011, 148 (Verdacht des Anwerbens von Mitgliedern für ein Terrornetzwerk); LG Ellwangen, Beschluss vom 28.05.2013 – 1 Qs 130/12 –, juris (Verdacht des Mordes und Menschenhandels).

[23] Siehe hierzu unten S. 53 ff.

[24] Siehe hierzu unten S. 60 ff.

[25] Vgl. LG Hamburg, Beschluss vom 13.09.2010 – 608 Qs 17/10 –, juris.

[26] Vgl. LG Landshut, Beschluss vom 20.01.2011 – 4 Qs 346/10 –, juris, Rn. 17.

Endgerät des Betroffenen[27], mit der – rein technisch – grundsätzlich jede erdenkliche Funktion dieses Endgeräts nutzbar gemacht werden kann.[28] Nicht nur zur Umgehung von Verschlüsselungen, sondern als universelles Überwachungsinstrument wird daher die sog. „Online-Durchsuchung" erörtert.[29] Spekulationen darüber, inwieweit umfassende Online-Durchsuchungen zu strafprozessualen Zwecken bereits durchgeführt wurden, entbehren spätestens seit Veröffentlichung der Analyse einer zur Quellen-TKÜ eingesetzten Software durch den *CCC* im Jahre 2011[30] zumindest nicht mehr jeder Grundlage. Zur Auswertung sichergestellter verschlüsselter Datenträger behilft man sich zudem mit Brute Force-Angriffen,[31] die – je nach Schlüssel- bzw. Passwortstärke – Tage, Wochen, Monate oder auch Jahrhunderte dauern können[32] und während derer die Geräte den Betroffenen zumeist entzogen bleiben[33].

Die Rechtslage zur Durchführung derartiger Zugriffe ist vielfach unklar: Das *BVerfG* hat im Jahre 2008 im Online-Durchsuchungsurteil[34] ein neues *Grundrecht auf Gewährleistung der Vertraulichkeit und Integrität informationstechnischer Systeme*[35] herausgearbeitet und hohe

---

[27] Vom *Betroffenen* ist im Rahmen dieser Arbeit immer dann die Rede, wenn Adressat einer Ermittlungsmaßnahme nicht zwingend der Beschuldigte bzw. Verdächtige ist.

[28] Siehe hierzu unten S. 45 ff.

[29] Vgl. statt aller *Birkenstock*, Zur Online-Durchsuchung, S. 9 ff.; *Buermeyer*, HRRS 2007, 329 ff.; *Kulwicki*, Verfassungswandel, S. 47 ff.; *Roggan*, Roggan (Hrsg.): Online-Durchsuchungen 2008, 97 (99 ff.).

[30] Siehe hierzu unten S. 331 ff.

[31] *M. Gercke*, in: Spindler/Schuster, Zehnter Teil, Vorbem., Rn. 9. Zum Begriff siehe unten S. 38.

[32] Siehe hierzu unten S. 37 ff.

[33] Vgl. etwa BVerfG, Beschluss vom 30.01.2002 – 2 BvR 2248/00 –, juris, Rn. 5. Hier bestätigte das *BVerfG* die mehr als zwei Jahre andauernde Sicherstellung eines Laptops, dessen Datenbestand „noch nicht entschlüsselt" war. Siehe hierzu unten S. 267 f.

[34] Urteil vom 27.02.2008 – 1 BvR 370/07, 1 BvR 595/07 – BVerfGE 120, 274 = WM 2008, 503 = NJW 2008, 822 = ZUM 2008, 301 = StRR 2008, 140 = DVBl 2008, 582 = DÖV 2008, 459 = CR 2008, 306 = MMR 2008, 315 = DuD 2008, 414.

[35] Nachfolgend bezeichnet als *IT-Grundrecht*, so u. a. auch bei *Bäcker*, Linien der Rechtsprechung des BVerfG 2009, S. 99 (118); *Gurlit*, NJW 2010, 1035 (1036); *Fülbier/Splittgerber*, NJW 2012, 1995 (1997); *Eiermann*, DuD 2012, 452; *Luch*, MMR 2011, 75; *Luch/S. E. Schulz*, MMR 2013, 88 (93); *Schmidl*, in: Corporate Compliance, Rn. 318 zu

Hürden für bestimmte Fälle des Internet-Fernzugriffs auf IT-Systeme aufgestellt[36]. Indes sind Quellen-TKÜ und Online-Durchsuchung nicht die einzigen Zugriffsmöglichkeiten auf IT-Systeme, mit denen Eingriffe in deren Vertraulichkeit und Integrität einhergehen, und schon der Begriff des IT-Systems ist nicht klar definiert. Infolgedessen bleibt die Rechtsprechung des *BVerfG* im Online-Durchsuchungsurteil bis dato entweder nahezu unbeachtet,[37] oder sie wird zum absoluten Zugriffsverbot überinterpretiert[38]. Überdies sind auch andere Grundrechte im Kontext der Informationstechnik wiederholt um Aspekte erweitert worden, die in strafprozessualen Ermittlungsbefugnissen angesichts der Entstehungszeit der StPO keinen Niederschlag finden konnten.[39] Die strafprozessuale Praxis bedarf insoweit insgesamt einer kritischen Prüfung.

VII. Die strafprozessualen Beschlüsse des 69. DJT

Die strafrechtliche Abteilung des 69. DJT hat sich im Jahre 2012 mit dem Thema der *Straftaten und Strafverfolgung im Internet* befasst und zum vorgenannten Problemkreis folgende Beschlüsse gefasst:[40]

„Der Gesetzgeber muss dem hohen Gefahrenpotential der Internetkriminalität[41] für die Bürger wie für den Staat und seine Einrichtungen angemessen Rechnung tragen. Das Rechts-

---

§ 29; *Schmale/Tinnefeld*, DuD 2012, 401; *Tinnefeld*, ZD 2012, 451 (453).

[36] Siehe hierzu unten S. 168.

[37] Sehr bedenklich insoweit *Redler*, Online-Durchsuchung, passim.

[38] So will etwa *Rath*, DRiZ 2009, 117, für die Auswertung sichergestellter Computer dieselben Hürden aufstellen, die laut BVerfGE 120, 274 für die heimliche Online-Durchsuchung gelten. Siehe hierzu näher unten S. 274 ff.

[39] Siehe hierzu unten S. 138 ff.

[40] 69. DJT, Bd. II/2, S. L 184 ff.

[41] Der Begriff dürfte hier ausweislich der Diskussionsbeiträge in einem weiteren Sinne zu verstehen sein, wie er auch bei *Wernert*, Internetkriminalität, S. 17, definiert ist: Danach umfasst er alle Straftaten, bei denen Informations- und Kommunikationsmedien zur Planung, Vorbereitung und/oder Ausführung eingesetzt werden – es geht daher keinesfalls ausschließlich um „computerspezifische" Delikte, sondern um alle Straftaten, bei denen etwa klassische Kommunikations- oder Aufzeichnungsmedien durch vernetzte Informationstechnik substituiert sind.

staatsprinzip verlangt die Berücksichtigung der Belange einer funktionsfähigen Strafrechtspflege. Dem widerspräche es, den Strafverfolgungsbehörden die Ermittlungsmaßnahmen und technische Möglichkeiten vorzuenthalten, die diese für eine effektive Strafverfolgung benötigen.

Strafprozessuale Überwachungs- und Kontrollmaßnahmen können je nach Intensität des Eingriffs im Rahmen der Verhältnismäßigkeit zulässig sein. Dafür ist es erforderlich, dass der Gesetzgeber diese Eingriffe nicht mehr an körperlichen Beweisgegenständen orientiert, sondern funktionsbezogen regelt, dabei aber klar und detailliert die Voraussetzungen hierfür festlegt.

Nach dem derzeitigen Stand der Technik sollte insbesondere für folgende wichtige (repressive) Maßnahmen durch den Gesetzgeber Rechtsklarheit geschaffen werden:

Quellen-Telekommunikationsüberwachung:

> Ein heimliches Eindringen in ein informationstechnisches System zum Zwecke einer repressiven Quellen-Telekommunikationsüberwachung sollte als Ausgleich für die technisch meist unmögliche Telekommunikationsüberwachung entsprechend den Voraussetzungen der §§ 100a, 100b StPO möglich sein.

> Die hierfür eingesetzte Software muss vorab unabhängig zertifiziert werden, z. B. durch den Datenschutzbeauftragten, um sicherzustellen, dass die technischen und rechtlichen Anforderungen eingehalten und die beim Einsatz dieser Software unvermeidlichen Gefahren beherrschbar sind.

Online-Durchsuchung:

> Ein heimliches Eindringen in ein informationstechnisches System zum Zwecke einer repressiven Online-Durchsuchung ist angesichts der Möglichkeit einer Verschlüsselung der gespeicherten Daten ein wichtiges Er-

mittlungsinstrument und sollte daher, wenn auch unter hohen, verfassungsrechtlich vorgegebenen Eingriffsschwellen (vgl. BVerfGE 120, 274) erlaubt werden.

Die hierfür eingesetzte Software muss vorab unabhängig zertifiziert werden, z.B. durch den Datenschutzbeauftragten, um sicherzustellen, dass die technischen und rechtlichen Anforderungen eingehalten und die beim Einsatz dieser Software unvermeidlichen Gefahren beherrschbar sind."

VIII. Untersuchungsziel

Ziel der Untersuchung ist es, unter Berücksichtigung der tatsächlichen bzw. technischen Gegebenheiten die Grundrechtsrelevanz strafprozessualer Zugriffe auf IT-Systeme herauszuarbeiten und hieran darzulegen, inwieweit das bestehende Instrumentarium der StPO den ermittlungspraktischen und grundrechtlichen Anforderungen bereits genügt und welche Modifikationen zur Umsetzung der vorstehenden Beschlüsse des 69. DJT nicht nur ermittlungspraktisch sinnvoll, sondern auch verfassungsrechtlich zulässig sind.

IX. Gang der Untersuchung

Hierfür wird unter B zunächst der Begriff des IT-Systems erarbeitet. Unter C werden die tatsächlichen Zugriffsmöglichkeiten auf IT-Systeme nebst derjenigen technischen Grundlagen dargestellt, die für das Verständnis der nachfolgenden Rechtsfragen erheblich sind. Unter D werden nach Herleitung und Einordnung der Staatsaufgabe, eine funktionstüchtige Strafrechtspflege zu gewährleisten, die grundrechtsübergreifenden verfassungsrechtlichen Anforderungen an strafprozessuale Eingriffsbefugnisse, der vom *BVerfG* für Inhaber von IT-Systemen entwickelte Grundrechtsschutz, Abwehrrechte auf internationaler Ebene und die Rechtsfolgen strafprozessualer Grundrechtsverletzungen erörtert. Zur Beurteilung ihrer Rechtmäßigkeit – und ggf. der Rechtsfolgen ihrer rechtswidrigen Durchführung – werden unter E die tatsächlichen Zugriffsmöglichkeiten (C) mit dem vorhandenen Instrumentarium der StPO in seiner praktischen Umsetzung und den verfassungsrechtlichen Anforderungen (D) abgeglichen. Unter F wird schließlich aufgezeigt, inwieweit derzeit unzulässige, aber praktisch notwendige Zugriffsmöglichkeiten verfassungskonform normiert werden können.

B. Der Begriff des IT-Systems

I. Zur Notwendigkeit einer Definition

Wie alle einfachgesetzlichen Vorschriften müssen auch Strafverfahrensnormen in abstrakter Ausgestaltung und konkreter Anwendung den Grundrechten genügen. Untersucht man die Rechtsgrundlagen für strafprozessuale Zugriffe auf IT-Systeme, liegt die Prüfung des im Jahre 2008 vom *BVerfG* entwickelten IT-Grundrechts[42] nahe. Dieses ist jedoch infolge seiner Herleitung aus Art. 2 Abs. 1 i. V. m. Art. 1 Abs. 1 GG grundsätzlich subsidiär zu speziellen Grundrechtsgarantien.[43]

Ob eine spezielle Grundrechtsgarantie besteht, lässt sich nur beantworten, wenn man zwischen Grundrechtseingriffen *durch* den Zugriff auf ein IT-System und *bei Gelegenheit* dieses Zugriffs unterscheiden kann – wozu klar sein muss, *was* das IT-System *ist* und wann es lediglich als *Instrument* zur Wahrnehmung grundrechtlicher Freiheitsverbürgungen dient. Anhand dieser Differenzierung lässt sich sodann beurteilen, ob das IT-Grundrecht im Einzelfall in Idealkonkurrenz zu anderen Grundrechten steht – mit der Folge, dass die jeweils strengeren Eingriffsvoraussetzungen erfüllt sein müssen – oder ob es von anderen, spezielleren Grundrechten verdrängt wird.

Das *BVerfG* setzt den Begriff des IT-Systems im Online-Durchsuchungsurteil zwar voraus; eine Definition findet sich dort aber nicht.[44] Vielmehr nennt das *Gericht* einzelne Geräte aus dem Bereich der Informationstechnik als Beispiele – etwa Notebooks, PDAs und Mobiltelefone[45] oder elektronische Terminkalender[46] – und sieht

---

[42] Siehe hierzu ausführlich unten S. 148 ff.

[43] Vgl. BVerfGE 120, 274 (302).

[44] Zur gleichwohl vorgenommenen Beschränkung des IT-Grundrechts auf bestimmte IT-Systeme siehe unten S. 148 ff.

[45] BVerfGE 120, 274 (311).

[46] BVerfGE 120, 274 (314).

darüber hinaus auch im Internet insgesamt ein IT-System[47].

Angesichts der rasanten technischen Entwicklung auf dem Gebiet der Informationstechnik erscheint es misslich, das Vorliegen eines IT-Systems und damit die Grundvoraussetzung für die Eröffnung eines grundrechtlichen Schutzbereichs anhand bisweilen kurzlebiger Beispiele feststellen zu müssen. Es ist daher eine Definition des IT-Systems zu erarbeiten, die auch künftige IT-Systeme i. S. d. IT-Grundrechts erfasst.

II. Das IT-System in Rechtswissenschaft und Informatik

1. Computersystem und EDV-Anlage in der Rechtswissenschaft

Bevor der hier interessierende[48] Begriff des IT-Systems Eingang in den rechtswissenschaftlichen Wortschatz fand, war das „Computersystem"[49] bzw. die „EDV-Anlage"[50] der Oberbegriff für alle technischen Geräte zur Durchführung von Datenverarbeitungsvorgängen. Solche Computersysteme waren räumlich abgegrenzt: So verschieden sie in Bauart, Ausmaßen und Funktionsumfang waren, so deutlich ließen sie sich jeweils von anderen Computersystemen unterscheiden. Bei der Vernetzung mehrerer Computersysteme wurde zwischen dem „Datenfernübertragungssystem", also dem Übertragungsweg, und den hierüber verbundenen Computersystemen un-

---

[47] BVerfGE 120, 274 (276).

[48] Bereits vor über 20 Jahren war in der Rechtswissenschaft von „informationstechnischen Systemen" die Rede. Hierbei ging es naturgemäß nicht um die heute etablierte Informationstechnik, sondern um die initiale und integrative rechtliche Durchdringung von Datenverarbeitungs- und Netzwerktechnik, vgl. etwa *Lennartz*, Rechtliche Steuerung informationstechnischer Systeme, S. 9 f. Der heutige Begriff des IT-Systems ist hiervon losgelöst zu betrachten – wenngleich ein „Zusammenwachsen der Datenverarbeitungs- und Datenübertragungstechnik" schon damals konstatiert wurde, vgl. *Sieber*, NJW 1989, 2569 (2570).

[49] Vgl. *D. Seidel*, Computerkriminalität, S. 29.

[50] Vgl. *Jaeger*, Computerkriminalität, S. 192; *Herbert Schmitz/D. Schmitz*, Computerkriminalität, S. 23; *Schulze-Heiming*, Der strafrechtliche Schutz der Computerdaten, S. 1; *Zimmerli*, Computermißbrauch, Computersicherheit, S. 15.

terschieden.[51] Bestehenden Ansätzen einer „Datenfernverarbeitung", bei der Daten auf räumlich entfernten, leistungsfähigeren Computersystemen verarbeitet wurden, prognostizierte *Bär* 1992 gar einen Bedeutungsverlust angesichts der Entwicklung des PC.[52] Noch im Übereinkommen über Computerkriminalität aus dem Jahre 2001 wurde das Computersystem in Art. 1 Buchst. a zwar definiert als „eine Vorrichtung *oder eine Gruppe miteinander verbundener oder zusammenhängender Vorrichtungen,* die einzeln *oder zu mehreren* [Hervorh. d. Verf.] auf der Grundlage eines Programms automatische Datenverarbeitung durchführen"; in der Präambel ist indes vom Schutz der „Vertraulichkeit, Unversehrtheit und Verfügbarkeit von Computersystemen, Netzen und Computerdaten" die Rede –[53] zwischen Computersystemen und Computernetzwerken wurde begrifflich auch hier unterschieden.

2. Computersystem und IT-System in der Informatik

Aufschluss über das Verhältnis zwischen Computersystem, Computernetzwerk und IT-System gibt die Begriffsentwicklung in der Informatik. Ein Computersystem bezeichnet hier eine Hardwarearchitektur, die im Wesentlichen[54] dem *Von-Neumann*-Modell[55] folgt.[56] Diese soll zunächst in ihren Grundzügen ebenso dargestellt werden wie die Software, die an Datenverarbeitungsvorgängen beteiligt ist.

---

[51] Vgl. etwa *D. Seidel*, Computerkriminalität, S. 29.

[52] Vgl. *Bär*, Zugriff auf Computerdaten, S. 21. Freilich muss diese Einschätzung vor dem Hintergrund des damals noch weithin unbekannten Internet gesehen werden, dessen Massentauglichkeit erst mit der Veröffentlichung des grafischen Web-Browsers *Mosaic* im Jahre 1993 initiiert wurde, vgl. *Ganten/Wulf*, Debian GNU/Linux, S. 236.

[53] Vgl. http://conventions.coe.int/treaty/ger/treaties/html/185.htm. Das Übereinkommen wird in Anlehnung an die amtliche englischsprachige Bezeichnung auch *Cybercrime-Konvention* genannt.

[54] Die in schnellen Computern eingesetzte *Harvard*-Architektur unterscheidet sich vom *Von-Neumann*-Modell nur hinsichtlich der physikalischen Zuordnung einzelner Speicherbereiche, sodass sie hier nicht näher dargestellt werden muss, vgl. zu den Unterschieden *Oberschelp/Vossen*, Rechneraufbau und Rechnerstrukturen, S. 396 ff.

[55] Der Begriff geht auf das 1946 vorgestellte Konzept des ungarisch-amerikanischen Mathematikers *John von Neumann* zurück, hierzu eingehend *Vogt*, Informatik, S. 8 f.

[56] *Oberschelp/Vossen*, Rechneraufbau und Rechnerstrukturen, S. 228.

Sodann kann nachvollzogen werden, wie Datenverarbeitungsvorgänge innerhalb eines Computersystems ablaufen und zu welchen Veränderungen die Verbreitung vernetzter Informationstechnik hierbei geführt hat. Hieraus ergeben sich Rückschlüsse auf den Begriff des IT-Systems.

a)   Hardwarekomponenten eines Computersystems

Die *Hardware*[57] eines Computersystems wird in drei Kategorien unterteilt: die *Zentraleinheit*, den *Speicher* und verschiedenen *Ein- und Ausgabeeinheiten*.[58] Gekoppelt sind die einzelnen Komponenten durch ihre Anbindung an eine *Hauptplatine*,[59] auch Mainboard, Motherboard oder schlicht Board genannt.[60]

aa)   Zentraleinheit (CPU)

Die Zentraleinheit, auch als CPU, Prozessor oder Mikroprozessor bezeichnet, besteht aus einem Daten- und einem Befehlsprozessor.[61] Der Datenprozessor führt Berechnungen nach Maßgabe der Befehle aus, die der Befehlsprozessor ihm übergibt.[62] Da die CPU nur wenige Daten zeitgleich vorhalten kann, muss sie Daten und Befehle zwischenspeichern und wieder einlesen können.[63]

bb) Speicher

Der hierfür erforderliche Speicher setzt sich einmal aus ROM und RAM zusammen.[64] Die im ROM gespeicherten Werte sind unverän-

---

[57] Alle materiellen Komponenten, *Claus/Schwil*, Duden Informatik, S. 278.

[58] *Oberschelp/Vossen*, Rechneraufbau und Rechnerstrukturen, S. 228.

[59] *Gumm/Sommer*, Einführung in die Informatik, S. 39.

[60] *P. Fischer/Hofer*, Lexikon der Informatik, S. 596; *Messmer*, PC-Hardwarebuch, S. 8; *Mueller*, PC-Hardware Superbibel, S. 175.

[61] *Oberschelp/Vossen*, Rechneraufbau und Rechnerstrukturen, S. 228.

[62] *Gumm/Sommer*, Einführung in die Informatik, S. 44; *Oberschelp/Vossen*, Rechneraufbau und Rechnerstrukturen, S. 229.

[63] *Vogt*, Informatik, S. 23.

[64] *Oberschelp/Vossen*, Rechneraufbau und Rechnerstrukturen, S. 230.

derlich[65] und dienen der Umsetzung von Befehlen, die von der CPU häufig und bei verschiedensten Aufgaben auszuführen sind.[66] Auf den RAM, auch Hauptspeicher oder Arbeitsspeicher genannt,[67] kann die CPU lesend und schreibend zugreifen.[68] Der Arbeitsspeicher ermöglicht der CPU mithin die Verarbeitung großer Datenmengen.[69] Mit der *dauerhaften* Speicherung von Daten hat er nichts zu tun: Eine auch nur kurzzeitige Stromunterbrechung – hierzu gehört das Ausschalten des Computersystems –[70] führt zum Verlust aller Daten im Arbeitsspeicher.[71]

Als Bindeglied zwischen CPU und Speicher gibt es *Cache*[72]-Speicher.[73] Hier werden die als nächstes benötigten oder besonders häufig genutzten Daten zwischengespeichert.[74]

cc) Ein- und Ausgabeeinheiten

Die dritte Komponentenart eines Computersystems bilden die Ein- und Ausgabeeinheiten, auch als Peripherie,[75] E/A-Einheiten oder I/O[76]-Units bezeichnet.[77] Darunter versteht man die Schnittstellen

---

[65] Viele ROMs können zwar umprogrammiert werden. Im Unterschied zum RAM greift das Computersystem im Betrieb aber nur lesend auf ROM-Inhalte zu. Vgl. zu den verschiedenen Varianten *Herold/Lurz/Wohlrab*, Grundlagen der Informatik, S. 109 f. *Oberschelp/Vossen*, Rechneraufbau und Rechnerstrukturen, S. 236.

[66] *Oberschelp/Vossen*, Rechneraufbau und Rechnerstrukturen, S. 230.

[67] *Vogt*, Informatik, S. 24.

[68] *Oberschelp/Vossen*, Rechneraufbau und Rechnerstrukturen, S. 230 f.

[69] Vgl. *Oberschelp/Vossen*, Rechneraufbau und Rechnerstrukturen, S. 236.

[70] *Gumm/Sommer*, Einführung in die Informatik, S. 49.

[71] *Messmer*, PC-Hardwarebuch, S. 15. Nicht flüchtige Arbeitsspeicher spielen funktionsbedingt für die im Rahmen dieser Untersuchung interessierenden Computersysteme keine Rolle. Zu solchen Varianten vgl. *Claus/Schwil*, Duden Informatik, S. 535. Siehe aber auch unten S. 43 f.

[72] Abgeleitet vom engl. Begriff für „geheimes Lager", *Claus/Schwil*, Duden Informatik, S. 122.

[73] *D. Hoffmann*, Grundlagen der technischen Informatik, S. 393; *Oberschelp/Vossen*, Rechneraufbau und Rechnerstrukturen, S. 235.

[74] *Herold/Lurz/Wohlrab*, Grundlagen der Informatik, S. 105.

[75] *Vogt*, Informatik, S. 23.

[76] Abk. für *In* und *Out*.

der CPU und des Speichers nach außen,[77] also alle körperlichen Bestandteile eines Computersystems, die *nicht* Hauptplatine, CPU oder (Arbeits-)Speicher sind.[79] Hierzu zählen alle Hardwareschnittstellen wie Sound-, Grafik- oder Netzwerkkarten, aber auch Bildschirm, Kamera, Mikrofon, Drucker oder Tastatur ebenso wie permanente Datenspeicher, sog. *Datenträger,* – egal, ob sie (wie z. B. „interne" Festplatten) dauerhaft im Computersystem verbaut sind oder (wie z. B. CD/DVD-ROM, USB-Sticks, Speicherkarten) über Laufwerke bzw. Hardwareschnittstellen z. T. nur vorübergehend mit dem Computersystem verbunden sind.[80]

b) Softwarekomponenten eines Computersystems

Die *Software*[81] eines Computersystems wird in Programme (aktive Daten) und Daten i. e. S. (passive Daten) unterteilt: *Programme* kontrollieren und steuern Verarbeitungsprozesse,[82] *Daten i. e. S.* sind Gegenstand oder Ergebnis solcher Verarbeitungsprozesse[83].

aa) Programme

Bei Programmen handelt es sich um Algorithmen, die von der CPU ausgeführt werden können.[84] Das *Betriebssystem* eines Compu-

---

[77] Vgl. *Oberschelp/Vossen*, Rechneraufbau und Rechnerstrukturen, S. 228.

[78] Vgl. *Oberschelp/Vossen*, Rechneraufbau und Rechnerstrukturen, S. 231.

[79] Vgl. *Messmer*, PC-Hardwarebuch, S. 1251.

[80] Vgl. *Vogt*, Informatik, S. 23.

[81] Alle nicht materiellen Bestandteile, *P. Fischer/Hofer*, Lexikon der Informatik, S. 837.

[82] *Claus/Schwil*, Duden Informatik, S. 182.

[83] Vgl. *Gumm/Sommer*, Einführung in die Informatik, S. 102.

[84] Diese liegen in Sprachen verschiedener Klassen vor. Programme in maschinennahen Sprachen kann die CPU unmittelbar ausführen, Programme in höheren Sprachen müssen in Maschinenbefehle kompiliert (übersetzt) werden, um ausführbar zu sein. Höhere Sprachen, von denen es mittlerweile eine Vielzahl gibt, bieten Syntax und Semantik zur Definition von Aufgaben nach menschlichem Verständnis. Zu den Einzelheiten vgl. *Vogt*, Informatik, S. 227 ff. Software wird üblicherweise in höheren Sprachen programmiert, weil so ihr Inhalt leichter zu verstehen und zu verändern ist, vgl. *Oberschelp/Vossen*, Rechneraufbau und Rechnerstrukturen, S. 276. Der einem Programm zugrunde liegende Quelltext wird meist von den Urhebern geheim gehalten. Software, deren Quelltext veröffentlicht ist, wird als *Open Source* bezeichnet, vgl. *P. Fischer/Hofer*,

tersystems ist eine komplexe Sammlung von Programmen, die als Bindeglied zwischen Hardware und einzelnen Anwenderaufgaben fungieren,[85] indem sie der CPU und dem Arbeitsspeicher einzelne Verarbeitungsprozesse zuweisen.[86] Zu den Programmen gehören auch *Treiber*. Bei ihnen handelt es sich um Steuerungsalgorithmen, die es dem Betriebssystem jeweils ermöglichen, bestimmte E/A-Einheiten zu nutzen.[87]

bb) Datenorganisation

(1) Dateien

Daten auf Datenträgern befinden sich in *Dateien*.[88] Dateien sind eindeutig benannte Objekte, deren Daten nach einem bestimmten Schema organisiert sind.[89] Dateinamen bestehen aus Basisname und Erweiterung, wobei die Erweiterung (üblicherweise[90]) den Dateityp angibt und damit entweder eine Zuordnung zu demjenigen Programm ermöglicht, das die Datei öffnen kann, oder die Datei selbst als Programm ausweist.[91] Die Verwaltung und Ablage der Dateien erfolgt in einem *Dateisystem*,[92] das vom Betriebssystem verwaltet

---

Lexikon der Informatik, S. 635 f. Den Rückschluss von einem maschinennahen – also bereits kompilierten – Programm auf seinen Quelltext nennt man *Reverse Engineering*, vgl. *P. Fischer/Hofer*, Lexikon der Informatik, S. 755.

[85] Vgl. *P. Fischer/Hofer*, Lexikon der Informatik, S. 107, auf Desktop-Rechnern/Notebooks z. B. Microsoft Windows, Apple Mac OS oder Linux, auf Smartphones z. B. Android oder Apple iOS.

[86] *Vogt*, Informatik, S. 379.

[87] *Herold/Lurz/Wohlrab*, Grundlagen der Informatik, S. 438 f.

[88] Vgl. *Claus/Schwil*, Duden Informatik, S. 151; *Vogt*, Informatik, S. 118.

[89] *Vogt*, Informatik, S. 118.

[90] Der Nutzer kann Erweiterungen umbenennen und damit den Dateityp verschleiern. Auf den ersten Blick ist so nicht ersichtlich, mit welchem Programm eine solche Datei geöffnet werden kann. Es bedarf dann einer Prüfung der Dateistruktur und einem Abgleich mit bekannten Dateitypen. Zu diesem Zweckt gibt es kostenlose Programme, z. B. das Programm TrID, vgl. http://mark0.net/soft-trid-e.html.

[91] Vgl. *Vogt*, Informatik, S. 119.

[92] *P. Fischer/Hofer*, Lexikon der Informatik, S. 207.

wird.[93] Das Betriebssystem führt hierzu ein *Journal*, das *Metadaten* zu jeder Datei enthält, z. B. das Datum ihrer Erstellung, des letzten Zugriffs, der letzten Änderung und ihre Zugriffsrechte,[94] auch *Privilegien* genannt,[95] von denen es i. d. R. zwei Ebenen gibt: die System- und die Nutzerebene.[96] Als Privilegien kommen *Lesen*, *Schreiben/Löschen* und *Ausführen* in Betracht, wobei verschiedenen Nutzern für jede Datei verschiedene Privilegien zugewiesen werden können.[97] Nutzer, denen auf Systemebene vollständige Privilegien eingeräumt sind und die Privilegien für andere Nutzer festlegen können, werden als *Administratoren* oder *root* bezeichnet.[98] Jeder Nutzer kann nur auf die Dateien zugreifen und solche Verarbeitungsprozesse in Gang setzen, die seinen Privilegien bzw. seiner Ebene entsprechen.[99]

(2) Daten auf Datenträgern

Die permanente Datenspeicherung wird über physische Zustände bestimmter Bereiche des jeweiligen Datenträgers erreicht: Bei Magnetspeichern – hierzu zählen noch immer die meisten Festplatten – werden bei Schreibvorgängen elektromagnetische Felder erzeugt, die auf der Oberfläche des Datenträgers Remanenzen (Restmagnetismen) hervorrufen.[100] Auch nach Abschaltung des Magnetfeldes bleiben diese solange erhalten, bis ein entgegengesetztes Magnetfeld angelegt wird.[101] In *Flash-Speichern* – hierzu zählen u. a. SSD-Festplatten, USB-Sticks und Speicherkarten – werden durch das Anlegen einer hohen positiven Spannung Elektronen in einen bestimmten Bereich gebracht, in welchem sie (auch ohne Stromversor-

---

[93] *Gumm/Sommer*, Einführung in die Informatik, S. 63; *Vogt*, Informatik, S. 379.
[94] *Wolfinger/Gulbins/Hammer*, Linux-Systemadministration, S. 101.
[95] *Schiffmann/Bähring/Hönig*, Technische Informatik 3, S. 114.
[96] *Schiffmann/Bähring/Hönig*, Technische Informatik 3, S. 114.
[97] *Wolfinger/Gulbins/Hammer*, Linux-Systemadministration, S. 128 f.
[98] *P. Fischer/Hofer*, Lexikon der Informatik, S. 24.
[99] Vgl. *Schiffmann/Bähring/Hönig*, Technische Informatik 3, S. 114.
[100] *Messmer*, PC-Hardwarebuch, S. 795; 865 f.
[101] *Messmer*, PC-Hardwarebuch, S. 795; 865 f.

gung) verbleiben, bis eine hohe negative Spannung angelegt wird.[102]

Werden Dateien gelöscht, wird i. d. R. lediglich der betreffende Speicherbereich im Dateisystem als „frei" markiert – physikalisch bleiben die Daten erhalten, bis sie durch neue überschrieben werden;[103] die als „frei" markierten Speicherbereiche können nach bestimmten Mustern durchsucht werden, um Dateien oder Dateifragmente wiederherzustellen.[104] Für die auch physische Löschung von Daten gibt es Programme, die den zu löschenden Speicherbereich mit Zufallsdaten überschreiben.[105] Auf diese Weise gelöschte Daten sind nicht wiederherstellbar.[106]

(3) Daten in CPU und Speicher

Während Daten genutzt werden, durchlaufen sie CPU und Speicher. Hier sind sie nicht nur bei Stromunterbrechungen flüchtig: Durch neue Prozesse werden nicht mehr benötigte Daten fortwährend überschrieben, soweit ihr Speicherbereich zur Aufnahme neuer Daten gebraucht wird.[107]

(4) Daten in Software-Caches

Eine Besonderheit stellen in diesem Zusammenhang *Software-Caches* dar: Ihre Aufgabe entspricht der des physischen Cache-

---

[102] *Gumm/Sommer*, Einführung in die Informatik, S. 469.

[103] *Schwenk*, Sicherheit und Kryptographie, S. 43. Hieran ändert sich nichts, wenn ein Betriebssystem die zu löschende Datei zunächst in einen „Papierkorb" verschiebt und erst beim „Leeren" dieses Papierkorbs „löscht", vgl. *Fox*, DuD 2009, 110.

[104] *Geschonneck*, Computer-Forensik, S. 139 f.; *Ness*, Privacy-Handbuch, S. 271.

[105] *Schwenk*, Sicherheit und Kryptographie, S. 43.

[106] *Fox*, DuD 2009, 110 (110 (112)); *Schwenk*, Sicherheit und Kryptographie, S. 43. Bei Flash-Speichern werden die Speicherbereiche allerdings nicht partiell, sondern fortlaufend überschrieben, weil hier technisch bedingt insgesamt nur eine begrenzte Anzahl von Schreibzugriffen möglich ist, sodass diese gleichmäßig erfolgen müssen. Sollen Daten auf einem Flash-Speicher gelöscht werden, muss jeweils der gesamte als frei gekennzeichnete Speicherplatz überschrieben werden. Vgl. hierzu ausführlich *Ness*, Privacy-Handbuch, S. 275.

[107] Vgl. hierzu ausführlich *D. Hoffmann*, Grundlagen der technischen Informatik, S. 318 ff.

Speichers – sie bilden einen Puffer für häufig genutzte oder bereits berechnete Daten, um den Zugriff auf sie zu beschleunigen.[108] So legen verschiedene Betriebssysteme Inhalte des Arbeitsspeichers auf der Festplatte ab, um die Kapazität des Arbeitsspeichers zu erhöhen.[109] Verschiedene Programme wie z. B. *Browser*[110] legen temporäre Dateien an, um Daten nicht mehrmals über den Übertragungsweg einlesen zu müssen.[111]

Die Inhalte solcher Software-Caches sind nicht zwingend flüchtig. Wo eine Unterbrechung der Stromversorgung nicht automatisch zu Datenverlusten führt – also immer dann, wenn Software-Cache-Daten auf einen Datenträger geschrieben werden –, hängt die Aufbewahrung der Daten vom Programm ab, das den Software-Cache verwaltet. Ob Programme Software-Caches bei ihrer Beendigung löschen oder solche überhaupt anlegen, kann vom Nutzer entschieden werden.[112]

(5)   Datenkopien

Der Inhalt eines definierten Speicherbereichs kann – egal, ob dieser flüchtig ist oder nicht – an einen anderen Speicherort dupliziert werden.[113] Die hierbei entstehende Datenkopie ist mit den Ausgangsdaten vollkommen identisch.[114] Der zu kopierende Speicherbereich kann anhand bestimmter Dateien,[115] aber auch durch vollständige permanente Datenspeicher oder einzelne *Partitionen*[116] de-

---

[108] Vgl. *P. Fischer/Hofer*, Lexikon der Informatik, S. 143.

[109] Man bezeichnet dies als *Swapping*, bei dem Auslagerungsdateien angelegt werden, vgl. *P. Fischer/Hofer*, Lexikon der Informatik, S. 877; *Messmer*, PC-Hardwarebuch, S. 156.

[110] Ein Programm zur Verarbeitung und Darstellung von Internetinhalten, vgl. *P. Fischer/Hofer*, Lexikon der Informatik, S. 130.

[111] Vgl. *Kurose/Ross*, Computernetze, S. 111.

[112] Vgl. z. B. für den Browser *Firefox Ness*, Privacy-Handbuch, S. 81.

[113] *P. Fischer/Hofer*, Lexikon der Informatik, S. 502.

[114] *P. Fischer/Hofer*, Lexikon der Informatik, S. 502.

[115] *Wolfinger/Gulbins/Hammer*, Linux-Systemadministration, S. 192.

[116] Eine Partition ist ein abgeschlossener Abschnitt eines permanenten Datenspei-

finiert werden: Hierbei wird physikalisch *Block*[117] für Block 1:1 auf einen anderen Datenträger bzw. eine andere Partition kopiert, was auch leere Speicherbereiche einschließt.[118] Alternativ kann ein *Image*[119] des Datenträgers bzw. der Partition angefertigt werden.[120]

c) Hardware und Software im Zusammenspiel

aa) Datenübertragung

Damit Programme ausgeführt und Daten i. e. S. erzeugt, dargestellt und gespeichert werden können, müssen die an einem Datenverarbeitungsvorgang beteiligten Hardwarekomponenten miteinander kommunizieren.

(1) Innerhalb eines Computersystems

Innerhalb eines Computersystems besteht hierfür mit dem *Bus-System* ein Geflecht von Adress-, Daten- und Steuerungskanälen.[121]

(2) In Netzwerken

Zur Datenübertragung in Netzwerken aus mehreren Computersystemen stellt jeweils ein Netzwerkadapter eine Hardwareschnitt-

---

chers mit einem bestimmten Dateisystem, vgl. *Messmer*, PC-Hardwarebuch, S. 807. Jede Festplatte hat mindestens eine Partition. Partitionen werden auch als logische Laufwerke bezeichnet. Vgl. hierzu *Mueller*, PC-Hardware Superbibel, S. 574 f.

[117] Ein Block bzw. Sektor ist die kleinste les- und schreibbare physikalische Einheit eines Datenträgers, auf Festplatten meist in einer Größe von 512 Byte, vgl. *Gumm/Sommer*, Einführung in die Informatik, S. 49 f.

[118] Dies wird typischerweise mit dem Programm *dd* umgesetzt, vgl. hierzu *Wolfinger/Gulbins/Hammer*, Linux-Systemadministration, S. 208.

[119] Hierunter versteht man das physikalische Abbild des Inhalts eines Datenspeichers *in einer Datei*, vgl. *P. Fischer/Hofer*, Lexikon der Informatik, S. 423.

[120] Hierfür bietet sich das Programm *partimage* an, vgl. *Wolfinger/Gulbins/Hammer*, Linux-Systemadministration, S. 208. Vgl. zu weiteren Möglichkeiten der Erzeugung von Imagedateien *Dolle*, DuD 2009, 183 (186).

[121] Vgl. hierzu ausführlich *Mueller*, PC-Hardware Superbibel, S. 250 ff.; *Oberschelp/Vossen*, Rechneraufbau und Rechnerstrukturen, S. 242 ff.; *Herold/Lurz/Wohlrab*, Grundlagen der Informatik, S. 112 ff.

stelle zwischen dem Bussystem und dem Netzwerk bereit.[122] Neben einem physikalischen Übertragungsweg ist dabei ein Netzwerkprotokoll erforderlich, das die Adressierung einzelner Teilnehmer ermöglicht.[123] Im Internet – dem weltweiten Netzwerk aus verschiedenen Netzwerken –[124] gilt hierfür das *Internet Protocol* (IP).[125] Jedes teilnehmende Computersystem benötigt eine individuelle *IP-Adresse*.[126] IP-Adressen werden (noch[127]) überwiegend nach dem IPv4-Standard vergeben:[128] Hierbei hat jede IP-Adresse eine Länge von 4 Byte (32 Bit[129])[130] – es gibt also 2^{32} verschiedene IP-Adressen nach dem IPv4-Standard.[131] IP-Adressen werden durch einen *Internet Service Provider* (ISP) vergeben.[132] Aufgrund der begrenzten Anzahl von IP-Adressen erfolgt diese Vergabe meist dynamisch: Pro

---

[122] *Messmer*, PC-Hardwarebuch, S. 24. Mit der *Media Access Control (MAC)-Adresse* haben Netzwerkadapter eine weltweit eindeutige Kennung, vgl. *Kappes*, Netzwerk- und Datensicherheit, S. 110. Die MAC-Adresse kann allerdings – mit je nach IT-System verschieden großem Aufwand – manipuliert werden, sodass z. B. MAC-adressenabhängige Zugangssicherungen mitunter einfach umgangen werden können. Angriffe dieser Art werden als *MAC-Adress-Spoofing* bezeichnet. Vgl. hierzu *Kappes* a. a. O., S. 143.

[123] *Baun*, Computernetze kompakt, S. 17.

[124] *Gumm/Sommer*, Einführung in die Informatik, S. 600; *Kurose/Ross*, Computernetze, S. 23.

[125] *P. Fischer/Hofer*, Lexikon der Informatik, S. 446.

[126] *Kurose/Ross*, Computernetze, S. 93.

[127] Der Nachfolgestandard unter der Bezeichnung IPv6 sieht IP-Adressen einer Größe von 128 Bit vor und soll sicherstellen, dass auch künftig genügend verschiedene IP-Adressen zur Verfügung stehen, vgl. *Kurose/Ross*, Computernetze, S. 341. Dynamische IP-Adressen dürften durch die flächendeckende Einführung von IPv6 auch rechtlich an Bedeutung verlieren, vgl. *Tinnefeld/Buchner/Petri*, Datenschutzrecht, S. 24 f; Vgl. hierzu auch den Diskussionsbeitrag von *Kurz* auf dem *Deutscher Juristentag*, 69. DJT, Bd. II/2, S. L 167 f.

[128] *Kurose/Ross*, Computernetze, S. 303.

[129] Als *Bit* wird die kleinste speicherbare Einheit in der Informatik - der Binärzustand 0 oder 1 - bezeichnet. 8 Bits bilden 1 Byte. 1 Byte stellt üblicherweise ein Zeichen - z. B. einen Buchstaben - dar, vgl. *P. Fischer/Hofer*, Lexikon der Informatik, S. 115; *Gumm/Sommer*, Einführung in die Informatik, S. 5 f.

[130] *Hertelendi*, Das Internet, S. 145.

[131] *Kurose/Ross*, Computernetze, S. 303.

[132] Auch als *Access Provider* oder schlicht *Provider* bezeichnet, vgl. hierzu *Hertelendi*, Das Internet, S. 107 f. Hierbei handelt es sich um Unternehmen, die Internetzugänge anbieten, vgl. *P. Fischer/Hofer*, Lexikon der Informatik, S. 708.

Einwahl eines Computersystems wird ihm eine neue IP-Adresse zugewiesen.[133]

Jedes Computersystem innerhalb eines Netzwerks wird als *Host* bezeichnet.[134] Ein Host, der eine Anfrage über das Netzwerk sendet, heißt *Client*.[135] Der Host, an den diese Anfrage gerichtet ist, heißt *Server*.[136] Ein Host kann sowohl Server als auch Client sein – hier gilt der Host, der eine Verbindung einleitet, als Client.[137]

bb) Datenverarbeitung

Datenverarbeitungsvorgänge verlaufen nach dem *EVA-Prinzip*[138]: Daten aus einer Eingabeeinheit werden – ggf. unter Einbeziehung des Speichers – durch die Zentraleinheit verarbeitet und auf einer Ausgabeeinheit ausgegeben.[139]

(1)   Zentrale Datenverarbeitung

Nach überkommenem Verständnis laufen Datenverarbeitungsvorgänge nach dem EVA-Prinzip innerhalb *eines* Computersystems ab.[140] Alle beteiligten Hardwarekomponenten sind hierbei baulich miteinander verbunden.

(2)   Dezentrale Datenverarbeitung

Dies hat sich durch die Verbreitung des Internet mit immer höheren Übertragungsgeschwindigkeiten grundlegend geändert.[141] Un-

---

[133] *Hertelendi*, Das Internet, S. 108.
[134] *Kurose/Ross*, Computernetze, S. 21.
[135] *P. Fischer/Hofer*, Lexikon der Informatik, S. 169.
[136] *Claus/Schwil*, Duden Informatik, S. 594.
[137] *Kurose/Ross*, Computernetze, S. 92.
[138] Abk. für Eingabe, Verarbeitung, Ausgabe.
[139] *Herold/Lurz/Wohlrab*, Grundlagen der Informatik, S. 93.
[140] Vgl. *Herold/Lurz/Wohlrab*, Grundlagen der Informatik, S. 94.
[141] Vgl. *Bosesky/C. Hoffmann/S. E. Schulz*, DuD 2013, 95; *Marit Hansen*, DuD 2012, 407 (408 f.).

ter der Bezeichnung *Cloud Computing* gibt es verschiedenste Daten-verarbeitungsmodelle, bei denen mindestens eine Komponente des EVA-Prinzips örtlich entfernte Ressourcen über eine Internetver-bindung nutzt.[142] Mittlerweile gibt es Computersysteme, die ohne Anbindung an das Internet nahezu nutzlos sind, weil alle wesentli-chen Datenverarbeitungsvorgänge und/oder permanenten Daten-speicherungen netzwerkbasiert stattfinden.[143]

Beim Cloud Computing lassen sich drei Varianten unterscheiden. Als *Software as a Service* (SaaS) werden Lösungen zusammengefasst, die dem Nutzer netzwerkbasiert einzelne Programme auf Hardware des Anbieters zur Verfügung stellen.[144] Der Nutzer muss die Pro-gramme nicht lokal installieren und kann auf Rechenleistung des Anbieters zurückgreifen.[145] *Platform as a Service* (PaaS) stellt Ent-wicklungs- und Laufzeitumgebungen für Programme zur Verfü-gung, sodass Nutzer hierauf Programme entwerfen und (z. B. zu Testzwecken) ausführen können,[146] ohne die erforderliche Hard- und Software selbst vorhalten zu müssen[147]. *Infrastructure as a Ser-vice* (IaaS) bietet dem Nutzer schließlich Hardwareressourcen – permanente Speicherkapazität und Rechenkapazitäten – zur Instal-lation und zum Betrieb eigener Programme[148] oder zur Auslagerung einzelner EVA-Vorgänge, insbesondere zur permanenten Daten-speicherung im sog. *Cloud Storage*[149]. Zwar laufen auch beim Cloud Computing dem Grunde nach lokale EVA-Vorgänge ab: So erfolgt z. B. bei der Nutzung von Cloud Storage die Eingabe von Daten über einen Netzwerkadapter, die Verarbeitung (lokal) in CPU und Spei-

---

[142] *Vogel/Koçoğlu/Berger*, Desktopvirtualisierung, S. 119.

[143] Ein Beispiel hierfür ist das 2011 von *Google* vorgestellte *ChromeBook*, vgl. hierzu *Beckedahl/Lüke*, Die digitale Gesellschaft, S. 166.

[144] *Buxmann/Diefenbach/Hess*, Softwareindustrie, S. 205.

[145] *Baun/Kunze/Nimis/Tai*, Cloud Computing, S. 37.

[146] *Baun/Kunze/Nimis/Tai*, Cloud Computing, S. 35.

[147] *Vogel/Koçoğlu/Berger*, Desktopvirtualisierung, S. 121.

[148] *Buxmann/Diefenbach/Hess*, Softwareindustrie, S. 11 f.

[149] Vgl. *Baun/Kunze/Nimis/Tai*, Cloud Computing, S. 32; *Süptitz/Utz/Eymann*, DuD 2013, 307 (308).

cher und die Ausgabe z. T. auf einem (lokalen) Monitor, z. T. über einen Netzwerkadapter zurück „in die Cloud". Ein solcher Vorgang erfordert aber nicht nur eine Netzwerkanbindung des lokalen Computersystems, sondern auch die technische Verfügbarkeit der örtlich entfernten Komponenten – diese müssen funktionieren und mit dem Netzwerk verbunden sein. Bei der dezentralen Datenverarbeitung sind (formal) lokale EVA-Vorgänge mithin *abhängig* von EVA-Vorgängen in anderen Computersystemen.

Für die Varianten des Cloud Computing bestehen im Wesentlichen drei Umsetzungsformen.[150] Als *öffentliches Cloud Computing* bezeichnet man alle Lösungen, bei denen ein zentraler Anbieter seine Ressourcen der Öffentlichkeit entgeltlich oder unentgeltlich zur Verfügung stellt.[151] Unter *privatem Cloud Computing* versteht man die entfernte Nutzung der Ressourcen eines einzelnen und selbstverwalteten Computersystems oder lokalen Netzwerks über eine Internetverbindung.[152] Als *hybrides Cloud Computing* können beide Varianten kombiniert werden, so z. B. beim Betrieb eines (lokalen) Unternehmensnetzwerks, das Cloud Storage eines öffentlichen Cloud Computing-Anbieters nutzt und auf das Mitarbeiter ihrerseits über das Internet z. B. vom Heimarbeitsplatz oder von einem entfernten Unternehmensstandort aus zugreifen können.[153]

d) Konsequenzen für den Begriff des IT-Systems

Die Verbreitung dezentraler Datenverarbeitungsmodelle führt dazu, dass es Geräte gibt, die zwar aufgrund ihrer Hardwarearchitektur als „Computersystem" zu bezeichnen sind, nicht aber dem entsprechen, was inhaltlich unter dem Gefüge aus lokalem Computersystem, Übertragungsmedium und örtlich entfernten Computersystemen zu verstehen ist. Sollen Problemlagen zu diesem Gefüge

---

[150] Vgl. *Vogel/Koçoğlu/Berger*, Desktopvirtualisierung, S. 125.
[151] *Vogel/Koçoğlu/Berger*, Desktopvirtualisierung, S. 125.
[152] *Vogel/Koçoğlu/Berger*, Desktopvirtualisierung, S. 126.
[153] Vgl. *Vogel/Koçoğlu/Berger*, Desktopvirtualisierung, S. 127.

beschrieben werden, bedarf es eines Begriffs, der alle beteiligten Komponenten umfasst und den Einschluss des Übertragungsmediums betont. Der Begriff der „EDV" wurde vor diesem Hintergrund durch den der „IT" abgelöst,[154] der mit der „IKT" gleichbedeutend ist.[155] *Kommunikationstechnologie* ist hierbei als Lehre der technisch-wissenschaftlichen „Grundlagen, Methoden und Prinzipien zum Austausch von Daten und Informationen" zu verstehen[156] und hat mit *zwischenmenschlichem* Informationsaustausch nichts zu tun;[157] sie ist schlicht *Bestandteil* der Informationstechnologie.[158]

Infolgedessen hat sich in der Informatik ein Begriff des IT-Systems herausgebildet als „geschlossenes oder offenes, dynamisches technisches System mit der Fähigkeit zur Speicherung und Verarbeitung von Informationen".[159] Geschlossene Systeme basieren auf der Technologie *eines* Herstellers, sind nicht kompatibel mit Systemen anderer Hersteller, zentral verwaltet und räumlich abgegrenzt; offene Systeme sind untereinander vernetzt, kommunizieren also mit anderen offenen Systemen, können auf verschiedener Hardware und verschiedenen Betriebssystemen basieren, sind dezentral organisiert und können aus räumlich voneinander entfernten Komponenten bestehen.[160] Jedes Computersystem ist damit zugleich ein IT-System. Nicht jedes IT-System ist aber *ein* Computersystem: Das Notebook mit Internetanschluss, seine Verbindung, d. h. der Übertragungsweg zum Account eines öffentlichen Cloud Computing-Anbieters und die Ressourcen, die z. B. ein SaaS-Angebot dort erfordert, bilden *zusammen ein IT-System*, in das weltweit hunderte Computersysteme – in z. T. wechselnder Beteiligung – eingebunden

---

[154] *P. Fischer/Hofer*, Lexikon der Informatik, S. 282.

[155] *Eckert*, IT-Sicherheit, S. 1.

[156] *Eigner/Gerhardt/Gilz/Mogo Nem*, Informationstechnologie für Ingenieure, S. 2.

[157] Dies schließt freilich nicht aus, dass ein IT-System zur zwischenmenschlichen Kommunikation genutzt werden kann.

[158] Vgl. *Eckert*, IT-Sicherheit, S. 3; *Eigner/Gerhardt/Gilz/Mogo Nem*, Informationstechnologie für Ingenieure, S. 2.

[159] Vgl. *Eckert*, IT-Sicherheit, S. 3.

[160] Vgl. *Eckert*, IT-Sicherheit, S. 3.

sein können.[161]

3. Übertragbarkeit der Definition aus der Informatik

In Rechtswissenschaft und Rechtspolitik besteht kein einheitlicher Begriff des IT-Systems. Teilweise wird er als „eigentümlich antiquiert und vage" insgesamt abgelehnt.[162] Da der Begriff aber genutzt werden muss, um über die Eröffnung eines grundrechtlichen Schutzbereichs zu befinden, erscheint eine allgemeingültige Definition vonnöten. Es ist zu prüfen, ob die Definition aus der Informatik auf die Rechtswissenschaft übertragen werden kann.

a) Das IT-System im Begriffsverständnis des BMI

Das *BMI* beschrieb in seinen Antworten auf einen Fragenkatalog des BMJ zu geplanten Präventivbefugnissen des BKA aus dem Jahre 2007 ein IT-System als „System [...], welches aus Hard- und Software sowie aus Daten besteht, das der Erfassung, Speicherung, Verarbeitung, Übertragung und Anzeige von Informationen und Daten dient."[163] Vom Begriff umfasst seien an ein solches IT-System angeschlossene (externe) Datenträger[164] und auch das gesamte Internet[165].

Im Grundsatz umfasst die weite Definition des *BMI* den Begriff des IT-Systems, wie er auch in der Informatik verstanden wird. Ent-

---

[161] Besonders anschaulich wird dies bei Cloud Storage-Angeboten: Große Anbieter betreiben hierfür viele Server, die räumlich tausende Kilometer voneinander entfernt sein können. Kopiert ein Nutzer Daten auf seine virtuelle Festplatte in der Cloud, bestimmen die zu diesem Zeitpunkt beste Verbindungsgeschwindigkeit und die jeweils verfügbaren Speicherkapazitäten, wo die Daten abgelegt werden. Eine Datei kann auf diese Weise gar auf verschiedene Server „aufgespalten" sein. Vgl. hierzu *Kudlich*, GA 2011, 193 (208); *Schaar*, Überwachung total, S. 88; *Spies*, MMR 2009, XI. Es ist daher regelmäßig selbst dem Anbieter nicht bekannt, auf welchen Datenträgern sich eine bestimmte Datei eines bestimmten Nutzers physisch befindet, vgl. *Wicker*, Traeger (Hrsg.): Law as a Service 2013, 981 (997).

[162] *Hoeren*, MMR 2008, 365.

[163] *BMI*, Antworten zum Fragenkatalog des BMJ, S. 2.

[164] *BMI*, Antworten zum Fragenkatalog des BMJ, S. 3 f.

[165] *BMI*, Antworten zum Fragenkatalog des BMJ, S. 4.

behrlich und bisweilen irreführend wirken die Hinweise auf „auch externe Datenträger, die an ein IT-System angeschlossen sind" und das „gesamte Internet": Ein Computersystem und ein daran angeschlossener externer Datenträger *sind ein* IT-System. Der Begriff muss also nicht auf den externen Datenträger erstreckt werden. Das gesamte Internet ist zwar begrifflich ein IT-System, als solches aber in keinem denkbaren individualrechtlichen Zusammenhang relevant, weil es keinem Individuum zugeordnet werden kann – ein „Internet der Person X" gibt es nicht.

b) Ansätze im Schrifttum nach dem Online-Durchsuchungsurteil

Nach dem Online-Durchsuchungsurteil kam es zu mehreren Veröffentlichungen, in denen der Begriff des IT-Systems beschrieben oder (vorgeblich) definiert wird. Häufig wurden hierbei lediglich die vom *BVerfG* genannten Beispiele wiederholt bzw. um weitere Beispiele ergänzt.[166] Mit Ausnahme des „gesamten Internet" handelt es sich bei all diesen Beispielen um Computersysteme. Die Ausführungen des *BMI* mögen hierzu beigetragen haben.

Besonders problematisch sind diejenigen Definitionsansätze, die Rückschlüsse aus dem Schutzbereich des IT-Grundrechts ziehen. So versteht *C. Herrmann* unter einem IT-System „jedes eigengenutzte elektronische Gerät, das allein oder in der Vernetzung persönlichkeitsrelevante Daten in größerem Umfang enthalten und bei einem Zugriff wesentliche Teile des persönlichen Bereichs preisgeben kann".[167] Ein solches Auseinanderfallen der Begriffsinhalte aus Informatik und Rechtswissenschaft ist unnötig: Das *BVerfG* führt im Online-Durchsuchungsurteil selbst aus, dass „nicht jedes IT-System, das personenbezogene Daten erzeugen, verarbeiten oder speichern

---

[166] So etwa bei *Birkenstock*, Zur Online-Durchsuchung, S. 9 ff.; *Kohlmann*, Online-Durchsuchungen, S. 112 f.; *Polenz*, in: Kilian/Heussen, Teil 13, Rn. 29; *Weiß*, Online-Durchsuchungen im Strafverfahren, S. 150.

[167] *C. Herrmann*, IT-Grundrecht, S. 121. Ähnlich auch *F. Schneider*, Online-Durchsuchungen, S. 12 f.

kann, des besonderen Schutzes" des IT-Grundrechts bedarf.[168] IT-Systeme, die nicht in den Schutzbereich des IT-Grundrechts fallen, sind aber gleichwohl IT-Systeme. *C. Herrmann* ersetzt lediglich „IT-System" durch „elektronisches Gerät" und übernimmt im Übrigen die Formulierung des *BVerfG* zum Schutzbereich des IT-Grundrechts.[169] Wie schon die im Schrifttum genannten (Geräte-)Beispiele, lässt damit auch die Definition *C. Herrmanns* vermuten, dass ein IT-Systems einen räumlich abgrenzbaren Gegenstand meint, der durch seine Vernetzung mit anderen Gegenständen ggf. „noch mehr" oder „noch persönlichkeitsrelevantere" Daten enthalten kann, jedenfalls aber zwingend *selbst* das IT-System *ist*. Außerhalb der Betrachtung bleiben alle IT-Systeme, die nicht über greifbare Gegenstände wie informationstechnische Endgeräte *definiert*, sondern allenfalls mittels dieser Endgeräte *nutzbar* sind oder deren *Bestandteil* das jeweilige Endgerät ist.

Symptomatisch für dieses „gerätebasierte" Begriffsverständnis sind auch die Ausführungen *Aerneckes*: Sie nimmt an, im Online-Durchsuchungsurteil sei der Komplex des Cloud Computing nicht berücksichtigt, sondern nur auf „solche Speichermedien, die sich im Herrschaftsbereich des Nutzers befinden", abgestellt worden.[170] Angesichts der Ausführungen des *BVerfG* zum Aspekt der Vernetzung geht diese Interpretation zwar ersichtlich fehl; sie wäre aber durch eine abstrakte, von exemplarisch genannten Geräten losgelöste Definition vermeidbar gewesen.

Die begriffliche Beschränkung des IT-Systems auf „Geräte" ist folgenschwer, denn um prüfen zu können, ob der Schutzbereich des IT-Grundrechts eröffnet ist, muss zuerst festgestellt werden, ob man es mit einem Zugriff auf ein IT-System zu tun hat. Erst danach sind

---

[168] BVerfGE 120, 274 (313).

[169] Vgl. BVerfGE 120, 274 (314).

[170] *Aernecke*, Schutz elektronischer Daten, S. 157. *Aernecke* plädiert immerhin sodann für eine „erweiterte Auslegung des Begriffs des IT-Systems", die auch „fremde Systeme" erfasst, die personenbezogene Daten speichern. Erkennt man jedoch im Gesamtgefüge des (sachenrechtlich) fremden IT-Systems und der damit vernetzten IT-Systeme des Betroffenen *ein* IT-System, ergibt sich dieses Problem von vornherein nicht.

ggf. Einschränkungen wie im Online-Durchsuchungsurteil angezeigt. Lehnt man bereits das Vorliegen eines IT-Systems ab, weil man es mit einem komplexen Gefüge aus vernetzter Hard- und Software, nicht aber mit *einem* elektronischen Gerät zu tun hat, endet die Prüfung ohne Ansehung der weiteren Schutzbereichsvoraussetzungen, die auch bei einem dezentralen, offenen, dynamischen IT-System ohne Weiteres vorliegen können.[171]

Nur wenige Stimmen im Schrifttum haben diesen Problemkreis in ihre Erwägungen einbezogen und sind dabei zu überzeugenden Ergebnissen gelangt. Zutreffend weist *Hornung* zumindest darauf hin, dass informationstechnische Geräte zunehmend mit örtlich entfernten System interagieren, dabei selbst aber nur über „relativ einfache Hard- und Softwareeinheiten" verfügen, die lediglich den Netzwerkzugang zu Speicher- und Verarbeitungskapazitäten zu leisten vermögen.[172] Deutlicher leitet *Drallé* aus den technischen Gegebenheiten des Cloud Computing her, dass als IT-System auch mehrere vernetzte Einzelkomponenten anzusehen sind.[173] Nach *Bäcker* können vor diesem Hintergrund „Netze, die aus mehreren räumlich getrennten Komponenten bestehen, als *ein* [Hervorh. d. Verf.] System angesehen werden, wenn die verbundenen Geräte funktional eine Einheit bilden".[174] *T. Böckenförde* stellt schließlich auf zwei Passagen[175] im Online-Durchsuchungsurteil ab, nach denen ein Netzwerk selbst ein IT-System sein kann; hieraus folgert auch er, dass „ausgelagerte Speichermedien auf externen Servern [...] zum Teil des eigenen IT-Systems" werden.[176]

---

[171] Siehe hierzu unten S. 148 ff.

[172] *Hornung*, CR 2008, 299 (302). Ähnlich auch *Bedner*, Cloud Computing, S. 4 f.

[173] *Drallé*, IT-Grundrecht, S. 32.

[174] *Bäcker*, Uerpmann-Wittzack (Hrsg.): Das neue Computergrundrecht 2009, S. 1 (11). Ähnlich auch *Ziebarth*, Online-Durchsuchung, S. 13.

[175] Vgl. BVerfGE 120, 274 (276, 324).

[176] *T. Böckenförde*, JZ 2008, 925 (929).

c) Das IT-System im Grundgesetz

Der Ansatz, die Definition des IT-System aus der Informatik auch für die Rechtswissenschaft fruchtbar zu machen, findet – wenngleich an wenig exponierter Stelle – auch eine Stütze im Grundgesetz. Hier findet sich der Begriff seit 2009[177] in Art. 91c, der die Kooperation des Bundes und der Länder bei Planung, Errichtung und Betrieb von IT-Systemen regelt. Die Gesetzesbegründung stellt auf die geänderten Einsatzmodalitäten der Informationstechnik in Wirtschaft und Verwaltung ab, wobei sich deutliche Parallelen zum Komplex des Cloud Computing und der Begriffsentwicklung vom Computersystem zum IT-System in der Informatik zeigen: IT-Systeme seien lange Zeit „ausschließlich durch die jeweilige Fachaufgabe geprägt und allein für eine einzelne Fachaufgabe errichtet" gewesen, mittlerweile aber durch viele Basissysteme gekennzeichnet, „die für unterschiedliche Fachaufgaben genutzt werden" und damit eine „der öffentlichen Verwaltung insgesamt zur Verfügung stehende IT-Infrastruktur" bilden.[178] Regelungsbedürftig seien daher insbesondere „die erforderlichen Standards [...] für die *Binnen-* und *Außenkommunikation der IT-Systeme* [Hervorh. d. Verf.]", also „Standards für Verfahren zur Datenübertragung".[179] Das hierfür gemäß Art. 91c Abs. 4 GG zu errichtende Netz ist in § 2 IT-NetzG definiert als *Netz, welches die informationstechnischen Netze des Bundes und der Länder verbindet*, jene informationstechnischen Netze als *Gesamtheit von Übertragungssystemen und gegebenenfalls Vermittlungs- und Leitwegeinrichtungen sowie anderweitigen Ressourcen, welche die Übertragung von Signalen ermöglichen*. Da über diese Netze auch die *Binnen*kommunikation von IT-Systemen erfolgt, sind IT-Systeme i. S. d. Art. 91c GG vernetzte Computersysteme unter Einschluss des Übertragungsmediums.[180] Dies entspricht der Definition eines IT-

---

[177] BGBl. 2009 I, S. 2248.

[178] BT-Drucks. 16/12410, S. 8.

[179] BT-Drucks. 16/12410, S. 8.

[180] BT-Drucks. 16/12410, S. 8: „IT-Systeme umfassen die technischen Mittel zur Verarbeitung und Übertragung von Informationen."

Systems in der Informatik.

III. Zusammenfassung und Definition

Der technischen Realität werden nur diejenigen Ansätze gerecht, die den in der Informatik entwickelten Begriff des IT-Systems auch in der rechtswissenschaftlichen Debatte zur Anwendung bringen. Der Rechtsprechung des *BVerfG* im Online-Durchsuchungsurteil steht dies ebenso wenig entgegen wie dem im Grundgesetz verwandten Begriff des IT-Systems.

Ein IT-System ist daher auch in der Rechtswissenschaft zu verstehen als ein dynamisches technisches System, das Daten speichern und verarbeiten kann. Datenspeicherung und -verarbeitung erfolgen hierbei entweder zentral, d. h. innerhalb *eines* räumlich abgegrenzten Computersystems, oder dezentral, d. h. innerhalb *mehrerer* miteinander vernetzter, räumlich voneinander entfernter Computersysteme. Ein (dezentrales) IT-System kann mithin aus mehreren (zentralen) IT-Systemen bestehen und hierbei ein zur Datenspeicherung und -verarbeitung erforderliches Übertragungsmedium umfassen.

C. Tatsächliche Zugriffsmöglichkeiten auf IT-Systeme

Nachdem der Begriff des IT-Systems erarbeitet wurde, können nun die tatsächlichen Zugriffsmöglichkeiten umrissen werden. Ihrer Kenntnis bedarf es, um im weiteren Verlauf der Untersuchung die Grundrechtsrelevanz verschiedener Zugriffe auf IT-Systeme beurteilen zu können und zu entscheiden, inwieweit vorhandene Ermittlungsbefugnisse der StPO zu diesen Zugriffen ermächtigen.

I. Zugriffe auf zentrale IT-Systeme

1. Beweisthemen mit Hardwarebezug

Sollen ein zentrales IT-System oder Teile hiervon als Beweismittel dafür sichergestellt werden, dass der Beschuldigte über eine bestimmte *Hardware*[181] verfügt, bietet sich die körperliche Sicherstellung des IT-Systems bzw. einzelner Hardwarekomponenten an.

2. Unverschlüsselt permanent gespeicherte Daten

Gleiches gilt, wenn permanent gespeicherte *Daten* aus einem zentralen IT-System erlangt werden sollen und diese Daten unverschlüsselt sind: Der jeweilige Datenträger kann sichergestellt oder kopiert werden.

---

[181] Zu denken ist etwa an einen Netzwerkadapter mit einer bestimmten MAC-Adresse (siehe oben Fn. 122), um nachzuweisen, dass ein IT-System zu einer protokollierten Zeit in einem bestimmten Netzwerk genutzt wurde; einen Drucker mit bestimmten *Tracking Dots* (d. h. individuelle, nur unter UV-Licht sichtbare Punktmuster, die Bestandteil jedes Ausdrucks sind), um nachzuweisen, dass ein bestimmtes Dokument mit einem bestimmten Drucker hergestellt wurde; ein (mobiles) zentrales IT-System, das ggf. über seine *International Mobile Equipment Identity* (IMEI) eindeutig identifizierbar ist bzw. mit einer bestimmten SIM-Karte (Abk. für *Subscriber Identity Module*) mit einzigartiger *International Mobile Subscriber Identity* (IMSI), einem 15-stelligen Code, ausgestattet ist. Vgl. zu IMEI und IMSI auch *Graf*, in: BeckOK StPO, Rn. 1 zu § 100i.

3. Verschlüsselt permanent gespeicherte Daten

Schwieriger liegt der Fall, wenn die mutmaßlich beweisrelevanten Daten verschlüsselt sind. Kann das erforderliche Passwort bzw. eine stattdessen verwandte Schlüsseldatei[182] nicht in Erfahrung gebracht werden,[183] sind die Daten also nicht auf dem technisch dafür vorgesehenen Weg zu entschlüsseln, muss die Verschlüsselung gebrochen oder umgangen werden. Um die tatsächlichen Möglichkeiten hierzu nachvollziehen zu können, sind die technischen Grundlagen der Datenverschlüsselung in den Blick zu nehmen.

a) Kryptographische Grundlagen

Verschlüsselungsverfahren, auch als Kryptographieverfahren bezeichnet,[184] sind zentraler Bestandteil der meisten[185] Methoden zur Gewährleistung von *Datensicherheit*. Hierbei handelt es sich um einen Fachbegriff aus der Informatik, der als Ziele die Vertraulichkeit, Integrität und Authentizität von Daten umfasst.[186] *Vertraulichkeit* besteht, wenn nur autorisierte Personen auf die jeweiligen Daten zugreifen können.[187] *Integrität* besteht, wenn die Daten vor unbe-

---

[182] Zur Unterscheidung zwischen Passwort, Schlüsseldatei und eigentlichem Schlüssel siehe sogleich unten S. 37 ff.

[183] Zu Mitwirkungs- und Herausgabepflichten siehe unten S. 284 ff.

[184] Vgl. *Buchmann*, Kryptographie, S. 59.

[185] Als nicht-kryptographische Methode zur Gewährleistung von Datensicherheit kommt etwa die Verwendung von Nutzernamen und Passwörtern in Betracht, vgl. *Claus/Schwil*, Duden Informatik, S. 355. Hierbei werden Programme so gestaltet, dass ohne die korrekte Eingabe von Nutzernamen und Passwort der Programmablauf unterbrochen wird. Die Methode kann jedoch mit wenig Aufwand umgangen werden, vgl. für den Login bei einem Betriebssystem auf Basis von Nutzername und Passwort *Schwenk*, Sicherheit und Kryptographie, S. 53. Auch sie wird daher i. d. R. mit Verschlüsselungsverfahren kombiniert. Eine weitere nicht-kryptographische Methode ist die Steganographie, bei der Daten innerhalb solcher Dateien gespeichert werden, die augenscheinlich einen anderen Inhalt haben, z. B. Text in einer Bild- oder Audiodatei, vgl. *Spitz/Pramateftakis/Swoboda*, Kryptographie und IT-Sicherheit, S. 1. Ähnlich besteht unter der Bezeichnung „Chaffing and Winnowing" die Möglichkeit, relevante Daten in großen Mengen irrelevanter Daten zu „verstecken", vgl. *Selke*, Kryptographie, S. 123.

[186] *Selke*, Kryptographie, S. 19; *Spitz/Pramateftakis/Swoboda*, Kryptographie und IT-Sicherheit, S. VIII.

[187] *Schwenk*, Sicherheit und Kryptographie, S. 6; *Selke*, Kryptographie, S. 19.

merkten Veränderungen durch Unbefugte geschützt sind.[188] *Authentizität* meint die Echtheit des Dateninhalts[189] bzw. des Datenurhebers[190]. Zunächst interessiert die Überwindung derjenigen kryptographischen Methoden, welche die Vertraulichkeit von Daten sicherstellen sollen.[191]

aa) Blockchiffre, Schlüssel und Passwort

Im Gegensatz zu den nicht-kryptographischen Methoden[192] wird die Vertraulichkeit von Daten bei der Kryptographie durch eine vollständige *Veränderung* dieser Daten erreicht:[193] Alle Zeichen werden durch andere ersetzt.[194] Ein sicherer Algorithmus dieser Zeichenveränderung darf nicht durch statistische Analysen berechenbar sein.[195] Maßgebliche Konstruktionsprinzipien[196] für einen hinreichenden Verschlüsselungsalgorithmus sind daher Konfusion[197] und Diffusion[198]. Bei den seit den 1970er Jahren genutzten[199] *Blockchiffren* werden die zu verschlüsselnden Zeichen zunächst in Blöcke vorgegebener Länge[200] eingeteilt.[201] Diese Blöcke werden nach den Vorga-

---

[188] *Eckert*, IT-Sicherheit, S. 7 f.; *P. Fischer/Hofer*, Lexikon der Informatik, S. 438; *Selke*, Kryptographie, S. 22.

[189] *Schwenk*, Sicherheit und Kryptographie, S. 6.

[190] *Spitz/Pramateftakis/Swoboda*, Kryptographie und IT-Sicherheit, S. 165.

[191] Die dabei genutzten kryptographischen Verfahren sind in ihrer Funktionsweise bei allen kryptographischen Methoden zur Gewährleistung von Datensicherheit identisch.

[192] Siehe hierzu oben Fn. 185.

[193] Diese Zeichenveränderung *ist* die Verschlüsselung. Sie darf nicht mit der Verwendung von Nutzernamen und Passwörtern ohne Verschlüsselung verwechselt werden.

[194] Vgl. *Selke*, Kryptographie, S. 42.

[195] Eine absolute Unberechenbarkeit gibt es mathematisch bedingt nicht. Die Rechenleistung von Computern setzt jedoch technische Grenzen. Mit ihrer Steigerung geht eine Weiterentwicklung der Verschlüsselungsalgorithmen einher. Vgl. zur historischen Entwicklung *Selke*, Kryptographie, S. 42 ff.

[196] *Buchmann*, Kryptographie, S. 87.

[197] Lat. für „Durcheinander", *P. Fischer/Hofer*, Lexikon der Informatik, S. 495.

[198] Lat. für „Streuung", *P. Fischer/Hofer*, Lexikon der Informatik, S. 241.

[199] *Schwenk*, Sicherheit und Kryptographie, S. 8.

[200] Je länger ein Block ist, desto länger dauert die Berechnung des Schlüssels. Der

ben des Schlüssels verändert, wobei jedes zu verschlüsselnde Zeichen Einfluss auf das Ergebnis innerhalb eines Blocks hat.[202] Die *Konfusion* ist hinreichend, wenn die sich hierbei ergebende statistische Verteilung so groß ist, dass sie nicht errechnet werden kann; die *Diffusion* ist hinreichend, wenn jedes unverschlüsselte Bit möglichst viele verschlüsselte Bits beeinflusst.[203]

Kryptographische Algorithmen benötigen zur Ver- und ggf. Entschlüsselung von Daten demnach *Schlüssel*.[204] Die Sicherheit eines Algorithmus, der in seiner Funktionsweise stets allgemein bekannt ist,[205] hängt wesentlich von der Länge dieser Schlüssel ab: Ein leistungsstarker Computer darf nicht dazu in der Lage sein, Schlüssel in absehbarer Zeit durch das systematische Ausprobieren verschiedener Kombinationsmöglichkeiten – einen sogenannten *Brute Force*-Angriff –[206] zu ermitteln. Bei einer Schlüssellänge von 4 Bit gibt es 2^4, also 16 verschiedene Möglichkeiten von Bitfolgen – 0000 bis 1111 – für den richtigen Schlüssel. Bei einer Schlüssellänge von 8 Bit gibt es bereits 2^8, also 256 – 00000000 bis 11111111 – verschiedene Kombinationsmöglichkeiten. Aufgrund dieser exponentiellen Steigerung der Kombinationsmöglichkeiten benötigt ein Computer, der einen 56-Bit-Schlüssel innerhalb einer Sekunde per Brute Force-Angriff herausfinden kann, für die Ermittlung eines 128-Bit-Schlüssels bereits mehrere Jahrhunderte.[207]

1977 vorgestellte DES nutzte Schlüssel mit einer Länge von 64 Bit. 1999 gelang es, einen DES-Schlüssel innerhalb von ca. 22 Stunden zu berechnen. Die technische Fortentwicklung hatte damit zur Unsicherheit des DES-Standards geführt. Aktuelle Verfahren wie der AES nutzen meist Schlüssel mit einer Länge von bis zu 256 Bit. Vgl. hierzu ausführlich *Schwenk*, Sicherheit und Kryptographie, S. 8 f.

[201] *Schwenk*, Sicherheit und Kryptographie, S. 8.

[202] *Selke*, Kryptographie, S. 42 f.

[203] *Buchmann*, Kryptographie, S. 87.

[204] *P. Fischer/Hofer*, Lexikon der Informatik, S. 505.

[205] Nur so kann überhaupt gewährleistet werden, dass das jeweilige Verfahren selbst nicht angreifbar ist oder gar gezielt „Hintertüren" in Verschlüsselungsergebnisse einbaut.

[206] *P. Fischer/Hofer*, Lexikon der Informatik, S. 131; *Selke*, Kryptographie, S. 45.

[207] Beispiel nach *Curtin*, Brute Force, S. 23.

Einen sicheren Schlüssel kann sich ein menschlicher Nutzer aufgrund der erforderlichen Schüssellänge freilich nicht merken. Er liegt daher stets in gespeicherter Form auf einem Datenträger vor. Damit nicht jeder, der Zugriff auf diesen Datenträger hat, den Schlüssel nutzen kann, wird er seinerseits verschlüsselt und mit einem Passwort oder einer Schlüsseldatei geschützt.[208] Da auch Passwörter per Brute Force-Angriff ermittelt werden können, ist ihre Sicherheit abhängig von der Anzahl verfügbarer Zeichen und der Passwortlänge.[209]

bb) Symmetrische Datenträgerverschlüsselung

Bei der Datenträgerverschlüsselung werden nun einzelne Partitionen[210] eines Datenträgers, Containerdateien[211] oder vollständige Datenträger *symmetrisch* verschlüsselt,[212] d. h. es gibt nur einen Schlüssel für die Ver- und Entschlüsselung der Daten.[213] Dieser sog.

---

[208] Vgl. *Selke*, Kryptographie, S. 169. Schlüsseldateien können z. B. auf kleinen Speichermedien wie Speicherkarten oder USB-Sticks gespeichert und entfernt vom verschlüsselten IT-System verwahrt werden.

[209] Wird z. B. ein Passwort aus Kleinbuchstaben (ohne ä, ö, ü und ß) genutzt und ist dies dem Angreifer bekannt, ergeben sich bei einem Passwort mit 7 Zeichen 26^7 verschiedene Möglichkeiten. Der im Jahre 2011 schnellste verfügbare Einzelcomputer könnte dieses Passwort in knapp 4 Sekunden ermitteln. Dieser Wert lässt sich schon durch eine höhere Basis signifikant steigern: Für ein Passwort mit 7 aus 62 möglichen verschiedenen, also 62^7 Zeichen – z. B. Ziffern, Klein- und Großbuchstaben – bräuchte dieser Computer bereits 28 Minuten. Für ein Passwort aus 10 Zeichen erhöht sich diese Zeit exponentiell auf über 12 Jahre. Selbst bei der Verwendung leistungsstarker Rechnerkombinationen sind daher bei heutigem Stand der Technik Passwörter (bzw. „Passphrasen") denkbar, die nicht per Brute Force-Angriff ermittelt werden können. Diese Sicherheit hängt erkennbar vom Nutzerverhalten ab. Insbesondere gibt es mit der sogenannten *Dictionary Attack* ein Angriffsszenario, das erheblich schneller als Brute Force ist: Hierbei werden schlicht Inhalte von Wörterbüchern ausprobiert. Auch unverschlüsselt vorliegende Nutzerwörterbücher können dazu genutzt werden, ferner kursieren im Internet Dateien mit besonders beliebten Passwörtern. Vgl. hierzu http://www.1pw.de/brute-force.html.

[210] Siehe oben Fn. 116.

[211] Eine Containerdatei wird vom Betriebssystem im entschlüsselten Zustand als Laufwerk eingebunden, kann jedoch im Gegensatz zu einer Partition wie jede andere Datei behandelt werden, vgl. *Fox*, DuD 2008, 475 (476).

[212] Vgl. *Fox*, DuD 2008, 475.

[213] *Buchmann*, Kryptographie, S. 61. Zur hiervon zu unterscheidenden *asymmetrischen*

Master Key befindet sich verschlüsselt im *Header*[214] des verschlüsselten Datenträgers bzw. der Containerdatei. Den Schlüssel hierfür bildet der *Hashwert* des Passworts[215] bzw. der (Teil-)Inhalt[216] der Schlüsseldatei. Gibt der Nutzer das Passwort ein, ermittelt die vom Verschlüsselungsprogramm genutzte *Hashfunktion*[217] hieraus den Hashwert und entschlüsselt damit den Master Key.[218] Gleiches geschieht bei Eingabe und Verarbeitung der Schlüsseldatei. Der entschlüsselte Master Key wird sodann in den Arbeitsspeicher geladen.[219] Erst jetzt kann auf lesbare Daten des verschlüsselten Daten-

---

Verschlüsselung und der Kombination beider Varianten als *hybride* Verschlüsselung siehe unten S. 49 f.

[214] Der Header ist in der Informatik eine „Kopfzeile" in Dateien oder Datenträgern, die bestimmte Zusatzinformationen enthält, vgl. *P. Fischer/Hofer*, Lexikon der Informatik, S. 384.

[215] So wird z. B. aus dem Passwort „geheim" unter Verwendung des SHA-1-Algorithmus der Hash-Wert „906072001efddf3e11e6d2b5782f4777fe038739", vgl. http://helmbold.de/artikel/passwoerter-sicher-speichern.

[216] Schlüsseldateien können mittels Steganographie (siehe hierzu oben Fn. 185) z. B. Bestandteil von Bild- oder Audiodateien sein.

[217] Hashfunktionen müssen demnach Ergebnisse vorgegebener Länge liefern, die möglichst einmalig sind, also nicht identisch aus anderen Eingabewerten errechnet werden können. Auch Hashfunktionen gehören zur symmetrischen Kryptographie, *Fuhrberg/Häger/Wolf*, Internet-Sicherheit, S. 94. Die hierdurch gebildeten Hashwerte sind elektronische Prüfsummen, „Fingerabdrücke" von Datensätzen, die z. B. zur sicheren Speicherung von Passwörtern oder zur Indexierung für die Durchsuchung von Datenbeständen verwendet werden, vgl. *Selke*, Kryptographie, S. 91. Zumeist sind Hashfunktionen auf der Grundlage von Blockchiffren konzipiert, und damit immer nur so sicher wie der jeweils genutzte Block-Algorithmus. Immer wieder werden Angriffsmöglichkeiten auf Hashfunktionen bekannt, infolge derer die jeweilige Funktion als unsicher gelten muss, vgl. mit ausführlichen Beispielen *Spitz/Pramateftakis/Swoboda*, Kryptographie und IT-Sicherheit, S. 101 ff. Als sicher gelten derzeit z. B. die Verfahren SHA-2 und RIPEMD-160. Zur Entwicklung von SHA vgl. *Küsters/T. Wilke*, Moderne Kryptographie, S. 202 ff. Die Veröffentlichung von Angriffsmöglichkeiten bietet zugleich stets Ansätze für Weiterentwicklungen, sodass jedenfalls für einen bestimmten Zeitraum von nach dem Stand der Wissenschaft sicheren Hashfunktionen gesprochen werden kann, vgl. *Selke* a. a. O., S. 91; *Jager*, DuD 2014, 445 ff. Für die Suche nach sicheren Hashfunktionen werden regelmäßig internationale Wettbewerbe ausgeschrieben, vgl. *Küsters/T. Wilke* a. a. O., S. 209.

[218] Vgl. hierzu ausführlich http://andryou.com/truecrypt/docs/header-key-derivation.php.

[219] Vgl. für das Programm *TrueCrypt* http://andryou.com/truecrypt/docs/unencrypted-data-in-ram.php. Alternativ gibt es Ansätze, die den Schlüssel in Teilbereichen der Zentraleinheit ablegen, vgl.

trägers zugegriffen werden; handelt es sich um eine vollständige Datenträgerverschlüsselung eines zentralen IT-Systems, kann z. B. erst jetzt das Betriebssystem gestartet werden.[220]

Wird der Master Key beschädigt oder gelöscht, ist der gesamte verschlüsselte Inhalt des Datenträgers nicht mehr lesbar.[221] Der gesamte Datenbestand eines verschlüsselten Datenträgers wird außerdem durch die Veränderung auch nur eines einzigen Bits im nicht entschlüsselten Zustand unbrauchbar.[222]

b) Zugriffsmöglichkeiten

Werden als unsicher bekannte (veraltete) Verschlüsselungsverfahren genutzt, können nachgewiesene Schwachstellen ausgenutzt werden, um die Verschlüsselung zu brechen.[223] Soweit jedoch nach dem jeweiligen Stand der Wissenschaft sichere Verschlüsselungsverfahren und ggf. sichere Passwörter verwendet werden, ist eine *Brechung* praktisch unmöglich.[224] Stattdessen muss die Verschlüsselung *umgangen* werden.

aa) Hinterlegung der Schlüssel („Key Escrow")

Hierzu kommt zunächst in Betracht, Anwender von Verschlüsselungsprogrammen gesetzlich zu verpflichten, die genutzten Schlüssel bei einer dritten (z. B. staatlichen) Stelle zu hinterlegen, um im

---

http://www1.informatik.uni-erlangen.de/tresor.

[220] Vgl. *Fox*, DuD 2008, 475.

[221] Ist ein verschlüsselter Datenträger Bestandteil eines zentralen IT-Systems mit Internetzugang, kann der Schlüssel im Header auch ohne physischen Zugriff gelöscht werden – dies ist insbesondere bei Notebooks, Smartphones und Tablets von Bedeutung, die mit SIM-Karten ausgestattet sind und regelmäßig nicht vollständig abgeschaltet werden, vgl. *Oelmaier/Hörtreiter/Seitz*, Apple's iPad im Enterprise-Einsatz, S. 95. Wird ein solches Gerät sichergestellt und nicht vom Internet getrennt, kann der Betroffene seinen Inhalt durch die Fernlöschung des Schlüssels unlesbar machen.

[222] *Fox*, DuD 2008, 475 (477).

[223] Vgl. *Küsters/T. Wilke*, Moderne Kryptographie, S. 97.

[224] Vgl. *Küsters/T. Wilke*, Moderne Kryptographie, S. 48 ff.

Bedarfsfall darauf zugreifen zu können.[225]

bb) Schwächung von Verschlüsselungsprodukten

Eine weitere Möglichkeit bieten sog. *Backdoors* in Verschlüsselungsprodukten, die neben dem vom Nutzer erzeugten und durch Passwort bzw. Schlüsseldatei geschützten Schlüssel einen weiteren „Generalschlüssel" vorsehen. Der Quelltext kommerzieller Verschlüsselungsprodukte ist üblicherweise unbekannt,[226] sodass Spekulationen über Backdoors von den Herstellern naturgemäß zurückgewiesen werden und lediglich in Einzelfällen von Nutzern selbst nachgewiesen werden können.[227] Um im Ermittlungsverfahren auf Backdoors zurückgreifen zu können, wäre mithin eine Kooperation der Hersteller vonnöten.[228]

cc) Ermittlung des Passworts per Keylogger

Mit einem *Keylogger*, den es als Software- oder Hardware-Variante gibt[229] und mit dem alle Tastatureingaben aufgezeichnet werden, kann zudem das Passwort für den im Header verschlüsselt gespeicherten Schlüssel in Erfahrung gebracht werden.[230] Problematisch ist hierbei die Installation. Ein Hardware-Keylogger erfordert dafür einen körperlichen Zugang zum anvisierten IT-System und dürfte überdies an immer kompakteren Endgeräten entweder nur sehr auffällig, äußerst aufwendig[231] oder gar nicht angebracht werden können.[232] Ein Software-Keylogger ist ein Programm. Damit es unbemerkt ausgeführt wird, muss es auf dem IT-System installiert und

---

[225] *Just*, in: van Tilborg/Jajodia, S. 681.

[226] Siehe hierzu oben Fn. 84.

[227] Vgl. mit Beispielen *Bedrune/Filiol/Raynal*, Journal of Computer Virology and Hacking Techniques 2010, 207 (215 ff.).

[228] Vgl. *Fox*, DuD 2014, 119.

[229] *Bogk*, Antworten zum Fragenkatalog, S. 9.

[230] Vgl. *Freiling*, Stellungnahme BVerfG, S. 5.

[231] Siehe hierzu unten S. 441 f.

[232] Vgl. *Fox*, Stellungnahme zur „Online-Durchsuchung", S. 6.

sein Start automatisiert werden. Auf der Ebene des Betriebssystems
– etwa, um Passwörter für Containerdateien zu protokollieren – ist
dies möglich; das Passwort für eine vollständige Datenträgerverschlüsselung, das bereits vor dem Start des Betriebssystems einge-
geben wird, kann auf diese Weise nicht erlangt werden. Hier bedarf
es einer Manipulation von Systembereichen, die das BIOS bereits
vor der Entschlüsselungsroutine lädt. Nachgewiesen sind derartige
Manipulationsmöglichkeiten nur für bestimmte BIOS-Versionen
und Verschlüsselungsprodukte.[233]

dd) Schlüsselextraktion aus einem Arbeitsspeicherabbild

Weiter kann ein Abbild des Arbeitsspeicherinhalts eines in Betrieb
befindlichen verschlüsselten IT-Systems in einer Datei erzeugt werden, um diese sodann nach dem Schlüssel zu durchsuchen.[234] Unter
der Bezeichnung *Cold-Boot Attack* wurde hierzu ein Verfahren entwickelt, bei dem das IT-System abgeschaltet und sogleich von einem
externen Datenträger mit einem primitiven Betriebssystem neu gestartet wird, das den (flüchtigen, aber physikalisch noch einige Sekunden vorhandenen) Arbeitsspeicherinhalt in einer Datei sichert.[235]
Auch gibt es Programme, die Arbeitsspeicherabbilder eines in Betrieb befindlichen IT-Systems über Schnittstellen mit direktem Ar-
beitsspeicherzugriff[236] anfertigen.[237] Alternativ können Arbeitsspei-
chermodule zur Verlangsamung der Verflüchtigung ihrer Daten mit
Kältespray behandelt, zügig in ein anderes IT-System eingebaut und

---

[233] Vgl. etwa http://www.h-online.com/security/news/item/Bootkit-bypasses-
hard-disk-encryption-742721.html – als immun gegen die hier beschriebene Manipulation gilt z. B. die weit verbreitete Standard-Systemverschlüsselung des *Microsoft
Windows*-Betriebssystems *BitLocker*.

[234] Vgl. *Bedrune/Filiol/Raynal*, Journal of Computer Virology and Hacking Techniques
2010, 207 (209 ff.).

[235] Vgl. *Akavia/Goldwasser/Vaikuntanathan*, Theory of Cryptography 2009, 474 (476).

[236] Sog. *Direct Memory Access* (DMA), z. B. *FireWire*, *ExpressCard* oder *Thunderbolt*.
Vgl. hierzu *P. Fischer/Hofer*, Lexikon der Informatik, S. 253.

[237] So etwa das Programm *PasswareKit*, siehe hierzu
http://www.lostpassword.com/hdd-decryption.htm.

dort ebenso ausgelesen werden.[238] Jeweils muss hierbei körperlich auf das (zumindest kurz zuvor) laufende IT-System zugegriffen werden. Der sodann aus dem Arbeitsspeicher extrahierte Schlüssel kann später genutzt werden, um den verschlüsselten Datenträger – etwa nach der Sicherstellung des abgeschalteten IT-Systems – ohne Passwort oder Schlüsseldatei zu entschlüsseln.[239]

ee) Schlüsselrekombination aus dem Hardwareverhalten

Noch weitgehend theoretischer Natur sind diverse dokumentierte Szenarien, bei denen aus dem Verhalten von Hardware – etwa aus bestimmten Geräuschen oder Stromaufnahmen – auf kryptographische Vorgänge innerhalb der CPU geschlossen und hieraus der genutzte kryptographische Schlüssel rekombiniert wird. Man bezeichnet solche Angriffe auf Verschlüsselungsverfahren als *Side-Channel Attacks*.[240] Im Dezember 2013 wurde etwa ein Verfahren bekannt, bei dem aus einer Mikrofonaufnahme eines neben dem IT-System befindlichen Smartphones ein Schlüssel gewonnen werden konnte.[241]

ff) Sicherung und Auswertung während des Betriebs

Schließlich kommt eine Sicherung und Auswertung verschlüsselter Daten immer dann in Betracht, während diese Daten unverschlüsselt vorliegen, wenn also verschlüsselte Datenträger bzw. Containerdateien gerade in Betrieb sind.

(1) Per körperlichem Zugriff

Der vollständige Datenbestand eines verschlüsselten Datenträgers kann unproblematisch dann gesichert werden, wenn er – etwa im Rahmen einer Durchsuchungsmaßnahme – in Betrieb vorgefunden

---

[238] Vgl. *Heninger,* in: van Tilborg/Jajodia, S. 216 f.
[239] Vgl. *Fox*, DuD 2008, 475 (477).
[240] *Caddy,* in: van Tilborg/Jajodia, S. 1204.
[241] http://www.heise.de/newsticker/meldung/Handy-erlauscht-RSA-Schluessel-2070254.html.

wird und ein Vollzugriff auf das laufende System möglich ist.[242] In diesem Fall können die Daten auf einen Datenträger der Ermittlungsbehörde kopiert und später ausgewertet werden.

(2) Per Fernzugriff über das Internet – „Online-Durchsicht"

Ist ein körperlicher Zugriff nicht möglich oder verspricht er keinen Erfolg, verfügt das betreffende IT-System aber über einen Internetzugang, kann darüber ein Fernzugriff erfolgen, bei dem der Datenbestand des IT-Systems durchsucht und mutmaßlich beweisrelevante Daten auf ein IT-System der Ermittlungsbehörde übertragen werden.[243] Auf dem anvisierten IT-System muss hierzu ein Programm installiert sein, das den Ermittlungsbehörden den Aufbau einer Verbindung und die Ausführung der nötigen Operationen ermöglicht.[244]

Die Schwierigkeiten des Fernzugriffs liegen in der Konzeption und Installation eines solchen Programms.[245] Für die Konzeption sind einige Kenntnisse über das IT-System nötig, so z. B. über das genutzte Betriebssystem, Sicherheitsprogramme oder die Art der Internetverbindung.[246] Die Installation erfordert einen Zugriff mit Administratorrechten[247]. Hierfür kommen nur zwei Vorgehenswei-

---

[242] Ist das betreffende IT-System zwar in Betrieb, aber passwortgeschützt – etwa im Ruhemodus oder bei laufendem Bildschirmschoner –, kommt stattdessen nur die Sicherung des Schlüssels mittels Arbeitsspeicherabbilds in Betracht, siehe oben S. 43.

[243] Ein solcher Fernzugriff wird als Unterfall der sog. „Online-Durchsuchung" unter der Bezeichnung „Online-Durchsicht" diskutiert, vgl. *Petri*, DuD 2008, 443, der die Möglichkeit nennt, eine einmalige und punktuelle „Kopie des IT-Systems" anzufertigen. Angesichts aktueller Festplattenkapazitäten von mehreren Terabyte und der im Upload vergleichsweise geringen Verbindungsgeschwindigkeiten im Internet dürfte *Petri* jedoch nicht die Kopie des gesamten Datenbestandes eines IT-Systems gemeint haben. So aber ausdrücklich *F. Schneider*, Online-Durchsuchungen, S. 15, die annimmt, bei der Online-Durchsicht würde „eine Kopie aller Daten auf dem Computer erstellt".

[244] *Fox*, Stellungnahme zur „Online-Durchsuchung", S. 6; *Freiling*, Stellungnahme BVerfG, S. 7; *Sieber*, Stellungnahme BVerfGE, S. 4.

[245] Alternativ käme auch für den Fernzugriff auf ein IT-System die Nutzung von herstellerseitig vorgesehenen Backdoors theoretisch in Betracht.

[246] *Fox*, Stellungnahme zur „Online-Durchsuchung", S. 5.

[247] Siehe hierzu oben S. 20.

sen in Betracht[248]: Das Ausnutzen von Sicherheitslücken in auf dem IT-System bereits vorhandenen Programmen oder die Veranlassung des Nutzers, die Installation unbemerkt selbst durchzuführen.

(a) Nutzung von Exploits

Die Beschreibung der Vorgehensweise, mit der Sicherheitslücken in einem Programm, sog. *Vulnerabilities*[249], zur Kompromittierung eines IT-Systems ausgenutzt werden können, wird als *Exploit*[250] bezeichnet.[251]

Werden Vulnerabilities bekannt, schließen Hersteller des betroffenen Programms sie zumeist im Rahmen regelmäßiger Programmaktualisierungen, sog. *Updates*.[252] Oftmals veröffentlichen Hacker Exploits zeitnah im Internet[253] oder informieren unmittelbar die Hersteller des betroffenen Programms[254]. Der Tag dieser Bekanntgabe wird als *Zero Day* bezeichnet.[255] Ab diesem „Tag Null" ist es dem Hersteller möglich, die Sicherheitslücke zu schließen.[256] Es existiert jedoch auch ein Schwarzmarkt für unveröffentlichte Exploits.[257] Diese werden als *Less than Zero Day-Exploits* bezeichnet und von IT-

---

[248] Nicht praktikabel sind diejenigen in der Literatur vorgeschlagenen Vorgehensweisen, die einen körperlichen Zugriff auf das IT-System erfordern (vgl. etwa *Birkenstock*, Zur Online-Durchsuchung, S. 251 ff.; *Kohlmann*, Online-Durchsuchungen, S. 27; *Redler*, Online-Durchsuchung, S. 120 f.). Soweit dieser Zugriff möglich ist, bedarf es im Übrigen keines Fernzugriffs mehr.

[249] *Pohl*, FS Fischer 2009, 113.

[250] Engl. für Ausnutzung, Erschließung.

[251] *Fox*, DuD 2009, 250.

[252] Vgl. *Bogk*, Antworten zum Fragenkatalog, S. 11.

[253] *Pohl*, FS Fischer 2009, 113 (115).

[254] *Fox*, DuD 2009, 250. Softwarehersteller und Entwicklergemeinden von Open Source Software betreiben hierfür Prämienprogramme zur Vergütung der gemeldeten Vulnerabilities und Exploits, sog. *bug bounty programs*, vgl. hierzu *Krishnamurthy*, Knowledge, Technology & Policy 2006, 17 (18 ff.).

[255] *Fox*, DuD 2009, 250.

[256] *Fox*, DuD 2009, 250. Häufig beheben Programmhersteller solche Sicherheitslücken jedoch trotz Bekanntgabe nicht oder nur unzureichend, vgl. *Pohl*, FS Fischer 2009, 113 (115).

[257] *Pohl*, FS Fischer 2009, 113 (115).

Sicherheitsunternehmen, potentiellen Straftätern oder Geheimdiensten angekauft.[258] Less than Zero Day-Exploits für besonders weit verbreitete oder besonders datensicherheitsrelevante Programme erzielen hier US-Dollar-Preise in sechsstelliger Höhe.[259] Auch Zero Day-Exploits werden gehandelt: Die Preise sind mit einigen hundert bis zu mehreren zehntausend US-Dollar geringer, weil ihre „Lebensdauer" kürzer ist: Aufgrund der mehr oder minder großen Bekanntheit solcher Exploits ist davon auszugehen, dass der betroffene Programmhersteller die zugrunde liegende Sicherheitslücke alsbald schließen wird.[260]

(b) Installation durch den Beschuldigten selbst

Daneben kann der Nutzer selbst zur Installation des Programms für den Fernzugriff veranlasst werden, etwa beim Einsatz von Trojanern: *Trojaner* sind Programme, die neben ihrer „offiziellen" Funktion auch dem Nutzer unbekannte und unerwünschte Funktionen enthalten.[261] Sie können im Quelltext eines nützlichen Programms[262] oder eines Updates[263] platziert und dem Nutzer per E-Mail oder auf einer Internetseite zum Download und zur Installation angeboten werden. Auch reguläre Updates und andere ausführbare Dateien, die ein Nutzer bzw. sein IT-System von selbst öffnet, können zu Trojanern werden:[264] Voraussetzung ist die Kooperation mit dem ISP[265]. Der ISP ergänzt in diesem Fall die vom Nutzer herunterzula-

---

[258] Vgl. *Bogk*, Antworten zum Fragenkatalog, S. 11; *Pohl*, FS Fischer 2009, 113 (115 f.) m. w. N.; *Sieber*, Stellungnahme BVerfGE, S. 6.

[259] *Sieber*, Stellungnahme BVerfGE, S. 6.

[260] *Sieber*, Stellungnahme BVerfGE, S. 6.

[261] *Schenk/Thomas*, Hacker's guide, S. 258.

[262] *Schenk/Thomas*, Hacker's guide, S. 258. Dies umfasst auch aktive Inhalte von Internetseiten.

[263] Vgl. *Fox*, Stellungnahme zur „Online-Durchsuchung", S. 6.

[264] Vgl. hierzu etwa die im Jahre 2011 bekannt gewordenen Produktinformationen eines kommerziellen Anbieters von Überwachungssoftware, http://wikileaks.org/spyfiles/list/tags/gamma-finfisher-trojan.html, dort insbesondere die Produkte „FinFly Web" und „FinFly ISP".

[265] Zum Begriff siehe oben S. 24.

dende Datei während des Übertragungsvorgangs um die Installationsroutine für das Programm zum Fernzugriff oder leitet die Anfrage des Nutzers auf einen anderen Server um, von welchem das veränderte Update direkt heruntergeladen wird.[266] Eine solche Manipulation ist für den Nutzer nur schwer nachvollziehbar, etwa durch den Vergleich der Hashwerte[267] einer ausführbaren bzw. Update-Datei auf dem Server des Programmherstellers und der heruntergeladenen Datei. Veröffentlicht der Hersteller keinen solchen Hashwert und verzichtet er darauf, Dateien für Programmupdates digital zu signieren,[268] ist die Methode selbst für versierte Nutzer allenfalls nach bereits erfolgter Installation des Programms für den Fernzugriff zu bemerken, indem er die Prozesse seines IT-Systems auf unerwünschte durchsucht[269].

4. Überwachung der Nutzung

Neben auf dem IT-System permanent gespeicherten Daten kann auch die *Nutzung* von IT-Systemen ermittlungsrelevant sein.

---

[266] „FinFly ISP is able to infect Files that are downloaded by the Target on-the-fly" bzw. „FinFly ISP [is able to] infect the Target by sending fake Software Updates for popular software", http://wikileaks.org/spyfiles/list/tags/gamma-finfisher-trojan.html.

[267] Vgl. *Pfitzmann*, Informatik Spektrum 2008, 65 (68). Siehe hierzu auch oben Fn. 217.

[268] Eine *digitale Signatur* ist ein „Prüfetikett" für einen Datensatz. Hierfür wird ein Hashwert aus dem Datensatz gebildet und mit dem geheimen Schlüssel des Erstellers (asymmetrisch) verschlüsselt. Wer über den zugehörigen öffentlichen Schlüssel verfügt – zur erstellerseitig vorgesehenen automatischen Verifizierung von Programmupdates ist dieser in das Programm integriert, welches die Updates durchführt –, kann hiermit den Hashwert entschlüsseln und so einen selbst erzeugten Hashwert der Daten mit diesem Hashwert vergleichen – stimmen beide Hashwerte überein, belegt dies, dass die übermittelten Daten mit genau diesem Inhalt tatsächlich vom erkennbaren Ersteller stammen. In vielen Programmen laufen derartige Prüfroutinen vom Nutzer unbemerkt automatisch bei jedem Update ab. Vgl. zu digitalen Signaturen ausführlich *Fuhrberg/Häger/Wolf*, Internet-Sicherheit, S. 97; *Küsters/T. Wilke*, Moderne Kryptographie, S. 239 ff.; *Schwenk*, Sicherheit und Kryptographie, S. 14.

[269] Vgl. *Geschonneck*, Computer-Forensik, S. 51.

a) Nutzung zur Internet-Kommunikation

So sind IT-Systeme zunehmend Werkzeuge zur asynchronen und synchronen zwischenmenschlichen Kommunikation: Bei *asynchroner Kommunikation* – z. B. per E-Mail, Messenger[270] oder Nachrichtendiensten innerhalb sozialer Netzwerke – sind Sende- und Empfangsvorgang zeitlich versetzt, während die *synchrone Kommunikation* – etwa per Chatprogramm oder Sprach- (und Video-)Übertragung in Echtzeit stattfindet.[271] Daneben kann auch die Kenntnis der von einem Beschuldigten besuchten Internetseiten ermittlungsrelevant sein.[272]

Da die Internet-Kommunikation auch über IT-Systeme der jeweiligen Diensteanbieter stattfindet, ergeben sich dort ebenfalls Zugriffsmöglichkeiten.[273] Gleichwohl gibt es aus technischer Sicht Konstellationen, die einen Zugriff unmittelbar auf dem IT-System des Betroffenen erfordern.

aa) Technische Grundlagen der verschlüsselten Internet-Kommunikation

Datenpakete, die in einem Netzwerk übertragen werden, können auf dem Übertragungsweg mitgelesen werden.[274] Inhalte der Inter-

---

[270] Ein Messenger kann praktisch auch zur synchronen Kommunikation genutzt werden, soweit die Teilnehmer sie wie einen Chat nutzen. Im Gegensatz zu reinen Chatprogrammen ermöglichen sie es den Teilnehmern jedoch, an sie gerichtete Nachrichten erst zeitverzögert zur Kenntnis zu nehmen. Die Nachrichten werden nicht unmittelbar zwischen den Kommunikationspartnern, sondern zentral über einen Server oder dezentral über ein Peer-2-Peer-Netzwerk übertragen, sodass es für den Versand einer Nachricht per Messenger keiner Verbindung zu den Kommunikationspartnern, sondern lediglich zum Netzwerk des Messengers bedarf. Ein Messenger ist damit eine Zwischenform aus Chat und E-Mail. Vgl. *P. Fischer/Hofer*, Lexikon der Informatik, S. 436.

[271] Vgl. *P. Fischer/Hofer*, Lexikon der Informatik, S. 59, 880 f.

[272] Zur nötigen Unterscheidung von zwischenmenschlicher und sonstiger Internetkommunikation siehe unten S. 181 ff.

[273] Vgl. etwa für E-Mails ausführlich *Meininghaus*, Zugriff auf E-Mails, S. 59 ff., für Zugriffe auf dem Übertragungsweg und S. 249 ff. für Zugriffe beim E-Mail-Provider. Siehe hierzu sogleich unten S. 67 und unten S. 316 ff.

[274] Vgl. *Fuhrberg/Häger/Wolf*, Internet-Sicherheit, S. 104.

net-Kommunikation werden deshalb zur Übertragung im Internet zumeist verschlüsselt.

Hierfür wird symmetrische Kryptographie[275] mit asymmetrischer Kryptographie als *hybride* Kryptographie kombiniert.[276] Die *asymmetrische* Kryptographie nutzt Schlüsselpaare: Ein Paar besteht aus zwei Schlüsseln, von denen mit einem, dem sog. geheimen Schlüssel, ver- und entschlüsselt, mit dem anderen, dem sog. öffentlichen Schlüssel[277], nur verschlüsselt werden kann.[278] Die Schlüssel eines Schlüsselpaares hängen mathematisch voneinander ab, werden aber in Funktionen genutzt, die sich praktisch nicht umkehren lassen – aus einem öffentlichen Schlüssel kann kein geheimer Schlüssel errechnet werden.[279]

Für die Erstellung der erforderlichen Schlüssel gibt es im Wesentlichen zwei Verfahren, die als dezentral und zentral charakterisiert werden können: Dezentrale Verfahren wie PGP/GPG[280] basieren

---

[275] Siehe hierzu oben S. 39.

[276] Vgl. *Fuhrberg/Häger/Wolf*, Internet-Sicherheit, S. 93; *Küsters/T. Wilke*, Moderne Kryptographie, S. 175; *Selke*, Kryptographie, S. 77.

[277] Man spricht daher auch von *Public Key*-Verfahren. Das bekannteste Verfahren hierfür ist RSA, benannt nach seinen Erfindern *Rivest, Shamir* und *Adleman*, vgl. *Spitz/Pramateftakis/Swoboda*, Kryptographie und IT-Sicherheit, S. 121.

[278] Vgl. *Creutzig/Buhl/Zimmermann*, PGP, S. 9; *Fuhrberg/Häger/Wolf*, Internet-Sicherheit, S. 89; *Selke*, Kryptographie, S. 63 f.

[279] Theoretisch lässt sich aus einem öffentlichen Schlüssel mittels *Faktorisierung* der geheime Schlüssel berechnen, vgl. zum mathematischen Hintergrund ausführlich *Küsters/T. Wilke*, Moderne Kryptographie, S. 149 ff. Dieses Sicherheitsrisiko lässt sich in der Praxis aber durch die Verwendung derart langer Schlüssel, dass die Berechnung nach derzeitigem Stand der Technik nicht in überschaubarer Zeit ausführbar ist, ausschließen, *Selke*, Kryptographie, S. 64 f. Die erforderliche Schlüssellänge steigt daher mit der technischen Fortentwicklung: Galten 1977 noch 428 Bit als hinreichend sicher, konnten 1995 512 Bit in sieben Monaten faktorisiert werden. Im Jahre 2011 gelang die Faktorisierung von 768 Bit – wenn auch in einer Rechenzeit von zwei Jahren und mit einem Verbund aus einigen hundert Computersystemen, vgl. *Küsters/T. Wilke* a. a. O., S. 184. Mittlerweile gehen Experten davon aus, dass zumindest Geheimdienste über derart leistungsstarke Computersysteme verfügen, dass hiergegen Schlüssellängen von 4096 Bit erforderlich sind, vgl. etwa *Schneier*, https://www.schneier.com/blog/archives/2013/09/the_nsas_crypto_1.html.

[280] Hierbei handelt es sich um die Bezeichnung der Programme, die dem Nutzer die Umsetzung eines bestimmten Public Key-Verfahrens erleichtern. GPG ist die kostenlo-

auf von den Verwendern selbst erstellten Schlüsseln.[281] Demgegenüber gibt bei der Nutzung von Zertifikaten eine zentrale Instanz[282] Schlüssel aus, die sie erzeugt hat und als deren Aussteller sie erkennbar ist.[283]

Der Sicherheitsvorteil asymmetrischer Kryptographie liegt darin, den Schlüssel zum Entschlüsseln der Daten nicht an den Kommunikationspartner übermitteln zu müssen. Ein Nachteil liegt im Geschwindigkeitsverlust: Die asymmetrische Kryptographie ist aufgrund der erforderlichen Schlüssellänge wesentlich langsamer als die symmetrische.[284] Bei der hybriden Kryptographie wird daher ein symmetrischer Schlüssel zur Verschlüsselung der Inhalte erzeugt und seinerseits asymmetrisch verschlüsselt übertragen.[285]

Bei der verschlüsselten Internet-Kommunikation sind zwei Ansätze zu unterscheiden: Die Verschlüsselung der *Verbindung*, um alle übertragenen Daten auf dem Übertragungsweg unlesbar zu machen, und die Verschlüsselung der *Inhalte*, um diese ggf. über eine unverschlüsselte Verbindung unlesbar übertragen zu können. Die Ansätze sind kombinierbar.

(1) Verbindungsverschlüsselung (Punkt-zu-Punkt-Verschlüsselung)

Das im Internet am weitesten verbreitete Verfahren zur hybriden

---

se Variante des kommerziellen PGP, vgl. *Lucas*, PGP & GPG, S. 2 ff. Die mit verschiedenen Varianten der PGP- und GPG-Programme erzeugten Schlüssel sind untereinander kompatibel.

[281] Vgl. *Creutzig/Buhl/Zimmermann*, PGP, S. 80 f. Um sicherzustellen, dass keine kompromittierten Schlüssel in Umlauf geraten, hat sich ein *Web of Trust* etabliert, in welchem die Nutzer selbst die Schlüssel ihnen bekannter anderer Nutzer beglaubigen, *Lucas*, PGP & GPG, S. 29. In der Praxis werden von möglichst vielen anderen Nutzern beglaubigte öffentliche Schlüssel durch den Inhaber auf einen öffentlich zugänglichen Schlüsselserver geladen, wo er fortan Dritten zur Verfügung steht, *Creutzig/Buhl/Zimmermann* a. a. O., S. 61.

[282] *Spitz/Pramateftakis/Swoboda*, Kryptographie und IT-Sicherheit, S. 167.

[283] *Schwenk*, Sicherheit und Kryptographie, S. 22.

[284] *Creutzig/Buhl/Zimmermann*, PGP, S. 10 f.; *Selke*, Kryptographie, S. 70.

[285] *Fuhrberg/Häger/Wolf*, Internet-Sicherheit, S. 93.

Verschlüsselung von Verbindungen ist unter der Bezeichnung *Transport Layer Security* (TLS) bzw. dem Vorgänger *Secure Socket Layer* (SSL) bekannt.[286] Sollen Daten per SSL/TLS verschlüsselt übertragen werden, sendet der Server auf Anfrage des Clients seinen öffentlichen Schlüssel in einem Zertifikat.[287] Zur Authentifizierung des Servers enthält dieses Zertifikat die Angabe der Domain[288] und eine Bestätigung durch eine zentrale Zertifizierungsstelle, auch *Certification Authority* (CA) genannt.[289] Nach dem Empfang des Zertifikats erzeugt der Client eine Zufallszahl, verschlüsselt sie mit dem öffentlichen Schlüssel des Servers und sendet ihm das Ergebnis.[290] Dieser Vorgang wird als *Handshake* bezeichnet.[291] Aus der Zufallszahl berechnen Server und Client einen Schlüssel für die zu übertragenden Datenpakete,[292] mit dem diese vor Übergabe an das IP

---

[286] Vgl. *Fuhrberg/Häger/Wolf*, Internet-Sicherheit, S. 103 f. Beim Aufbau einer Verbindung wird SSL/TLS mit der Protokollangabe HTTPS am Anfang der Internetadresse aufgerufen. Das *Hypertext Transfer Protocol* (HTTP) ist neben der *Hypertext Markup Language* (HTML) die Basis des Internet: HTML beschreibt die Struktur von Internetdokumenten, per HTTP können Clients diese Dokumente von Servern abrufen. Vgl. hierzu ausführlich *Schwenk*, Sicherheit und Kryptographie, S. 83 ff. Für andere Internetdienste wie E-Mail oder VoIP existieren vergleichbare Protokolle, vgl. hierzu *Kubieziel*, Anonym im Netz, S. 152.

[287] *Fuhrberg/Häger/Wolf*, Internet-Sicherheit, S. 105; *Schwenk*, Sicherheit und Kryptographie, S. 95. Zu den Begriffen siehe oben S. 25.

[288] Wird eine Internetadresse angewählt, muss diese in die richtige IP-Adresse des gewünschten Servers umgewandelt werden. Dies übernimmt das *Domain Name System* (DNS), *Hertelendi*, Das Internet, S. 145. *DNS-Server* leiten die Anfrage über *Top-Level-Domain* (z. B. .de, .com, .org etc.), *Domain* (alphanumerischer Name nach dem Muster *domain*.top-level-domain) und ggf. *Subdomains* (nach dem Muster *subdomain*.domain.top-level-domain) weiter, *Hertelendi* a. a. O., S. 151; *Gumm/Sommer*, Einführung in die Informatik, S. 645. Die gesamte alphanumerische „Adresse" eines Internetangebots wird als *Uniform Resource Locator* (URL) bezeichnet, *P. Fischer/Hofer*, Lexikon der Informatik, S. 947.

[289] *Schwenk*, Sicherheit und Kryptographie, S. 102. Als CA fungiert eine Fülle staatlicher und privater Organisationen weltweit. Die „Autorität" beschränkt sich daher auf die Erstellung des Zertifikats und lässt insbesondere keine Aussage darüber zu, ob der Inhaber eines Zertifikats tatsächlich der im Zertifikat ausgewiesene ist, vgl. *Adams/Housley/Turner*, in: van Tilborg/Jajodia, S. 193 f.

[290] *Schwenk*, Sicherheit und Kryptographie, S. 95.

[291] *Fuhrberg/Häger/Wolf*, Internet-Sicherheit, S. 105; *Schwenk*, Sicherheit und Kryptographie, S. 95.

[292] *Schwenk*, Sicherheit und Kryptographie, S. 95.

symmetrisch verschlüsselt werden.[293]

Wird nur eine Verbindungsverschlüsselung genutzt, kann unmittelbar vor und nach dem Übertagungsvorgang auf unverschlüsselte Daten zugegriffen werden. Derart verschlüsselt übertragene E-Mails oder Mitteilungen anderer Kommunikationsdienste können damit zwar auf dem Übertragungsweg nicht ohne Weiteres mitgelesen werden, liegen aber auf den jeweiligen Servern[294] der Anbieter und ggf. den IT-Systemen weiterer Beteiligter[295] in lesbarer Form vor. Man spricht daher auch von *Punkt-zu-Punkt-Verschlüsselung.*[296]

(2) Inhaltsverschlüsselung (Ende-zu-Ende-Verschlüsselung)

Anders verhält es sich bei der hybriden Verschlüsselung von Daten, die *unabhängig* davon erfolgt, wann bzw. ob diese an Dritte übertragen werden. Veranschaulichen soll dies die Verschlüsselung von E-Mails:[297] Bei Verwendung von PGP/GPG wird für jede zu verschlüsselnde E-Mail ein eigener symmetrischer Schlüssel, ein sog. *Sitzungsschlüssel*, erzeugt.[298] Der Klartext der E-Mail wird mit diesem Sitzungsschlüssel verschlüsselt; das Ergebnis – eine schein-

---

[293] *Fuhrberg/Häger/Wolf,* Internet-Sicherheit, S. 104.

[294] Datenpakete werden je nach Anwendung über etliche Server weitergeleitet, bevor sie den Zielserver erreichen. Die Verbindungsverschlüsselung wird in diesem Fall i. d. R. zwischen allen beteiligten Servern neu hergestellt, vgl. *Bertino/Martino/Paci/Squicciarini,* Security for Web Services and Service-Oriented Architectures, S. 50, sodass auf jedem Server lesbare Daten anfallen und der Nutzer zudem nicht erkennen kann, ob – z. B. zwischen dem Mailserver seines E-Mail-Providers und dem Mailserver des E-Mail-Providers des Empfängers – überhaupt eine Verbindungsverschlüsselung genutzt wird. Tatsächlich war dies z. B. zwischen den deutschen E-Mail-Providern *Deutsche Telekom, Web.de* und *GMX* bis August 2013 nicht der Fall, vgl. *Meister,* https://netzpolitik.org/2013/e-mail-made-in-germany-deutsche-telekom-web-de-und-gmx-machen-ssl-an-und-verkaufen-das-als-sicher.

[295] Zu denken ist an E-Mail-Clients (siehe zum Begriff unten Fn. 301) der jeweiligen Kommunikationspartner.

[296] Vgl. *Bertino/Martino/Paci/Squicciarini,* Security for Web Services and Service-Oriented Architectures, S. 50.

[297] Nach demselben Prinzip kann jede beliebige Datei hybrid verschlüsselt werden. Ähnliche Konzepte gibt es daher auch für alle anderen Formen der Internet-Kommunikation, siehe hierzu unten S. 60 und Fn. 358.

[298] *Creutzig/Buhl/Zimmermann,* PGP, S. 10.

bar willkürliche Abfolge von Zeichen – und der genutzte Sitzungs-schlüssel werden anschließend mit dem öffentlichen Schlüssel des Empfängers verschlüsselt.[299] Eine E-Mail sieht dann z. B. so aus:

```
-----BEGIN PGP MESSAGE-----
Charset: UTF-8

hQIMAznTQA+ggX1XARAArGSS93bLurZigP1qa7BuwGKfMKBlE12Kl2j0KPZwGpUi
aRyqSW/GYmKWpGnWinc1KeL5WprE9ld8iDsG46VhJyQ6ytTtQ4bo9xNqnEUADojk
C1tJNuJo33zHs38LmpxqkzcUIVtZmDjCBsAXJ2Njy9fbZnbwXFPHJTsABqMz7ZGs
JYlif0TFbTdWjS37e4LTQs6zu9+ENsdPRH8Q+G2IY5XFqKy7qEauf9T6vVyaon9F
BWOaRIjZzpzlRlSKfbmtaL7YiVuyUwNJF9EiRFYTEePvtYnjsd6IpDkKIcwEWr7f
wZpDwTTyVTXYSPqXOjjv8cYOu0NV5RPTJdA0HKf8h9R3gmjqNJT5tCf1wDsNWu65
yKI4298WJzM+qWwkbDdTXA6I0qI/LYXRg6nEbu9tkp//0Avy2xgMKZRL8XKnltLW
u5lU59Tciz4698u+K934WVy85io/5cwZzVQ81ms7I5KrMz0YJ4WwNl/9O6klJI99
SaH0UPjXNKAisR6jcBzPptwPCDM22lin/8HiH8JypRmBg3d9cpzo/GdTwcIf6zu9
9SV14SVxyn9LufmckfhJvVj38xizPdhxXN/K4oDMZUHTtmwpX2szNNiUwuscWs4W
BPKy7WvV2Ffow9hIhegrQp2kGYP4WbNrgm8hQrjRp6w/S7U9zrqffSdnpMke3I9
haWBGbPxs7mp36nvi62cv8CPErN1FJqPiQF02V/Z/8vUfBDOB3eELhMyMqeWEaMr
VmmVY85c1yIh+fNS96O2Y47Xi42Sx6zwNgDxR3bJVPMm93qgf5ybvLx0T7Ee+vKz
-----END PGP MESSAGE-----
```

Ein anderes Verfahren unter der Bezeichnung S/MIME funktio-niert vergleichbar, nutzt aber zentral ausgegebene Zertifikate anstel-le dezentral erzeugter Schlüsselpaare.[300]

Das unlesbare Ergebnis der Verschlüsselung kann sodann auf der Internetseite des E-Mail-Providers in die Eingabemaske kopiert und versandt werden. Alternativ können E-Mail-Clients[301] E-Mails un-mittelbar vor der Versendung automatisiert mittels PGP/GPG bzw.

---

[299] *Creutzig/Buhl/Zimmermann*, PGP, S. 11.

[300] *Schwenk*, Sicherheit und Kryptographie, S. 25. Der geheime Schlüssel wird hierbei in der Regel außerhalb des Machtbereichs des Nutzers erzeugt. Theoretisch könnte zwar der Nutzer ein eigenes Wurzelzertifikat verwenden. Da die Vertrauenswürdig-keit hier aber im Gegensatz zum Web of Trust bei PGP/GPG nicht ohne größeren Aufwand überprüfbar ist und weil für bestimmte im Rechtsverkehr anerkannte Zerti-fikate bestimmte Wurzelzertifikate verwendet werden müssen, ist diese Möglichkeit nicht praktikabel, vgl. für das Wurzelzertifikat der Regulierungsbehörde nach dem Signaturgesetz, *Schwenk* a. a. O., S. 26. Die E-Mail-Verschlüsselung mittels S/MIME wird aufgrund der Schlüsselerstellung außerhalb des Machtbereichs des Nutzers ver-glichen mit PGP/GPG als weniger sicher angesehen, vgl. *Ness*, Privacy-Handbuch, S. 164 f.

[301] Hierbei handelt es sich um Programme, mit denen E-Mails verfasst, gesendet, empfangen und verwaltet werden können, ohne die Internetseite des E-Mail-Providers aufzusuchen. Bekannte E-Mail-Clients sind z. B. Microsoft Outlook (Express), Mozilla Thunderbird, Apple Mail und Evolution Mail. Auch Smartphones verfügen über E-Mail-Clients.

S/MIME verschlüsseln.[302] Auch ohne eine Verbindungsverschlüsselung kann so die E-Mail auf dem Übertragungsweg nicht gelesen werden. Ist sie auf dem Mailserver des Empfängers angekommen,[303] bleibt sie auch hier unlesbar, bis sie mit dem passenden geheimen Schlüssel entschlüsselt wurde. Die Ver- und Entschlüsselung findet mithin nicht auf Verbindungs-, sondern auf „Programmebene" statt.[304] Man spricht deshalb auch von *Ende-zu-Ende-* oder *Inhaltsverschlüsselung*, die von der „Transportwegverschlüsselung" (d. h. von der Verbindungsverschlüsselung) zu unterscheiden ist.[305]

bb) Zugriffsmöglichkeiten

Inwieweit für die Erlangung lesbarer Inhalte verschlüsselter Internet-Kommunikation auf IT-Systeme des Beschuldigten zugegriffen werden muss, soll nun anhand der Zugriffsmöglichkeiten und deren tatsächlicher Effektivität geprüft werden.

(1)   Backdoors und Man in the middle-Angriffe

Auch die Verschlüsselung der Internet-Kommunikation kann theoretisch durch Backdoors in den jeweiligen Verschlüsselungsprogrammen umgangen werden. Neben dem Einbau eines „Generalschlüssels" in jedes Schlüsselpaar käme hier in Betracht, Teile langer asymmetrischer Schlüssel vorhersehbar zu konstruieren[306]; eine Berechnung des geheimen Schlüssels wäre damit auch bei au-

---

[302] Vgl. *Ness*, Privacy-Handbuch, S. 142 f.

[303] Bei der Übertragung von E-Mails wird zum Versand das *Simple Mail Transfer Protocol* (SMTP) genutzt, das insbesondere das Format einer E-Mail-Adresse nach dem Muster *nutzername@domain.top-level-domain* definiert, vgl. *Hertelendi*, Das Internet, S. 225. Weltweit gibt es eine Vielzahl von Anbietern kostenloser E-Mail-Adressen. Eine solche Adresse ist in wenigen Sekunden erstellt. Es bedarf hierzu keiner Legitimation, sodass beliebige persönliche Daten angegeben werden können. Viele Anbieter verzichten gänzlich auf die Abfrage von persönlichen Daten des Nutzers, sodass es für die Registrierung einer E-Mail-Adresse nur der Wahl eines Nutzernamens und eines Passworts bedarf, vgl. hierzu *Ness*, Privacy-Handbuch, S. 116 ff.

[304] Vgl. *P. Fischer/Hofer*, Lexikon der Informatik, S. 505.

[305] Vgl. *Buermeyer*, StV 2013, 470 (471).

[306] Z. B. eine bestimmte Anzahl von Bits an einer bestimmten Stelle des Schlüssels.

genscheinlich sicheren Schlüssellängen möglich. Praktisch ausgeschlossen ist dies jedoch bei allen Open Source[307]-Lösungen: Versierte Nutzer könnten solche Backdoors im Quelltext ggf. erkennen und – jedenfalls bei freier Software[308] – beseitigen.

Mehr Erfolg verspricht die Durchführung sog. *Man in the middle-Angriffe* (MITM-Angriffe). Hierbei schaltet sich der Angreifer unbemerkt zwischen die Kommunikationspartner.[309] Um die hybrid verschlüsselten Daten lesbar zu machen, muss der Schlüsselaustausch bzw. der Handshake kompromittiert werden.[310] Der Angreifer fängt hierzu die jeweils zu übermittelnden öffentlichen Schlüssel ab und ersetzt sie durch eigene.[311] Auf diese Weise ist es ihm sodann möglich, alle übermittelten Datenpakete zu entschlüsseln und für den „Weiterversand" an den Empfänger neu zu verschlüsseln.[312]

(a) Bei der Verbindungsverschlüsselung

Für einen MITM-Angriff auf eine Verbindungsverschlüsselung mit SSL/TLS kann dem Client z. B. ein falsches Zertifikat übermittelt werden, welches vorgibt, das Zertifikat des Zielservers zu sein.[313] Tatsächlich baut der Client eine verschlüsselte Verbindung zu einem Server des Angreifers auf. Hier werden alle übertragenen Daten entschlüsselt. Es bestehen mithin zwei verschlüsselte Verbindungen: Eine zwischen Client und Angreifer, eine zwischen Angreifer und Zielserver. Die Schwierigkeiten dieses MITM-Angriffs bestehen einerseits in der Notwendigkeit, den Nutzer zum Aufruf eines Servers

---

[307] Siehe hierzu oben Fn. 84.

[308] Sog. *freie Software* ist quellcodeoffen und darüber hinaus derart lizensiert, dass Nutzer sie (legal) nach ihren Bedürfnissen weiterentwickeln und anpassen können, vgl. *Schallaböck*, DuD 2009, 161.

[309] *H. Sack/Meinel*, Digitale Kommunikation, S. 355.

[310] Vgl. *Fuhrberg/Häger/Wolf*, Internet-Sicherheit, S. 92 f.

[311] Vgl. *Creutzig/Buhl/Zimmermann*, PGP, S. 58; *Küsters/T. Wilke*, Moderne Kryptographie, S. 259.

[312] Vgl. *Creutzig/Buhl/Zimmermann*, PGP, S. 58.

[313] Für derartige Angriffe existiert Open Source-Software, etwa das Projekt *SSL Man in the Middle Proxy* der Stanford University, vgl. http://crypto.stanford.edu/ssl-mitm.

des Angreifers zu veranlassen, andererseits in der Erzeugung eines Zertifikats, welches demjenigen des Zielservers hinreichend ähnelt.

Bekannte MITM-Angriffe Krimineller fordern den Nutzer z. B. per E-Mail zum Besuch einer Website auf, deren Domain dem Original ähnelt.[314] Besucht der Nutzer diese Website, wird eine Verbindung zum Zielserver über einen Proxyserver[315] des Angreifers aufgebaut, auf welchem der MITM-Angriff fortwährend stattfindet. Die Herstellung der hierfür erforderlichen Zertifikate wird z. T. durch Hacks bei CAs[316] ermöglicht: Wer Zugriff auf das Wurzelzertifikat einer CA hat, die ein IT-System als vertrauenswürdig einstuft[317], kann damit Zertifikate für beliebige Server erstellen. Auf diese Weise gelang es Hackern z. B. im Jahre 2011, gültige Zertifikate für die Anbieter *Yahoo*, *Google*, *Mozilla* und *Skype* zu erzeugen.[318] Soweit kein Wurzelzertifikat einer für das IT-System des Nutzers vertrauenswürdigen CA verfügbar ist, kann entweder durch den Einsatz eines Trojaners die Liste vertrauenswürdiger Zertifikate des IT-Systems manipuliert oder schlicht irgendeine[319] CA zur Erstellung des Zertifikats genutzt werden: Eine Studie der *Carnegie Mellon University* ergab im Jahre 2009, dass 55 % der Internetnutzer Warnmeldungen ihrer IT-Systeme bezüglich nicht vertrauenswürdiger Zerti-

---

[314] Siehe hierzu oben Fn. 288, etwa https://www.beispielseite.info anstelle von https://www.beispielseite.de.

[315] Engl. für „stellvertretender Server". Proxyserver werden im Internet vielfach eingesetzt, um den Aufbau von Verbindungen abzuschirmen oder Server über die wahre Identität von Clients zu täuschen, vgl. *P. Fischer/Hofer*, Lexikon der Informatik, S. 708 f.

[316] Siehe hierzu oben Fn. 289.

[317] In Browsern ist z. B. standardmäßig eine Fülle von CAs als vertrauenswürdig voreingestellt, vgl. hierzu *L. Neumann*, https://netzpolitik.org/2011/wie-der-iran-mit-hilfe-einer-niederlandischen-firma-gmail-abhorte.

[318] *Ness*, Privacy-Handbuch, S. 89 f.

[319] Weltweit gibt es hunderte CAs, von denen etliche kostenlos und ohne Identitätsprüfung des Beantragenden SSL-Zertifikate ausstellen. Zudem ist es möglich, ein SSL-Zertifikat selbst zu signieren, vgl. *Leister*, Kostenloses SSL Zertifikat mit CaCert, http://thomas-leister.de/open-source/linux/ubuntu/kostenloses-ssl-zertifikat-mit-cacert; *Schejbal*, http://janschejbal.wordpress.com/2009/01/18/uber-die-unsicherheit-von-ssl-und-https.

fikate ignorieren.[320]

Ein hoheitlicher Angreifer ist für die Durchführung eines MITM-Angriffs auf eine Verbindungsverschlüsselung auf den ersten Blick im Vorteil: Er kann für die Einbindung des Proxyservers den ISP zur Mitwirkung verpflichten und hoheitliche, vertrauenswürdige CAs[321] zur Erstellung der nötigen kompromittierten Zertifikate veranlassen. Dies funktioniert jedoch nur, wenn der Datenverkehr unmittelbar über den ISP abgewickelt wird. Beim Einsatz von Anonymisierungsdiensten wie TOR[322] oder bei der Nutzung von VPN[323] ist dies nicht der Fall.

---

[320] *Sunshine/Egelman/Almuhimedi/Atri/Cranor*, Crying Wolf: An Empirical Study of SSL Warning Effectiveness, S. 12.

[321] So betreibt z. B. die Bundesdruckerei die CA *D-TRUST*, vgl. http://www.bundesdruckerei.de/de/167-d-trust-ssl-zertifikate. D-TRUST ist als vertrauenswürdige CA in Browsern voreingestellt, vgl. *Heinlein*, Wie vertrauenswürdig sind Certification Authorities (CAs)?, https://www.heinlein-support.de/blog/security/wie–vertrauenswuerdig–sind–certification–authorities–cas.

[322] *The Onion Router* (TOR) und basiert auf einem Netzwerk aus Tausenden weltweit verteilter Server, über die eine Anfrage im Internet bis zum eigentlichen Ziel-Host weitergeleitet wird. Jeder Internetnutzer kann einen solchen Server mit geringem Aufwand selbst betreiben. Wird eine Internetadresse angewählt, vereinbart TOR zunächst jeweils einen symmetrischen Schlüssel für die Verbindung zu jedem TOR-Server, über den die Verbindung geleitet werden soll. Beim Datentransfer, der verschlüsselt über zufällig wechselnde Ketten aus meist drei TOR-Servern erfolgt, werden einem TOR-Server damit jeweils nur der vor ihm liegende Absender eines Datenpaketes und der Empfänger dieses Datenpaketes bekannt; erst der letzte – als *Exit Node* bezeichnete – TOR-Server innerhalb der Verbindungskette kennt den Inhalt und das Ziel der Anfrage. Vgl. hierzu *Kubieziel*, Anonym im Netz, S. 51 ff., 154.

[323] *Virtual Private Networks* (VPNs) werden primär eingesetzt, um lokale Netzwerke und/oder Einzelcomputer über das Internet verschlüsselt miteinander zu verbinden, vgl. *Fuhrberg/Häger/Wolf*, Internet-Sicherheit, S. 168; *Gumm/Sommer*, Einführung in die Informatik, S. 654. Der eigentliche Zweck einer VPN-Verbindung besteht darin, eine sichere Teilnahmemöglichkeit an z. B. einem Hochschul- oder Firmennetzwerk über eine unsichere Verbindung zu schaffen, vgl. *Baun*, Computernetze kompakt, S. 112. Ein VPN kann indes auch als verschlüsselter „Tunnel" vom Client zum Server genutzt werden. Hierfür gibt es eine Reihe kommerzieller Anbieter, die vor allem mit einer höheren Übertragungsgeschwindigkeit im Vergleich zu kostenlosen Anonymisierungsprojekten wie TOR werben. Eine Übersicht verschiedener Anbieter findet sich unter http://www.vpnvergleich.net.

(b) Bei der Inhaltsverschlüsselung

Noch schwieriger gestalten sich MITM-Angriffe auf eine Inhaltsverschlüsselung, was wiederum am Beispiel Ende-zu-Endeverschlüsselter E-Mails nachvollziehbar wird: Für den Eingriff in den Tausch der öffentlichen Schlüssel bei der Nutzung von PGP/GPG ist ein Mitwirken des E-Mail-Providers erforderlich – schließlich muss die initiale E-Mail mit dem öffentlichen Schlüssel des Absenders vor der Übertragung an den Empfänger manipuliert werden. Erfolgt der Schlüsselaustausch auf anderen Wegen – wird etwa ein neuer öffentlicher Schlüssel mit einem beim Absender schon vorhandenen öffentlichen Schlüssel des Empfängers verschlüsselt übertragen, steht ein öffentlicher Schlüssel bereits von anderen Nutzern beglaubigt auf einem Schlüsselserver[324] zur Verfügung oder wird er „offline" auf einem Datenträger übergeben –, ist eine Manipulation auch unter Mitwirkung des E-Mail-Providers schlechterdings ausgeschlossen.[325] Einfacher kann der Fall zwar bei der Nutzung von S/MIME liegen.[326] Hier kann ein Eingriff in den Schlüsselaustausch entbehrlich sein, soweit geheime Schlüssel zentral beim E-Mail-Provider gespeichert sind.[327] Oftmals wird jedoch bereits die (mangelnde) Kooperation der E-Mail-Provider ein unüberwindbares Problem darstellen: Etliche international organisierte – und damit rechtlich nur schwer in die Pflicht zu nehmende –[328] E-Mail-Provider lehnen die Zusammenarbeit mit staatlichen Stellen ausdrücklich ab.[329] Darüber hinaus können Nutzer einen MITM-

---

[324] Siehe hierzu oben Fn. 281.

[325] Eine Mitwirkung „des Providers" kommt zudem immer dann nicht in Betracht, wenn der Betroffene einen eigenen Mailserver betreibt.

[326] Vgl. *Ness*, Privacy-Handbuch, S. 163 ff.

[327] Vor diesem Hintergrund ist das auf S/MIME basierende De-Mail-Gesetz starker Kritik ausgesetzt: Auch hier liegen die geheimen Schlüssel beim Diensteanbieter, wodurch nicht nur er auf den Inhalt verschlüsselter De-Mails zugreifen kann, sondern auch Angreifer, die sich Zugang zu Servern des Diensteanbieters verschaffen. Vgl. hierzu *Lechtenbörger*, DuD 2011, 268 m. w. N. Völlig unkritisch insoweit leider *Roßnagel*, NJW 2011, 1473 (1477).

[328] Vgl. *Bull*, Netzpolitik, S. 27 f.

[329] Vgl. *Ness*, Privacy-Handbuch, S. 116 f.

Angriff verhältnismäßig einfach bemerken, indem sie die Hashwerte[330] der öffentlichen Schlüssel miteinander vergleichen.

Ähnlich sind die Problemlagen bei anderen Internet-Kommunikationsdiensten. So gibt es inhaltsverschlüsselte Kurznachrichtendienste für Smartphones, bei denen der geheime Schlüssel jeweils nur auf dem Endgerät des Nutzers vorliegt[331] und den OTR-Standard zur Inhaltsverschlüsselung bei Chatprogrammen[332]. Auch soweit hierbei keine Schlüsselpaare der Teilnehmer genutzt werden,[333] bestehen jeweils Schutzmechanismen gegen MITM-Angriffe[334].

(c)   Insbesondere: Abhören der Internet-Telefonie („VoIP")

Eine Sonderrolle innerhalb der Möglichkeiten verschlüsselter Internet-Kommunikation nimmt die Internet-Telefonie ein – dies deshalb, weil unter dem Begriff „Internet-Telefonie" unterschiedliche technische Verfahren zusammengefasst werden, deren Sicherheitsmechanismen sich unterscheiden.

Bei der Internet-Telefonie wird Sprache digitalisiert[335] und in Datenpakete aufgeteilt, die sodann über das IP zwischen den Teilnehmern ausgetauscht werden; man spricht daher von *Voice over IP* (VoIP).[336] Technisch gibt es dabei im Wesentlichen drei Umsetzungsformen: Beim sog. *Carrier-Einsatz* nutzt lediglich der Telekom-

---

[330] Siehe hierzu oben Fn. 217. Auch dies erledigt die zur Verschlüsselung genutzte Software oftmals automatisiert.

[331] Vgl. etwa https://threema.ch/de/faq.html.

[332] Vgl. https://otr.cypherpunks.ca; *Jendrian*, DuD 2013, 653 (565 f.).

[333] Dies hat u. a. den Effekt, dass nachträglich nicht nachvollziehbar ist, wer bestimmte Kommunikationsinhalte erzeugt hat, vgl. https://otr.cypherpunks.ca/index.php#faqs.

[334] *Stedman/Yoshida/Goldberg*, A User Study of Off-the-Record Messaging, S. 2 f., https://www.cypherpunks.ca/~iang/pubs/otr_userstudy.pdf.

[335] Die entsprechenden Ein- und Ausgabeeinheiten verfügen über sog. *a/d-Wandler*, mit denen analoge Audiosignale in Daten bzw. Daten in analoge Audiosignale konvertiert werden, vgl. *P. Fischer/Hofer*, Lexikon der Informatik, S. 11, 500.

[336] Vgl. *Meinberg/Grabe*, K&R 2004, 409 (410).

munikationsdiensteanbieter intern VoIP.[337] Bei *Gateway-Diensten* stellt ein Telekommunikationsdiensteanbieter die Verbindung zwischen Internet und öffentlichem Telefonnetz her.[338] Hierbei ist jeder Teilnehmer – wie auch beim Carrier-Einsatz – über seine hergebrachte bzw. eine hierzu neu vergebene Telefonnummer erreichbar.[339] Auch wenn bei einer dieser Varianten IT-Systeme als Telefonie-Endgeräte genutzt werden, bestehen keine Unterschiede zu den technischen Zugriffsmöglichkeiten bei Telefonaten mit klassischen Telefonen: Da der Telekommunikationsdiensteanbieter Gespräche aus dem Internet in das öffentliche Telefonnetz verbinden muss, gibt es eine Schnittstelle, an welcher die Gespräche nach Maßgabe der TKÜV ausgeleitet werden können.

Bei sog. *nutzerbasierten VoIP-Diensten* besteht hingegen grundsätzlich keine Anbindung an das öffentliche Telefonnetz.[340] Hier stellt ein Programm reine VoIP-Verbindungen zwischen seinen Nutzern her.[341] Die Nutzer betreiben das Programm auf einem IT-System, das mit dem Internet verbunden ist – einen Telefonanschluss benötigen sie nicht.[342] Derzeit am weitesten verbreitet ist das VoIP-Programm des Anbieters *Skype*,[343] der sowohl einen nutzerbasierten VoIP-Dienst als auch einen Gateway-Dienst zur Verfügung stellt[344].

VoIP-Gespräche werden verschlüsselt über das IP übertragen.[345] Beim Carrier-Einsatz erfolgt die Ver- und Entschlüsselung technisch bedingt gänzlich im Machtbereich des Telekommunikationsdiensteanbieters. Bei Gateway-Diensten ist die Verbindung zwischen Nut-

---

[337] *Martini/v. Zimmermann*, CR 2007, 368 (369); *Meinberg/Grabe*, K&R 2004, 409 (411).

[338] Vgl. *Meinberg/Grabe*, K&R 2004, 409 (411).

[339] *Martini/v. Zimmermann*, CR 2007, 368 (370).

[340] *Meinberg/Grabe*, K&R 2004, 409 (410).

[341] Vgl. *Meinberg/Grabe*, K&R 2004, 409 (410 f.).

[342] Vgl. *Martini/v. Zimmermann*, CR 2007, 368 (370 f.).

[343] *Stiefel*, Dezentrale Informations- und Kollaborationsarchitektur, S. 63.

[344] Vgl. *Bär*, EDV-Beweissicherung, S. 88 f. So ist es möglich, mittels Skype Festnetz- und Mobilfunkrufnummern anzurufen, vgl. http://www.skype.com/de/features/#calling.

[345] Vgl. *Spitz/Pramateftakis/Swoboda*, Kryptographie und IT-Sicherheit, S. 174.

zer und Anbieter verschlüsselt. In beiden Fällen handelt es sich um Verbindungsverschlüsselung, sodass die Daten unmittelbar vor und nach der Übertragung unverschlüsselt vorliegen, der Anbieter also technisch dazu in der Lage ist, TKÜ-Maßnahmen zu ermöglichen. Schwieriger ist die Einordnung der Verschlüsselung bei nutzerbasierten VoIP-Diensten. Hier besteht zumindest aus technischer Sicht keine Notwendigkeit dafür, unverschlüsselte Daten im Machtbereich des Anbieters anfallen zu lassen. Ermöglicht der Anbieter eine Ende-zu-Ende-Verschlüsselung zwischen den Teilnehmern, kann er keine Gespräche ausleiten.

Die rechtswissenschaftliche Debatte zur VoIP-Überwachung beschränkt sich im Wesentlichen auf den zu Microsoft gehörenden[346] Anbieter Skype, wobei häufig postuliert wird, dieser könne nicht erfolgversprechend zur Mitwirkung an TKÜ-Maßnahmen verpflichtet werden, weil infolge der Verschlüsselung rein technisch kein Zugriff auf unverschlüsselte Gespräche möglich sei.[347] Tatsächlich *muss* Skype jedoch schon wegen des angebotenen Gateway-Dienstes technisch dazu in der Lage sein, bei Gesprächen als „man in the middle" zu fungieren. Dem ließe sich zwar entgegenhalten, dass laut Skype zumindest bei rein nutzerbasierten Gesprächen eine Ende-zu-Ende-Verschlüsselung angewandt wird.[348] Auch diese kann jedoch nicht als abhörsicher gelten. Zunächst überprüft Skype – wie im Jahre 2013 bekannt wurde – die Texte seines (ebenfalls als „ver-

---

[346] Vgl. http://www.microsoft.com/oem/de/products/other/Pages/skype.aspx.

[347] So etwa *Bratke*, Quellen-TKÜ im Strafverfahren, S. 214 f., unter Bezugnahme auf eine Stellungnahme von Skype aus dem Jahre 2004. Ebenso *Redler*, Online-Durchsuchung, S. 87, unter verfehlter Berufung auf *Buermeyer*, HRRS 2007, 154 (160), der die Möglichkeit einer Skype-Backdoor gerade ausdrücklich in Erwägung zieht und in anderen Veröffentlichungen (etwa in HRRS 2009, 433-441) auch belegt. *Herrmann*, IT-Grundrecht, S. 32, hält Skype ebenfalls für „nicht abhörbar", ebenso *Kohlmann*, Online-Durchsuchungen, S. 50, die allerdings die Inpflichtnahme des Anbieters (Skype) überhaupt nicht erwägt, sondern nur eine Mitwirkung des ISP diskutiert und – aufgrund der hier nur verschlüsselt zu erlangenden Daten aus dem Übertragungsvorgang – als ineffektiv ablehnt.

[348] Vgl. https://support.skype.com/de/faq/FA31/setzt-skype-verschlusselungsverfahren-ein.

schlüsselt" beworbenen[349]) Chatprogramms auf SPAM-Links;[350] Skype kann demnach auf unverschlüsselte Inhalte dieser Chats zugreifen. Daneben sagte Skype der Einheit für justizielle Zusammenarbeit der Europäischen Union bereits im Jahre 2006 zu, im Rahmen der Bekämpfung der grenzüberschreitenden, schweren Kriminalität das Abhören von VoIP-Gesprächen zu ermöglichen.[351] Jeder Nutzer von Skype stimmt ferner bei der Eröffnung eines Accounts Datenschutzrichtlinien zu, in denen ausdrücklich auf die mögliche Herausgabe von rechtmäßig angeforderten Kommunikationsinhalten an Justiz-, Strafvollzugs- oder Regierungsbehörden hingewiesen wird.[352] Microsoft beantragte zudem bereits im Jahre 2011 die Patentierung einer Überwachungsroutine für nutzerbasierte VoIP-Telefonie.[353] Nach alledem ist davon auszugehen, dass Skype bei Ende-zu-Ende-verschlüsselten, nutzerbasierten VoIP-Gesprächen eine Backdoor in Form eines „Generalschlüssels"[354] vorsieht.[355]

Neben Skype und vergleichbaren Anbietern[356] gibt es jedoch auch freie VoIP-Programme,[357] die eine quellcodeoffene Ende-zu-Ende-

---

[349]   Vgl.   https://support.skype.com/de/faq/FA31/setzt-skype-verschlusselungsverfahren-ein.

[350] Entdeckt wurde dies, weil per Skype in privaten Chats versandte Links unmittelbar von Microsoft besucht wurden, vgl. http://www.h-online.com/security/features/Skype-s-ominous-link-checking-Facts-and-speculation-1865629.html.

[351] http://eurojust.europa.eu/press/PressReleases/Pages/2009/2009-02-25.aspx.

[352] http://www.skype.com/de/legal/privacy/#disclosureOfInformation.

[353] *Braun/Roggenkamp*, K&R 2011, 281 (285). Es handelt sich hierbei um das Patent der US Patent Application No. 20110153809, Kind Code A1, vom 23.06.2011, abrufbar unter http://appft1.uspto.gov. Danach wird gleichzeitig mit der Verbindungsvermittlung zwischen mindestens zwei Nutzern ein Seitenkanal eröffnet, der die unverschlüsselte Aufzeichnung aller Audio- und ggf. Videodaten ermöglicht.

[354] Im Rahmen einer regulären TKÜ-Maßnahme aufgezeichnete VoIP-Daten könnten hiermit nachträglich entschlüsselt werden. Vgl. hierzu http://www.heise.de/security/meldung/Spekulationen-um-Backdoor-in-Skype-189880.html.

[355] So auch *F. Albrecht/Dienst*, JurPC 5/2012, Abs. 52; *Braun/Roggenkamp*, K&R 2011, 281 (285); *Buermeyer/Bäcker*, HRRS 2009, 433 (434); *Schaar*, Überwachung total, S. 35; *Stadler*, MMR 2012, 18 (19).

[356] Für Beispiele siehe *Bratke*, Quellen-TKÜ im Strafverfahren, S. 31.

[357] Ein bekanntes Beispiel ist das Projekt *Jitsi*, https://jitsi.org.

Verschlüsselung ermöglichen.[358] Verwendet ein Beschuldigter derartige Programme und nutzt er alle darin vorgesehenen Schutzmechanismen gegen MITM-Angriffe, verspricht ein Zugriff unter Inpflichtnahme von ISP bzw. VoIP-Anbieter keinen Erfolg.

(2) Im IT-System des Beschuldigten – „Quellen-TKÜ"

Unabhängig von im Einzelfall genutzten Verschlüsselungsmethoden und Schutzmechanismen gegen die vorgenannten Angriffe kann immer dort auf unverschlüsselte Inhalte zugegriffen werden, wo sie der Beschuldigte erzeugt oder selbst zur Kenntnis nimmt: Innerhalb seines IT-Systems. Diese Zugriffe werden unter dem Begriff der Quellen-TKÜ diskutiert und können sich auf jede Art der Internet-Kommunikation beziehen.[359] Die hierfür erforderliche Infiltration des zu überwachenden IT-Systems unterscheidet sich technisch nicht von der Infiltration zur Durchführung eines Internet-Fernzugriffs zur Umgehung von Datenträgerverschlüsselungen[360] oder zur umfassenden Online-Überwachung: Jedenfalls der initiale Zugriff kann nicht auf die Überwachung der laufenden Telekommunikation beschränkt werden,[361] weil die Platzierung und ggf. Aktualisierung der Überwachungssoftware Administratorrechte[362] erfordert, die auch zur anderweitigen Nutzung des Zielsystems befähigen[363]. Die Überwachungssoftware selbst lässt sich hingegen

---

[358] So stellt z. B. das Projekt *zfone* ein Protokoll (ZRTP) zur Verfügung, welches die Kommunikation diverser VoIP-Programme Ende-zu-Ende-verschlüsselt. Vgl. http://zfoneproject.com/about.html. ZRPT kann auch von Jitsi genutzt werden, vgl. https://jitsi.org/Documentation/ZrtpFAQ.

[359] Z. B. VoIP, verschlüsselte Chats oder über TOR (siehe hierzu oben Fn. 322) abgerufenen Internetseiten, vgl. hierzu den Vermerk des *Generalbundesanwalts*, StV 2013, 476.

[360] Siehe hierzu oben S. 39. Allerdings muss ein zur VoIP-Telefonie genutztes IT-System nicht zwingend vollständig (datenträger-)verschlüsselt sein, sodass ggf. auch eine Installation der Überwachungssoftware mittels körperlichen Zugriffs auf das IT-System in Betracht kommt.

[361] *Kurz*, Referat auf dem 69. DJT, Bd. II/1, S. L 14 f.; *Rehak*, Technische Möglichkeiten einer heimlichen Online-Durchsuchung, S. 70.

[362] Siehe hierzu oben S. 19.

[363] *Meister*, https://netzpolitik.org/2012/angezapft-warum-staatstrojaner-mit-

grundsätzlich so gestalten, dass sie nur den Zugriff auf bestimmte Anwendungen des infiltrierten IT-Systems zulässt und ihren Nutzer – also die Ermittlungsperson, welche die Maßnahme durchführt – in ihren Zugriffsrechten[364] derart beschränkt, dass sie hieran keine Änderungen vornehmen kann.[365]

(3) Einsatz externer technischer Mittel

Ohne unmittelbaren Fernzugriff auf ein IT-System kann dessen Nutzung – hinsichtlich der Tastatureingaben – mithilfe eines Hardware-Keyloggers oder – auch hinsichtlich der Wahrnehmungen des Betroffenen – durch die Messung der elektromagnetischen Abstrahlung des Bildschirms oder der Tastatur, sog. TEMPEST, überwacht werden.[366] Die Methode wird als *Van-Eck-Phreaking*[367] bezeichnet und kann selbst aus über 10 Metern Entfernung durchgeführt werden, um etwa das auf dem Bildschirm Dargestellte zu rekonstruieren.[368] Entsprechend kann die VoIP-Telefonie durch die akustische Überwachung der Gesprächspartner „vor Ort" abgehört werden.

(4) Zwischenergebnis

Auf Überwachungssicherheit bedachte Beschuldigte können Zugriffe auf ihre Internet-Kommunikation auf dem Übertragungsweg und bei den jeweiligen Anbietern durch die Verwendung einer Ende-zu-Ende-Verschlüsselung wirksam vereiteln. Erfolg verspricht in diesen Fällen nur der Zugriff auf unverschlüsselte Inhalte, die während ihrer Erzeugung oder Kenntnisnahme in den IT-Systemen der Beschuldigten anfallen. Dieser Zugriff kann mit technischen Mitteln erfolgen, die entweder auf Softwareebene unmittelbar im IT-System des Betroffenen oder extern zur Anwendung kommen.

---

gesetzen-nicht-kontrollierbar-und-damit-grundsatzlich-abzulehnen-sind.

[364] Siehe hierzu oben S. 19.

[365] Siehe hierzu unten S. 423.

[366] Vgl. *Pfitzmann*, Informatik Spektrum 2008, 65 (66).

[367] Diese Bezeichnung der Methode geht auf ihren Entdecker *Wim van Eck* zurück.

[368] Vgl. *van Eck*, Computers & Security 1985, 269 (271 ff.).

b) Sonstige Nutzungsarten

aa) Online-Überwachung

Mit einem Internet-Fernzugriff auf ein IT-System des Beschuldigten kann nicht nur dessen Datenträgerverschlüsselung umgangen und seine Nutzung als Kommunikationswerkzeug überwacht werden. Technisch ist es ebenso möglich, die gesamte Nutzung des IT-Systems über einen längeren Zeitraum zu beobachten.[369] Die Erkenntnismöglichkeiten sind dabei ebenso vielfältig wie die Einsatzfelder von IT-Systemen.

bb) Hardware-Keylogger und Van-Eck-Phreaking

Auch insoweit können Hardware-Keylogger und Van-Eck-Phreaking eingesetzt werden. Im Unterschied zur Online-Überwachung per Internet-Fernzugriff – die der überwachenden Person dieselben Zugriffsmöglichkeiten auf das IT-System verschafft wie dem berechtigen Nutzer – können auf diese Weise jedoch nur diejenigen Daten erhoben werden, die der Betroffene eingibt bzw. die das überwachte IT-System abstrahlt.

5. „Analoge" Überwachung mittels IT-Systems

Schließlich lässt sich über einen Fernzugriff auf ein IT-System des Beschuldigten auch eine akustische und visuelle Überwachung bewerkstelligen, indem ggf. auf Mikrofon und Kamera des laufenden IT-Systems zugegriffen wird.[370]

II. Zugriffe auf dezentrale IT-Systeme

Erfolgt die Datenspeicherung und -verarbeitung eines IT-Systems

---

[369] Dieser Unterfall der Online-Durchsuchung wird als „Online-Überwachung" bezeichnet, vgl. *Buermeyer*, HRRS 2007, 154 (161); *Sieber*, Stellungnahme BVerfGE, S. 4.

[370] *Birkenstock*, Zur Online-Durchsuchung, S. 9; *Markus Hansen/Pfitzmann*, Roggan (Hrsg.): Online-Durchsuchungen 2008, 131 (137); *Kohlmann*, Online-Durchsuchungen, S. 51.

dezentral, ergeben sich hieraus weitere Zugriffsmöglichkeiten.

1. Zugriff auf dem Übertragungsweg

So kann auf dem Übertragungsweg zwischen dem Endgerät des Betroffenen und dem Server des öffentlichen Cloud Computing-Anbieters bzw. sonstigen räumlich entfernten Komponenten seines dezentralen IT-Systems bei privatem Cloud Computing auf den Datenverkehr innerhalb des dezentralen IT-Systems zugegriffen werden. Soweit die Daten bei der Übertragung nicht verschlüsselt sind, kann der ISP sie ausleiten. Zumeist werden sie jedoch per SSL/TLS verschlüsselt,[371] sodass lesbare Daten allenfalls im Wege eines MITM-Angriffs[372] zu erlangen sind, der wiederum keinen Erfolg verspricht, wenn die Daten zusätzlich Ende-zu-Ende-verschlüsselt sind.

2. Inpflichtnahme des öffentlichen Cloud Computing-Anbieters

Bei öffentlichen Cloud Computing-Lösungen[373] befinden sich die Daten auf IT-Systemen im Machtbereich des Cloud Computing-Anbieters, die zugleich dem IT-System des Betroffenen angehören.[374] Wenn auch einzelne Datensätze hierbei auf etliche IT-Systeme verteilt sind[375] und eine körperliche Herausgabe der relevanten Datenträger deshalb technisch nicht in Betracht kommt, ist es dem Anbieter möglich, Daten für Zwecke des Ermittlungsverfahrens in Kopie herauszugeben, wie er sie auch für den Abruf durch den Nutzer zusammenführen können muss.[376] Hiervon zu unterscheiden ist die Frage, ob ein Anbieter auch *lesbare* Daten herausgeben kann.

---

[371] Zumindest mittelfristig wird es keine unverschlüsselten Verbindungen zwischen Nutzer und Cloud mehr geben, vgl. zur Entwicklung den Diskussionsbeitrag von *Kurz* auf dem 69. DJT, Bd. II/2, S. L 166 f. Ähnlich auch *Marit Hansen*, DuD 2012, 407 (409).

[372] Siehe hierzu oben S. 56 und unten S. 445.

[373] Siehe hierzu oben S. 27.

[374] Siehe hierzu oben S. 25.

[375] Siehe hierzu oben S. 28.

[376] Siehe hierzu unten S. 351 ff.

a) Bei SaaS- und PaaS-Lösungen

Bei SaaS- und PaaS-Lösungen[377] sind die Daten in der Cloud regelmäßig unverschlüsselt, weil sie andernfalls nicht unter Nutzung der Ressourcen des Anbieters verarbeitet werden können.[378] In der Informatik diskutierte Ansätze zur vollständig verschlüsselten Datenverarbeitung[379] gelten – zumindest derzeit noch – als nicht praktikabel, weil sie je nach Komplexität der Programme gar nicht durchführbar sind[380] oder zu erheblichen Geschwindigkeitseinbußen führen[381]. Daten aus SaaS- und PaaS-Lösungen kann der Cloud Computing-Anbieter daher unverschlüsselt ausleiten.

b) Bei IaaS-Lösungen (insbesondere: Cloud Storage)

Bei IaaS-Lösungen ist zu unterscheiden, ob es sich um eine vollständige EVA-Infrastruktur, die Verarbeitungskomponente oder nur die Speicherung von ein- bzw. auszugebenden Daten handelt.[382] Nur im letzten Fall bestehen Unterschiede zum Zugriff auf SaaS- bzw. PaaS-Daten. Rein technisch können Daten im Cloud Storage so verschlüsselt werden, dass der Anbieter keinen Zugriff auf sie hat.[383] In der Praxis geschieht dies jedoch zumeist nicht:[384] Der Schlüssel für die anbieterseitig häufig beworbene verschlüsselte Speicherung befindet sich fast immer im Machtbereich des Anbieters, sodass er die Daten jederzeit entschlüsseln kann.[385] Der Nutzer kann die Da-

---

[377] Siehe hierzu oben S. 25.

[378] *Kerschbaum*, Wirtschaftsinformatik 2011, 129.

[379] Zum technischen Hintergrund vgl. etwa *Armknecht/Katzenbeisser/Peter*, Designs, Codes and Cryptography 2013, 209–232; *Liang*, Quantum Information Processing 2013, 3675–3687.

[380] *Paulus*, DuD 2011, 317 (319).

[381] Vgl. *Kerschbaum*, Wirtschaftsinformatik 2011, 129 (137).

[382] IaaS kann insoweit in *Resource Set*-Angebote und Angebote einzelner Infrastrukturdienste unterschieden werden. Eine Übersicht zu in Frage kommenden Diensten findet sich bei *Baun/Kunze/Nimis/Tai*, Cloud Computing, S. 33 f.

[383] *Marit Hansen*, DuD 2012, 407 (409); *Kalabis/Kunz/Wolf*, DuD 2013, 512 (513 ff.).

[384] *Marit Hansen*, DuD 2012, 407 (409).

[385] Der bekannte Cloud Storage-Anbieter Dropbox behauptete z. B. über lange Zeit, keine Zugriffsmöglichkeit auf die Daten seiner Nutzer zu haben, bis Nutzer das Ge-

ten jedoch selbst verschlüsseln, indem er sie in Containerdateien[386] im Cloud Storage abgelegt[387] oder anbieterübergreifende Verschlüsselungsprogramme für Cloud Storage-Inhalte nutzt[388]. In diesem Fall ist es dem Anbieter nicht möglich, lesbare Daten herauszugeben.

3. Zugriff mit Zugangsdaten des Betroffenen

Ferner kommt in Betracht, Zugangsdaten des Betroffenen zu nutzen – etwa im Rahmen einer Durchsuchungsmaßnahme, wenn hierbei Zugriff auf ein in Betrieb befindliches Endgerät erlangt wird, das Bestandteil eines dezentrales IT-Systems ist, oder mittels IT-Systems der Strafverfolgungsbehörde, wenn Zugangsdaten beim Cloud-Anbieter oder anderweitig in Erfahrung gebracht werden können. Wurden etwa unverschlüsselte Endgeräte des Beschuldigten sichergestellt, auf denen Zugänge zu öffentlichen Cloud Computing-Angeboten gespeichert sind, können diese von den Ermittlungspersonen in gleicher Weise genutzt werden wie vom Beschuldigten.[389] Anbieterseitig verschlüsselt gespeicherte Daten können so abgerufen werden, nicht aber durch den Betroffenen verschlüsselte Daten, soweit die hierfür erforderlichen Schlüssel bzw. Passwörter/Schlüsseldateien nicht bekannt sind. Zudem kann auch auf dezentrale IT-Systeme zugegriffen werden, indem ein zugehöriges Endgerät infiltriert wird. Technisch bestehen hierbei keine Unter-

---

genteil nachwiesen, vgl. hierzu ausführlich *Beckedahl*, https://netzpolitik.org/2011/dropbox-hat-wohl-die-nutzer-belogen-was-die-sicherheit-betrifft m. w. N. Vgl. hierzu auch *Heidrich/Wegener*, MMR 2010, 803 (804 f.), die sich für den Einsatz einer Ende-zu-Ende-Verschlüsselung von sensiblen Daten in der Cloud aussprechen.

[386] Siehe hierzu oben S. 39.

[387] Vgl. hierzu ausführlich http://www.ghacks.net/2011/04/22/storing-data-in-the-cloud-with-dropbox-and-truecrypt.

[388] Z. B. https://www.boxcryptor.com/de/boxcryptor. Die Nutzung solcher Programme hat zugleich den Vorteil, beim Löschen der Daten nicht darauf vertrauen zu müssen, dass der Anbieter die Daten tatsächlich löscht und nicht lediglich ausblendet, aber auf einem oder vielen Servern – etwa im Rahmen seiner Backuproutine – belässt.

[389] Siehe hierzu unten S. 359 ff.

schiede zum Internet-Fernzugriff auf zentrale IT-Systeme zur Online-Durchsicht[390] bzw. Online-Überwachung[391].

---

[390] Siehe hierzu oben S. 45.
[391] Siehe hierzu oben S. 66.

III. Zusammenfassung

Die tatsächlichen Zugriffsmöglichkeiten auf IT-Systeme sind vielfältig und von sehr unterschiedlicher Komplexität. Unproblematisch ist die körperliche Sicherstellung eines zentralen IT-Systems bzw. Endgeräts, das einem dezentralen IT-System angehört. Infolge der zunehmenden Verbreitung von Kryptographie[392] führt die Sicherstellung von Hardware indes häufig nicht zum bezweckten Ermittlungserfolg, wenn Beweisthemen mit Datenbezug in Rede stehen. Können Schlüssel oder Passwort bzw. Schlüsseldatei nicht anderweitig in Erfahrung gebracht werden, sind Zugriffe in Echtzeit vonnöten, um die während ihrer Nutzung unverschlüsselten Daten bzw. die zugehörige Schlüssel kopieren zu können. Die steigende Bedeutung des Cloud Computing[393] führt überdies dazu, dass sich der anvisierte Datenbestand nicht mehr zwingend auf körperlich sicherzustellenden Endgeräten des Beschuldigten befinden muss, sondern weltweit auf zahlreiche IT-Systeme verschiedener Cloud Computing-Anbieter verteilt sein kann. Einem erfolgreichen Zugriff hierauf unter Inpflichtnahme des Anbieters bzw. des ISP kann der Einsatz von Programmen zur Ende-zu-Ende-Verschlüsselung entgegenstehen. Daneben hat das Internet – insbesondere im Bereich der zwischenmenschlichen Kommunikation – neue ermittlungsrelevante Verwendungsmöglichkeiten von IT-Systemen hervorgebracht, die ebenfalls derart verschlüsselt werden können, dass ein Zugriff unter Mitwirkung von Anbieter und ISP keinen Erfolg verspricht. Je nach Beweisthema und Sicherheitsbewusstsein des Beschuldigten

---

[392] Nach Angaben des *BITKOM* nutzten im Dezember 2013 etwa 10 % der bundesdeutschen Internetnutzer Programme zur Datenverschlüsselung, 9 % Ende-zu-Ende-Verschlüsselung von E-Mails und 13 % Anonymisierungsdienste wie TOR, http://www.bitkom.org/de/markt_statistik/64026_78217.aspx.

[393] 37 % der bundesdeutsche Unternehmen nutzten laut *BITKOM* bis Ende 2012 Cloud Computing-Lösungen, http://www.bitkom.org/de/presse/8477_75301.aspx. Laut *TNS Infratest* waren im Jahre 2013 23 % der privaten Internetnutzer in Deutschland Kunden bei öffentlichen Cloud Computing-Anbietern zur Online-Speicherung von Daten, 18 % griffen täglich auf den Cloud Storage zu, vgl. http://www.infosat.de/Meldungen/?msgID=72346.

kann es daher unumgänglich sein, Zugriffe auf sein in Betrieb befindliches IT-System durchzuführen, sollen hieraus Erkenntnisse für
das Strafverfahren gewonnen werden.

D. Grundrechtsschutz bei Zugriffen auf IT-Systeme

Unter rein tatsächlichen Gesichtspunkten gibt es keine Inhalte bzw. Verwendungsweisen von IT-Systemen, auf die nicht für Zwecke des Strafverfahrens zugegriffen werden könnte. Damit führt die Ubiquität vernetzter Informationstechnik und ihr zunehmender Einsatz anstelle überkommener Arbeits-, Dokumentations-, Recherche- und Kommunikationsmittel zu Ermittlungsansätzen von neuer Qualität nicht nur bezüglich potentieller Ermittlungserfolge, sondern auch hinsichtlich der Beeinträchtigung des Betroffenen: Der Zugriff auf ein intensiv genutztes IT-System kann vielschichtige Einblicke in die Lebensverhältnisse seines Nutzers gewähren, für die es alternativ des kumulativen Einsatzes verschiedener Ermittlungsmaßnahmen bedürfte oder die abseits vernetzter IT-Systeme überhaupt nicht verfügbar sind.[394]

Bevor das bestehende Instrumentarium der StPO auf vorhandene Befugnisnormen, ihre grundrechtskonforme Anwendung und ggf. notwendige Ergänzungen für die dargestellten Zugriffsmöglichkeiten untersucht werden kann, sind daher die maßgeblichen verfassungsrechtlichen Vorgaben in den Blick zu nehmen: Es ist zu klären, welche Grundrechtseingriffe mit strafprozessualen Zugriffen auf IT-Systeme verbunden sind und welche Anforderungen hierbei grundrechtsübergreifend und im Einzelnen an die jeweilige Eingriffsgrundlage und deren Anwendung bestehen. Abschließend sind die Rechtsfolgen einer grundrechtswidrig durchgeführten Ermittlungsmaßnahme zu erörtern und auf Vorgaben für die Rechtspraxis und den Gesetzgeber zu untersuchen.

I. Gemeinsame verfassungsrechtliche Anforderungen an strafprozessuale Grundrechtseingriffe

Für diese Betrachtung bietet es sich an, zunächst die von einzelnen Grundrechten unabhängig bestehenden verfassungsrechtlichen Vor-

---

[394] Siehe hierzu oben S. 2 ff.

gaben für die Normierung und Umsetzung strafprozessualer Ermittlungsmaßnahmen zu erarbeiten.

1. Zur verfassungsrechtlichen Legitimität strafprozessualer Ermittlungsmaßnahmen

Die dabei im Ausgangspunkt zu beantwortende Frage nach der grundlegenden verfassungsrechtlichen Legitimität strafprozessualer Zugriffe auf IT-Systeme geht einher mit der Frage nach der Legitimität grundrechtsrelevanter strafprozessualer Ermittlungsmaßnahmen insgesamt.

a) Verfassungsrang des Strafverfahrens

Diese Legitimität kann nur beurteilt werden, wenn Klarheit über die Stellung der Strafrechtspflege im Gefüge der staatlichen Ordnung besteht. Ein Verständnis der funktionstüchtigen Strafrechtspflege als Antipodin bürgerlicher Freiheitsrechte verleitet zu der Annahme, im Zuwachs strafprozessualer Ermittlungsbefugnisse liege stets der Verlust einer nicht näher definierten individuellen Freiheit.[395] Es fragt sich, ob diese These in Anbetracht der historischen Entwicklung vom privaten zum öffentlichen Strafrecht und einer inhaltlichen Gegenüberstellung des Grundrechtsschutzes und der Strafrechtspflege haltbar ist.

aa) Vom privaten zum öffentlichen Strafrecht

Im germanischen Recht war Strafrecht Privatrecht; dem Familienoberhaupt kam die Strafgewalt innerhalb einer Sippe zu und Straftaten zwischen Sippen lösten die Fehde aus.[396] Abgesehen von der Begegnung sakraler oder kriegsverräterischer Taten erfolgte keine Bestrafung durch den Stammesverband insgesamt.[397] Dies änderte sich in der fränkischen Zeit durch die Möglichkeit, Straftaten durch

---

[395] So die Tendenz bei *Hassemer*, StV 1982, 275 ff.

[396] *Haft*, Strafrecht AT, S. 9; eingehend *v. Hippel*, Deutsches Strafrecht, Bd. I, S. 102.

[397] *Haft*, Strafrecht AT, S. 10.

Bußleistungen an den Verletzten und die Zahlung eines „Friedensgeldes an die Obrigkeit" auszugleichen[398] und damit den „Wiedereintritt in die Friedensgemeinschaft [zu] erkaufen".[399] Kodifizierungen dieser Art sollten Fehde und Rache eindämmen,[400] regelten aber zunächst nur Teilbereiche[401]. Bis ins 12. Jahrhundert reagierte die jeweils betroffene Rechtsgemeinschaft auf Rechtsverletzungen mit der zwangsweisen Durchsetzung von Schadensausgleich und friedensfunktioneller Buße im Wesentlichen privat, was in lokal abgegrenzten Kleingesellschaften mit engen Sozialbindungen auch ohne Weiteres möglich war.[402]

Eine umfassend sanktionsfähige „staatliche Ordnung als Zentralmacht" wurde erst mit der Herausbildung bevölkerungsstarker Städte notwendig und entwickelte sich zu einem „umfassenden System gesellschaftlicher Sozialkontrolle".[403] Das Aufkommen gewerbsmäßiger Kriminalität in Form von Raubritter- und Landstreichertum trieb diese Entwicklung voran.[404] Reichseinheitliches Strafrecht wie das der *Constitutio Criminalis Carolina* von 1532 war hierbei subsidiär zu landesrechtlichen Kodifizierungen[405] und blieb es bis zur Entstehung[406] des RStGB 1870/71.[407]

Diese Entwicklung vom privaten zum öffentlichen Strafrecht geht

---

[398] So vorgesehen in der lex Salica um 450 n. Chr., vgl. *v. Hippel*, Deutsches Strafrecht, Bd. I, S. 108 f.

[399] *Haft*, Strafrecht AT, S. 10.

[400] *V. Hippel*, Deutsches Strafrecht, Bd. I, S. 110 f.

[401] *Baumann/Weber/Mitsch*, Strafrecht AT, S. 63.

[402] *Singelnstein/Stolle*, Die Sicherheitsgesellschaft, S. 13.

[403] *Singelnstein/Stolle*, Die Sicherheitsgesellschaft, S. 13.

[404] *Bohnert*, Straftheorie und Staatsverständnis, S. 19.

[405] *Baumann/Weber/Mitsch*, Strafrecht AT, S. 63.

[406] Dem bundeseinheitlichen Strafgesetzbuch des Norddeutschen Bundes, welches sodann zum RStGB wurde, gingen freilich andere moderne Strafgesetzbücher wie das von *Paul Johann Anselm Ritter von Feuerbach* (1775-1833) geprägte Bayerische Strafgesetzbuch von 1813 voraus. Auch wenn *v. Feuerbach* die Strafgesetzbücher anderer deutscher Länder beeinflusste, blieben sie uneinheitlich, vgl. *v. Hippel*, Deutsches Strafrecht, Bd. I, S. 295 ff.

[407] Vgl. *v. Hippel*, Deutsches Strafrecht, Bd. I, S. 345.

einher mit *Max Webers* Idee vom staatlichen Gewaltmonopol als Garant der Bewahrung des Rechtsfriedens und der öffentlichen Sicherheit.[408] Das staatliche Gewaltmonopol und die Friedenspflicht der Staatsbürger bedingen sich gegenseitig: Der Staat, der seinen Bürgern die Durchsetzung und Bewehrung ihrer Rechte und Rechtsgüter mit Gewalt verbietet, muss seinerseits für den Schutz dieser Rechte und Rechtsgüter sorgen.[409] Hierbei ist der Staat kein Selbstzweck. In ihm gibt sich das sich als Rechts- und Schicksalsgemeinschaft begreifende Staatsvolk eine dauerhafte Einheit.[410] Das Strafrecht ist darin ein Teilbereich der sozialen Kontrolle, die das friedliche und geordnete Zusammenleben sichert[411] und damit die Dauerhaftigkeit der staatlichen Einheit gewährleistet. Strafwürdiges[412] Verhalten Einzelner soll es ahnden und dadurch für die Zukunft verhüten.[413] Materiell-rechtlich ist hiernach (nur) dasjenige strafwürdig, was *von der Rechtsgemeinschaft* als strafwürdig angesehen wird und dem innerhalb dieser Rechtsgemeinschaft ohne staatliche Ordnungsmacht womöglich mit Fehde und Rache begegnet würde. Der *staatliche Strafanspruch* ist damit nichts anderes als der Anspruch jedes Einzelnen darauf, einerseits die eigenen Rechte und Rechtsgüter durch die staatliche Einheit gewahrt zu wissen und andererseits darauf vertrauen zu dürfen, bei eigener (mutmaßlicher) Straffälligkeit nicht Adressat privater Vergeltungsakte zu werden – [414] die konsensuale Rechtsordnung wird durch die Bestrafung gegen sie gerichteter Handlungen *durch den Staat* bestätigt und wiederhergestellt.[415] Die *Unverbrüchlichkeit* dieser Rechtsordnung als Leitmotiv

---

[408] Vgl. *Sengbusch*, Subsidiarität, S. 108 m. w. N.

[409] Vgl. *T. Fischer*, in: KK StPO, Einl., Rn. 1; *Isensee*, FS Sendler 1991, 39 (48); *Sengbusch*, Subsidiarität, S. 111.

[410] Vgl. *Scholz/Uhle*, NJW 1999, 1510.

[411] *Jescheck*, in: LK StGB, Einl., Rn. 1.

[412] Vgl. hierzu eingehend *Hassemer/U. Neumann*, in: Kindhäuser/Neumann/Paeffgen, Vorbem. § 1, Rn. 57 ff.

[413] *Jescheck*, in: LK StGB, Einl., Rn. 2.

[414] Dass dieses Vertrauen schutzwürdig ist, verdeutlichen etwa die Fahrlässigkeitsdelikte oder Rechtfertigungs- und Entschuldigungsgründe.

[415] *Landau*, NStZ 2007, 121 (127).

des Strafrechts[416] ist mithin eine der Grundvoraussetzungen für den Bestand des Staates, ein „Ausdruck des Selbsterhaltungswillens der [staatlich verfassten] Gemeinschaft"[417].

bb) Verhältnis zwischen funktionstüchtiger Strafrechtspflege und Grundrechten

Bei der Strafrechtspflege handelt es sich nach alledem unzweifelhaft um eine Staatsaufgabe.[418] Es bedarf keiner Vertiefung, dass hiermit nur eine *funktionstüchtige* Strafrechtspflege – also eine Strafrechtspflege, die das materielle Strafrecht mit den Mitteln des Strafverfahrensrechts praktisch verwirklicht –[419] gemeint sein kann. Hier fragt sich nun, in welchem Verhältnis die Grundrechte des von einer strafprozessualen Ermittlungsmaßnahme Betroffenen zur funktionstüchtigen Strafrechtspflege stehen – ob erstere von vornherein einen „Schutzwall" gegen die staatlichen Strafverfolgungsinteressen bilden[420] oder ob Strafrechtspflege und Grundrechte im Ausgangspunkt verfassungsrechtlich gleichrangig sind[421].

(1) Grundrechtsschutz durch materielles Strafrecht

Dabei ist zu bedenken, dass das materielle Strafrecht dem Schutz von Rechtsgütern dient.[422] Ohne auf die historische Entwicklung des Rechtsgutsbegriffs[423] und die Kontroversen um seine Herleitung[424]

---

[416] Vgl. *Jescheck,* in: LK StGB, Einl., Rn. 2.

[417] *Landau*, NStZ 2007, 121 (127).

[418] Vgl. BVerfGK 18, 193 (203); BVerfGE 122, 248 (272). Umfassende Nachweise bei *Degener*, Verhältnismäßigkeit, S. 17.

[419] Vgl. *Beulke*, Strafprozessrecht, S. 3; *Jescheck,* in: LK StGB, Einl., Rn. 7.

[420] So etwa *G. Grünwald*, JZ 1976, 767 (772 f.).

[421] So etwa *Duttge*, Begriff der Zwangsmaßnahme, S. 30; *Murmann*, in: Heghmanns/Scheffler, Kap. III, Rn. 5; *Rogall*, Wolter (Hrsg.): Zur Theorie und Systematik des Strafprozeßrechts 1995, 113 (139 f.).

[422] *Wessels/Beulke*, Strafrecht AT, S. 2; *Otto*, Allgemeine Strafrechtslehre, S. 5; *Jescheck/Weigend*, Lehrbuch des Strafrechts, S. 7; *Kindhäuser*, Strafrecht AT, S. 36.

[423] Eine vertiefte Darstellung findet sich bei *Otto*, Allgemeine Strafrechtslehre, S. 5 f.; ferner bei *Lagodny*, Strafrecht vor den Schranken der Grundrechte, S. 148 ff.

[424] Ausführlich dargestellt bei *Roxin*, Strafrecht AT, S. 14 ff.

näher eingehen zu müssen, unterfallen ihm im weitesten Sinne „Beziehung [einer] Person zu konkreten von der Rechtsgemeinschaft anerkannten Werten";[425] Rechtsgüter wurzeln damit in den „sozialethischen Wertvorstellungen der Rechtsgemeinschaft".[426]

Auch die Grundrechte des Grundgesetzes sind Ausdruck solcher Wertvorstellungen.[427] Über ihren abwehrrechtlichen Charakter gegen staatliche Eingriffe hinaus enthalten sie eine objektiv-rechtliche Handlungsanweisung an den Gesetzgeber, grundrechtliche Schutzpflichten einfachgesetzlich zu konkretisieren.[428] Zu dieser Verpflichtung gehört auch die repressive Bekämpfung nicht gerechtfertigter Eingriffe Privater in den jeweiligen objektiv-rechtlichen Grundrechtsgehalt.[429] Man kann daher von einer „Konvergenz des strafrechtlichen und des grundrechtlichen Rechtsgüterschutzes" sprechen.[430]

Hieraus folgt zwar nicht, dass materielle Strafrechtsnormen unmittelbar den Schutzpflichten der Grundrechte entspringen – dies schon deshalb nicht, weil sich das Strafrecht in Deutschland lange vor Geltung der heutigen Grundrechte entwickelte[431]. Es darf gleichwohl keine Strafrechtsnorm geben, die gegen Grundrechte verstößt. Denn wenn ein letztinstanzliches Strafurteil gemäß Art. 93 Abs. 1 Nr. 4a GG, § 13 Nr. 8a BVerfGG zur Überprüfung auf seine Vereinbarkeit mit den Grundrechten gestellt werden kann, ist hier-

---

[425] *Otto*, Allgemeine Strafrechtslehre, S. 6.

[426] *Wessels/Beulke*, Strafrecht AT, S. 3.

[427] Vgl. *Badura*, Staatsrecht, S. 110 f.; *Hufen*, Staatsrecht II, S. 53 f.

[428] *Stern*, Staatsrecht III/1, S. 951.

[429] *Heckmann*, FS Käfer 2009, 129 (131); *Joecks*, in: MüKo-StGB, Einl., Rn. 19.

[430] *Stern*, Staatsrecht III/1, S. 927.

[431] Das StGB findet im RStGB von 1871 seinen direkten Vorgänger und gleicht diesem in weiten Teilen noch heute im Wortlaut. Die Reichsverfassung von 1871 enthielt hingegen keinerlei Grundrechte. Die Grundrechte in der Weimarer Reichsverfassung von 1919 liefen noch weitestgehend leer, weil es keinen Rechtsschutz zu ihrer Durchsetzung gab. Das Grundgesetz von 1949 geht somit insbesondere durch die Installation des *BVerfG* von einem bis dato in Deutschland unbekannten Grundrechtsverständnis im Normengefüge aus. Vgl. hierzu eingehend *Hufen*, Staatsrecht II, S. 26 ff.; *Lagodny*, Strafrecht vor den Schranken der Grundrechte, S. 148 ff.

von auch die angewandte Strafrechtsnorm selbst umfasst. In der Angemessenheitsprüfung läuft dies auf eine Abwägung der strafbewehrten Rechtsgüter mit den Grundrechten des Straftäters hinaus. Die geschützten Rechtsgüter können hierbei nur durchdringen, wenn auch sie von Verfassungsrang sind. Dies ist zum einen der Fall, wenn sie unmittelbar auf die Wertvorstellung eines Grundrechts zurückführbar und damit Ausdruck einer staatlichen Schutzpflicht sind,[432] zum anderen – etwa im Falle der Rechtsgüter des *Bestandes des Staates* i. S. d. § 92 StGB, des *staatlichen Duldungsanspruchs hinsichtlich der Ausübung seines Gewaltmonopols* i. S. d. § 113 StGB[433] oder der *Rechtspflege selbst* i. S. d. der § 153 ff. StGB[434] –, wenn die *Umsetzbarkeit* der Bewehrung ersterer ihrerseits durch das Strafrecht geschützt ist: Der Schutz dieser kollektiven Rechtsgüter ermöglicht erst die Verwirklichung des Schutzes individueller Rechtsgüter, sodass beide Dimensionen des Rechtsgüterschutzes verfassungsrechtlich im Rang der Grundrechte stehen.

Dieses Ineinandergreifen von individuellem und kollektivem Rechtsgüterschutz *ist* die Funktionstüchtigkeit der Strafrechtspflege. Das Interesse jedes Einzelnen hieran *ist* das öffentliche Strafverfolgungsinteresse. Anders als *Duttge* andeutet,[435] ist zur verfassungsrechtlichen Einordnung der Funktionstüchtigkeit der Strafrechtspflege mithin nicht auf isolierte Allgemeininteressen im Widerstreit mit Grundrechten[436] abzustellen. Über staatstheoretische Erwägungen hinaus folgen solche Allgemeininteressen schließlich gerade aus Individualinteressen am Rechtsgüterschutz, sodass sich letztlich nicht nur eine Staatsaufgabe von Verfassungsrang und individueller Grundrechtsschutz, sondern *jeweils* Grundrechtsgehalte gegenüberstehen.

---

[432] So z. B. §§ 242, 246, 263 StGB auf Art. 14 GG, §§ 223 ff. StGB auf Art. 2 Abs. 2 S. 1 GG.

[433] *Paeffgen*, in: Kindhäuser/Neumann/Paeffgen, Rn. 3 zu § 113.

[434] *H. E. Müller*, in: MüKo-StGB, Vorbem. §§ 153 ff, Rn. 7.

[435] *Duttge*, Begriff der Zwangsmaßnahme, S. 29 ff.

[436] Vgl. *Duttge*, Begriff der Zwangsmaßnahme, S. 30.

(2) Grundrechtsschutz durch Ermittlungsbefugnisse

Wenn das materielle Strafrecht dem Schutz von Rechtsgütern und damit in individueller Perspektive dem Schutz von objektiv-rechtlichen Grundrechtsgehalten, in kollektiver Perspektive der Aufrechterhaltung dieses objektiv-rechtlichen Grundrechtsschutzes dient, und wenn weiter das Strafverfahrensrecht das materielle Strafrecht praktisch verwirklicht, dann tragen auch strafprozessuale Ermittlungsbefugnisse zum Grundrechtsschutz bei. Diese Überlegung zeigt, dass jedenfalls ein Verständnis strafprozessualer Grundrechtseingriffe als Inbegriff eines die Freiheitssphäre Einzelner verletzenden, repressiven Staates der verfassungsrechtlichen Gemengelage nicht gerecht wird. Gleichwohl unterscheiden sich strafprozessuale Ermittlungsbefugnisse und am Schluss des Hauptverfahrens angewandte materielle Strafrechtsnormen in ihrer grundrechtlichen Legitimation: Die abschließende Entscheidung des Gerichts setzt einen ausermittelten Sachverhalt voraus,[437] der ggf. die Grundlage für eine Verurteilung als verfassungsrechtlich gerechtfertigten Eingriff in Grundrechte des nunmehr erkannten Täters bildet. Ermittlungsbefugnisse vor Abschluss des Ermittlungsverfahrens[438] dienen indes gerade der Aufklärung dieses Sachverhalts in einem Stadium des Strafverfahrens, das *nicht* von der Täterschaft des Betroffenen, sondern von dessen Unschuld ausgeht.[439]

cc) Zwischenergebnis

Die Staatsaufgabe der Gewährleistung einer funktionstüchtigen Strafrechtspflege und die Grundrechte des von einer Ermittlungsmaßnahme Betroffenen sind zwar verfassungsrechtlich gleichran-

---

[437] So hat insbesondere der Angeklagte aus dem Recht auf ein faires Verfahren einen Anspruch darauf, dass der urteilsgegenständliche Sachverhalt hinreichend aufgeklärt wird, weil andernfalls keine gerechte Entscheidung möglich ist, vgl. BVerfGK 19, 318 (325 f.); BVerfGE 122, 248 (270). Hierzu ausführlich *Radtke*, GA 2012, 187 (189 ff.).

[438] Und ggf. auch noch im Zwischen- und Hauptverfahren, was bei fortgesetzter Ermittlungshoheit der Staatsanwaltschaft mit Blick auf die §§ 169a, 221, 244 StPO bedenklich erscheint, vgl. hierzu krit. *Strauß*, NStZ 2006, 556 ff.

[439] BVerfGE 74, 358, (370 f.); *Graf*, in: KK StPO, Vorbem. Neunter Abschnitt, Rn. 8.

gig. Die Unschuldsvermutung verbietet es jedoch, die Rechtsguts-verletzung der ermittlungsanlässlichen Straftat ohne Weiteres zur Rechtfertigung einer in Grundrechte eingreifenden Ermittlungs-maßnahme heranzuziehen. Allerdings besteht infolge der verfas-sungsrechtlichen Gleichrangigkeit auch kein Grundsatz, wonach die Grundrechte des von einer Ermittlungsmaßnahme Betroffenen dem öffentlichen Strafverfolgungsinteresse stets übergeordnet sind.

Ein Zuwachs an strafprozessualen Ermittlungsbefugnissen kann – gerade infolge veränderter gesellschaftlicher und technischer Rah-menbedingungen – unerlässlich für die Aufrechterhaltung einer funktionstüchtigen Strafrechtspflege sein. Weil diese durch die Wahrung und Wiederherstellung des Rechtsfriedens innerhalb der staatlichen Gemeinschaft und den Schutz objektiv-rechtlicher Grundrechtsgehalte zugleich der öffentlichen Sicherheit und der individuellen Freiheit dient, führen mehr Ermittlungsbefugnisse nicht schlechthin zu weniger individueller Freiheit –[440] das Gegen-teil kann der Fall sein[441].

b) Ausgleich zwischen Grundrechten und öffentlichem Straf-verfolgungsinteresse

Zwischen der Funktionstüchtigkeit der Strafrechtspflege und den Grundrechten des von einer Ermittlungsmaßnahme Betroffenen besteht ein verfassungsrechtliches Spannungsverhältnis, das für jede Ermittlungsmaßnahme aufgelöst werden muss.[442] Da eine materiell gerechte Entscheidung im Hauptverfahren einen zutreffend festge-

---

[440] Zur hinreichend dokumentierten Diskussion um die – teilweise ins Philosophi-sche abgleitende – Abwägung „Sicherheit gegen Freiheit" vgl. in ähnlichem Zusam-menhang etwa *Paa*, Der Zugriff auf das Private, S. 5 ff., sowie *Streiß*, Trennungsgebot, S. 20 ff., 88 ff.

[441] Vgl. hierzu auch *Aulehner*, Grundrechte und Gesetzgebung, S. 420.

[442] Dies betrifft nicht erst die Anwendung einer normierten Ermittlungsmaßnahme im Einzelfall, sondern bereits die Frage, ob eine bestimmte Ermittlungsmaßnahme im Strafverfahren generell zu unterbleiben hat und daher auch nicht normiert werden darf.

stellten Sachverhalt erfordert,[443] bildet den Ausgangspunkt hierbei das *strafprozessuale Wahrheitsermittlungsgebot*.[444] Als Ausfluss der Staatsaufgabe, eine funktionstüchtige Strafrechtspflege zu gewährleisten, ist dieses Gebot zwar selbst von Verfassungsrang;[445] dennoch gilt es nicht ohne Einschränkungen: Die StPO „zwingt nicht zur Wahrheitserforschung um jeden Preis":[446] Die Wahrheit darf nur „auf justizförmigem Wege" ermittelt werden;[447] das Verfahren muss das materielle Strafrecht verwirklichen, hierbei aber die Grundrechte des Beschuldigten sichern –[448] diese treten neben Beschuldigtenrechte und verbotene Ermittlungsmethoden der StPO[449].

Justizförmig wird zumeist mit „prozessordnungsgemäß"[450], „rechtsstaatlich" bzw. „fair"[451] oder auch „nicht willkürlich"[452] gleichgesetzt. Obwohl offensichtlicher Willkür als Ausdruck beliebiger, für den Betroffenen nicht vorhersehbarer Entscheidungen durch die Statuierung und Beachtung eindeutiger gesetzlicher Handlungsanweisungen begegnet werden kann, ist nicht jeder unwillkürliche Verfahrensakt automatisch justizförmig: Ob ein Verfahren in der Gesamtbetrachtung[453] als „fair" charakterisiert werden kann, hängt nicht nur von der rechtmäßigen *Anwendung* des Prozessrechts, sondern bereits von dessen *Gestaltung* ab. Ein Verfahren, das sich zur Wahrheitsermittlung unverhältnismäßiger Grund-

---

[443] BVerfGE 118, 212 (231); *Hauck*, Heimliche Strafverfolgung und Schutz der Privatheit, S. 117 f.; *Landau*, FS Hassemer 2010, 1073 (1086).

[444] *Radtke*, GA 2012, 187 (188).

[445] Vgl. BVerfGE 44, 353 (375); BGHSt 54, 69 (87 f.); *Radtke*, GA 2012, 187 (193).

[446] BGHSt 52, 11 (17) st. Rspr.

[447] Vgl. *Eisenberg*, Beweisrecht der StPO, Rn. 625 m. w. N.

[448] *T. Fischer*, in: KK StPO, Einl., Rn. 1.

[449] Soweit diese nicht ohnehin Ausdruck der Grundrechte sind, vgl. *Eisenberg*, Beweisrecht der StPO, Rn. 329.

[450] *Roxin/Schünemann*, Strafverfahrensrecht, S. 2.

[451] *Rzepka*, Zur Fairness im deutschen Strafverfahren, S. 190 f. m. w. N.

[452] Vgl. *Roxin/Schünemann*, Strafverfahrensrecht, S. 3.

[453] Allein diese Gesamtschau ist nach der Rechtsprechung des *EGMR* zu Art. 6 EMRK maßgeblich, vgl. etwa EGMR, Urteil vom 19.07.2012 – 29881/07 –, juris, Rn. 67; EGMR, Urteil vom 01.06.2010 – 22978/05 –, juris, Rn. 187.

rechtseingriffe bedient, ist nicht rechtsstaatlich, nicht fair und damit auch nicht justizförmig –[454] auch wenn keine der durchgeführten Ermittlungsmaßnahmen für sich betrachtet willkürlich erscheint. Der Ausgleich zwischen Grundrechten und öffentlichem Strafverfolgungsinteresse erfordert mithin für jede Ermittlungsmaßnahme eine Gewichtung beider Seiten sowohl bei der Rechtssetzung als auch bei der Rechtsanwendung, was im Ergebnis auf eine Verhältnismäßigkeitsprüfung der jeweiligen strafprozessualen Befugnisnorm und ihrer Anwendung im Einzelfall hinausläuft. Hierfür sind Kriterien vonnöten, anhand derer sich feststellen lässt, wie groß das öffentliche Strafverfolgungsinteresse ist und wie schwer der mit einer Ermittlungsmaßnahme verbundene Grundrechtseingriff wiegt.

aa) Gewichtung des öffentlichen Strafverfolgungsinteresses

(1) Kriterien der Nr. 86 Abs. 2 RiStBV

Das öffentliche Strafverfolgungsinteresse ist als unbestimmter Rechtsbegriff[455] aus § 376 StPO bekannt. Es liegt regelmäßig dann vor, wenn der *Rechtsfrieden über den Lebenskreis des Verletzten hinaus gestört* und die *Strafverfolgung ein gegenwärtiges Anliegen der Allgemeinheit* ist, z. B. wegen des Ausmaßes der Rechtsverletzung, wegen der Rohheit oder Gefährlichkeit der Tat, der niedrigen Beweggründe des Täters oder der Stellung des Verletzten im öffentlichen Leben, Nr. 86 Abs. 2 RiStBV. Seine Annahme führt dazu, dass eine Straftat von Amts wegen verfolgt wird, der Verletzte sich also nicht auf den Weg der Privatklage verweisen lassen muss.[456] Hieraus ergibt sich im Umkehrschluss, dass die in Nr. 86 Abs. 2 RiStBV benannten Umstände für sich genommen nicht dazu führen, dass das öffentliche Strafverfolgungsinteresse schwerer wiegt als in allen

---

[454] Rechtsstaatlichkeit und Fairness decken sich insoweit inhaltlich, vgl. *Rzepka*, Zur Fairness im deutschen Strafverfahren, S. 227.

[455] *Hilger*, in: Löwe/Rosenberg, Rn. 1 zu § 476.

[456] *Hardtung*, in: MüKo-StGB, Rn. 22 zu § 230.

anderen Fällen, in denen es *überhaupt* angenommen wird. Gerade aus den in Nr. 86 Abs. 2 RiStBV genannten Gründen besteht schließlich die Mehrzahl der materiellen Strafrechtsnormen, ohne dass es zu ihrer Umsetzung auf ein gesondert festzustellendes öffentliches Strafverfolgungsinteresse ankäme – es ist bereits im Gesetz selbst angelegt.[457] Um das öffentliche Strafverfolgungsinteresse im Verhältnis zu den Grundrechten des von einer Ermittlungsmaßnahme Betroffenen gewichten zu können, bedarf es mithin weiterer Kategorien.

(2) Schwere der Tat und Bedeutung der Sache

Da der Rechtsfrieden umso nachhaltiger gestört ist, je schwerer das bei Begehung einer Straftat verwirklichte Unrecht von der Rechtsgemeinschaft eingestuft wird,[458] liegt es nahe, auch das Strafverfolgungsinteresse ebendieser Rechtsgemeinschaft anhand der Schwere der ermittlungsanlässlichen Tat zu bewerten. Eine *besondere* Schwere folgt dabei aus einer hohen Strafandrohung der verletzten materiellen Strafrechtsnorm[459] und aus den Umständen des Einzelfalls, etwa der Straftatbegehung in einer eigens hierfür errichteten Organisationsstruktur[460] oder den Modalitäten der Tatbegehung und den Auswirkungen der Tat,[461] die gleichfalls bei der Strafzumessung eine Rolle spielen – insoweit soll auch die im Einzelfall zu erwartende Strafe ein Kriterium für die Bestimmung der Tatschwere sein[462]. Je höher die gesetzliche Strafandrohung und die Straferwartung im Einzelfall ausfallen, desto schwerer wiege mithin die ermitt-

---

[457] Vgl. *Mitsch,* in: MüKo-StGB, Vorbem. zu den §§ 77 ff., Rn. 1.

[458] Vgl. BVerfGE 35, 185 (191); 38, 105 (116).

[459] Vgl. *Berkemann,* in: AK-GG, Rn. 127 ff. zu Art. 13 GG, der als Richtwert eine im Mindestmaß erhöhten Freiheitsstrafe von einem Jahr und mehr vorschlägt.

[460] *Hermes,* in: Dreier GG, Rn. 65 zu Art. 13. Vgl. hierzu auch BT-Drucks. 13/8651, S. 13, zur akustischen Wohnraumüberwachung bei organisierter Kriminalität.

[461] *Berkemann,* in: AK-GG, Rn. 129 zu Art. 13.

[462] Vgl. zum Parallelproblem bei § 140 Abs. 2 S. 1 StPO *Heghmanns,* in: Heghmanns/Scheffler, Kap. VI, Rn. 36 ff.

lungsanlässliche Tat.[463]

Mit der Tatschwere in engem Zusammenhang steht die Kategorie der *Bedeutung der Sache*. Sie wird überwiegend anhand der Art des verletzten Rechtsguts und der konkreten Erscheinungsform der Straftat im Einzelfall ermittelt,[464] teilweise auch mit der Tatschwere gleichgesetzt[465] und vereinzelt mit der Schwere der Schuld begründet[466].

Letzteres mutet – wie auch die Beurteilung der Tatschwere anhand der *im Einzelfall zu erwartenden* Strafe – für die Bewertung des öffentlichen Strafverfolgungsinteresses an der Durchführung einer bestimmten Ermittlungsmaßnahme zweifelhaft an:[467] Die Unschuldsvermutung verbietet die Heranziehung der „Schuld" des von einer Ermittlungsmaßnahme Betroffenen. Im Gegensatz zum Anwendungsbereich des § 112 StPO, der mit dem dringenden Tatverdacht zumindest in der ex ante Betrachtung eine gewisse Strafprognose erlaubt, setzen etwa die – auf die Bedeutung der Sache abstellenden – §§ 100g Abs. 1 S. 2, 163b Abs. 2 S. 2, 163d Abs. 1 S. 1 StPO keinen vergleichbar starken Verdachtsgrad voraus. Die Bedeutung *einer (Straf-)Sache*, deren Täter noch nicht feststeht, kann daher nicht in Ansehung einer zu prognostizierenden Strafe des Adressaten einer Ermittlungsmaßnahme bemessen werden, zumal für die Strafzumessung etliche in der Person des Täters angelegte Kriterien – z. B. vorangegangene Straftaten oder die Beweggründe, die zur Tatbegehung geführt haben – relevant sind. Anders, als *Wagner* annimmt, kann auch nicht aus § 153 StPO gefolgert werden, dass es zur Bewertung der Bedeutung einer Sache auf die *konkrete* Schuld nicht ankomme, weil auch im Anwendungsbereich des § 153 StPO nicht

---

[463] Vgl. *Degener*, Verhältnismäßigkeit, S. 73 ff., 85 ff.

[464] *Hilger*, in: Löwe/Rosenberg, Rn. 58 zu § 112 w. w. N.

[465] Vgl. etwa *Huber*, in: BeckOK StPO, Rn. 4 zu § 111m; OLG Bremen, Beschluss vom 13.06.2005 – Ws 69/05 –, juris, Rn. 9.

[466] *Wagner*, NJW 1978, 2002 (2005).

[467] Ablehnend insoweit auch *Paeffgen*, in: SK StPO, Rn. 15 zu § 112.

feststehe, ob der Beschuldigte überhaupt zu bestrafen sein würde:[468] Die (begünstigende) Einstellung eines Ermittlungsverfahrens ohne Gewissheit über die Schuld des Betroffenen ist in ihren Auswirkungen mit der Legitimierung eines Grundrechtseingriffs nicht vergleichbar.

Für die Beurteilung der Tatschwere und der Bedeutung der Sache als Indikatoren des öffentlichen Strafverfolgungsinteresses an der Durchführung einer bestimmten Ermittlungsmaßnahme kann mithin nur auf diejenigen Kategorien zurückgegriffen werden, *die in der ermittlungsanlässlichen (und insoweit bereits bekannten) Tat* angelegt sind, nicht aber auf Prognoseinhalte, die sich auf die *Person* des noch nicht bekannten Täters beziehen.

(3) Grad des Tatverdachts

Das öffentliche Strafverfolgungsinteresse hängt ferner vom Tatverdacht ab. Dieser fungiert in der strafprozessualen Systematik als Schwelle, die zur Statthaftigkeit bestimmter Ermittlungsmaßnahmen überschritten sein muss.[469] Einer vermeintlichen Funktion als „Schutzwall für den Bürger vor staatlichen Übergriffen" kann er im Ermittlungsverfahren indes schon deshalb nicht gerecht werden,[470] weil der *hinreichende* Tatverdacht – also der Verdacht, der eine Verurteilung bei Durchführung des Hauptverfahrens wahrscheinlicher als einen Freispruch erscheinen lässt –[471] bereits den Abschluss des Ermittlungsverfahrens zur Folge hat und wegen der gegenständlichen Tat i. S. d. § 264 StPO somit *gar keine* Ermittlungsmaßahmen mehr erfordert.[472] Jeder geringere Verdachtsgrad bedeutet aber, dass einer *nicht überwiegenden* Verurteilungswahrscheinlichkeit die Unschuldsvermutung gegenübersteht –[473] die Ermittlungsmaßnahme

---

[468] *Wagner*, NJW 1978, 2002 (2005).

[469] *Roxin/Schünemann*, Strafverfahrensrecht, S. 316; *Schütz*, Verhältnismäßigkeit, S. 84.

[470] So aber *Kühne*, Strafprozessrecht, S. 196.

[471] *Moldenhauer*, in: KK StPO, Rn. 3 zu § 170.

[472] *L. Schulz*, Normiertes Misstrauen, S. 569, 616.

darf also durchgeführt werden, obwohl die bis dahin gewonnenen Erkenntnisse (noch) nicht dafür sprechen, dass der Beschuldigte wegen der ermittlungsanlässlichen Tat zu verurteilen sein wird.

Zur Anzahl und Systematik der verschiedenen Verdachtsgrade besteht im Schrifttum keine Einigkeit.[474] Eine terminologische Klassifikation erscheint letztlich aber entbehrlich: Nach der Konzeption des Gesetzes stehen zumindest am Anfang jedes Ermittlungsverfahrens zureichende tatsächliche Anhaltspunkte dafür, dass eine verfolgbare Straftat begangen wurde, § 152 Abs. 2 StPO.[475] Daher erfordern etwa die §§ 98a Abs. 1 S. 1, 110a Abs. 1 S. 1 und 163e Abs. 1 S. 1 StPO ihrem Wortlaut nach nicht mehr als einen solchen Anfangsverdacht.[476] Umschreibt der Gesetzeswortlaut den Verdacht als Voraussetzung einer Ermittlungsmaßnahme mit anderen Worten, spricht dies zwar für gesteigerte Anforderungen an den Verdachtsgrad: So meint

---

[473] Diese Wertung ändert sich auch nicht dadurch, dass die StPO mit dem dringenden Tatverdacht einen Verdachtsgrad vor Abschluss des Ermittlungsverfahrens kennt, der stärker als der hinreichende Tatverdacht ist. Der dringende Tatverdacht rekurriert auf eine große Wahrscheinlichkeit der Täter- oder Teilnehmerschaft des Beschuldigten in einem Zeitpunkt des Verfahrens, zu dem noch nicht allen Ermittlungsansätzen nachgegangen wurde. Das verfügbare Erkenntnismaterial rechtfertigt bestimmte verfahrenssichernde Zwangsmaßnahmen, infolge erkennbarer Unvollständigkeit der Tatsachengrundlage aber keine Anklageerhebung. Vgl. hierzu *A. Ebert*, Tatverdacht, S. 175 f.; *L. Schulz*, Normiertes Misstrauen, S. 614 ff.

[474] Die h. M. geht von drei Verdachtsstärken, nämlich dem Anfangsverdacht, dem hinreichenden und dem dringenden Tatverdacht aus, vgl. *Beulke*, Strafprozessrecht, S. 75. *A. Ebert*, Tatverdacht, S. 176 f., beschreibt fünf Verdachtsgrade: den tatbezogenen einfachen Verdacht, den täterbezogenen einfachen Verdacht, den Inkulpationsverdacht (der den Verdächtigten zum Beschuldigten mache), den dringenden Tatverdacht und den hinreichenden Tatverdacht. *L. Schulz*, Normiertes Misstrauen, S. 581 ff., nimmt drei Verdachtsgrade an, die sich jedoch von der h. M. unterscheiden: den einfachen Verdacht (der den Anfangsverdacht sowohl bzgl. des Täters und der Tat als auch die Inkulpation umfasst), den „Verdacht aufgrund bestimmter Tatsachen" als Qualifikation zwischen Anfangsverdacht und dringendem Tatverdacht und den dringenden Tatverdacht. Den hinreichenden Tatverdacht verortet *L. Schulz* außerhalb dieser Abstufung als „verfahrensabschließenden Verdacht", dem im Regime der Ermittlungsbefugnisse keine Bedeutung zukomme, vgl. a. a. O., S. 609 ff.

[475] Dies schließt freilich nicht aus, dass im Einzelfall zeitgleich ein hinreichender Tatverdacht entstehen kann. Für die Betrachtung der Statthaftigkeit bestimmter Ermittlungsmaßnahmen ist dieser Fall jedoch irrelevant.

[476] Vgl. *Ritzert*, in: BeckOK StPO, Rn. 2 zu § 98a; *Hegmann*, in: BeckOK StPO, Rn. 9 zu § 110a; *Moldenhauer*, in: KK StPO, Rn. 11 zu § 163e.

§ 100c Abs. 1 Nr. 1 StPO mit „bestimmten Tatsachen" keinen Anfangsverdacht, sondern „konkrete und in gewissem Umfang verdichtete Umstände als Tatsachenbasis" dafür, dass eine Katalogtat mit „erhöhte[r] Wahrscheinlichkeit" begangen wurde, ohne dass der „Grad eines ‚hinreichenden' oder gar ‚dringenden' Tatverdachts" erreicht sein muss.[477] Die „Verdächtigkeit" im § 102 StPO erfordert immerhin „Verdachtsgründe, die über vage Anhaltspunkte und bloße Vermutungen hinausreichen".[478] Hieraus folgt aber nicht, dass der von einer Ermittlungsmaßnahme Betroffene durch die Schwelle bestimmter Verdachtsgrade „geschützt" ist – das öffentliche Strafverfolgungsinteresse dahingehend, dass eine Ermittlungsmaßnahme gegen eine bestimmte Person gerichtet wird, ist nur umso größer, *je wahrscheinlicher* es ist, dass die Ermittlungsmaßnahme gerade bei dieser Person zum Ermittlungserfolg beitragen wird.[479]

Zudem können sich Ermittlungsmaßnahmen auch gegen gänzlich Unverdächtige richten.[480] Hier liegt der prognostizierte Ermittlungserfolg nicht in der Überführung des Betroffenen; es sprechen schlicht tatsächliche Anhaltspunkte dafür, dass eine gegen ihn gerichtete Ermittlungsmaßnahme zur Aufklärung des Sachverhalts beitragen wird.[481] Mit der Sicherstellung und Beschlagnahme gemäß der §§ 94 ff. StPO bestehen etwa (mitunter eingriffsintensive) Ermittlungsmaßnahmen, die nach dem Gesetzeswortlaut keinerlei Tatverdacht des Gewahrsamsinhabers erfordern, sondern ausschließlich auf die Beweisbedeutung der sicherzustellenden Gegenstände abheben.[482] Auch kann zwischen Unverdächtigem und Verdächtigem

---

[477] BVerfGE 109, 279 (350 f.).

[478] BVerfGK 8, 349 (353). Diese Formel vermag indes nicht darüber hinwegzutäuschen, dass auch ein Verdacht i. S. d. § 152 Abs. 2 StPO mehr als Vermutungen erfordert. Die h. M. und die Rechtspraxis lassen daher auch für § 102 StPO einen Anfangsverdacht genügen, vgl. *Tsambikakis*, in: Löwe/Rosenberg, Rn. 5 zu § 102; BGH, Beschluss vom 15.10.1999 – StB 9/99 –, juris, Rn. 10.

[479] Vgl. *Schütz*, Verhältnismäßigkeit, S. 84.

[480] Vgl. §§ 81c, 100c Abs. 3 S. 3, 100f Abs. 2 S. 2, 100h Abs. 2 S. 2, 103, 163b Abs. 2, 163e Abs. 1 S. 3 StPO.

[481] Vgl. *A. Ebert*, Tatverdacht, S. 104 ff.

[482] Das *BVerfG* fordert zwar einen Anfangsverdacht als Eingriffsvoraussetzung für

eine Bandbreite tatsächlicher Anhaltspunkte bestehen, die weder zum Anfangsverdacht noch zur Nichtverdächtigung, wohl aber zur Anwendbarkeit bestimmter Ermittlungsmaßnahmen gereicht.[483]

Zur Unschuldsvermutung steht all dies nur scheinbar im Widerspruch. Denn erkennt man die Notwendigkeit einer funktionstüchtigen Strafrechtspflege und das mit ihr einhergehende Erfordernis effektiver Ermittlungsmaßnahmen als Wesensmerkmal des Rechtsstaates an, erweist sich die Hinnahme strafprozessualer Eingriffe als Sonderopfer des einzelnen Mitglieds der Rechtsgemeinschaft im Vertrauen darauf und als eigener Beitrag dazu, dass die Strafrechtspflege – auch zu seinen Gunsten – funktioniert. Die *Zumutbarkeit dieses Sonderopfers* tritt daher als Maßstab für die Statthaftigkeit einer Ermittlungsmaßnahme neben den Tatverdacht.[484] Der Tatverdacht allein kann hingegen als „Schutzwall vor staatlichen Übergriffen" allenfalls unter dem Aspekt gelten, dass Ermittlungsmaßnahmen nicht ohne jeden Verdacht durchgeführt werden dürfen. Ohne *irgendeinen* (wenn nicht täter-, wenigstens tatbezogenen) Verdacht bestünde aber ohnehin kein Zusammenhang zwischen dem Ermittlungsanlass i. S. d. § 152 Abs. 2 StPO und der Ermittlungsmaßnahme. Davon, dass die Ermittlungsbehörden ihre Ressourcen ohne Ermittlungsanlass für Grundrechtseingriffe um ihrer selbst willen nutzten, ist schon angesichts begrenzter Kapazitäten nicht auszugehen. Der Tatverdacht erweist sich damit insgesamt als Bestandteil des Rechtfertigungsregimes *zugunsten von Ermittlungsmaßnahmen*.

---

die Beschlagnahme beim Beschuldigten, vgl. BVerfG, Beschluss vom 23.01.2004 – 2 BvR 766/03 –, juris, Rn. 4, st. Rspr. Dies ist der Selbstbelastungsfreiheit geschuldet, wonach der Beschuldigte an seiner Überführung nicht mitzuwirken braucht und demzufolge auch nicht zur Herausgabe von Beweismitteln verpflichtet ist, vgl. hierzu *Menges,* in: Löwe/Rosenberg, Rn. 2 zu § 95. Gemäß § 95 StPO darf ein Herausgabeverlangen indes auch gegen den Unverdächtigen gerichtet und nötigenfalls zwangsweise durchgesetzt werden, soweit dem Unverdächtigen kein Zeugnis- oder Auskunftsverweigerungsrecht zusteht, vgl. *Greven,* in: KK StPO, Rn. 4 f. zu § 95.

[483] Vgl. *Rogall,* NStZ 1986, 385 (390).

[484] Ähnlich bereits *Rogall,* 13. Strafverteidigertag 1989, 97 (104); *Schütz,* Verhältnismäßigkeit, S. 89.

(4) Öffentliches Interesse an bestimmten Ermittlungsmaßnahmen

Besteht sowohl ein (ggf. besonders großes) öffentliches Interesse an der Verfolgung einer bestimmten Straftat als auch die (ggf. hohe) Wahrscheinlichkeit, dass gegen eine bestimmte Person gerichtete Ermittlungsmaßnahmen zur Aufklärung dieser Straftat beitragen werden, lässt dies noch keinen Rückschluss auf das öffentliche Interesse an der Durchführung einer *bestimmten* Ermittlungsmaßnahme zu: Die Funktionstüchtigkeit der Strafrechtspflege erfordert nicht nur die Aufklärung einzelner Straftaten, sondern auch den richtigen Einsatz der *insgesamt* für die Bearbeitung aller Verfahren zur Verfügung stehenden Ressourcen. Das öffentliche Interesse an der Durchführung einer bestimmten Ermittlungsmaßnahme wird daher auch durch den jeweiligen personellen und finanziellen Aufwand beeinflusst. Hieraus ließe sich folgern, dass bei Verfügbarkeit mehrerer gleich effektiver Ermittlungsmaßnahmen das öffentliche Strafverfolgungsinteresse die Durchführung der wirtschaftlichsten gebiete. Unproblematisch erscheint dies jedoch nur, soweit die wirtschaftlichste zugleich die am wenigsten eingriffsintensive Ermittlungsmaßnahme ist.

Im Schrifttum wird zwar überwiegend aus prinzipiellen Erwägungen angenommen, dass allein erhöhte Kosten nicht zugunsten einer schwerwiegenden Ermittlungsmaßnahme wirken dürfen.[485] Hingegen benennt bereits die (dem Jahre 1967 entstammende) Gesetzesbegründung zu § 100a StPO ausdrücklich einen „unverhältnismäßig großen Kostenaufwand" als Grund *gegen* den Einsatz weniger schwerwiegender Maßnahmen.[486] *Hauck* formuliert insoweit einschränkend, der Kostenaufwand dürfe keine Rolle spielen, „es sei denn, er sei so groß, dass er die Möglichkeiten der Strafverfolgungs-

---

[485] *Bruns*, in: KK StPO, Rn. 51 zu § 100a; *Rudolphi*, FS Schaffstein 1975, 433 (437); Meyer-Goßner/*B. Schmitt*, StPO, Rn. 13 zu § 100a; *Wolter*, in: SK StPO, Loseblattausgabe, Rn. 18 zu § 163e.

[486] BT-Drucks. 5/1880, S. 12.

behörden im Einzelfall sprengt".[487] Deutlicher – und weniger pathetisch als die Vertreter der herrschenden Meinung – verweist *Blozik* auf die haushaltsrechtlichen Grundsätze der Wirtschaftlichkeit und Sparsamkeit des § 6 Abs. 1 HGrG und die gesteigerten Anforderungen des Art. 109 Abs. 2 GG i. V. m. Art. 126 AEUV[488]: Hiernach sei „das ganze öffentliche Haushaltswesen [...] von einfach-, verfassungs- und gemeinschaftsrechtlichen Geboten der Kostendämpfung durchzogen"; die Forderung nach grundrechtsfreundlichen Ermittlungsmaßnahmen ohne Ansehung ihrer Kosten entstamme „vor dem Hintergrund der Endlichkeit der Mittel und der Vielzahl wichtiger öffentlicher Aufgaben [...] einer illusionären Wunschwelt".[489]

Auf den ersten Blick scheint demnach das öffentliche Strafverfolgungsinteresse in Fällen mehrerer verfügbarer Ermittlungsmaßnahmen für die vorrangige Anwendbarkeit eingriffsintensiver, aber wirtschaftlicher Ermittlungsmethoden zu sprechen, während die Grundrechte des Betroffenen die Gegenposition stützen. Übersehen wird hierbei, dass dem Strafverfahren selbst nicht nur an Kosteneffizienz und Ermittlungserfolg gelegen sein kann: Die Funktionstüchtigkeit der Strafrechtspflege hängt maßgeblich von ihrer Akzeptanz innerhalb der Rechtsgemeinschaft ab.[490] Durch Grundrechtsbeeinträchtigungen aus rein wirtschaftlichen Erwägungen wird diese Akzeptanz gefährdet.[491] Das öffentliche Interesse an der Durchführung einer bestimmten Ermittlungsmaßnahme wird demnach sowohl durch ihren Aufwand als auch durch ihre Eingriffsintensität

---

[487] *Hauck*, in: Löwe/Rosenberg, Rn. 51 zu § 100a.

[488] Bei *Blozik* noch in Gestalt des Art. 104 EGV.

[489] *Blozik*, Subsidiaritätsklauseln im Strafverfahren, S. 148 f. Nach *Murmann*, in: Heghmanns/Scheffler, Kap. III, Rn. 18, hat der Betroffene zwar keinen Anspruch auf eine Verfahrensgestaltung, die zugunsten seiner Grundrechtspositionen die wirtschaftlichen Rahmenbedingungen des Staates „unangemessen strapaziert oder gar sprengt". Dies habe aber nicht zur Folge, dass der Betroffene aus finanziellen Erwägungen die eingriffsintensivere Maßnahme stets zu dulden habe, sondern dass bestimmten Ermittlungsansätzen je nach Schwere und Bedeutung der Anlasstat dann gar nicht nachzugehen sei, vgl. a. a. O., Kap. III, Rn. 17.

[490] Siehe hierzu oben S. 77 ff.

[491] Siehe zur ähnlichen Gemengelage im Kontext der Beweisverbote auch unten S. 223.

verringert, wohingegen mit zunehmender Schwere und Bedeutung der Tat sowie mit stärkerem Verdachtsgrad bzw. größerer Wahrscheinlichkeit des Ermittlungserfolgs *gerade dieser Maßnahme* das öffentliche Interesse an ihrer Durchführung steigt.

In den strafprozessualen Subsidiaritätsklauseln[492] kommt das grundlegende öffentliche Interesse daran, besonders eingriffsintensive Ermittlungsmaßnahmen zu vermeiden, deutlich zum Ausdruck: Auch schwerste Delikte und die große Erfolgswahrscheinlichkeit einer Ermittlungsmaßnahme führen nicht zwangsläufig zu ihrer Zulässigkeit, wenn Alternativen zur Verfügung stehen. Bis zu welchem Mehraufwand diese Alternativen nach Maßgabe der Subsidiaritätsklauseln auszuschöpfen sind, richtet sich wiederum nach der Schwere des jeweiligen Grundrechtseingriffs: Je eingriffsintensiver eine Maßnahme ist, desto größer ist das öffentliche Interesse an ihrer Vermeidung und umso mehr Aufwand muss der Rechtsgemeinschaft diese Vermeidung wert sein. Die Abstufung im Wortlaut der Subsidiaritätsklauseln[493] lässt mithin Schlüsse darauf zu, für wie eingriffsintensiv der Gesetzgeber die jeweilige Ermittlungsmaßnahme hält – was auch bei der Normierung neuer Ermittlungsbefugnisse zu bedenken ist. Die Schwere eines Grundrechtseingriffs determiniert folglich nicht nur die Größe des Sonderopfers, das dem von einer Ermittlungsmaßnahme Betroffenen zugunsten der funktionstüchtigen Strafrechtspflege abverlangt wird, sondern *begrenzt* ihrerseits das öffentliche Strafverfolgungsinteresse – was zur Folge hat, dass eine *sowohl besonders eingriffsintensive als auch besonders ressourcenaufwändige* Ermittlungsmaßnahme nur zur Verfolgung *schwerster* Straftaten im öffentlichen Interesse liegt.

---

[492] Eine umfassende Übersicht findet sich bei *Blozik*, Subsidiaritätsklauseln im Strafverfahren, S. 90 ff.

[493] Die StPO kennt fünf Subsidiaritätsklauseln, die in einem (aufsteigenden) Stufenverhältnis zueinander stehen: „weniger erfolgversprechend oder erschwert", „erheblich weniger erfolgversprechend oder wesentlich erschwert", „aussichtslos oder wesentlich erschwert", „unverhältnismäßig erschwert oder aussichtslos" und „aussichtslos", vgl. *Blozik*, Subsidiaritätsklauseln im Strafverfahren, S. 170 f.

bb) Ermittlung der Schwere eines Grundrechtseingriffs

Es gilt nunmehr zu untersuchen, wie sich die Schwere eines Grundrechtseingriffs ermitteln lässt. Dabei wird der herrschende *moderne Eingriffsbegriff* zugrunde gelegt, wonach *jede nicht nur unerhebliche staatliche Einwirkung* auf einen grundrechtlichen Schutzbereich einen Grundrechtseingriff begründet.[494]

(1) Grundrechtsübergreifende Fallgruppen besonderer Eingriffsschwere

Dabei fragt sich zunächst, ob und ggf. inwieweit sich grundrechtsübergreifende Kriterien formulieren lassen, die auf eine besondere Schwere eines Grundrechtseingriffs hindeuten. Aus der Rechtsprechung des *BVerfG* lassen sich hierzu Fallgruppen ableiten.

So erhöht sich die Schwere eines Grundeingriffs zunächst durch seine *Heimlichkeit*,[495] weil der Betroffene keine Rechtschutzmöglichkeiten hat, solange er von einer Maßnahme nichts weiß[496]. Allerdings erkennt das *BVerfG* nicht jede vom Betroffenen unbemerkte Ermittlungsmaßnahme als heimlich in diesem Sinne an: Eine Maßnahme muss unmittelbar in den Rechtskreis des Betroffenen eingreifen, was z. B. dann nicht der Fall ist, wenn Informationen über den Betroffenen ohne sein Wissen bei Dritten erhoben werden.[497] Die

---

[494] Vgl. *Menges*, in: Löwe/Rosenberg, Rn. 1 zu Vor § 94; *Herdegen*, in: Maunz/Dürig, Rn. 39 zu Art. 1. Der überkommene klassische Eingriffsbegriff, wonach nur zielgerichtete, die Grundrechtssubstanz unmittelbar beeinträchtigende, staatliche Handlungen Grundrechtseingriffe darstellen, wird nicht mehr vertreten. Zur Entwicklung vgl. etwa *Bethge*, VVDStL 57 (1998), 7 (37 ff.). *Erheblich* ist eine staatliche Einwirkung, wenn sie über eine bloße Belästigung des Grundrechtsträgers hinausgeht, vgl. hierzu bereits BVerfGE 17, 108 (115). Allerdings gibt es nach jüngster Rechtsprechung des *Gerichts* auch „erhebliche Belästigungen", die wiederum einen Grundrechtseingriff begründen, so z. B. die gemeinsame Unterbringung mit einem stark rauchenden Zellengenossen in einer Haftanstalt, vgl. BVerfG, Beschluss vom 28.10.2012 – 2 BvR 737/11 –, NJW 2013, 1941 (1942). Krit. zu dieser Abgrenzung und für einen noch weiteren Eingriffsbegriff *Duttge*, Begriff der Zwangsmaßnahme, S. 106.

[495] BVerfGE 110, 33 (53); 115, 166 (194); 124, 43 (62).

[496] BVerfGE 113, 348 (384).

[497] Vgl. BVerfGK 15, 71 (79).

zeitliche Ausdehnung eines heimlichen Grundrechtseingriffs erhöht seine Schwere nochmals, weil hierdurch umfangreichere und vielseitigere Informationen erhoben werden können als bei einem einmaligen heimlichen Zugriff.[498]

Da die Totalüberwachung i. S. einer lückenlos alle Lebensumstände des Betroffenen registrierenden Beobachtung gegen die Menschenwürde verstößt und daher in jedem Fall verfassungswidrig ist,[499] bilden auch solche Ermittlungsmaßnahmen eine Fallgruppe besonderer Eingriffsschwere, bei denen die zu erwartenden Erkenntnisse einer *Totalüberwachung nahekommen*.[500]

Als besonders schwerwiegend gelten weiter Maßnahmen, bei denen nicht auszuschließen ist, dass sie den *Kernbereich der privaten Lebensgestaltung* des Betroffenen berühren.[501] Dieser Kernbereich umfasst „die Möglichkeit, innere Vorgänge wie Empfindungen und Gefühle sowie Überlegungen, Ansichten und Erlebnisse höchstpersönlicher Art zum Ausdruck zu bringen, und zwar ohne Angst, dass staatliche Stellen dies überwachen".[502] Auch wenn das *BVerfG* den Kernbereichsschutz zuletzt mehrfach im Zusammenhang mit heimlichen Grundrechtseingriffen erörtert hat,[503] gilt die Fallgruppe für „offene" Grundrechtseingriffe gleichermaßen, wie etwa die Tagebuch-Entscheidung[504] verdeutlicht.

Mit dem Kernbereich der privaten Lebensgestaltung vergleichbar begründet das *BVerfG* schließlich auch die besondere Schwere von

---

[498] BVerfGE 120, 274 (323 f.); 124, 43 (62).

[499] BVerfGE 109, 279 (323); 112, 304 (319 f.)

[500] In diese Richtung erstmals BVerfGE 120, 274 (304 ff.), angesichts der Erkenntnisvielfalt bei Zugriffen auf IT-Systeme. Ähnlich bereits *Puschke*, Kumulative Informationsbeschaffungsmaßnahmen, S. 82 f. Die Fallgruppe erlangte bisher vorwiegend in der Diskussion sog. additiver Grundrechtseingriffe im Zuge mehrerer, unabhängig voneinander gegen einen Betroffenen durchgeführter Ermittlungsmaßnahmen Bedeutung, vgl. etwa *Steinmetz*, NStZ 2001, 344 (345 f.).

[501] BVerfGE 120, 274 (335).

[502] BVerfGE 109, 279 (313).

[503] Vgl. BVerfGE 109, 279 (313 ff.); 113, 348 (390 ff.); 120, 274 (335 ff.).

[504] BVerfGE 80, 367.

Grundrechtseingriffen dadurch, dass mit ihnen *Vertraulichkeitserwartungen verletzt* werden.[505]

Diese Fallgruppen[506] bedürfen einer näheren Betrachtung.

(a) Heimlichkeit und Eingriffsdauer

Die Beurteilung eines Grundrechtseingriffs als besonders schwerwiegend, wenn er heimlich bzw. heimlich und auf längere Dauer erfolgt, verdient im Wesentlichen Zustimmung. Insbesondere ist der vom *BVerfG* hierbei geforderte Richtervorbehalt[507] kein gleichwertiger Ersatz für eigene Rechtschutzbemühungen des – möglicherweise professionell verteidigten – Betroffenen.[508] Auch wenn „Richter [...] aufgrund ihrer persönlichen und sachlichen Unabhängigkeit und ihrer ausschließlichen Bindung an das Gesetz die Rechte des Betroffenen im Einzelfall am besten und sichersten wahren"[509] können sollten, liegt die Diskrepanz zwischen Anspruch und Wirklichkeit auf der Hand: Ermittlungsrichtern ist es allein aus zeitlichen Gründen nicht möglich, die Anforderungen des *BVerfG* – die eigenständige Prüfung des Tatvorwurfs und die Formulierung der richterlichen Anordnung derart, dass die im Einzelfall erforderlichen

---

[505] BVerfGE 113, 029 (54); 115, 320 (348).

[506] Außer Betracht – weil für die vorliegende Untersuchung ohne Bedeutung – bleibt die Fallgruppe des *BVerfG*, nach der Grundrechtseingriffe besonders schwer wiegen, wenn sie eine große Streubreite aufweisen und sich hierbei gegen eine Vielzahl Unverdächtiger richten, vgl. BVerfGE 113, 029 (54); 15, 320 (348). Zustimmend *Britz*, JA 2011, 81 f.; *Gasch*, Elektronische Mauterfassung, S. 221; *Schwabenbauer*, Heimliche Grundrechtseingriffe, S. 177. Krit. hingegen mit Recht *Bull*, Informationelle Selbstbestimmung, S. 92.

[507] Vgl. BVerfGE 109, 279 (357); 120, 274 (331).

[508] So auch *Singelnstein*, NStZ 2009, 481 f.; *Talaska*, Richtervorbehalt, S. 67; *Ziebarth*, Online-Durchsuchung, S. 159 ff. Soweit das *Gericht* auch anderen staatlichen Stellen die Kompensation der Rechte des Betroffenen zubilligt (vgl. BVerfGE 120, 274 [332]), ändert sich diese Bewertung nicht. *Drallé*, IT-Grundrecht, S. 124, weist in diesem Zusammenhang zutreffend auf die bedenkliche Regelung in § 10 Abs. 1 G 10 hin, wonach die zuständige oberste Landesbehörde bzw. das BMI Maßnahmen anordnet, welche die (nachgeordnete) Verfassungsschutzbehörde beantragt.

[509] BVerfGE 120, 274 (332).

Grundrechtseingriffe „messbar und kontrollierbar" bleiben –[510] auch nur im Ansatz zu erfüllen:[511] In der Praxis werden richterliche Anordnungen zumeist durch die Staatsanwaltschaft erstellt und zusammen mit den Ermittlungsakten vorgelegt.[512] Für die Überprüfung der so beantragten Maßnahme – also faktisch dafür, zu entscheiden, ob er die vorgelegte Anordnung unterschreibt – hat ein Ermittlungsrichter im Durchschnitt zwischen 10 und 30 Minuten Zeit.[513] Das *BVerfG* hat dies in jüngeren Entscheidungen zur Kenntnis genommen und die überkommenen dogmatischen Ausführungen zum Richtervorbehalt vorsichtig relativiert, indem es befand, dass diese nur Geltung beanspruchen, soweit ein Richter die Rechtmäßigkeit einer Maßnahme *eingehend* prüft –[514] was in der Praxis oftmals nicht zu leisten ist.

Eine Einschränkung der in Rede stehenden Heimlichkeit danach, ob eine Maßnahme den Betroffenen *unmittelbar* berührt, ist indes

---

[510] So z. B. BVerfGE 103, 142 (151).

[511] So auch *B. Gercke*, in: HK-StPO, Rn. 17 zu Vor §§ 94 ff.; *Kohlmann*, Online-Durchsuchungen, S. 226; *Ziebarth*, Online-Durchsuchung, S. 160.

[512] Hierzu führten *H.-J. Albrecht, Dorsch* und *Krüpe-Gescher* im Jahre 2003 eine bemerkenswerte Studie durch, in der sie neben 523 konkreten Strafverfahren aus dem Jahr 1998 – dies entspricht immerhin gut 19 % aller 1998 durchgeführten strafprozessualen Ermittlungsverfahren mit TKÜ-Bezug, vgl. *H.-J. Albrecht/Dorsch/Krüpe-Gescher*, Effizienz, S. 132, – auch eigens geführte Interviews mit Polizisten, Staatsanwälten, Richtern und Strafverteidigern ausgewertet haben. Eine ähnliche Studie veröffentlichten – ebenfalls im Jahre 2003 – *Backes* und *Gusy*. Darin wurden insbesondere die Rollen des Richters und des Staatsanwalts in der Praxis der Telefonüberwachung untersucht. Legte ein Staatsanwalt dem Richter einen fertig ausformulierten Beschluss vor, den der Richter nur noch mit Aktenzeichen und Unterschrift zu versehen braucht, kam es in 92 % der betrachteten Fälle zum wortgetreuen Erlass des beantragten Beschlusses, wobei gut 58 % der Beschlüsse unvollständig waren. Im Vergleich hierzu erwiesen sich insgesamt nur 21 % der staatsanwaltlichen Anträge und nur gut 24 % der richterlichen Beschlüsse als vollständig, *Backes/Gusy*, Telefonüberwachung, S. 43 ff. Die Begründungen der Maßnahmen erfolgen hierbei letztlich ausschließlich durch die Polizeibehörden, deren Vermerke von den Staatsanwälten meist im Wortlaut übernommen werden, vgl. *H.-J. Albrecht/Dorsch/Krüpe-Gescher*, Effizienz, S. 17 ff.

[513] *H.-J. Albrecht/Dorsch/Krüpe-Gescher*, Effizienz, S. 17. *Kühne*, Strafprozessrecht, S. 259, spricht in diesem Zusammenhang von der bedenklichen Vermittlung einer „Illusion besonders intensiver und rechtsstaatlicher Kontrolle von Grundrechtseingriffen".

[514] BVerfGE 120, 274 (332).

nur gerechtfertigt, wenn nicht die in Anspruch genommenen Dritten die ermittlungsrelevanten Erkenntnisse – im Verhältnis zum Betroffenen unmittelbar – ihrerseits *heimlich bzw. unbefugt* erlangt haben: Weniger schutzwürdig gegen unbemerkte Ermittlungen erscheint der Betroffene nur, soweit er davon ausgehen muss, dass die relevanten Erkenntnisse aussagebereiten Dritten regelmäßig zur Kenntnis gelangen.[515]

(b)   Annähernde Totalüberwachung

Auch der Kennzeichnung eines Grundrechtseingriffs als besonders schwerwiegend, wenn er einer Totalüberwachung des Betroffenen nahe kommt, ist zu folgen. Die Argumentation der Praxis, wonach das Vorliegen einer verbotenen Totalüberwachung bei additiven Grundrechtseingriffen dann ausscheidet, wenn die verfahrensrechtlichen Sicherungen – d. h. Richtervorbehalte, besondere Eingriffsschwellen und Subsidiaritätsklauseln – für jede Einzelmaßnahme eingehalten sind,[516] ändert nichts daran, dass eine *einzelne* Maßnahme besonders schwer wiegt, wenn durch sie Erkenntnisse zu erlangen sind, die alternativ nur im Wege mehrerer Maßnahmen mit jeweils verschiedenen verfahrensrechtlichen Sicherungen zugänglich wären.

(c)   Potentielle Berührung des Kernbereichs der privaten Lebensgestaltung

Als höchst problematisch erweist sich hingegen die Fallgruppe einer potentiellen Berührung des Kernbereichs der privaten Lebensgestaltung.

---

[515] Siehe hierzu näher unten S. 159 ff. und S. 371 f. In dem Fall, welcher der Einschränkung des *BVerfG* auf „unmittelbare Heimlichkeit" zugrunde lag, hatte die Ermittlungsbehörde Daten über Kreditkarteninhaber und -transaktionen bei den Kreditkartenunternehmen abgefragt, vgl. BVerfGK 15, 71. Hierbei handelte es sich unzweifelhaft um Daten, die bei den Kreditkartenunternehmen – mit Wissen des Betroffenen – regelmäßig anfallen.

[516] Vgl. BGHSt 54, 69 (106).

(aa) Ablehnung der Kernbereichskonzeption

Grundlegend haben sich zuletzt *Dammann* und *Barrot* kritisch mit der Kernbereichskonzeption des *BVerfG* auseinandergesetzt und hierbei herausgearbeitet, dass diese – ohne Rechtseinbußen für den Grundrechtsträger – vollends verzichtbar ist.

So ist nach *Dammann* ein absolut geschützter Kernbereich allenfalls zu definieren, soweit er ausschließlich *konfliktfreies* Verhalten erfasst.[517] Das Grundgesetz kenne keine Freiheitsrechte, die gegenüber dem Gesetzgeber absolut schützten – es schaffe lediglich eine in das Gemeinwesen eingebundene Freiheit.[518] Unter der Geltung des staatlichen Gewaltmonopols sei es somit verfassungswidrig, Konflikte jedem staatlichen Zugriff zu entziehen, soweit sich (mindestens) eine Konfliktpartei auf einen absolut geschützten Kernbereich beruft.[519] Eine Kernbereichsdefinition außerhalb aller Konfliktlagen sei demgegenüber zwar verfassungskonform, führe aber nicht zu einem *unantastbaren* Kernbereich.[520] Denn durch die Klärung der Frage, ob Rechtsgüter anderer Personen oder der Allgemeinheit berührt seien, werde die Rechtmäßigkeitsprüfung eines Eingriffs von der Ebene der Rechtfertigung auf die Ebene der Schutzbereichseröffnung vorverlagert.[521] Nach *Barrot* ist dies auch der Grund dafür, dass dem *BVerfG* keine allgemeingültige Bestimmung des Kernbereichs gelingt.[522] Im Gegenteil seien Kernbereichs*verletzungen* geradezu erlaubt, wenn Informationen immer zuerst zur Kenntnis gelangen müssen, um über ihren absoluten Schutz befinden zu können.[523]

Weder *Dammann* noch *Barrot* gelangen durch ihre generelle Kritik am Kernbereichskonzept zu anderen Ergebnissen als das *BVerfG*.

---

[517] *Dammann*, Kernbereich, S. 188, 191.
[518] *Dammann*, Kernbereich, S. 186.
[519] Vgl. *Dammann*, Kernbereich, S. 188.
[520] *Dammann*, Kernbereich, S. 197.
[521] *Dammann*, Kernbereich, S. 196.
[522] *Barrot*, Kernbereich, S. 212.
[523] *Barrot*, Kernbereich, S. 213.

Ein identisches Grundrechtsschutzniveau vermittelt *Dammann* über die Bildung von Fallgruppen, bei der er öffentliche Interessen am staatlichen Zugriff gegen private Interessen am Schutz vor der jeweiligen Maßnahme abwägt.[524] Im Bereich der Strafverfolgung bestehe hiernach überhaupt kein Anlass für einen unantastbaren Kernbereich, weil bereits die Prüfung der Verhältnismäßigkeit einer Norm leiste, was das *BVerfG* durch den Kernbereichsschutz zu erreichen versuche.[525] *Unantastbar* sei in der Prüfung der Verhältnismäßigkeit nur die Menschenwürde, die durch einen aus ihr abgeleiteten aber sodann in der Entscheidungspraxis verkürzten Kernbereich schrittweise ausgehöhlt werde.[526]

(bb) Zweistufiges Schutzkonzept des BVerfG

Dogmatisch überzeugt die Kritik *Dammanns* und *Barrots*. Zumindest aus rechtspraktischen Gründen ist eine Abkehr vom Kernbereichskonzept jedoch nicht (mehr) erforderlich.

Im Urteil zum Großen Lauschangriff[527] aus dem Jahre 2004 formulierte das *BVerfG* noch Anforderungen, die nahelegen, dass bereits die staatliche *Kenntnisnahme* kernbereichsrelevanter Inhalte den unantastbaren Kernbereich in jedem Fall *unmittelbar verletzt*: Eine Überwachungsmaßnahme musste hiernach „unterbleiben, wo das Abhören des nichtöffentlich gesprochenen Wortes [...] zu einer Kernbereichs*verletzung* [Hervorh. d. Verf.] führen wird", weil „wahrscheinlich ist, dass [mit der Maßnahme] absolut geschützte Gespräche *erfasst* [Hervorh. d. Verf.] werden".[528] 2008 hat das *BVerfG* demgegenüber im Online-Durchsuchungsurteil ein zweistufiges Schutzkonzept entwickelt, das auf andere Ermittlungsmaß-

---

[524] Vgl. *Dammann*, Kernbereich, S. 245 f.

[525] *Dammann*, Kernbereich, S. 244.

[526] Vgl. *Barrot*, Kernbereich, S. 229; *Dammann*, Kernbereich, S. 250. Hierin liegt zugleich die maßgebliche Kritik beider Autoren am gesamten Kernbereichskonzept des *BVerfG*.

[527] BVerfGE 109, 279.

[528] BVerfGE 109, 279 (320).

nahmen übertragen werden kann.[529] Hiernach muss eine gesetzliche Regelung zwar vorrangig sicherstellen, dass bereits die Kenntnisnahme von Kernbereichsinhalten *nach Möglichkeit* unterbleibt.[530] Bestehen aber entweder konkrete Anhaltspunkte dafür, dass Kernbereichsinhalte und ermittlungsrelevante Inhalte miteinander verknüpft sind, oder ist im Vorfeld nicht feststellbar, ob eine Ermittlungsmaßnahme *auch* Kernbereichsinhalte erfassen wird, darf sie durchgeführt werden.[531] Ergibt eine Prüfung der erhoben Informationen im Nachhinein, dass sie kernbereichsrelevante Inhalte umfassen, sind diese unverzüglich zu löschen und ist ihre Verwendung für das weitere Verfahren auszuschließen.[532]

(cc) Kernbereichsschutz im Strafverfahren

Dass ein solches Verständnis vom „Schutz" des Kernbereichs dem Anliegen gerecht wird, dem Einzelnen einen intimen Bereich zu garantieren, der staatlichen Kenntnisnahmen vollständig entzogen ist, kann zwar mit Recht bezweifelt werden.[533] Die faktische Korrektur des Kernbereichskonzepts, wie es das *BVerfG* im Urteil zum Großen Lauschangriff noch zu verstehen gab, ist dennoch zu begrüßen. Für ein striktes Verbot der – im Strafverfahren häufig unvermeidbaren – Kenntnisnahme intimer Informationen besteht schon kein Anlass: Der „Kernbereich" ist durch das materielle Strafrecht

---

[529] So auch *Schmidbauer*, Uerpmann-Wittzack (Hrsg.): Das neue Computergrundrecht 2009, 31 (46); *Volkmann*, DVBl 2008, 590 (593). Für die akustische Wohnraumüberwachung wurden die strengen Anforderungen des *BVerfG* aus dem Urteil zum Großen Lauschangriff allerdings in das Strafverfahrensrecht übernommen. § 100c Abs. 4 und 5 StPO können durch den Rückgriff auf das zweistufige Schutzkonzept des Online-Durchsuchungsurteils nicht übergangen werden. Gleichwohl hat das *BVerfG* im Beschluss zur TKÜ-Neuregelung anklingen lassen, dass auch insoweit ausreichend sein kann, „für hinreichenden Schutz in der Auswertungsphase zu sorgen", BVerfGE 129, 208 (246). Das Bestehen von Anhaltspunkten i. S. d. § 100c Abs. 4 und Abs. 5 StPO kann im Sinne dieser Rechtsprechung dergestalt verfassungskonform ausgelegt werden, dass die Maßnahme im Zweifel fortgesetzt und ggf. erfasste Kernbereichsinhalte erst im Nachgang gelöscht werden.

[530] BVerfGE 120, 274 (338).

[531] BVerfGE 120, 274 (338).

[532] BVerfGE 120, 274 (339).

[533] Krit. hierzu *Schwabenbauer*, Heimliche Grundrechtseingriffe, S. 282 ff.

hinreichend geschützt. So geht etwa § 203 Abs. 2 S. 1 Nr. 1 StGB davon aus, dass Ermittlungspersonen im Rahmen ihrer Tätigkeit zum persönlichen Lebensbereich gehörende Geheimnisse bekannt werden können. Bei diesen muss es sich nicht, kann es sich aber um Kernbereichsinhalte handeln.[534] Allein, dies beurteilen zu können, erfordert eine Kenntnisnahme.[535] Denn Angaben über Straftaten gehören – auch nach dem Urteil zum Großen Lauschangriff –[536] *gerade nicht* zum absolut geschützten Kernbereich.[537] Stellt sich heraus, dass (mangels Straftatbezugs) Kernbereichsinhalte zur Kenntnis genommen wurden, wird der Betroffene durch die Strafbewehrung ihrer weitergehenden Offenbarung geschützt. Als Kernbereichs*berührung* verbleibt damit zwar die Kenntnisnahme nicht ermittlungsrelevanter Inhalte der Intimsphäre durch eine Ermittlungsperson. Läge hierin aber stets eine verfassungswidrige Kernbereichs*verletzung*, ginge das materielle Strafrecht insoweit von latent verfassungswidrig handelnden Amtsträgern aus. § 203 Abs. 2 StGB soll indes gerade Privatgeheimnisse schützen, die Amtsträgern bei der Erfüllung ihrer Aufgaben – also rechtmäßig – regelmäßig zur Kenntnis gelangen.[538]

Darüber hinaus ist kaum eine Ermittlungsmaßnahme vorstellbar, die *nicht* im Einzelfall intimste Informationen über den Betroffenen zutage fördern kann. So werden sich etwa in einer Wohnung zumeist Gegenstände befinden, die Aufschluss über Verhaltensweisen und Neigungen aus der Intimsphäre des Inhabers geben. Auch Postbeschlagnahme und Zeugenvernehmung können intime Inhalte

---

[534] *Cierniak/Pohlit*, in: MüKo-StGB, Rn. 13 zu § 203.

[535] A. A. *Warntjen*, Heimliche Zwangsmaßnahmen, S. 91 f., der stattdessen auf die Umstände abstellt. Der Straftatbezug sei zu vernachlässigen, wenn (nicht nur) ein (Selbst-)Gespräch hiernach Ausdruck des Bedürfnisses sei, eine Auseinandersetzung mit sich selbst und der eigenen Gefühlswelt zu führen.

[536] BVerfGE 109, 279 (319).

[537] BVerfGE 80, 367 (375); BVerfGE 113, 348 (391). Hierzu müssen auch Erkenntnisse zählen, die für die Klärung der Schuldfrage und die Bestimmung der Rechtsfolge relevant sind, vgl. *Rogall*, FS Fezer 2008, 61 (79). A. A. wohl *VerfGH Berlin*, unten Fn. 741.

[538] Vgl. BT-Drucks. 7/550, S. 240.

zutage fördern. Ausweislich der Voraussetzungen[539] dieser Ermitt-lungsmaßnahmen ging der historische Gesetzgeber von ihrer be-sonderen Schwere nicht aus. Auch würden gerade Deliktsbereiche mit regelmäßigem Bezug zur Intimsphäre des Betroffenen privile-giert, wollte man alle Ermittlungsmaßnahmen als besonders schwerwiegend einstufen, bei denen Kernbereichsberührungen zu besorgen sind.[540]

Bei näherer Betrachtung liegt der StPO mithin ein – von der jünge-ren Rechtsprechung des *BVerfG* unabhängiges – „zweistufiges Schutzkonzept" zugrunde: Soweit die Kenntnisnahme von Kernbe-reichsinhalten zu erwarten ist, hat eine Maßnahme nur dann *nicht* zu unterbleiben, wenn diese Inhalte mit ermittlungsrelevanten In-formationen vermischt sein können.[541] Ist zu erwarten, dass etwa eine Durchsuchungsmaßnahme *nicht* zum Auffinden von Beweis-mitteln, sondern *nur* zur Kenntnisnahme von Kernbereichsinhalten führen wird, ist sie bereits de lege lata unzulässig, § 102 StPO. Ent-sprechendes gilt für die Postbeschlagnahme oder die Befragung von Zeugen. Werden doch Kernbereichsinhalte zur Kenntnis genom-men, kommt es zu einer Verwertung schon deshalb nicht, weil sie keinen Straftatbezug aufweisen und daher irrelevant sind.[542] Müsste nun im Rahmen der einzelfallbezogenen Verhältnismäßigkeitsprü-fung der vorgenannten Ermittlungsmaßnahmen jeweils ein beson-ders schwerer Grundrechtseingriff angenommen werden, führte dies zu der Frage, ob die Maßnahmen in Fällen leichter und mittle-

---

[539] Die §§ 48 Abs. 1 S. 2, 99, 102, 103 StPO sind nicht auf bestimmte Straftaten be-schränkt und enthalten keine Subsidiaritätsklausel.

[540] Dies jedenfalls dann, wenn die Delikte ausweislich ihres Strafrahmens dem Be-reich der leichten und mittleren Kriminalität zuzurechnen sind, wie es etwa bei § 184 StGB der Fall ist.

[541] Abzulehnen ist daher der von *Neuhöfer*, Zugriff auf E-Mails, S. 167, vorgeschlage-ne § 53b StPO-E, wonach die Erhebung personenbezogener Informationen zu unter-bleiben hat, wenn bei ihr Kernbereichsinhalte miterfasst werden könnten. Die gleich-sam formulierte Anforderung, dass „im Zweifel über die Unterbrechung oder Fortfüh-rung der Maßnahme unverzüglich eine Entscheidung des Gerichts herbeizuführen" ist, mutet alles andere als praxistauglich an.

[542] Vgl. *Rogall*, HRRS 2010, 289 (290); *ders.*, FS Fezer 2008, 61 (78).

rer Kriminalität dann stets zu unterbleiben hätten. Dies ist weder aus dem Gesetzeswortlaut noch – soweit ersichtlich – aus der Rechtsprechung des *BVerfG* abzuleiten, sodass die Annahme einer besonderen Eingriffsschwere bei potentieller Berührung des Kernbereichs der privaten Lebensgestaltung letztlich ohne Auswirkungen bliebe.

(dd) Zwischenergebnis

Als Kategorie, die einen Grundrechtseingriff unabhängig von seiner Heimlichkeit als besonders schwer kennzeichnet, ist die potentielle Berührung des Kernbereichs der privaten Lebensgestaltung ungeeignet – dies bereits deshalb, weil sich ohne Klärung der Beweisbedeutung einer Information nicht sicher bestimmen lässt, ob durch ihre Erhebung die Grenze zwischen „echtem Kernbereich" und intimsten Inhalten der persönlichen Sphäre mit Straftat- bzw. sonstigem Sozialbezug überschritten wird. Die Rechtsprechung des *BVerfG* ist hier entgegen ihrem dogmatischen Anspruch ergebnisorientiert und je nach gewünschtem Resultat entweder von Inkonsequenz und Pragmatismus[543] oder von Überzeichnungen[544] geprägt. Die Fallgruppe der potentiellen Kernbereichsberührung wäre damit *in der Regel* einschlägig, sodass zur Beurteilung der Eingriffsintensität weitere Abstufungskriterien erforderlich würden.

(d) Verletzung einer Vertraulichkeitserwartung

Auch die Fallgruppe verletzter Vertraulichkeitserwartungen überzeugt nicht. Soweit das *BVerfG* darlegt, dass die Eingriffsintensität besonders hoch sei, „wenn Informationen betroffen sind, bei deren Erlangung Vertraulichkeitserwartungen verletzt werden, vor allem solche, die unter besonderem Grundrechtsschutz stehen, wie etwa bei Eingriffen in das Grundrecht auf Unverletzlichkeit der Wohnung nach Art. 13 GG oder das Fernmeldegeheimnis nach Art. 10

---

[543] Vgl. etwa pointiert *Dammann*, Kernbereich, S. 35 ff.; *Noltenius*, ZJS 2009, 15 (16), zu den zweifelhaften definitorischen Leistungen des *BVerfG* in der Geschichte des Sexualstrafrechts. Siehe hierzu auch unten Fn. 737.

[544] So insbesondere BVerfGE 109, 279 (328 ff.)

GG",[545] dann wendet das *BVerfG* die betroffenen Grundrechte argumentativ doppelt an: Bei Grundrechtseingriffen handle es sich um besonders intensive Grundrechtseingriffe, wenn die betroffenen Grundrechte Vertraulichkeitserwartungen schützten.[546] Nach diesem Verständnis gibt es bei Grundrechten, die Vertraulichkeitserwartungen schützen, *nur* besonders intensive Eingriffe. Wollte man nicht eine zusätzliche Rangfolge von „Eingriffsintensitäten" unter den Fallgruppen vornehmen (für die wiederum Kriterien erforderlich würden), gäbe es hiernach schlechterdings keine Ermittlungsmaßnahme, die keinen besonders schweren Grundrechtseingriff darstellt, soweit mit ihr Erkenntnisse erlangt werden, deren Vertraulichkeit der Betroffene erwartet. Die Kategorie führt in der Bewertung der Schwere eines Grundrechtseingriffs nicht weiter und ist deshalb abzulehnen.[547]

(e) Zwischenergebnis

Ein Grundrechtseingriff wiegt besonders schwer, wenn er heimlich bzw. heimlich und auf längere Dauer erfolgt und/oder einer Totalüberwachung des Betroffenen nahe kommt. Die Fallgruppen stehen in einem Steigerungsverhältnis, sodass die Eingriffsschwere einer heimlichen Maßnahme zunimmt, wenn sie auf längere Dauer erfolgt und eine heimliche, auf längere Dauer angelegte Maßnahme, die aufgrund der zu erlangenden Erkenntnisse einer Totalüberwachung nahekommt, am schwersten wiegt. Darüber hinaus können die Fallgruppen des *BVerfG* keine Allgemeingültigkeit beanspruchen: Die-

---

[545] BVerfGE 115, 320 (348).

[546] *Blozik*, Subsidiaritätsklauseln im Strafverfahren, S. 194 f., nimmt insoweit eine verschiedene „Wertigkeit" der einzelnen Grundrechte an, die sich nach der jeweiligen Formulierung des Gesetzesvorbehalts richte: Die hiernach „hochwertigsten" Grundrechte – d. h. solche ohne ausdrücklichen Gesetzesvorbehalt – erlaubten nur Eingriffe aufgrund kollidierenden Verfassungsrechts. Für die Beurteilung strafprozessualer Grundrechtseingriffe führt dies aufgrund der verfassungsrechtlichen Gleichrangigkeit – siehe hierzu oben S. 77 ff. – bei der Beurteilung einzelner Ermittlungsmaßnahmen jedoch nicht weiter.

[547] A. A. *Gasch*, Elektronische Mauterfassung, S. 206, 209; *Martínez-Soria*, DÖV 2007, 779 (783 f.). Siehe hierzu im Kontext des IT-Grundrechts unten S. 159 ff.

jenigen Fallgruppen, die auf eine besondere Verletzung des Privat-
bereichs rekurrieren, müssen für jedes Grundrecht gesondert bewertet werden, will man nicht allein aus dem Schutzbereich eines
Grundrechts sogleich auf die besondere Schwere eines Eingriffs
schließen.

(2) Wesensgehaltsgarantie des Art. 19 Abs. 2 GG

Einen weiteren Ansatz zur verfassungsrechtlichen Begrenzung von
Grundrechtseingriffen bietet die Schranken-Schranke[548] des Art. 19
Abs. 2 GG. Danach darf ein Grundrecht in keinem Fall in seinem
Wesensgehalt angetastet werden. Die Norm bindet vorrangig den
Gesetzgeber, über Art. 20 Abs. 3 GG aber auch Rechtsprechung und
vollziehende Gewalt.[549]

(a) Auffassungen im Schrifttum

Über Natur und Relevanz dieser Wesensgehaltsgarantie besteht im
Schrifttum keine Einigkeit.[550] Ihr Schutzgut wird teilweise objektiv-
rechtlich, teilweise subjektiv-rechtlich hergeleitet, wobei sich die
subjektiv-rechtlichen Ansätze nochmals in absolute und relative
Theorien unterteilen lassen.

(aa) Objektiv-rechtliche Theorien

Vertreter der objektiv-rechtlichen Theorien gehen davon aus, dass
überhaupt nur eine planvolle, abstrakt-generelle Grundrechtsaufhe-
bung die Wesensgehaltsgarantie verletzt, nicht aber eine mitunter
vollständige Grundrechtsvereitelung *im Einzelfall:*[551] *Grundrecht* i. S.
d. Art. 19 Abs. 2 GG sei begrifflich mit *Grundrechtsnorm* gleichzusetzen; die grundrechtlichen Gesetzesvorbehalte zeigten, dass es einen

---

[548] *Stern*, Staatsrecht III/1, S. 865.

[549] *Enders*, in: BeckOK GG, Rn. 24 f. zu Art. 19; *Remmert*, in: Maunz/Dürig, Rn. 27 zu
Art. 19 Abs. 2; *Stern*, Staatsrecht III/2, S. 877.

[550] Eine tabellarische Übersicht der mittlerweile über 30 ausdifferenzierten Theorien
zur Wesensgehaltsgarantie findet sich bei *Drews*, Wesensgehaltsgarantie, S. 299 f.

[551] So etwa *Herzog*, FS Zeidler 1987, 1415 (1423 ff.).

subjektiv-rechtlich, in jedem Einzelfall Geltung beanspruchenden unantastbaren Wesensgehalt nicht gebe.[552]

(bb) Absolute subjektiv-rechtliche Theorien

Dürig verstand Art. 1 Abs. 1 GG und Art. 19 Abs. 2 GG hingegen gesetzessystematisch als Verklammerung einer Menschenwürdeverbürgung, die allen Grundrechten innewohne.[553] Hiervon ausgehend sei der Wesensgehalt eines Grundrechts angetastet, wenn – nach der gemeinhin anerkannten Formel zur Menschenwürdegarantie – der Grundrechtsträger durch einen Eingriff zum Objekt staatlichen Geschehens gemacht werde, d. h. wenn eine Grundrechtseinschränkung zum „Ausgeliefertsein" des Grundrechtsträgers gegenüber dem Staat führe.[554] Insoweit könne für jedes Grundrecht eine exakte Grenze herausgestellt werden, „deren Überschreitung den Grundrechtsträger zum Objekt degradiert, also gemäß Art. 19 Abs. 2 GG verboten ist".[555]

Herbert Krüger bestimmte den Wesensgehalt demgegenüber gesondert aus dem sachlichen Gehalt jedes Grundrechts: Hierfür sei zu prüfen, wie viele Möglichkeiten der Ausübung eines Grundrechts durch eine gesetzliche Beschränkung verblieben; der Wesensgehalt des Grundrechts sei angetastet, wenn die Zahl dieser Möglichkeiten gleich Null oder so gering sei, dass der grundrechtlich verbürgte Freiheitsbereich ausgehöhlt werde.[556] Zudem müsse berücksichtigt werden, was mit dem nach einer Beschränkung verbliebenen Maß an grundrechtlicher Freiheit „sachlich noch ausgerichtet werden" könne.[557]

Ähnlich ermittelt auch *L. Schneider* den Wesensgehalt für jedes

---

[552] *Herzog*, FS Zeidler 1987, 1415 (1424 f.), unter Verweis auf Art. 2 Abs. 2 S. 3 GG, der ausdrücklich Eingriffe in das Recht auf Leben, das Recht auf körperliche Unversehrtheit und die Freiheit der Person im Einzelfall gestattet.

[553] *Dürig*, AöR 81 (1956), 117 (138 f.).

[554] *Dürig*, AöR 81 (1956), 117 (136).

[555] *Dürig*, AöR 81 (1956), 117 (139).

[556] *Herbert Krüger*, DÖV 1955, 597 (600).

[557] *Herbert Krüger*, DÖV 1955, 597 (601 f.).

Grundrecht separat, indem er den jeweiligen Lebensbereich umschreibt und sodann nach Selbstbestimmungs- und Abwehrrechten unterteilt; Selbstbestimmungsrechte (Art. 2 Abs. 1, Art. 4, 5, 8, 9, 11 und 12 GG) müssten einen Kernbereich, d. h. einen von staatlichen Eingriffen schlechthin freien Restbestand aufweisen, der dann anzunehmen sei, wenn dem Grundrechtsträger „noch zumutbare Alternativen für freiheitliches Verhalten" verblieben.[558] Für Abwehrrechte sei der Wesensgehalt hingegen nach den Grundsätzen des Übermaßverbots zu ermitteln, weil ein „Restbestandsdenken" insoweit nicht möglich sei.[559]

(cc) Relative subjektiv-rechtliche Theorien

Schmidt fordert stattdessen eine Einzelfallbetrachtung: Der Wesensgehalt müsse nicht nur für jedes Grundrecht, sondern auch für jeden (Kollisions-)Fall gesondert im Wege einer Interessenabwägung ermittelt werden.[560] Im Ergebnis vergleichbar geht *Middendorf* davon aus, dass sich zwar über „identitätsprägende Merkmale" für jedes Grundrecht ein absoluter Wesensgehalt definieren lasse,[561] dieser jedoch Tatbestandsmerkmal einer qualifizierten Angemessenheitsprüfung sei: Eingriffe in den Wesensgehalt eines Grundrechts seien sodann gerechtfertigt, wenn der Schutz des Wesensgehalts kollidierender Grundrechte Dritter dies gebiete.[562]

Drews nimmt indes an, dass Art. 19 Abs. 2 GG deklaratorischer Natur sei und letztlich nur die Geltung des Verhältnismäßigkeitsgrundsatzes bei der Grundrechtsanwendung bekräftige.[563]

(b) Rechtsprechung des BVerfG

In der Rechtsprechung des *BVerfG* fristet die Wesensgehaltsgaran-

---

[558] *L. Schneider*, Schutz des Wesensgehalts, S. 273 f.
[559] *L. Schneider*, Schutz des Wesensgehalts, S. 274.
[560] *Schmidt*, AöR 106 (1981), 497 (515).
[561] *Middendorf*, JURA 2003, 232 (236).
[562] *Middendorf*, JURA 2003, 232 (235).
[563] *Drews*, Wesensgehaltsgarantie, S. 295 f.

tie neben Verhältnismäßigkeit und Menschenwürde eher ein Schattendasein,[564] sodass sie z. T. als praktisch bedeutungslos angesehen wird[565]. Soweit das *BVerfG* aber auf Art. 19 Abs. 2 GG Bezug nimmt, betont es, dass „der unantastbare Wesensgehalt [...] für jedes Grundrecht aus seiner besonderen Bedeutung im Gesamtsystem der Grundrechte ermittelt werden" muss und hierbei auch schwerwiegende, bis zur vollständigen Vereitelung eines Grundrechts gereichende Eingriffe durch „gewichtige Schutzinteressen Dritter" im Einzelfall legitimiert sein können.[566] Dies ergebe sich schon aus normhistorischen Gründen, denn der Grundgesetzgeber habe etwa die lebenslange Freiheitsstrafe vorgefunden und daran festgehalten; diese stehe zwar dem Wortlaut nach im Widerspruch zu Art. 2 Abs. 2 S. 2 GG, verletze dessen Wesensgehalt i. S. d. Art. 19 Abs. 2 GG aber nicht, wenn sie aus gleichrangigen verfassungsrechtlichen Gründen gerechtfertigt sei.[567] Dieses Verständnis entspricht der relativen subjektiv-rechtlichen Theorie im Schrifttum.

(c)   Stellungnahme

In einer kritischen Analyse der verfügbaren Alternativen erweist sich eine Kombination aus objektiv-rechtlichem Ansatz und relativem subjektiv-rechtlichem Ansatz als sachgerecht und praktikabel.

Für den objektiv-rechtlichen Gehalt des Art. 19 Abs. 2 GG sprechen vor allem historische Gründe. Nach der Vorstellung des Grundgesetzgebers sollte es der Legislative verwehrt sein, Grundrechte durch eine exzessive Anwendung von Gesetzesvorbehalten im Ergebnis insgesamt leerlaufen zu lassen.[568] Zudem erhielt Art. 19

---

[564] *Dreier*, in: Dreier GG, Rn. 8 zu Art. 19 Abs. 2.

[565] Vgl. *Jarass*/Pieroth, GG, Rn. 9 zu Art. 19.

[566] BVerfGE 109, 133 (156). Ein hiervon abweichender Sonderfall kann allerdings im absolut geschützten Kernbereich der privaten Lebensgestaltung als Wesensgehalt des allgemeinen Persönlichkeitsrechts ausgemacht werden, vgl. *Remmert*, in: Maunz/Dürig, Rn. 38 zu Art. 19 Abs. 2. Das *BVerfG* hält diesen Anspruch selbst jedoch nicht durch, vgl. zur Kritik bereits oben S. 98 ff.

[567] BVerfGE 45, 187 (270 f.).

[568] *Stern*, Staatsrecht III/1, S. 864.

Abs. 2 GG seinen heutigen (mehrdeutigen) Wortlaut aus rein sprachlichen Gründen im Redaktionsausschuss; während der vorangegangenen Beratungen des Parlamentarischen Rates begann Abs. 2 ähnlich Abs. 1 mit der Wendung: „Soweit nach den Bestimmungen dieses Grundgesetzes ein Grundrecht eingeschränkt werden kann"; dies entsprach dem unzweifelhaft objektiven Gehalt des Abs. 1.[569]

Für einen absoluten subjektiv-rechtlichen Wesensgehaltsschutz nach Lesart *Dürigs* mag zwar die vergleichsweise handhabbare Bestimmungsgrenze anhand der Objektformel sprechen. Allerdings ist die Menschenwürde – soweit bei Grundrechtseingriffen *auch* ihre Berührung in Betracht kommt – bereits durch Art. 1 Abs. 1, 79 Abs. 3 GG garantiert; Art. 19 Abs. 2 GG käme insoweit keine weitergehende Bedeutung zu.[570] Überdies hätte damit jedes Grundrecht über einen etwaigen Menschenwürdebezug hinaus überhaupt keinen eigenen Wesensgehalt, was mit dem Wortlaut des Art. 19 Abs. 2 GG schwerlich zu vereinbaren ist: Wenn *ein* Grundrecht nicht in *seinem* Wesensgehalt angetastet werden darf, deutet dies sprachlich darauf hin, den Wesensgehalt jeweils anhand des sachlichen Schutzbereichs für jedes Grundrecht separat ermitteln zu müssen.[571] Die Ansätze *Herbert Krügers* und *L. Schneiders* stehen insoweit jedoch vor dem Problem, eine Grenze zwischen verfassungsrechtlich zu rechtfertigenden Grundrechtseingriffen und demjenigen Bereich ziehen zu müssen, der als grundrechtsspezifischer Wesensgehalt in jedem Fall unangetastet zu bleiben hat. *L. Schneiders* Bezugnahme auf einen *Kernbereich* ersetzt hierbei lediglich den Begriff des Wesensgehalts ohne Erkenntnisgewinn. Soweit *L. Schneider* überdies den Wesensgehalt von Abwehrrechten anhand des Übermaßverbots ermittelt, fragt sich, welchen Nutzen ein zuvor zu definierender

---

[569] *Herzog*, FS Zeidler 1987, 1415 (1424) m. w. N.

[570] *Stern*, Staatsrecht III/1, S. 873.

[571] Dies schließt nicht aus, dass Grundrechte dogmatisch-konzeptionell einen Menschenwürdekern enthalten können, vgl. *Stern*, Staatsrecht III/1, S. 873 m. w. N. Dieser Menschenwürdekern ist aber mit der Wesensgehaltsgarantie nicht identisch.

unantastbarer Kernbereich noch hat. Unter diesem Aspekt ist auch der Umweg *Middendorfs* über eine qualifizierte Angemessenheitsprüfung durch die Abwägung konkurrierender Wesensgehalte verzichtbar: Wenn es Konstellationen gibt, in denen der Wesensgehalt eines Grundrechts von Allgemeininteressen überwogen werden kann, ist es weder für den Betroffenen noch dogmatisch von Mehrwert, diese Allgemeininteressen vorab einem objektiv-rechtlichen Grundrechtswesensgehalt zuzuordnen.

Dass alle absoluten Theorien im Einzelfall Ausnahmen zulassen müssen, um zu überzeugenden Ergebnissen zu gelangen,[572] spricht ebenfalls für ein relatives subjektiv-rechtliches Verständnis des Wesensgehalts i. S. d. Art. 19 Abs. 2 GG. Der hiergegen erhobene Vorwurf, dass auf diese Weise die Wesensgehaltsgarantie ausgehöhlt werde,[573] übersieht, dass die Annahme eines „abwägungsfesten Kerns" eines jeden Grundrechts ebenfalls immer dann die Wesensgehaltsgarantie verletzte, wenn der Eingriff in den Wesensgehalt der Bewahrung und Bewehrung eines ebensolchen Kerns einer entgegenstehenden Grundrechtsposition diente. So läge der Fall etwa, wenn die einzig erfolgversprechende Ermittlungsmaßnahme im Strafverfahren zum Wohle des Wesensgehalts einer Grundrechtsposition des Betroffenen nicht durchgeführt werden dürfte und hieran die Verfolgung einer Straftat insgesamt scheiterte, die den objektiv-rechtlichen Wesensgehalt eines anderen Grundrechts verletzt hat. Hierdurch ergäben sich – nicht nur zugunsten zu Unrecht Verdächtigter, sondern auch zum Vorteil von Straftätern und zum Nachteil der Opfer nicht verfolgbarer Straftaten – vorhersehbar ermittlungsresistente Bereiche.

(d) Zwischenergebnis

Art. 19 Abs. 2 GG verbietet in objektiv-rechtlicher Perspektive,

---

[572] Etwa zur Legitimierung der lebenslangen Freiheitsstrafe oder der Enteignung, vgl. *Drews*, Wesensgehaltsgarantie, S. 295.

[573] So etwa *Enders*, in: BeckOK GG, Rn. 31 zu Art. 19; *Stern*, Staatsrecht III/2, S. 865.

dass Grundrechte abstrakt-generell aufgehoben werden. Eine Aufhebung in diesem Sinne liegt aber nicht schon dann vor, wenn Grundrechte lediglich *in bestimmten Konstellationen* zugunsten gleichrangiger Allgemeininteressen zurückstehen müssen; dieses Ergebnis stimmt mit den grundrechtlichen Gesetzesvorbehalten überein, die ihrerseits Wesensbestandteil von Grundrechtsnormen sind.[574] In subjektiv-rechtlicher Perspektive ist der Wesensgehalt i. S. d. Art. 19 Abs. 2 GG dementsprechend relativ – d. h. mit Blick auf den *Zweck* eines Eingriffs – zu ermitteln: Grundrechtseingriffe, die durch überwiegende entgegenstehende Interessen der Allgemeinheit bzw. Dritter gerechtfertigt sind, verletzen den Wesensgehalt des beeinträchtigten Grundrechts hiernach nicht, weil die Inanspruchnahme von Grundrechtsschutz zum Nachteil überwiegender Allgemein- bzw. Drittinteressen schon nicht zum Wesensgehalt der Grundrechte als Teil einer objektiven Werteordnung gehört. Wegen der im Ermittlungsverfahren geltenden Unschuldsvermutung kann für die Beurteilung einer Ermittlungsmaßnahme zwar nicht auf eine bewusste Grundrechtsbegebung des mutmaßlichen Straftäters, wohl aber wiederum auf die Zumutbarkeit des Sonderopfers zugunsten der Bewehrung von Allgemein- und Drittinteressen abgestellt werden. An dieser Stelle greifen Wesensgehaltsgarantie und Verhältnismäßigkeitsgrundsatz ineinander, ohne dass damit eine Aushöhlung des Art. 19 Abs. 2 GG einhergingе.

cc) Verhältnismäßigkeit strafprozessualer Ermittlungsmaßnahmen

Die so verstandene Wesensgehaltsgarantie ist bei der Verhältnismäßigkeitsprüfung strafprozessualer Ermittlungsmaßnahmen zu berücksichtigen, die sowohl auf Ebene der Normsetzung als auch auf Ebene der Rechtsanwendung[575] vorzunehmen ist[576]:

---

[574] Ähnlich auch *Aulehner*, Grundrechte und Gesetzgebung, S. 420, im Kontext des Gesetzesvorbehalts, der „die [grundrechtliche] Freiheit [...] gegen alle Staatseingriffe [schütze], die nicht in Gesetzesform erfolgten".

[575] Siehe hierzu unten S. 136 f.

(1)   Legitimer Zweck

Legitimer Zweck strafprozessualer Ermittlungsmaßnahmen ist in toto die Aufrechterhaltung einer funktionstüchtigen Strafrechtspflege, da es sich hierbei um eine Staatsaufgabe von Verfassungsrang handelt, die in objektiv-rechtlicher Hinsicht der Bewahrung und Bewehrung von Grundrechtspositionen dient.[577] Im Einzelfall ist die Aufklärung der ermittlungsanlässlichen Straftat daher stets ein legitimer Zweck. Außer Betracht bleibt hingegen der *materiell-rechtliche* Regelungsgehalt, den eine Ermittlungsmaßnahme im Ergebnis – also in der Aufklärung und Ahndung einer bestimmten Straftat – bezweckt: Ob auch dieser legitim im Sinne des Verhältnismäßigkeitsprinzips ist, bleibt eine politische Frage, die das Verfahrensrecht nicht beantworten kann.[578]

(2)   Eignung

Geeignet ist eine Ermittlungsmaßnahme, wenn sie die Erreichung des Zwecks in einer ex ante Betrachtung wenigstens zu fördern vermag; es genügt, dass sie *irgendeinen* Beitrag zur Aufklärung der ermittlungsanlässlichen Straftat leisten *könnte*:[579] Da das öffentliche Strafverfolgungsinteresse an der Durchführung einer bestimmten Ermittlungsmaßnahme mit der Wahrscheinlichkeit des Ermittlungserfolgs zwar steigt, aber regelmäßig ungewiss ist, ob die Ermittlungsmaßnahme erfolgreich sein wird, muss von einer Eignung schon dann ausgegangen werden, wenn ein Ermittlungserfolg nicht schlechterdings ausgeschlossen erscheint.

---

[576] Vgl. *Menges,* in: Löwe/Rosenberg, Rn. 78 zu Vor § 94; *Rudolphi,* in: SK StPO, Loseblattausgabe, Rn. 68 zu Vor § 94; *Singelnstein,* JZ 2012, 601.

[577] Siehe hierzu oben S. 77 ff.

[578] Das (statische) Recht insgesamt vermag die Politik nicht zu reglementieren, weil Legislative und Exekutive ihr unterworfen und deshalb inhaltlich von (dynamischen) gesellschaftlich-konsensualen Auffassungen bestimmt sind, vgl. hierzu ausführlich *Aulehner,* Grundrechte und Gesetzgebung, S. 211 ff.

[579] BVerfGE 130, 151 (188) st. Rspr.; *Hufen,* Staatsrecht II, S. 119. Krit. zu dieser begrifflichen Weite im Kontext des Strafverfahrens *Degener,* Verhältnismäßigkeit, S. 27.

(3) Erforderlichkeit

Auch *erforderlich* ist eine Maßnahme, wenn kein anderes, ebenso wirksames Mittel zur Zweckerreichung zur Verfügung steht.[580] Als ebenso wirksame Mittel in diesem Sinne können allerdings grundsätzlich solche Ermittlungsmaßnahmen nicht gelten, die bei gleicher Eignung hinsichtlich des potentiellen Ermittlungserfolgs wesentlich mehr Zeit in Anspruch nehmen oder mit einem personellen bzw. finanziellen Mehraufwand einhergehen, der die Verfolgbarkeit anderer Straftaten und damit die Funktionsfähigkeit der Strafrechtspflege im Ganzen gefährdet.[581] Welcher Mehraufwand im Einzelfall zu betreiben ist, bevor auf eine wirksamere, aber eingriffsintensivere Ermittlungsmaßnahme zurückgegriffen werden darf, richtet sich nach Schwere und Bedeutung der Anlasstat, dem Verdachtsgrad bzw. der Erfolgswahrscheinlichkeit der Maßnahme und der Schwere des mit ihr verbundenen Grundrechtseingriffs. Subsidiaritätsklauseln sind Ausdruck der hierzu vom Gesetzgeber getroffenen Wertentscheidung und gehen der Erforderlichkeitsprüfung vor.[582]

(4) Angemessenheit

Angemessen ist eine Ermittlungsmaßnahme schließlich, wenn das öffentliche Strafverfolgungsinteresse (gerade) an ihrer Durchführung die Individualinteressen des Betroffenen überwiegt. Unterstellt, dass jedes Mitglied der Rechtsgemeinschaft Interesse an der Aufrechterhaltung einer funktionstüchtigen Strafrechtspflege hat,[583]

---

[580] BVerfGE 49, 24 (58) st. Rspr.

[581] Insbesondere können hohe Kosten einer Maßnahme dazu führen, dass sie als weniger effektiv als eine kostengünstigere Maßnahme gleicher Eignung zu bewerten ist, vgl. *Gertler*, in: BeckOK StPO, Rn. 3 zu Nr. 4 RiStBV.

[582] So auch *Degener*, Verhältnismäßigkeit, S. 53; *Singelnstein*, JZ 2012, 601 (604).

[583] Jede andere Auffassung führte dazu, die Legitimität des staatlichen Gewaltmonopols und damit letztlich der staatlichen Verfassung von Gesellschaften insgesamt in Frage stellen zu müssen, vgl. hierzu bereits oben S. 74 ff. Da hierdurch die Diskussion jedweder staatlichen Rechtsordnung obsolet würde, die vorliegende Untersuchung sich jedoch gerade den Anforderungen an einen Teilbereich des (als legitim erkannten) Strafverfahrensrechts widmet, müssen derartige Auffassungen außer Betracht bleiben.

ist dies dann der Fall, wenn sich eine Ermittlungsmaßnahme in Ansehung der Schwere und Bedeutung der Anlasstat sowie der Stärke des Tatverdachts einerseits und der Schwere des Grundrechtseingriffs andererseits als zumutbares Sonderopfer des Betroffenen im Interesse der funktionstüchtigen Strafrechtspflege erweist. Dem öffentlich-rechtlichen Grundsatz entsprechend,[584] ist ein Grundrechtseingriff in jedem Fall unzumutbar, wenn er zwar seinen Zweck erreicht, zugleich aber – wenn auch nur als nicht bezweckte Begleiterscheinung – Rechtsgüter des Betroffenen in einem Maße schädigt, das zur Zweckerreichung offensichtlich in einem groben Missverhältnis steht. Abseits derartiger Konstellationen *indiziert* die Erforderlichkeit einer zur Zweckerreichung geeigneten Ermittlungsmaßnahme ihre Zumutbarkeit zum einen, wenn mit ihr schon kein schwerwiegender Grundrechtseingriff verbunden ist und zum anderen, wenn einem schwerwiegenden Grundrechtseingriff ein besonders großes öffentliches Strafverfolgungsinteresse gegenübersteht.[585] Ist beides nicht der Fall, kann auch eine gemäß ihrer Subsidiaritätsklausel anwendbare Ermittlungsmaßnahme im Einzelfall unzumutbar und daher unverhältnismäßig sein.[586]

2. Anforderungen an die Eingriffsgrundlage

Um entscheiden zu können, in welchem Maße den vorstehenden Legitimitätsanforderungen bereits auf Ebene der Gesetzgebung genügt werden muss, sind die hierfür bestehenden verfassungsrechtlichen Vorgaben erörterungsbedürftig. Das Erfordernis einer Eingriffsnorm für strafprozessuale Grundrechtseingriffe ergibt sich aus

---

[584] Vgl. *Hufen*, Staatsrecht II, S. 121.

[585] In der Analyse ähnlich *Degener*, Verhältnismäßigkeit, S. 211 f., der diese Gemengelage jedoch im Ergebnis kritisiert.

[586] Subsidiaritätsklauseln ersetzen mithin die einzelfallbezogene Angemessenheitsprüfung nicht, vgl. *Blozik*, Subsidiaritätsklauseln im Strafverfahren, S. 115. Der Gesetzgeber hat dies wiederholt durch die Formulierung klargestellt, dass eine Katalogtat *auch im Einzelfall* schwer wiegen muss, vgl. etwa §§ 100a Abs. 1 Nr. 2, 100c Abs. 1 Nr. 2, 100f Abs. 1, 100g Abs. 1 S. 1 Nr. 1, 100i Abs. 1 StPO.

dem jeweiligen grundrechtlichen Gesetzesvorbehalt bzw.[587] der Schrankentrias des Art. 2 Abs. 1 GG, in der infolge ihrer weiten Auslegung nur der verfassungsmäßigen Ordnung eigenständige Bedeutung zukommt.[588] Diese umfasst alle Rechtsnormen, die formell und materiell mit dem Grundgesetz vereinbar sind[589] und erweist sich damit ebenfalls als einfacher Gesetzesvorbehalt. Eine Aussage darüber, welche Anforderungen an das gebotene Gesetz zu stellen sind, folgt nicht daraus.[590] Ein Parallelproblem besteht für den in Art. 20 Abs. 3 GG i. V. m. dem Demokratie- und Rechtsstaatsprinzip verankerten allgemeinen öffentlich-rechtlichen Gesetzesvorbehalt.[591] In dessen Rahmen kommt es für die Notwendigkeit (irgend-)eines Parlamentsgesetzes darauf an, ob ein staatliches Tätigwerden *wesentlich für eine Grundrechtsausübung* ist:[592] Unter der Geltung des

---

[587] Nämlich hinsichtlich aller Grundrechte, die das *BVerfG* aus dem Allgemeinen Persönlichkeitsrecht ableitet.

[588] *Di Fabio*, in: Maunz/Dürig, Rn. 39 zu Art. 2.

[589] BVerfGE 96, 375 (398) st. Rspr.

[590] Insbesondere können die Anforderungen an Eingriffe in Ausprägungen des allgemeinen Persönlichkeitsrechts nicht schon dadurch erhöht sein, dass dieses (auch) in der Menschenwürdegarantie des Art. 1 Abs. 1 GG verankert ist. Andernfalls würden Eingriffe in grundrechtliche Schutzbereiche, die das *BVerfG* zum Schluss von Schutzlücken benannter Freiheitsrechte herausgearbeitet hat, generell strengeren Anforderungen unterliegen als Eingriffe in Letztgenannte. Dass dies nicht der Fall ist, zeigt bereits die Handhabung des Rechts auf informationelle Selbstbestimmung, siehe hierzu unten S. 140 ff. So aber *P. Tiedemann*, DÖV 2003, 74 (78), der Eingriffe in das allgemeine Persönlichkeitsrecht nur für verfassungsrechtlich gerechtfertigt hält, soweit diese der Abwehr von anderweitigen Eingriffen in die Menschenwürde dienen. Das allgemeine Persönlichkeitsrecht unterliege mithin einer qualifizierten verfassungsimmanenten Schranke auf Ebene der Menschenwürde, nicht auf der Ebene anderer Grundrechte. Ähnlich auch *Puschke*, Kumulative Informationsbeschaffungsmaßnahmen, S. 109. Ablehnend hingegen mit Recht *Gasch*, Elektronische Mauterfassung, S. 144 f.

[591] Vgl. *Herzog/Grzeszick*, in: Maunz/Dürig, Rn. 75 zu Art. 20. Die in den Grundrechten normierten Gesetzesvorbehalte verdrängen den allgemeinen öffentlich-rechtlichen Gesetzesvorbehalt, entsprechen ihm aber inhaltlich, vgl. *Krey*, Studien zum Gesetzesvorbehalt im Strafrecht, S. 37 f.

[592] BVerfGE 58, 257 (268 ff.); *Herzog/Grzeszick*, in: Maunz/Dürig, Rn. 98 zu Art. 20. *Murmann*, in: Heghmanns/Scheffler, Kap. III, Rn. 2. Den hiervon abweichenden Theorien, die aus Art. 20 Abs. 3 GG auch dann die Notwendigkeit eines Parlamentsgesetzes ableiten, wenn staatliches Handeln nicht grundrechtsrelevant ist (vgl. hierzu *Perschke*, Ermittlungsmethoden, S. 26 ff.), kommt vorliegend keine Bedeutung zu, weil ausnahmslos Grundrechtseingriffe in Rede stehen. Vgl. unten S. 248 ff.

Grundgesetzes müssen Entscheidungen „aller grundsätzlichen Fragen, die den Bürger unmittelbar betreffen, durch [Parlaments-]Gesetz erfolgen", weil „dem vom Parlament beschlossenen Gesetz gegenüber dem bloßen Verwaltungshandeln die unmittelbarere demokratische Legitimation" innewohnt und das förmliche Gesetzgebungsverfahren „ein höheres Maß an Öffentlichkeit der Auseinandersetzung und Entscheidungssuche und damit auch größere Möglichkeiten eines Ausgleichs widerstreitender Interessen" bietet.[593]

Darüber, inwieweit der parlamentarische Gesetzgeber die Ausgestaltung einer gesetzlichen Grundlage – ggf. in Teilbereichen – delegieren darf, gibt diese Formel ebenso wenig Aufschluss wie über die nötige Regelungsdichte des Parlamentsgesetzes.[594] Im Folgenden sollen daher die zur Wesentlichkeitstheorie entwickelten Konkretisierungen auf Vorgaben dafür untersucht werden, durch wen und wie eine strafprozessuale Ermittlungsbefugnis im Einzelnen gestaltet sein muss.[595]

a) Regelungstypus

Neben Parlamentsgesetzen können auch Rechtsverordnungen[596] und selbst Verwaltungsvorschriften[597] dem Gesetzesvorbehalt genügen. Aus praktischen Erwägungen bieten sich Rechtsverordnungen und Verwaltungsvorschriften gerade für dynamische Rege-

---

[593] BVerfGE 40, 237 (249) st. Rspr.

[594] Vgl. *Jestaedt*, in: Erichsen/Ehlers (Hrsg.): Allgemeines Verwaltungsrecht, S. 335; *Ohler*, AöR 131 (2006), 336 (343). Krit. zur Wesentlichkeitstheorie *Kloepfer*, JZ 1984, 685 (689 ff.).

[595] Entgegen *T. Böckenförde*, Die Ermittlung im Netz, S. 121, ist ein Rückgriff auf die Wesentlichkeitstheorie im Strafverfahren keineswegs generell abzulehnen. Zwar ist sie entbehrlich für die Feststellung der Grundrechtsrelevanz einer Ermittlungsmaßnahme, soweit diese mit Grundrechtseingriffen verbunden ist. Ihr Anwendungsbereich erschöpft sich hierin aber nicht: Gerade für die Prüfung strafprozessualer Eingriffsnormen bedarf es eines Kriteriums zur Bestimmung von Regelungstypus und Regelungsdichte, wofür die „Grundrechtswesentlichkeit" jedenfalls einen Ansatz bietet.

[596] Vgl. *Kotulla*, NVwZ 2000, 1263 (1265).

[597] Vgl. *Guckelberger*, NVwZ 2005, 750 (752).

lungsmaterien als flexible und im Vergleich zum Parlamentsgesetz kurzfristig abänderbare Regelungsformen an.[598] Es gilt zu prüfen, welche Teilbereiche einer Ermittlungsmaßnahme nach der Wesentlichkeitstheorie in jedem Fall durch ein Parlamentsgesetz geregelt werden müssen.[599]

aa) Wesentlichkeit als politische und grundrechtliche Wichtigkeit

Aus der Prämisse, dass das förmliche Gesetzgebungsverfahren wegen seiner Beratungs- und Beteiligungsintensität mit Blick auf die Öffentlichkeit und die parlamentarische Opposition eine größere demokratische Legitimation aufweist als die Rechtssetzung durch Verordnungen und Verwaltungsvorschriften, leitet *Staupe* die *Wichtigkeit einer gesetzlichen Regelung* als Kriterium dafür ab, inwieweit sie durch das Parlament zu erfolgen hat.[600] Diese Wichtigkeit beziehe sich einerseits auf die Grundrechtsrelevanz, andererseits auf die politische Dimension[601] einer Regelungsmaterie.[602] Das aufwendige und gründliche parlamentarische Gesetzgebungsverfahren führe hierbei zu „grundrechtsschonenderen Entscheidungen" infolge zusätzlicher Kontrolleffekte und politischer Kompromisse.[603] Die Grundrechtswichtigkeit einer Regelung ergebe sich im Verhältnis zwischen Bürger und Staat aus der Eingriffsintensität einer Maßnahme,[604] die anhand ihrer „Auswirkungen und Folgen für den einzelnen Grundrechtsträger" zu ermitteln sei.[605] Politische Wich-

---

[598] Vgl. *Maurer*, Allgemeines Verwaltungsrecht, S. 70.

[599] Der verfassungsmäßigen Ordnung und solchen grundrechtlichen Gesetzesvorbehalten, die Eingriffe auch *aufgrund* eines Gesetzes gestatten, genügt zwar formal auch eine Rechtsverordnung. Die Wesentlichkeitstheorie hat in diesem Fall jedoch Bedeutung für die Ausgestaltung der Ermächtigungsnorm i. S. d. Art. 80 Abs. 1 GG. Vgl. hierzu *Maunz*, in: Maunz/Dürig, Rn. 28 zu Art. 80.

[600] Vgl. *Staupe*, Parlamentsvorbehalt und Delegationsbefugnis, S. 237 f.

[601] Ähnlich bereits *Kisker*, NJW 1977, 1313 (1318).

[602] *Staupe*, Parlamentsvorbehalt und Delegationsbefugnis, S. 238 f.

[603] *Staupe*, Parlamentsvorbehalt und Delegationsbefugnis, S. 239, 249.

[604] *Staupe*, Parlamentsvorbehalt und Delegationsbefugnis, S. 241.

[605] *Staupe*, Parlamentsvorbehalt und Delegationsbefugnis, S. 245.

tigkeit bestehe dann, wenn „feststeht oder zu erwarten ist, dass die Auffassungen im politischen Prozess bei relevanten Gruppen hierzu im Grundsätzlichen oder in wichtigen Einzelheiten divergieren".[606]

bb) Wesentlichkeitstheorie und institutioneller Gesetzesvorbehalt

Ohler zieht die öffentlich-rechtliche Rechtsverhältnislehre[607] zur Begründung dessen heran, was angesichts der Wesentlichkeitstheorie durch das Parlament zu regeln ist: Der parlamentarische Gesetzgeber habe die *konstitutiven organisatorischen Grundlagen* für ein Rechtsverhältnis zwischen Bürger und Behörde selbst zu regeln.[608] Aus Art. 20 Abs. 2 GG in Verbindung mit einer Staatsaufgabe und der diesbezüglichen Funktionszuweisung im System der Gewaltenteilung folge die unmittelbare institutionelle Legitimation der Exekutive.[609] Deren demokratische Legitimation ergebe sich aus ihrer hierarchischen Struktur und Weisungsgebundenheit gegenüber der Regierung, die ihrerseits durch das Parlament kontrolliert werde.[610] Soweit das für ein grundrechtsrelevantes Rechtsverhältnis konstitutive Gesetz dem Parlament hinreichende Kontrollrechte einräume, genüge der parlamentarische Gesetzgeber den Anforderungen der Wesentlichkeitstheorie daher auch dann, wenn er die Rechtssetzung in Detailfragen auf solche Teile der Exekutive übertrage, die hierzu institutionell legitimiert sind.[611]

---

[606] *Staupe*, Parlamentsvorbehalt und Delegationsbefugnis, S. 250.

[607] Hiernach muss ein rechtlich bedeutsames Verhältnis zwischen Bürger und Staat hinsichtlich eines konkreten Lebenssachverhalts vom objektiven Recht bestimmt sein. Der *Grundrechtsschutz durch Verfahren* verlangt dabei Regelungen durch den parlamentarischen Gesetzgeber. Vgl. hierzu *Heribert Schmitz,* in: Stelkens/Bonk/Sachs, VwVfG, Rn. 16, 21 zu § 9.

[608] *Ohler*, AöR 131 (2006), 336 (346).

[609] *Ohler*, AöR 131 (2006), 336 (350 f.).

[610] Vgl. *Ohler*, AöR 131 (2006), 336 (351 f.).

[611] Vgl. *Ohler*, AöR 131 (2006), 336 (352 f.).

cc) Stellungnahme

(1) Wesentlichkeit bei Wichtigkeit?

Schon rein terminologisch erscheint *Staupes* Definition der Wesentlichkeit über das Merkmal der Wichtigkeit nicht zielführend. Die Bezugnahme darauf, was politisch und grundrechtlich „wichtig" ist, hat gegenüber politischer und grundrechtlicher „Wesentlichkeit" keinen inhaltlichen Mehrwert.

(2) Parlamentsgesetz bei politischer Wichtigkeit

Staupe meint, Themen, die das Wählerverhalten besonders stark beeinflussen, seien dem parlamentarischen Gesetzgebungsverfahren vorzubehalten, weil die politischen Parteien sich hierbei profilieren und voneinander abgrenzen könnten.[612] Dies überzeugt nicht. So steht die Profilierung und Abgrenzung in Einzelfragen etwa regelmäßig im Mittelpunkt des Wahlkampfes, ohne dass es hierzu der Plenardebatte eines bestimmten Gesetzesvorhabens bedürfte – ganz zu schweigen davon, dass ebendiese Profilierung oftmals von Kurzlebigkeit und die inhaltliche Abgrenzung in Einzelfragen von parteienübergreifendem Pragmatismus geprägt ist. *Nach* der Wählerentscheidung entsprechen aber – die Kontinuität dieser Profilierung einmal unterstellt –, die Mehrheitsverhältnisse in den Parlamenten den Machtverhältnissen der Regierung. Es darf bezweifelt werden, dass in der (inhaltlich ohnehin leicht zu prognostizierenden) Auseinandersetzung zwischen deren Agenda und innerhalb der Gesellschaft populären Gegenpositionen – an deren Ende regelmäßig eine den Machtverhältnissen entsprechende parlamentarische Mehrheitsentscheidung stehen wird –,[613] ein Gewinn für den Grundrechtsträger liegt.[614] Ein überspannter Parlamentsvorbehalt aus poli-

---

[612] *Staupe*, Parlamentsvorbehalt und Delegationsbefugnis, S. 250 f.

[613] Vgl. hierzu und zu erfolgversprechenden Gegenstrategien *Nagelmann*, Der Parlamentarier als Störenfried, passim.

[614] Ablehnend zum Kriterium der politischen Wichtigkeit auch *Perschke*, Ermittlungsmethoden, S. 50 f. Zu kurz greift aber dessen Verweis auf die Richtlinienkompe-

tischen Erwägungen führte zudem dazu, dass die Regelung einer „politisch wichtigen" Materie im Vergleich zur Rechtssetzung per Rechtsverordnung oder Verwaltungsvorschrift ungleich länger dauerte. Ist eine Regelungsmaterie aus sich heraus kurzlebig und ständigen Veränderungen unterworfen, kann sich ihre Zuweisung zum Parlament für die politische Zielstellung mithin sogar als nachteilig erweisen, soweit Regelungen bei Inkrafttreten bereits veraltet sind. Überzeugend ist ein Rückgriff auf die politische Wichtigkeit daher nur für die *Grundentscheidung*, ob es einen bestimmten Grundrechtseingriff zu einem bestimmten Zweck überhaupt geben soll.[615] Für die Normierung strafprozessualer Ermittlungsmaßnahmen bedeutet dies, dass zum einen ihre spezifische tatsächliche Charakteristik[616] und zum anderen ggf. das Ergebnis der legislatorischen Verhältnismäßigkeitsprüfung – etwa in Gestalt eines bestimmten Verdachtsgrads, eines Straftatenkatalogs und/oder einer Subsidiaritätsklausel – Eingang in den Wortlaut des Parlamentsgesetzes finden müssen.

(3) Parlamentsgesetz bei jeder Grundrechtswichtigkeit

Bis hierher genügt die Grundentscheidung für einen bestimmten Grundrechtseingriff unter Angabe der Eingriffsvoraussetzungen im Parlamentsgesetz auch dem von *Staupe* herangezogenen Kriterium der Grundrechtswichtigkeit. Noch nicht geklärt ist jedoch, inwieweit Teilaspekte einer Ermittlungsmaßnahme, für deren Statthaf-

---

tenz des Bundeskanzlers aus Art. 65 GG. Hierin mag zwar eine „bedeutsame Eigenzuständigkeit [...] der Exekutive" liegen. Unzweifelhaft kann diese aber durch die Legislative faktisch unterlaufen werden, soweit sie Gesetze erlässt, die diesen Richtlinien nicht entsprechen, vgl. hierzu *Herzog*, in: Maunz/Dürig, Rn. 32 zu Art. 65. Ob dies in der politischen Praxis tatsächlich geschieht, ist unerheblich. Im Regierungskonzept des Grundgesetzes ist eine „Primärkompetenz" des Bundeskanzlers für die Regelung kontroverser politischer Materien im Verhältnis zur Legislative nicht vorgesehen.

[615] Ähnlich zur Wesentlichkeitstheorie hinsichtlich der Delegationsbefugnisse auf EU-Ebene *Eberhard*, ZÖR 2008, 49 (86): „Wesentliche Bereiche – das heißt: Regelungen, die nicht nur technische Details, sondern politisch relevante Richtungsentscheidungen betreffen – sollen nur dem [...] Unionsgesetzgeber [...] zukommen."

[616] Siehe hierzu exemplarisch zur fälschlich auf § 100a StPO gestützten Quellen-TKÜ unten S. 329 ff.

tigkeit der parlamentarische Gesetzgeber die Grundentscheidung getroffen hat, in niederrangigem Recht normiert werden dürfen. Das Kriterium der Grundrechtswichtigkeit führt hier nur weiter, wenn eine allgemeingültige Beschreibung gelingt, welche Aspekte einer Eingriffsmaßnahme als „wichtig" dem Parlament zur Entscheidung vorbehalten sein müssen *und* wenn der so verstandene Parlamentsvorbehalt im Einklang mit gleichrangigen Verfassungsvorgaben steht. Wollte man mit *Staupe* auf die jeweiligen Auswirkungen für den einzelnen Grundrechtsträger – also auf die Eingriffsintensität – abstellen, schlösse sich das Problem an, beurteilen zu müssen, ob eine hohe Eingriffsintensität aus dem zum Grundrechtseingriff ermächtigenden Parlamentsgesetz oder aus niederrangigem Recht folgt, das den Eingriff näher ausgestaltet.

Verdeutlichen lässt sich dies am Beispiel der Telekommunikationsüberwachung. Deren Eingriffsschwere folgt für das Strafverfahren zunächst unmittelbar aus der Grundentscheidung in § 100a StPO. Technisch und organisatorisch näher ausgestaltet wird der Eingriff aber durch die TKÜV[617] und die TR TKÜV[618]. Führt nun eine Bestimmung der TKÜV oder TR TKÜV zu einer Grundrechtsbeeinträchtigung, die sich von derjenigen unterscheidet, die § 100a StPO originär umfasst,[619] und ist auch sie von hoher Eingriffsintensität, folgte hieraus nach dem Kriterium der Grundrechtswichtigkeit die Erforderlichkeit eines Parlamentsgesetzes auch hinsichtlich der technischen bzw. organisatorischen Einzelfrage. Soweit es mithin bei einer auf mehreren Normsetzungsebenen ausgestalteten Ermittlungsmaßnahme *jeweils* zu Grundrechtsbeeinträchtigungen kom-

---

[617] Also durch eine Rechtsverordnung, § 110 Abs. 2 TKG.

[618] Diese ähnelt strukturell einer Verwaltungsvorschrift, richtet sich aber an Private und wird daher überwiegend als „unmittelbar verbindliche technische Vorschrift mit dem Rechtsstatus einer Richtlinie der Verwaltung" beschrieben, vgl. *Eckhardt*, in: Beck-TKG, Rn. 91 zu § 110. Dies entspricht auch der Gesetzesbegründung, BT-Drucks. 15/2316, S. 94.

[619] Zu denken ist etwa an die Verwendung technischer Geräte zur Einrichtung von Abhörschnittstellen, die – vom Normgeber unbeabsichtigt – auch Dritten Zugriffe auf den Telekommunikationsverkehr gewähren, weil sie herstellerseitig Backdoors enthalten, siehe zum Begriff oben S. 42.

men kann, wäre bei der Normsetzung im Zweifel stets vom Parlamentsvorbehalt auszugehen, was im Ergebnis einem Totalvorbehalt gleichkäme, wann immer Grundrechtsbeeinträchtigungen infolge der näheren Ausgestaltung einer Maßnahme nicht ausgeschlossen werden können.

(4) Ausgleich zwischen Parlamentsvorbehalt und institutioneller Gewaltenteilung

Hierdurch würde jedoch der Grundsatz der Gewaltenteilung des Art. 20 Abs. 2 GG insoweit unterlaufen, als in institutioneller Hinsicht stets diejenigen staatlichen Organe zu handeln berufen sind, die nach Aufbau, Zusammensetzung, Funktion und Verfahren über die besten Voraussetzungen zur Erfüllung der jeweiligen Aufgabe verfügen.[620] Zustimmung verdient daher der Ansatz *Ohlers,* zur Konkretisierung der Wesentlichkeitstheorie auch institutionell-organisatorische Aspekte in Rechnung zu stellen.

So verfügt das Parlament im Beispiel der Telekommunikationsüberwachung schon nach seiner Zusammensetzung und seinem Verfahren verglichen mit der insoweit spezialisierten Stelle der Exekutive[621] nicht über die besseren Voraussetzungen dafür, technische und organisatorische Einzelfragen im gebotenen zeitlichen Rahmen zu normieren.[622] Hierbei ist zu bedenken, dass das Parlament regelmäßig auf die Heranziehung externen Sachverstands angewiesen sein wird, je komplexer und spezieller eine Regelungsmaterie ist. Hat das Parlament hingegen die grundsätzliche Entscheidung für einen Grundrechtseingriff durch ein förmliches Gesetz getroffen und darin die Regelung von technischen und organisatorischen Details hierauf spezialisierten Teilen der Exekutive übertragen, kann es zwar zu Grundrechtsbeeinträchtigungen kommen, die im Parla-

---

[620] BVerfGE 68, 1 (86); 98, 218 (251 f.).

[621] Hinsichtlich der TKÜV mit der Fachabteilung des jeweiligen Regierungsressorts, § 110 Abs. 2 TKG, hinsichtlich der TR TKÜV mit der Bundesnetzagentur, § 110 Abs. 3 TKG.

[622] Vgl. *Eckhardt,* in: Heun, Telekommunikationsrecht, Teil B, Rn. 97 f.

mentsgesetz nicht vorgesehen sind, soweit die Exekutive grund-rechtsrelevante Implikationen ihrer Regelungen unberücksichtigt lässt oder falsch bewertet. Vor derlei – in erster Linie praktischen – Effekten sind indes auch Ausflüsse der parlamentarischen Gesetz-gebung nicht gefeit. Die einmal als verfehlt erkannte Regelung der Exekutive kann aber aus Verfahrensgründen schneller korrigiert werden als ein förmliches Gesetz, sodass der Grundrechtsträger von der Delegation der Normsetzung profitiert. Soweit das Parlament die Grundrechtsrelevanz einer Regelung unterhalb des förmlichen Gesetzes anders beurteilt als die Exekutive, kann es in Ausübung seiner Kontrollrechte Einfluss nehmen[623] und hierüber zugleich die von *Staupe* für erforderlich gehaltene öffentliche Diskussion in Gang setzen,[624] zumal auch die Exekutive gemäß Art. 1 Abs. 3 GG an die Grundrechte gebunden ist, die Auslegung der Grundrechte nach Maßgabe der Rechtsprechung des *BVerfG* einheitlich zu erfolgen hat[625] und ein Auseinanderfallen der grundrechtlichen Beurteilung einer Exekutivnorm durch Parlament und Exekutive somit rechts-dogmatisch gar nicht, rechtspraktisch allenfalls in Ausnahmefällen zu erwarten ist.

dd) Zwischenergebnis

Aus dem Vorbehalt des Gesetzes folgt in Anbetracht der Wesent-lichkeitstheorie, dass der parlamentarische Gesetzgeber die grund-legende Befugnis zum Grundrechtseingriff selbst erteilen muss. Zur grundlegenden Befugnis in diesem Sinne gehört neben der Um-schreibung einer bestimmten Ermittlungsmaßnahme auch ihre Be-grenzung auf bestimmte Verdachtsgrade, Anlasstaten oder Um-

---

[623] Im Beispiel der Telekommunikationsüberwachung hinsichtlich der TKÜV im We-ge der allgemeinen parlamentarischen Kontrollinstrumente, vgl. hierzu *Gusy*, JA 2005, 395 ff., hinsichtlich der TR TKÜV über den Beirat mit Auskunfts- und Antragsrecht gemäß § 5 BEGTPG i. V. m. § 120 Nr. 3 u. 4 TKG, vgl. hierzu *Attendorn/Geppert*, in: Beck-TKG, Rn. 17 ff. zu § 120.

[624] Häufig dürfte indes die anderweitig entfachte öffentliche Diskussion das Parla-ment überhaupt erst zum Tätigwerden veranlassen.

[625] Vgl. *Bethge*, in: Maunz/Schmidt-Bleibtreu/Klein/Bethge, BVerfGG, Rn. 104 zu § 31.

stände als Ergebnis der legislatorischen Verhältnismäßigkeitsprüfung, sofern diese zu abstrakt-generell gültigen Ergebnissen gelangt.[626] Einer Delegation der Normierung von (ggf. ihrerseits grundrechtsrelevanten) technischen und organisatorischen Detailfragen auf die Exekutive steht dies nicht entgegen – sie ist vielmehr aus institutionellen Erwägungen verfassungsrechtlich geboten.

b) Regelungsdichte

Hiernach bleibt zu klären, welche Regelungsdichte das Parlamentsgesetz aufweisen muss, das die Grundentscheidung für einen Grundrechtseingriff trifft.

aa) Analogieverbot und Ermittlungsgeneralklausel

Weitgehende Einigkeit besteht darin, dass auch im Strafverfahrensrecht ein Analogieverbot herrscht, soweit eine Ermittlungsmaßnahme in Grundrechte eingreift.[627] Der Grundrechtseingriff muss daher grundsätzlich[628] vom Wortsinn[629] der herangezogenen Strafverfahrensnorm umfasst sein. Vom Wortsinn einer Norm umfasst sind aber umso mehr Ermittlungsmaßnahmen, je weiter eine Norm sprachlich gehalten ist. So ermächtigen die §§ 161 Abs. 1 S. 1, 163 Abs. 1 S. 2 StPO zu *Ermittlungen jeder Art*.[630] Hierbei handelt es sich zwar um eine Generalklausel, die gegenüber speziell geregelten

---

[626] Andernfalls bleibt die Verhältnismäßigkeitsprüfung der Einzelfallentscheidung vorbehalten. Siehe hierzu unten S. 127 f.

[627] Vgl. *Rudolphi*, in: SK StPO, Loseblattausgabe, Rn. 27 zu Vor § 94; *Wolter*, GA 1988, 49 (60); *Krey*, ZStW 101 (1989), 838 (855). Dieses Analogieverbot folgt nicht aus Art. 103 Abs. 2 GG, sondern aus dem allgemeinen öffentlich-rechtlichen Gesetzesvorbehalt bzw. ggf. aus dem Gesetzesvorbehalt des jeweils betroffenen Grundrechts, vgl. *Schmidt-Aßmann*, in: Maunz/Dürig, Rn. 233 zu Art. 103.

[628] Anders kann der Fall bei Minusmaßnahmen liegen, siehe hierzu unten bei Fn. 1431 und das Beispiel Fn. 1348.

[629] Siehe hierzu unten S. 134.

[630] Der Streit um die Frage, ob es sich bei § 163 Abs. 1StPO um bloße Aufgabenzuweisungsnormen oder um eine immanente Befugnis handelt, vgl. hierzu *Rogall*, Informationseingriff und Gesetzesvorbehalt im Strafprozeßrecht, S. 68, ist durch die Gesetzgebung aufgelöst worden, vgl. BGBl. 2000 I, S. 1253.

Grundrechtseingriffen subsidiär ist.[631] Nach der Rechtsprechung des *BVerfG* können aber Ermittlungsmaßnahmen, „die weniger intensiv in Grundrechte des Bürgers eingreifen", auf diese Generalklausel gestützt werden.[632] Weniger intensive Grundrechtseingriffe wollte der Gesetzgeber mit der Neufassung der §§ 161, 163 StPO als Befugnisnormen im Strafverfahrensänderungsgesetz 1999[633] auch ausdrücklich zulassen: Eine „abschließende legislatorische Beschreibung und Regelung [der] sonstigen Ermittlungshandlungen" hielt er „angesichts der sich ständig ändernden Erscheinungsformen der Kriminalität und der Notwendigkeit, ihr in angemessener Weise zu begegnen" nicht für möglich; Generalklauseln seien daher unverzichtbar, „soweit es um weniger gewichtige Eingriffe in Grundrechte" gehe.[634]

(1) Ermittlungen in der Öffentlichkeitssphäre

Nach *Perschke* ist eine Spezialermächtigung hiernach nur für Ermittlungsmaßnahmen erforderlich, die einen „Grundrechtsbereich des betroffenen Bürgers intensiv" berühren.[635] Zur Bestimmung dieser Intensität zieht *Perschke* die *Sphärentheorie*[636] heran,[637] sodass die Ermittlungsgeneralklausel nur dazu ermächtige, „allgemein zugängliche Informationen zu erheben und weiterzugeben".[638] Für etliche Konstellationen, die nach allgemeiner Meinung auf die Ermittlungsgeneralklausel gestützt werden können,[639] überzeugt dies. Allerdings betreffen nicht alle Fälle, die dem Gesetzgeber als „in das Persönlichkeitsrecht des Betroffenen eingreifende Ermittlungs-

---

[631] *Erb*, in: Löwe/Rosenberg, Rn. 3b zu § 161.

[632] BVerfGK 15, 71 (79).

[633] BGBl. 2000 I, S. 1253 (1255).

[634] Vgl. BT-Drucks. 14/1484, S. 17.

[635] *Perschke*, Ermittlungsmethoden, S. 139.

[636] Siehe hierzu näher unten S. 143 f.

[637] *Perschke*, Ermittlungsmethoden, S. 107 ff.

[638] *Perschke*, Ermittlungsmethoden, S. 122.

[639] Etwa für die kurzfristige Observierung im öffentlichen Raum oder Erkundigungen im Umfeld des Betroffenen, vgl. *Patzak*, in: BeckOK StPO, Rn. 10 zu § 161.

methoden"[640] vorschwebten, die Öffentlichkeitssphäre: Ersucht etwa die Staatsanwaltschaft gemäß § 161 Abs. 1 S. 1 StPO ein öffentlich-rechtliches Bankinstitut um Auskunft über Kontenbewegungen eines Kunden, werden ohne Spezialermächtigung Informationen erhoben, die nicht der Öffentlichkeitssphäre angehören. Gegenüber privaten Banken kann ein solches Auskunftsersuchen auf die Generalklausel gestützt werden.[641]

(2) Ermittlungen ohne Zwangscharakter

Ein anderer, als *Schwellentheorie* bezeichneter Ansatz[642] geht davon aus, dass die StPO ein System von speziellen Ermittlungsbefugnissen enthält, die sich von der Ermittlungsgeneralklausel in ihrer Eingriffsschwere unterscheiden; wiege eine Ermittlungsmaßnahme darin weniger schwer als die speziell normierten Ermittlungsbefugnisse, könne sie auf die Generalklausel gestützt werden.[643] Im Umkehrschluss folge aus § 161 Abs. 1 S. 2, letzter Halbs. bzw. § 163 Abs. 1, letzter Halbs. StPO eine Sperrwirkung für alle in ihrer Eingriffsintensität mit den speziell normierten Ermittlungsbefugnissen vergleichbaren, aber nicht ausdrücklich geregelten Ermittlungsmaßnahmen.[644] Wenn mithin auf die Generalklausel gestützte Ermittlungsmaßnahmen weniger schwer wiegen müssen als speziell normierte Ermittlungsmaßahmen, bedarf es eindeutiger Abgrenzungskriterien. In der tradierten Form der StPO lag ein solches Kriterium im *Zwangscharakter* der speziellen Ermittlungsmaßnahmen.[645]

---

[640] Vgl. BT-Drucks. 14/1484, S. 17.

[641] *Patzak*, in: BeckOK StPO, Rn. 10 zu § 161. Private Banken dürfen diese Informationen zur Abwendung einer ggf. richterlich anzuordnenden Beschlagnahme freiwillig herausgeben, ohne dass dies Auswirkungen auf die Verwertbarkeit der Informationen hat, vgl. *Griesbaum*, in: KK StPO, Rn. 8 zu § 161.

[642] Dieser entstammt der Diskussion der §§ 161, 163 StPO vor dem Strafverfahrensänderungsgesetz 1999, vgl. hierzu *Rogall*, Informationseingriff und Gesetzesvorbehalt im Strafprozeßrecht, S. 74.

[643] Vgl. *Kühne*, Strafprozessrecht, S. 251 m. w. N.

[644] *Erb*, in: Löwe/Rosenberg, Rn. 3b zu § 161.

[645] Vgl. *Amelung*, JZ 1987, 737 (739 f.).

(3) Keine Heimlichkeit der Ermittlungen

Das geänderte Grundrechtsverständnis des 20. Jahrhunderts und die zunehmende Normierung heimlicher Ermittlungsmaßnahmen haben indes dazu geführt, dass es spezielle Ermittlungsmaßnahmen gibt, die mangels Willensbeeinflussung des Betroffenen keine Zwangsmaßnahmen, wohl aber – nicht nur geringfügige – Grundrechtseingriffe sind.[646] Hier bietet sich die vom *BVerfG* entwickelte Fallgruppe der besonderen Eingriffsschwere durch die Heimlichkeit einer Maßnahme[647] als weiteres Kriterium an, sodass die Generalklausel solche Ermittlungen nicht erfasst, die heimlich und unmittelbar in den Rechtskreis des Betroffenen eingreifen, wohl aber solche, die zwar im Verhältnis zum Betroffenen heimlich erfolgen, aber Informationen zum Gegenstand haben, von deren regelmäßiger Kenntnisnahme durch aussagebereite Dritte der Betroffene ausgehen muss.[648]

bb) Normenklarheit und Bestimmtheit

Kann eine Ermittlungsmaßnahme hiernach nicht auf die Generalklausel gestützt werden, fragt sich weiter, wie ausdifferenziert die erforderliche Spezialermächtigung formuliert sein muss.

Das im Rechtsstaatsprinzip und den Grundrechten verankerte Bestimmtheitsgebot[649] verpflichtet den Gesetzgeber dazu, Befugnisse zu Grundrechtseingriffen so zu fassen, dass sie der Exekutive Handlungsanweisungen, der Judikative Kontroll- und dem Grundrechtsträger Verhaltensmaßstäbe setzen.[650] Es gilt sowohl für die Voraus-

---

[646] Vgl. *Amelung*, JZ 1987, 737.

[647] Siehe oben S. 95.

[648] Siehe oben S. 96.

[649] Das strafprozessuale Bestimmtheitsgebot entspricht inhaltlich dem materiellrechtlichen Bestimmtheitsgebot aus Art. 103 Abs. 2 GG und bzgl. niederrangigem Recht dem Bestimmtheitsgebot des Art. 80 Abs. 1 S. 2 GG, vgl. hierzu ausführlich *Hassemer/Kargl*, in: Kindhäuser/Neumann/Paeffgen, Rn. 14 ff. zu § 1.

[650] BVerfGE 56, 1 (12); 110, 33 (53 f.). Vgl. hierzu näher *Schwabenbauer*, Heimliche Grundrechtseingriffe, S. 182 ff., und zum identischen Problemkreis im Verwaltungsrecht *Ehlers*, in: Erichsen/Ehlers (Hrsg.): Allgemeines Verwaltungsrecht, S. 86.

setzungen des Grundrechtseingriffs als auch für dessen Art und Ausmaß.[651] Das hiermit korrespondierende Gebot der Normenklarheit soll insbesondere dem Grundrechtsträger ermöglichen, „die Rechtslage anhand der gesetzlichen Regelung [zu] erkennen und sein Verhalten danach [auszurichten]", wobei „der Inhalt gesetzlicher Vorschriften dem Bürger grundsätzlich [nicht] ohne Zuhilfenahme juristischer Fachkunde erkennbar sein muss".[652] Gesteigerte Anforderungen an Normenklarheit und Bestimmtheit bestehen, „wenn die Unsicherheit in der Beurteilung der Gesetzeslage die Betätigung von Grundrechten erschwert".[653] Um diesen Anforderungen zu genügen, können je nach Regelungsmaterie neben tatbestandlichen Eingriffsvoraussetzungen[654] auch die von Exekutive und Judikative im Einzelfall zu berücksichtigenden Abwägungsfaktoren zu normieren sein[655]. Die Eingriffsgrundlage muss dabei umso strengere Anforderungen aufstellen, je intensiver der durch sie legitimierte Grundrechtseingriff ist.[656] Für die Normierung technischer Ermittlungsmaßnahmen folgt hieraus, dass der Gesetzgeber die Eingriffsinstrumente selbst möglichst genau bezeichnen, die technische Fortentwicklung beobachten und „bei Fehlentwicklungen hinsichtlich der konkreten Ausfüllung offener Gesetzesbegriffe durch die Strafverfolgungsbehörden und die Strafgerichte notfalls durch ergänzende Rechtssetzung korrigierend eingreifen" muss.[657]

Das *BVerfG* geht demnach davon aus, dass eine hinreichend genaue Bezeichnung der Eingriffsinstrumente auch bei intensiven Grundrechtseingriffen durch „offene Gesetzesbegriffe" erfolgen

---

[651] Vgl. *Rudolphi,* in: SK StPO, Loseblattausgabe, Rn. 23 f. zu Vor § 94.

[652] BVerfGE 131, 88 (123).

[653] BVerfGE 131, 88 (123).

[654] BVerfGE 110, 33 (54).

[655] Vgl. BVerfGE 78, 214 (226).

[656] BVerfGE 87, 287 (317); 110, 33 (55); 117, 71 (111).

[657] BVerfGE 112, 304 (316 f.). Ähnlich bereits BVerfGE 49, 89 (133): „Geringere Anforderungen [des Bestimmtheitsgebots] sind vor allem bei vielgestaltigen Sachverhalten zu stellen oder wenn zu erwarten ist, dass sich die tatsächlichen Verhältnisse rasch ändern werden."

kann. Auf den ersten Blick erscheint fraglich, ob gerichtlich kontrollierbare Handlungsanweisungen für die Exekutive auf diese Weise formulierbar sind.[658] Das *BVerfG* hat jedoch schon frühzeitig betont, dass die Anforderungen an die Bestimmtheit eines Gesetzes[659] „nicht übersteigert werden" dürfen, da andernfalls den Erfordernissen im „Wandel der Verhältnisse oder der Besonderheiten des Einzelfalls" nicht mehr genügt werden könne.[660] Normenklarheit und Bestimmtheit unterlägen deshalb nur jenen Anforderungen, die unterschiedliche Regelungsmöglichkeiten überhaupt zuließen, um den Gesetzeszweck erfüllen zu können.[661]

Dem ist gerade für den Bereich in steter Entwicklung befindlicher Informationstechnik zuzustimmen, zumal den Interessen des Betroffenen durch die Normierung im Einzelfall zu berücksichtigender Abwägungsfaktoren besser gedient sein dürfte als durch eine besonders ausdifferenzierte Formulierung tatbestandsmäßiger technischer Details, bei denen vom Zufall abhängt, ob der Betroffene in ihren Anwendungsbereich fällt.[662] Diese Abwägungsfaktoren müssen ebenso wie die im Einzelnen tatbestandlich normierungsbedürftigen technischen Details mit Blick auf das betroffene Grundrecht jeweils gesondert entwickelt werden.

cc) Annexkompetenzen

Ist eine Ermittlungsmaßnahme selbst (hinreichend bestimmt) spezialgesetzlich normiert, können dennoch zu ihrer Durchführung im Einzelfall Vorbereitungs- bzw. Begleitmaßnahmen notwendig sein,

---

[658] Zustimmend *Pitschas/Aulehner*, NJW 1989, 2353 (2357). Krit. insoweit *T. Böckenförde*, Die Ermittlung im Netz, S. 157 ff., zur Ermittlungsgeneralklausel im Lichte des Bestimmtheitsgebots. Allerdings spricht sich auch *T.* Böckenförde sodann aus praktischen Erwägungen für die Verwendung „unbestimmte[r], aber bestimmbare[r] Rechtsbegriffe" aus, vgl. a. a. O., S. 166.

[659] Im hier entscheidungsgegenständlichen Fall sogar bezogen auf eine materielle und damit strafbegründende Norm im StVG, die eine Haftstrafe in Aussicht stellte.

[660] BVerfGE 14, 245 (251). Siehe hierzu auch unten Fn. 1249.

[661] BVerfGE 118, 168 (188).

[662] In diese Richtung geht auch die Kritik bei *Nack*, 69. DJT, Bd. II/1, S. L 41.

mit denen weitere Grundrechtseingriffe einhergehen, die im Gesetzeswortlaut (jedenfalls) keinen (ausdrücklichen) Niederschlag gefunden haben. Solche Grundrechtseingriffe werden von der herrschenden Meinung im Schrifttum[663] und in der Rechtsprechung[664] als verfassungsgemäß angesehen, soweit sie im Verhältnis zur bezweckten Ermittlungsmaßnahme dienender Natur, von geringerer Eingriffsintensität und daher von einer *Annexkompetenz*[665] der eigentlichen Befugnisnorm abgedeckt sind.

Grundlegende Kritik am Konstrukt der Annexkompetenz übt *Kühne*, der den Begriff als „bloßes Zauberwort" zur Verdeckung dogmatischer Probleme bezeichnet, welches „das Recht [...] einem kaum erträglichen und dem Rechtsstaatsprinzip zuwiderlaufenden Diktat kruder Praxis" unterwerfe.[666] Mit ähnlichen Erwägungen schließt *Kratzsch* aus dem Analogieverbot und dem Vorbehalt des Gesetzes, dass Annexkompetenzen nur insoweit bestehen dürften, als ihr Gehalt sich auch im Wege der Auslegung der jeweiligen Befugnisnorm ergibt.[667] Die fundamentale Kritik beider richtet sich

---

[663] Vgl. *Rudolphi*, in: SK StPO, Loseblattausgabe, Rn. 32 ff. zu Vor § 94 m. w. N. Zum Teil wird zwar einschränkend zwischen vor- und nachkonstitutionellen Ermittlungsbefugnissen unterschieden: Nachkonstitutionelle Ermittlungsbefugnisse beinhalteten niemals die Ermächtigung zu begleitenden Eingriffen in andere Grundrechtsschutzbereiche als jene, die von der ausdrücklich normierten Ermittlungsmaßnahme betroffen sind; andere Auffassungen verstießen gegen das Zitiergebot des Art. 19 Abs. 1 S. 2 GG, vgl. *Menges,* in: Löwe/Rosenberg, Rn. 39 zu Vor § 94. Dem ist jedoch entgegenzuhalten, dass das Zitiergebot nach allgemeiner Meinung gerade im Bereich faktischer Eingriffe nicht gilt, weil der Gesetzgeber hier schlicht nicht alle im Einzelfall denkbaren Auswirkungen eines Gesetzes benennen kann, vgl. *Hufen*, Staatsrecht II, S. 125 m. w. N. Um genau solche faktischen (und nicht final bezweckten) Eingriffe handelt es sich bei den gegenständlichen Vorbereitungs- und Begleitmaßnahmen.

[664] Vgl. etwa BGHSt 46, 266 (274); OLG Nürnberg, Beschluss vom 07.12.2009 – 1 St OLG Ss 232/09 – juris, Rn. 14; OLG Celle, Beschluss vom 15.09.2009 – 322 SsBs 197/09 –, juris, Rn. 22. Angedeutet auch in BVerfGE 109, 279 (327) zum heimlichen Betreten einer Wohnung, um Abhörmaßnahmen i. S. d. § 100c StPO vorzubereiten.

[665] Sprachlich vorzugswürdig – weil nicht auf eine Zuständigkeit, sondern auf eine Ermächtigung hinweisend – erscheint der Begriff der *Annexbefugnis*, vgl. *Kratzsch,* Annexkompetenz, S. 20. Im Rahmen der vorliegenden Arbeit wird jedoch am etablierten Begriff der Annexkompetenz festgehalten.

[666] *Kühne*, Strafprozessrecht, S. 261.

[667] *Kratzsch*, Annexkompetenz, S. 289 ff.

gegen den argumentativen Ansatz, aus der Natur der Sache dessen, was in der Ermittlungspraxis notwendig erscheint, die Befugnis zu Grundrechtseingriffen abzuleiten.[668] Stattdessen müsse der Gesetzgeber für jede Zwangsmaßnahme zugleich auch „die erlaubten Mittel zur Umsetzung [...] gesetzlich umschreiben".[669]

Dieser Kritik ist zuzugeben, dass die grundrechtlichen Gesetzesvorbehalte i. V. m. Art. 19 Abs. 1 GG augenscheinlich dagegen sprechen, dass es im System des Grundgesetzes neben ausdrücklich normierten auch „konkludent mitnormierte" Grundrechtseingriffe geben darf. Allerdings belegt bereits die unübersichtliche Einzelfallrechtsprechung des *BVerfG* zum Zitiergebot des Art. 19 Abs. 1 S. 2 GG,[670] dass die legislatorische Berücksichtigung aller im Rahmen eines Gesetzes denkbaren Grundrechtseingriffe oftmals rein praktisch nicht zu leisten ist. Befördert wurde dies durch die Entwicklung des modernen Eingriffsbegriffs: Art. 19 GG liegt historisch bedingt der seinerzeit herrschende klassische Eingriffsbegriff[671] zugrunde, sodass weitere, faktische Grundrechtsbeeinträchtigungen „bei Gelegenheit" eines (unmittelbar-finalen) Grundrechtseingriffs zur Zeit der Normfassung gar nicht als Einschränkungen i. S. d. Art. 19 Abs. 1 GG galten.[672] In Ansehung dieser Umstände kann nicht ohne Weiteres unterstellt werden, der Gesetzgeber habe all diejenigen Grundrechtseingriffe *nicht* gestatten wollen, die *typischerweise* mit der ausdrücklich normierten Ermittlungsmaßnahme verbunden sind; infolge des Analogieverbots in jedem Fall unzulässig sind daher – weil vom Gesetzgeber erkennbar nicht erwogen

---

[668] Vgl. *Kratzsch*, Annexkompetenz, S. 285. Kühne

[669] *Kühne*, Strafprozessrecht, S. 261.

[670] So gilt das Zitiergebot laut *BVerfG* nicht bei der Normierung verfassungsimmanenter Schranken, vgl. BVerfGE 111, 147 (157 f.), bei allgemeinen Gesetzen i. S. d. Art. 5 Abs. 2 GG, vgl. BVerfGE 33, 52 (77 f.), bei Inhalts- und Schrankenbestimmungen i. S. d. Art. 14 Abs. 1 S. 2 GG, BVerfGE 64, 72 (80) und bei „Regelungen" i. S. v. Art. 12 Abs. 1 GG, vgl. BVerfGE 13, 97 (122).

[671] Siehe hierzu oben Fn. 494.

[672] Vgl. zur Geschichte des Eingriffsbegriffs ausführlich *Bode*, Verdeckte Ermittlungsmaßnahmen, S. 72 ff.

– nur Aliudmaßnahmen.[673] Bei notwendigen bzw. typischen Vorbereitungs- und Begleitmaßnahmen lässt sich hingegen im Wege der systematischen, historisch-genetischen und teleologischen Auslegung[674] feststellen, ob der Gesetzgeber sie konkludent in die jeweilige Befugnisnorm aufgenommen hat. Zum Bestimmtheitsgebot steht dies nicht im Widerspruch, solange anhand dieser Maßstäbe für alle Normadressaten erkennbar ist, auf welche Weise eine Ermittlungsmaßnahme im Einzelfall durchgeführt werden kann.[675] Die Annahme von Annexkompetenzen erweist sich damit letztlich stets als Auslegungsergebnis. Soweit eine Vorbereitungs- oder Begleitmaßahme der Befugnisnorm nicht im Wege der Auslegung zugeschlagen werden kann, wird es sich regelmäßig um *atypische* Konstellationen handeln, die zwar der Befugnisnorm dienen mögen, ihr aber hinsichtlich der Eingriffsintensität nicht untergeordnet sind. In derartigen Fällen kann auch nach den Grundsätzen der herrschenden Meinung keine Annexkompetenz angenommen werden.[676]

Das eigentliche Problem besteht nach alledem einmal mehr darin, die Intensität des vorbereitenden bzw. begleitenden Grundrechtseingriffs im Verhältnis zur bezweckten Ermittlungsmaßnahme fest-

---

[673] Also solche Maßnahmen, die von den Ermittlungsbehörden als vermeintlich gleichwertiger Ersatz für eine spezialgesetzlich normierte Maßnahme erachtet werden, aber überhaupt nicht normiert sind, vgl. *B. Gercke,* in: HK-StPO, Rn. 5 zu Vor §§ 94 ff.

[674] Siehe hierzu näher unten S. 134 f.

[675] So ergibt die Auslegung der §§ 102, 106 Abs. 1 S. 2 StPO etwa, dass eine Wohnungsdurchsuchung auch in Abwesenheit des Betroffenen stattfinden darf. Hiermit notwendig und typischerweise verbunden sind Maßnahmen, die erforderlich sind, um in die Wohnung zu gelangen. Muss dazu im Einzelfall die Eingangstür oder deren Schloss beschädigt werden, handelt es sich um einen Eingriff in Art. 14 Abs. 1 GG, der systematisch und teleologisch von der Spezialermächtigung des § 102 StPO umfasst ist, obwohl diese unmittelbar-final nur den Eingriff in Art. 13 Abs. 1 GG bezweckt. Zu weiteren Beispielen vgl. *Murmann,* in: Heghmanns/Scheffler, Kap. III, Rn. 3.

[676] Vor diesem Hintergrund erscheint eine Neufassung derjenigen strafprozessualen Normen, in deren Anwendungsbereich mit Annexkompetenzen gearbeitet wird, entbehrlich. Anders, als *Kratzsch,* Annexkompetenz, S. 293, meint, läge in der „offene[n] Aufzählung von Beispielen" typischer Vorbereitungs- und Begleitmaßnahmen, ergänzt um eine „abstrakt-generelle Formulierung", kein erkennbarer Mehrwert: Die von *Kratzsch* präferierte Methode zur Ermittlung von Annexkompetenzen im Wege der Auslegung entspricht vielmehr bereits der herrschenden Meinung.

stellen zu müssen. Hierbei bestehen jedoch im Rahmen der Annex-kompetenzen keine Unterschiede zu allen anderen Fällen, in denen es auf die Intensität von Grundrechtseingriffen ankommt.

dd) Zwischenergebnis

Die nötige Regelungsdichte des zum strafprozessualen Grund-rechtseingriff ermächtigenden Parlamentsgesetzes richtet sich nach der Schwere des Eingriffs. Für Eingriffe in die Öffentlichkeitssphäre des Betroffenen, nicht heimlich durchgeführte Eingriffe ohne Zwangscharakter und solche heimlich durchgeführten Eingriffe, die lediglich Informationen über den Betroffenen bei Dritten zum Ge-genstand haben, die diesen mit Wissen des Betroffenen und von der Ermittlungsmaßnahme unabhängig regelmäßig bekannt werden, können auf die Ermittlungsgeneralklausel gestützt werden. Alle anderen Grundrechtseingriffe bedürfen einer Spezialermächtigung. Diese muss anhand klarer Tatbestandsmerkmale und ggf. unter Darlegung der im Einzelfall zu berücksichtigenden Abwägungsfak-toren der Exekutive, der Judikative und dem Grundrechtsträger gleichermaßen verdeutlichen, welche tatsächlichen Bedingungen zur Legitimation des jeweiligen Grundrechtseingriffs gereichen. Die Anforderungen an die Ausdifferenziertheit einer Ermächtigungs-grundlage steigen mit der Eingriffsintensität. Nicht erforderlich ist jedoch, dass der juristische Laie jedwede eingriffsrechtfertigende tatsächliche Konstellation ohne Weiteres unter den Wortlaut einer Ermächtigungsgrundlage subsumieren kann: Aus Praktikabilitäts-gründen kann je nach Regelungsmaterie die Verwendung offener Rechtsbegriffe genügen, deren Gehalt im Wege der Auslegung zu erschließen ist. Insoweit ist auch die ausdrückliche Normierung aller denkbaren grundrechtsrelevanten Vorbereitungs- und Begleit-handlungen einer Ermittlungsmaßnahme verzichtbar: Diese sind als Annexkompetenzen von der jeweiligen Spezialermächtigung um-fasst, solange sie ihr typischerweise bzw. notwendig dienen und von geringerer Eingriffsintensität als die Bezugsmaßnahme sind.

3. Anforderungen an den Eingriff im Einzelfall

Hat der Gesetzgeber die verfassungsrechtlichen Anforderungen an Regelungstypus und Regelungsdichte einer Norm beachtet, hängt die Verfassungsmäßigkeit einer Ermittlungsmaßnahme schließlich davon ab, wie Exekutive und ggf. Judikative die Befugnisnorm auf den Einzelfall anwenden.

a) Auslegung der Eingriffsbefugnis

aa) Im klassischen Methodenkanon

Hierbei bedarf es zunächst der Auslegung der Befugnisnorm im klassischen Methodenkanon. Da unterstellt werden darf, dass der Gesetzgeber das ausdrücken wollte, was unter der gewählten Formulierung gemeinhin verstanden wird, ist hierfür zunächst der *Wortsinn* der Norm in den Blick zu nehmen.[677] Dabei meint Wortsinn nicht jeden denkbaren Begriffsinhalt: Hat ein Begriff im allgemeinen Sprachgebrauch verschiedene Inhalte, ist für die Wortsinnauslegung eines Gesetzes zu prüfen, ob ein mehrdeutiger Begriff in der spezifischen Rechtssprache einheitlich für nur eine Bedeutung verwandt wird; ist dies der Fall, kommt es bei der Auslegung am Wortsinn *nur* auf diesen Begriffsinhalt und nicht auf andere Begriffsinhalte aus der Alltagssprache an.[678]

Ist der Wortsinn auf diese Weise erschlossen, erlaubt er allein aber keine Subsumtion der tatsächlichen Umstände unter die Befugnisnorm, ist in einem nächsten Schritt die *Gesetzessystematik* zu betrachten. Für die Auslegung einzelner Begriffe innerhalb einer Norm ist hier von Bedeutung, in welchem Zusammenhang[679] sie über die in

---

[677] *Larenz*, Methodenlehre, S. 307.

[678] *Larenz*, Methodenlehre, S. 308.

[679] Für diesen Zusammenhang ist nicht die örtliche, also redaktionelle Nähe innerhalb eines Gesetzes entscheidend, sondern die thematische Nähe, der Sachzusammenhang, vgl. *Gast*, Juristische Rhetorik, S. 287.

Rede stehende Norm hinaus im Gesetzestext gebraucht werden.[680]

Weitere Anhaltspunkte bietet die *historisch-genetische* Auslegung eines Gesetzes, bei der untersucht wird, ob der (historische) Gesetzgeber mit einer bestimmten Formulierung eine bestimmte Wertentscheidung treffen wollte[681] oder gar bestimmte Auslegungsmöglichkeiten durch Änderungen der Entwurfstexte verworfen hat[682]. Aufschluss hierüber geben die Gesetzgebungsmaterialien in Form von Entwurfsbegründungen und protokollierten Plenardebatten.[683] Die historisch-genetische Auslegung beschränkt sich dabei nicht auf Quellen zur erstmaligen Abfassung einer Norm,[684] sondern berücksichtigt auch Gesetzgebungsmaterialien neuer Regelungen, soweit diese im Zusammenhang mit der auszulegenden Norm stehen[685]. Ältere, unverändert gebliebene Vorschriften werden mithin auch historisch-genetisch niemals isoliert betrachtet und ihre Materialien können durch gewandelte Umstände, die der Gesetzgeber in aktuelleren Materialien berücksichtigt hat, mitunter sogar hinfällig und für die Auslegung wertlos werden.[686]

Darüber hinaus kann die – etwa im systematischen Zusammenhang erkennbare oder in den Gesetzgebungsmaterialien zum Ausdruck gebrachte – *Zielsetzung einer Norm* in die Auslegung einfließen.[687] Je nach Zielsetzung können sich dabei im Wege *teleologischer Extension* auch besonders weite Begriffsinhalte ergeben, soweit der (noch) mögliche Wortsinn der Norm dem nicht entgegensteht.[688]

---

[680] *Larenz*, Methodenlehre, S. 311.

[681] *Larenz*, Methodenlehre, S. 315.

[682] *Gast*, Juristische Rhetorik, S. 289.

[683] *Larenz*, Methodenlehre, S. 316; *Gast*, Juristische Rhetorik, S. 288.

[684] *Gast*, Juristische Rhetorik, S. 292.

[685] *Gast*, Juristische Rhetorik, S. 293.

[686] *Gast*, Juristische Rhetorik, S. 293.

[687] *Larenz*, Methodenlehre, S. 321.

[688] Auch hierbei handelt es sich nach allgemeiner Meinung um Auslegungsergebnisse und nicht um Analogien, vgl. *Gast*, Juristische Rhetorik, S. 380 f.; *Jacobi*, Methodenlehre, S. 341 f. Zur Unterscheidung zwischen Analogie und Auslegung im Kontext der Wortsinngrenze eingehend *Bär*, Zugriff auf Computerdaten, S. 160 ff.

bb) Anhand des Grundgesetzes

In Fällen, in denen die Auslegung im klassischen Methodenkanon kein eindeutiges Ergebnis liefert, ist zu prüfen, ob Auslegungsergebnisse im Widerspruch zum Grundgesetz stehen und daher ausgeschlossen sind – die *verfassungskonforme Auslegung* wirkt insoweit als Auswahlregel bei mehreren mithilfe des Methodenkanons gefundenen Ergebnissen.[689] Verbleiben auch hier mehrere Auslegungsmöglichkeiten, ist diejenige vorzuziehen, die mit den Wertentscheidungen des Grundgesetzes am besten übereinstimmt.[690] Steht keines der Auslegungsergebnisse im Einklang mit dem Grundgesetz, ist die Norm verfassungskonform zu reduzieren, soweit ihr Wortsinn dies zulässt;[691] ginge eine verfassungskonforme Reduktion über den Wortsinn hinaus, ist die Norm entweder verfassungswidrig[692] oder betrifft schlicht nicht den Einzelfall, den Exekutive oder Judikative ihr im Wege der Auslegung zuzuschlagen versuchen. Für diesen Einzelfall besteht dann gerade keine Befugnisnorm.

b) Prüfung der Verhältnismäßigkeit

Ergibt die Auslegung einer Ermittlungsbefugnis, dass sie sowohl die beabsichtigte Ermittlungsmaßnahme als auch den gegenständlichen Lebenssachverhalt erfasst, ist in einem letzten Schritt zu prüfen, ob ihre Anwendung im konkreten Einzelfall dem Verhältnis-

---

[689] Vgl. *Gast*, Juristische Rhetorik, S. 265.

[690] *Larenz*, Methodenlehre, S. 329. Für den Bereich grundrechtseinschränkender Ermittlungsbefugnisse folgt hieraus aufgrund der Gleichrangigkeit der Grundrechte und der Funktionstüchtigkeit der Strafrechtspflege aber nicht, dass bei mehreren möglichen verfassungskonformen Auslegungsergebnissen stets diejenige zu wählen sei, welche den Grundrechten des Betroffenen den Vorzug gibt, siehe hierzu oben S. 77 ff.

[691] *Larenz*, Methodenlehre, S. 329 f.

[692] BVerfGE 133, 377 (422) st. Rspr.; *Larenz*, Methodenlehre, S. 330. Entgegen der Auffassung von *Bode*, Verdeckte Ermittlungsmaßnahmen, S. 62 f., genügt es nicht, wenn in den Gesetzgebungsmaterialien zum Ausdruck kommt, dass „der Gesetzgeber selbst bestimmte Verfassungsvorgaben beim Erlass neuer Vorschriften beachten" wollte. Eine so verstandene verfassungskonforme Auslegung gegen den Wortsinn verstößt gegen die Gebote der Normenklarheit und Bestimmtheit, siehe hierzu oben S. 127.

mäßigkeitsprinzip[693] genügt: Der Grundsatz, wonach der Gesetzgeber gehalten ist, Ermittlungsbefugnisse so zu fassen, dass ihre Anwendung im Einzelfall *stets* verhältnismäßig ist,[694] hat insbesondere durch die zunehmende Normierung heimlicher und damit besonders eingriffsintensiver[695] technischer Ermittlungsmaßnahmen eine Durchbrechung erfahren. Schon die (abstrakt-generell anzunehmende) Eignung einer technischen Ermittlungsmaßnahme kann aufgrund bestimmter Gegebenheiten im Einzelfall fehlen.[696] Auch kann sich die Durchführung mehrerer für sich betrachtet im Einzelfall verhältnismäßiger Ermittlungsmaßnahmen in ihrer Kumulation als unverhältnismäßig erweisen.[697] Es müssen daher Anordnung und Durchführung jeder einzelnen Ermittlungsmaßnahme erkennen lassen, dass der verantwortliche Amtsträger ihre Eignung, Erforderlichkeit und Angemessenheit sachgerecht erwogen hat.[698]

4. Zwischenergebnis

Die bisherigen Überlegungen verdeutlichen, dass den grundrechtsübergreifenden verfassungsrechtlichen Anforderungen an eine strafprozessuale Ermittlungsmaßnahme nur zu genügen ist, wenn es gelingt, die Schwere des mit ihr verbundenen Grundrechtseingriffs zutreffend festzustellen: Von dieser Schwere hängen nicht nur die vom Gesetzgeber zu beachtenden Vorgaben für den Regelungstypus und die Regelungsdichte der Eingriffsgrundlage ab; sie ist zugleich das entscheidende Kriterium in der Verhältnismäßigkeitsprüfung.

---

[693] Siehe zu dessen Anforderungen im Einzelnen bereits oben S. 111.

[694] Vgl. *Degener*, Verhältnismäßigkeit, S. 203 ff.

[695] Siehe hierzu oben S. 95.

[696] Etwa dann, wenn der im Einzelfall zu erwartende Datenumfang eine Größe aufweist, die es unmöglich erscheinen lässt, Ermittlungsrelevantes zu extrahieren, vgl. hierzu *Singelnstein*, JZ 2012, 601 (604).

[697] Vgl. *B. Gercke,* in: HK-StPO, Rn. 20 zu Vor §§ 94 ff.; *Menges,* in: Löwe/Rosenberg, Rn. 79 zu Vor § 94; *Puschke*, Kumulative Informationsbeschaffungsmaßnahmen, S. 122 ff.

[698] Vgl. *B. Gercke,* in: HK-StPO, Rn. 14 zu Vor §§ 94 ff.

Im Gegensatz zum Gewicht des öffentlichen Strafverfolgungsinteresses lässt sich die Schwere eines Grundrechtseingriffs nur bedingt durch allgemeingültige Attribute bestimmen, worüber auch die vom *BVerfG* gebildeten Fallgruppen nicht hinwegzutäuschen vermögen: Soweit eine besondere Eingriffsschwere darin schon durch den Eingriff in Charakteristika eines grundrechtlichen Schutzbereichs indiziert sein soll, muss jedenfalls innerhalb des betreffenden Schutzbereichs eine weitere Abstufung erfolgen, sollen nicht einzelne Grundrechte für Ermittlungsmaßnahmen wegen bestimmter (und im Vorfeld bestimmbarer) Straftatbestände als generell eingriffsfest gelten.

II. Schutzbereiche und Eingriffsanforderungen im Einzelnen

Im Folgenden sind deshalb die im weiteren Verlauf der Untersuchung relevanten grundrechtlichen Schutzbereiche zu bestimmen und auf Ansatzpunkte für eine Abstufung der Eingriffsintensität sowie die hieraus folgenden Anforderungen an die verfassungsrechtliche Rechtfertigung des jeweiligen Eingriffs zu untersuchen. Der Grundrechtsschutz gegen Zugriffe auf IT-Systeme lässt sich dabei nach *Objektbezug* und *Umstandsbezug* aufgliedern: Soweit für das Ermittlungsverfahren entweder das IT-System als solches[699] oder die darin angefallenen und anfallenden Daten von Interesse sind, ist die Frage nach dem bestehenden Grundrechtsschutz zunächst eine Frage nach dem Schutz des Zugriffsobjekts. Die Notwendigkeit, das (Konkurrenz-)Verhältnis dieses objektbezogenen Grundrechtsschutzes zum – wegen seiner Verankerung in benannten Freiheitsgrundrechten grundsätzlich spezielleren und damit zumindest formal vorrangigen – umstandsbezogenen Grundrechtsschutz bestimmen zu müssen, macht es erforderlich, zuerst den objektbezogenen Grundrechtsschutz herauszuarbeiten, um dessen Schutzniveau sodann mit demjenigen des umstandsbezogenen Grundrechtsschutzes abgleichen zu können.

---

[699] Bei Beweisthemen mit Hardwarebezug, siehe hierzu oben S. 35.

1. Objektbezogener Grundrechtsschutz

Bei den Informationen, die im Ermittlungsverfahren von Interesse sein können und die es daher beim strafprozessualen Zugriff auf IT-Systeme des Beschuldigten zu erlangen gilt, handelt es sich ausnahmslos um solche über persönliche oder sachliche Verhältnisse dieses Beschuldigten[700] und damit um personenbezogene Daten, § 3 Abs. 1 BDSG. Es fragt sich, inwieweit allein mit dem Zugriff hierauf Grundrechtseingriffe einhergehen können und wie diese verfassungsrechtlich zu rechtfertigen sind.

a) Recht auf informationelle Selbstbestimmung, Art. 2 Abs. 1 i. V. m. Art. 1 Abs. 1 GG

Den Beginn datenschutzrechtlicher Überlegungen auf verfassungsrechtlicher Ebene markiert bis heute das 1983 vom *BVerfG* im Volkszählungsurteil[701] entwickelte *Recht auf informationelle Selbstbestimmung*.[702] Hierbei handelt es sich um einen Ausfluss des *allgemeinen Persönlichkeitsrechts*,[703] welches das *BVerfG* in ständiger Rechtsprechung in Art. 2 Abs. 1 i. V. m. Art. 1 Abs. 1 GG verankert sieht und das seinen Schutz auf solche Bereiche erstreckt, die von speziellen Freiheitsgarantien des Grundgesetzes nicht erfasst werden, für die Persönlichkeitsentfaltung aber ebenso bedeutsam sind.[704] Damit schließt es insbesondere bislang unbekannte Persönlichkeitsgefährdungen ein, zu denen es im Zuge sich verändernder Lebensverhältnisse kommen kann.[705]

---

[700] Vgl. *Kühne*, Strafprozessrecht, S. 221 f.

[701] BVerfGE 65,1.

[702] *Tinnefeld/Buchner/Petri*, Datenschutzrecht, S. 102 ff.; Vgl. hierzu krit. *Bull*, Bundesverfassungsgericht und Öffentliche Sicherheit 1 2012, 65 (71).

[703] Vgl. BVerfGE 65, 1 (41 f.).

[704] BVerfGE 54, 148, (153); 80, 137 (166); 84, 192 (194); 96, 171 (181).

[705] BVerfGE 95, 220, (241); 118, 168 (183).

aa) Eingriff in den Schutzbereich

Das Recht auf informationelle Selbstbestimmung gewährleistet „die Befugnis des Einzelnen, grundsätzlich selbst über die Preisgabe und Verwendung seiner persönlichen Daten zu bestimmen".[706] Ein Eingriff in diesen Schutzbereich liegt demnach vor, wenn persönliche Daten ohne Zustimmung bzw. ohne Wissen des Bezugssubjekts erhoben und verwendet, d. h. zur Kenntnis genommen, gespeichert, weitergegeben oder veröffentlicht[707] werden.[708] An das Vorliegen *persönlicher* Daten stellt das *BVerfG* dabei keine hohen Anforderungen: In Abkehr vom Mikrozensus-Beschluss[709] hält es den näheren Inhalt der Daten für die Eröffnung des Grundrechtsschutzes seit dem Volkszählungsurteil für unerheblich, weil es „unter den Bedingungen der automatisierten Datenverarbeitung kein belangloses Datum" gebe.[710] Eingriffsqualität kommt somit jedem staatlichen Vorgang zu, der Informationen über Bürger zum Gegenstand hat.[711]

bb) Verfassungsrechtliche Rechtfertigung

Die Erkenntnis, dass der tatsächliche Aussagegehalt eines Datums im Zeitpunkt seiner Erhebung nicht abschließend beurteilt werden kann, wenn ungewiss ist, inwieweit man es im Nachgang mit weite-

---

[706] BVerfGE 65, 1(43).

[707] *Di Fabio*, in: Maunz/Dürig, Rn. 176 zu Art. 2.

[708] Vgl. BVerfGE 65, 1(43).

[709] Hier hatte das *BVerfG* darüber zu entscheiden, ob der Staat für statistische Zwecke Bürger zu näheren Angaben über Urlaubs- und Erholungsreisen verpflichten darf. Das *Gericht* sah in dieser Auskunftspflicht keinen Verstoß gegen das allgemeine Persönlichkeitsrecht, weil die Daten zwar zum privaten Lebensbereich, nicht aber zur Intimsphäre gehörten und ohne die gegenständliche Befragung auf andere Weise hätten ermittelt werden können, vgl. BVerfGE 27, 1 (8).

[710] Vgl. BVerfGE 65, 1(45). Zur Entwicklung vgl. ausführlich bei *Di Fabio*, in: Maunz/Dürig, Rn. 174 ff. zu Art. 2. Die Wendung, wonach es grundsätzlich nur personenbezogene Daten von grundrechtlich zu schützendem Wert gebe, hat das *BVerfG* auch in jüngsten Entscheidungen betont, vgl. etwa BVerfGE 120, 378 (399); 128, 1 (45).

[711] *Perschke*, Ermittlungsmethoden, S. 60; *P. Schmitz*, TDDSG und das Recht auf informationelle Selbstbestimmung, S. 20; *Scholz/Pitschas*, Informationelle Selbstbestimmung, S. 83; *Welsing*, Informationelle Selbstbestimmung, S. 46.

ren Informationen kombiniert oder abgleicht,[712] erscheint zunächst banal. Zugleich verdeutlicht die Tatsache, dass staatliche Stellen vielfach Informationen über Bürger erheben und verarbeiten müssen, allein um ihre Aufgaben erfüllen zu können,[713] dass Eingriffe in das Recht auf informationelle Selbstbestimmung eher Regel als Ausnahme sind. Wenn sich aber diese Eingriffe offenbar weit überwiegend verfassungsrechtlich rechtfertigen lassen – schließlich finden staatliche, personenbezogene Datenerhebungen und -verarbeitungen fortwährend statt,[714] ohne dass eine Lawine von Verfassungsbeschwerden ins Rollen und die staatliche Aufgabenerfüllung in ihrer Folge zum Erliegen gekommen wäre –, liegt die Vermutung nahe, dass an die Eingriffsrechtfertigung regelmäßig keine hohen Anforderungen zu stellen sind.

Um diese Anforderungen zu erschließen, lohnt ein kurzer Blick auf den wesentlichen Inhalt des Volkszählungsurteils und die tatsächlichen Begleitumstände, die das *BVerfG* seinerzeit zur Statuierung des neuen Grundrechts veranlasst haben.

Mitte des 20. Jahrhunderts entspann sich die bis heute währende gesellschaftspolitische Debatte über das Missbrauchspotential einmal erhobener Daten angesichts neuer technischer Methoden zur Datenaufbewahrung und -verknüpfung.[715] Die zu erhebenden Daten lagen zu dieser Zeit nicht zwingend von vornherein in elektronischer Form vor.[716] Es zeichneten sich aber Möglichkeiten ab, einmal erhobene Daten zusammenzuführen und mittels EDV derart abzugleichen, dass tiefe Einblicke in die Lebensgestaltung und Persönlichkeit desjenigen möglich werden konnten, den die Daten betra-

---

[712] Vgl. hierzu *Albers*, Informationelle Selbstbestimmung, S. 96 f.

[713] Vgl. *Bull*, Datenschutz, Informationsrecht und Rechtspolitik 2005, 362 (367).

[714] Vgl. mit zahlreichen Beispielen *Di Fabio*, in: Maunz/Dürig, Rn. 179 zu Art. 2. Vgl. hierzu auch *Scholz/Pitschas*, Informationelle Selbstbestimmung, S. 103 ff.

[715] Vgl. hierzu *Klever*, Die Rasterfahndung nach § 98a StPO, S. 32; *Vogelgesang*, Informationelle Selbstbestimmung, S. 27 ff.; *Welsing*, Informationelle Selbstbestimmung, S. 40.

[716] Vgl. etwa in BVerfGE 27, 1.

fen.[717] Hierin erkannte das *BVerfG* 1983 eine Gefahr für die Persönlichkeitsentfaltung, der es das Recht auf informationelle Selbstbestimmung entgegenstellte.[718] Der Entscheidung lag ein Gesetz[719] zugrunde, welches vorsah, u. a. Namen, Anschrift, Telefonanschluss, Geschlecht, Geburtstag, Familienstand, Religionszugehörigkeit, Staatsangehörigkeit, Wohnverhältnisse, Quellen des Lebensunterhalts, Erwerbstätigkeit und Ausbildung bestimmter Auskunftspflichtiger zu erheben. § 9 VoZählG 1983 erlaubte die Weitergabe verschiedener dieser Daten an diverse Behörden zur Erfüllung ihrer Aufgaben (Abs. 2 und Abs. 3), wobei – abgesehen von den Daten zum Abgleich der Melderegister (Abs. 1) – Namen nicht übermittelt werden durften. Das *BVerfG* erklärte § 9 Abs. 1 bis 3 VoZählG 1983 für nichtig und erteilte im Übrigen Auflagen für die Durchführung der Volkszählung.[720] Im Abgleich der Volkszählungsdaten mit Melderegistern sah das *Gericht* eine Kombination sich gegenseitig ausschließender Zwecke, nämlich der Erhebung von Gesetzes wegen[721] zu anonymisierender Statistikdaten und ihrer Verwendung in Melderegistern, deren – nicht anonyme – Inhalte nach dem Melderecht[722] umfangreich an öffentliche Stellen übermittelt werden durften.[723] Im Grundsatz ebenso bewertete das *BVerfG* die vorgesehene Datenübermittlung an weitere Behörden: Die in Rede stehenden Daten hielt das *Gericht* auch ohne Namensangabe für individualisierbar.[724]

Die Verfassungswidrigkeit der Vorschriften sah das *BVerfG* einmal darin begründet, dass sie unvereinbare Gesetzesziele kombinierten

---

[717] *Albers*, Informationelle Selbstbestimmung, S. 97; *Klever*, Die Rasterfahndung nach § 98a StPO, S. 32; *Vogelgesang*, Informationelle Selbstbestimmung, S. 165 f.

[718] Vgl. BVerfGE 65, 1 (42 f.).

[719] Gesetz über eine Volkszählung, Berufszählung, Wohnungszählung und Arbeitsstättenzählung vom 25.03.1982, BGBl. 1982 I, S. 369, nachfolgend „VoZählG 1983".

[720] BVerfGE 65, 1 ff. Vgl. hierzu ausführlich *P. Krause*, JuS 1984, 268 ff.

[721] Vgl. § 11 Abs. 3 S. 2 BStatG i. d. F. vom 14.03.1980.

[722] Vgl. § 1 Abs. 3 MRRG i. d. F. vom 16.08.1980.

[723] BVerfGE 65, 1, (64 f.)

[724] BVerfGE 65, 1 (65).

und deshalb zur Zweckerreichung nicht geeignet seien;[725] daneben machte es den Verstoß gegen das Recht auf informationelle Selbstbestimmung an der Unverständlichkeit der Normen hinsichtlich ihrer Tragweite für den Bürger fest.[726] In der Konsequenz entwickelte das *BVerfG* verfassungsrechtliche Vorgaben für den staatlichen Umgang mit personenbezogenen Daten, die es bis heute – z. T. unter Ergänzung um maßnahmenabhängige weitere Aspekte – aufrecht erhält[727] und die sich wie folgt umreißen lassen:

(1) Erkennbare Zweckbestimmung und strenge Zweckbindung

Da für den Bürger absehbar sein soll, inwieweit seine Daten gespeichert, verarbeitet und weitergegeben werden,[728] muss die jeweilige Rechtsgrundlage die vorgesehenen Verwendungsmöglichkeiten der Daten erkennen lassen.[729] Diese Verwendungsmöglichkeiten müssen ihrerseits einem *bereichsspezifischen* und *präzise bestimmten Zweck* dienen.[730] Es handelt sich mithin um eine Konkretisierung der Gebote der Normenklarheit und Bestimmtheit[731].

(2) Berücksichtigung der Persönlichkeitsrelevanz

Für die Verhältnismäßigkeitsprüfung ist – anders als für die Eröffnung des Schutzbereichs – der Inhalt der Daten von Bedeutung: Die Eingriffsschwere richtet sich neben Umfang, Verwendungsmöglichkeiten und Missbrauchsgefahr der erhobenen Daten auch nach ihrer *Art*:[732] Hier kann auch unter Geltung des Rechts auf informationelle

---

[725] Vgl. BVerfGE 65, 1 (64). Krit. zu diesem Rückschluss *H. Schneider*, DÖV 1984, 161 (163).

[726] BVerfGE 65, 1 (64).

[727] Vgl. etwa BVerfGE 120, 378 (401 ff.).

[728] Vgl. BVerfGE 65, 1 (42).

[729] Vgl. BVerfGE 65, 1 (45).

[730] BVerfGE 65, 1 (46).

[731] Siehe hierzu oben S. 127.

[732] BVerfGE 65, 1 (46).

Selbstbestimmung auf die *Sphärentheorie* zurückgegriffen werden.[733] Danach unterscheidet das *BVerfG* zwischen Sphären, in denen sich die Persönlichkeit entfaltet: Unter der *Intimsphäre* versteht es jenen Bereich der Persönlichkeit, der für die Außenwelt nicht zugänglich und nicht ohne Verletzung der Menschenwürde in Erfahrung zu bringen ist;[734] Eingriffe in die Intimsphäre verbieten sich daher generell[735].[736] In Abgrenzung hierzu geht das *BVerfG* von einer *Privatsphäre* aus, die sich durch private, mitunter intimste[737] Inhalte auszeichnet, die aber nicht der Intimsphäre angehören, weil der Betroffene sie freiwillig Dritten mitgeteilt[738] und damit einen Sozialbezug hergestellt hat.[739] Auch die nicht für Dritte vorgesehene schriftliche Fixierung sensibelster Informationen führt dazu, dass diese nicht mehr der Intim-, sondern der Privatsphäre angehören.[740] Die Privatsphäre ist einer Abwägung mit überwiegenden Interessen der Allgemeinheit zugänglich und damit nicht generell gegen staatliche Eingriffe geschützt.[741] Darüber hinaus besteht eine *Öffentlich-*

---

[733] Vgl. *Wölfl*, NVwZ 2002, 49 f. Ähnlich bereits *Perschke*, Ermittlungsmethoden, S. 106 ff. A. A. wohl *Röwer*, Heimliche Ermittlungen, S. 47 f.

[734] BVerfGE 27, 1 (8); 32, 373 (379); 38, 316 (320); 80, 367 (373).

[735] Vgl. BVerfGE 27, 1 (6); 27, 344 (350 f.); 32, 373 (378 f.).

[736] Die Intimsphäre ist mit dem *Kernbereich der privaten Lebensgestaltung* identisch, vgl. BVerfGE 27, 1 (6); 32, 373 (378 f.); 34, 238 (245). Siehe hierzu bereits oben S. 97 ff.

[737] So hat das *BVerfG* 1957 in der Strafbarkeit der Homosexualität keinen Eingriff in die Intimsphäre ausmachen können, weil insoweit wörtlich „Handlungen des Menschen in den Bereich eines andern einwirken", BVerfGE 6, 389 (433). Anders ausgedrückt: Geschützt und dem staatlichen Zugriff schlechthin entzogen ist eine homosexuelle Orientierung, solange sie möglichst verheimlicht, jedenfalls aber nicht gelebt wird.

[738] BVerfGE 33, 367 (377).

[739] BVerfGE 35, 202 (221).

[740] BVerfGE 80, 367 (376 f.). Dieser Rechtsprechung lag jedoch die Stimmengleichheit der Richter zugrunde. Vier Richter ordneten im Tagebuch-Beschluss Aufzeichnungen, die der Aufarbeitung einer psychischen Erkrankung dienen und sich mit innersten Gefühlen und Eindrücken eines Menschen befassen, der unantastbaren Intimsphäre zu. Krit. hierzu *Ellbogen*, NStZ 2001, 460 (463).

[741] Vgl. BVerfGE 27, 344 (351); 35, 35 (39); 34, 238 (249). Allerdings wird bisweilen der Schutz intimster Inhalte der Privatsphäre im Rahmen der Verhältnismäßigkeitsprüfung wiederum mit Kernbereichsaspekten begründet, vgl. VerfGH Berlin, Beschluss vom 21.04.2009 – 170/08, 170 A/08 – JR 2010, 339. Der *VerfGH Berlin* gelangte so zur Unverwertbarkeit von Tagebuchaufzeichnungen eines des sexuellen Missbrauchs von

keitssphäre, die sich von Intim- und Privatsphäre aber nicht dadurch unterscheidet, dass ihre Inhalte gar nicht persönlichkeitsrechtlich geschützt sind,[742] sondern dadurch, dass sich das Gewicht der Eigensphäreninhalte im Rahmen der Interessenabwägung durch einen zunehmenden Sozialbezug verringert[743].

(3) Transparenzgebot

Zu den Anforderungen an Eingriffe in das Recht auf informationelle Selbstbestimmung gehört weiter eine größtmögliche Transparenz der Datenverarbeitung zur Gewährleistung einer effektiven Aufsicht, wobei insbesondere die Beteiligung unabhängiger Datenschutzbeauftragter von Bedeutung ist: Diese sollen einen Ausgleich der „für den Bürger bestehenden Undurchsichtigkeit der Speicherung und Verwendung von Daten unter den Bedingungen der automatischen Datenverarbeitung" herbeiführen und „vorgezogenen Rechtsschutz" bieten,[744] mithin die Zweckbindung und ggf. die Einhaltung von Datensicherheitsstandards gewährleisten[745]. In welchem Umfang dem Datenschutzbeauftragten Aufsichtsrechte einzuräumen sind, hängt davon ab, wie transparent ein Verfahren *für den Betroffenen selbst* ausgestaltet ist[746] und inwieweit ihm individueller

---

Jugendlichen Beschuldigten. Die Tagebuchaufzeichnungen hatten Schilderungen seiner sexuellen Phantasien zum Gegenstand und könnten daher der Erforschung der Persönlichkeitsstruktur des Beschuldigten dienen, was angesichts der geringen Strafandrohung des § 182 Abs. 1 StGB von nur 5 Jahren Höchstfreiheitsstrafe nicht gerechtfertigt sei.

[742] So aber wohl *Vogelgesang*, Informationelle Selbstbestimmung, S. 44; *Welsing*, Informationelle Selbstbestimmung, S. 35. Hiergegen sprechen jedoch Entscheidungen des *BVerfG*, die rechtswidrige Eingriffe in das allgemeine Persönlichkeitsrecht im Rahmen der Öffentlichkeitssphäre angenommen haben, so z. B. BVerfG, Beschluss vom 08.06.2010 – 1 BvR 1745/06 – NJW 2011, 47; ähnlich bereits BVerfGE 54, 208.

[743] Vgl. *Rogall*, Informationseingriff und Gesetzesvorbehalt im Strafprozeßrecht, S. 32.

[744] BVerfGE 65, 1 (46); ähnlich zuletzt 133, 277 (369 f.).

[745] Vgl. zur Entwicklung der Aufgaben der Datenschutzbeauftragten *Britz*, JA 2011, 81 (82).

[746] Etwa durch Auskunftspflichten der Behörde, vgl. *Helfrich*, in: Hoeren/Sieber/Holznagel, Teil 16.1, Rn. 16.

Rechtsschutz zur Verfügung steht[747]. Darüber hinaus erachtet das *BVerfG* in einzelnen Entscheidungen zum Recht auf informationelle Selbstbestimmung die vollständige Protokollierung von Zugriffen und Änderungen in den grundrechtsrelevanten Datenbeständen für verfassungsrechtlich geboten.[748]

(4) Technische Gewährleistung von Datensicherheit

Schließlich hat das *BVerfG* im Urteil zur Vorratsdatenspeicherung mit der Gewährleistung von Datensicherheit eine Anforderung entwickelt, die vor der technischen Manipulation einmal generierter Datenbestände und ihrer Verwendung durch Unbefugte schützen soll.[749] Die hierbei exemplarisch genannten Maßnahmen wie die Speicherung von Daten auf Datenträgern, die nicht mit dem Internet verbunden sind, die Anwendung einer asymmetrischen Verschlüsselung und die Nutzung hinreichender Authentifizierungsverfahren für den Zugriff[750] deuten darauf hin, dass das *BVerfG* die „Gewährleistung von Datensicherheit" ebenso versteht wie das Schrifttum in der Informatik.[751] Folgerichtig stellt das *Gericht* ohne Festlegung auf bestimmte Maßnahmen klar, dass „im Ergebnis [...] ein Standard gewährleistet werden [muss], der unter spezifischer Berücksichtigung der Besonderheiten der [...] geschaffenen Datenbestände ein besonders hohes Maß an Sicherheit gewährleistet", wobei „sicherzustellen [ist], dass sich dieser Standard [...] an dem Entwicklungsstand der Fachdiskussion orientiert und neue Erkenntnisse und Einsichten fortlaufend aufnimmt".[752] Hierfür sei auf Ebene der Normsetzung mit Begriffen wie dem „Stand der Technik" zu operieren.[753] Diese Vorgaben können demnach durch eine Kombination der

---

[747] BVerfGE 133, 277 (370 f.).

[748] BVerfGE 125, 260 (327); 133, 277 (369 ff.).

[749] Vgl. BVerfGE 125, 260 (325 f.).

[750] BVerfGE 125, 260 (325 f.).

[751] Siehe hierzu oben S. 36. Krit. zu den detaillierten technischen Ausführungen des BVerfG *Bull*, Bundesverfassungsgericht und Öffentliche Sicherheit 1 2012, 65 (76).

[752] BVerfGE 125, 260 (326).

[753] BVerfGE 125, 260 (326).

Grundentscheidung – nämlich der „nach dem Stand der Technik sicheren Datenspeicherung" – im Wege eines Parlamentsgesetzes und der technischen Ausgestaltung einer Maßnahme durch eine Rechtsverordnung oder Verwaltungsvorschrift umgesetzt werden.[754]

b) Exkurs: Datenschutz-Grundrecht?

In Teilen des Schrifttums wird die Normierung eines über das Recht auf informationelle Selbstbestimmung hinausgehenden „Datenschutz-Grundrechts" gefordert,[755] das seinem Träger ein „Recht am eigenen Datum" gibt,[756] bisweilen sogar *jegliche* Erhebung, Verarbeitung und Weitergabe personenbezogener Daten unter einen absoluten Richtervorbehalt stellt[757]. Abgesehen von praktischen Schwierigkeiten, vor die ein derart gefasstes Grundrecht die Rechtspflege stellen würde, lässt sich sein eigentumsähnlicher Ansatz aus der Entwicklung des verfassungsrechtlichen Datenschutzes nicht begründen: Bei näherer Betrachtung handelt es sich bei den Vorschlägen zur Normierung eines Datenschutz-Grundrechts lediglich um Versuche, das Recht auf informationelle Selbstbestimmung in den Wortlaut des Grundgesetzes zu überführen.[758] Datenschutzbelange begründen hiernach aber nur Schutzpositionen, soweit sie von Ausprägungen des allgemeinen Persönlichkeitsrechts erfasst sind, indem sie die Persönlichkeitsentfaltung behindern oder die Persönlichkeit gefährden.[759] Das Bedürfnis nach einem Datenschutz-

---

[754] So auch der Vorschlag bei *Gietl*, DuD 2010, 398 (399). Unbegründet erscheint hingegen die Befürchtung bei *Bull*, Bundesverfassungsgericht und Öffentliche Sicherheit 1 2012, 65 (76), nach Auffassung des *BVerfG* sei eine im Ergebnis kontraproduktive Festlegung auf bestimmte technische Vorgaben bereits im Parlamentsgesetz geboten.

[755] Vgl. etwa *Kloepfer/Schärdel*, JZ 2009, 453 (461); *Kutscha*, ZRP 2010, 112 (114).

[756] So etwa *Künast*, ZRP 2008, 201 ff.

[757] So ausdrücklich *Aernecke*, Schutz elektronischer Daten, S. 189, in dem von ihr vorgeschlagenen Art. 2 Abs. 3 GG.

[758] Vgl. etwa *Aernecke*, Schutz elektronischer Daten, S. 189: „Jeder hat das Recht, über die Erhebung, Verarbeitung und Weitergabe seiner personenbezogenen Daten selbst zu bestimmen."

[759] Vgl. hierzu *Bull*, Datenschutz, Informationsrecht und Rechtspolitik 2005, 362

Grundrecht, welches hiervon losgelöst besteht, mutet daher zwei-felhaft an.[760]

c)   IT-Grundrecht, Art. 2 Abs. 1 i. V. m. Art. 1 Abs. 1 GG

Im Jahre 2008 befasste sich das *BVerfG* erstmals eingehend mit der Grundrechtsrelevanz nicht nur von innerhalb eines IT-Systems ge-speicherten personenbezogenen Daten, sondern von IT-Systemen als solchen. Im Online-Durchsuchungsurteil entwickelte es hierfür ein eigenständiges Grundrecht,[761] das unabhängig vom Recht auf informationelle Selbstbestimmung besteht.[762]

Auch das IT-Grundrecht hat das *BVerfG* aus dem allgemeinen Per-sönlichkeitsrecht hergeleitet.[763] Es bedarf daher zunächst der Prü-fung, wie sich das Recht auf informationelle Selbstbestimmung und das IT-Grundrecht voneinander abgrenzen lassen. Sodann ist zu untersuchen, inwieweit Vertraulichkeit und Integrität eines IT-Systems insbesondere im Strafverfahren geschützt sein können.

aa)   Eingriff in den Schutzbereich

(1)   Schutzobjekte: potentiell datenintensive IT-Systeme

Schutzobjekte des IT-Grundrechts sind IT-Systeme[764]. Das *BVerfG* nahm im Online-Durchsuchungsurteil jedoch eine „technische" Ein-schränkung vor: Zugriffe auf IT-Systeme, die konstruktionsbedingt nur Daten „mit punktuellem Bezug zu einem bestimmten Lebensbe-reich des Betroffenen" enthalten können, sind (nur) am Recht auf

---

(367).

[760] Ebenso *Härting/J. Schneider*, ZRP 2011, 233 f.

[761] Zur Bezeichnung des amtlich „Grundrecht auf Gewährleistung der Vertraulich-keit und Integrität informationstechnischer Systeme" genannten Rechts als „IT-Grundrecht" siehe bereits oben Fn. 35.

[762] BVerfGE 120, 274 (302).

[763] BVerfGE 120, 274 (303 ff.).

[764] Zum Begriff siehe oben S. 12 ff.

informationelle Selbstbestimmung zu messen,[765] Zugriffe auf IT-Systeme, die „allein oder in ihren technischen Vernetzungen personenbezogene Daten des Betroffenen in einem Umfang und in einer Vielfalt enthalten können, dass ein Zugriff auf das System es ermöglicht, einen Einblick in wesentliche Teile der Lebensgestaltung einer Person zu gewinnen oder gar ein aussagekräftiges Bild der Persönlichkeit zu erhalten", am IT-Grundrecht[766].[767] Es kommt somit nicht darauf an, welcher Datenumfang *im Einzelfall* zugänglich wird oder anhand konkreter Umstände erwartet werden darf. Entscheidend ist die konstruktionsbedingte *Möglichkeit*, der Datenbestand eines IT-Systems werde umfassende Rückschlüsse auf die Persönlichkeit des Betroffenen zulassen. Der PC, der von seinem Besitzer ausschließlich als „digitale Schreibmaschine" genutzt wird und das Smartphone, das ihm ausschließlich als klassisches Mobiltelefon dient, fallen hiernach allein aufgrund ihrer technischen Eigenart in den Anwendungsbereich des IT-Grundrechts.

Diese Abgrenzung zeigt, dass es sich beim IT-Grundrecht um eine *Fortentwicklung* des Rechts auf informationelle Selbstbestimmung handelt, soweit auch dieses den Bürger vor Zugriffen auf „potentielle Persönlichkeitsprofile" schützen soll: Im Volkszählungsurteil ging es um die *Möglichkeiten* der Zusammenführung und Verknüpfung *einzeln* erhobener Datensätze, die im Ergebnis einen Datenbestand ergeben können, wie er in mittlerweile etablierten IT-Systemen allein durch deren vielseitige und intensive Nutzung „von selbst" entstehen kann.[768] Während das Recht auf informationelle Selbstbestimmung Persönlichkeitsgefährdungen begegnet, die sich daraus ergeben, dass der Einzelne nicht weiß, wer aus welchem Anlass

---

[765] BVerfGE 120, 274 (313).

[766] BVerfGE 120, 274 (314).

[767] Die von *Welsing*, Informationelle Selbstbestimmung, S. 58, ausgemachten Abgrenzungsschwierigkeiten infolge der „sich rasant verändernde[n] Informationstechnologie" bestehen daher nicht. Allenfalls dürfte sich der Anwendungsbereich für das Recht auf informationelle Selbstbestimmung bei Zugriffen auf IT-Systeme mit deren zunehmender Funktionsvielfalt verringern. Zutreffend hierzu *Kutscha*, NJW 2008, 1042 (1043).

[768] Vgl. BVerfGE 120, 274 (313).

welche Daten über ihn erhebt, verwendet, speichert und weitergibt,[769] zielt das IT-Grundrecht auf Persönlichkeitsgefährdungen ab, die bestehen, soweit „der Einzelne zu seiner Persönlichkeitsentfaltung auf die Nutzung [von IT-Systemen] angewiesen ist und dabei dem System persönliche Daten anvertraut oder schon allein durch dessen Nutzung zwangsläufig liefert".[770] Das Recht auf informationelle Selbstbestimmung soll den Grundrechtsträger davor schützen, Verhaltensweisen unterlassen zu müssen, weil er befürchtet, dass hierüber bei Dritten ein umfassender Datenbestand entsteht. Das IT-Grundrecht geht davon aus, dass bei der Nutzung bestimmter IT-Systeme derartige Datenbestände zwar entstehen, aber grundrechtlich geschützt sind, sodass niemand aus Ungewissheit über stattfindende Zugriffe darauf verzichten muss, die Möglichkeiten der Informationstechnik zu nutzen. In der potentiellen Aussagekraft des Datenbestandes bestimmter IT-Systeme liegt damit der wesentliche Unterschied zu den technisch vermittelten Gefahren für die Persönlichkeitsentfaltung, die das *BVerfG* im Volkszählungsurteil ausgemacht hatte – und zugleich das maßgebliche Abgrenzungskriterium: Schutzobjekte des IT-Grundrechts sind *potentiell datenintensive IT-Systeme*.

(2) Vertraulichkeit und Integrität

(a) Schutz der Vertraulichkeit

Geschützt ist sodann „das Interesse des Nutzers, dass die von einem vom Schutzbereich erfassten IT-System erzeugten, verarbeiteten und gespeicherten Daten vertraulich bleiben", was dann nicht mehr der Fall ist, wenn Dritte Zugriff auf diese Daten erlangen.[771] Die geschützte Vertraulichkeit deckt sich demnach wiederum mit

---

[769] Vgl. BVerfGE 120, 274 (312).
[770] BVerfGE 120, 274 (312 f.).
[771] BVerfGE 120, 274 (314).

dem Begriff aus der Informatik.[772]

Im Schrifttum wird vielfach angenommen, dass ein solcher Schutz der Vertraulichkeit auch durch das Recht auf informationelle Selbstbestimmung zu erreichen sei. Der Schutz vor einzelnen Datenerhebungen durch das Recht auf informationelle Selbstbestimmung schließe den Schutz vor Zugriffen auf umfangreiche Datenbestände mit ein,[773] denn auch sie seien Datenerhebungen i. S. d. Rechts auf informationelle Selbstbestimmung[774]. Unterschiede in der Persönlichkeitsrelevanz eines Datenbestandes könnten unproblematisch im Rahmen der bei jedem Eingriff in das Recht auf informationelle Selbstbestimmung durchzuführenden Verhältnismäßigkeitsprüfung Berücksichtigung finden.[775] Die Statuierung des IT-Grundrechts als gänzlich neue Ausprägung des allgemeinen Persönlichkeitsrechts sei zwar angesichts der gestiegenen Bedeutung der Informationstechnik für die alltägliche Persönlichkeitsentfaltung verständlich, ein ebensolches Schutzniveau hätte aber auch durch eine bloße Ergänzung des Rechts auf informationelle Selbstbestimmung um eine Vertraulichkeitskomponente erreicht werden können.[776] Das Online-Durchsuchungsurteil sei nach alledem zu „technikverliebt" und verdingliche den Grundrechtsschutz, indem es nicht höchstpersönliche Entscheidungen eines Individuums, sondern Erwartungen an eine Sache schütze.[777]

---

[772] Siehe hierzu oben S. 36.

[773] *Britz*, DÖV 2008, 411 (413); *Lepsius*, Roggan (Hrsg.): Online-Durchsuchungen 2008, 21 (30); *Manssen*, Uerpmann-Wittzack (Hrsg.): Das neue Computergrundrecht 2009, 53 (64 f.); *F. Schneider*, Online-Durchsuchungen, S. 84; *Volkmann*, DVBl 2008, 590 (591 f.).

[774] *Hornung*, CR 2008, 299 (301); *Kühling/C. Seidel/Sivridis*, Datenschutzrecht, S. 90.

[775] *H. Bunzel*, Erkenntnisgewinn aus konzelierten Daten, S. 199 f.; *Eifert*, NVwZ 2008, 521 f.; *Hornung*, CR 2008, 299 (301 f.).

[776] *Drallé*, IT-Grundrecht, S. 47, der das IT-Grundrecht im Ergebnis jedoch befürwortet. Entschieden gegen eine solche Erweiterung des Rechts auf informationelle Selbstbestimmung *C. Hoffmann*, Elektronische Daten- und Dokumentensafes, S. 94, der zutreffend auf die ohnehin problematische Weite des Schutzbereichs des Rechts auf informationelle Selbstbestimmung hinweist.

[777] *Manssen*, Uerpmann-Wittzack (Hrsg.): Das neue Computergrundrecht 2009, 53 (68 ff.).

Dieser Kritik lassen sich die Unterschiede bei der *Eröffnung* des jeweiligen Schutzbereichs entgegenhalten: Das *BVerfG* geht davon aus, dass der Datenbestand der geschützten IT-Systeme nicht nur besonders viele, sondern darunter auch besonders sensible Daten enthalten *kann*.[778] Weil das *Gericht* die Vertraulichkeit dieser Daten grundrechtlich gewährleisten will, schützt das IT-Grundrecht schon vor einer Eröffnung des Zugriffs hierauf – unabhängig davon, ob und durch wen dieser Zugriff jemals erfolgt.[779] Ein Unterschied im Schutzniveau ergibt sich demnach aus der *Vorverlagerung* des Eingriffs auf jede *Enttäuschung der Vertraulichkeitserwartung* in ein geschütztes IT-System, mitunter allein durch die *Möglichkeit* eines Zugriffs. Darüber hinaus führt die abstrakte Eröffnung des Schutzbereichs dazu, dass dem IT-Grundrecht auch IT-Systeme unterfallen, die (noch) gar keine individualisierbaren Informationen des Nutzers (in schutzbedürftiger Fülle) enthalten. Hier schützt das IT-Grundrecht bereits die Möglichkeit des Nutzers, sein IT-System unbefangen zu verwenden und hierbei – ggf. ohne dass er es verhindern oder überhaupt bemerken kann – persönlichkeitsrelevante Daten in großem Umfang zu erzeugen. Das IT-Grundrecht schützt damit nicht nur die Vertraulichkeit *vorhandener* Daten, sondern auch die Vertraulichkeit der *Nutzung* von IT-Systemen, die zwangsläufig persönlichkeitsrelevante Daten erzeugt. Seine Schutzrichtung ist dabei keineswegs „verdinglicht": Wo das Recht auf informationelle Selbstbestimmung die „Verfügungsbefugnis" über „eigene" Daten schützt, vermittelt das IT-Grundrecht einen „Systemschutz"[780], der dazu führt, dass das System unbefangen genutzt werden kann. Geschützt sind in beiden Fällen nicht die Daten, sondern die Personen, die selbst darüber befinden sollen, ob sie Daten offenbaren bzw. Zugriff auf potentiell umfassende persönlichkeitsrelevante Datenbestände gewähren.

---

[778] Vgl. BVerfGE 120, 274 (335 ff.).

[779] Vgl. BVerfGE 120, 274 (308). Dies erkennt auch *Volkmann*, DVBl 2008, 590 (592), an.

[780] Ähnlich auch *Gusy*, DuD 2009, 33 (35 f.).

Ein so weit ins Vorfeld konkreter Datenerhebungen verlagerter Grundrechtsschutz wird durch das Recht auf informationelle Selbstbestimmung nicht vermittelt. Auch wenn jeder Zugriff auf vom IT-Grundrecht umfasste IT-Systeme zugleich ein Eingriff in das Recht auf informationelle Selbstbestimmung ist, hat dies nicht die Entbehrlichkeit des IT-Grundrechts zur Folge.

(b) Schutz der Integrität

Neben der Vertraulichkeit schützt das IT-Grundrecht die Integrität der seinem Schutzbereich unterfallenden IT-Systeme. Das *BVerfG* sieht die Integrität eines IT-Systems als verletzt an, wenn dessen „Leistungen, Funktionen und Speicherinhalte durch Dritte genutzt werden können".[781] Während sich das Verständnis von Vertraulichkeit im Online-Durchsuchungsurteil mit der Definition aus der Informatik deckt, bestehen bei der Integrität Unterschiede: In der Informatik bezeichnet Integrität den Schutz vor unbemerkten Daten*veränderungen* durch Unbefugte.[782] Das *BVerfG* geht hierüber hinaus, denn eine Nutzung von Daten hat nicht zwangsläufig deren Veränderung zur Folge. Durch die Bezugnahme auf „Speicher*inhalte* [Hervorh. d. Verf.]"[783] verwischt es zudem die Grenze zur Vertraulichkeit.

Wenn eine Beeinträchtigung der Integrität eines IT-Systems besteht, soweit es technisch manipuliert ist und nicht nur dem berechtigten Nutzer dient,[784] zielt dies zunächst erkennbar auf den Spezialfall des Internet-Fernzugriffs ab, der nur mittels eines durch unbefugte Dritte kontrollierten Programms auf dem IT-System des Betroffenen umsetzbar ist.[785] Versteht man unter „Leistungen und

---

[781] BVerfGE 120, 274 (314).

[782] Siehe hierzu oben S. 36.

[783] BVerfGE 120, 274 (314).

[784] So verstehen *Roßnagel/Schnabel*, NJW 2008, 3534, die Herleitung des *BVerfG*. Ähnlich auch *Marit Hansen*, DuD 2012, 407 (409), und *Tinnefeld/Buchner/Petri*, Datenschutzrecht, S. 107.

[785] Siehe hierzu oben S. 45. *Hirsch*, NJOZ 2008, 1907 (1913), scheint daher die Bedeu-

Funktionen des Systems" auch die unbemerkte Überwachung durch dessen Mikrofon oder Kamera,[786] liegt die Beeinträchtigung der Integrität in dem vom *BVerfG* verstandenen Sinne ebenso auf der Hand wie beim Einsatz eines Keyloggers[787]. Vereinzelt wird vertreten, dass ein eigenständiger Grundrechtsschutz der Integrität nicht erforderlich sei, weil ein gerechtfertigter Zugriff auf Inhalte – also ein Eingriff in die Vertraulichkeit – immer auch die hierzu nötige technische Integritätsbeeinträchtigung rechtfertige.[788] Eine Schutzlücke sei nicht ersichtlich, weil „kein realistisches, persönlichkeitsrelevantes, eigenständiges Gefahrenpotenzial für die Integrität der technischen Systeme" bestehe,[789] das über den Inhaltsschutz hinausreiche.[790]

Diese Auffassung verkennt, welche technischen und tatsächlichen Begleiterscheinungen der Zugriff auf ein IT-System haben kann, ohne dass hiermit die Vertraulichkeit seiner Inhalte beeinträchtigt wird. So muss für den Internet-Fernzugriff neben der Installation des entsprechenden Programms – je nach Installationsmethode bereits vor dieser Installation – die Möglichkeit geschaffen werden, eine Netzwerkverbindung zum Zielsystem aufzubauen. Werden hierfür z. B. ohne technische Absicherungen Ports[791] des Zielsystems geöffnet, können diese auch von Dritten angesprochen werden.[792]

---

tung des IT-Grundrechts insgesamt auf den Fall der Online-Durchsuchung beschränken zu wollen.

[786] Vgl. BVerfGE 120, 274 (310).

[787] Siehe hierzu oben S. 42.

[788] *Eifert*, NVwZ 2008, 521 (522).

[789] *Eifert*, NVwZ 2008, 521 (522).

[790] Ähnlich auch *Volkmann*, DVBl 2008, 590 (592); *Gurlit*, NJW 2010, 1035 (1037).

[791] Ein *Port* ist eine bei Client und Server (zu den Begriffen siehe oben S. 25) genutzte 16 Bit lange Kennung für einen Datenstromprozess. Bestimmten Internetdiensten sind feste Portnummern zugewiesen, vgl. *P. Fischer/Hofer*, Lexikon der Informatik, S. 685. Durch die Adressierung von Ports wird der Datentransfer verschiedener Programme voneinander unterschieden, vgl. *Hertelendi*, Das Internet, S. 45.

[792] Zu diesem Zweck führen Angreifer im Internet Scans durch, die nach offenen Ports an bestimmten IP-Adressen suchen. Solche Scans können schon durch den Aufruf einer Internetseite ausgelöst werden, da hierbei – ohne Verwendung von Anonymisierungsmethoden – die IP-Adresse des Clients bekannt wird. Vgl. hierzu *P. Fi-*

Gleiches gilt für den Zugang zum IT-System, der sodann durch das Programm zum Internet-Fernzugriff eingerichtet wird. Dies eröffnet nicht nur Vertraulichkeitsgefährdungen in Gestalt der hiermit etwa ermöglichten (Wirtschafts-)Spionage Dritter.[793] Zugleich kann für Dritte die Möglichkeit der Sabotage geschaffen werden – sei es, um – etwa im Bereich der Wirtschaftskriminalität – Daten von Konkurrenten zu manipulieren oder zu löschen, sei es, um belastende Beweismittel auf dem betroffenen IT-System zu platzieren.[794] Darüber hinaus wird Dritten oftmals gar nicht daran gelegen sein, Inhalte des kompromittierten IT-Systems zur Kenntnis zu nehmen oder zu verändern; sie nutzen es stattdessen für automatisierte Angriffe im Internet.[795] Werden hierbei Straftaten begangen, hinterlässt das missbrauchte IT-System seine IP-Adresse, was zur Strafverfolgung seines Inhabers führen kann. Dass diese Gefahr nicht nur theoretischer Natur ist, zeigt das vermehrte Auftreten von Bot-Netzen[796] mit Millionen beteiligten IT-Systemen.[797] Aus diesen Gefahren für die Integrität folgt ein Schutzbedürfnis, das mit demjenigen nach Datenvertraulichkeit nicht gleichgesetzt werden kann.

Das IT-Grundrecht gilt darüber hinaus nicht nur für Internet-Fernzugriffe – es erlangt auch Bedeutung bei der körperlichen Si-

---

scher/Hofer, Lexikon der Informatik, S. 685 f.

[793] Siehe hierzu auch unten S. 331 f.

[794] Vgl. *Fox*, Stellungnahme zur „Online-Durchsuchung", S. 13; *Sieber*, Stellungnahme BVerfGE, S. 17.

[795] Der Verbund zahlreicher auf diese Weise eingesetzter IT-Systeme im Internet wird als *Bot-Netz* bezeichnet und führt z. B. *Distributed Denial of Service* (DDoS)-Angriffe oder den Versand von *Phishing-Mails* durch, vgl. hierzu *P. Fischer/Hofer*, Lexikon der Informatik, S. 126. Beim DDoS-Angriff werden Server durch eine Vielzahl zeitgleicher Verbindungsanfragen überlastet und hierdurch unerreichbar, vgl. *M. Gercke*, ZUM 2011, 609 (619, dort Fn. 125). Beim *Phishing* – einem Kunstwort für *password fishing* – imitieren Angreifer ein dem Nutzer vertrautes Internetangebot und veranlassen ihn dazu, dort sensible Daten einzugeben, vgl. *Borges/Schwenk/Stuckenberg/Wegener*, Identitätsdiebstahl und Identitätsmissbrauch im Internet, S. 235.

[796] Siehe hierzu Fn. 795.

[797] Vgl. „Web-Kriminalität: Botnet-Betreiber erbeuten 500 Millionen Dollar", Spiegel-Online, 06.06.2013, http://www.spiegel.de/netzwelt/netzpolitik/fbi-und-microsoft-schalten-citadel-botnet-teilweise-ab-a-904067.html.

cherstellung und beim Kopieren von Daten der erfassten IT-Systeme.[798] Wird ein IT-System insgesamt sichergestellt, um es zu Beweiszwecken auszuwerten – wie es der Ermittlungspraxis entspricht –,[799] erfolgt ebenfalls eine Nutzung seiner Leistungen, Funktionen und Speicherinhalte durch Dritte, nämlich durch die Ermittlungsbehörde. Hier findet zwar keine über die vom Nutzer bereits erzeugten Inhalte hinausgehende Echtzeit-Überwachung statt; das IT-Grundrecht soll aber durch seine Integritätskomponente auch vor Schäden am betroffenen IT-System schützen.[800]

Der Integritätsschutz hat damit eine über den Vertraulichkeitsschutz hinausgehende, eigenständige Bedeutung. Zweifelhaft ist allenfalls, ob diese in subjektiv-rechtlicher Perspektive einer ausdrücklichen grundrechtlichen Verankerung bedurfte, denn dass eine staatliche Maßnahme die Interessen und Gegenstände des Betroffenen nicht über das zur Zweckerreichung erforderliche Maß hinaus beschädigen darf, liegt bereits aus Gründen der Verhältnismäßigkeit auf der Hand. Eine Ende 2011 bekannt gewordene, von deutschen Ermittlungsbehörden genutzte Überwachungssoftware zum Internet-Fernzugriff[801] ermöglichte jedoch Dritten sowohl Zugriffe auf das infiltrierte IT-System als auch die Übersendung vorgeblich von diesem IT-System stammender Daten an die Ermittlungsbehörde.[802] Angesichts derart schwerwiegender Mängel in der integritätsrelevanten technischen Umsetzung staatlicher Internet-Fernzugriffe

---

[798] Vgl. BVerfGE 120, 274 (322); *Bäcker/Freiling/S. Schmitt*, DuD 2010, 80 (85); *Michalke*, StraFo 2008, 287 (291).

[799] Siehe hierzu oben Fn. 33.

[800] Vgl. BVerfGE 120, 274 (325). Eine Beschränkung auf Schäden durch die heimliche Infiltration des Systems wie bei *Bäcker*, Linien der Rechtsprechung des BVerfG 2009, 99 (125), erfasst nicht alle denkbaren Integritätsverletzungen. Wird z. B. bei der Auswertung eines sichergestellten verschlüsselten IT-Systems der Header der Festplatte durch Unachtsamkeit beschädigt und hat der Betroffene hiervon kein Backup, sind alle verschlüsselten Daten unwiederbringlich gelöscht, weil es keinen Schlüssel mehr gibt, zu dem das Passwort bzw. die Schlüsseldatei des Betroffenen passt, siehe hierzu oben S. 39. Die eigenständige Schutzwürdigkeit der Integrität übersieht gänzlich *Bull*, Bundesverfassungsgericht und Öffentliche Sicherheit 1 2012, 65 (79).

[801] Siehe hierzu ausführlich unten S. 331 ff.

[802] *Popp*, ZD 2012, 53 (55); *Skistims/Roßnagel*, ZD 2012, 3 ff.

kann die Notwendigkeit einer – wenn auch nur klarstellenden – Betonung des Integritätsschutzes nicht geleugnet werden.[803]

(c) Berechtigte Erwartungen an Vertraulichkeit und Integrität

Das *BVerfG* beschränkt den Schutz des IT-Grundrechts auf solche IT-Systeme, an deren Vertraulichkeit und Integrität der Nutzer *berechtigte* Erwartungen hegen darf.[804]

(aa) Nutzung des IT-Systems „als eigenes"

Berechtigte Vertraulichkeits- und Integritätserwartungen an ein IT-System können zunächst nur bestehen, soweit sein Nutzer billigerweise davon ausgehen darf, dass keine Dritten Zugriff darauf haben: Er muss das IT-System „als eigenes" nutzen.[805]

Aus der in diesem Zusammenhang vom *BVerfG* gewählten Formulierung des „Verfügens" über ein IT-System im Online-Durchsuchungsurteil[806] leitete *Spanke* einen sachenrechtlichen Begriffsgehalt ab.[807] *Verfügen* könne der Nutzer nur über in seinem Eigentum stehende IT-Systeme.[808] Ein solches Begriffsverständnis ist verfehlt, stellt doch das *Gericht* bereits im darauffolgenden Satz klar, dass der Schutz des IT-Grundrechts sich auf IT-Systeme in der Verfügungsgewalt Dritter erstreckt, soweit hierüber eigene IT-Systeme genutzt

---

[803] Bewirkt hat sie im Fall des vorgenannten Trojanereinsatzes allerdings auch nichts.

[804] BVerfGE 120, 274 (306).

[805] BVerfGE 120, 274 (315).

[806] BVerfGE 120, 274 (315): „Eine grundrechtlich anzuerkennende Vertraulichkeits- und Integritätserwartung besteht allerdings nur, soweit der Betroffene das informationstechnische System als eigenes nutzt und deshalb den Umständen nach davon ausgehen darf, dass er allein oder zusammen mit anderen zur Nutzung berechtigten Personen über das informationstechnische System selbstbestimmt *verfügt* [Hervorh. d. Verf.]."

[807] *Spanke*, Multimediale Systeme und Dienste am Arbeitsplatz, S. 82, unter irreführendem „Ebenso"-Hinweis auf *Hoeren*, MMR 2008, 365 (366), bei dem es heißt: „Der Begriff ist für einen Zivilisten missverständlich. Die Verfügungsgewalt hat eigentlich nur der Eigentümer; er ist als einziger berechtigt, Verfügungen vorzunehmen. Das Gericht meint wohl eher die tatsächliche Sachherrschaft und damit den Besitz."

[808] *Spanke*, Multimediale Systeme und Dienste am Arbeitsplatz, S. 82 f.

werden.[809] Auch kann *ein* geschütztes IT-System aus vielen IT-Systemen bestehen, die über das Internet miteinander verbunden sind.[810] Die Eigentumsverhältnisse der beteiligten „Stationen" von Datenverarbeitungs- und Übertragungsvorgängen sind hier kaum nachvollziehbar.[811] Darüber hinaus wäre eine derartige Abgrenzung auch angesichts der Schutzrichtung des IT-Grundrechts nicht sinnvoll, da man ihr zufolge z. B. die Nutzung eigener Cloud Computing-Konten über das kurzzeitig gemietete IT-System eines Internetcafés vom Schutzbereich ausnehmen müsste. Hierfür besteht kein Anlass.[812]

Auch ein IT-System am Arbeitsplatz kann in den Schutzbereich des IT-Grundrechts fallen, soweit der Nutzer „allein oder zusammen mit anderen zur Nutzung berechtigten Personen" hierüber „selbstbestimmt verfügt".[813] Dass es auf die Eigentumsverhältnisse nicht ankommen kann, wird hier bei der „auch privaten" Nutzung eines vom Arbeitgeber zur Verfügung gestellten IT-Systems – etwa eines Notebooks oder Smartphones – besonders deutlich.[814]

Für die Eigennutzung kommt es ferner nicht darauf an, ob *einzelne Inhalte* ausschließlich in der Verfügungsgewalt Dritter stehen: Das

---

[809] Vgl. BVerfGE 120, 274 (315).

[810] Vgl. BVerfGE 120, 274 (314). Siehe hierzu oben S. 34.

[811] So auch zutreffend *Drallé*, IT-Grundrecht, S. 33.

[812] Entgegen *Volkmann*, DVBl 2008, 590 (592), kann dem Nutzer eines IT-Systems im Internetcafé auch nicht egal sein, ob dieses technisch einwandfrei funktioniert. Dass er ein ersichtlich defektes IT-System ablehnen und dafür ein anderes verlangen kann, ist nicht entscheidend: Die Integrität wird z. B. durch einen unbemerkten Keylogger erheblich beeinträchtigt. Dass abgesehen von IT-Systemen im Eigentum des Nutzers keinerlei berechtigte Integritätsinteressen bestehen können, ist schlicht falsch.

[813] Vgl. BVerfGE 120, 274, (315). So zur Geltung am Arbeitsplatz auch *Schmidl*, in: Corporate Compliance, Rn. 321 zu § 29; *Uerpmann-Wittzack*, Das neue Computergrundrecht 2009, 99 (100), unter Verweis auf ergänzend heranzuziehende Rechtsprechung des *EGMR*. Offengelassen bei *Hornung*, CR 2008, 299 (303). Ablehnend unter abwegigem Hinweis auf § 855 BGB bei *Spanke*, Multimediale Systeme und Dienste am Arbeitsplatz, S. 83.

[814] Zum Verlust von Kontrollmöglichkeiten des Arbeitgebers infolge mittelbarer Drittwirkung des IT-Grundrechts vgl. *Schmidl*, in: Corporate Compliance, Rn. 323 zu § 29.

IT-Grundrecht schützt auch die Inhalte und Umstände der *Nutzung* vom Schutzbereich erfasster IT-Systeme.[815] Diese können gerade durch die Vernetzung schutzbedürftig sein.[816] Bei einem an das Internet angeschlossenen IT-System ist daher die Vertraulichkeit der Internetnutzung vom Schutzbereich erfasst, auch soweit sie öffentlich zugängliche Internetangebote betrifft. Zwar sind deren Inhalte für sich genommen nicht vertraulich. Die Information darüber, welche Internetangebote ein Nutzer insgesamt aufgerufen hat, ist hiervon aber zu unterscheiden – sie ist schließlich keineswegs öffentlich zugänglich und auch nicht Teil der Verfügungsgewalt einzelner Ersteller[817] öffentlich zugänglicher Internetangebote.[818]

(bb) Berechtigte Erwartungen und informationstechnische Realität

Abgesehen von der Eigennutzung eines IT-Systems stellt das *BVerfG* dafür, dass Vertraulichkeits- und Integritätserwartungen hieran *berechtigt* sind, keinerlei Anforderungen an den Nutzer. So ist es unerheblich, ob der Zugriff auf sein IT-System „leicht oder nur mit erheblichem Aufwand möglich ist".[819] Dies bedarf einer näheren Prüfung.

[i] Vertraulichkeit und Integrität als grundrechtlich geschützter status quo?

Das *BVerfG* geht im Online-Durchsuchungsurteil davon aus, der Einzelne sei darauf angewiesen, „dass der Staat die mit Blick auf [seine] ungehinderte Persönlichkeitsentfaltung berechtigten Erwartungen an die Integrität und Vertraulichkeit derartiger Systeme ach-

---

[815] Vgl. BVerfGE 120, 274 (304, 306, 314).

[816] BVerfGE 120, 274 (314).

[817] Diese können allenfalls nachvollziehen, wer *ihr* Internetangebot aufgerufen hat, z. B. anhand von IP-Adressen, Browserkennungen oder Cookies. Siehe hierzu *Ness*, Privacy-Handbuch, S. 57 ff.

[818] Ebenso *Bäcker*, Linien der Rechtsprechung des BVerfG 2009, 99 (104 f.), der jedoch im Ergebnis Art. 10 GG für einschlägig hält. Zur Abgrenzung siehe ausführlich unten S. 181 ff.

[819] Vgl. BVerfGE 120, 274 (315).

tet".[820] *Berechtigte* Erwartungen können jedoch nicht allein deshalb bestehen, weil *der Staat* Vertraulichkeits- und Integritätsinteressen achtet. Das *BVerfG* spricht so auch an anderer Stelle lediglich von Datenbeständen geschützter IT-Systeme, die „von *Dritten* [Hervorh. d. Verf.] erhoben und ausgewertet" werden können, was *diesen Dritten* „weitreichende Rückschlüsse auf die Persönlichkeit des Nutzers bis hin zu einer Profilbildung" ermögliche.[821] „Zu den aus solchen Folgerungen entstehenden Persönlichkeitsgefährdungen"[822] verweist das *BVerfG* sodann ausdrücklich auf die Passage im Volkszählungsurteil, in welcher es heißt, dass „individuelle Selbstbestimmung" einem „psychischen Druck" unterliege, soweit Dritte umfassende Einblicke in „persönliche oder sachliche Verhältnisse einer bestimmten oder bestimmbaren Person" erhielten.[823] Daraus folgte zugleich: *Ohne* psychischen Druck und „individuell selbstbestimmt" können IT-Systeme nur genutzt werden, soweit Dritte keine derart umfassenden Einblicke erhalten können. In diesem Fall wären Erwartungen an Vertraulichkeit und Integrität *tatsächlich* berechtigt.

Die Erwartungen, die das *BVerfG* mit dem IT-Grundrecht schützt, sind nicht in diesem Sinne berechtigt: Integrität und Vertraulichkeit sind in der Informatik *Ziele* der Methoden zur Gewährleistung von Datensicherheit.[824] Die technische Umsetzung dieser Methoden ist ein Prozess, der infolge steigender Rechenkapazitäten und verbesserter Algorithmen ständigen Änderungen unterliegt. Nicht nur in der verbreiteten Nutzung des sog. „Web 2.0"[825] sind mannigfaltige Gefahren für die Datensicherheit angelegt; einige dieser Gefahren können durch sicherheitsbewusstes Nutzerverhalten ausgeschlos-

---

[820] BVerfGE 120, 274 (306).
[821] BVerfGE 120, 274 (305).
[822] BVerfGE 120, 274 (305).
[823] BVerfGE 65, 1 (42).
[824] Siehe hierzu oben S. 36.
[825] Als nicht ganz glücklicher Sammelbegriff für Internetangebote wie Wikis, Soziale Netzwerke etc., die auf Interaktivität mit ihren Nutzern basieren, vgl. *P. Fischer/Hofer*, Lexikon der Informatik, S. 990. Zur Entwicklung vgl. ausführlich *Tinnefeld/Buchner/Petri*, Datenschutzrecht, S. 19 ff.

sen, andere minimiert, viele jedoch nur ausgeräumt werden, indem vollständig auf die Nutzung des jeweiligen Angebots verzichtet wird.[826] Infolgedessen bestehen *nach dem Begriffsverständnis in der Informatik berechtigte* Erwartungen in Vertraulichkeit und Integrität nur, soweit ein Nutzer Methoden zur Gewährleistung von Datensicherheit nach dem jeweils aktuellen Stand des technisch Erforderlichen nutzt. Bei informationstechnischen Anwendungen, für die keine solchen Methoden bestehen, ist von vornherein keine Vertraulichkeits- bzw. Integritätserwartung gerechtfertigt. Hiernach ist etwa die nicht Ende-zu-Ende-verschlüsselte[827] zwischenmenschliche Internet-Kommunikation *technisch* ebenso wenig vertraulich wie der unverschlüsselt im Cloud Storage oder in sozialen Netzwerken erzeugte und vorgehaltene Datenbestand.[828] Die Nutzung eines zentralen IT-Systems mit Internetanschluss führt auch für seinen lokalen Datenbestand zu einer abstrakt höheren Gefährdung durch Schadprogramme und Angriffe aus dem Internet im Vergleich zu IT-Systemen ohne Internetanschluss,[829] die sich nochmals erhöht, soweit keine Sicherheitsupdates des Betriebssystems durchgeführt und keine Programme zum Schutz gegen Sicherheitsrisiken im Internet verwendet werden[830].

Die durchschnittlichen IT-sicherheitsrelevanten Fähigkeiten und Kenntnisse der Bundesbürger sind gering.[831] Dies verwundert umso mehr angesichts einer Erhebung des *Statistischen Bundesamtes*, wonach 2010 nur 16 %[832] der Befragten *keinen* Missbrauch ihrer persönlichen Daten im Internet fürchteten. Hieraus lässt sich schließen, dass Sicherheitsrisiken bei der Nutzung vernetzter Informations-

---

[826] Vgl. hierzu mit Beispielen *Ness*, Privacy-Handbuch, S. 51 ff.

[827] Siehe hierzu oben S. 53.

[828] Ebenso *Freiling*, Stellungnahme BVerfG, S. 2.

[829] Hierauf weist bereits *Hofmann*, NStZ 2005, 121 (124), zutreffend hin – wenn auch mit zweifelhaften Schlussfolgerungen.

[830] Zur Effektivität und Verbreitung solcher Software vgl. *Bogk*, Antworten zum Fragenkatalog, S. 3; *Fox*, Stellungnahme zur „Online-Durchsuchung", S. 10 f.

[831] Siehe hierzu oben S. 4.

[832] *Statistisches Bundesamt*, Statistisches Jahrbuch 2012, S. 204.

technik den meisten zwar bekannt sind, sie aber nicht zur vertieften Beschäftigung mit Schutzmöglichkeiten veranlassen.

Nach alledem spricht auf den ersten Blick wenig dafür, ohne Weiteres von *berechtigten* Erwartungen in die Vertraulichkeit und Integrität von IT-Systemen und einer hierauf gestützten individuellen Selbstbestimmung jedes Nutzers auszugehen. Denn alle Daten, die vernetzter Informationstechnik anvertraut oder durch ihre Verwendung zwangsläufig erzeugt werden, sind potentiellen Zugriffen Dritter ausgesetzt, wenn nicht wirksame technische Sicherheitsvorkehrungen getroffen werden – und absoluten Schutz bieten auch diese nicht. Den meisten Nutzern ist dies durchaus bewusst. Soweit außerdem der Einsatz von Methoden zur Gewährleistung von Datensicherheit (auch) von ihrer Umsetzung durch Dritte abhängt – z. B. durch Anbieter von Internetdiensten bei der Nutzung sicherer Netzwerkprotokolle[833] oder durch Cloud-Anbieter bzw. Kommunikationspartner bei der Generierung Ende-zu-Ende-verschlüsselter Inhalte –, kann der Nutzer sich im Einzelfall nur darauf einstellen, *ob* bzw. *inwieweit* Datensicherheit besteht. Sein Verhalten kann er hiernach nur begrenzt ausrichten: Ist er – z. B. durch berufliche oder öffentlich-rechtliche[834] Pflichten – auf die Nutzung einer vernetzten informationstechnischen Anwendung angewiesen, von der er weiß, dass sie keine (hinreichende) Datensicherheit bietet, besteht eine Diskrepanz zwischen Datensicherheitsanspruch und -wirklichkeit, die auch durch eine grundrechtlich geschützte Erwartungshaltung nicht aufzulösen ist.

[ii] Vertraulichkeit und Integrität als objektive Schutzpflicht

Der Ansatz des *BVerfG*, eine tatsächlich (noch) nicht bestehende Datensicherheit zum Gehalt eines Grundrechts zu erklären, wird

---

[833] Siehe hierzu oben S. 51.

[834] Vgl. BVerfGE 120, 274 (313). Nur ein Beispiel hierfür ist die Pflicht zur elektronischen Abgabe von Steuererklärungen und Bilanzen gemäß §§ 25 Abs. 4, 5b EStG. Die Härtefallregelung in § 5b Abs. 2 EStG vermag hieran nichts zu ändern, weil die Pflicht zur elektronischen Übermittlung fortgilt, solange die Finanzbehörde über einen Härteantrag nicht entschieden hat, vgl. *Bergan/Martin*, DStR 2010, 1755 (1758).

erst unter objektiv-rechtlichen Erwägungen verständlich. So wird im Online-Durchsuchungsurteil vereinzelt eine Stellungnahme des *Gerichts* für das Konzept grundrechtlicher Gewährleistungsgehalte ausgemacht.[835]

Hierfür spricht, dass *Hoffmann-Riem* – seines Zeichens Berichterstatter des Urteils –[836] ein Wegbereiter dieser Dogmatik ist und mehrfach[837] die durch sie vermittelte gesteigerte objektiv-rechtliche Bedeutung der Grundrechte betont hat: Die Rede von Schutzbereichen sei nicht mehr angemessen, weil die Verwirklichung grundrechtlicher Freiheiten nicht primär durch die Abwehr staatlicher Eingriffe, sondern durch die Gewährleistung von Entfaltungsmöglichkeiten bedingt sei.[838] Diese hingen zunehmend vom Verhalten Privater ab.[839] Grundrechtliche Gewährleistungsgehalte verpflichteten daher den Gesetzgeber, rechtliche Vorgaben für die Ausgestaltung dieser Entfaltungsmöglichkeiten zu schaffen.[840] Dies werde umso deutlicher, je stärker der Staat in Gemeinwohlbelangen Privaten gänzlich das Feld überlasse.[841]

Mit dem von *E.-W. Böckenförde* vorgestellten Konzept grundrechtlicher Gewährleistungsgehalte[842] kann allerdings eine effektive Verkürzung des Grundrechtsschutzes einhergehen: Durch die Unterscheidung von Lebensbereich, Sachbereich und Gewährleistungsge-

---

[835] So etwa *Lepsius*, Roggan (Hrsg.): Online-Durchsuchungen 2008, 21 (43 f.).

[836] *Hirsch*, NJOZ 2008, 1907 (1915).

[837] *Hoffmann-Riem*, Kolloquium Bryde 2004, 53 ff. Ähnlich hierzu spricht *Hoffmann-Riem* bereits 2003 zum Einfluss der Grundrechte auf die Regulierung der Internetkommunikation vom „Gewährleistungsauftrag" des Gesetzgebers, *Hoffmann-Riem*, Ladeur (Hrsg.): Regulierung des Internet 2003, 53 (56). Zu den Auswirkungen grundrechtlicher Gewährleistungsgehalte auf den Gesetzesvorbehalt vgl. *Hoffmann-Riem*, AöR 130 (2005), 5 (52 ff.). Mit umfangreichen Nachweisen zur Kritik an diesem Grundrechtsverständnis *Hoffmann-Riem*, Der Staat 43 (2004), 203 ff.

[838] *Hoffmann-Riem*, Kolloquium Bryde 2004, 53 (57).

[839] *Hoffmann-Riem*, Kolloquium Bryde 2004, 53 (57).

[840] *Hoffmann-Riem*, Kolloquium Bryde 2004, 53 (59).

[841] *Hoffmann-Riem*, Kolloquium Bryde 2004, 53 (60 f.).

[842] Vgl. hierzu insbesondere *E.-W. Böckenförde*, Der Staat 42 (2003), 165 ff.

halt[843] kann es (tatsächliche) Lebens- und Sachbereiche geben, die nicht zu (rechtlichen) Gewährleistungsgehalten ausgestaltet wurden und allein dadurch keinen Grundrechtsschutz erfahren.[844] Dies ist indes keine zwingende Folge der Konzeption, wie gerade das IT-Grundrecht zeigt: Die inhaltliche Weite eines Grundrechts kann sich sogar *erhöhen*, wenn es nicht primär der Abwehr von Eingriffen in bestehende Rechtspositionen dient, sondern der originären Schaffung von Rechtspositionen in Bereichen, in denen andernfalls gar keine Freiheitsausübung möglich ist.[845] So hängen die *tatsächlich berechtigten* Erwartungen an Vertraulichkeit und Integrität von IT-Systemen von *tatsächlichen Umständen* ab. Ein grundrechtlicher Gewährleistungsgehalt, der diese Umstände voraussetzt, veranlasst den Gesetzgeber zur Schaffung *rechtlicher* Vorgaben für ihre technische Umsetzung.[846]

Für das IT-Grundrecht oblag nun sowohl die Bestimmung des („schutzbereichlichen") Lebens- und Sachbereichs als auch des mutmaßlichen Gewährleistungsgehalts mangels ausdrücklicher Verankerung im Text des Grundgesetzes dem *BVerfG*. Ein Rückgriff auf alternative Modelle zur Bestimmung von Grundrechtsinhalten ist daher gar nicht nötig:[847] Das *BVerfG* leitet aus der durch die Grundrechte vermittelten objektiven Wertordnung[848] staatliche Schutzpflichten ab.[849] Diese „gebieten dem Staat, sich schützend und

---

[843] Vgl. *E.-W. Böckenförde*, Der Staat 42 (2003), 165 (174 ff.).

[844] Krit. insoweit auch *Drallé*, IT-Grundrecht, S. 63, der am Beispiel von Art. 8 GG richtigerweise auf dogmatische Brüche hinweist, soweit durch die Konstruktion von Gewährleistungsgehalten „die Eingriffsprüfung im Ergebnis entbehrlich" wird und zudem unberücksichtigt bleibt, dass eine rechtliche Beschränkung bestimmter Lebens- und Sachbereiche ausdrücklich im Wortlaut eines Grundrechts zu finden ist, sofern sie der Verfassungsgeber vorsehen wollte.

[845] Vgl. *Hoffmann-Riem*, Kolloquium Bryde 2004, 53 (62 ff.).

[846] In diesem Sinne greift auch *Hoffmann-Riem* „sein" IT-Grundrecht im AöR 134 (2009), 513 (533 ff.), wieder auf.

[847] Letztlich ebenso, aber entschieden gegen das Konzept grundrechtlicher Gewährleistungsgehalte *Drallé*, IT-Grundrecht, S. 65.

[848] BVerfGE 7, 198 (205) st. Rspr. Siehe hierzu bereits oben S. 77 ff.

[849] BVerfGE 39, 1 (41 f.) st. Rspr.

fördernd"[850] vor das jeweilige grundrechtliche Schutzgut zu stellen und den Grundrechtsträger vor Gefährdungen durch Private zu schützen. Das IT-Grundrecht enthält daher auch nach klassischem Schutzbereichsverständnis den Auftrag an den Gesetzgeber, die rechtlichen Rahmenbedingungen für die Gewährleistung der Vertraulichkeit und Integrität von IT-Systemen zu schaffen.[851] Unabhängig vom präferierten dogmatischen Ansatz erklärt sich damit die inhaltliche Weite des IT-Grundrechts anhand objektiv-rechtlicher Erwägungen.[852]

(3) Zwischenergebnis

Das IT-Grundrecht schützt vor staatlichen Zugriffen auf als eigene genutzte, potentiell datenintensive IT-Systeme. An die „Nutzung als eigene" bestehen keine hohen Anforderungen: Es genügt, wenn der Nutzer davon ausgehen darf, dass keine unbefugten Dritten auf sein IT-System zugreifen, auch wenn das jeweils genutzte Endgerät ihm weder gehört noch – wie im Fall des IT-Systems eines Internetcafés – dauerhaft seinem eigenen IT-System angehört. Eingriffe liegen in jeder Verletzung der berechtigten Erwartungen in die Vertraulichkeit und Integrität solcher Systeme. *Rechtlich* berechtigt sind diese Erwartungen infolge der betont objektiv-rechtlichen Ausrichtung des IT-Grundrechts unabhängig davon, ob sie auch *tatsächlich* berechtigt sind. In subjektiv-rechtlicher Hinsicht kann nichts anderes gelten.[853]

---

[850] BVerfGE 46, 160 (164) st. Rspr.

[851] Krit. hierzu unter dem Aspekt der Gewaltenteilung *Sick*, VBlBW 2009, 85 (88 ff.).

[852] Ähnlich auch *Gusy*, DuD 2009, 33 (37); *Luch*, MMR 2011, 75 (77); *G. Schulz*, DuD 2012, 395 (396 ff.). Zu den Auswirkungen auf Auslegungsfragen im Zivilrecht ausführlich *Roßnagel/Schnabel*, NJW 2008, 3534 (3535 ff.).

[853] Die Ansicht *Lepsius'* in Roggan (Hrsg.): Online-Durchsuchungen 2008, 21 (34), wonach das IT-Grundrecht „keine subjektive Rechtsposition schützt", weil es „nicht der klassischen Grundrechtsfunktion eines subjektiven Abwehrrechts zuzuordnen" sei, sondern „in den Bereich der objektiven Grundrechtslehren" gehöre, ist mit dem Ergebnis des Online-Durchsuchungsurteils – einer für rechtswidrig erklärten hoheitlichen Maßnahme – nicht in Einklang zu bringen.

bb) Verfassungsrechtliche Rechtfertigung

Es stellt sich die Frage, welche Auswirkungen *rechtlich* und *tatsächlich* verschieden berechtigte Erwartungen in Vertraulichkeit und Integrität auf die verfassungsrechtliche Rechtfertigung von strafprozessualen Eingriffen in das IT-Grundrecht haben.

Ein Auseinanderfallen von (grund-)rechtlichem Schutzanspruch und tatsächlichen Verhältnissen ist zunächst keine Besonderheit. Die Eröffnung grundrechtlicher Schutzbereiche richtet sich nicht danach, wie intensiv ein Grundrechtsträger um die Wahrung seiner Grundrechte bemüht ist. Die Unverletzlichkeit der Wohnung gemäß Art. 13 Abs. 1 GG hängt nicht davon ab, ob Türen und Fenster verschlossen oder gar besonders einbruchsicher konstruiert sind;[854] geschützt von Art. 13 Abs. 1 GG ist bereits ein durch Bepflanzungen erkennbar abgegrenzter Vorgarten, soweit er für die Öffentlichkeit als Raum des privaten Rückzugs erkennbar ist.[855] Auch der Schutz des Eigentums aus Art. 14 Abs. 1 GG hängt nicht davon ab, ob es besonders gegen Wegnahme gesichert ist, und das Briefgeheimnis des Art. 10 Abs. 1 GG schützt auch offene Postsendungen[856] und Postkarten[857].

Im Verhältnis zu Privaten sind die aus *tatsächlichen* Gründen berechtigten Erwartungen an die Achtung der Grundrechtspositionen als Teile der objektive Werteordnung dennoch vom Verhalten des Grundrechtsträgers abhängig: Wer im anonymen Plattenbau eines sozialen Brennpunkts auf eine Wohnungstür verzichtet, wird nicht erwarten, dass sein privater Rückzugsbereich und sein Eigentum unangetastet bleiben. Wer für eine vertrauliche Mitteilung an einen von mehreren Inhabern eines Briefkastens eine Postkarte wählt,

---

[854] So auch *Schlegel*, GA 2007, 648 (654 f.), gegen die vor dem Online-Durchsuchungsurteil vereinzelt vorgetragene Argumentation, ein an das Internet angeschlossenes Computersystem sei von vornherein weniger schutzwürdig, weil sein Nutzer mit unberechtigten Zugriffen rechnen müsse.

[855] *Papier*, in: Maunz/Dürig, Rn. 11 zu Art. 13.

[856] BVerwG, Urteil vom 18.03.1998 – 1 D 88/97 –, NVwZ 1998, 1083.

[857] *Baldus*, in: BeckOK GG, Rn. 3 zu Art. 10.

wird nicht erwarten, dass dieser Inhalt nur dem Adressaten zur Kenntnis gelangt. Im Verhältnis zwischen Bürger und Staat kommt es auf die sicher verschlossene Wohnung oder den gut verklebten Brief hingegen nicht an – die Wohnung ist grundsätzlich unverletzlich, der Briefinhalt grundsätzlich geheim. Der Bürger darf – *rechtlich* wie *tatsächlich* – erwarten, dass der Staat hiergegen nur unter Beachtung der gesetzlichen Voraussetzungen verstößt – nicht weniger, aber auch nicht mehr: Der Bürger kann gerade nicht sicher wissen, inwieweit ihm gegenüber strafprozessuale Eingriffsvoraussetzungen im Einzelfall vorliegen werden. Er kann sein Verhalten nicht danach ausrichten, nie Betroffener einer Wohnungsdurchsuchung oder Postbeschlagnahme zu werden. Liegen deren Voraussetzungen vor, ist es sogar unerheblich, wie sicher Wohnung oder Brief verschlossen sind. Der Staat darf sich gemäß §§ 102 ff. StPO bzw. §§ 94 ff. StPO Zugriff verschaffen. Die Beschädigung einer gut verschlossenen Türe oder eines sicher verklebten Briefumschlags sind hierzu gerechtfertigt.[858]

Dieses Verhältnis zwischen Grundrechtsschutz und gerechtfertigten Grundrechtseingriffen, die der Erfüllung von Staatsaufgaben dienen, muss auch für das IT-Grundrecht gelten. So trägt z. B. der Einwand nicht, ein staatlicher Internet-Fernzugriff auf IT-Systeme seiner Bürger dürfe unter keinen Umständen stattfinden, weil der Staat Privaten den Einsatz von „Hacker-Tools [...] wegen ihrer Gefährlichkeit" strafbewehrt verboten hat.[859] Die *tatsächlich* berechtigten Erwartungen an die Vertraulichkeit und Integrität von IT-Systemen steigen mit der Nutzung von Methoden zur Gewährleistung von Datensicherheit im Verhältnis zu anderen Privaten wie zum Staat gleichermaßen. Denn eine hinreichende Datenträgerverschlüsselung oder eine Ende-zu-Ende-verschlüsselte Datenübertragung kann der Staat nicht allein kraft seines Gewaltmonopols überwinden. Wenn aber nach dem *BVerfG* der Schutz des IT-Grundrechts unabhängig davon besteht, wie schwierig sich der Zu-

---

[858] Vgl. *Zaczyk*, in: Kindhäuser/Neumann/Paeffgen, Rn. 21 zu § 303.
[859] So etwa *Bizer*, DuD 2007, 640.

griff im Einzelfall tatsächlich gestaltet, sind die *rechtlich* geschützten Erwartungen an Vertraulichkeit und Integrität identisch, egal ob und wie gut ein IT-System gegen Zugriffe gesichert ist.

Im Rahmen der Verhältnismäßigkeitsprüfung kann dies nicht unberücksichtigt bleiben. Ist nämlich ein Datenträger unverschlüsselt, kann er – tatsächlich unproblematisch – sichergestellt und ausgewertet werden.[860] Erfolgt ein Datenübertragungsvorgang im Internet unverschlüsselt, kann rein technisch[861] ohne Weiteres auf dem Übertragungsweg darauf zugegriffen werden. Sind Datenträger oder Übertragungsvorgang jedoch verschlüsselt, ist dies bei der Erforderlichkeitsprüfung auch eingriffsintensiver Maßnahmen zu berücksichtigen. Denn durch *tatsächliche* Sicherungsvorkehrungen erhöht sich der *rechtliche* Schutz gegenüber dem Staat nicht. So würde sich wohl niemand zu der These versteigen, die Zerstörung des besonders guten Sicherheitsschlosses einer Eingangstür sei zur Durchführung einer Wohnungsdurchsuchung unverhältnismäßig, soweit die Wohnungsdurchsuchung als solche rechtmäßig angeordnet wurde.

Das Online-Durchsuchungsurteil gibt zu alledem nicht viel her. Die darin für verfassungswidrig erklärte Online-Durchsuchung als Einsatz technischer Mittel i. S. d. § 5 Abs. 2 Nr. 11 VSG-NRW a. F. war als heimliche Ermittlungsmaßnahme angelegt, bei der die Nutzung eines IT-Systems auch für längere Zeit vom Betroffenen unbemerkt umfassend überwacht werden durfte.[862] Im vorgenannten Beispiel entspricht dies nicht der Eröffnung des Zutritts zur Wohnung, sondern einem dauerhaft darin platzierten, unsichtbaren Beobachter. Die hierfür vom *BVerfG* aufgestellten Anforderungen – insbesondere die Beschränkung auf den Schutz überragend wichtiger Rechtsgüter wie Leib, Leben, Freiheit der Person und solcher Allgemeingüter, „deren Bedrohung den Bestand des Staates oder

---

[860] Siehe hierzu unten S. 251 ff.

[861] Hinreichende Ermittlungsbefugnisse bestehen hier nur z. T. Siehe hierzu unten S. 343 ff.

[862] Vgl. BVerfGE 120, 274 (281).

die Grundlagen der Existenz der Menschen berührt",[863] sowie das Erfordernis konkreter gefahrenabwehrrechtlich relevanter Anhaltspunkte, denen im Bereich der Strafverfolgung ein erhöhter Verdachtsgrad i. S. d. § 100c StPO entspricht[864] – können nicht ohne Weiteres auf jeden Eingriff in das IT-Grundrecht übertragen werden.[865] Auch erscheint es vorschnell, für Eingriffe in das IT-Grundrecht generell höhere Hürden aufstellen zu wollen als für Eingriffe in das Recht auf informationelle Selbstbestimmung.[866]

Das *BVerfG* hat klargestellt, dass Eingriffe in das IT-Grundrecht zur Strafverfolgung gerechtfertigt sein können, soweit sie auf einer verfassungsmäßigen gesetzlichen Grundlage beruhen.[867] Ob eine gesetzliche Grundlage verfassungsgemäß ist bzw. ob und ggf. wie eine Eingriffsgrundlage verfassungsgemäß gestaltet werden kann, richtet sich nach den grundrechtsübergreifenden Anforderungen, wobei den im Wesentlichen aus der Informatik übernommenen Definitionen der Vertraulichkeit und Integrität Vorgaben für die verfassungskonforme *technische* Umsetzung von Ermittlungsmaßnahmen immanent sind, die sich in Regelungstypus und Regelungsdichte der jeweiligen Eingriffsgrundlage niederschlagen müssen. Darüber hinaus gelten die Anforderungen an gesetzliche Grundlagen für Eingriffe in das Recht auf informationelle Selbstbestimmung[868] mit Ausnahme der dateninhaltsbezogenen Abstufung im Rahmen der Verhältnismäßigkeitsprüfung entsprechend.[869] Keinen Einfluss auf die zu beurteilende Eingriffsintensität haben hierbei die

---

[863] BVerfGE 120, 274 (328).

[864] Vgl. BVerfGE 120, 274 (328). Die Formulierung des *BVerfG* ähnelt derjenigen im Urteil zum Großen Lauschangriff, sodass auch für die repressive heimliche Online-Überwachung ein Verdachtsgrad zwischen Anfangsverdacht und hinreichendem Tatverdacht erforderlich ist, vgl. BVerfGE 109, 279 (350). Siehe hierzu bereits oben S. 87.

[865] So auch *Bäcker*, Linien der Rechtsprechung des BVerfG 2009, 99 (129 f.), der allerdings zumindest eine „qualifizierte Eingriffsschwelle" fordert.

[866] So ausdrücklich *T. Böckenförde*, JZ 2008, 925 (928).

[867] BVerfGE 120, 274 (315).

[868] Siehe hierzu oben S. 140 ff.

[869] Vgl. BVerfGE 120, 274 (315 f.)

technisch erforderlichen Zugriffsmodalitäten infolge der vom Betroffenen genutzten Methoden zur Gewährleistung von Datensicherheit. In objektiv-rechtlicher Dimension begründen demgegenüber tatsächliche Umstände einer Ermittlungsmaßnahme, mit deren Umsetzung Gefahren für die Vertraulichkeit und Integrität von IT-Systemen insgesamt erhöht oder neu geschaffen würden, ein öffentliches Interesse gegen die Normierung einer Ermittlungsmaßnahme.

d) Eigentumsfreiheit gemäß Art. 14 Abs. 1 S. 1 GG

In der rechtswissenschaftlichen Debatte weitgehend unbeachtet sind bislang Eingriffe in die Eigentumsfreiheit gemäß Art. 14 Abs. 1 S. 1 GG, die mit Zugriffen auf IT-Systeme einhergehen. Dies verwundert angesichts der wohl am nächsten liegenden Möglichkeit, unmittelbar (körperlich) auf diejenigen Datenträger eines IT-Systems zuzugreifen, auf denen sich potentiell beweiserhebliche Daten befinden können.

aa) Eingriff in den Schutzbereich

(1) Entzug der Sachherrschaftsposition an Datenträgern

Werden diese Datenträger bzw. ein vollständiges IT-System dem Inhaber entzogen, liegt darin ein Eingriff in seine Eigentumsfreiheit gemäß Art. 14 Abs. 1 S. 1 GG: Diese berechtigt zum Besitz, zur Nutzung und zur Verwaltung von sowie zum Verfügen über Eigentum.[870] Unter „Eigentum" sind hierbei alle Vermögenswerte zu verstehen, die ihrem Inhaber rechtlich derart zugeordnet sind, dass er „die damit verbundenen Befugnisse nach eigenverantwortlicher Entscheidung zu seinem privaten Nutzen ausüben darf".[871] Dies schließt auch den Besitz mit ein – auf die zivilrechtlichen Eigentumsverhältnisse an den entzogenen Gegenständen kommt es nicht

---

[870] BVerfGE 97, 350 (370); 105, 17 (30).
[871] BVerfGE 112, 93 (107).

an.[872] Unerheblich ist also, ob ein Datenträger bzw. das ihn beinhaltende IT-System etwa geliehen ist, unter Eigentumsvorbehalt erworben wurde oder vom Arbeitgeber zur „auch privaten" Nutzung zur Verfügung gestellt wird. Ebenso ist die zeitliche Dauer des Entzugs für den Eingriff ohne Belang. Er liegt vor, sobald der Inhaber von seinen Befugnissen ausgeschlossen ist.[873] Freilich wird die Dauer des Entzugs bei der Verhältnismäßigkeitsprüfung einer Maßnahme zu berücksichtigen sein. Auch die bloße Zugangsmöglichkeit zum Internet ist nach der jüngsten Rechtsprechung des *BGH* vermögenswert.[874] Wird sie durch den Entzug eines IT-Systems vereitelt, liegt hierin ein Eingriff in die Eigentumsfreiheit.

(2) Veränderung von Datenträgern

Daneben greift die Veränderung des Datenbestands eines Datenträgers in die Eigentumsfreiheit seines Inhabers ein: Bereits das begrifflich engere zivilrechtliche Eigentum an einem Datenträger wird beeinträchtigt, soweit sein Datenbestand verändert oder gelöscht wird.[875] Denn hiermit wird das Recht des Inhabers ausgeschlossen, den Datenträger mitsamt den darauf gespeicherten Daten wie vor der Veränderung bzw. Löschung zu nutzen.[876] Eingriffe in die Eigentumsfreiheit liegen daher auch in jeder Beeinträchtigung der

---

[872] *Lepsius*, Besitz und Sachherrschaft im öffentlichen Recht, S. 41 ff., schlägt in diesem Zusammenhang vor, die grundrechtliche Eigentumsgarantie hinsichtlich körperlicher Gegenstände durch eine „Sachherrschaftsgarantie" zu ersetzen. Aus Klarstellungsgründen erscheint dies angesichts der gefestigten verfassungsgerichtlichen Rechtsprechung sinnvoll. Allerdings umfasst Art. 14 Abs. 1 S. 1 GG neben Abwehrrechten auch die Einrichtungsgarantie des Eigentums. Die Eigentumsgarantie des Art. 14 GG kann daher nicht durch eine „Sachherrschaftsgarantie" ersetzt, sondern allenfalls um eine solche erweitert werden.

[873] LG Neuruppin, Beschluss vom 11.07.1997 – 14 Qs 59 Js 315/96 –, NStZ 1997, 563 (564).

[874] Vgl. BGHZ 196, 101, wonach ein ersatzfähiger Vermögensschaden entsteht, wenn dem Inhaber eines Internetanschlusses die Nutzungsmöglichkeit genommen wird, ohne dass ihm hierdurch Mehraufwendungen entstanden oder Einnahmen entgangen sind.

[875] OLG Oldenburg, Beschluss vom 24.11.2011 – 2 U 98/11 –, juris; vorgehend LG Osnabrück, Urteil vom 09.08.2011 - 14 O 542/10 –, juris, Rn. 20.

[876] OLG Karlsruhe, Urteil vom 07.11.1995 – 3 U 15/95 –, juris, Rn. 8.

Integrität eines IT-Systems durch die Infiltration zur Durchführung eines Internet-Fernzugriffs: Sie ist ohne Veränderung des Datenbestands technisch nicht möglich.[877]

(3) Zugriff auf die Daten als solche

Fraglich ist, inwieweit beim Zugriff auf Daten als solche in die Eigentumsfreiheit eingegriffen wird.

Allein infolge ihrer Unkörperlichkeit fallen Daten nicht aus dem Schutzbereich des Art. 14 GG. Dieser umfasst mit schuldrechtlichen Ansprüchen[878] auch anderweitig unkörperliche Schutzgüter und geht nicht nur insoweit über den zivilrechtlichen Eigentumsbegriff hinaus:[879] Geschützt ist die rechtliche Zuordnung von Vermögenswerten zu ihrem Inhaber.[880] Soweit Daten vermögenswert sind,[881] fallen sie demnach in den Schutzbereich. Schwieriger zu beantworten ist die Frage, wann mit dem Zugriff auf Daten ein *Eingriff* in den Schutzbereich verbunden ist, denn im Unterschied zu Rechten können Daten beliebig vervielfältigt werden. Während ein Rechtsentzug dem Inhaber die Möglichkeit nimmt, über das Recht zu verfügen, kann er von den Ermittlungsbehörden zur Auswertung kopierte Daten weiter nutzen. Unproblematisch liegen Eingriffe in die Eigen-

---

[877] Siehe hierzu bereits oben S. 45 ff. Ähnlich auch *Manssen*, Uerpmann-Wittzack (Hrsg.): Das neue Computergrundrecht 2009, 61 (65). Nicht nachvollziehbar sind in diesem Zusammenhang folgende Ausführungen zur vermeintlich fehlenden Integritätsbeeinträchtigung bei der Installation eines Programms für den Internet-Fernzugriff bei *Redler*, Online-Durchsuchung, S. 154: „Die Schadsoftware wird verdeckt als Systemprozess auf dem Zielsystem installiert und nicht in Form einer installierbaren Software."

[878] BVerfGE 115, 97 (111).

[879] Der zivilrechtliche Eigentumsbegriff ist vom verfassungsrechtlichen umfasst, vgl. *Depenheuer*, in: v. Mangoldt/Klein/Starck, Rn. 33 zu Art. 14.

[880] *Depenheuer*, in: v. Mangoldt/Klein/Starck, Rn. 111 zu Art. 14.

[881] A. A. *Manssen*, Uerpmann-Wittzack (Hrsg.): Das neue Computergrundrecht 2009, 61 (65 f.), der in der Beschränkung des Art. 14 GG auf den Vermögensschutz eine unzulässige Grundrechtsverkürzung sieht. Geschützt sei auch das reine Affektionsinteresse an Eigentumsgegenständen. Insoweit seien alle Daten vom Schutz des Art. 14 GG umfasst. Aus historischen und teleologischen Gründen ist dies jedoch abzulehnen, siehe hierzu sogleich.

tumsfreiheit daher nur vor, wenn Datenträger – und mit ihnen die vermögenswerten Daten – ihrem Inhaber entzogen werden, *ohne* dass ihm hiervon Kopien verbleiben.[882]

Behält der Inhaber die Daten und werden für den staatlichen Zugriff Kopien angefertigt, ist zu differenzieren: Zwar ist ein wesentliches Merkmal des Eigentums im Sinne von Art. 14 GG, dass es „dem Berechtigten ebenso *ausschließlich* [Hervorh. d. Verf.] wie Sacheigentum zur privaten Nutzung und zur eigenen Verfügung zugeordnet ist".[883] Das verfassungsrechtliche Eigentum vermittelt seinem Inhaber damit das Recht, Dritte von der Nutzung auszuschließen.[884] Haben also Dritte Daten kopiert und kann der Berechtigte damit die Nutzung der Daten durch diese Dritten gerade nicht ausschließen, könnte hierin ein Eingriff in die Eigentumsfreiheit liegen.

Derart pauschal ist dies jedoch aus historischen und teleologischen Gründen abzulehnen. Die Eigentumsgarantie soll dem Grundrechtsträger „eine eigenverantwortliche Gestaltung seines Lebens ermöglichen"[885] und zielt hierbei auf die *wirtschaftlichen Grundlagen dieser Lebensgestaltung* ab, die geschichtlich mit der Eigentumsidee verwoben sind: Das vermögenswerte Ergebnis eigener Leistungen wird verfassungsrechtlich garantiert.[886] Zwar stehen auch die wirtschaftlichen Grundlagen der Lebensgestaltung durch die gestiegene Bedeutung der Informationstechnik häufig im Zusammenhang mit der *Verfügbarkeit* von Daten. Ändert sich aber an der Verfügbarkeit nichts, werden die wirtschaftlichen Grundlagen der Lebensgestaltung nur beeinträchtigt, soweit Daten *ihren Vermögenswert* dadurch verlieren, dass Dritte sie nutzen, was zwei Beispiele verdeutlichen

---

[882] Entgegen *Korge*, Beschlagnahme, S. 140, ist es unerheblich, ob es sich dabei um Daten handelt, die einem eingerichteten und ausgeübten Gewerbebetrieb zuzuordnen sind. Denn vermögensrelevant können unzweifelhaft auch Daten Privater sein. Entscheidend ist ihr kommerzieller Wert.

[883] BVerfGE 89, 1 (6).

[884] *Depenheuer*, in: v. Mangoldt/Klein/Starck, Rn. 64 zu Art. 14.

[885] BVerfGE 97, 350 (370 f.).

[886] *Sieckmann*, in: Berliner Kommentar zum GG, Rn. 37 zu Art. 14.

mögen: Daten über Geschäftsideen und -geheimnisse eines Unternehmens kommt zwar Vermögenswert zu;[887] werden diese Daten kopiert, um sie für das Strafverfahren auszuwerten, geht damit aber keine „Entwertung" einher und es liegt kein Eingriff in die Eigentumsfreiheit vor. Denn der Inhaber kann diese Daten weiterhin als – im Vergleich mit dem Zustand vor Anfertigung der Kopien unveränderte – wirtschaftliche Grundlagen nutzen. Anders verhält es sich, wenn Wettbewerber des Inhabers die Kopien nutzen können.

Der Zugriff auf Daten als solche greift damit nur in die Eigentumsfreiheit ein, soweit die Daten vermögenswert sind und durch den Zugriff die Möglichkeit des Berechtigten beeinträchtigt oder vereitelt wird, den Vermögenswert der Daten selbst zu nutzen.

bb) Verfassungsrechtliche Rechtfertigung

Eingriffe in die Eigentumsfreiheit kommen im Strafverfahren nur durch Inhalts- und Schrankenbestimmungen gemäß Art. 14 Abs. 1 S. 2, Abs. 2 GG in Betracht.[888] Diese legen die Rechte und Pflichten des Eigentümers bezüglich der Schutzgüter des Art. 14 Abs. 1 S. 1 GG fest und müssen hierbei dem Grundsatz der Verhältnismäßigkeit genügen.[889]

e) Zwischenergebnis

Alle denkbaren strafprozessualen Zugriffe auf IT-Systeme des Be-

---

[887] Vgl. *Axer*, in: BeckOK GG, Rn. 50 zu Art. 14; *K. Fischer*, NVwZ 2013, 337 (338).

[888] Auch bei den – hier nicht relevanten – Vorschriften zum Verfall und zur Einziehung (§§ 73 ff. StGB) handelt es sich nicht um Enteignungen gemäß Art. 14 Abs. 3 GG, sondern um Inhalts- und Schrankenbestimmungen, vgl. BVerfG, Beschluss vom 22.05.1995 – 2 BvR 195/92 –, juris, Rn. 13; *Heuchemer*, in: BeckOK StPO, Rn. 5.1 zu § 74.

[889] *Papier*, in: Maunz/Dürig, Rn. 315 zu Art. 14. Hier bestehen keine Unterschiede zu den grundrechtsübergreifenden Eingriffsanforderungen: Eingriffe müssen zur Ermittlung und Verfolgung der Straftat erforderlich sein, BVerfGK 14, 83 (88). Im Rahmen der Angemessenheitsprüfung sind die Privatnützigkeit des Eigentums und die Sozialpflichtigkeit des Eigentümers ausgewogen zu berücksichtigen, *Axer*, in: BeckOK GG, Rn. 15 zu Art. 14; *Papier*, in: Maunz/Dürig, Rn. 310 zu Art. 14. Darüber hinaus muss der Eingriff in angemessenem Verhältnis zur Schwere der Straftat und zum Verdachtsgrad stehen, BVerfGE 113, 29 (53); BVerfGK 14, 83 (88).

schuldigten greifen in das Recht auf informationelle Selbstbestimmung ein. Handelt es sich um ein vom Beschuldigten als eigenes genutztes, potentiell datenintensives IT-System, liegt zudem stets ein Eingriff in das IT-Grundrecht vor. Wird dem Grundrechtsträger ein IT-System körperlich entzogen, wird dessen Datenbestand verändert oder wird derart auf vermögenswerte Daten eines IT-Systems zugegriffen, dass die Nutzungsmöglichkeiten des Grundrechtsträgers beeinträchtigt oder vereitelt sind, liegt zudem ein Eingriff in die Eigentumsfreiheit gemäß Art. 14 Abs. 1 GG vor. Diese Eingriffe können jedoch verfassungsrechtlich gerechtfertigt sein.

2. Umstandsbezogener Grundrechtsschutz

Nunmehr ist zu prüfen, in welche Grundrechte *aufgrund der Umstände des Zugriffs* auf ein IT-System eingegriffen wird und ob bzw. inwieweit die jeweils bestehenden Anforderungen an die verfassungsrechtliche Rechtfertigung dieser Eingriffe durch den zugleich bestehenden objektbezogenen Grundrechtsschutz modifiziert werden.

a) Berufsfreiheit gemäß Art. 12 Abs. 1 GG

Der Entzug der Möglichkeit, IT-Systeme und Daten als solche zu nutzen, kann unter den zu Art. 14 GG angestellten Überlegungen auch Auswirkungen auf die Berufsausübung haben. Ein Eingriff in Art. 12 Abs. 1 GG ist hiermit jedoch nicht verbunden: Die Berufsfreiheit schützt vor staatlichen Maßnahmen, die zumindest durch eine deutlich erkennbare objektiv berufsregelnde Tendenz gekennzeichnet sind.[890] Auch wenn eine staatliche Maßnahme hiernach faktisch die Berufsausübung beeinträchtigen kann, fehlt ihr diese Tendenz, wenn ihr Adressatenkreis ohne Ansehung beruflicher Aspekte bestimmt ist.[891] Genauso verhält es sich bei strafprozessualen Ermächtigungen: Sie betreffen Beschuldigte oder Zeugen, Ver-

---

[890] BVerfGE 70, 191 (214); 95, 267 (302).
[891] Vgl. BVerfGE 113, 29 (48).

dächtige oder Unverdächtige, nicht aber Angehörige bestimmter Berufe.[892] Dem stehen auch Vorschriften wie §§ 53, 97 Abs. 1, 148 und 160a StPO nicht entgegen, weil sie anderweitig normierte Maßnahmen gegenüber bestimmten Berufsgruppen verbieten oder einschränken, nicht aber gestatten.[893] Dessen ungeachtet sind *mittelbare Auswirkungen* auf die Berufsausübung jedoch im Rahmen der Verhältnismäßigkeitsprüfung einer Maßnahme zu berücksichtigen.[894]

b) Informationsfreiheit gemäß Art. 5 Abs. 1 S. 1, letzter Halbs. GG

Der Zugriff auf IT-Systeme kann aber mit Eingriffen in die Informationsfreiheit gemäß Art. 5 Abs. 1 S. 1, letzter Halbs. GG verbunden sein.

aa) Eingriff in den Schutzbereich

Das Internet ist eine allgemein zugängliche Informationsquelle i. S. d. Art. 5 Abs. 1 S. 1, letzter Halbs. GG.[895] Um sie nutzen zu können, bedarf es der Verfügbarkeit eines angeschlossenen IT-Systems. Je nach Internetangebot können darüber hinaus auch individuelle Zugangsdaten erforderlich sein. Staatliche Maßnahmen, die den Zugang zu Internetangeboten vereiteln, indem sie dem Grundrechtsträger das IT-System und/oder erforderliche Zugangsdaten entziehen, greifen damit in die Informationsfreiheit ein.

Hiergegen spricht nicht, dass sich der Eingriff – vergleichbar mit seinen Auswirkungen auf die Berufsausübung –[896] mittelbar ergibt.

---

[892] *Korge*, Beschlagnahme, S. 141.

[893] Vgl. BVerfGE 113, 29 (48).

[894] BVerfGE 113, 29 (48 f.).

[895] *Schemmer*, in: BeckOK GG, Rn. 26 zu Art. 5; *Volkmann*, in: Spindler/Schuster, Rn. 26 zu § 59 RStV.

[896] Der verfassungsgerichtliche Umgang mit mittelbaren Grundrechtsbeeinträchtigungen ist insgesamt erkennbar inkonsistent, vgl. hierzu krit. *Herdegen*, in: Maunz/Dürig, Rn. 40 zu Art. 1 m. w. N.

So zielt etwa auch die Erhebung von Rundfunkgebühren[897] nicht auf eine Beeinträchtigung des Informationszugangs ab; sie dient mit der Sicherung der Funktionsfähigkeit des öffentlich-rechtlichen Rundfunks[898] einem völlig anderen Zweck. Gleichwohl nimmt das *BVerfG* hier einen Eingriff in die Informationsfreiheit an – auch hinsichtlich der Erhebung von Rundfunkgebühren für an das Internet angeschlossene IT-Systeme.[899] Im Parabolantennen-Beschluss hat das *Gericht* zudem klargestellt, dass die grundrechtliche Informationsfreiheit sich auch auf die Nutzungsmöglichkeit technischer Geräte erstreckt, soweit allgemein zugängliche Informationen ohne sie nicht zu empfangen sind – andernfalls sei ein Recht auf solche Informationen wertlos.[900] Der *BGH* hat diese Wertung 2013 auf die Verfügbarkeit eines Internetzugangs übertragen.[901]

Der Annahme eines Eingriffs steht schließlich auch nicht entgegen, dass der Grundrechtsträger sich den Informationszugang durch finanziellen Mehraufwand problemlos erneut verschaffen kann. Zwar können IT-Systeme neu erworben und ggf. erforderliche Zugangsdaten hierüber entweder wieder in Erfahrung gebracht oder durch Neuregistrierungen erlangt werden. Indes hindert auch die Erhebung von Rundfunkgebühren den Grundrechtsträger nicht daran, sich einen Informationszugang durch finanziellen Aufwand zu verschaffen. Faktisch ist es dem Grundrechtsträger hier sogar ohne Gebührenzahlung möglich, ein IT-System zu erwerben und sich einen Internetanschluss zu verschaffen. Wenn allein durch die *rechtliche* Verpflichtung zur Gebührenzahlung ein Eingriff in die Informationsfreiheit vorliegt,[902] muss dies für die nicht nur rechtli-

---

[897] Bzw. des die Rundfunkgebühren seit dem 01.01.2013 ablösenden geräteunabhängigen Rundfunkbeitrags, vgl. *A. Schneider*, NVwZ 2013, 19.

[898] Vgl. BVerfGE 119, 181 (124).

[899] BVerfG, Beschluss vom 22.08.2012 – 1 BvR 199/11 –, NJW 2012, 3423.

[900] BVerfGE 90, 27 (32); ebenso BVerfG, Beschluss vom 31.03.2013 – 1 BvR 1314/11 –, NJW 2013, 2180 (2181).

[901] BGH, Beschluss vom 14.05.2103 – VIII ZR 268/12 –, WuM 2013, 476.

[902] So ausdrücklich BVerfG, Beschluss vom 22.08.2012 – 1 BvR 199/11 – NJW 2012, 3423.

che, sondern *tatsächliche* Beeinträchtigung des Informationszugangs durch den Entzug des IT-Systems und/oder der erforderlichen Zugangsdaten erst recht gelten.

bb) Verfassungsrechtliche Rechtfertigung

Eingriffe in die Informationsfreiheit sind unter den Voraussetzungen des Art. 5 Abs. 2 GG verfassungsgemäß und können mithin u. a. durch ein allgemeines Gesetz[903] gerechtfertigt sein, das insbesondere dem Grundsatz der Verhältnismäßigkeit genügen muss[904].

c) Unverletzlichkeit der Wohnung gemäß Art. 13 Abs. 1 GG

Der strafprozessuale Zugriff auf IT-Systeme kann ferner in mehrfacher Hinsicht mit Eingriffen in die Unverletzlichkeit der Wohnung gemäß Art. 13 Abs. 1 GG verbunden sein.

aa) Eingriff in den Schutzbereich

Wohnung i. S. d. Art. 13 Abs. 1 GG ist jeder nicht allgemein zugängliche Raum, der „zur Stätte des Aufenthalts oder Wirkens von Menschen gemacht wird".[905] Dies umfasst neben Wohnungen im engeren Sinne auch Betriebs- und Geschäftsräume,[906] ja sogar Flächen unter freiem Himmel[907]. Entscheidend ist, ob ein Raum oder eine Fläche der Öffentlichkeit nach dem Willen des Inhabers erkennbar nicht offensteht[908] und diesem als Rückzugsort räumlicher Privatsphäre dient[909].

---

[903] Je nach Schwere des Eingriffs muss es sich dabei um ein Parlamentsgesetz handeln, vgl. *Starck,* in: v. Mangoldt/Klein/Starck, Rn. 192 zu Art. 5.

[904] BVerfG, Beschluss vom 22.08.2012 – 1 BvR 199/11 –, NJW 2012, 3423.

[905] *Papier,* in: Maunz/Dürig, Rn. 10 zu Art. 13.

[906] *Fink,* in: BeckOK GG, Rn. 3 zu Art. 13.

[907] *Papier,* in: Maunz/Dürig, Rn. 11 zu Art. 13.

[908] *Papier,* in: Maunz/Dürig, Rn. 11 zu Art. 13.

[909] *Fink,* in: BeckOK GG, Rn. 2 zu Art. 13; *Heckmann,* Sicherheitsrechtliche Fragen 2010, 59 (64).

(1) Betreten der Wohnung zum Zugriff auf ein IT-System

Wird die so verstandene Wohnung betreten, um IT-Systeme zu suchen und sicherzustellen, liegt der Eingriff in Art. 13 Abs. 1 GG auf der Hand.[910] Ebenso verhält es sich beim Betreten der Wohnung, um ein IT-System mit einem Programm für den Internet-Fernzugriff auszustatten oder Hardware-Keylogger anzubringen.[911]

(2) Optische und akustische Überwachung der Wohnung

Da Art. 13 Abs. 1 GG nicht nur vor körperlichem Eindringen in die räumliche Sphäre, sondern auch vor deren staatlicher Wahrnehmung unter Anwendung technischer Hilfsmittel schützt,[912] liegt ein Eingriff darüber hinaus in der Nutzung von Kamera und Mikrofon eines IT-Systems zur optischen und akustischen Wohnraumüberwachung sowie in jeder Wohnraumüberwachung mit technischen Mitteln zur Aufzeichnung jedweder Geräusche (auch des Betroffenen im Rahmen der Nutzung) eines IT-Systems.

(3) Internet-Fernzugriff auf ein IT-System

Vor dem Online-Durchsuchungsurteil war umstritten, ob auch der heimliche Internet-Fernzugriff auf ein IT-System einen Eingriff in die Unverletzlichkeit der Wohnung darstellt.[913] Das *BVerfG* lehnt

---

[910] Soweit zum Zugriff auf Datenträger Personen oder Sachen durchsucht werden und der Schutzbereich des Art. 13 Abs. 1 GG nicht eröffnet ist, liegt hierin jedenfalls ein Eingriff in das allgemeine Persönlichkeitsrecht aus Art. 2 Abs. 1 i. V. m. Art. 1 Abs. 1 GG, vgl. *Wohlers*, in: SK StPO, Loseblattausgabe, Rn. 2 f. zu § 102. Die zu Art. 13 Abs. 1 GG entwickelten verfassungsrechtlichen Anforderungen gelten insoweit entsprechend, vgl. *Tsambikakis*, in: Löwe/Rosenberg, Rn. 25 zu § 102 m. w. N.

[911] *Birkenstock*, Zur Online-Durchsuchung, S. 26; *Bratke*, Quellen-TKÜ im Strafverfahren, S. 252 f.; *Hirsch*, NJOZ 2008, 1907 (1912); *Lepsius*, Roggan (Hrsg.): Online-Durchsuchungen 2008, 21 (26); *Park*, Durchsuchung und Beschlagnahme, Rn. 766; *Ziebarth*, Online-Durchsuchung, S. 109.

[912] BVerfGE 109, 279 (327); 120, 274 (309 f.).

[913] Für die Anwendbarkeit des Art. 13 Abs. 1 GG auf Internet-Fernzugriffe *Buermeyer*, HRRS 2007, 329 (344); *Hornung*, DuD 2007, 575 (577); *Jahn/Kudlich*, JR 2007, 57 (60); *Kutscha*, NJW 2007, 1169 (1170); *Rux*, JZ 2007, 285 (292 f.); *Schaar/Landwehr*, K&R 2007, 202 (204); *Schantz*, KritV 90 (2007), 310 (316 f.). A. A. BGH, Beschluss vom 21.02.2006 – 3

eine solche Ausweitung des Schutzbereichs ab, weil Internet-Fernzugriffe unabhängig vom Standort des IT-Systems erfolgen können und dieser Standort für den Zugreifenden oftmals nicht erkennbar ist.[914] Die hierdurch verbliebene Schutzlücke schloss das *BVerfG* mit der Konstruktion des IT-Grundrechts.[915]

bb) Verfassungsrechtliche Rechtfertigung

Eingriffe in die Unverletzlichkeit der Wohnung unterliegen der Schrankenregelung des Art. 13 Abs. 2 bis 7 GG, insbesondere dem Richtervorbehalt des Art. 13 Abs. 2 GG. Für *heimliche* Eingriffe in die Unverletzlichkeit der Wohnung gelten die strengeren Anforderungen des Art. 13 Abs. 3 bis 7.[916] Auch diejenigen Stimmen im Schrifttum, die Art. 13 GG für Internet-Fernzugriffe auf IT-Systeme fruchtbar machen wollten, zielten auf die Anwendbarkeit dieser Schrankenregelung ab,[917] wobei die Argumentation sich stets auf den Fall der umfassenden Online-Überwachung[918] bezog. Die Eingriffsschwere der verschiedenen tatsächlichen Zugriffsmöglichkeiten auf IT-Systeme lässt sich gleichwohl unter Heranziehung der Argumente um den Anwendungsbereich des Art. 13 GG beurteilen: Soweit eine tatsächliche Zugriffsmöglichkeit *nicht* mit einem heimlichen Eingriff in die besonders geschützte (aber digitale) Privat- und Rückzugssphäre verbunden ist, spricht dies nicht nur gegen die Anwendbarkeit der Schrankenregelung des Art. 13 Abs. 3 bis 7 GG, sondern auch dagegen, die vom *BVerfG* für die gefahrenabwehrrechtliche Online-Durchsuchung aufgestellten Anforderungen zu übernehmen.

BGs 31/06 –, juris, Rn. 13; *Beulke/Meininghaus*, StV 2007, *Schlegel*, GA 2007, 648 (658).

[914] BVerfGE 120, 274 (310 f.).

[915] Vgl. BVerfGE 120, 274 (303 ff., 309 f.).

[916] Siehe hierzu unten S. 399.

[917] Vgl. *Kutscha*, NJW 2007, 1169 (1170); *Schaar/Landwehr*, K&R 2007, 202 (204 f.).

[918] Siehe hierzu oben S. 66.

d) Fernmeldegeheimnis gemäß Art. 10 Abs. 1 GG

Schließlich ist zu prüfen, welche Bedeutung dem Fernmeldegeheimnis aus Art. 10 Abs. 1 GG beim strafprozessualen Zugriff auf IT-Systeme zukommt.

aa) Eingriff in den Schutzbereich

Das Fernmeldegeheimnis schützt die Vertraulichkeit der individuellen Kommunikation über räumliche Distanz mit technischen Kommunikationsmitteln.[919] Das Schutzbedürfnis ergibt sich daraus, dass die Kommunikationsteilnehmer – anders als bei Gesprächen unter Anwesenden – die Rahmenbedingungen und die Kenntnisnahmemöglichkeiten Dritter nicht selbst überwachen können.[920] Anknüpfungspunkt ist das jeweilige Kommunikationsmedium mit den Gefahren für die Vertraulichkeit, die sich gerade aus seiner Nutzung ergeben.[921] Der Grundrechtsschutz soll die Kommunikationsteilnehmer weitestgehend so stellen, als fände die Kommunikation unter Anwesenden statt.[922] Geschützt sind der Inhalt und die Umstände der Kommunikation.[923]

(1) Zum Begriff der Kommunikation i. S. d. Art. 10 GG

Der Schutz des Art. 10 Abs. 1 GG erstreckt sich auch auf „Kommunikationsdienste" im Internet, wobei die Ausdrucksform unerheblich ist – das *BVerfG* nennt hier beispielhaft „Sprache, Bilder, Töne, Zeichen oder sonstige Daten",[924] ohne jedoch „Kommunikationsdienste" inhaltlich zu definieren.

Nun ist das Internet von Datenübertragungsvorgängen geprägt,

---

[919] BVerfGE 115, 166 (182).

[920] BVerfGE 106, 28 (36).

[921] BVerfGE 124, 43 (55).

[922] BVerfGE 115, 166 (182).

[923] *Baldus*, in: BeckOK GG, Rn. 8 zu Art. 10; *Durner*, in: Maunz/Dürig, Rn. 81 zu Art. 10.

[924] BVerfGE 120, 274 (307).

die gerade nicht der Individualkommunikation dienen. Dies gilt zum einen für den Abruf der Allgemeinheit zugänglicher Internetangebote, zum anderen für die Funktionsweise dezentraler IT-Systeme, die u. a. das Telekommunikationsnetz als Übertragungsweg für Datenverarbeitungsvorgänge nutzen, wie sie ebenso innerhalb eines zentralen IT-Systems ablaufen können.[925] Es ist zu prüfen, inwieweit es sich hierbei noch um *Kommunikation* i. S. d. Art. 10 GG handelt.

(2) Wortsinn der Kommunikation

Nach ihrem Wortsinn bedeutet Kommunikation „Mitteilung" oder „Unterredung".[926] In der Zusammenschau hiermit ließe es die vom *BVerfG* herausgearbeitete besondere Schutzwürdigkeit eines „Gesprächs unter Abwesenden" zu, unter Kommunikation nur *Mitteilungsakte zwischen mindestens zwei individuellen Kommunikationspartnern* zu verstehen. Dem entspräche auch der Ursprung des Art. 10 GG als Kommunikationsgeheimnis,[927] das schon in seinen Vorläufern die „private Korrespondenz" vor hoheitlicher Kenntnisnahme schützen sollte.[928] Der Begriff „Fernmeldegeheimnis" ist eine sprachliche Zusammenfassung der früheren Wendung „Telegraphen- und Fernsprechgeheimnis" in Art. 117 Abs. 1 S. 1 WRV, mit der – im Gleichlauf mit dem Brief- und Postgeheimnis – die Vertraulichkeit der unkörperlich vermittelten Individualkommunikation geschützt werden sollte.[929] Man kann insoweit von *funktionaler Kommunikation* sprechen.[930]

---

[925] Siehe hierzu oben S. 25 f.

[926] Duden, S. 1525.

[927] *T. Groß*, in: Berliner Kommentar zum GG, Rn. 14 zu Art. 10.

[928] *Durner*, in: Maunz/Dürig, Rn. 7 ff. zu Art. 10.

[929] *Gusy*, in: v. Mangoldt/Klein/Starck, Rn. 39 zu Art. 10.

[930] Das Begriffspaar der *formalen* und *funktionalen* Kommunikation im Zusammenhang mit der Frage, wie weit der Begriff der Telekommunikation zu verstehen ist, verwendet auch *Sieber*, 69. DJT, Bd. I, S. C 106 ff.

(aa) Der Kommunikationsbegriff in der Rechtsprechung des BVerfG

Das *BVerfG* nutzt indes synonym auch den Begriff der *Telekommunikation*.[931] Dieser ist in § 3 Nr. 22 TKG legaldefiniert als technischer Vorgang des Aussendens, Übermittelns und Empfangens von Signalen mittels Telekommunikationsanlagen. Auf Mitteilungsakte zwischen mehreren Menschen käme es hiernach nicht an – jeder Datenübertragungsvorgang mittels Telekommunikationsanlagen wäre gleichermaßen als *formale Kommunikation* von Art. 10 Abs. 1 GG geschützt. Ob dies der Fall ist, soll eine Betrachtung einschlägiger Entscheidungen des *BVerfG* zeigen.

[i] Beschluss zur Mithörvorrichtung (Erster Senat)

Der *Erste Senat* hat sich 2002 ausdrücklich für einen „formalen Anknüpfungspunkt" des Kommunikationsbegriffs ausgesprochen, als das *BVerfG* über die Verfassungsmäßigkeit einer vom (privaten) Gesprächspartner genutzten Mithörvorrichtung zu befinden hatte.[932] Hier führte das *Gericht* aus, dass Art. 10 GG „die Vertraulichkeit der Nutzung des zur Nachrichtenübermittlung eingesetzten technischen Mediums, nicht aber das Vertrauen der Kommunikationspartner zueinander" schütze.[933] Die Entscheidung hatte jedoch mit dem mitgehörten Gespräch einen *funktionalen* Kommunikationsvorgang zum Gegenstand. Zur Klärung der Frage, ob auch Kommunikation i. S. d. Art. 10 GG vorliegt, wenn eine zwischenmenschliche Komponente bei der Nutzung eines technischen Mediums zur Datenübertragung vollständig fehlt, kann sie deshalb nichts beitragen.

[ii] Nichtannahmebeschluss zum IMSI-Catcher (Zweiter Senat)

Für einen funktionalen Kommunikationsbegriff spricht zumindest auf den ersten Blick eine Kammerentscheidung des *BVerfG* aus dem

---

[931] So z. B. in BVerfGE 106, 28 (36); 120, 274 (307); 130, 151 (179).

[932] BVerfGE 106, 28.

[933] BVerfGE 106, 28 (37).

Jahre 2006 zum sog. IMSI-Catcher[934], in der die *1. Kammer des Zweiten Senats* die Anwendbarkeit des Art. 10 GG ablehnte, weil hier „ausschließlich technische Geräte miteinander" kommunizieren und ein „menschlich veranlasste[r] Informationsaustausch" fehlt.[935] Für einschlägig befand das *Gericht* insoweit das Recht auf informationelle Selbstbestimmung.[936] Nach Auffassung der *Kammer* wird durch die Einwahl des Mobiltelefons in eine Funkzelle allerdings lediglich dessen Kommunikations*bereitschaft* hergestellt – Kommunikation finde insoweit (noch) nicht statt.[937]

Tatsächlich ist die Einwahl des Mobiltelefons in eine Funkzelle vergleichbar mit der Herstellung einer Internetverbindung durch den ISP. Dem Nutzer wird hierdurch jeweils erst die Möglichkeit eröffnet, Daten über das Telekommunikationsnetz zu senden oder zu empfangen. Inwieweit es sich bei diesem Datentransfer sodann um Kommunikation i. S. d. Art. 10 GG handelt, kann auch die Entscheidung zum IMSI-Catcher demnach nicht beantworten. Die darin geforderte *Veranlassung* eines Kommunikationsvorgangs durch Menschen führt ebenfalls nicht weiter: Auch der Datentransfer dezentraler IT-Systeme ist durch einen Menschen veranlasst – wenn auch nur, indem er z. B. Cloud Computing-Lösungen überhaupt nutzt und im Einzelfall nicht weiß, wann ein Programm Daten automatisiert mittels Telekommunikation überträgt.[938] *Funktionale* Kommunikation stellt dieser Datentransfer aber nur dar, soweit mehrere Menschen daran beteiligt sind, z. B. indem sie Daten über

---

[934] Dieser simuliert eine Funkzelle und veranlasst dadurch die in seiner Reichweite befindlichen Mobiltelefone zur Einwahl, um so deren Geräte- und Kartennummern zu erheben, vgl. *Graf*, in: BeckOK StPO, Rn. 122 zu § 100a.

[935] BVerfGK 9, 62 (74).

[936] BVerfGK 9, 62 (78).

[937] BVerfGK 9, 62 (76). Dass die *Kammer* dennoch von „kommunizierenden" technischen Geräten spricht, macht die Auslegung des Kommunikationsbegriffs nicht leichter.

[938] So gleichen verschiedene Programme in regelmäßigen Zeitabständen den beim Anbieter vorhandenen Datenbestand mit dem lokalen ab, um ihn ggf. zu synchronisieren, vgl. *Baun/Kunze/Nimis/Tai*, Cloud Computing, S. 78 f.

einen gemeinsam genutzten Cloud Storage austauschen.[939]

[iii] Beschluss zur E-Mail-Beschlagnahme (Zweiter Senat)

2009 befand der *Zweite Senat* im Beschluss zur E-Mail-Beschlagnahme[940], dass „Telekommunikation" *nicht* im Sinne des § 3 Nr. 22 TKG zu verstehen sei. Art. 10 Abs. 1 GG meine nicht den „rein technischen Telekommunikationsbegriff des Telekommunikationsgesetzes, sondern knüpft an den Grundrechtsträger und dessen Schutzbedürftigkeit aufgrund der Einschaltung Dritter in den Kommunikationsvorgang an".[941] Indes gibt das *Gericht* auch an dieser Stelle keine Antwort darauf, ob ein Kommunikationsvorgang i. S. d. Art. 10 GG einer zwischenmenschlichen Komponente bedarf. Die Abgrenzung zur Definition des § 3 Nr. 22 TKG erfolgte hier lediglich, um auch (funktionale) Kommunikationsinhalte *nach Abschluss des Übertragungsvorgangs* in den Schutzbereich des Art. 10 GG einbeziehen zu können.[942]

[iv] Urteil zur Telekommunikationsüberwachung (Erster Senat)

Die nach überkommenem Verständnis durch Art. 10 GG geschützte Korrespondenz über räumliche Distanz knüpft laut *BVerfG* weiter an die Möglichkeit der Grundrechtsträger an, *unbefangen* kommunizieren zu können.[943] Unbefangenheit setzt begrifflich Menschen als Träger voraus; an einem Kommunikationsvorgang unbefangener Kommunikationspartner müssen daher Menschen beteiligt sein. Auch hieraus folgt aber keine Entscheidung für den funktionalen Kommunikationsbegriff. Denn auch ein *einzelner* Mensch kann – etwa beim Abruf von Internetseiten oder bei der Nutzung von Cloud Computing-Lösungen – Daten unbefangen mittels Telekommunikation übertragen.

---

[939] Vgl. *Hiéramente*, StraFo 2013, 96 (100).

[940] BVerfGE 124, 43.

[941] BVerfGE 124, 43 (55 f.).

[942] Vgl. BVerfGE 124, 43 (56).

[943] BVerfGE 100, 313 (363).

[v]   Urteil zur Vorratsdatenspeicherung (Erster Senat)

Im Urteil zur Vorratsdatenspeicherung[944] aus dem Jahr 2010 führte der *Erste Senat* des *BVerfG* aus, dass das Internet „nicht nur die Aufnahme von *Individualkommunikation, die dem Schutz des Telekommunikationsgeheimnisses unterfällt,* sondern *auch* die Teilnahme an Massenkommunikation [Hervorh. d. Verf.]" ermögliche.[945] Zu entscheiden hatte das Gericht hier u. a. über die Rechtmäßigkeit der Speicherung von Daten gemäß § 113 Abs. 4 TKG, nämlich der dem Teilnehmer für die Internetnutzung zugewiesenen IP-Adresse, einer eindeutigen Kennung des Anschlusses, über den die Internetnutzung erfolgt und des Beginns und des Endes der Internetnutzung unter der zugewiesenen IP-Adresse anhand von Datum und Uhrzeit unter Angabe der Zeitzone. All diese Daten können Auskunft über funktionale Kommunikation geben, soweit eine Internetverbindung hierfür genutzt wird. Das *Gericht* schlug die Daten dem Schutzbereich des Art. 10 GG zu, weil man ohne Kenntnisnahme des (formalen) Kommunikationsinhalts nicht wissen könne, ob sie zur Individual- oder Massenkommunikation genutzt würden.[946] Das Urteil zur Vorratsdatenspeicherung enthält damit zumindest kein Plädoyer für einen formalen Kommunikationsbegriff.[947]

[vi]   Online-Durchsuchungsurteil (Erster Senat)

Der funktionale Kommunikationsbegriff könnte schließlich heranzuziehen sein, um Art. 10 GG vom Anwendungsbereich des IT-Grundrechts abzugrenzen: Nach der Begründung im Online-Durchsuchungsurteil ist das IT-Grundrecht auf IT-Systeme anzuwenden, „die allein *oder in ihren technischen Vernetzungen* [Hervorh. d. Verf.]"

---

[944] BVerfGE 125, 260.

[945] BVerfGE 125, 260 (311).

[946] Vgl. BVerfGE 125, 260 (311).

[947] Aufgerufene Internetangebote waren von der zu beurteilenden Vorratsdatenspeicherung gemäß § 113a Abs. 8 TKG zudem ausgenommen, sodass dem Urteil zur Vorratsdatenspeicherung auch nicht ohne Weiteres die Aussage entnommen werden kann, dass die Massenkommunikation im Internet – also der Abruf öffentlich zugänglicher Internetangebote – dem Fernmeldegeheimnis unterliegt. Siehe hierzu unten S. 344 ff.

einen besonders umfassenden und persönlichkeitsrelevanten Datenbestand enthalten können.[948] Auf dezentrale IT-Systeme – also solche IT-Systeme, die den Großteil ihrer Funktionen per Cloud Computing zur Verfügung stellen, die permanente Datenspeicherung vollständig in den Cloud Storage auslagern und dadurch erst in der Gesamtschau mit ihren Cloud Computing-Funktionen überhaupt zum IT-grundrechtlich geschützten IT-System werden,[949] trifft dies unzweifelhaft zu. Weiter heißt es im Online-Durchsuchungsurteil: „Soweit die Nutzung des eigenen IT-Systems über IT-Systeme stattfindet, die sich in der Verfügungsgewalt anderer befinden, erstreckt sich der Schutz des Nutzers auch hierauf."[950] Wenn nun auch das Internet ein IT-System ist[951] und das eigene IT-System hierüber genutzt wird, *kann* dies nur mittels (formaler) Telekommunikation geschehen. Fasste man gleichwohl jede Datenübertragung im Internet als Kommunikation i. S. d. Art. 10 GG auf, stünden an dieser Stelle IT-Grundrecht und Fernmeldegeheimnis nebeneinander. Dies erscheint zwar nicht per se ausgeschlossen,[952] widerspräche jedoch den Ausführungen im Urteil zur Vorratsdatenspeicherung, wonach Art. 2 Abs. 1 i. V. m. Art. 1 Abs. 1 GG durch Art. 10 GG als für die „Telekommunikation [...] spezielle Garantie" verdrängt wird.[953]

[vii] Zwischenergebnis

Die Rechtsprechung des *BVerfG* zum Kommunikationsbegriff ist nicht einheitlich. Seit dem Online-Durchsuchungsurteil lässt jedoch der *Erste Senat* eine Tendenz zum funktionalen Kommunikationsbe-

---

[948] BVerfGE 120, 274 (314).

[949] Siehe hierzu oben S. 34.

[950] BVerfGE 120, 274 (315).

[951] Vgl. BVerfGE 120, 274 (276).

[952] Ähnlich verhält es sich schließlich auch mit Art. 13 Abs. 1 GG und dem IT-Grundrecht. Für eine Durchbrechung der grundsätzlichen Subsidiarität des Art. 2 Abs. 1 i. V. m Art. 1 Abs. 1 GG plädiert insoweit *Redler*, Online-Durchsuchung, S. 126.

[953] BVerfGE 125, 260 (310), allerdings zum Recht auf informationelle Selbstbestimmung. Das IT-Grundrecht wird im 125 Seiten umfassenden Urteil zur Vorratsdatenspeicherung überhaupt nicht erwähnt.

griff erkennen.[954]

(bb) Der Kommunikationsbegriff im Schrifttum

Die wohl herrschende Meinung im Schrifttum versteht unter Kommunikation i. S. d. Art. 10 GG den Informationsaustausch zwischen mindestens zwei Menschen.[955] Im Kontext des Internet wurde der Kommunikationsbegriff jedoch bislang vorwiegend zur Abgrenzung zwischen Individual- und Massenkommunikation erörtert.[956] Formale Telekommunikationsvorgänge, bei denen einzelne Datenverarbeitungsschritte netzwerkbasiert stattfinden, wurden indes nur vereinzelt problematisiert, und noch seltener wurde für eine Lösung Position bezogen.[957]

[i] Formaler Kommunikationsbegriff

Schwabenbauer spricht sich für den formalen Kommunikationsbegriff aus: Er weist darauf hin, dass im Zeitalter des Internet Daten jeder Art zum Objekt eines Telekommunikationsvorgangs gemacht werden können und schließt daraus, dass es für den grundrechtlichen Schutz des Vertrauens in Telekommunikationsvorgänge i. S. d. § 3 Nr. 22 TKG nicht darauf ankommen dürfe, ob sie erfolgten, um Daten einer anderen Person zugänglich zu machen.[958] Eine technische Definition der Kommunikation i. S. d. Art. 10 GG stimme zudem mit der Rechtsprechung des *BVerfG* überein, da sie schließlich

---

[954] Der *Zweite Senat* hat diese im Beschluss zur E-Mail-Beschlagnahme – immerhin ein Jahr nach dem Online-Durchsuchungsurteil – bedauerlicherweise nicht fortentwickelt, obwohl das IT-Grundrecht hierzu Anlass geboten hätte. Vgl. BVerfGE 124, 43 (57).

[955] Vgl. *Durner,* in: Maunz/Dürig, Rn. 92 zu Art. 10; *Gusy,* in: v. Mangoldt/Klein/Starck, Rn. 18 zu Art. 10; *Hermes,* in: Dreier GG, Rn. 38 zu Art. 10; *Jarass,* in: Jarass/Pieroth, Rn. 5 zu Art. 10; *C. Sievers,* Telekommunikationsüberwachung, S. 18 f.

[956] Vgl. *Germann,* Gefahrenabwehr und Strafverfolgung im Internet, S. 118 f.; *T. Groß,* in: Berliner Kommentar zum GG, Rn. 19 zu Art. 10; *Hermes,* in: Dreier GG, Rn. 39 zu Art. 10; *Kulwicki,* Verfassungswandel, S. 149 ff.; *M. Sievers,* Schutz der Kommunikation, S. 129; *Zimmer,* Zugriff auf Internetzugangsdaten, S. 161 f.

[957] Problembewusst aber ohne Lösungsvorschlag z. B. *Süptitz/Utz/Eymann,* DuD 2013, 307 (309).

[958] *Schwabenbauer,* AöR 137 (2012), 1 (19 f.).

nicht nur den (funktionalen) Inhalt, sondern auch die (technischen) Umstände von Kommunikationsvorgängen dem Schutzbereich des Art. 10 Abs. 1 GG zuteile.[959] Auch *M. Sievers* hält jeden telekommunikationstechnisch vermittelten Informationstransport für Kommunikation i. S. d. Art. 10 GG, z. B. auch den Versand einer E-Mail an sich selbst.[960] Andere Autoren setzen ohne jede Diskussion voraus, dass Datenübertragungen in Telekommunikationsnetzen unabhängig von ihrem Inhalt und Zweck dem Fernmeldegeheimnis unterliegen.[961] Im Ergebnis ähnlich wollen *Bäcker* und *Meininghaus* alle Internetdienste in den Schutzbereich des Art. 10 GG einbeziehen – dies jedoch nicht unter Rückgriff auf den formalen Kommunikationsbegriff, sondern darauf, dass praktisch jeder Internetdienst auch zu (funktional) kommunikativen Zwecken genutzt werden könne.[962] Es sei daher ex ante nicht absehbar, ob ein Telekommunikationsvorgang (funktionale) Kommunikation darstelle.[963]

[ii] Funktionaler Kommunikationsbegriff

Bosesky, *C. Hoffmann*, *S. E. Schulz* und *Meinicke* gehen hingegen vom funktionalen Kommunikationsbegriff aus.[964] Auf Telekommunikationsvorgänge, die hiernach keine Kommunikation i. S. d. Art. 10 GG darstellen, wenden sie das IT-Grundrecht an: Dieses vermittle wie auch Art. 10 GG einen Systemschutz und stünde in Idealkonkurrenz hierzu,[965] weil verschiedene Schutzobjekte – nämlich (funktionale) Kommunikation und der Inhalt IT-grundrechtlich

---

[959] Vgl. *Schwabenbauer*, AöR 137 (2012), 1 (20).

[960] *M. Sievers*, Schutz der Kommunikation, S. 106.

[961] Vgl. *Birkenstock*, Zur Online-Durchsuchung, S. 220; *Ziebarth*, Online-Durchsuchung, S. 74.

[962] *Bäcker*, Linien der Rechtsprechung des BVerfG 2009, 99 (109); *Meininghaus*, Zugriff auf E-Mails, S. 255.

[963] Vgl. *Bäcker*, Linien der Rechtsprechung des BVerfG 2009, 99 (109 f.).

[964] *Bosesky/C. Hoffmann/S. E. Schulz*, DuD 2013, 95 (99 f.); *Meinicke*, Traeger (Hrsg.): Law as a Service 2013, 967 (976).

[965] Diese Sichtweise schlägt auch *Drallé*, IT-Grundrecht, S. 50, vor. Ähnlich bereits *Perschke*, Die Zulässigkeit nicht spezialgesetzlich geregelter Ermittlungsmethoden im Strafverfahren, S. 65 f., zum Recht auf informationelle Selbstbestimmung im Verhältnis zu anderen benannten Freiheitsgrundrechten.

geschützter IT-Systeme – betroffen seien.[966] Unter ähnlichen Erwägungen nehmen *F. Albrecht, Braun, Dienst, T. Böckenförde* und *Drallé* Telekommunikationsvorgänge vom Schutzbereich des Art. 10 GG aus, bei denen dem Grundrechtsträger kein individueller Kommunikationspartner gegenübersteht.[967] Auch *Kulwicki* erkennt als Kommunikation i. S. d. Art. 10 GG nur die Vermittlung von Inhalten zwischen mindestens zwei Personen an, wozu insbesondere die „unbeobachtete Nutzung der Telekommunikationsendgeräte" nicht gehöre.[968]

(cc) Stellungnahme

Führt man sich vor Augen, dass das *BVerfG* aus Art. 2 Abs. 1 i. V. m. Art. 1 Abs. 1 GG Grundrechtsschutz für neuartige Gefährdungen herleitet, die bei Schaffung des Grundgesetzes nicht absehbar waren und daher keinen Eingang in den benannten Grundrechtskatalog finden konnten,[969] erscheint es nicht sachgerecht, den Schutzbereich des Art. 10 GG auf Sachverhalte auszudehnen, die keine Kommunikation im funktionalen Sinne darstellen. Der historische Gesetzgeber hat gewiss nicht vorhergesehen, dass einst IT-Systeme miteinander oder Nutzer von IT-Systemen mit ihren eigenen, örtlich getrennt vorgehaltenen Daten (formal tele-)kommunizieren würden, ohne dass hierbei ein zwischenmenschlicher Informationsaustausch stattfindet. Die Schutzrichtung unterscheidet sich insoweit deutlich von einer Unterredung unter Abwesenden. Ebenso verhält es sich mit der Massenkommunikation im Internet, die – weil sie von Dritten für die Allgemeinheit bereitgestellte Daten betrifft – im überkommenen Bild eher dem Rundfunk entspricht als dem Fernmeldewesen.

Auch allen Anknüpfungspunkten, die sich in der Rechtsprechung

---

[966] Vgl. *Bosesky/C. Hoffmann/S. E. Schulz*, DuD 2013, 95 (100).

[967] Vgl. *F. Albrecht/Braun*, HRRS 2013, 500 (502 f.); *F. Albrecht/Dienst*, JurPC 5/2012, Abs. 22; *T. Böckenförde*, JZ 2008, 925 (936 f.); *Drallé*, IT-Grundrecht, S. 49 f.

[968] *Kulwicki*, Verfassungswandel, S. 149.

[969] Siehe hierzu oben S. 139.

des *BVerfG* für einen besonders weiten Kommunikationsbegriff finden lassen, liegen funktionale Kommunikationsbeziehungen zugrunde. Ein formaler Kommunikationsbegriff ohne zwischenmenschliche Komponente lässt sich aus keiner Entscheidung ableiten, auch nicht aus dem Urteil zur Vorratsdatenspeicherung. Die darin enthaltene Aussage, dass es zur Eröffnung des Schutzbereichs von Art. 10 GG nicht auf den Inhalt der Kommunikation ankommen dürfe, besagt z. B. gerade nicht, dass es sich bei der Massenkommunikation im Internet um Kommunikation i. S. d. Art. 10 GG handelt. Sie birgt nicht mehr als die Erkenntnis, dass vom Eingriff nicht auf den Schutzbereich eines Grundrechts geschlossen werden kann, weil die Eingriffsvoraussetzungen gerade vom einschlägigen Grundrecht – und damit von dessen Schutzbereich – abhängen. Hieraus folgt nur, dass im Zweifel die Eingriffsvoraussetzungen *mehrerer* möglicherweise einschlägiger Grundrechte vorliegen müssen, wenn nicht klar ist, welcher Schutzbereich tatsächlich eröffnet ist. Dieses Problem ist vom Kernbereich der privaten Lebensgestaltung hinlänglich bekannt, ohne dass man hier nur ob der Möglichkeit einer Kernbereichsrelevanz zur generellen Bejahung einer Kernbereichsverletzung gelangte.[970]

Entscheidungen des *BVerfG* vor dem Online-Durchsuchungsurteil ist gemein, dass sie den Schutzbereich des Art. 10 GG weit fassen, um hierdurch den Schutz des Grundrechtsträgers zu erhöhen. Seit der Statuierung des IT-Grundrechts mit je nach Eingriffsintensität äußerst hohen Eingriffsanforderungen[971] führt die Aufrechterhaltung des Subsidiaritätsverhältnisses zwischen Art. 10 GG und Art. 2 Abs. 1 i. V. m. Art. 1 Abs. 1 GG zu Wertungswidersprüchen und einer inhaltlichen Überdehnung des Art. 10 GG: Die von Art. 10 GG geschützte Unbefangenheit der Kommunikationspartner findet im IT-Grundrecht eine Entsprechung. Im Anwendungsbereich des Art. 10 GG soll die Vertraulichkeit der technisch vermittelten zwi-

---

[970] So auch *Bosesky/C. Hoffmann/S. E. Schulz*, DuD 2013, 95 (100). Siehe hierzu oben S. 99.

[971] Vgl. BVerfGE 120, 274 (328).

schenmenschlichen Kommunikation, im Anwendungsbereich des IT-Grundrechts u. a. die Vertraulichkeit der Inhalte und der Nutzung eines IT-Systems gewährleistet werden. *Beide Grundrechte* knüpfen an spezifische Gefahren an, die bestehen, wenn potentiell vertrauliche Inhalte technischen Mitteln anvertraut werden. Soweit ungeklärt ist, ob mit einer Maßnahme in das IT-Grundrecht oder das Fernmeldegeheimnis eingegriffen wird, muss sie sich an beiden Grundrechten messen lassen.[972]

Vor diesem Hintergrund ist ein formaler Kommunikationsbegriff auch nicht (mehr) geboten, um grundrechtlichen Schutzlücken zu begegnen. Dies gilt insbesondere für die Massenkommunikation im Internet. Zwar handelt es sich bei ihr um formale Kommunikation, weil der bloßen Kenntnisnahme von Inhalten, die ihr Ersteller für beliebige Empfänger vorgesehen hat, das individuelle, zwischenmenschliche Element fehlt. Wie der Zuschauer einer Nachrichtensendung mit dem Moderator und der Leser eines Zeitungsartikels mit dem Autor keine „Unterredung" führt, findet auch zwischen dem Ersteller und dem Nutzer öffentlicher Internetangebote kein „Gespräch unter Abwesenden" statt.[973] Darüber hinaus enthalten der Allgemeinheit zugängliche Internetangebote zunehmend nicht mehr unmittelbar von Menschen erzeugte Informationen, sondern Ergebnisse von Programmabläufen, die der Nutzer durch den Aufruf eines Internetangebots in Gang setzt.[974] Auch die Grenzen zwischen Massenkommunikation und Cloud Computing werden durch solche aktiven Internetangebote verwischt.

---

[972] So zutreffend auch *Bosesky/C. Hoffmann/S. E. Schulz*, DuD 2013, 95 (100). Ähnlich auch *T. Böckenförde*, JZ 2008, 925 (936 f.), der allerdings je nach konkreter Internetnutzung entweder nur Art. 10 GG oder nur das IT-Grundrecht anwenden will. Dies dürfte in der Praxis mangels hinreichender Abgrenzungskriterien scheitern.

[973] So auch *Hiéramente*, StraFo 2013, 96 (99).

[974] So informieren Internetangebote über Reisezeiten unter Berücksichtigung der Verkehrslage, nachdem ein Nutzer die gewünschte Route angegeben hat und über Kochrezepte nach Eingabe von Zeitrahmen und verfügbaren Zutaten. Die Liste ließe sich beliebig fortführen und ist nur durch die Leistungsfähigkeit der Server und die Bandbreiten der Verbindungen begrenzt.

Hieraus folgt aber nicht, dass die Vertraulichkeit der Massenkommunikation im Internet gar keinen grundrechtlichen Schutz genießt. Sie ist zwar nicht durch Art. 10 GG, dafür aber durch das IT-Grundrecht geschützt. Es ist hierbei kein Fall denkbar, in dem an dessen Stelle „nur" das Recht auf informationelle Selbstbestimmung einschlägig ist: Das Internet umfasst eine derartige Informationsfülle, dass jedes hieran angeschlossene IT-System vom IT-Grundrecht geschützt ist, soweit der Nutzer damit konstruktionsbedingt auf diese Informationsfülle zugreifen kann.[975] Das IT-Grundrecht schützt ferner u. a. die Vertraulichkeit „lediglich im Arbeitsspeicher gehaltene[r] flüchtige[r] oder nur temporär auf den Speichermedien des Zielsystems abgelegte[r] Daten".[976] Auch bei der Massenkommunikation im Internet werden Daten temporär auf das IT-System des Nutzers kopiert und dort dargestellt.[977] Eine Überwachung dieser Massenkommunikation kann auf drei Wegen erfolgen: Es kann – unter Inpflichtnahme des ISP – auf die aufgerufenen URLs[978] bzw. die Daten auf dem Übertragungsweg, oder direkt am Endgerät des Betroffenen auf die dort dargestellten Daten zugegriffen werden. Wird nun zum Abruf eines Internetangebots eine Verbindungsverschlüsselung verwendet, ist ein Zugriff auf dem Übertragungsweg nicht ohne Weiteres[979] möglich. Werden zusätzlich Anonymisierungsmethoden genutzt, entfällt auch die mögliche Speicherung der aufgerufenen URLs – der ISP kann nur nachvollziehen, dass ein Nutzer sich mit einem Anonymisierungsdienst verbunden, nicht aber, welche URLs er hierüber aufgerufen hat. Es verbleibt dann neben dem Einsatz von Hardware-Keyloggern oder Van-Eck-Phreaking die Möglichkeit, das IT-System des Nutzers zu infiltrie-

---

[975] Auszunehmen wären damit nur IT-Systeme, die das Internet zur Übertragung von Daten mit punktuellen Bezügen zur Lebensgestaltung ihres Nutzers verwenden. Dass derartige IT-Systeme aber nicht zugleich auch die Möglichkeit zum „Surfen" im Internet bieten, erscheint unwahrscheinlich. Im Zweifel wäre das IT-Grundrecht anwendbar.

[976] BVerfGE 120, 274 (324).

[977] Siehe hierzu oben S. 21.

[978] Zum Begriff siehe oben Fn. 288.

[979] Zur Möglichkeit des MITM-Angriffs siehe oben S. 55.

ren und die Internetnutzung dort „an der Quelle" zu überwachen. Diese Möglichkeit greift unzweifelhaft in das IT-Grundrecht ein[980] und ist im Vergleich zu den anderen die technisch aufwändigste und – wegen der mit ihr zwangsläufig verbundenen Integritätsverletzung – die eingriffsintensivste. Die zu erlangenden Daten der Massenkommunikation im Internet sind jedoch bei allen drei Möglichkeiten i. d. R. vollkommen identisch: Kennt die Ermittlungsbehörde eine vom Betroffenen aufgerufene URL, kann sie diese selbst aufrufen und damit – soweit das öffentliche Internetangebot zwischenzeitlich nicht vom Ersteller geändert wurde – dieselben Daten empfangen, die sie auch mittels Zugriffs auf dem unverschlüsselten Übertragungsweg hätte erlangen können; ist die URL nicht bekannt und die Übertragung der Daten verschlüsselt, können dieselben Daten per Zugriff am Endgerät des Nutzers abgegriffen werden. Der Schutz des IT-Grundrechts hängt indes gerade nicht davon ab, ob ein Zugriff einfach oder nur schwierig umzusetzen ist.[981]

Hiergegen kann auch nicht eingewandt werden, dass die Daten vor ihrer „temporären Ankunft" auf dem IT-System des Betroffenen noch nicht geschützt seien. Denn das IT-Grundrecht schützt IT-Systeme auch aufgrund der Datenintensität, die mit ihrer Vernetzung einhergehen kann.[982] Das *an das Internet angeschlossene IT-System* des Betroffenen *ist* insoweit das geschützte, potentiell datenintensive IT-System. Die Inhalte und Umstände *seiner Nutzung* sollen vertraulich bleiben.[983] Wollte man „noch nicht angekommene" Daten hiervon ausnehmen, wären auch Cloud Computing-Lösungen ungeschützt, soweit ihre Anbieter keine hinreichenden Datensicherheitsmethoden umgesetzt haben und damit rein technisch Zugriffe ohne Mitwirkung des Nutzers (bzw. seines zentralen

---

[980] Vgl. BVerfGE 120, 274 (308).

[981] Siehe hierzu oben S. 159 ff.

[982] BVerfGE 120, 274 (305 f.). Siehe hierzu auch oben S. 158 und S. 187.

[983] Siehe hierzu oben S. 158. Dies übersehen *T. Albrecht/Braun*, HRRS 2013, 500 (503 ff.), die infolgedessen für eine weitere Ausprägung des allgemeinen Persönlichkeitsrechts neben Recht auf informationelle Selbstbestimmung und IT-Grundrecht plädieren.

IT-Systems) – nämlich direkt beim Anbieter oder auf dem Übertragungsweg – ermöglichen. Angesichts der technischen Entwicklung hin zu dezentralen IT-Systemen[984] würde der Schutzbereich des IT-Grundrechts auf diese Weise ausgehöhlt. Dem besonders schutzbedürftigen Aspekt der Vernetzung käme geradezu die Funktion eines einschränkenden Schutzbereichskorrektivs zu. Dies ist mit Sinn und Zweck des IT-Grundrechts nicht zu vereinbaren.

(dd) Zwischenergebnis

Kommunikation i. S. d. Art. 10 GG meint nur (funktionale) Mitteilungsakte zwischen mindestens zwei individuellen Kommunikationspartnern. Als „Kommunikationsdienste im Internet" sind hiernach weder an die Allgemeinheit gerichtete Internetangebote noch Datenübertragungsvorgänge innerhalb dezentraler IT-Systeme anzusehen. Formale Kommunikationsvorgänge nur *eines* Nutzers unterfallen daher dem IT-Grundrecht, soweit Inhalte und Umstände der Nutzung eines hiervon geschützten IT-Systems in Rede stehen. Dies ist insbesondere beim Abruf öffentlich zugänglicher Internetangebote und bei der Nutzung dezentraler IT-Systeme zu nicht funktional-kommunikativen Zwecken der Fall.

(3) Zur Vertraulichkeit der Kommunikation

Weiter ist zu klären, unter welchen Bedingungen die *Vertraulichkeit* eines Kommunikationsvorgangs durch das Fernmeldegeheimnis geschützt ist.

(4) Keine autorisierte Kenntnisnahme

Da Art. 10 GG nicht das Vertrauen der Kommunikationspartner zueinander schützt,[985] ist sein Schutzbereich nicht eröffnet, soweit Inhalte von Kommunikationsvorgängen auf dem technisch dafür vorgesehenen Weg erlangt werden und der Staat hierfür von we-

---

[984] Siehe hierzu oben S. 25.
[985] Vgl. BVerfGE 106, 28 (37 f.); 120, 274 (340 f.).

nigstens einem Kommunikationsteilnehmer autorisiert ist[986]. Damit
fallen die Inhalte nichtöffentlicher Kommunikationsdienste im Internet[987] weder in den Schutzbereich, wenn für den staatlichen Zugriff die von einem Zugangsberechtigten hierfür zur Verfügung
gestellten Zugangsdaten genutzt werden,[988] noch wenn der Staat
sich durch List selbst eine Zugangsberechtigung geschaffen hat –
denn Art. 10 GG „schützt nicht vor ungewollter Fernkommunikation mit dem Staat"[989].

(5)   Zeitliche Reichweite

In zeitlicher Hinsicht erstreckt sich der Schutz des Art. 10 GG nicht
auf den reinen Übertragungsvorgang der Kommunikationsinhalte.
Die Rechtsprechung des *BVerfG* hierzu erweist sich allerdings als
brüchig: Nach einer Entscheidung des *Zweiten Senats* aus dem Jahre
2009 erfasst das Fernmeldegeheimnis z. B. E-Mails, die vom Empfänger bereits zur Kenntnis genommen wurden, aber noch beim
Anbieter gespeichert sind.[990] Anders soll es sich mit Inhalten und
Umständen von Telekommunikationsvorgängen verhalten, die nach
Abschluss der Übertragung im Machtbereich des Kommunikationsteilnehmers verbleiben.[991] Dies begründete der *Zweite Senat* schon
2006 damit, dass „die spezifischen Gefahren der räumlich distan-
zierten Kommunikation [...] im Herrschaftsbereich des Empfängers,
der eigene Schutzvorkehrungen gegen den ungewollten Datenzu-
griff treffen kann, nicht [bestehen]".[992] Beim Nutzer gespeicherte

---

[986] BVerfGE 120, 274 (341).

[987] Dies betrifft den Abruf von bzw. die Beteiligung an Internetangeboten für geschlossene Nutzergruppen wie Diskussionsforen, Chats oder Gruppen innerhalb sozialer Netzwerke

[988] BVerfGE 120, 274 (341).

[989] *Bäcker*, Linien der Rechtsprechung des BVerfG 2009, 99 (107).

[990] Nämlich deshalb, weil der Anbieter die „Sphäre" der Speicherung beherrsche,
vgl. BVerfGE 124, 43 (56). Vgl. hierzu auch *M. Sievers*, Schutz der Kommunikation,
S. 133.

[991] BVerfGE 115, 166 (183 f.).

[992] BVerfGE 115, 166 (184). Demgegenüber hatte die *3. Kammer des Zweiten Senats*
noch ein Jahr zuvor ausgeführt, dass auch das Auslesen der Kommunikationsverbin

Kommunikationsinhalte und -umstände unterschieden sich insoweit nicht von Dateien, die er selbst angelegt hat.[993]

Der *Erste Senat* ist dieser Abgrenzung nicht uneingeschränkt gefolgt. Im Online-Durchsuchungsurteil nahm er zwar auf die vorgenannte Entscheidung des *Zweiten Senats* aus dem Jahre 2006 Bezug, allerdings nur, *soweit* der Nutzer eigene Schutzvorkehrungen für Daten in seinem Herrschaftsbereich treffen *kann*.[994] Fraglich ist, welcher Maßstab hierfür gelten soll: Ob ein Nutzer wirksame Schutzvorkehrungen treffen kann, hängt im Wesentlichen von seinen individuellen Fähigkeiten und Kenntnissen zur Datensicherheit ab. Es widerspräche hier den vom *Ersten Senat* vorbehaltlos gewährleisteten (rechtlich) berechtigten Erwartungen in Vertraulichkeit i. S. d. IT-Grundrechts,[995] wollte man im Rahmen des Art. 10 GG auf die tatsächlichen technischen Umstände abstellen und den leichtfertigen Grundrechtsträger weniger stark schützen. Zuzustimmen ist daher *Bäcker*, der im Ergebnis die Abgrenzung des *Zweiten Senats* anhand des Herrschaftsbereichs zwar befürwortet,[996] zugleich jedoch daraus folgert, dass Zugriffe auf Daten im Herrschaftsbereich des Nutzers am IT-Grundrecht zu messen sind, soweit sie sich auf einem hiervon umfassten IT-System befinden[997]. Auf Schutzvorkehrungen und ggf. deren Wirksamkeit kommt es dann *zugunsten des Grundrechtsträgers* nicht mehr an.[998]

---

dungsdaten eines Mobiltelefons nach dessen Beschlagnahme beim Nutzer an Art. 10 GG zu messen sei, vgl. BVerfGK 5, 74 (82).

[993] BVerfGE 115, 166 (185).

[994] BVerfGE 120, 274 (307 f.). Hierbei handelt es sich keineswegs um einen sprachlichen Zufall. *Bäcker*, der das Online-Durchsuchungsurteil als Wissenschaftlicher Mitarbeiter *Hoffmann-Riems* maßgeblich mitgestaltet hat, weist auf diese Unterscheidung ausdrücklich hin, vgl. *Bäcker*, Linien der Rechtsprechung des BVerfG 2009, 99 (115 f.).

[995] Siehe hierzu oben S. 159.

[996] *Bäcker*, Linien der Rechtsprechung des BVerfG 2009, 99 (116).

[997] Vgl. *Bäcker*, Linien der Rechtsprechung des BVerfG 2009, 99 (130).

[998] Dies steht auch nicht im Widerspruch zur Rechtsprechung des *Zweiten Senats* in BVerfGE 115, 166, denn das IT-Grundrecht war 2006 noch nicht „entwickelt".

(6) Ort des Zugriffs

Das Fernmeldegeheimnis schützt vor Zugriffen auf das Übertragungsmedium.[999] Hierbei begründete ursprünglich die Einschaltung Dritter – nämlich der Betreiber von Übertragungs- und Vermittlungseinrichtungen – das Schutzbedürfnis der Fernkommunikation.[1000] Unproblematisch erfasst sind damit Zugriffe auf *drittvermittelte* Kommunikationsinhalte und -umstände *auf dem Übertragungsweg*. Unter Berücksichtigung der Rechtsprechung des *BVerfG* zur Beschlagnahme von E-Mails sind weiter alle Kommunikationsinhalte und -umstände geschützt, die im Herrschaftsbereich von als *Kommunikationsmittler* fungierenden Dritten *gespeichert* sind.[1001]

Auf die Einschaltung Dritter in einen unkörperlich vermittelten Kommunikationsvorgang kommt es allerdings nicht an. Art. 10 GG schützt auch die Kommunikation, die über ein von den Kommunikationspartnern selbst erzeugtes Medium stattfindet, wie es z. B. bei lokalen Netzwerkverbindungen der Fall ist.[1002] Hier ist allein das Vertrauen in die gewählte Übertragungstechnik geschützt. Auf besondere Zugangssicherungen kommt es nicht an, soweit ersichtlich ist, dass eine Verbindung der vertraulichen Kommunikation dienen *kann*.[1003]

Das *BVerfG* hat das Fernmeldegeheimnis darüber hinaus auf Telekommunikationsendgeräte ausgedehnt, sodass beispielsweise eine am Endgerät angebrachte Abhörvorrichtung in den Schutzbereich eingreift.[1004]

---

[999] *Durner,* in: Maunz/Dürig, Rn. 81 zu Art. 10; *Jarass,* in: Jarass/Pieroth, Rn. 5 zu Art. 10.

[1000] *Baldus,* in: BeckOK GG, Rn. 7 zu Art. 10.

[1001] Zur Beschlagnahme eines Facebook-Accounts als Eingriff in Art. 10 GG vgl. z. B. *Meinicke,* StV 2012, 463.

[1002] *Hermes,* in: Dreier GG, Rn. 37 zu Art. 10.

[1003] Vgl. *Durner,* in: Maunz/Dürig, Rn. 94 zu Art. 10, der Funkverbindungen zur Sprachkommunikation als Beispiel nennt. Gleiches muss für WLAN-Verbindungen gelten, vgl. *Bock,* in: Beck-TKG, Rn. 4 zu § 89 TKG.

[1004] BVerfGE 106, 28 (38).

(7) Zwischenergebnis

Das Fernmeldegeheimnis schützt die Vertraulichkeit aller funktionalen Kommunikationsvorgänge, bei denen ein technisches Medium zur unkörperlichen Übertragung von Informationen genutzt wird. Es kommt hierbei weder auf die Einschaltung eines Kommunikationsmittlers an noch darauf, ob ein Kommunikationsvorgang bereits abgeschlossen ist: Die Vertraulichkeit aller nicht im Herrschaftsbereich des von einer Zugriffsmaßnahme Betroffenen ausgetauschten oder gespeicherten Inhalts- und Umstandsdaten des Kommunikationsvorgangs ist durch das Fernmeldegeheimnis geschützt, soweit der Staat nicht von einem der Kommunikationsteilnehmer zur Kenntnisnahme autorisiert ist. Die Vertraulichkeit von entsprechenden Daten im technischen Herrschaftsbereich der Kommunikationsteilnehmer gewährleistet hingegen das IT-Grundrecht.

bb) Verfassungsrechtliche Rechtfertigung

Beschränkungen des Fernmeldegeheimnisses sind gemäß Art. 10 Abs. 2 S. 1 GG aufgrund eines Gesetzes und über den Wortlaut hinaus auch unmittelbar durch ein förmliches Gesetz möglich.[1005] Soweit durch den Eingriff in das Fernmeldegeheimnis personenbezogene Daten i. S. d. Rechts auf informationelle Selbstbestimmung[1006] erhoben werden sollen, gelten die vom *BVerfG* hierfür entwickelten Anforderungen an Eingriffsgrundlagen entsprechend.[1007] Die gebotene Unterscheidung zwischen funktionalem und formalen Kommunikationsbegriff hat zur Folge, dass eine Befugnisnorm für Eingriffe in Art. 10 Abs. 1 GG nur dann auch für Eingriffe in das IT-Grundrecht herangezogen werden kann, wenn der Gesetzgeber in ihr eine Grundentscheidung i. S. d. Wesentlichkeitstheorie auch insoweit getroffen hat – was insbesondere dann nicht anzunehmen

---

[1005] BVerfGE 125, 260 (313); *Jarass,* in: Jarass/Pieroth, Rn. 16 zu Art. 10.

[1006] Siehe hierzu oben S. 140 ff.

[1007] BVerfGE 124, 43 (60); *Hermes,* in: Dreier GG, Rn. 63 zu Art. 10.

ist, wenn der fragliche Eingriff den ursprünglich intendierten Eingriff in das Fernmeldegeheimnis an Intensität übertrifft.

e) Zwischenergebnis

Strafprozessuale Zugriffe auf IT-Systeme können aufgrund ihrer Umstände mit Eingriffen in die Informationsfreiheit, die Unverletzlichkeit der Wohnung und das Fernmeldegeheimnis verbunden sein. Auch diese Eingriffe lassen sich jedoch verfassungsrechtlich rechtfertigen.

3. Zwischenergebnis

Der vom *BVerfG* entwickelte objektbezogene Grundrechtsschutz für IT-Systeme ist spezieller und kann im Einzelfall weitreichender sein als derjenige, der über die extensive Auslegung der Schutzbereiche benannter Freiheitsgrundrechte zu erreichen ist. Die Fortentwicklungen des allgemeinen Persönlichkeitsrechts erweisen sich insoweit nicht mehr als reine „Auffanggrundrechte", sondern als eigenständige, auch objektiv-rechtlich wirkende Garantien einer Freiheitssphäre, die der Grundgesetzgeber nicht vorhersehen konnte. Folglich steht das IT-Grundrecht zu benannten Freiheitsgrundrechten bei Schutzbereichsüberschneidungen – wenn also etwa für den Eingriff in ein benanntes Freiheitsgrundrecht die Integrität eines IT-Systems beeinträchtigt wird oder nicht im Vorfeld erkennbar ist, ob (dem Dateninhalt nach) der Schutzbereich eines benannten Freiheitsgrundrechts eröffnet ist – in *Idealkonkurrenz*. Die Anforderungen an Eingriffe in das Recht auf informationelle Selbstbestimmung werden zudem Bestandteil des Rechtfertigungsregimes für Eingriffe in benannte Freiheitsgrundrechte, wann immer diese mit einer Erhebung, Verarbeitung und/oder Weitergabe personenbezogener Daten gegen bzw. ohne den Willen des Betroffenen verbunden sind.

Dieses Ineinandergreifen grundrechtlicher Schutzbereiche verbietet es, im Kontext strafprozessualer Zugriffe auf IT-Systeme zur Bestimmung der Eingriffsintensität eine Abstufung anhand der „Wertigkeit" jeweils betroffener Grundrechte vorzunehmen. Vielmehr beeinträchtigen alle tatsächlichen Zugriffsmöglichkeiten zunächst alternativ oder kumulativ Nutzungsmöglichkeit, Vertraulichkeit und Integrität des IT-Systems. Die Eingriffsintensität einer Ermittlungsmaßnahme kann daher – unbeschadet der anzuerkennenden grundrechtsübergreifenden Fallgruppen des *BVerfG* –[1008] auch danach beurteilt werden, welche dieser Attribute sie in welchem Maße[1009] beeinträchtigt und inwieweit sie aufgrund ihrer Umstände *weitere* Grundrechtseingriffe herbeiführt.

III. Eingriffe in subjektive Rechte auf internationaler Ebene

Abwehrrechte gegen hoheitliche Maßnahmen können sich neben dem Grundgesetz auch aus internationalem Recht ergeben. Von Bedeutung sind solche Rechte für die vorliegende Untersuchung nur, soweit ihr Schutzniveau über die Garantien des Grundgesetzes hinausreicht oder sie Aspekte erfassen, die sich aus dem Grundgesetz nicht gleichfalls herleiten ließen. Fällt ihr Schutzniveau geringer aus, ist zu prüfen, welche Konsequenzen hieraus für den deutschen Gesetzgeber folgen.*

1. Europäische Menschenrechtskonvention

In Betracht zu ziehen sind zum einen die Rechte der EMRK[1010], die zwar gemäß Art. 59 Abs. 2 GG formal lediglich im Rang einfachen Bundesrechts stehen,[1011] deren Verletzung jedoch gemäß Art. 34

[1008] Siehe hierzu oben S. 104 f.

[1009] D. h. bis hin zu einer vollständigen Grundrechtsvereitelung, die nach Maßgabe der Wesensgehaltsgarantie im relativen subjektiv-rechtlichen Sinne durch überwiegende Allgemeininteressen geboten sein kann, siehe hierzu oben S. 110.

[1010] Die EMRK ist ein multilateraler völkerrechtlicher Vertrag, dessen Unterzeichnerstaaten sich zur Achtung der darin aufgeführten Menschenrechte verpflichtet haben. Das Recht zur Unterzeichnung ist gemäß Art. 59 Abs. 1 EMRK von einer Mitgliedschaft im Europarat abhängig. Umgekehrt ist ein Beitritt zum Europarat mittlerweile durch die Unterzeichnung der EMRK bedingt. Deutschland hat die Konvention 1952 ratifiziert. Vgl. zur Geschichte ausführlich *Esser*, in: Löwe/Rosenberg, Rn. 42 ff. zu EMRK Einf. m. w. N.

[1011] Bereits dies führt freilich dazu, dass nationale Behörden und Gerichte die EMRK in die Auslegung des nationalen, einfachgesetzlichen Rechts gleichrangig einzubeziehen haben, vgl. *Hufen*, Staatsrecht II, S. 34.

EMRK vor dem *EGMR* mit der Individualbeschwerde gerügt werden kann. Hierauf ergangene Einzelfallentscheidungen des *EGMR* sind gemäß Art. 46 Abs. 1 EMRK für die betroffene Vertragspartei endverbindlich.[1012] Auch hat das *BVerfG* seinen eigenen Prüfungsmaßstab insoweit auf Inhalte der EMRK erstreckt, als Art. 20 Abs. 3 GG i. V. m. dem Rechtsstaatsprinzip die Rechtsprechung des *EGMR* über den Einzelfall hinaus umfasst.[1013] Damit kann auch im Wege der Verfassungsbeschwerde eine Missachtung oder Nichtberücksichtigung von Entscheidungen des *EGMR* gerügt werden.[1014]

Vorliegend können Verletzungen des Rechts auf ein faires Verfahren gemäß Art. 6 EMRK, des Rechts auf Achtung des Privat- und Familienlebens, der Wohnung und der Korrespondenz gemäß Art. 8 Abs. 1 EMRK und des Rechts auf wirksame Beschwerde gemäß Art. 13 EMRK von Bedeutung sein. Zu den Anforderungen, die der *EGMR* an Eingriffe in diese Rechte im Kontext von Zugriffen auf IT-Systeme stellt, besteht bislang kaum Judikatur.[1015] Soweit aus einer Entscheidung[1016] gefolgert werden kann, dass der staatliche Zugriff auf elektronisch gespeicherte Daten in das Recht auf Korrespondenz gemäß Art. 8 EMRK eingreift, führt dies zu keinem über das Recht auf informationelle Selbstbestimmung bzw. Art. 10 Abs. 1 GG hinausreichenden Schutz: Einen Verstoß gegen Art. 8 EMRK erkannte

---

[1012] Entscheidungen des *EGMR* beseitigen zwar nicht die Rechtskraft innerstaatlicher Rechtsakte, werden aber Teil des von Art. 20 Abs. 3 GG abgesteckten Rahmens. Besteht nach der jeweiligen Verfahrensordnung die Möglichkeit, einen Rechtsakt abzuändern, so hat dies – unter Beachtung der Entscheidung des *EGMR* – zu geschehen, andernfalls kommt eine geldwerte Entschädigung für den Konventionsverstoß in Betracht, vgl. BVerfGE 111, 307 (325 ff.). Seit 1998 ist die Anerkennung der Gerichtsbarkeit des EGMR obligatorisch für alle Unterzeichnerstaaten der EMRK, vgl. *Esser*, in: Löwe/Rosenberg, Rn. 45 zu EMRK Einf.

[1013] BVerfGE 111, 307 (329 f.).

[1014] *Meyer-Ladewig*, EMRK, Rn. 38 zu Art. 46.

[1015] Die von *Uerpmann-Wittzack*, Das neue Computergrundrecht 2009, 99 ff., benannten Fallbeispiele betreffen Abhörmaßnahmen, die unter dem Grundgesetz von Art. 10 umfasst wären. Auf darüber hinausgehende Schutzgehalte des Art. 8 Abs. 1 EMRK speziell für IT-Systeme deuten sie nicht hin.

[1016] EGMR, Urteil vom 16.10.2007 – 74336/01 Wieser u. Bicos Beteiligungen GmbH/Österreich –, NJW 2008, 3409.

der *EGMR* im konkreten Fall nur deshalb, weil die Ermittlungsbeamten den Rechten des Betroffenen dienende Verfahrensvorschriften der österreichischen StPO unstreitig nicht eingehalten hatten.[1017] Ungeachtet dessen sieht *Ziebarth* in Art. 8 Abs. 1 EMRK ein mit dem IT-Grundrecht vergleichbares Recht verankert und vermutet, dass Art. 6 und 13 EMRK den *EGMR* zu einer Steigerung der Bedeutung von Richtervorbehalten und Benachrichtigungspflichten im Vergleich zur Rechtsprechung des *BVerfG* veranlassen werden.[1018] Hiergegen wendet *Drallé* ein, dass der *EGMR* den Schutzbereich des Art. 8 Abs. 1 EMRK bislang über die Bildung von Fallgruppen bestimmt, für IT-Systeme jedoch noch keine Fallgruppe entwickelt hat – auf Ebene der EMRK bestehe daher kein gesonderter Rechtsschutz bei staatlichen Zugriffen auf IT-Systeme.[1019] Dem ist zuzustimmen: Auf einen über den nationalen Standard hinausreichenden Schutz gegen Zugriffe auf IT-Systeme aus Rechten der EMRK deutet derzeit nichts hin. Insbesondere zieht das *BVerfG* die im Grundgesetz nicht ausdrücklich erwähnten Garantien der EMRK regelmäßig heran, ohne überhaupt auf die EMRK Bezug nehmen zu müssen; aus dem Grundgesetz lassen sich identische Institute herleiten.[1020] Angesichts der grundlegenden subjektiv-rechtlichen Bedeutung, die das *BVerfG* der Vertraulichkeit und Integrität von IT-Systemen im Online-Durchsuchungsurteil beigemessen hat, dürfte sich die Entwicklung der Rechtsprechung des *EGMR* künftig eher hieran orientieren,[1021] als dass ein Rückgriff auf Entscheidungen des *EGMR* das grundrechtliche Schutzniveau in Deutschland verbessern könnte.

[1017] EGMR, Urteil vom 16.10.2007 – 74336/01 Wieser u. Bicos Beteiligungen GmbH/Österreich –, NJW 2008, 3409 (3411).

[1018] *Ziebarth*, Online-Durchsuchung, S. 147. Ähnlich zum Gehalt des Art. 8 EMRK bereits *Streinz*, DuD 2011, 602 f.

[1019] *Drallé*, IT-Grundrecht, S. 155. Ähnlich bereits *Edenharter*, Uerpmann-Wittzack (Hrsg.): Das neue Computergrundrecht 2009, 111 (114).

[1020] Vgl. etwa für das Recht auf ein faires Verfahren aus dem Rechtsstaatsprinzip in Verbindung mit den Freiheitsgrundrechten BVerfGK 16, 299 (301).

[1021] Ob dies der Fall sein wird, bleibt abzuwarten. Ähnlich auch *Uerpmann-Wittzack*, Das neue Computergrundrecht 2009, 99 (108 f.).

2. Grundrechte auf Ebene der Europäischen Union

Zum anderen kommen weitergehende Abwehrrechte aus Grundrechten auf EU-Ebene in Betracht. Solche Grundrechte ergaben sich ursprünglich aus rechtsvergleichenden Entscheidungen des *EuGH*, in denen die Verfassungsgrundsätze der Mitgliedstaaten und Gehalte der EMRK zu einem *Verfassungsgewohnheitsrecht der Gemeinschaft* entwickelt wurden.[1022] Dieses wurde 2001 im Rahmen der Konferenz von Nizza als *Charta der Grundrechte der Europäischen Union* (EGRC) erstmals kodifiziert.[1023] Durch den 2007 geschlossenen Vertrag von Lissabon wurde die EGRC mit Wirkung zum 01.12.2009 gemäß Art. 6 Abs. 1 UAbs. 1 EUV zu geltendem Primärrecht der EU.[1024] Die EGRC ist damit nicht nur Auslegungshilfe und Quelle allgemeiner Grundsätze des Unionsrechts, sondern kann Klagen vor dem *EuGH* zur Begründetheit verhelfen.[1025]

Dies bedeutet aber nicht, dass hiermit ein mit der deutschen Verfassungsbeschwerde beim *BVerfG* oder der Individualbeschwerde beim *EGMR* vergleichbares Institut gegen *auf nationales Recht* gestützte Rechtsakte der Mitgliedstaaten vor dem *EuGH* geschaffen wurde:[1026] Gemäß Art. 6 Abs. 1 UAbs. 2 EUV bzw. Art. 51 Abs. 2 EGRC erweitert die Geltung der EGRC die Zuständigkeiten der Union nicht. Damit haben die Grundrechte der EGRC – wie schon das zuvor vom *EuGH* entwickelte Verfassungsgewohnheitsrecht – nur Bedeutung bei der Anwendung von EU-Recht durch deutsche Hoheitsträger und durch Organe der EU, Art. 51 Abs. 1 EGRC.[1027] Hier gehen sie den Grundrechten des Grundgesetzes grundsätzlich vor.[1028]

[1022] *Hufen*, Staatsrecht II, S. 36.

[1023] *Hufen*, Staatsrecht II, S. 37.

[1024] Vgl. hierzu ausführlich *Schorkopf*, in: Grabitz/Hilf/Nettesheim, Rn. 19 ff. zu Art. 6 EUV.

[1025] *Lenaerts*, EuR 2012, 3 .

[1026] Krit. hierzu *Zeder*, EuR 2012, 34 (58).

[1027] Vgl. hierzu ausführlich *Epping*, Grundrechte, S. 458 ff.

[1028] *Epping*, Grundrechte, S. 457 f.

a) Strafverfahrensrechtliche EU-Richtlinien

Für den Untersuchungsgegenstand ergibt sich hieraus die Frage, inwieweit strafverfahrensrechtliche Komplexe auf Ebene der EU überhaupt geregelt werden können – nur insoweit können die Grundrechte der EGRC relevant werden.

Mit dem Vertrag von Lissabon ist die für das Strafrecht einstmals relevante „3. Säule"[1029] im AEUV aufgegangen. Damit können auch strafprozessuale Regelungen als Richtlinien gemäß Art. 83 Abs. 1 AEUV im Gesetzgebungsverfahren nach Art. 289, 294 AEUV geschaffen werden.[1030] Als Regelungsmaterie sind dabei vorliegend insbesondere die in Art. 82 Abs. 2 UAbs. 2 Buchst. a und b AEUV vorgesehenen Mindestvorschriften zur Zulässigkeit von Beweismitteln[1031] und zu Beschuldigtenrechten[1032] von Bedeutung. Über den Erlass einer solchen Richtlinie entscheidet der Rat mit qualifizierter Mehrheit. Einzelne Mitgliedstaaten können somit zwar überstimmt werden; gemäß Art. 82 Abs. 3 AEUV steht ihnen aber der Einwand zu, eine Regelung berühre grundlegende Aspekte ihrer nationalen Strafrechtsordnung. Diese Beurteilung obliegt dem einzelnen Ratsmitglied und wird nicht – etwa durch den *EuGH* – überprüft.[1033]

Wurde eine strafprozessuale Richtlinie erlassen, ist sie in nationales Recht umzusetzen, Art. 288 UAbs. 3 AEUV. Soweit hierbei Ge-

---

[1029] Als „3. Säule" wurde die in der EU neben EG und gemeinsamer Außen- und Sicherheitspolitik bestehende Ebene der polizeilichen und justiziellen Zusammenarbeit in Strafsachen bezeichnet, vgl. *Lorenzmeier*, Europarecht, S. 28. Entscheidungen auf dieser Ebene waren dem Rat vorbehalten, wobei wesentliche Entscheidungen einstimmig zu erfolgen hatten. Das Strafrecht war damit kein Gemeinschaftsrecht, sondern Teil einer punktuellen, intergouvernementalen Zusammenarbeit, für deren Ausgestaltung jedem Mitgliedstaat ein Vetorecht zustand. Vgl. hierzu ausführlich *Zeder*, EuR 2012, 34 (41).

[1030] Vgl. *Beukelmann*, NJW 2010, 2081 (2083).

[1031] Krit. zur bisherigen Handhabung durch *BGH* und *EuGH Bülte*, ZWH 2013, 219 ff.

[1032] Bisherige Bemühungen der EU zur Vereinheitlichung von Beschuldigtenrechten sind gescheitert. Im Jahre 2004 hat die Kommission einen Rahmenbeschluss zu Beschuldigtenrechten vorgeschlagen. Die Verhandlungen des Rates hierüber wurden 2007 ohne Ergebnis abgebrochen, vgl. *Zeder*, EuR 2012, 34 (40).

[1033] *Vogel*, in: Grabitz/Hilf/Nettesheim, Rn. 101 zu Art. 82.

staltungsspielräume für den deutschen Gesetzgeber verbleiben, gelten für deren Ausfüllung die Grundrechte des Grundgesetzes; soweit Inhalte der Umsetzungsnormen durch die Richtlinie zwingend vorgegeben sind, gilt die EGRC.[1034] Im letzteren Fall bleibt dem nationalen Gesetzgeber allerdings ohnehin keinerlei Gestaltungshoheit.

b) Schutzniveau von Grundgesetz und EGRC bei Zugriffen auf IT-Systeme

Das Ausschließlichkeitsverhältnis von Grundgesetz und EGRC bei Erlass und Umsetzung strafprozessualer Richtlinien wäre unproblematisch, wenn die EGRC einen mit den Grundrechten des Grundgesetzes identischen Schutz vermitteln würde.

Im Kontext von Zugriffen auf IT-Systeme muss dies bezweifelt werden.[1035] Die in Frage kommenden Grundrechte wie das auf Schutz des Privat- und Familienlebens einschließlich der Kommunikation gemäß Art. 7 EGRC oder jenes auf wirksame Rechtsbehelfe und ein faires Verfahren gemäß Art. 47 EGRC ähneln zwar denen der EMRK und finden auch im Grundgesetz Entsprechungen. Darüber hinaus besteht mit Art. 8 EGRC aber ein ausdrückliches Datenschutzgrundrecht, das in seiner Garantie der Verwendung personenbezogener Daten „nur nach Treu und Glauben" mit Einwilligung oder auf einer „sonstigen legitimen gesetzlich geregelten Grundlage" hinter der vom *BVerfG* zum Recht auf informationelle Selbstbestimmung entwickelten Kasuistik zurückbleibt.[1036] Wegen

---

[1034] *Epping*, Grundrechte, S. 462. Die Abgrenzung zwischen zwingenden Vorgaben und Gestaltungsspielräumen kann sich indes schwierig gestalten. Der Instanzrichter – der, wenn er die EGRC für anwendbar und einen Verstoß für möglich hält, gemäß Art. 267 AEUV eine Vorabentscheidung durch den *EuGH* herbeiführt – soll daher nach Auffassung des *VGH Mannheim* im Zweifel das gesamte Umsetzungsgesetz als „materielles Unionsrecht im Kleide eines nationalen Gesetzes" ansehen, VGH Mannheim, Beschluss vom 20.01.2011 – 11 S 1069/10 –, juris, Rn. 116.

[1035] Ähnlich unter Hinweis auf die unzureichende Schrankensystematik der EGRC insgesamt *Brodowski*, JURA 2013, 492 (503).

[1036] Vgl. hierzu *Ronellenfitsch*, DuD 2009, 451 (459). Im Urteil zur Vorratsdatenspeicherung hat der *EuGH* sich allerdings der Rechtsprechung des *BVerfG* im Volkszäh-

der Spezialnorm des Art. 8 EGRC kommt eine Herleitung datenschutzrechtlicher Erwägungen aus anderen Artikeln der EGRC aus systematischen Gründen nicht in Betracht.[1037]

Da es sich bei der EGRC laut Präambel auch um eine Bekräftigung der Verfassungstraditionen der Mitgliedstaaten handelt, können zwar die vom *BVerfG* erarbeiteten Grundsätze auch hier schutzerhöhend wirken, soweit sie zur Auslegung der EGRC herangezogen werden.[1038] Allerdings ist das grundrechtliche Schutzniveau für Zugriffe auf IT-Systeme gerade im Bereich des Strafverfahrensrechts in den Mitgliedstaaten der EU nicht gleichwertig:[1039] So besteht z. B. in Großbritannien und Frankreich eine strafbewehrte Offenbarungspflicht für Passwörter zu verschlüsselten Daten, die mit der Rechtsprechung des *BVerfG* nicht in Einklang zu bringen ist.[1040] Ob der *EuGH* vor diesem Hintergrund künftig gerade die strengen Maßstäbe des *BVerfG* zur Auslegung der EGRC heranziehen wird, bleibt abzuwarten, mutet aber eher unwahrscheinlich an: Nach der jüngeren Rechtsprechung des *EuGH* kann der Schutz durch die EGRC jedenfalls hinter Beschuldigtenrechten nationaler Strafverfahrensordnungen[1041] zurückbleiben; dies sei aus Gründen der Rechtssi-

---

lungsurteil angenähert: Es komme nicht auf einen sensiblen Charakter der betreffenden Daten an, soweit sie mit anderen Daten verknüpft Rückschlüsse auf Privatleben, Gewohnheiten, Aufenthaltsorte, Tätigkeiten und soziale Beziehungen zuließen, denn hierdurch könne bei den Betroffenen das Gefühl erzeugt werden, Gegenstand ständiger Überwachung zu sein; Art. 7 und 8 EGRC schützten gerade auch hiergegen, vgl. *EuGH*, Urteil vom 08.04.2014, C-293/12; C-594/12, BeckRS 2014, 80686, Rn. 27, 33, 37.

[1037] So auch *Drallé*, IT-Grundrecht, S. 154. A. A. wohl *Edenharter*, Uerpmann-Wittzack (Hrsg.): Das neue Computergrundrecht 2009, 111 (115 f.).

[1038] Für einen Vorrang des deutschen Rechts auf informationelle Selbstbestimmung plädiert insoweit *Ronellenfitsch*, DuD 2009, 451 (460 f.). Krit. in diesem Zusammenhang zur Datenschutz-Grundverordnung der EU und dem mit ihr einhergehenden Bedeutungsverlust der Grundrechte des Grundgesetzes *Schild/Tinnefeld*, DuD 2012, 312 ff.

[1039] A. A. *Edenharter*, Uerpmann-Wittzack (Hrsg.): Das neue Computergrundrecht 2009, 111 (114).

[1040] *Gerhards*, Verschlüsselung, S. 299 m. w. N. Siehe hierzu auch unten S. 433 ff.

[1041] Zur Ableitung der Beschuldigtenrechte aus den Grundrechten des Grundgesetzes vgl. zuletzt BGHSt 58, 301, hier: Selbstbelastungsfreiheit aus Art. 1 Abs. 1 und Art. 2 Abs. 1 GG. Ähnlich bereits *Rogall*, Der Beschuldigte als Beweismittel gegen sich selbst, S. 139 ff., 148.

cherheit und wegen des Grundsatzes des gegenseitigen Vertrauens und der gegenseitigen Anerkennung hinzunehmen.[1042]

Da die EU der EMRK gemäß Art. 6 Abs. 2 S. 1 EUV mittelfristig beitreten wird,[1043] ist inhaltlich eine (weitere[1044]) Angleichung der EGRC und der EMRK zu erwarten.[1045] Auch eröffnet Art. 34 EMRK alsdann die Möglichkeit zur Individualbeschwerde beim *EGMR* gegen die Anwendung von EU-Recht durch deutsche Hoheitsträger und Organe der EU. Der *EuGH* wird hiernach gemäß Art. 46 EMRK zunehmend an die Grundrechtsauslegung durch den *EGMR* gebunden sein.[1046] Ob Letzterer sich im Hinblick auf Zugriffe auf IT-Systeme an der Rechtsprechung des *BVerfG* orientieren wird, ist jedoch ungewiss.

c) Konsequenzen für den deutschen Gesetzgeber

Nach alledem ist die Konstellation denkbar, in der eine EGRC-konforme Richtlinie gegen Grundrechte des Grundgesetzes verstößt, diese Grundrechte aber bei der Umsetzung der Richtlinie und der Anwendung des Umsetzungsgesetzes von der EGRC verdrängt werden. Wird eine auf solchen Umsetzungsnormen beruhende letztinstanzliche Entscheidung oder die Umsetzungsnorm selbst mit der Verfassungsbeschwerde angegriffen, führt das *BVerfG* eine Vorabentscheidung des *EuGH* gemäß Art. 267 AEUV herbei.[1047] Erklärt

---

[1042] EuGH, Urteil vom 26.02.2013 – C-399/11 –, juris, Rn. 63; Urteil vom 26.02.2013 – C-617/10 –, juris, Rn. 29. Krit. hierzu *Bülte*, ZWH 2013, 219 (222 ff.).

[1043] Anders als der Wortlaut der Norm vermuten lässt, ist dies entgegen *Drallé*, IT-Grundrecht, S. 153 f., nicht automatisch mit Inkrafttreten des neugefassten EUV geschehen. Der Beitritt der EU zur EMRK ist – u. a. weil im Europarat mit z. B. Russland oder der Türkei auch Staaten vertreten sind, deren politische Agenda nur bedingt mit jener der EU übereinstimmen dürfte – ein komplexer Prozess, der bereits vor Jahrzehnten angestoßen wurde und mit der Zielformulierung in Art. 6 Abs. 2 EUV noch nicht abgeschlossen ist. Vgl. zum Ganzen *Obwexer*, EuR 2012, 115; *Schorkopf*, in: Grabitz/Hilf/Nettesheim, Rn. 35 ff. zu Art. 6 EUV.

[1044] Zu bereits bestehenden Überschneidungen vgl. *Obwexer*, EuR 2012, 115 (126).

[1045] So auch *Zeder*, EuR 2012, 34 (58).

[1046] Vgl. hierzu ausführlich *Obwexer*, EuR 2012, 115 (132, 145, 148).

[1047] BVerfGE 125, 260 (307).

der *EuGH* die Richtlinie für nichtig, gilt für die Verfassungsbeschwerde der Maßstab der Grundrechte des Grundgesetzes.[1048] Verstößt die Richtlinie nach der Entscheidung des *EuGH* nicht gegen die EGRC, sind die Grundrechte des Grundgesetzes nur anwendbar, soweit die EGRC keinen Schutz bietet, „der dem vom Grundgesetz jeweils als unabdingbar gebotenen [...] im Wesentlichen gleich zu achten ist"; andernfalls ist die Verfassungsbeschwerde unzulässig.[1049]

Die Klärung der Frage, ob gegen Inhalte einer nach deutschen Maßstäben grundrechtswidrigen Richtlinie ein jedenfalls *im Wesentlichen* gleicher Grundrechtsschutz durch die EGRC besteht, darf der deutsche Gesetzgeber nicht dem *BVerfG* im Nachgang zur Rechtssetzung überlassen.

Erstens ist der Gesetzgeber gemäß Art. 20 Abs. 3 GG an die verfassungsmäßige Ordnung gebunden, die in Art. 23 Abs. 1 GG die Mitwirkung an der Europäischen Union gerade davon abhängig macht, dass ein mit dem Grundgesetz im Wesentlichen vergleichbarer Grundrechtsschutz gewährleistet ist. Die Wahrung des Grundrechtsschutzniveaus ist damit originäre Aufgabe des deutschen Gesetzgebers – dies schon deshalb, weil nach der Rechtsprechung des *BVerfG* „ein deckungsgleicher Schutz in den einzelnen Grundrechtsbereichen des Grundgesetzes durch das europäische Gemeinschaftsrecht und die darauf fußende Rechtsprechung des Europäischen Gerichtshofs [...] nicht gefordert" ist.[1050] Der deutsche Gesetzgeber hat es mithin bei der Mitgestaltung einer Richtlinie in der Hand, ob ein mit dem Grundgesetz deckungsgleicher oder nur allgemein vergleichbarer Standard gewährleistet sein soll. Auch die – in ihrer Beantwortung ungewisse – Frage, ob die weitreichenden Schutzerwägungen des *BVerfG* bei Zugriffen auf IT-Systeme überhaupt zum „wesentlichen Grundrechtsschutzniveau" gehören und

---

[1048] BVerfGE 125, 260 (307).
[1049] BVerfGE 125, 260 (306).
[1050] BVerfGE 102, 147 (164).

damit später zum Anwendungsvorrang des Grundgesetzes vor der EGRC gereichen könnten, wird obsolet, wenn der deutsche Gesetzgeber schlicht das vom *BVerfG* aus dem Grundgesetz entwickelte Schutzniveau von vornherein zugrunde legt.

Zweitens können zwischen Erlass einer Richtlinie, ihrer Umsetzung in nationales Recht, dessen Anwendung im Einzelfall und der Vorlage eines Instanzgerichts nach Art. 267 UAbs. 2 AEUV bzw. der Entscheidung über eine Verfassungsbeschwerde gegen ein letztinstanzliches Urteil oder das Umsetzungsgesetz selbst viele Jahre der Rechtsunsicherheit liegen.[1051] Eine möglichst frühzeitige Initiative der Legislative erscheint deshalb auch rechtspolitisch vorzugswürdig.

Der deutsche Gesetzgeber hat daher bereits den Erlass einer strafprozessualen Richtlinie zu verhindern, soweit deren zwingende Vorgaben gegen die Grundrechte des Grundgesetzes verstoßen würden. Nach der Rechtsprechung des *BVerfG* im Urteil zum Lissabon-Vertrag können Bundestag und – soweit er nach dem jeweils geltenden deutschen Gesetzgebungsverfahren zu beteiligen ist – Bundesrat das deutsche Ratsmitglied verpflichten, einen Antrag nach Art. 82 Abs. 3 UAbs. 1 AEUV zu stellen.[1052] Hierdurch wird das Gesetzgebungsverfahren ausgesetzt und der Europäische Rat befasst. Fortgesetzt wird es nur, wenn im Europäischen Rat – ggf. unter Abänderung des Richtlinienentwurfs – ein Einvernehmen erzielt wird. Der deutsche Regierungsvertreter im Europäischen Rat darf sein Einvernehmen nur mit Zustimmung von Bundestag und ggf. Bundesrat erklären.[1053] Kommt hiernach kein Einvernehmen im Europäischen Rat zustande, ist das Gesetzgebungsverfahren geschei-

---

[1051] Ein unrühmliches Beispiel hierfür ist die Dauerdebatte über die mittlerweile vom *EuGH* für europarechtswidrig befundene (EuGH, Urteil vom 08.04.2014, C-293/12, Celex-Nr. 62012CJ0293) Richtlinie 2006/24/EG zur Vorratsdatenspeicherung aus dem Jahre 2006, deren deutsche Umsetzung das *BVerfG* (erst) im Jahre 2010 für nichtig erklärte, vgl. BVerfGE 125, 260.

[1052] BVerfGE 123, 267 (414).

[1053] BVerfGE 123, 267 (435).

tert.[1054] Es kann keinem Zweifel unterliegen, dass eine Richtlinie, die gegen Grundrechte des Grundgesetzes verstößt, grundlegende Aspekte der – schließlich im Rang unterhalb des Grundgesetzes stehenden – Strafrechtsordnung berühren würde.[1055] Die Voraussetzungen, unter denen der deutsche Gesetzgeber den Erlass einer Richtlinie nach der Rechtsprechung des *BVerfG* verhindern kann, lägen damit vor.

Würde eine grundgesetzeswidrige Richtlinie – etwa mangels Einflussnahme des deutschen Gesetzgebers auf das deutsche Ratsmitglied – gleichwohl erlassen, wäre Deutschland von Verfassungs wegen gehalten, hiergegen vor dem *EuGH* Nichtigkeitsklage gemäß Art. 263 AEUV zu erheben und die Richtlinie nicht umzusetzen. Unmittelbar anwendbar sind strafprozessuale Richtlinien – auch nach Ablauf der jeweiligen Umsetzungsfrist – unter keinen Umständen: Die unmittelbare Geltung von Richtlinien kommt nur bei bürgerbegünstigenden Bestimmungen in Betracht; allenfalls können Inhalte des nationalen Rechts richtlinienkonform (und damit bürgerbelastend) auszulegen sein.[1056] Hierbei bilden jedoch die Grundrechte des Grundgesetzes den Rahmen, sodass eine richtlinienkonforme Auslegung bestehender Normen nicht in Betracht kommt, soweit hiermit gegen Grundrechte verstoßen würde; die nicht umgesetzte Richtlinie bliebe in diesem Fall ohne innerstaatliche Rechtswirkung.[1057]

d) Zwischenergebnis

Aus der EGRC folgen keine mit dem Schutzniveau der Grundrech-

---

[1054] *Vogel,* in: Grabitz/Hilf/Nettesheim, Rn. 104 zu Art. 82. Halten gleichwohl mindestens 9 Mitgliedstaaten am Richtlinienentwurf fest, teilen sie dies dem Europäischen Parlament, dem Rat und der Kommission mit, wodurch eine Ermächtigung zur Verstärkten Zusammenarbeit gemäß Art. 20 Abs. 2 EUV, Art. 329 Abs. 1 AEUV als erteilt gilt, Art. 82 Abs. 3 UAbs. 2 AEUV.

[1055] Andernfalls müsste im Umkehrschluss der Aussage zugestimmt werden, grundrechtswidrige Maßnahmen seien der deutschen Strafrechtsordnung immanent.

[1056] *Lorenzmeier,* Europarecht, S. 163 f.

[1057] *Lorenzmeier,* Europarecht, S. 165.

te des Grundgesetzes identischen subjektiven Rechte gegen Zugriffe auf IT-Systeme. Bei Mitgestaltung und Umsetzung von strafprozessualen Richtlinien gemäß Art. 82 Abs. 2 UAbs. 2 AEUV ist der deutsche Gesetzgeber deshalb an die Grundrechte des Grundgesetzes gebunden, deren Beachtung er bereits während des EU-Gesetzgebungsverfahrens sicherstellen muss. Andernfalls könnten mit zunehmender Harmonisierung des europäischen Strafverfahrensrechts die deutschen Beschuldigtenrechte sukzessiv unterlaufen werden.[1058]

3. Zwischenergebnis

Verglichen mit demjenigen Grundrechtsschutz, der bei Zugriffen auf IT-Systeme aus den Grundrechten des Grundgesetzes bzw. deren Fortentwicklungen in der Rechtsprechung des *BVerfG* folgt, ergeben sich auf europäischer Ebene keine weiterreichenden Abwehrrechte.

IV. Rechtsfolgen strafprozessualer Grundrechtsverletzungen

Abschließend sind nunmehr die Auswirkungen strafprozessualer Grundrechtsverletzungen auf das weitere Verfahren[1059] zu untersuchen. Dies ist im Wesentlichen eine Frage der sog. *Beweisverbote*, also jener Schranken, die der Gewinnung und Verwertung von Beweisen

---

[1058] So ist etwa der Fall denkbar, dass eine Richtlinie zustande kommt, die in Deutschland nicht umgesetzt werden muss, weil die geltende Rechtslage ihr bereits entspricht. Dies hat zur Folge, dass die jeweiligen Normen nunmehr Umsetzungsnormen einer Richtlinie sind und deshalb bei ihrer Anwendung nicht die Grundrechte des Grundgesetzes, sondern die Grundrechte der EGRC zu beachten sind. Vgl. hierzu *Epping*, Grundrechte, S. 463.

[1059] Das „weitere Verfahren" meint hierbei nicht nur die Abschlussentscheidung der Staatsanwaltschaft oder die tatrichterliche Beweiswürdigung, sondern umfasst jede prozessuale Weichenstellung, bei der es auf das in Rede stehende Beweisergebnis ankommen kann, also z. B. auch die Entscheidung, infolge der gewonnenen Erkenntnisse eine weitere Ermittlungsmaßnahme durchzuführen, vgl. *Popp*, Fehlerkorrektur im Strafverfahren, S. 469 f.; *Rogall*, Informationseingriff und Gesetzesvorbehalt im Strafprozeßrecht, S. 77.

durch die Rechtsordnung gesetzt sind.[1060] Zunächst ist die Systematik der Beweisverbote anhand ihrer Herleitung in Literatur und Rechtsprechung in den Blick zu nehmen. Hieraus sollen sowohl die Konsequenzen für die Strafverfahrenspraxis als auch eine Antwort auf die Frage entwickelt werden, inwieweit der Gesetzgeber gehalten ist, durch ausdrückliche Regelungen auf der Rechtsfolgenseite in diese Systematik einzugreifen.

1. Grundrechtsverletzungen und Verfahrensfehler

Ist eine Ermittlungsmaßnahme entweder generell[1061] oder im Einzelfall[1062] rechtswidrig, besteht insoweit ein *Beweiserhebungsverbot*:[1063] Die Ermittlungsmaßnahme darf bzw. durfte *nach den Regeln des Verfahrensrechts* (so) nicht durchgeführt werden. Der Verstoß gegen ein Beweiserhebungsverbot ist mithin ein strafprozessualer *Verfahrensfehler*.[1064] Je nach missachteter Beweiserhebungsregel kann darin zugleich eine Grundrechtsverletzung liegen.[1065] Daneben kann auch die *Verwertung* solcher Erkenntnisse, die zunächst verfahrensfehlerfrei gewonnen wurden, verfahrensrechtlich verboten und grundrechtswidrig sein; ausschlaggebend hierfür ist regelmäßig der Beweis*inhalt*[1066] oder die *verfahrensübergreifende* Verwertung eines Be-

---

[1060] *T. Fischer*, in: KK StPO, Einl., Rn. 384.

[1061] In Ermangelung einer (verfassungsmäßigen) Rechtsgrundlage oder infolge eines ausdrücklichen gesetzlichen Verbots.

[1062] Weil Tatbestandsvoraussetzungen der Rechtsgrundlage nicht erfüllt sind oder die konkrete Ermittlungsmaßnahme sich als unverhältnismäßig erweist.

[1063] Vgl. *Rogall*, Wolter (Hrsg.): Zur Theorie und Systematik des Strafprozeßrechts 1995, 113 (144). Zur weiteren – hier nicht interessierenden – Unterteilung der Beweiserhebungsverbote in Beweisthemen-, Beweismittel- und Beweismethodenverbote vgl. *Kühne*, Strafprozessrecht, S. 533 ff. m. w. N.

[1064] *Dalakouras*, Beweisverbote, S. 142; *Popp*, Fehlerkorrektur im Strafverfahren, S. 402 f., 456.

[1065] Nämlich in den oben unter Fn. 1061 und 1062 beschriebenen Konstellationen, soweit die normierten (bzw. fehlenden, aber zwingend normierungsbedürftigen) Verfahrensregeln einem grundrechtlichen Gesetzesvorbehalt Rechnung tragen (sollen) und es sich um ein Grundrecht des von der Ermittlungsmaßnahme Betroffenen handelt.

[1066] Vgl. *Dallmeyer*, in: Heghmanns/Scheffler, Kap. II, Rn. 402, mit Rechtsprechungsbeispielen aus dem Bereich des Intimsphärenschutzes.

weismittels[1067]. Eine derartige Verwertung stellt aus der Perspektive des weiteren Verfahrens[1068] – ebenso wie die Verwertung von unter Verstoß gegen ein Beweiserhebungsverbot erlangten Beweismitteln – ihrerseits einen Verfahrensfehler dar.[1069] Folglich geht die Frage nach der Rechtsfolge einer strafprozessualen Grundrechtsverletzung einher mit der Frage nach der Rechtsfolge eines strafprozessualen Verfahrensfehlers, wobei Grundrechtsverletzungen bei der Beweiserhebung und -verwertung eine Teilmenge der möglichen strafprozessualen Verfahrensfehler sind.[1070] Hierauf wird sogleich zurückzukommen sein.[1071]

2. Grundrechtsverletzungen und Beweisverwertungsverbote

Das Schrifttum ist seit Jahrzehnten um Konzeptionen zur allgemeingültigen Begründung von *Beweisverwertungsverboten* bemüht. Der Diskurs muss hier nicht in Gänze nachvollzogen werden.[1072] Allgemein anerkannt ist zumindest die Unterteilung in unselbstständige und selbstständige Beweisverwertungsverbote:[1073] Unselbstständige Beweisverwertungsverbote sind Folgen eines Verstoßes gegen ein Beweiserhebungsverbot;[1074] selbstständige Beweisverwertungsverbote können sich – ohne Verstoß gegen ein Beweiserhebungsverbot – unmittelbar aus einer Rechtsnorm, ferner – wie dargestellt – aus dem Beweisinhalt oder bei verfahrensübergreifender Beweisverwendung ergeben. Die Begründungsmodelle sind indes – auch bei z. T. identischen Ergebnissen – höchst umstritten

---

[1067] Vgl. mit Beispielen *Ambos*, Beweisverwertungsverbote, S. 70 ff.

[1068] Zu denken ist hierbei insbesondere an das Revisionsverfahren.

[1069] Vgl. *Popp*, Fehlerkorrektur im Strafverfahren, S. 477 f.

[1070] Vgl. *Popp*, Fehlerkorrektur im Strafverfahren, S. 454 ff.

[1071] Siehe unten S. 225 ff.

[1072] Grundlegend *Rogall*, ZStW 91 (1979), 1 ff. Eine konzentrierte Darstellung findet sich bei *Grawe*, Zufallsverwendung, S. 192 ff. Die ausführliche Bestandsaufnahme bei *Jahn*, 67. DJT, Bd. I, S. C 51 ff., hat hingegen bei Begründern maßgeblicher Theorien zur Beweisverbotslehre deutliche Kritik hervorgerufen, vgl. *Amelung*, JR 2008, 827 f.; *Rogall*, JZ 2008, 818 ff.

[1073] *Gössel*, in: Löwe/Rosenberg, Rn. 121 zu Einl. Abschn. L m. w. N.

[1074] *Dallmeyer*, in: Heghmanns/Scheffler, Kap. II, Rn. 387.

und aufgrund unterschiedlicher Prämissen zur dogmatischen Anbindung der einzelnen Lehren nicht völlig[1075] in Übereinstimmung zu bringen. Es soll hier deshalb nicht ein weiterer Versuch der „Neukonzeption"[1076] einer über 100 Jahre alten Dogmatik unternommen werden. Seriöserweise wird man allein in der Herausbildung systematisierungsfähiger Argumentationslinien der verschiedenen Lehren einen Ertrag erkennen müssen. Erforderlich ist daher an dieser Stelle (nur) ein querschnittartiger Überblick der vertretenen Argumentationslinien und ihrer Rezeption in bzw. Interaktion mit der Rechtsprechung. Der weiteren Untersuchung ist sodann dasjenige Modell zugrunde zu legen, das sowohl den verfassungsrechtlichen wie den rechtspraktischen Anforderungen am besten gerecht wird.

a) Beweisverwertungsverbotslehren im Schrifttum

aa) Schutzzwecklehren

Die sog. *Schutzzwecklehren* gelangen zu einem unselbstständigen Beweisverwertungsverbot, wenn die missachtete Beweiserhebungsregel – alternativ – nach Sinn und Zweck gerade dem Schutz des Betroffenen vor der Verwertung des in Rede stehenden Beweismittels dient oder Drittinteressen schützt und die Verletzung von Drittinteressen durch die Nichtverwertung noch behoben werden kann.[1077] Davon unabhängig erkennen ihre Vertreter ein Beweisverwertungsverbot auch dann an, wenn staatlicherseits *bewusst* gegen eine Beweiserhebungsregel verstoßen wurde.[1078]

bb) Lehre von den Informationsbeherrschungsrechten

Mit noch stärkerem subjektiv-rechtlichem Fokus geht die sog. *Lehre*

[1075] Zu Gemeinsamkeiten der Lehren siehe unten S. 220.
[1076] Ein solcher findet sich etwa bei *Jahn*, 67. DJT, Bd. I, S. C 66 ff.
[1077] *G. Grünwald*, Beweisrecht, S. 154 f.
[1078] *G. Grünwald*, Beweisrecht, S. 154 f.

von den Informationsbeherrschungsrechten davon aus, dass das Interesse an der Geheimhaltung von Informationen mit einem Recht auf Beherrschung dieser Informationen korrespondiert; dieses Recht sei durch die fehlerhafte Beweiserhebung bzw. durch die (grund-)rechtswidrige Verwertung eines zunächst rechtmäßig erlangten Beweisinhalts gestört, sodass dem Betroffenen der aus dem öffentlichen Recht bekannte Anspruch auf Unterlassung und Folgenbeseitigung zustehe, der durch ein (unselbstständiges bzw. selbstständiges) Beweisverwertungsverbot zu erfüllen sei.[1079] Für Einzelfälle, die sich nicht über derartige Informationsbeherrschungsrechte lösen lassen, ziehen die Vertreter dieser Lehre allgemeine Prinzipien wie das der „Sicherung der Wahrheitsfindung", der „Wahrung der Legitimation zum Strafen" oder einer nicht näher bestimmten „Garantie der Rechtmäßigkeit" heran.[1080]

cc) Abwägungslehre bzw. normative Fehlerfolgenlehre

Die in ihrem Ausgangspunkt von der Rechtsprechung beeinflusste[1081] sog. *Abwägungslehre* macht demgegenüber eine einzelfallbezogene Gewichtung des jeweiligen Verfahrensverstoßes und seiner Bedeutung für die geschützte Sphäre des Betroffenen gegenüber öffentlichen Interessen zur Grundlage der Entscheidung für oder

---

[1079] *Amelung*, FS Bemmann 1997, 505 (506 f.); *ders.*, JR 2008, 327.

[1080] Vgl. zur Bewertung eines Verstoßes gegen den Richtervorbehalt bei einer Wohnungsdurchsuchung anhand dieser Maßstäbe *Amelung/Mittag*, NStZ 2005, 614 (615 f.).

[1081] Vgl. BVerfGE 34, 238 (249 ff.), zur Abwägung bei der Verwertbarkeit heimlich angefertigter Tonbandaufnahmen. Das *BVerfG* beschränkte die Abwägung hier jedoch noch auf eine *reine* Verhältnismäßigkeitsprüfung und gelangte zur Unverwertbarkeit der Aufnahmen, weil die in Rede stehenden Straftatbestände kein so „gewichtiges Unrecht" darstellten oder „öffentliche Belange in einem solchen Maße" berührten, als dass „demgegenüber das Grundrecht des Beschwerdeführers aus Art. 2 Abs. 1 in Verbindung mit Art. 1 Abs. 1 GG zurücktreten müsste." Ähnlich bekannte sich auch der *BGH* zur Ermittlung von Beweisverwertungsverboten durch Abwägung der jeweiligen Individualrechtsposition gegen das anhand der Schwere des Tatvorwurfs beurteilte Strafverfolgungsinteresse, vgl. BGHSt 19, 325 (331 f.); 24, 125 (130). Derartige Entscheidungen haben später zu der Annahme verleitet, nach Maßgabe der Abwägungslehre seien Beweisverwertungsverbote stets in Relation zur Tatschwere zu ermitteln, sodass ab einem gewissen Schweregrad jedes Beweismittel verwertet werden dürfe, so etwa der Vorwurf bei *Jahn*, 67. DJT, Bd. I, S. C 49 f.

gegen ein unselbstständiges Beweisverwertungsverbot.[1082] Entsprechend entscheidet sie über nicht ausdrücklich normierte selbstständige Beweisverwertungsverbote: Hier findet die Abwägung unmittelbar zwischen von der Verwertung beeinträchtigten Individualrechtspositionen und öffentlichen Interessen statt.[1083] Die Berücksichtigung öffentlicher Interessen beschränkt sich dabei jeweils nicht auf das im Einzelfall bestehende Strafverfolgungsinteresse; vielmehr sind gleichrangig das öffentliche Interesse an der Verwirklichung eines Verfahrens, das seine eigenen Regeln beachtet und sich damit selbst vor der Rechtsgemeinschaft legitimiert und das öffentliche Interesse an einem funktionierenden, d. h. möglichst fehlerresistenten, schnellen und ressourcensparenden Verfahren zu gewichten.[1084] Dieser Mehrdimensionalität der Abwägung, die in ein System von normativ – d. h. durch das Erkennen und Bewerten aller maßgeblichen rechtlichen Faktoren –[1085] zu ermittelnden Folgen strafprozessualer Verfahrensfehler eingebettet ist, trägt die mittlerweile etablierte[1086] Bezeichnung der Abwägungslehre als *normative Fehlerfolgenlehre* Rechnung.[1087]

b) Beweisverwertungsverbote in der Rechtsprechung

Die Rechtsprechung hat – abhängig vom zu entscheidenden Einzelfall –[1088] unterschiedliche Modelle zur Herleitung oder (zumeist) Ablehnung von Beweisverwertungsverboten entwickelt.[1089] Nach der sog. *Rechtskreistheorie* kommt es für die Annahme unselbstständiger Beweisverwertungsverbote darauf an, ob eine verletzte Be-

---

[1082] *Rogall*, ZStW 91 (1979), 1 (31).

[1083] *Rogall*, ZStW 91 (1979), 1 (29 f.).

[1084] *Rogall*, FS Rieß 2002, 951 (978); *ders.*, FS Hanack 1999, 294 (303 f.).

[1085] Vgl. *Rogall*, Höpfel/Huber (Hrsg.): Beweisverbote 1999, 119 (138).

[1086] Vgl. *Gössel*, in: Löwe/Rosenberg, Rn. 153 zu Einl. Abschn. L; *Kühne*, Strafprozessrecht, S. 549; *Trüg/Habetha*, NStZ 2008, 481 (484).

[1087] Vgl. *Rogall*, FS Hanack 1999, 293 (294). Siehe hierzu ausführlich unten S. 226 ff.

[1088] Vgl. *Beulke*, JURA 2008, 653 (654 f.).

[1089] Teile des Schrifttums bezeichnen die „Lehre" der Rechtsprechung daher als „Vielfaktorenmodell" oder auch „Vielfaktorenansatz", vgl. *Jahn*, 67. DJT, Bd. I, S. C 45 ff.; *Trüg/Habetha*, NStZ 2008, 481 (485).

weiserhebungsregel primär den Schutz des Beschuldigten bezweckt; ein Beweisverwertungsverbot liege fern, wenn die verletzte Beweiserhebungsregel lediglich Drittinteressen dient.[1090] Die vom *BGH* daneben lange vertretene Ansicht, dass es sich bei Beweiserhebungsregeln regelmäßig um bloße *Ordnungsvorschriften* handle, die generell kein Beweisverwertungsverbot begründen könnten,[1091] ist zwar mittlerweile überwunden;[1092] gleichwohl deutet schon die dogmatische Herleitung von – unselbstständigen wie selbstständigen – Beweisverwertungsverboten auch in jüngeren Entscheidungen auf eine *Grundentscheidung zugunsten der Verwertbarkeit* einmal erhobener Beweise hin: Die Annahme eines Beweisverwertungsverbots schränke ein „wesentliches Prinzip des Strafverfahrensrechts" ein, nämlich den Grundsatz (aus § 244 Abs. 2 StPO), dass das Gericht die Wahrheit zu erforschen und dazu die Beweisaufnahme von Amts wegen auf alle Tatsachen und Beweismittel zu erstrecken hat, die von Bedeutung sind.[1093] Als Ausnahme von diesem Grundsatz könnten Beweisverwertungsverbote deshalb nur „bei ausdrücklicher gesetzlicher Anordnung oder aus übergeordneten wichtigen Gründen im Einzelfall" anerkannt werden.[1094] Vor diesem Hintergrund erscheint es folgerichtig, dass der *BGH* zur Ablehnung unselbstständiger Beweisverwertungsverbote an der Figur des *hypothetischen Ersatzeingriffs* festhält[1095] und die Instanzgerichte Erkenntnisse zu anderen prozessualen Taten aufgrund solcher Ermittlungs-

---

[1090] BGHSt 1, 39; zuletzt etwa BGH, Beschluss vom 21.03.2012 – 1 StR 34/12 –, juris, dort unter 1.

[1091] So etwa BGHSt 22, 170 (173 f.).

[1092] Aufgegeben in BGHSt 38, 214 (218 f.). Nach wie vor von Bedeutung ist aber eine Abstufung von Verfahrensvorschriften danach, inwieweit sie überhaupt geeignet sind, den Interessen des von einer Ermittlungsmaßnahme Betroffenen zu dienen. Aus Vorschriften zum äußeren Ablauf einer Ermittlungsmaßnahme soll hiernach kein Beweisverwertungsverbot abzuleiten sein, vgl. hierzu mit Beispielen *Paul*, NStZ 2013, 489 (492).

[1093] BGHSt 54, 69 (87).

[1094] BGHSt 37, 30 (32); 44, 243 (249); 54, 69 (87).

[1095] Dies jedenfalls dann, wenn keine bewusste Missachtung einer Beweiserhebungsregel (vgl. hierzu BGHSt 51, 285 [296]) vorliegt, so jüngst BGHSt 58, 32 (41), zum Verstoß gegen Rechtshilfebestimmungen zur Verwertung von im Ausland durch dortige Strafverfolgungsbehörden aufgezeichnete Telefonate.

maßnahmen, die anlässlich ebenjener nicht hätten durchgeführt werden dürfen, auch nach der Neufassung des § 477 Abs. 2 S. 2 StPO[1096] als *Spuren- bzw. Ermittlungsansätze* (und hieraus hervorgegangene Ermittlungsergebnisse ohne Weiteres auch zu Beweiszwecken im engeren Sinne) verwerten.[1097]

Darüber hinaus macht der *BGH* Beweisverwertungsverbote zumeist[1098] nach der sog. *Widerspruchslösung* davon abhängig, dass der Verteidiger bzw. – nach entsprechender Belehrung durch den Vorsitzenden – der unverteidigte Angeklagte der Verwertung eines Beweismittels in der Hauptverhandlung bis zum in § 257 Abs. 1 StPO genannten Zeitpunkt widerspricht.[1099] Eine solche Einschränkung der Beweisverwertungsverbote sei sachgerecht, weil es gerade Teil der Verteidigungsstrategie sein könne, Beweismittel – ungeachtet ihrer ggf. fehlerhaften Gewinnung – der Verwertung zugänglich zu machen.[1100] Das *BVerfG* hat diese Verfahrenspraxis im Jahre 2006 zwar gebilligt;[1101] der *5. Strafsenat des BGH* führte indes 2007 im Rahmen einer Entscheidung über die Verwertbarkeit der bei einer rechtswidrigen Wohnungsdurchsuchung erlangten Beweismittel aus, dass die Widerspruchslösung „jenseits der Fälle von [Rechtsverstößen gegen] Verteidigungsrechte, deren effektive Verletzung der Betroffene selbst optimal beurteilen kann und die uneingeschränkt seiner Disponibilität unterliegen, *zu hinterfragen wäre* [Her-

---

[1096] BGBl. I 2007, S. 3205.

[1097] Vgl. etwa OLG München, Beschluss vom 21.08.2006 – 4St RR 148/06 –, juris, Rn. 32 ff. Diese Lesart entspricht allerdings auch der ausdrücklichen Intention des Gesetzgebers, vgl. BT-Drucks. 16/5846, S. 64 ff.

[1098] Vgl. hierzu mit Beispielen *Gössel*, in: Löwe/Rosenberg, Rn. 29 f. zu Einl. Abschn. L.

[1099] BGHSt 38, 214 (225 f.); 42, 15 (22 f.). Krit. hierzu *Rogall*, in: SK StPO, Rn. 77 f. zu § 136.

[1100] Vgl. BGHSt 38, 214 (226).

[1101] BVerfGK 9, 174 (187, 197). Die *1. Kammer des Zeiten Senats* hat hier den Widerspruch in der Hauptverhandlung gegen die Verwertung einer „verfahrensfehlerhaft erlangten Aussage" ohne nähere Erörterung als erforderliche Verfahrenshandlung der Verteidigung angesehen: Die Angeklagten hätten die Verletzung der Beweiserhebungsregel „ordnungsgemäß gerügt".

vorh. d. Verf.]".[1102] Allerdings entspreche sie der „herrschende[n] Tendenz in der Rechtsprechung des Bundesgerichtshofs".[1103] Auch die Oberlandesgerichte halten nach wie vor an der Widerspruchslösung fest.[1104]

c) Normative Erwägungen als gemeinsames Element

Dass die Rechtsprechung Beweisverwertungsverbote mit normativen Einzelfallerwägungen begründet oder ablehnt, wird im Schrifttum mitunter harsch kritisiert: Derlei Abwägungen überantworteten die Entscheidung „den politischen Präferenzen des Richters",[1105] denn es sei „letztlich immer begründbar, [...] dass zwecks Aufklärung gravierender Kriminalität das Strafverfolgungsinteresse zu überwiegen hat"[1106]. Eine überproportional berücksichtigte Verfahrenseffizienz unter der „Leerformel der Funktionstüchtigkeit der Strafrechtspflege" münde in eine „folgenlose Dogmatik [...], die zunächst einen Rechtsverstoß feststellt, um dann fröhlich dessen Irrelevanz zu verkünden".[1107] Sarkastisch beschreibt *Dallmeyer* die praktischen Konsequenzen dieses „Richterrechts" in seinem „Dreischritt" zur Ermittlung eines Beweisverwertungsverbots in der Praxis:[1108] Dem Gesetz komme in einem ersten Schritt die Nebenrolle eines „InfoPoint"[1109] zu, sodass – dem deutschen Gesetzlichkeitsprinzip zuwider – als zweiter Schritt im „case law" nach einer Lö-

---

[1102] BGHSt 51, 285 (296 f.).

[1103] BGHSt 51, 285 (296).

[1104] Vgl. etwa OLG Nürnberg, Beschluss vom 04.07.2013 – 2 OLG Ss 113/13 –, juris, Rn. 11; OLG Hamm, Beschluss vom 28.08.2013 – III-5 RBs 123/13, 5 RBs 123/13 –, juris, Rn. 7; OLG Köln, Beschluss vom 13.11.2012 – III-1 RVs 228/12, 1 RVs 228/12 –, juris, Rn. 14.

[1105] *Amelung*, NJW 1991, 2533 (2534).

[1106] *Trüg/Habetha*, NStZ 2008, 481 (486).

[1107] *Kühne*, Strafprozessrecht, S. 550.

[1108] *Dallmeyer*, in: Heghmanns/Scheffler, Kap. II, Rn. 428 ff.

[1109] Hierunter versteht *Dallmeyer* den Informationsschalter eines Bahnhofs, den „der Reisende mangels besserer Alternativen aufsucht, wenn er Fragen hat", und an dem er „nach mehr oder minder langer Wartezeit mehr schlecht als recht informiert wird", vgl. Heghmanns/Scheffler, Kap. II, Rn. 429.

sung oder zumindest einem passenden Grundsatz zu suchen sei.[1110] Im dritten Schritt müsse das auf diese Weise eruierte Beweisverwertungsverbot ggf. durch einen Verwertungswiderspruch in Geltung gesetzt werden, was den Nachweis seiner tatsächlichen Voraussetzungen erfordere.[1111]

Diese Kritik an der Rechtspraxis vermag nicht darüber hinwegzutäuschen, dass im Ergebnis kein Ansatz zur Begründung oder Ablehnung von Beweisverwertungsverboten völlig auf normative Einzelfallerwägungen verzichten kann: Die Schutzzwecklehren müssen schon zur Feststellung des maßgeblichen Schutzzwecks zumindest immer dann, wenn eine Beweiserhebungsregel mehrere Schutzrichtungen enthält, eine Gewichtung vornehmen.[1112] Führt diese zu keinem Ergebnis, fehlt der verletzten Beweiserhebungsregel jeder Schutzzweck oder ist über ein selbstständiges Beweisverwertungsverbot zu befinden, müssen die Vertreter der Schutzzwecklehren ohnehin auf andere Kriterien zurückgreifen. Wann immer hierbei Argumente für oder gegen die Annahme eines Beweisverwertungsverbots nebeneinander stehen,[1113] bedarf es ihrer Abwägung.[1114] Ähnlich verhält es sich bei der Lehre von den Informationsbeherrschungsrechten: Hier muss beantwortet werden, ob *dem Staat* oder *dem Bürger* ein (vorrangiges) Beherrschungsrecht an der beweiswerten Information zusteht – erst dann kann ggf. ein Beweisverwertungsverbot aus einem solchen Beherrschungsrecht abgeleitet werden.[1115]

[1110] *Dallmeyer*, in: Heghmanns/Scheffler, Kap. II, Rn. 430 f.

[1111] *Dallmeyer*, in: Heghmanns/Scheffler, Kap. II, Rn. 432 f.

[1112] Vgl. *Beulke*, JURA 2008, 653 (655).

[1113] Vgl. *G. Grünwald*, Beweisrecht, S. 154, 161, zur Berücksichtigung hypothetischer Ermittlungsverläufe.

[1114] Vgl. *Rogall*, FS Grünwald 1999, 523 (530).

[1115] Beides kommt nach dieser Lehre in Betracht, vgl. *Amelung*, FS Bemmann 1997, 505 (506 ff.). So habe etwa der Staat in Fällen des § 102 StPO einen Anspruch auf die bei der Durchsuchungsmaßnahme zu erlangenden Informationen. Ein hiergegen gerichteter Primäranspruch auf Unterlassung der Informationserhebung stehe dem Bürger zu, soweit die verfahrensrechtlichen Voraussetzungen der Durchsuchungsmaßnahme nicht vorliegen; hat sie bereits stattgefunden, bestehe ein Sekundäranspruch auf Fol-

Die verschiedenen Beweisverwertungsverbotsmodelle unterscheiden sich mithin nicht darin, ob sie Abwägungen zulassen oder nicht; ihr Abgrenzungskriterium liegt vielmehr in den jeweils anerkannten Abwägungsfaktoren und deren Gewichtung. So fordert *Kühne* trotz grundlegender Bedenken, „den offenbar nicht zu vermeidenden Abwägungsprozess so weit als möglich einzugrenzen", wobei er unter Bezugnahme auf § 337 StPO Schutzzweckerwägungen mit hypothetischen Ermittlungsverläufen kombiniert und sodann „die Bedeutung des bemakelten Beweises" für die richterliche Überzeugung bewerten will – ein Beweisverwertungsverbot bestehe, wenn der Richter ohne diesen Beweis zu einer anderen Überzeugung gelangte.[1116] Dies entspricht im Wesentlichen der Einbeziehung hypothetischer Ermittlungsverläufe in der Abwägung des staatlichen gegen den privaten Informationsbeherrschungsanspruch *Amelungs*[1117] und den an hypothetischen Ermittlungsverläufen orientierten Ausnahmen der Schutzzwecklehre *G. Grünwalds*[1118].

d) Konsequenzen aus dem verfassungsrechtlichen Verhältnis zwischen Grundrechtsschutz und funktionstüchtiger Strafrechtspflege

Gänzlich unberücksichtigt bleibt bei diesen Überlegungen allerdings das verfassungsrechtliche Verhältnis zwischen Grundrechtsschutz und funktionstüchtiger Strafrechtspflege: Letztere ist entgegen *Kühne*[1119] keine „Leerformel", sondern notwendiger Bestandteil

---

genbeseitigung dergestalt, die erhobenen Informationen nicht zu verwerten. Jedoch überwiege der „Informationsanspruch" des Staates, wenn „konkrete Anhaltspunkte dafür bestehen, dass der Staat auch ohne die rechtswidrige Informationsgewinnung auf die erhobenen Beweismittel gestoßen wäre". Um dies beurteilen zu können, müssen einerseits normative Erwägungen zur konstruierten alternativen Beweiserhebung angestellt und muss zudem begründet werden, weshalb der zunächst angenommene Folgenbeseitigungsanspruch durch entgegenstehende Informationsansprüche des Staates überwogen wird.

[1116] Vgl. *Kühne*, Strafprozessrecht, S. 551 f.

[1117] Vgl. *Amelung*, FS Bemmann 1997, 505 (509 f.).

[1118] Vgl. *G. Grünwald*, Beweisrecht, S. 161.

[1119] *Kühne*, Strafprozessrecht, S. 550.

eines Rechtssystems, das ein staatliches Gewaltmonopol bean-
sprucht und dauerhaft zu sichern sucht.[1120] Da sich in diesem System die zu gewährleistenden Grundrechte und die Funktionstüchtigkeit der Strafrechtspflege im Ausgangspunkt verfassungsrechtlich gleichrangig gegenüberstehen,[1121] kann auch im Kontext der
Beweisverwertungsverbote weder dem Individualrechtsschutz noch
dem staatlichen Strafanspruch ohne Weiteres der Vorzug gegeben
werden: Wo die Rechtsprechung den strafprozessualen Wahrheitsgrundsatz zum Legitimationsgrund einer regelmäßigen Verwertbarkeit verfahrensfehlerhaft erlangten Wissens überdehnt, verkür-
zen die Vertreter betont subjektiv-rechtlicher Beweisverbotslehren
ebendiesen Grundsatz zu einer dem Individualrechtsschutz untergeordneten „Nebenfunktion"[1122].

Beides wird der verfassungsrechtlichen Gemengelage nicht gerecht, die – wie der normativen Fehlerfolgenlehre zugrunde gelegt –
[1123] eben nicht nur bipolar auf *individualrechtlicher Ebene*[1124] der
(Grund-)Rechte des von einer Ermittlungsmaßnahme Betroffenen
und des (einzelfallbezogenen) öffentlichen Interesses an der Strafverfolgung besteht, sondern zugleich auf der *systemischen Ebene* des
verfassungsrechtlich vorausgesetzten[1125] Strafverfahrens selbst: Dem
öffentlichen Interesse daran, dass dieses Verfahren seine eigenen
Regeln beachtet und auf dennoch unterlaufene Fehler angemessen
reagiert, steht das öffentliche Interesse an der Verwirklichung des
materiellen Strafrechts in einem Verfahren gegenüber, das nicht
durch (beim Handeln menschlicher Akteure unvermeidbare[1126])

[1120] Siehe hierzu oben S. 74 ff.

[1121] Siehe hierzu oben S. 77 ff.

[1122] So ausdrücklich *Beulke*, JURA 2008, 653 (654).

[1123] Siehe hierzu oben S. 216.

[1124] Die Bezeichnung dieser Ebene als „individualrechtlich" ergibt sich aus dem indi-
vidualrechtsschützenden Charakter des Strafverfahrens auf der einen – siehe hierzu
oben S. 77 ff. –, und den Individualrechten des von der strafprozessualen Ermittlungsmaßnahme Betroffenen auf der anderen Seite.

[1125] Siehe hierzu oben S. 80 f.

[1126] Vgl. *Rogall*, FS Hanack 1999, 293 (304).

Fehler zum Erliegen kommt. Auf dieser Ebene sind Beweisverwertungsverbote *ein Teilbereich* jener Fehlerkompensationsmöglichkeiten, deren Annahme oder Ablehnung *das Verfahren als solches* stabilisiert, weil es hierdurch extern (vor dem Vorwurf der Willkürlichkeit) wie intern (vor Dysfunktionalität) geschützt wird.[1127] Dementsprechend besteht ohne vorausgegangenen Verfahrensfehler ein (selbstständiges) Beweisverwertungsverbot dann, wenn eine in Individualrechte eingreifende Beweisverwertung den Achtungsanspruch des Verfahrens innerhalb der Rechtsgemeinschaft gefährdete; zulässig ist die Verwertung, wenn der Individualrechtseingriff zur Aufrechterhaltung der Funktionsfähigkeit des Verfahrenssystems geboten ist.

Öffentliche Interessen können mithin sowohl *für* als auch *gegen* ein Beweisverwertungsverbot sprechen.[1128] Wenn Vertreter der Schutzzwecklehren demgegenüber annehmen, dass Beweisverwertungsverbote „der *Funktionstüchtigkeit* der Strafrechtspflege [dienen], indem sie solche prozessualen Mittel der Strafverfolgung *ausscheiden* [Hervorh. d. Verf.], die das spätere Urteil in zweifelhaftem Licht erscheinen lassen und schnell die Legitimation jeglicher Strafgewalt in Frage stellen",[1129] versagen sie gerade der *funktionierenden* – d. h. das materielle Strafrecht (mit endlichen Ressourcen[1130]) effektiv umsetzenden – Strafrechtspflege einen wesentlichen Teilaspekt ihrer verfassungsmäßigen Relevanz: denjenigen als Argument *zugunsten* der Verwertbarkeit einmal erhobener Beweise.

e) Zwischenergebnis

Aus verfassungsrechtlichen Gründen ist unter den im Schrifttum vertretenen Beweisverbotslehren der normativen Fehlerfolgenlehre der Vorzug zu geben. Ihre einzelfallbezogene Gewichtung aller

---

[1127] Vgl. *Rogall*, Höpfel/Huber (Hrsg.): Beweisverbote 1999, 119 (134); *ders.*, Wolter (Hrsg.): Zur Theorie und Systematik des Strafprozeßrechts 1995, 113 (150).

[1128] *Rogall*, FS Hanack 1999, 293 (303).

[1129] *Beulke*, JURA 2008, 653 (665 f.).

[1130] Vgl. *Popp*, Fehlerkorrektur im Strafverfahren, S. 378 f.

maßgeblichen normativen Faktoren ist dem starren Schematismus anderer Ansätze[1131] nicht nur dogmatisch, sondern auch in der Rechtspraxis überlegen.

3. Kompensationsmöglichkeiten strafprozessualer Grundrechtsverletzungen

Die Frage, wie auf strafprozessuale Grundrechtsverletzungen im Einzelfall zu reagieren ist, wird damit zugleich in einen Zusammenhang gestellt, der über den Komplex der Beweisverwertungsverbote deutlich hinausreicht. Versteht man nämlich mit der normativen Fehlerfolgenlehre Beweisverwertungsverbote als Bestandteile eines Regimes *verschiedener* Reaktionsmöglichkeiten auf Verfahrensfehler,[1132] liegt es nahe, Beweisverwertungsverbote mit weiteren Reaktionsmöglichkeiten abzugleichen und zu prüfen, ob und ggf. inwieweit auch Grundrechtsverletzungen ohne Annahme eines Beweisverwertungsverbots kompensiert werden können.

Dem Einwand, hierdurch würden Grundrechtsverletzungen zu Minuzien abgewertet, lässt sich entgegenhalten, dass *irgendeine* Fehlerreaktion zur Abmilderung oder Auflösung des auf individualrechtlicher und systemischer Ebene eingetretenen Konflikts dem rechtsstaatlichen Anspruch des Verfahrens dogmatisch (und in der Außenwirkung ohnehin) eher gerecht wird als der Verweis auf einen unterbliebenen Verwertungswiderspruch oder die Abwägung des Individualrechtsverstoßes gegen die Schwere der Straftat im Einzelfall, wobei (abgesehen von der Prüfung selbstgesetzter Verwertungsgrundsätze) *überhaupt keine* Fehlerkorrektur erfolgt. Auch ist zu berücksichtigen, dass – wie dargestellt –[1133] weder Rechtsprechung noch Schrifttum Grundrechtsverletzungen bei der Beweiserhebung *stets* Verwertungsverbote nachfolgen lassen – eine anderweitige Reaktion ist demnach zumindest auf systemischer Ebene ein

---

[1131] Die postulierten Ausnahmen jener Ansätze – die letztlich nichts als praxisgerechte Durchbrechungen der eigenen Dogmatik sind – einmal außer Betracht gelassen.

[1132] Vgl. *Löffelmann*, JR 2009, 10 (11); *Rogall*, JZ 2008, 818 (829).

[1133] Siehe oben S. 215 ff.

Zuwachs an Ausgleichspotential. Auf individualrechtlicher Ebene ist zu bedenken, dass zwar jeder Beschuldigte einen Anspruch auf Wahrung seiner Grundrechte bei der Durchführung von Ermittlungsmaßnahmen hat, dass aber spiegelbildlich nicht jeder Straftäter mitunter Straffreiheit beanspruchen kann, wenn seine Grundrechte durch eine Ermittlungsmaßnahme verletzt wurden. Die Suche nach Ausgleichsmöglichkeiten abseits der aut nihil-Lösung, wie sie die Ablehnung oder Annahme eines Beweisverwertungsverbots oftmals[1134] darstellt, drängt sich hiernach auf.

a) Fehlerkompensation mit Auswirkungen auf das Beweisergebnis

aa) Beweisverwertungsverbote

(1) Grundsätze

Ein Beweisverwertungsverbot ist nach der normativen Fehlerfolgenlehre anzunehmen, wenn eine *Ermittlungsmaßnahme gänzlich ohne Rechtsgrundlage durchgeführt* wurde, wenn eine Beweiserhebung oder -verwertung *in den Kernbereich eines Grundrechts eingreift*, wenn *grundlegende Verfahrenspositionen entwertet* oder *Rechte des Betroffenen bewusst umgangen* wurden und schließlich, wenn das *Recht auf ein faires Verfahren verletzt* wurde.[1135]

(2) Bedeutung normativer Erwägungen

Während die Entwertung grundlegender Verfahrenspositionen wie der Selbstbelastungsfreiheit des Beschuldigten oder seines Rechts auf Verteidigung[1136] regelmäßig noch unmittelbar erkennbar

---

[1134] Dies gerade mit Blick auf die Problematik der Fernwirkung, siehe hierzu sogleich unten S. 229.

[1135] *Rogall*, FS Rieß 2002, 951 (979 f.); *ders.*, Höpfel/Huber (Hrsg.): Beweisverbote 1999, 119 (144). Ähnlich auch *Hauck*, Heimliche Strafverfolgung und Schutz der Privatheit, S. 553.

[1136] *Rogall*, FS Rieß 2002, 951 (980).

sein wird, bedürfen die weiteren Fallgruppen durchweg der normativen Ausfüllung: Ob eine Ermittlungsmaßnahme von einer Rechtsgrundlage – ggf. von der Ermittlungsgeneralklausel – abgedeckt ist, kann nicht beantwortet werden, ohne vorab ihre Grundrechtsrelevanz und Eingriffsintensität festgestellt zu haben.[1137] Die Annahme eines rechtswidrigen Eingriffs in den Kernbereich – d. h. den Wesensgehalt –[1138] eines Grundrechts setzt voraus, einerseits den Schutzbereich des betroffenen Grundrechts bestimmt zu haben und andererseits beurteilen zu können, ob er durch den Eingriff vollends aufgehoben wird, ohne dass Allgemeininteressen dies im Einzelfall rechtfertigen.[1139] Dies verdeutlicht zugleich die Schwierigkeit der Bewertung, ob Rechte des Betroffenen *bewusst* umgangen wurden. Gerade hierin liegt aber ein wesentlicher Anwendungsfall des Rechts auf ein faires Verfahren.[1140]

(3) Bedeutung des Verhältnismäßigkeitsprinzips

Die Anforderungen, die bereits auf Ebene der Normsetzung und -anwendung bestehen,[1141] sind mithin auch bei der Ermittlung von Beweisverwertungsverboten bedeutsam, wobei der Systemschutzgedanke neben das Verhältnismäßigkeitsprinzip tritt, das sich seinerseits auf systemischer Ebene auswirkt: War ein – auch schwerwiegender – Grundrechtseingriff bereits bei der Beweiserhebung unter Berücksichtigung der Bemessungsfaktoren des öffentlichen Strafverfolgungsinteresses[1142] verhältnismäßig, kann er (jedenfalls) kein (unselbstständiges) Beweisverwertungsverbot zur Folge haben – das Verfahren hat ein Ergebnis hervorgebracht und seinen Zweck vor der Rechtsgemeinschaft *regelkonform* erfüllt; das System „Strafverfahren" ist bestätigt und gestärkt. Wird demgegenüber ein Be-

---

[1137] Siehe hierzu oben S. 133 f.

[1138] Siehe hierzu oben S. 108 ff.

[1139] Diese Prüfung ist eine zwingende Folge des in subjektiv-rechtlicher Perspektive nur relativ zu ermittelnden Grundrechtskernbereichs, vgl. hierzu oben S. 108 ff.

[1140] *Roxin/Schünemann*, Strafverfahrensrecht, S. 68.

[1141] Siehe hierzu oben S. 73 ff.

[1142] Siehe hierzu oben S. 83 ff.

weis verwertet, der durch einen *unverhältnismäßigen* Grundrechtseingriff erhoben wurde, destabilisiert zwar die Beweisverwertung das Verfahren insgesamt je nach Schwere des Grundrechtseingriffs, weil die Rechtsstaatlichkeit des Verfahrens in Zweifel gezogen und damit seine Akzeptanz innerhalb der Rechtsgemeinschaft gefährdet wird. Ebenso kann das Verfahren insgesamt aber *durch die Nichtverwertung* destabilisiert werden, soweit die Rechtsgemeinschaft die Straffreiheit eines offensichtlich Schuldigen hinzunehmen hätte. Es kann deshalb im Einzelfall normativ geboten sein, das Ergebnis eines unverhältnismäßigen Grundrechtseingriffs zu verwerten, um das Verfahren zu schützen. Auf individualrechtlicher Ebene wird das öffentliche Strafverfolgungsinteresse in einem derartigen Fall die Interessen des Betroffenen regelmäßig gleichsam überwiegen.

(4)   Einfluss des strafprozessualen Wahrheitsgrundsatzes

Auf den ersten Blick mag dieses Ergebnis im Widerspruch zum Verstoß gegen die jeweilige (schließlich nicht nur fakultative) Beweiserhebungsregel stehen – gerade, wenn diese dem Schutz des Betroffenen dient. Aus der Perspektive des Verfahrens selbst ist aber zu entgegnen, dass fehlerhaft erlangte Informationen faktisch zur Verfügung stehen und für einen bestimmten Verfahrensfortgang, ggf. für ein bestimmtes materiell-rechtlich „richtiges" Ergebnis sprechen; ein Außerachtlassen dieser Informationen widerspricht schlimmstenfalls dem Wahrheitsgrundsatz, weil eine Irrealität zur Grundlage des Urteils wird.[1143] Hierfür bedarf es auch bei Verfahrensfehlern im Rahmen der Beweiserhebung eines Rechtsgrundes, der nicht allein im Verstoß gegen die Beweiserhebungsregel liegen kann – andernfalls wäre der Wahrheitsgrundsatz durch Verfahrensfehler generell außer Kraft gesetzt. § 244 Abs. 2 StPO zeigt, dass dies nicht der Fall ist, denn für die Erforschung der Wahrheit können auch solche Beweismittel „von Bedeutung" sein, die verfahrensfehlerhaft erlangt wurden. Der Rechtsgrund für die Nichtverwertung

---

[1143] Vgl. *Rogall*, Höpfel/Huber (Hrsg.): Beweisverbote 1999, 119 (141 f.).

kann aber – wenn er denn nicht aus einem ausdrücklich normierten Beweisverwertungsverbot folgt –[1144] gerade in Anbetracht seiner Korrelation zum Verhältnismäßigkeitsprinzip *nur einzelfallbezogen* unter Berücksichtigung der jeweiligen individualrechtlichen *und* systemischen Parameter ermittelt werden.

(5) Fernwirkung von Beweisverwertungsverboten

Hieraus lassen sich Rückschlüsse auf die sog. *Fernwirkung* von Beweisverwertungsverboten ziehen: Wenn sich schon die *unmittelbare* Verwertbarkeit eines verfahrensfehlerhaft erlangten Beweismittels einzelfallbezogen nach Art und Schwere des zugrunde liegenden Verfahrensverstoßes richtet, kann für die Annahme eines Verbots, aufgrund[1145] dieses Beweismittels erlangte *weitere* Beweismittel – und damit ersteres *mittelbar* – zu verwerten, nichts anderes gelten: Auch hier spricht zunächst § 244 Abs. 2 StPO dagegen, vom unmittelbaren Beweisverwertungsverbot ohne Weiteres auf ein mittelbares zu schließen.

Nun könnte zwar die Existenz ausdrücklicher Verwendungsregeln[1146] und -verbote[1147] und solcher Normen, die nur eine Verwendung *zu Beweiszwecken* (aber nicht als Spuren- bzw. Ermittlungsansätze[1148]) untersagen,[1149] einen Ausnahmecharakter der Fernwirkung eines Beweisverwertungsverbots nahelegen; ein solcher wird auch in der Rechtsprechung des *BGH* herausgestellt, wonach selbst die Aussage eines Zeugen verwertbar ist, der mittels einer gegen § 136a

---

[1144] Allein deren Existenz spricht im Übrigen gegen die Annahme, der Verstoß gegen eine Beweiserhebungsregel müsse im Grundsatz ein Beweisverwertungsverbot zur Folge haben.

[1145] Bestanden weitere, vom Verfahrensfehler unabhängige Möglichkeiten, das mittelbare Beweismittel zu erlangen, scheitert die Fernwirkung bereits hieran, vgl. hierzu unter Bezugnahme auf das US-amerikanische Recht *Ambos*, Beweisverwertungsverbote, S. 131 ff., 151; *Rogall*, in: SK StPO, Rn. 116 zu § 136a. Siehe hierzu auch unten Fn. 1160.

[1146] So etwa § 100d Abs. 5 StPO.

[1147] So etwa § 100i Abs. 2 S. 2 StPO.

[1148] Siehe hierzu bereits oben Fn. 1097.

[1149] So die §§ 108 Abs. 2 u. 3, 160a Abs. 2 S. 3, 161 Abs. 2 S. 1, 477 Abs. 2 S. 2 StPO.

StPO (!) verstoßenden Maßnahme[1150] ermittelt wurde.[1151] Das hierfür bemühte Hypothesenargument, es sei nicht auszuschließen, dass die Polizei diesen Zeugen auch anderweitig in Erfahrung gebracht hätte,[1152] mutet dürftig an. Es entspricht der grundsätzlichen Haltung des *BGH*, ein Beweisverwertungsverbot dürfe das Verfahren nicht insgesamt „lahmlegen".[1153]

Diese pragmatische Betrachtungsweise erscheint verfassungsrechtlich bedenklich: Zwar hat der Staat Straftaten grundsätzlich auch dann zu ahnden, wenn während des Strafverfahrens erfolgte Grundrechtsverletzungen einer Kompensation bedürfen;[1154] die sachgerechte Kompensationsvariante – ggf. also ein Beweisverwertungsverbot mit Fernwirkung – ist aber anhand derselben normativen Erwägungen zu ermitteln, die auch zur Feststellung eines (nur) unmittelbaren Beweisverwertungsverbots anzustellen sind.[1155] Da schon Letzteres richtigerweise nur bei schweren Verfahrensverstößen anzuerkennen ist,[1156] sprechen gute Gründe dafür,[1157] die Fernwirkung eines Beweisverwertungsverbots als *die Regel* zu begreifen, sodass nach der Feststellung eines Beweisverwertungsverbots der Einzelfall auf Umstände zu untersuchen ist, die der Fernwirkung

---

[1150] Deren *unmittelbares* Ergebnis – die selbstbelastenden Angaben eines Beschuldigten, der auf Veranlassung der Ermittlungsbehörde von einem Mitgefangenen über den Tatvorwurf befragt wurde – unterlag einem Beweisverwertungsverbot und durfte auch nicht durch die Vernehmung des Mitgefangenen in die Hauptverhandlung eingeführt werden, BGHSt 34, 362 (363 f.).

[1151] BGHSt 34, 362 (364).

[1152] BGHSt 34, 362 (364 f.).

[1153] BGHSt 22, 129 (135); 27, 355 (358); 32, 68 (71); 51, 1 (8). Zustimmend *Finger*, JA 2006, 529 (539).

[1154] Siehe hierzu oben S. 222 ff.

[1155] Vgl. *Rogall*, Wolter (Hrsg.): Zur Theorie und Systematik des Strafprozeßrechts 1995, 113 (158). Nicht überzeugend ist der Vorschlag *Ambos'*, zur Ermittlung der Fernwirkung eines Beweisverwertungsverbots das öffentliche Strafverfolgungsinteresse gegen die vermeintlich gebotene Disziplinierung der Strafverfolgungsbehörden abzuwägen, vgl. *ders.*, Beweisverwertungsverbote, S. 151. Siehe hiergegen unten S. 235 ff.

[1156] Siehe hierzu oben S. 226.

[1157] Siehe aber zu den Auswirkungen auf die Rechtspraxis und den daraus zu ziehenden Konsequenzen unten S. 246 f.

ausnahmsweise entgegenstehen.[1158] Solche können in „normativen Zer-
schlagungen" des Kausalzusammenhangs, d. h. in einer „abge-
schwächten Kausalität" zwischen verbotswidrig erlangtem und
mittelbar daraus hervorgegangenem Beweismittel[1159] und der möglichen bzw. bereits erfolgten parallelen, vom tatsächlichen Grund
des Beweisverwertungsverbots unabhängigen Gewinnung des mittelbaren Beweismittels liegen.[1160] Die Prüfungsfähigkeit dieser Ausnahmen hängt allerdings davon ab, in welchem Verfahrensstadium
der für ein Beweisverwertungsverbot ursächliche Verfahrensverstoß
erstmals erkannt wird.[1161]

bb) Beweiswürdigungslösung

Nach der Rechtsprechung des *BGH* kann der Beweiswert eines verfahrensfehlerhaft – also u. U. grundrechtswidrig – gewonnenen Be-

---

[1158] So *Rogall*, Wolter (Hrsg.): Zur Theorie und Systematik des Strafprozeßrechts
1995, 113 (158); *ders.*, JZ 2008, 818 (827), jeweils unter Verweis auf die Rechtslage in den
USA. Ähnlich *Beulke*, Strafprozessrecht, S. 332, der im Sinne der Schutzzwecklehre
davon ausgeht, dass der Verstoß gegen eine den Betroffenen schützende Beweiserhebungsregel durch die mittelbare Verwertung der gewonnenen Erkenntnisse „weiter
intensiviert wird". Für eine durch ergebnisoffene Abwägung zu ermittelnde Fernwirkung hingegen *Hauck*, Heimliche Strafverfolgung und Schutz der Privatheit, S. 548 f.

[1159] Vgl. *Ambos*, Beweisverwertungsverbote, S. 139 ff. Dies ist etwa der Fall, wenn ein
Beschuldigter vor dem Richter, nach Verteidigerkonsultation, nach Haftentlassung
oder nach (qualifizierter) Belehrung die – bis dahin dem Beweisverwertungsverbot mit
Fernwirkung unterliegenden – Erkenntnisse bestätigt, vgl. *Rogall*, Wolter (Hrsg.): Zur
Theorie und Systematik des Strafprozeßrechts 1995, 113 (133). Noch weitergehend
Reinecke, Fernwirkung, S. 247 f., der es für unvertretbar hält, „im Falle feststehender
Unverwertbarkeit des unmittelbaren Beweismittels Gegenteiliges für davon abgeleitete
mittelbare anzunehmen", da es „aus Sicht des Betroffenen ohne Bedeutung" sei, ob er
aufgrund des Ersteren oder Letzteren verurteilt wird. Dieser Argumentation kann
jedoch nicht gefolgt werden, weil sie den Einfluss verfahrenssystemischer Faktoren
vollends außer Acht lässt.

[1160] *Ambos*, Beweisverwertungsverbote, S. 131 ff.; *Rogall*, Wolter (Hrsg.): Zur Theorie
und Systematik des Strafprozeßrechts 1995, 113 (132 f.). „Möglich" in diesem Sinne ist
allerdings nicht jeder theoretisch denkbare (auch abwegigste) alternative Geschehens-
verlauf. Die gebotene Einzelfallbetrachtung muss gerade ergeben, auf welche Weise
das mittelbare Beweismittel ohne Berücksichtigung des unverwertbaren Beweismittels
hätte erlangt werden können. Besteht eine solche Möglichkeit nicht, greift (jedenfalls)
diese Ausnahme nicht. Dass etwa nicht auszuschließen ist, dass die Polizei ein bestimmtes Beweismittel auch anderweitig in Erfahrung gebracht hätte, genügt nicht.

[1161] Siehe hierzu unten S. 243 ff.

weismittels „herabgestuft" sein. Dies sei z. B. anzunehmen, wenn ein Verfahrensverstoß *das Verfahren insgesamt* noch nicht als unfair i. S. d. Art. 6 EMRK erscheinen lässt, wohl aber grundlegende Verfahrenspositionen des Betroffenen verletzt hat.[1162] Nach der sog. *Beweiswürdigungslösung* darf eine Entscheidung in derartigen Fällen nur dann auf das verfahrensfehlerhaft gewonnene Beweismittel gestützt werden, wenn weitere rechtmäßig erlangte Erkenntnisse zur Unterstützung herangezogen werden können.[1163]

Aus der Perspektive der normativen Fehlerfolgenlehre scheint die zwingende Heranziehung von Zusatzerkenntnissen den Fehler bei der Beweiserhebung auf systemischer Ebene zwar zunächst auszugleichen: Das Verfahren kann effektiv fortgeführt werden und ist nicht dem Vorwurf ausgesetzt, fortan *allein* auf ein bemakeltes Beweismittel gestützt zu sein. Bei Lichte betrachtet greift dies aber deutlich zu kurz: Auf individualrechtlicher Ebene kann der Rückgriff auf Zusatzerkenntnisse Verstöße gegen grundlegende Verfahrenspositionen nicht kompensieren, weil der „herabgestufte Beweiswert" durch die Zusatzerkenntnisse aufgewogen und der Betroffene damit am Schluss des Verfahrens „vollwertig" verurteilt werden kann; dies vermag wiederum auf systemischer Ebene die Rechtsstaatlichkeit des Verfahrens in Zweifel zu ziehen und damit das Verfahren insgesamt zu destabilisieren. Soweit der *BGH* die Beweiswürdigungslösung als „kompensationstechnisch" gleichwertigen Ersatz für die Annahme eines Beweisverwertungsverbots zu betrachten scheint,[1164] muss dies Bedenken begegnen.[1165]

Der Ansatz, den Beweiswert eines verfahrensfehlerhaft gewonnenen Beweismittels herabzustufen, ist gleichwohl nicht gänzlich zu

---

[1162] Vgl. BGHSt 46, 93 (104 f.).

[1163] Vgl. BGHSt 46, 93 (104).

[1164] Hierauf deutet die Wendung hin, der *BGH* „[bevorzuge] eine Lösung auf der Ebene der Beweiswürdigung" anstelle eines Beweisverwertungsverbots, BGHSt 46, 93 (104).

[1165] Krit. insoweit auch *Gaede*, Fairness, S. 812 ff.; *Gleß*, NJW 2001, 3606 f.; *Gössel*, in: Löwe/Rosenberg, Rn. 34 f. zu Einl. Abschn. L., der von einer gegen § 261 StPO verstoßenden Beweisregel spricht.

verwerfen. Er ähnelt letztlich der – vom Gesetzgeber mehrfach ausdrücklich erlaubten –[1166] Heranziehung von unter Verstoß gegen ein Beweiserhebungsverbot gewonnenen Erkenntnissen als Spurenbzw. Ermittlungsansätze. Ergibt die normative Betrachtung eines gesetzlich nicht ausdrücklich geregelten Falls zwar kein Beweisverwertungsverbot, erscheint eine Fehlerreaktion mit Auswirkungen auf den Beweiswert aber dennoch geboten, weil andere Kompensationsmöglichkeiten[1167] nicht bestehen oder nach Abwägung der auszugleichenden Interessen nicht hinreichen, bietet sich die Beweiswürdigungslösung als gangbarer Mittelweg an. Der Betroffene wird hierdurch nicht unangemessen benachteiligt, denn sofern keine Zusatzerkenntnisse zur Verfügung stehen, kann auch keine weitere Verfahrenshandlung auf das wertgeminderte Beweismittel gestützt werden; sind Zusatzerkenntnisse vorhanden und führen sie zusammen mit dem wertgeminderten Beweismittel insgesamt zur Überzeugungsbildung gegen den Betroffenen, entspricht dies der Konstellation einer auf die Gesamtbetrachtung von Indizien gestützten Entscheidung.[1168] Die so verstandene Beweiswürdigungslösung kann mithin zur Kompensation schwerwiegender Grundrechtsverletzungen herangezogen werden, die weder den Kernbereich eines Grundrechts betreffen noch bewusst herbeigeführt wurden.

cc) Einstellungslösung?

Aus besonders schweren Verfahrensverstößen wird im Schrifttum vereinzelt ein *Verfahrenshindernis*[1169] oder ein *verfassungsrechtlich*

[1166] Vgl. oben Fn. 1149.

[1167] Insbesondere die Anwendung einer Entschädigungslösung, siehe hierzu sogleich unten S. 237 ff.

[1168] Vgl. zu deren Rechtmäßigkeit BGH, Urteil vom 26.05.1999 – 3 StR 110/99 –, juris, Rn. 5; Urteil vom 09.04.2003 – 2 StR 482/02 –, juris, Rn. 8; *Eschelbach*, in: BeckOK StPO, Rn. 10 ff. zu § 261; *Nack*, NJW 1983, 1035 (1037); *Ott*, in: KK StPO, Rn. 51 zu § 261.

[1169] Vgl. etwa *Gau*, Rechtswidrige Beweiserhebung, S. 93, für „extrem schwere" Verstöße gegen § 136a StPO; *Jäger*, Beweisverwertung, S. 276, bei „besonders schweren Form- und Inhaltsfehlern"; *Jahn*, 67. DJT, Bd. I, S. C 105, bei „extreme[n] Verletzungen der Menschenwürde und des Wesensgehalts der Gewährleistungen eines fairen Verfahrens"; *Sinner/Kreuzer*, StV 2000, 114 (117), im Falle der Tatprovokation durch einen

begründetes Verfahrensverbot[1170] abgeleitet. Nach der sog. *Einstellungs-lösung* sei das Verfahren in derartigen Fällen gemäß § 260 Abs. 3 StPO insgesamt einzustellen.[1171] Hierdurch werde der Richter in die Lage versetzt, „formelle und materielle Gerechtigkeit in Einklang zu bringen, anstatt dieser Verantwortung *im Wege einseitiger Abwägung zugunsten einer Verurteilung* [Hervorh. d. Verf.] oder eines Frei-spruchs auszuweichen".[1172] Soweit aber eine *Verurteilung* Ergebnis der kritisierten Abwägung sein kann, ist nicht recht verständlich, wie an ihrer statt die *Einstellung* des Verfahrens formelle und mate-rielle Gerechtigkeit in Einklang bringen könnte. Noch weniger über-zeugt in diesem Zusammenhang der Rückgriff auf die verwaltungs-rechtliche Kategorie der Nichtigkeit:[1173] Anders als ein Verwal-tungsakt, der in Fällen des § 44 Abs. 1 u. 2 VwVfG schlicht aus der Welt ist, verschaffen auch schwerwiegendste Verfahrensverstöße bei der Beweiserhebung dem Verfahren Informationen. Diese Informa-tionen sind selbst dann noch vorhanden, wenn man die fehlerhafte Verfahrenshandlung für nichtig erklärt – man kann sie ebenso we-nig aus der Welt schaffen wie die ermittlungsanlässliche Straftat selbst. Schon die (ggf. auch mittelbare) Unverwertbarkeit der Infor-

---

Lockspitzel.

[1170] *Wolfslast*, Staatlicher Strafanspruch und Verwirkung, S. 265 ff.

[1171] Vgl. *Jäger*, Beweisverwertung, S. 257 ff., der § 260 Abs. 3 StPO zudem analog in Fällen anwenden will, in denen infolge eines Beweisverwertungsverbots materielle Wahrheit und (beweisbares) Verfahrensergebnis auseinanderfallen. Die Einstellung des Verfahrens sei hier einem Freispruch vorzuziehen, vgl. a. a. O., S. 272 f. Diese Lösung mag sich rechtspolitisch hören lassen; gesetzessystematisch dürfte sie – da unvereinbar mit dem Wortlaut des § 136a Abs. 3 S. 2 StPO, der selbst für Misshandlun-gen und Quälereien des Beschuldigten kein Verfahrenshindernis, sondern ein Beweis-verwertungsverbot vorsieht – verfehlt sein. Vgl. hierzu *Rogall*, in: SK StPO, Rn. 100 zu § 136a.

[1172] *Jäger*, Beweisverwertung, S. 276.

[1173] *Jäger*, Beweisverwertung, S. 276, unter Bezugnahme auf *dens.*, StV 2002, 243 (244). Dort führt *Jäger* aus, dass „besonders schwere Form- und Inhaltsfehler [...] zur Nichtig-keit des staatlichen Handelns zu führen" hätten. Hierfür beruft er sich auf „ein Urteil des *BVerfG* aus dem Jahre 1974" mit Verweis auf DVBl 1974, 562 ff. An dieser Stelle findet sich allerdings ein Urteil des *BVerwG* zur Nichtigkeit eines Verwaltungsakts wegen „besonders schwerer Form- oder Inhaltsfehler," die „mit der Rechtsordnung unter keinen Umständen vereinbar [...] und überdies für den urteilsfähigen Bürger offensichtlich sein" müssen (im Urteil verneint).

mationen ist deshalb der materiellen Gerechtigkeit objektiv abträg-
lich, kann aber verfassungsrechtlich geboten sein – eine (täterbe-
günstigende) Einstellung des Verfahrens *anstelle einer nach Abwä-*
gung möglichen Verurteilung hingegen offensichtlich nicht. Auch als
Kompensationsmöglichkeit strafprozessualer Grundrechtsverletzungen kommt eine Verfahrenseinstellung daher nicht in Betracht.

b) Fehlerkompensation ohne Auswirkungen auf das Beweiser-gebnis

aa) Disziplinar- und strafrechtliche Sanktionierung fehlerhaft handelnder Amtsträger

Auf fahrlässig oder vorsätzlich herbeigeführte[1174] Verfahrensfehler
kann – ohne Beeinträchtigung des Beweiswerts der fehlerhaft
erlangten Erkenntnisse – mit einer *Sanktionierung der jeweiligen*
Akteure mit Mitteln des Disziplinar- und/oder Strafrechts reagiert
werden.[1175] Ihre konsequente Anwendung vorausgesetzt,[1176]
erscheint diese Reaktion gerade als Methode einer z. T.
geforderten[1177] Disziplinierung der Strafverfolgungsbehörden
zweckmäßig und einer Fehlerkompensation mit Auswirkungen auf
das Beweisergebnis vorzugswürdig: Die „Erziehung" der
entscheidenden und handelnden Amtsträger kann schon deshalb
kein Argument für ein Beweisverwertungsverbot oder eine
Beweiswertminderung sein, weil die Staatsaufgabe der
Gewährleistung einer funktionstüchtigen Strafrechtspflege selbst
durch „schwere Verfehlungen einzelner [Staats-]Bediensteter" nicht
entfällt:[1178] Der staatliche Strafanspruch steht nicht dem einzelnen
Amtsträger zu, sodass dieser ihn auch nicht durch treuwidriges

---

[1174] Vgl. *Dalakouras*, Beweisverbote, S. 115.

[1175] Vgl. *Popp*, Fehlerkorrektur im Strafverfahren, S. 474; BGHSt 33, 283 (284). Siehe hierzu auch das Beispiel oben S. 100 f.

[1176] Krit. zur Praxis insoweit *Löffelmann*, Grenzen der Wahrheitserforschung, S. 171 f.

[1177] Vgl. hierzu etwa *Ambos*, Beweisverwertungsverbote, S. 152; *Dalakouras*, Beweis-verbote, S. 114 f.; *Sinner/Kreuzer*, StV 2000, 114 (117).

[1178] Vgl. BGHSt 33, 283.

Verhalten „verwirken" kann.[1179] Darüber hinaus sind diejenigen Akteure, die im weiteren Verfahren über die Beweisverwertbarkeit zu befinden haben, für die Maßreglung rechtswidrig handelnder Amtsträger dienstrechtlich nicht zuständig:[1180] Die nach Abschluss der Ermittlungen über Verwertungsverbote befindenden Staatsanwälte oder Tatrichter sind nach dem jeweiligen Disziplinarrecht regelmäßig nicht Dienstaufsichtsführer derer, die Beweiserhebungsregeln missachtet haben. Muss bereits im laufenden Ermittlungsverfahren entschieden werden, ob die aufgrund einer verfahrensfehlerhaft angeordneten und/oder durchgeführten Ermittlungsmaßnahme gewonnenen Erkenntnisse herangezogen werden können, um weitere Ermittlungsmaßnahmen zu rechtfertigen,[1181] werden die zu disziplinierende und die disziplinierende Person sogar häufig identisch sein. Zudem würden durch die Nichtverwertung im gerichtlichen Verfahren gerade nicht diejenigen Akteure „abgestraft", die verantwortlich für die Verfahrensverstöße sind.[1182] Dass schließlich „von seinem sinnlosen Verhalten Abstand nehmen" werde, wer angesichts des „drohenden" Beweisverwertungsverbots „die Sinnlosigkeit seines Tuns vor Augen" habe,[1183] erscheint unter tatsächlichen Gesichtspunkten zweifelhaft: Der Amtsträger, der im schlimmsten Fall mit der Nichtverwertung eines Beweises rechnen muss – wenn sich der Verfahrensfehler überhaupt nachweisen lässt –, dürfte weit weniger zur Beachtung des Verfahrensrechts angehalten sein als derjenige, der die konsequente disziplinar- bzw. strafrechtliche Ahndung fahrlässig oder vorsätzlich herbeigeführter Verfahrensfehler erwartet, die bis zur Entfernung aus dem Dienst und damit zum Entzug der Existenzgrundlage führen kann.[1184] Dies

---

[1179] BGHSt 32, 345 (353).

[1180] *Dose*, Zufallserkenntnisse, S. 173.

[1181] Dies ist z. B. der Fall, wenn rechtswidrig erlangte Erkenntnisse einen bestimmten Verdachtsgrad belegen sollen, der Tatbestandsvoraussetzung einer anderen Ermittlungsbefugnis ist.

[1182] *Dose*, Zufallserkenntnisse, S. 174.

[1183] *Dalakouras*, Beweisverbote, S. 114.

[1184] Vgl. hierzu mit Beispielen *Löffelmann*, Grenzen der Wahrheitserforschung,

schließt freilich nicht aus, dass in Einzelfällen – insbesondere bei bewussten und schweren Verfahrensverstößen – sowohl Disziplinar- bzw. Strafrechtsreaktionen als auch Auswirkungen auf das Beweisergebnis zur Fehlerkompensation geboten sein können. In diesen Fällen muss der Verwertungsbeschränkung jedoch aus den vorgenannten Gründen eine vom Disziplinierungsgedanken unabhängig bestehende Ausgleichsfunktion zukommen. Grundrechtsverletzungen bei der Beweiserhebung, die aus normativen Gründen weder ein Beweisverwertungsverbot noch eine Beweiswertminderung zur Folge haben, können dennoch straf- und/oder dienstrechtliche Konsequenzen für den Verantwortlichen erfordern: Kurzfristig bekräftigt das Verfahren hierdurch vor der Rechtsgemeinschaft seinen Anspruch auf Regelkonformität; mittelfristig bewirkt es die Disziplinierung seiner Akteure,[1185] ohne dabei seine Funktionsfähigkeit zu gefährden. Letztere setzt allerdings zugleich voraus, bei der Normierung disziplinar- bzw. strafrechtlich relevanter Anforderungen an die Strafverfolgungsbehörden – also bei der Normierung von Ermittlungsbefugnissen – auf Klarheit und damit Anwenderfreundlichkeit Bedacht zu nehmen, will man die Verfahrenseffektivität nicht dadurch mindern, dass Entscheidungsträger aus begründeter Furcht vor persönlichen Konsequenzen im Zweifel auf die Durchführung einer statthaften Ermittlungsmaßnahme verzichten.[1186]

bb) Entschädigungslösungen

Die Rechtsprechung hat schließlich verschiedene Kompensationsmodelle hervorgebracht, die im weitesten Sinne als *Entschädigungslösungen* umschrieben werden können: Für Verfahrensfehler von

---

S. 169 ff.

[1185] Dies insbesondere unter dem Gesichtspunkt der Prävention als einer wesentlichen Rolle des Strafrechts überhaupt, vgl. hierzu *Löffelmann*, Grenzen der Wahrheitserforschung, S. 175 f.

[1186] Vgl. hierzu *Löffelmann*, Grenzen der Wahrheitserforschung, S. 173 ff.

„geringerer Schwere" hat der *BGH* im Jahre 2007 in einem obiter dictum erwogen, dem Betroffenen eine Entschädigung in Geld oder einen Verfahrenskostennachlass zu gewähren.[1187] Nach der sog. *Strafzumessungslösung* können Verfahrensfehler außerdem in den Grenzen des gesetzlichen Strafrahmens mildernd berücksichtigt werden,[1188] und die sog. *Vollstreckungslösung* erlaubt es dem Gericht alternativ, im Urteil darzulegen, dass ein „bezifferte[r] Teil der Strafe zur Kompensation [...] als vollstreckt gilt".[1189]

Da sich diese Ansätze auf den Beweiswert der fehlerhaft erlangten Erkenntnisse nicht auswirken,[1190] begünstigen sie den Betroffenen, obwohl seine Täterschaft und die strafzumessungsrelevanten Tat- und Tätermerkmale (auch prozessual verwertbar) festgestellt sind. Vergleichbare Effekte sind dem Strafverfahren zwar auch an anderer Stelle inhärent: So kann nach § 4 Abs. 1 Nr. 2 i. V. m. § 2 StrEG ein wegen der Anlasstat Verurteilter sogar für *rechtmäßige* Strafverfolgungsmaßnahmen finanziell entschädigt werden, wenn die Rechtsfolgen der Verurteilung weniger schwer wiegen als die zu entschädigenden Maßnahmen i. S. d. § 2 StrEG.[1191] Der Entschädigungsfähigkeit einer *rechtswidrigen* Ermittlungsmaßnahme sollte daher erst recht nichts entgegenstehen, zumal einer – vom materiellen Ausgang eines öffentlich-rechtlichen Verfahrens ansonsten unabhängigen – finanziellen Entschädigung immer auch die Symbolkraft der Verantwortungsübernahme innewohnt[1192], die auf syste-

---

[1187] BGHSt 52, 48 (57 f.).

[1188] Vgl. BGHSt 52, 124 (146); 45, 321 (326 f.); 32, 345 (355).

[1189] BGHSt 52, 124 (146 f.). Krit. hierzu *Gleß*, JR 2008, 317 (326). Für Fälle rechtsstaatswidriger überlanger Verfahrensdauer ist die Vollstreckungslösung obligatorisch und geht der Strafzumessungslösung vor, vgl. BGHSt 52, 124 (141).

[1190] Vgl. etwa zur fehlerhaft unterbliebenen Belehrung nach Art. 36 Abs. 1 lit. b S. 3 WÜK und der hierauf erfolgten Anwendung der Vollstreckungslösung BGHSt 52, 48 (56).

[1191] Vgl. OLG Hamm, Beschluss vom 15.01.2008 – 3 Ws 702/07 –, juris, Rn. 9, zur finanziellen Entschädigung für den Vollzug einer mehrmonatigen Untersuchungshaft in einem Verfahren, das mit der Verurteilung des Betroffenen zu einer Geldstrafe von 80 Tagessätzen beendet wurde.

[1192] *Löffelmann*, Grenzen der Wahrheitserforschung, S. 177.

mischer Ebene objektiv verfahrensschützend wirkt. Ebenso sind Entschädigungen im Rahmen der Strafzumessung auch in anderen Fällen verfahrensbedingter Grundrechtsbeeinträchtigungen anerkannt – etwa bei rufschädigender und existenzvernichtender Medienberichterstattung schon während des Ermittlungsverfahrens.[1193]

Bei der Anwendung *verfahrensinterner* Entschädigungslösungen als Ausgleich für strafprozessuale Grundrechtsverletzungen ist gleichwohl aus systematischen Gründen Zurückhaltung geboten. Vergegenwärtigt man sich nämlich, dass auch in der verbotswidrigen Beweisverwertung durch den Tatrichter ein Verfahrensfehler liegt, und stellt man in Rechnung, dass dieser Verfahrensfehler in der Revision wegen § 337 Abs. 1 StPO gar keine Kompensation erfährt, soweit das Urteil nicht auf ihm beruht,[1194] muss konstatiert werden, dass die Systematik des Strafverfahrens jedenfalls keinen obligatorischen Ausgleich für individualrechtsverletzende Verfahrensfehler vorsieht. Folglich lässt sich auch nicht begründen, dass Grundrechtsverletzung bei der Beweiserhebung und -verwertung spätestens bei der tatrichterlichen Entscheidung *zwingend* entweder Auswirkungen auf das Beweisergebnis oder sonstige „Wiedergutmachungen" für den Betroffenen zur Folge haben müssen – denn hierdurch hinge die gebotene Fehlerreaktion davon ab, in welchem Verfahrensstadium eine Grundrechtsverletzung erstmals berücksichtigt wird: Führt ihretwegen die Annahme eines Verwertungsverbots bereits im Ermittlungsverfahren dazu, dass eine Anschlussmaßnahme unterbleibt,[1195] und kann infolgedessen schon kein hinreichender Tatverdacht begründet werden, ist das Verfahren – in diesem Beispiel gegen den wirklichen Straftäter – gemäß

[1193] Vgl. BGH, Urteil vom 07.11.2007 – 1 StR 164/07 –, juris, Rn. 12 ff. („Gammelfleischskandal"). Zu weiteren Beispielen vgl. *Streng*, in: Kindhäuser/Neumann/Paeffgen, Rn. 32a zu § 46.

[1194] Für dieses *Beruhen* genügt es zwar, dass das Urteil ohne den Verfahrensfehler *möglicherweise* anders ausgefallen wäre – ein Kausalitätsnachweis ist nicht erforderlich, vgl. *Gericke*, in: KK StPO, Rn. 33 zu § 337 m. w. N. Ein Beruhen in diesem Sinne kommt aber nicht in Betracht, wenn das Ergebnis der freien richterlichen Beweiswürdigung angesichts weiterer (verwertbarer) Beweismittel alternativlos erscheint.

[1195] Siehe hierzu oben Fn. 1181.

§ 170 Abs. 2 StPO einzustellen. Wird die Grundrechtsverletzung im Zwischen- oder Hauptverfahren erkannt, gesteht man ihr aber keine Fernwirkung zu, kann die Eröffnung des Hauptverfahrens und ggf. die Verurteilung auf Erkenntnisse aus Anschlussmaßnahmen gestützt werden – hierbei wäre dem zu Verurteilenden aber zumindest eine vom Beweisergebnis unabhängige Kompensation zuzuerkennen. Bleibt die Grundrechtsverletzung indes bis zum Abschluss der Tatsacheninstanz unbeachtet und wird sie erstmals vom Revisionsgericht erkannt, beruht das Urteil aber (auch im Strafmaß) nicht auf ihr, endet das Verfahren, ohne dass der Betroffene *innerhalb des Verfahrens* noch irgendeinen Ausgleich erfahren kann.

Soll nun aber das Verfahrensergebnis nicht vom Zufall abhängen, können Entschädigungslösungen nur insoweit angewandt werden, als sie auch in der Revision zu berücksichtigen wären.[1196] Für die Strafzumessungslösung betrifft dies namentlich solche Konstellationen, in denen ein Verfahrensverstoß das Maß der strafbestimmenden Schuld beeinflussen konnte.[1197] Darüber hinaus kann die Rechtswidrigkeit einzelner Ermittlungsmaßnahmen in analoger Anwendung[1198] des § 98 Abs. 2 S. 2 StPO festgestellt[1199] und können rechtswidrig herbeigeführte – auch immaterielle –[1200] Schäden in den Grenzen der § 839 BGB, Art. 34 GG *verfahrensextern* ersetzt werden.[1201] Da das Strafverfahren Teil einer einheitlichen Rechtsord-

---

[1196] Dies ist nicht zu verwechseln mit der – verfehlten – Herleitung von Beweisverwertungsverboten allein aus revisionsrechtlichen Fehlerfolgen, zutreffend hierzu *Reinecke*, Fernwirkung, S. 154 ff.

[1197] So wohl auch *Löffelmann*, Grenzen der Wahrheitserforschung, S. 176, unter Verweis auf den Fall der Tatveranlassung durch einen Lockspitzel.

[1198] Vgl. *Ritzert*, in: BeckOK StPO, Rn. 7 zu § 98.

[1199] Schon diese Feststellung kann im Einzelfall zur Kompensation des Verfahrensverstoßes vollends genügen, vgl. hierzu BVerfGK 7, 120 (124), zu einer dem Grunde nach gegen Art. 1 Abs. 1 GG verstoßenden (!) Behandlung, die auf der Rechtsfolgenseite über diese Feststellung hinaus keine (finanzielle) Kompensation erforderte.

[1200] Vgl. etwa OLG Hamm, Urteil vom 18.03.2009 – 11 U 88/08 –, juris, Rn. 48 ff. (Schadensersatz für menschenunwürdige Haftbedingungen durch Überbelegung der JVA).

[1201] Die Feststellung der Rechtswidrigkeit einer Maßnahme analog § 98 Abs. 2 S. 2

nung ist, sind auch solche – von der Initiative des Betroffenen abhängigen – Kompensationsmöglichkeiten zur Fehlerkorrektur geeignet. Für die Vollstreckungslösung ist damit über Fälle einer rechtsstaatswidrig langen Verfahrensdauer hinaus nur noch in solchen (Extrem-)Konstellationen Raum, in denen aufgrund der besonderen Schwere eines Verfahrensverstoßes dem Grunde nach ein Beweisverwertungsverbot mit Fernwirkung zur Fehlerkompensation angemessen erscheint, aber an einem Ausnahmetatbestand[1202] scheitert.

c) Zwischenergebnis

Zur Kompensation von Grundrechtsverstößen bei der Beweiserhebung können – je nach Eingriffsintensität – anstelle eines Beweisverwertungsverbots eine Beweiswertminderung des bei dem Verstoß gewonnenen Beweismittels und/oder eine Entschädigung des Betroffenen angemessen sein. Eine finanzielle Entschädigung ist jedoch – soweit möglich –[1203] nach Maßgabe der außerhalb des Strafverfahrens bestehenden Anspruchsgrundlagen zu gewähren und vom Betroffenen auf dem dafür vorgesehenen Rechtsweg geltend zu machen. Die Strafzumessungslösung ist mit Blick auf § 337 Abs. 1 StPO zur Vermeidung von Wertungswidersprüchen nur anwendbar, soweit sich die Grundrechtsverletzung auf revisionsrechtlich relevante Strafzumessungsfaktoren überhaupt auswirken konnte. Die Vollstreckungslösung muss – da sie zur Folge hat, dass der unter ihrer Anwendung Verurteilte eine tat- und schuldunangemessen geringe oder auch gar keine Strafe zu verbüßen hat – auf Ausnahmefälle beschränkt bleiben.

StPO führt jedoch nicht zwangsläufig dazu, dass auch ein Anspruch gemäß § 839 BGB, Art. 34 GG dem Grunde nach besteht, vgl. hierzu OLG Bamberg, Urteil vom 06.05.2013 – 4 U 218/12 –, juris, Rn. 13 ff. (Schadensersatz und Schmerzensgeld nach einem rechtswidrigen SEK-Einsatz).

[1202] Siehe hierzu oben S. 230.

[1203] D. h. in allen Fällen, in denen Ansprüche in Betracht kommen, über die nicht gemäß § 8 StrEG mit der abschließenden Entscheidung innerhalb des Verfahrens zu befinden ist.

Darüber hinaus ist im System der Fehlerkompensationsmöglich-keiten neben bzw. anstelle von „Individualentschädigungen" der konsequenten Anwendung (und nötigenfalls auch der Ausweitung) von Mitteln des Disziplinar- und/oder Strafrechts gegen zumindest fahrlässig grundrechtswidrig handelnde Amtsträger eine nicht zu geringe Bedeutung beizumessen: § 337 Abs. 1 StPO zeigt insoweit nur, dass Verfahrensverstößen nicht zwangsläufig *verfahrensintern* begegnet werden muss; über die Erfordernisse auf systemischer Ebene ist damit aber noch nichts gesagt: Hier kann die einzig ange-messene Reaktion auf Grundrechtsverletzungen – nicht zuletzt aus Gründen der Generalprävention – in Maßnahmen gegen den/die Verantwortlichen liegen.

In Fällen, in denen das öffentliche Interesse an einer (ungeminder-ten) Beweisverwertung das Individualinteresse des Betroffenen an der Nichtverwertung aus normativen Gründen überwiegt und gleichsam die Effektivität des Verfahrens die Beweisverwertung, die aufgetretene Grundrechtsverletzung hingegen eine Reaktion zur Versicherung der Rechtsstaatlichkeit des Verfahrens erfordert, sind beweisergebnisneutrale Ausgleichsmaßnahmen erforderlich und hinreichend zugleich. Da der gebotene Ausgleich mitunter aus-schließlich die systemische Ebene betrifft, kann er in einer Fehlerre-aktion liegen, die dem Betroffenen selbst letztlich nicht zugute kommt. Verfassungsrechtlich ist dieses Ergebnis unbedenklich: Wenn schon potentiell Unschuldige *auch besonders eingriffsintensive* Ermittlungsmaßnahmen bei Vorliegen ihrer Voraussetzungen als Sonderopfer zugunsten einer funktionstüchtigen Strafrechtspflege hinzunehmen haben,[1204] ist ihnen die ungeminderte Verwertung grundrechtswidrig, *aber nicht in erhöhtem Maße eingriffsintensiv* er-langter Beweismittel im weiteren Verfahren ebenso zumutbar. Zur Vermeidung unbegründbarer Wertungswidersprüche muss dies für die Beweisverwertung bei der tatrichterlichen Überzeugungsbil-dung (für bzw. gegen den Unschuldigen bzw. den Straftäter) erst recht gelten.

[1204] Siehe hierzu oben S. 89.

4. Konsequenzen für die Strafverfahrenspraxis

Die auf Rechtmäßigkeit bedachte Strafverfahrenspraxis hat Grundrechtsverletzungen bei der Beweiserhebung und -verwertung in jedem Verfahrensstadium primär auszuschließen, was im Allgemeinen nicht nur durch das Damoklesschwert des Disziplinar- und Strafrechts, sondern bereits durch das Selbstverständnis der handelnden Akteure und ihre fortwährende Sensibilisierung für grundrechtsrelevante Fallgruppen – gerade angesichts neuartiger Ermittlungsmethoden – durch den Dienstherrn sicherzustellen sein sollte.

Sind im Einzelfall bei der Beweiserhebung dennoch Grundrechtsverletzungen eingetreten, spricht zunächst einiges dafür, dass sie im Verfahrensverlauf *möglichst frühzeitig* bewertet und angemessen kompensiert werden müssen. Dies betrifft idealerweise bereits die Nutzung im Rahmen einer Anschlussoperation desselben Verfahrensstadiums[1205] – wobei die bloße Kenntnisnahme des grundrechtswidrig erlangten Beweisergebnisses und seine normative Bewertung als solche noch keine Anschlussoperation ist, wohl aber die darauf gestützte Entscheidung für eine den Betroffenen belastende Folgemaßnahme: Die frühzeitige Kompensation der Grundrechtsverletzung ermöglicht abseits anzunehmender Beweisverwertungsverbote einen (ggf. verfahrensexternen) Ausgleich des Verfahrensmangels, sodass er im weiteren Verfahren keine Wirkungen mehr entfaltet. Im Falle eines Beweisverwertungsverbots mit Fernwirkung erlaubt sie es, die grundrechtswidrige Ermittlungsmaßnahme – soweit möglich – zu wiederholen oder ihre Ergebnisse anderweitig *rechtmäßig* in Erfahrung zu bringen, damit sie im Hauptverfahren zweifelsfrei[1206] verwertet werden dürfen.

[1205] Vgl. zu dieser Dimension der Beweisverwertungsverbote *Rogall*, Informationseingriff und Gesetzesvorbehalt im Strafprozeßrecht, S. 77.

[1206] D. h. in der Gewissheit, keine weiteren Beweismittel zu beschaffen, die später fernwirkungsbedingt unverwertbar sein könnten. Dies ist nicht nur unter der (wenngleich dogmatisch überzeugenden, in der Praxis nicht zugrunde gelegten) Prämisse einer *regelmäßigen* Fernwirkung von Beweisverwertungsverboten (siehe hierzu oben S. 229 f.) von Bedeutung, denn auch die Rechtsprechung schließt die Fernwirkung von

Der Wortlaut ausdrücklich normierter Beweisverwertungsverbote steht dem nicht entgegen: Auch hier kann die terminologische Unterscheidung des Gesetzgebers zwischen (jeglicher) „Verwendung" und einer „Verwertung zu Beweiszwecken" nicht zur Folge haben, dass ein bereits frühzeitig festgestelltes Beweisverwertungsverbot im Ermittlungs- und Zwischenverfahren – mangels „Beweistätigkeit" i. e. S. – gar keine Auswirkungen hat: Eine verbotene Verwertung kann begriffslogisch keine zulässige weitere Beweisgewinnung sein.[1207] Bei nicht ausdrücklich normierten Beweisverwertungsverboten lässt ohnehin erst ihre normative Herleitung eine Aussage darüber zu, ob ein absolutes Verwendungsverbot oder (nur) ein Verbot der (unmittelbaren) Verwertung zur Beweisführung anzunehmen ist – eine Entscheidung des Gesetzgebers für die eine oder andere Lösung fehlt demnach insgesamt.

Das frühzeitige Kompensationsbedürfnis besteht ferner auch, soweit nach der Rechtsprechung ein Verwertungswiderspruch erforderlich ist: Ob ein solcher im Zeitpunkt des § 257 Abs. 1 StPO erklärt werden wird, ist bei der Entscheidung über die Zulässigkeit von Anschlussoperationen im Ermittlungs- oder Zwischenverfahren unbekannt. Insbesondere liegt ein Verzicht auf den Widerspruch nicht schon nahe, wenn ein Verteidiger im Rahmen schriftsätzlicher Ausführungen zu Beweisverwertungsfragen keine Stellung bezogen hat: Es kann gerade Teil der Verteidigungsstrategie sein, Beweisverwertungsverbote erst in der Hauptverhandlung zu thematisieren und damit u. U. bedeutende Teile der von der Anklage avisierten Beweisaufnahme zu verhindern.[1208] Auch trägt der Einwand nicht,

---

Beweisverwertungsverboten *zwar grundsätzlich, nicht aber generell* aus, vgl. etwa BGHSt 29, 244 (246 ff.), zur Annahme eines Beweisverwertungsverbots mit Fernwirkung infolge einer gegen § 7 G 10 verstoßenden Übermittlung von Erkenntnissen aus einer nachrichtendienstlichen TKÜ-Maßnahme; BVerfGE 109, 279 (377), zum Verbot der Verwendung von Erkenntnissen aus einer rechtswidrigen akustischen Wohnraumüberwachung auch als Spuren- bzw. Ermittlungsansätze für Straftaten, die nicht dem Katalog des § 100c Abs. 2 StPO unterfallen (mittlerweile ausdrücklich normiert in § 100d Abs. 5 StPO).

[1207] So auch *Reinecke*, Fernwirkung, S. 243.

[1208] Der Verteidiger wird dann in der Hauptverhandlung regelmäßig zunächst Be-

ein Beweisverwertungsverbot entstünde *erstmalig* durch die Erhebung des Widerspruchs in der Hauptverhandlung: Soweit in der hierzu ergangenen Rechtsprechung von einer *Entstehung in der Hauptverhandlung* die Rede ist,[1209] kann dies aus systematischen Gründen angesichts solcher Normen[1210], die offensichtlich *jede* Anschlussoperation betreffen, nur die *Entstehung für die Beweisführung im Hauptverfahren* – ggf. mit Blick auf die Revisibilität der Verwertung im Urteil –[1211] im Sinne einer „Heilung" des vorangegangenen Verfahrensverstoßes meinen;[1212] andernfalls wären nicht ausdrücklich normierte Beweisverwertungsverbote in Verfahrensstadien vor der Hauptverhandlung stets unbeachtlich, was ausweislich ihrer Relevanz für Anschlussoperationen nicht richtig sein kann.

Für eine *angemessene* frühzeitige Reaktion auf strafprozessuale Grundrechtsverletzungen bedarf es allerdings – wenn sie denn überhaupt als solche erkannt wird – ihrer *zutreffenden* normativen Bewertung. Diese wird angesichts der keineswegs trivialen Gemengelage individueller und öffentlicher Interessen von Ermittlungsbeamten häufig nicht zu leisten sein und ist auch der Staatsanwaltschaft allein aus Zeitgründen nicht in jedem Einzelfall abzuverlangen.[1213] Die Ermittlungsbehörden wären mithin gehalten, zur Verfahrenssicherung im Zweifel stets kausal von einer Grundrechtsverletzung unabhängige, alternative Beweismittel zu

---

weisanträge zu solchen Fragen stellen, die für die Annahme von Beweisverwertungsverboten sprechen, um die Beweisaufnahme hinsichtlich der unverwertbaren Beweismittel bestenfalls abzuwenden, jedenfalls aber deutlich zu verzögern, vgl. hierzu *Klemke/Elbs*, Strafverteidigung, S. 205; *D. M. Krause,* in: Widmaier (Begr.): MAH Strafverteidigung, Rn. 184 zu § 7.

[1209] Vgl. etwa BGHSt 38, 214 (225).

[1210] Etwa § 160a Abs. 1 S. 2 StPO.

[1211] So wohl auch *Paul*, NStZ 2013, 489, dort Fn. 2.

[1212] Ganz so, wie auch § 344 Abs. 2 StPO zwar für die Beachtlichkeit eines Rechtsverstoßes in der Revision maßgeblich ist, nicht aber zur Unerheblichkeit desselben Rechtsverstoßes in früheren Verfahrensstadien allein dadurch führt, dass ungewiss ist, ob er später – in einer den revisionsrechtlichen Anforderungen genügenden Weise – gerügt wird.

[1213] Wollte man dies anders beurteilen, dürften bis zum Hauptverfahren unbeachtet gebliebene Grundrechtsverletzungen praktisch nicht vorkommen.

erheben – was Auswirkungen auf die Erforderlichkeit weiterer Ermittlungsmaßnahmen zu solchen Beweisfragen hätte, die bei Annahme der jedenfalls mittelbaren Verwertbarkeit grundrechtswidrig erlangter Beweismittel bereits hinreichend aufgeklärt erscheinen.[1214] Unter diesem Aspekt ist nicht zu leugnen, dass die in der Tendenz „verwertungsfreundliche" Grundhaltung der Rechtsprechung den Betroffenen vor weiteren – möglicherweise sogar eingriffsintensiveren – Ermittlungsmaßnahmen schützt.

Dieses Ergebnis mag überraschen, lässt sich aber anhand folgender Kontrollüberlegung verifizieren: Kann eine entscheidungserhebliche Tatsache mithilfe des grundrechtswidrig erlangten Beweismittels bewiesen werden, hält das Tatgericht dieses Beweismittel für verwertbar und stützt es den Tat- und Schuldnachweis darauf, wird der Betroffene verurteilt. Geht das Tatgericht von einem Beweisverwertungsverbot ohne Fernwirkung aus, gelangt es aber zur selben Überzeugung, weil es die entscheidungserhebliche Tatsache durch (andere) Beweismittel als erwiesen ansieht, für deren Ermittlung das unverwertbare Beweismittel – rechtmäßig – als Spuren- bzw. Ermittlungsansatz diente, wird der Betroffene ebenso verurteilt. Stellt das Tatgericht ein Beweisverwertungsverbot mit Fernwirkung fest, kann es aber auf Beweismittel zurückgreifen, welche die Ermittlungsbehörden vorsorglich ohne jede Kausalbeziehung zum grundrechtswidrig erlangten Beweismittel erhoben haben, wird der Betroffene wiederum verurteilt. Der Unterschied liegt jeweils in Zahl und ggf. Intensität der Ermittlungsmaßnahmen, denen der Betroffene bis zum Abschluss des Ermittlungsverfahrens ausgesetzt war.

Hohe Anforderungen an den frühzeitigen Ausschluss der Folgen solcher Fehler bei der Ermittlungsführung, die zur Unverwertbarkeit aller in einer Kausalkette erlangten Beweismittel und damit ggf. zum Freispruch eines Schuldigen führen können, haben mithin für

---

[1214] Siehe hierzu auch oben S. 90.

den Betroffenen in der Praxis mitunter keinerlei Vorteile.[1215] Die tatsächlichen Ursachen hierfür sind aus Gründen begrenzter Ressourcen schlechterdings nicht abzustellen und können daher auch in der wissenschaftlichen Erörterung angemessener Verfahrensfehlerfolgen nicht außer Betracht bleiben. Bei der normativen Bewertung strafprozessualer Grundrechtsverletzungen ist deshalb auf systemischer Ebene stets auch zu beachten, welche tatsächlichen Auswirkungen eine allzu restriktive Verwertungsmaxime auf die Belastungswirkung künftiger Verfahren hätte. Für die Annahme eines absoluten Verwendungsverbots ist daher erforderlich, dass der zu bewertende schwerwiegende Verfahrensverstoß sich jedem zur Korrektur berufenen Akteur *hätte aufdrängen müssen* – etwa, weil er infolge obergerichtlicher Rechtsprechung oder des eindeutigen Wortlauts der zugrunde liegenden Verfahrensnorm auf der Hand liegt.[1216] Es muss daher auch die Nutzung grundrechtswidrig erlangter und – ggf., aber nicht zwingend absehbar – einem Beweisverwertungsverbot unterliegender Erkenntnisse als Spuren- bzw. Ermittlungsansätze als grundsätzlich erlaubt gelten, solange die Ermittlungsverfahrenspraxis nicht über dieselben Ressourcen zur normativen Fehlerkorrektur verfügt wie das Hauptverfahren.[1217] Dem frühzeitigen Gebrauch beweisergebnisneutraler verfahrensexterner Kompensationsmöglichkeiten steht dies freilich nicht entgegen.

5. Konsequenzen für den Gesetzgeber

Dass selbst Grundrechtsverletzungen bei der Beweiserhebung aus normativen Gründen nicht zwangsläufig die Unverwertbarkeit der

---

[1215] Da die eingetretene Grundrechtsverletzung den staatlichen Strafanspruch nicht entfallen lässt, ist sie bei der Prüfung der Verhältnismäßigkeit (für den Fall der Fernwirkung erforderlicher) alternativer Ermittlungsmaßnahmen auch nicht zugunsten des Betroffenen zu berücksichtigen.

[1216] Dies indiziert einen *bewussten* Verfahrensverstoß, siehe zu dessen Fernwirkung oben S. 229 ff.

[1217] Die analoge Anwendbarkeit des § 98 Abs. 2 S. 2 StPO führt hier schon deshalb keinen Ausgleich herbei, weil sie von der Initiative des Betroffenen abhängt.

gewonnenen Beweismittel zur Folge haben, kann der Gesetzgeber zum Anlass nehmen, die aus seiner Sicht gebotenen Rechtsfolgen – also auch unselbstständige Beweisverwertungsverbote – ausdrücklich zu normieren. Soweit er hierbei Fernwirkungen statuiert, vermag er das System normativer Fehlerfolgen tiefgreifend zu ändern. Aus den vorgenannten rechtspraktischen Erwägungen können Beweisverwertungsverbote mit Fernwirkung den augenscheinlich Begünstigten aber im Ergebnis weit mehr belasten, als es bei der erlaubten Nutzung des bemakelten Beweismittels als Spuren- bzw. Ermittlungsansatz der Fall ist. Der Gesetzgeber tut daher gut daran, am – für Fälle besonders schwerwiegender Grundrechtsverstöße vorbehaltenen – Ausnahmecharakter absoluter Verwendungsverbote festzuhalten.[1218] Da sich aber die Schwere eines Grundrechtseingriffs nur relativ *im Einzelfall* bemessen lässt, erscheint es angezeigt, die Feststellung von Beweisverwertungsverboten samt ihrer Reichweite der Rechtsprechung zu überlassen: Der Gesetzgeber kann naturgemäß nicht alle entscheidungsbedürftigen Konstellationen im Vorfeld kennen und ihre Bewertung ist eine – auch verfassungsrechtlich gebotene – Aufgabe des Richters.[1219] Dem auf die Vermeidung von (nicht nur schwerwiegenden) Verfahrensverstößen bedachten Gesetzgeber obliegt es indes abseits der Positivierung verfahrensinterner Fehlerfolgen, zum einen die Möglichkeiten des Disziplinar- und Strafrechts gegen fahrlässig oder bewusst grundrechtswidrig handelnde Amtsträger wo nötig inhaltlich oder in ihrer Umsetzbarkeit effektiver zu gestalten und zum anderen – was wesentlich sein dürfte – grundrechtsrelevante Ermittlungsbefugnisse so klar und anwenderfreundlich zu formulieren, dass potentielle Grundrechtsverletzungen durch pflichtbewusst handelnde Amtsträger erkannt und vermieden werden können.

[1218] So geschehen auch in jüngeren Gesetzesänderungen wie denen der §§ 100a Abs. 4 S. 2 und 100c Abs. 5 S. 3 StPO, weil bereits die Annahme der Kernbereichsrelevanz einen Ausnahmefall darstellt. Siehe hierzu oben S. 97 ff.

[1219] So bereits *Kohlhaas*, DRiZ 1966, 286 (287). Regelungen der in Fn. 1218 bezeichneten Art sind daher genau genommen gleichsam entbehrlich.

E. Verfassungsgemäße Zugriffsmöglichkeiten auf IT-Systeme nach derzeit bestehender Rechtslage

Nachdem der verfassungsrechtliche Rahmen für strafprozessuale Zugriffe auf IT-Systeme erarbeitet wurde, kann nunmehr geprüft werden, inwieweit die unter C[1220] beschriebenen tatsächlichen Zugriffsmöglichkeiten mit dem vorhandenen Instrumentarium der StPO verfassungsgemäß, d. h. unter verhältnismäßiger Anwendung einer den vorgenannten Anforderungen genügenden Befugnisnorm umgesetzt werden können.

I. Zugriffe auf zentrale IT-Systeme

1. Körperliche Sicherstellung zentraler IT-Systeme bzw. einzelner Datenträger

a) Grundrechtseingriffe

aa) Durch den Zugriff auf die Hardware

Die Sicherstellung von Hardware greift in die Eigentumsfreiheit des Betroffenen aus Art. 14 Abs. 1 GG ein, wenn ihm die Hardware hierzu körperlich entzogen wird.[1221] Sofern dies die Internetnutzungsmöglichkeit des Betroffenen vereitelt, liegt darin ferner ein Eingriff in die Informationsfreiheit gemäß Art. 5 Abs. 1 S. 1, letzter Halbs. GG.[1222] Die Nutzung der Funktionen und Leistungen eines IT-Systems durch die Ermittlungsbehörde beeinträchtigt zudem die Integrität i. S. d. IT-Grundrechts.[1223] Aus dem Ort der Sicherstellung kann sich schließlich ein Eingriff in Art. 13 Abs. 1 GG[1224] bzw. Art. 2

[1220] Siehe oben S. 34 ff.

[1221] Siehe hierzu oben S. 170.

[1222] Siehe hierzu oben S. 176.

[1223] Siehe hierzu oben S. 153.

[1224] Siehe hierzu oben S. 179.

Abs. 1 i. V. m. Art. 1 Abs. 1 GG[1225] ergeben.

bb) Durch den Zugriff auf die Daten

Daneben kommt es bei der körperlichen Sicherstellung von Datenträgern stets entweder zu Eingriffen in das IT-Grundrecht oder in das Recht auf informationelle Selbstbestimmung: Wird ein vom Betroffenen als eigenes genutztes potentiell datenintensives[1226] zentrales IT-System sichergestellt, liegt ein Eingriff in das IT-Grundrecht ebenso vor wie im Falle der Sicherstellung eines einzelnen Datenträgers, der Teil eines solchen IT-Systems ist:[1227] Die Ermittlungsbehörde kann die Hardware selbst nutzen[1228] und die gespeicherten Daten inhaltlich zur Kenntnis nehmen[1229]. Kann das sichergestellte IT-System oder der sichergestellte Datenträger hingegen lediglich Daten mit punktuellen Bezügen zu einem bestimmten Lebensbereich des Betroffenen enthalten, ist der Schutzbereich des IT-Grundrechts nicht eröffnet und der Eingriff am Recht auf informationelle Selbstbestimmung zu messen.[1230]

Beide Grundrechtseingriffe treten nicht erst mit der Auswertung der sichergestellten Datenträger ein: Die Vertraulichkeit i. S. d. IT-Grundrechts ist bereits verletzt, wenn Dritte *Zugriff* auf den geschützten Datenbestand erlangt haben,[1231] und das Recht, über die Preisgabe von Daten i. S. d. Rechts auf informationelle Selbstbestimmung zu entscheiden, ist bereits *durch die Erhebung* dieser Daten verletzt[1232],[1233].

[1225] Siehe hierzu oben Fn. 910.

[1226] Siehe hierzu oben S. 148.

[1227] Siehe hierzu oben S. 17.

[1228] Und damit ihre *Integrität* beeinträchtigen, siehe oben S. 153.

[1229] Wodurch die *Vertraulichkeit* der Daten aufgehoben wird, siehe hierzu oben S. 150.

[1230] Siehe hierzu oben S. 148.

[1231] Siehe hierzu oben S. 153.

[1232] Siehe hierzu oben S. 140.

[1233] Auch die Sicherstellung von Hardware bei Beweisthemen mit ausschließlichem Hardwarebezug greift deshalb in das IT-Grundrecht bzw. das Recht auf informationel-

b) Ermittlungsbefugnisse

aa) Für die körperliche Sicherstellung von Hardware

(1) Art. 14 Abs. 1 GG

Für Eingriffe in die Eigentumsfreiheit des Art. 14 Abs. 1 GG stellt § 94 StPO eine verfassungsmäßige Befugnisnorm dar.[1234] Deren Tatbestandsvoraussetzungen sind im Falle der Sicherstellung und Beschlagnahme[1235] vollständiger zentraler IT-Systeme bzw. einzelner Datenträger erfüllt: Bei ihnen handelt es sich unzweifelhaft um (körperliche) Gegenstände.[1236] Dass die potentielle Beweisbedeutung in den Daten selbst liegt, steht dem nicht entgegen: Ein Datenträger *verkörpert* potentiell beweisrelevante Informationen durch maschinenlesbare physikalische Zustände.[1237] Auch wenn die Information über seine mit bloßem Auge ersichtliche Beschaffenheit für das Beweisthema bedeutungslos ist, können die Informationen darüber, welche Inhalte (ggf. von wem und zu welcher Zeit) gespeichert, also physikalisch verkörpert wurden, nur durch die Auswertung des Datenträgers in seiner besonderen Beschaffenheit, d. h. durch Zugriff auf seine maschinenlesbaren physikalischen Zustände zur Kenntnis genommen werden; ohne (irgendeinen) Datenträger ist schon die Existenz dieser physikalischen Zustände und damit auch die Existenz der Daten nicht denkbar.[1238] Im System der

---

le Selbstbestimmung ein. Siehe hierzu unten S. 270 f.

[1234] Vgl. *Menges,* in: Löwe/Rosenberg, Rn. 45 zu § 94; *Wohlers,* in: SK StPO, Rn. 2 zu § 94.

[1235] Die *Sicherstellung* ist der Oberbegriff der Beweismittelsicherung, vgl. *Greven,* in: KK StPO, Rn. 1 zu § 94. Sie kann formlos oder förmlich erfolgen: Formlos – ohne *Beschlagnahme* – bei gewahrsamslosen Gegenständen oder bei freiwilliger Herausgabe eines Gegenstandes durch den Gewahrsamsinhaber; förmlich – mit Beschlagnahme gemäß §§ 94 Abs. 2, 98 Abs. 1 StPO –, wenn der Gewahrsamsinhaber einen Gegenstand nicht freiwillig herausgibt, wobei auch die Freiwilligkeit der Herausgabe einer Beschlagnahme nicht entgegensteht, vgl. hierzu *Wohlers,* in: SK StPO, Rn. 11 zu § 94.

[1236] *Greven,* in: KK StPO, Rn. 4 zu § 94; *Pfeiffer,* StPO, Rn. 1 zu § 94.

[1237] Siehe hierzu oben S. 20.

[1238] *Kemper,* NStZ 2005, 538 (540).

Strengbeweismittel ist ein Datenträger daher Augenscheinsobjekt, auch wenn der beweisrelevante Informationsgehalt zur Einnahme des Augenscheins erst technisch sichtbar gemacht werden muss.[1239] Besteht der *Anfangsverdacht* einer Straftat i. S. d. § 152 Abs. 2 StPO[1240] und sind Datenträger – aufgrund ihrer Beschaffenheit, mithin aufgrund der darauf gespeicherten Daten – von potentieller *Beweisbedeutung*, d. h. „die Aufklärung und Ahndung [dieser] Straftat [ggf.] zu fördern geeignet",[1241] können sie gemäß § 94 StPO sichergestellt werden.

(2) Art. 5 Abs. 1 S. 1, letzter Halbs. GG

Zu Eingriffen in die Informationsfreiheit aus Art. 5 Abs. 1 S. 1, letzter Halbs. GG dadurch, dass die Sicherstellung von IT-Systemen dem Betroffenen die Internetnutzungsmöglichkeit nimmt, enthält § 94 StPO gleichsam die Befugnis: Der Eingriff ist ebenfalls durch den in § 94 StPO geregelten Entzug der Sachherrschaft an einem potentiellen Beweisgegenstand bedingt. An der Verfassungsmäßigkeit des § 94 StPO bestehen auch insoweit keine Zweifel. Denn wenn bereits die Beeinträchtigung der Internetnutzungsmöglichkeit durch die Erhebung von Gebühren zur Aufrechterhaltung des öffentlich-rechtlichen Rundfunks verfassungsrechtlich nicht zu beanstanden ist,[1242] kann für Beeinträchtigungen zum Zwecke der Strafverfolgung nichts anderes gelten: Der Verfassungsauftrag, wonach der Staat zum Erhalt der publizistischen Vielfalt einen öffentlich-rechtlichen, nicht den Interessen privater Finanziers unterworfenen Rundfunk zu gewährleisten hat,[1243] ist dem Verfassungsauftrag, eine funktionstüchtige Strafrechtspflege zu gewährleisten, mindestens gleichrangig.

[1239] *Bär*, MMR 1998, 577 (579); *J.-P. Becker*, in: Löwe/Rosenberg, Rn. 19 zu § 244; *Eisenberg*, Beweisrecht der StPO, Rn. 2323.

[1240] Vgl. *J. Lehmann*, in: Heghmanns/Scheffler, Kap. III, Rn. 55.

[1241] *Menges*, in: Löwe/Rosenberg, Rn. 23 zu § 94.

[1242] Siehe hierzu oben S. 176 f.

[1243] Vgl. BVerfGE 119, 181 (214 ff.).

(3) Art. 2 Abs. 1 GG i. V. m. Art. 1 Abs. 1 GG

Einer näheren Prüfung bedarf die Frage, ob § 94 StPO auch für Eingriffe in das IT-Grundrecht bzw. das Recht auf informationelle Selbstbestimmung aus Art. 2 Abs. 1 i. V. m. Art. 1 Abs. 1 GG eine verfassungsgemäße Eingriffsgrundlage darstellt.[1244]

(a) Erkennbare Zweckbestimmung und strenge Zweckbindung

Befugnisnormen für Eingriffe in beide Ausprägungen des allgemeinen Persönlichkeitsrechts müssen eine für den Betroffenen erkennbare bereichsspezifische und präzise Zweckbindung enthalten.[1245] § 94 StPO erlaubt nun mit wenigen Worten die Sicherstellung von Gegenständen, die als Beweismittel *für die Untersuchung* von Bedeutung sein können. Allerdings ist für den Betroffenen schon anhand der Anwendung einer StPO-Vorschrift ersichtlich, dass es sich hierbei um eine *Untersuchung im Strafverfahren* handelt. Als *Untersuchung* wird in der StPO durchweg[1246] die Aufklärung einer *bestimmten* prozessualen Tat i. S. d. § 264 StPO verstanden.[1247] Die ausdrücklichen Verwendungsregeln in §§ 108, 477 Abs. 2 S. 2, 483 ff. StPO lassen zudem im Umkehrschluss erkennen, dass die nach § 94 StPO sichergestellten Gegenstände grundsätzlich einer Zweckbindung gerade für dasjenige Strafverfahren unterliegen, dessentwegen sie sichergestellt wurden.[1248] Die Sicherstellung von Datenträgern lässt den Betroffenen mithin erkennen, dass diese für die Aufklärung der sicherstellungsanlässlichen Tat als Beweismittel von Bedeutung sein können und von den Strafverfolgungsbehörden – so-

---

[1244] Bezweifelt bei *Kurz*, Betrifft Justiz 2009, 164 (167), und *Rath*, DRiZ 2009, 117. In der Tendenz ähnlich *Bäcker*, Linien der Rechtsprechung des BVerfG 2009, 99 (129 f.), und *T. Böckenförde*, JZ 2008, 925 (928).

[1245] Siehe hierzu oben S. 143 und S. 169.

[1246] Freilich abgesehen von *auf den menschlichen Körper bezogenen* Untersuchungen i. S. d. §§ 81a ff., 97 Abs. 1 Nr. 3, 114b Abs. 2 Nr. 5 StPO.

[1247] Dies folgt etwa aus den §§ 12, 14, 15, 53 Abs. 2 S. 2, 60 Nr. 2, 68b Abs. 1 S. 3 Nr. 1, 99 S. 2, 100 Abs. 6, 100h Abs. 1 S. 2, 108 Abs. 1 S. 1, 110 Abs. 3 S. 2 StPO.

[1248] Vgl. hierzu auch BVerfGE 124, 43 (61) unter Verweis auf die in der Gesamtschau zu berücksichtigen §§ 152 Abs. 2, 155 Abs. 1, 160, 170, 244 Abs. 2 und 264 StPO.

weit nicht die Voraussetzungen weiterer Verwendungsregeln vorliegen – (nur) hierfür verwendet werden dürfen. Den Anforderungen des *BVerfG* an die Zweckbestimmung und Zweckbindung ist damit Genüge getan.[1249]

(b) Transparenzgebot

Fraglich ist, ob § 94 StPO auch dem Transparenzgebot[1250] genügt. Art und Umfang der Verwendung einmal sichergestellter Gegenstände sind für den Betroffenen zwar insoweit ersichtlich, als er im Wege der Akteneinsicht nach Maßgabe des § 147 StPO auch nachvollziehen kann, in welcher Weise Datenbestände ausgewertet und in das Ermittlungsergebnis eingeflossen sind;[1251] von „Undurchsichtigkeit"[1252], wie sie bei der Zusammenführung von Daten aus verschiedenen Erhebungsmaßnahmen ohne Kenntnis des Betroffenen entsteht, kann bei der offenen Sicherstellung bestimmter Datenträger für die Zwecke eines bestimmten Strafverfahrens daher keine Rede sein. „Vorbeugenden Rechtsschutz" erlangt der Betroffene zudem nicht nur über die allgemeine datenschutzrechtliche Aufsicht der jeweils zuständigen Datenschutzbeauftragten,[1253] sondern insbesondere durch die Möglichkeit, bereits im Ermittlungsverfahren – also vorbeugend mit Blick auf die Verwertung der Daten im Hauptverfahren – analog § 98 Abs. 2 S. 2 StPO die gerichtliche Entscheidung über die Verwertbarkeit der Daten herbeizuführen.[1254]

[1249] Der *Zweite Senat des BVerfG* hat 2005 – ebenfalls im Kontext des § 94 StPO – klargestellt, dass die Anforderungen an die Bestimmtheit einer Ermittlungsbefugnis „wegen der Vielgestaltigkeit möglicher Sachverhalte" nicht überspannt werden dürfen, vgl. BVerfGE 113, 29 (51).

[1250] Siehe hierzu oben S. 145 und S. 169.

[1251] Die mit der Auswertung befasste Stelle innerhalb der Ermittlungsbehörde verfasst hierüber Berichte, die Bestandteil der Verfahrensakten werden, vgl. etwa BGH, Beschluss vom 23.112011 – AK 19 - 21/11, AK 19/11, AK 20/11, AK 21/11 –, juris, Rn. 15, 36.

[1252] Eine solche hat *BVerfG* wiederholt zum Anlass genommen, Aufsichtspflichten durch unabhängige Dritte zu fordern, vgl. oben Fn. 744.

[1253] Gemäß § 4g BDSG bzw. den landesrechtlichen Entsprechungen.

[1254] Siehe hierzu oben S. 240.

Problematisch erscheint aber zumindest auf den ersten Blick die Forderung des *BVerfG* nach einer vollständigen Zugriffsprotokollierung.[1255] Die StPO enthält hierzu weder in § 94 noch an sonst systematisch verwandter Stelle Vorgaben. Es kann jedoch nicht außer Betracht bleiben, in welchem Kontext das *BVerfG* Protokollierungspflichten jeweils statuiert hat: So soll etwa die Protokollierung *lesender* Zugriffe auf solche Datenbestände, die einer Vielzahl staatlicher Stellen zugänglich sind, die datenschutzrechtliche Aufsichtsbehörde erkennen lassen, in welchem Umfang durch welche Behörden Zugriffe erfolgt sind;[1256] bei Zugriffen auf Datenbestände im Machtbereich privater Dritter soll dieselbe Protokollierung gewährleisten, dass die Daten nur Berechtigten zur Kenntnis gelangen.[1257] Die vollständige Protokollierung lesender Zugriffe dient mithin zum einen statistischen Zwecken, zum anderen der Absicherung gegen tatsächlich bestehende Missbrauchsszenarien, die einer unüberschaubaren Zahl an faktisch Zugriffsberechtigten geschuldet sind. Bei der Auswertung gemäß § 94 StPO sichergestellter Datenträger besteht kein vergleichbares Missbrauchsszenario. Mit dieser Auswertung sind schon aufgrund der Zweckbindung der Sicherstellung für ein *bestimmtes* Ermittlungsverfahren nur die hierfür örtlich und sachlich zuständigen Ermittlungsbehörden befasst. Soweit[1258] Private in die Auswertung einbezogen werden, haben sie prozessual die Stellung Sachverständiger i. S. d. §§ 161a Abs. 1 S. 2, 73 StPO inne.[1259] Als solche werden sie persönlich aktenkundig, sodass sie in Missbrauchsfällen zivil- und ggf. strafrechtlich zur Verantwortung gezo-

---

[1255] Siehe hierzu oben S. 145.

[1256] Vgl. BVerfGE 133, 277 (370).

[1257] BVerfGE 125, 260 (327).

[1258] Eine *vollständige* Auswertung durch Private verstößt gegen Nr. 69 RiStBV: Ob eine sachverständige Begutachtung erforderlich ist, kann nur durch eigene Untersuchungen der Staatsanwaltschaft bzw. ihrer Ermittlungspersonen beurteilt werden. Erst im Anschluss können Sachverständigen einzelne Beweisfragen – etwa zur Rekonstruktionsmöglichkeit gelöschter Daten bestimmten Inhalts – zugeleitet werden, vgl. LG Kiel, Beschluss vom 14.08.2006 – 37 Qs 54/06 –, juris, Rn. 11.

[1259] Vgl. *Kirmes*, Private IT-Forensik, S. 87 f.

gen werden können.[1260]

Die vom *BVerfG* geforderte Protokollierung *schreibender* Zugriffe soll sicherstellen, dass Veränderungen des Datenbestandes und die Rechtmäßigkeit dieser Änderungen überprüfbar sind.[1261] Bei der Auswertung potentiell beweiserheblicher Datenträger darf es indes *überhaupt keine* Veränderungen des Datenbestandes geben:[1262] Das Ergebnis der Auswertung, also auch die technischen Umstände, anhand derer sich beweisen lässt, dass die beweiserheblichen Daten schon im Zeitpunkt der Sicherstellung auf dem Datenträger vorhanden waren, muss in der Hauptverhandlung ggf. durch ein Sachverständigengutachten verifizierbar sein.[1263] Infolgedessen werden alle Operationen auf einer Kopie durchgeführt – das „Original"[1264] bleibt unverändert, damit jeder Schritt der Auswertung nötigenfalls rekonstruiert werden kann.[1265] Wird gegen diesen Standard der IT-Forensik verstoßen, werden die Daten zur Beweisführung regelmäßig[1266] unbrauchbar – so etwa, wenn der Zeitpunkt des letzten Schreibzugriffs[1267] oder ein im Vergleich zum Originaldatenträger veränderter Hashwert[1268] einer Datei eindeutig belegt, dass sie nach der Sicherstellung des Datenträgers verändert wurde.[1269] Eine Zu-

---

[1260] Vgl. *Kirmes*, Private IT-Forensik, S. 89 f. m. w. N. Es liegt deshalb schon im Eigeninteresse des Sachverständigen, ggf. in die Gutachtenerstellung eingebundene Mitarbeiter gemäß § 5 BDSG auf das Datengeheimnis zu verpflichten und Zugriffe auf den Datenbestand personalisiert zu protokollieren, vgl. *Geschonneck*, Computer-Forensik, S. 81.

[1261] Vgl. BVerfGE 133, 277 (370).

[1262] Siehe hierzu näher unten S. 260 ff.

[1263] *Bäcker/Freiling/S. Schmitt*, DuD 2010, 80 (84); *Birk/Heinson/Wegener*, DuD 2011, 329 (332); *Dolle*, DuD 2009, 183 (184). Vgl. zur entsprechenden Praxis etwa LG Trier, Urteil vom 17.02.2011 – 8033 Js 13955/09.1 Ks –, juris, Rn. 179 ff.

[1264] Auch bei diesem kann es sich um eine Kopie handeln, siehe hierzu bereits oben S. 22 und sogleich unten S. 265 ff.

[1265] *Bäcker/Freiling/S. Schmitt*, DuD 2010, 80 (81); *Freiling/K. Sack*, DuD 2014, 112; *Geschonneck*, Computer-Forensik, S. 91 f.; *Raghavan*, CSIT 2013, 91 (92).

[1266] D. h. insbesondere bei *bel*astenden Beweisinhalten, siehe hierzu unten Fn. 1275.

[1267] Siehe hierzu oben S. 19.

[1268] Siehe hierzu oben Fn. 217.

[1269] Selbst wenn eine solche Veränderung nicht belegt, sondern nur wahrscheinlich, also nicht durch technische Vorkehrungen ausgeschlossen ist, kommt den Daten allen-

griffsprotokollierung *zugunsten* des Betroffenen ist der Auswertung von Datenträgern mithin schon technisch bedingt immanent.

Wenn die Protokollierung einzelner Arbeitsschritte bei der Auswertung dennoch zur gängigen Praxis der IT-Forensik gehört, um die Vorgehensweise der mit der Auswertung betrauten Person(en) für ein ggf. erforderliches Sachverständigengutachten nachvollziehbar zu machen[1270] und Fehler zu vermeiden,[1271] so ist dies eine Selbstverständlichkeit, wie sie in allen Fachbereichen der Forensik maßnahmenübergreifend anzutreffen ist; Dokumentationsobliegenheiten sind schlicht Teil der *best practice* in (nicht nur) ermittlungsbehördlichen Arbeitsabläufen.[1272] Bestandteil einer Befugnisnorm müssen sie nur sein, soweit Schreibzugriffe sich – ohne nachvollziehbar zu sein – zuungunsten des Betroffenen auswirken können.[1273] Bei der Auswertung sichergestellter Datenträger ist – soweit es um *be*lastende Beweisinhalte geht – das Gegenteil der Fall. *Ent*lastende Informationen werden durch Schreibzugriffe nach der Sicherstellung in ihrem Beweiswert nur gemindert, wenn man annimmt, dass eine mit der Auswertung befasste Person die Daten tatsächlich zugunsten des Beschuldigten verändert – und sich damit ggf. gemäß §§ 258, 258a StGB strafbar gemacht – hat. Allein aus dem Umstand, dass ein Schreibzugriff stattgefunden hat,[1274] wird man dies schon

---

falls noch ein Indizwert zu, vgl. BGH, Urteil vom 13.12.2012 – 4 StR 33/12 –, juris, Rn. 16.

[1270] Vgl. *Dolle*, DuD 2009, 183 (184); *Freiling/K. Sack*, DuD 2014, 112.

[1271] Vgl. *BSI*, Leitfaden „IT-Forensik", S. 252 f.

[1272] Vgl. zur der Spurensicherung allgemeingültig *Artkämper*, Die gestörte Hauptverhandlung, S. 351 f.: „Die sachgerechte Spurensuche und Auswertung ist kritisch zu hinterfragen und so zu verifizieren. Es ist insbesondere eine exakte und lückenlose Dokumentation und Transparenz der Beweismittel unter Berücksichtigung des Ausschlusses von Kontaminationen, Irritationsspuren, Verwechslungen und anderen Veränderungen in jeder Richtung vom ersten Zugriff am Tatort bis hin zu einem denkbaren Wiederaufnahmeverfahren zu gewährleisten."

[1273] So etwa, wenn – wie es in BVerfGE 133, 277 (370), ausgeschlossen werden soll – falsche Informationen über einen Betroffenen in eine Verbunddatei gelangen.

[1274] Dieser kann auch z. B. im (versehentlichen) Ausführen des Befehls zur Speicherung einer geöffneten Datei liegen, ohne dass am Inhalt der Datei Änderungen vorgenommen wurden.

angesichts des erheblichen Strafrahmens nicht ableiten können.[1275] Im Übrigen vermögen auch Protokollierungspflichten in Fällen böswillig handelnder Akteure die Transparenz der Datenverwendung nicht zu steigern, weil auch sie missachtet und Zugriffsprotokolle manipuliert werden können.

§ 94 StPO genügt hiernach den Anforderungen des Transparenzgebots auch ohne ausdrücklich normierte Protokollierungspflichten.

(c) Berücksichtigung der Persönlichkeitsrelevanz

§ 94 StPO müsste weiter den Anforderungen genügen, die das *BVerfG* abhängig von der (potentiellen) Persönlichkeitsrelevanz[1276] sichergestellter Datenträger an Eingriffsbefugnisse formuliert: Eingriffe in das IT-Grundrecht bedürfen *stets* hinreichender Vorkehrungen gegen die Verwertung solcher Inhalte, die dem Kernbereich der privaten Lebensgestaltung angehören,[1277] Eingriffe in das Recht auf informationelle Selbstbestimmung nur, soweit bei einem Datenträger mit punktuellem Bezug zu einem bestimmten Lebensbereich Inhalte der Intimsphäre betroffen sein können. Maßgeblich ist jeweils das vom *BVerfG* entwickelte zweistufige Schutzkonzept.[1278]

(aa) Bei Eingriffen in das Recht auf informationelle Selbstbestimmung

Wie bereits dargelegt,[1279] gehören Informationen mit Straftatbezug dem Kernbereich der privaten Lebensgestaltung nicht an. Da gemäß § 94 StPO ausschließlich Gegenstände mit potentieller Beweisbedeu-

---

[1275] Im Falle ersichtlicher Schreibzugriffe auf *belastende* Informationen trägt dieselbe Argumentation zu § 344 StGB infolge des *in dubio*-Grundsatzes jedoch nicht: Kann nicht ausgeschlossen werden, dass eine beweiserhebliche Information erst nach der Sicherstellung gespeichert wurde, kommen die Zweifel dem Beschuldigten zugute. Die Einhaltung IT-forensischer Standards liegt daher jeweils im Interesse des Verfahrens selbst.

[1276] Siehe hierzu oben S. 143.

[1277] Vgl. BVerfGE 120, 274 (302 f.). Siehe hierzu oben S. 148.

[1278] Siehe hierzu oben S. 99.

[1279] Siehe hierzu oben S. 100 ff.

tung sichergestellt werden dürfen, kann es bei Datenträgern, die nicht in den Schutzbereich des IT-Grundrechts fallen, zu Kernbereichs*verletzungen* i. S. d. zweistufigen Schutzkonzepts nicht kommen: Der punktuelle Bezug zu einem bestimmten Lebensbereich des Betroffenen ist entweder beweiserheblich oder kernbereichsrelevant.[1280] Zur Klärung seiner Beweiserheblichkeit muss der Datenträger ausgewertet werden.[1281] Die Daten werden staatlicherseits *erstmals* bei dieser Auswertung zur Kenntnis genommen – sie entspricht damit im zweistufigen Schutzkonzept ggf. der (zulässigen) Kernbereichs*berührung* auf der ersten Stufe. Stellt sich hierbei heraus, dass der Datenträger nicht beweisrelevant ist, liegen die Tatbestandsvoraussetzungen des § 94 StPO nicht (mehr) vor: Der Datenträger ist herauszugeben und evtl. gefertigte Kopien sind zu löschen –[1282] egal, ob die Daten einen Kernbereichsbezug aufweisen oder nicht. Im Anwendungsbereich des Rechts auf informationelle Selbstbestimmung genügt § 94 StPO mithin dem zweistufigen Schutzkonzept des *BVerfG*.

(bb) Bei Eingriffen in das IT-Grundrecht

Dem IT-Grundrecht unterfallende Datenträger werden jedoch oftmals sowohl kernbereichsrelevante als auch beweiserhebliche Daten enthalten.[1283] Seinem Wortlaut nach erlaubt § 94 StPO auch die Sicherstellung dieser Datenträger: Aufgrund ihrer beweisrelevanten Inhalte sind sie von Bedeutung für die Untersuchung. Dem zweistufigen Schutzkonzept des *BVerfG* genügt diese Auslegung nicht, denn hiernach müssen Daten, deren Kernbereichsrelevanz auf der

---

[1280] Dies gilt auch für augenscheinlich intime Informationen wie solche über sexuelle Präferenzen des Betroffenen: In einem Strafverfahren wegen Subventionsbetruges mögen sadomasochistische Neigungen ohne Beweisbedeutung und ein USB-Stick mit entsprechenden Lichtbildern der Intimsphäre des Inhabers zuzurechnen sein. Wird derselbe USB-Stick jedoch in einem Strafverfahren wegen sexueller Nötigung sichergestellt, ist seine potentielle Beweisbedeutung nicht zu leugnen.

[1281] BVerfGE 113, 29 (57 f.).

[1282] Vgl. BVerfGE 113, 29 (58).

[1283] BVerfGE 120, 274 (335 f.); *Kurz*, Betrifft Justiz 2009, 164 (167); *Michalke*, StraFo 2008, 287 (291); *Rath*, DRiZ 2009, 117.

ersten Stufe festgestellt wurde, „unverzüglich gelöscht und ihre Verwertung ausgeschlossen werden".[1284] Soll § 94 StPO auch für die Sicherstellung von Datenträgern im Anwendungsbereich des IT-Grundrechts herangezogen werden, bedarf es mithin einer verfassungskonformen Reduktion.[1285] Es versteht sich von selbst, dass kernbereichsrelevante Daten nicht einfach vom sichergestellten Datenträger gelöscht werden dürfen: Der verfassungsrechtlich gebotene Intimsphärenschutz des Betroffenen rechtfertigt Eingriffe in die Eigentumsfreiheit[1286] desselben nicht. Eine verfassungskonforme Reduktion des § 94 StPO kommt daher nur in Betracht, wenn es technisch möglich ist, die beweiserheblichen Daten ohne Beeinträchtigung ihres Beweiswerts zu sichern und zugleich die kernbereichsrelevanten Daten von der Sicherstellung auszunehmen.

Wie bereits dargestellt, werden IT-forensische Untersuchungen nur an Kopien durchgeführt, um Veränderungen am Originaldatenbestand auszuschließen.[1287] Bei diesen Kopien handelt es sich um ein 1:1-Images[1288] der Originaldaten.[1289] Als Beleg der Identität des Datenbestands im Image und auf dem Originaldatenträger wird jeweils ein Hashwert mit derselben Hashfunktion erzeugt – die Kopie entspricht dem Original, wenn beide Hashwerte identisch sind.[1290]

Kernbereichsrelevante Daten können aus einer Imagedatei gelöscht werden, indem die entsprechenden Blöcke[1291] überschrieben werden –[1292] der Hashwert der Imagedatei ändert sich hierdurch allerdings. Teilweise wird deshalb vertreten, dass ein beweiswerterhaltendes Löschen einzelner Dateien aus einem Image technisch

---

[1284] BVerfGE 120, 274 (337).

[1285] Siehe hierzu oben S. 136 f.

[1286] Durch die Veränderung des Datenbestandes, siehe hierzu oben S. 171.

[1287] Siehe hierzu oben Fn. 1265.

[1288] Siehe hierzu oben S. 22.

[1289] *Freiling/K. Sack*, DuD 2014, 112.

[1290] *BSI*, Leitfaden „IT-Forensik", S. 27; *Geschonneck*, Computer-Forensik, S. 94.

[1291] Siehe zum Begriff oben Fn. 117.

[1292] Siehe hierzu oben S. 21.

nicht möglich sei.[1293] Diese Annahme ist dem konkreten Funktionsumfang derzeit verwandter IT-Forensikprogramme geschuldet: Änderungen und Löschungen sind darin nicht implementiert, „[um zu
gewährleisten], dass die Daten und ihre Beweiskraft erhalten bleiben", was nicht der Fall sei, „wenn man [...] Daten beliebig hinzufü-
gen oder löschen könnte".[1294] Diese Argumentation begegnet durch-
greifenden Bedenken: Zwar wird der Hashwert der *gesamten Imagedatei* durch das Löschen einzelner Dateien verändert. Für den Beweiswert der Daten ist dies aber nur von Belang, wenn auch der
Hashwert des *gesamten Datenbestandes* des sichergestellten Datenträgers als Referenz für die Authentizität der Daten dient. Dies mag in
einigen IT-Forensikprogrammen der Fall sein,[1295] ist aber nicht
zwingend: Ebenso ist es möglich, von vornherein den Hashwert nur
potentiell beweiserheblicher Daten zur Authentizitätskontrolle zu
verwenden, wozu etwa ein sog. *Hashbaum* genutzt werden kann:[1296]
Hierfür werden zunächst Hashwerte aller Blöcke erstellt, die relevante Daten enthalten. Anschließend wird der Hashwert dieser einzelnen Hashwerte errechnet. Das Ergebnis ist identisch mit dem
Hashbaum derselben Daten auf dem Originaldatenträger.

Da die verfassungskonforme Umsetzung einer Ermittlungsmaßnahme nicht am (unzureichenden) Funktionsumfang einer Software
scheitern darf, kann dieser auch nicht als Argument gegen eine
technisch mögliche und verfassungsrechtlich gebotene Vorgehensweise bei der Sicherstellung von IT-grundrechtsrelevanten Datenträgern bemüht werden; solange die Ermittlungsbehörden nicht
über geeignete IT-Forensikprogramme verfügen,[1297] müssen daher
sichergestellte Datenträger herausgegeben und kopierte Datenbestände *insgesamt* gelöscht werden, wenn ihre Inhalte teilweise dem

---

[1293] Vgl. *Schilling/Rudolph/Kuntze*, HRRS 2013, 207 (208), unter Bezugnahme auf eigene Erhebungen bei Landesdatenschutzämtern und Ermittlungsbehörden.

[1294] Vgl. *Schilling/Rudolph/Kuntze*, HRRS 2013, 207 (208).

[1295] Vgl. *Bäcker/Freiling/S. Schmitt*, DuD 2010, 80 (82).

[1296] So auch der Vorschlag bei *Schilling/Rudolph/Kuntze*, HRRS 2013, 207 (211).

[1297] Solche stehen durchaus zur Verfügung, vgl. *Schilling/Rudolph/Kuntze*, HRRS 2013,
207 (212).

Kernbereich der privaten Lebensgestaltung zuzurechnen sind.[1298] Die beweiserheblichen Informationen sind dann anderweitig – etwa durch Ausdrucke[1299] und/oder durch das Zeugnis der mit der Auswertung betrauten Personen[1300] für das weitere Verfahren verfügbar zu machen.

(d) Technische Gewährleistung von Datensicherheit

§ 94 StPO enthält ferner keine Vorgaben zur technischen Gewährleistung von Datensicherheit[1301]. Soweit das *BVerfG* mit dieser Anforderung jedoch Manipulationen am Datenbestand ausschließen will, gilt das zum Transparenzgebot hinsichtlich der Protokollierung von Schreibzugriffen Gesagte:[1302] Manipulationen am Inhalt eines sichergestellten Datenträgers sind – anders als etwa beim Fernzugriff auf ein IT-System, das sich nach wie vor im Herrschaftsbereich des Beschuldigten befindet – anhand von Metadaten[1303] und veränderten Hashwerten erkennbar, sodass die Daten zur Beweisführung regelmäßig unbrauchbar werden. Die Absicherung gegen Manipulationen durch Dritte gehört daher ebenso zum Standard der IT-Forensik wie die Absicherung gegen Datenveränderungen durch die mit der Auswertung befassten Personen selbst, ohne dass es ihrer ausdrücklichen Aufnahme in die Ermittlungsbefugnis bedarf: Der Schutz vor Manipulationen dient dem Verfahren, nicht dem von der Ermittlungsmaßnahme Betroffenen.

Auch die technischen Vorgaben des *BVerfG* für Authentifizierungsverfahren beim lesenden Zugriff auf grundrechtsrelevante Datenbestände sind auf Fälle der Sicherstellung von Datenträgern nicht übertragbar: Wie ebenfalls bereits zum Transparenzgebot aus-

---

[1298] So auch *Schilling/Rudolph/Kuntze*, HRRS 2013, 207 (212).

[1299] *Schilling/Rudolph/Kuntze*, HRRS 2013, 207 (212).

[1300] Vgl. *Bäcker/Freiling/S. Schmitt*, DuD 2010, 80 (84).

[1301] Siehe hierzu oben S. 146 und S. 169.

[1302] Siehe hierzu oben S. 256 f.

[1303] Siehe hierzu oben S. 19.

geführt,[1304] werden die mit der Auswertung der Datenträger befassten Personen aktenkundig und besteht von vornherein kein unüberschaubarer Personenkreis mit faktischen Zugriffsmöglichkeiten.[1305]

Werden sichergestellte Datenträger kopiert und wird die Authentizität der Kopie mit einem Hashwert nachgewiesen, muss auch dieser Hashwert technisch vor nachträglichen Veränderungen geschützt sein. Hierzu bietet sich die Verwendung einer digitalen Signatur[1306] an.[1307] Da es sich aber auch insoweit um eine Maßnahme zur Verfahrenssicherung handelt, deren Ausbleiben den Eingriff in das Recht auf informationelle Selbstbestimmung bzw. IT-Grundrecht des Betroffenen nicht vertieft, ist auch sie im Wortlaut der Befugnisnorm entbehrlich.

bb) Für die Durchsuchung der Wohnung, einer Sache oder der Person des Betroffenen zur Sicherstellung von Hardware

Für Eingriffe in Art. 13 Abs. 1 GG bzw. Art. 2 Abs. 1 i. V. m. Art. 1 Abs. 1 GG dadurch, dass eine Wohnung bzw. sonstige Sache oder die Person des Betroffenen zum Auffinden von Hardwarekomponenten durchsucht wird, bestehen mit den §§ 102, 103 StPO verfassungsmäßige Befugnisnormen.[1308] Tatbestandlich erfordern sie den *Anfangsverdacht* einer Straftat.[1309] Für die Durchsuchung beim Verdächtigen gemäß § 102 StPO genügt sodann die *Vermutung*, dass Beweismittel zu finden sein werden; die Durchsuchung beim Unverdächtigen gemäß § 103 StPO erfordert demgegenüber *Tatsachen*,

---

[1304] Siehe hierzu oben S. 255.

[1305] Anders als in Fällen, in denen private Dritte zur Generierung grundrechtsrelevanter Datenbestände verpflichtet werden und diese Datenbestände in ihrem Herrschaftsbereich vorhalten, vgl. etwa BVerfGE 125, 260 (326 f.) zur Vorratsdatenspeicherung.

[1306] Siehe hierzu oben Fn. 268.

[1307] So auch *Schilling/Rudolph/Kuntze*, HRRS 2013, 207 (211).

[1308] Vgl. *Papier*, in: Maunz/Dürig, Rn. 23 zu Art. 13 bzw. *Tsambikakis*, in: Löwe/Rosenberg, Rn. 25 zu § 102. Die Durchsuchung der Person ist auch gemäß § 103 StPO zulässig, *Hegmann*, in: BeckOK StPO, Rn. 3 zu § 103 m. w. N.

[1309] Siehe hierzu bereits oben Fn. 478.

aus denen zu schließen ist, dass sich bei ihm Spuren einer Straftat oder bestimmte Gegenstände befinden.[1310] Die Maßnahmen unterliegen dem *Richtervorbehalt* des § 105 Abs. 1 StPO.[1311]

cc) Zwischenergebnis

Für die körperliche Sicherstellung zentraler IT-Systeme bzw. einzelner Datenträger und für hierzu ggf. erforderliche Durchsuchungsmaßnahmen bestehen mit § 94 StPO und den §§ 102, 103 StPO hinreichende Befugnisnormen.

c) Einzelfragen zur Verhältnismäßigkeit

Zu prüfen bleibt, welche Anforderungen sich bei ihrer Anwendung aus dem Grundsatz der Verhältnismäßigkeit ergeben. Dabei ist zu bedenken, dass es sich bei Durchsuchung und Sicherstellung um offene Maßnahmen handelt, sodass in der Angemessenheitsprüfung nicht ohne Weiteres von einer besonderen Schwere der Grundrechtseingriffe ausgegangen werden kann.[1312]

[1310] Das *BVerfG* hat diese tatbestandlichen Erfordernisse für verfassungsgemäß erachtet: Ausreichend sei bei § 102 StPO ein mit einem „eher abstrakten Auffindeverdacht" verknüpfter personenbezogener Tatverdacht, denn bei demjenigen, der einer Straftat verdächtig ist, spreche die Lebenserfahrung mit einer gewissen Wahrscheinlichkeit dafür, dass bei ihm Beweisgegenstände zu finden sind, vgl. BVerfGK 1, 126 (132). An die bei § 103 StPO erforderlichen Tatsachen sind höhere Anforderungen gestellt: Bei der Suche nach *bestimmten* Gegenständen sind diese genau zu bezeichnen, damit der Betroffene sie ggf. freiwillig herausgeben und die Durchsuchung abwenden kann, vgl. BVerfG, Beschluss vom 03.07.2006 – 2 BvR 299/06 –, juris, Rn. 26. Der *BGH* hat das Konkretisierungserfordernis („*bestimmte* Gegenstände") aus systematischen Gründen auf die aufzufindenden Spuren i. S. d. § 103 Abs. 1 StPO übertragen, vgl. BGH, Beschluss vom 21.11.2001 – StB 20/01 –, juris, Rn. 4.

[1311] Vgl. hierzu im Allgemeinen *Tsambikakis*, in: Löwe/Rosenberg, Rn. 25 ff. zu § 105.

[1312] Siehe hierzu oben S. 95 und S. 166 ff.

aa) Bei Sicherstellungsmaßnahmen

(1) Sicherstellung von Hardware bei Beweisthemen mit Datenbezug

Problematisch erscheint zunächst die Erforderlichkeit der Sicherstellung von *Hardware* bei Beweisthemen mit Datenbezug[1313].

(a) Erforderlichkeit aus technischer Sicht

So bedarf es der Sicherstellung eines *vollständigen* IT-Systems schon dann offenkundig nicht, wenn die potentiell beweisrelevanten Daten sich auf Datenträgern befinden, die ohne Weiteres vom IT-System getrennt werden können, was etwa bei PCs und Notebooks der Fall ist.[1314] Anders verhält es sich zwar bei Smartphones oder Tablets, die durch den Ausbau der Datenträger entweder zerstört werden oder zumindest für den Betroffenen keinen Nutzwert mehr haben.

Daten können jedoch ohne Beeinträchtigung ihres Beweiswerts dupliziert werden,[1315] sodass weder die Sicherstellung einzelner Datenträger noch vollständiger IT-Systeme technisch erforderlich ist.

(b) Erforderlichkeit aus Gründen begrenzter Ressourcen

Hiergegen lässt sich zwar einwenden, dass die Anfertigung von Kopien mitunter zeitintensiv ist[1316] und immer größere Speicherka-

---

[1313] D. h. bei solchen Beweisthemen, bei denen es nicht auf den Beweis der Tatsache ankommt, dass der Betroffene über *bestimmte* Hardwarekomponenten verfügt. Siehe hierzu unten S. 270 f.

[1314] Vgl. für den Ein- bzw. Ausbau einer Festplatte *Mueller*, PC-Hardware Superbibel, S. 616 ff. Unzutreffend insoweit *Bär*, EDV-Beweissicherung, S. 277 f., der das Gehäuse bzw. die Hauptplatine eines IT-Systems für die „Zentraleinheit" zu halten scheint, „in [der] alle Einzelteile völlig aufgehen" und ohne deren Zusammenspiel eine Reproduktion des Inhalts von Datenträgern vielfach nicht möglich sei.

[1315] Siehe oben S. 260.

[1316] Die Anfertigung einer 1:1-Kopie einer 1,5 TB großen Festplatte dauert etwa einen

pazitäten seitens der Ermittlungsbehörden erfordert, was im Vergleich zur körperlichen Sicherstellung von Datenträgern die Kosten pro Ermittlungsverfahren erhöht.[1317] Dies hat jedoch nicht die Erforderlichkeit der körperlichen Sicherstellung von Datenträgern zur Folge: Von einem Zeit- und Kostenaufwand, der die Funktionstüchtigkeit der Strafrechtspflege im Ganzen gefährdet und daher die Effektivität einer ansonsten gleich geeigneten Ermittlungsmaßnahme in Zweifel zieht,[1318] kann schon deshalb keine Rede sein, weil die (zeitintensive) Anfertigung einer 1:1-Kopie durch die einmalige Eingabe des entsprechenden Befehls[1319] binnen weniger Sekunden in Gang gesetzt wird und sodann automatisch erfolgt; die mit der Anfertigung der Kopie betraute Person ist keineswegs über Tage ausschließlich mit dem Kopieren von Datenträgern befasst. Die Kosten für erhöhte behördliche Speicherkapazitäten sind zudem marginal im Vergleich zu den durchschnittlichen Gesamtkosten eines abgeschlossenen Ermittlungsverfahrens[1320] und fallen nicht in jedem Verfahren erneut an: Da – was sogleich zu zeigen sein wird –[1321] auch die *dauerhafte* Sicherstellung vollständiger unverschlüsselter[1322] Datenbestände *in Kopie* nicht erforderlich und damit unverhältnismäßig ist, müssen während der Auswertung beweiserhebliche Daten gesichert und irrelevante Daten gelöscht werden. Dem Daten-

---

Tag, vgl. *Bäcker/Freiling/S. Schmitt*, DuD 2010, 80.

[1317] Eine Festplatte mit 1 TB Speicherplatz kostet derzeit ca. 50 Euro. Die Preise fallen stetig: So hat sich der Preis für eine 4-TB-Festplatte innerhalb des 1. Quartals 2013 halbiert, vgl. http://www.heise.de/resale/artikel/HEK-fuer-4-TByte-HDDs-halbiert-sich-seit-Jahresanfang-1832040.html.

[1318] Siehe hierzu oben S. 90 ff.

[1319] Siehe hierzu oben S. 22 f.

[1320] Diese lagen – inkl. der Kosten für Sachverständigen- und Zeugenentschädigungen, ohne Berücksichtigung von Personalkosten – nach vom Verfasser im August 2014 eingeholten Auskünften der Landesjustizministerien im Jahre 2012 im Durchschnitt bei 236 Euro. Die Länder Brandenburg, Hessen und Sachsen-Anhalt haben unter Hinweis auf Datenschutzvorschriften und die Zweckbindung der erhobenen Daten für die Vorbereitung interner Steuerungsentscheidungen keine Auskunft erteilt. Im Freistaat Bayern werden die relevanten Kosten nicht landesweit erhoben.

[1321] Siehe unten S. 271 ff.

[1322] Verschlüsselte Datenträger müssen hingegen in vollständigen Kopien sichergestellt werden, bis ihre Entschlüsselung gelingt, vgl. hierzu oben S. 39 f.

umfang der sichergestellten Datenträger genügende Speicherkapazitäten sind daher nur während der Auswertungsphase notwendig; sobald diese abgeschlossen ist, stehen die gelöschten behördlichen Datenträger für andere Verfahren zur Verfügung.

Eine andere Bewertung kann sich allenfalls in Extremfällen ergeben, in denen der sichergestellte Datenbestand einen nicht mehr zu bewältigenden Umfang erreicht.[1323] Soweit hier aus Gründen begrenzter Ressourcen die Sicherstellung der Hardware ausnahmsweise als erforderlich anzusehen ist, gilt dies für die Vorenthaltung ihres Datenbestands nicht: Eine solche ist weder Zweck der Sicherstellung[1324] noch zur Beweissicherung vonnöten. Dem Betroffenen ist daher in solchen Fällen zu ermöglichen, Kopien seiner Daten anzufertigen.[1325]

(c) Ansatz der Praxis: „Vorläufige Sicherstellung zur Auswertung"

In der Praxis wird demgegenüber zwischen der „vorläufigen Sicherstellung zur Auswertung" als Durchsicht i. S. d. § 110 Abs. 1 StPO[1326] und der ggf. anschließenden Sicherstellung beweiserheblicher Datenbestände unterschieden.[1327] Für den Zeitraum der Auswertung sei es rechtmäßig, dem Betroffenen IT-Systeme bzw. Daten-

---

[1323] Zu denken ist etwa an die Sicherstellung zahlreicher externer Festplatten großer Speicherkapazität.

[1324] Entgegen *Lemcke*, Sicherstellung, S. 23, liegt auch „das Wesen" der Sicherstellung offensichtlich nicht darin, dem Betroffenen den „Gebrauch zu entziehen", sondern Gegenstände mit potentiellem Beweiswert in geeigneter Weise für das Hauptverfahren zu sichern. Siehe hierzu auch unten S. 302.

[1325] So für den vergleichbaren Fall der Sicherstellung von Geschäftsunterlagen KG, Beschluss vom 27.09.1999 – 2 AR 38/98, 4 Ws 203/99, 2 AR 38/98, 4 Ws 203/99 –, juris, Rn. 3.

[1326] Siehe hierzu auch unten S. 296 f. und 301 f.

[1327] Vgl. etwa BVerfGE 113, 29 (56); BVerfG, Beschluss vom 18.06.2008 – 2 BvR 1111/08 –, juris, Rn. 4; BVerfG, Beschluss vom 30.01.2002 – 2 BvR 2248/00 –, juris, Rn. 5; OVG Berlin-Brandenburg, Beschluss vom 25.03.2013 – OVG 1 S 104.12 –, juris, Rn. 12.

träger über mehrere Monate vorzuenthalten,[1328] wobei die Ermittlungsbehörden einen Ermessensspielraum zu Art und Ausgestaltung der Auswertung hätten[1329]. Die Entscheidung des *BVerfG* zur Gültigkeitsdauer einer Durchsuchungs- und Beschlagnahmeanordnung von einem halben Jahr[1330] gelte mangels fortwirkenden Eingriffs in Art. 13 Abs. 1 GG bei der vorläufigen Sicherstellung zur Auswertung nicht.[1331] In der Kommentarliteratur wird all dies überwiegend ohne Einwände als geltende Rechtslage dargestellt[1332] und allenfalls auf Aspekte der Verhältnismäßigkeit i. e. S. hingewiesen, wonach die vorläufige Sicherstellung in einem angemessenen Verhältnis zur Schwere der Straftat und der Stärke des Tatverdachts stehen müsse[1333].

Die Argumentation der Praxis mag den tatsächlichen Kapazitäten der Ermittlungsbehörden geschuldet sein.[1334] Allein dies kann aber

---

[1328] OVG Berlin-Brandenburg, Beschluss vom 25.03.2013 – OVG 1 S 104.12 –, juris, Rn. 12 (6 Monate); LG Limburg, Beschluss vom 22.08.2005 – 5 Qs 96/05 –, StraFo 2006, 198 (8 Monate); LG Kiel, Beschluss vom 19. Juni 2003 – 32 Qs 72/03 –, StraFo 2004, 93 (9 Monate). Die vorläufige Sicherstellung wird hierbei stets als „nach jedenfalls ... Monaten nicht mehr verhältnismäßig" bezeichnet – im Ergebnis hängt der rechtmäßige Zeitraum einer vorläufigen Sicherstellung damit von der Dauer des jeweiligen Verfahrens gemäß § 98 Abs. 2 S. 2 StPO ab.

[1329] Dieser sei etwa bei einer mehr als 2 Monate andauernden Durchsicht von Datenträgern noch nicht überschritten, LG Limburg, Beschluss vom 15.02.2011 – 1 Qs 6/11, 1 Qs 20/11 –, juris, Rn. 31 f.

[1330] BVerfGE 96, 44 (51).

[1331] BVerfG, Beschluss vom 30.01.2002 – 2 BvR 2248/00 –, juris, Rn. 10. A. A. OVG Berlin-Brandenburg, Beschluss vom 25.03.2013 – OVG 1 S 104.12 –, juris, Rn. 12.

[1332] Vgl. *Bruns*, in: KK StPO, Rn. 9 zu § 110; *Hegmann*, in: BeckOK StPO, Rn. 8 zu § 110; Meyer-Goßner/*B. Schmitt*, StPO, Rn. 10 zu § 110. Lediglich nach *Wohlers*, in: SK StPO, Rn. 16 zu § 110, und wohl auch *B. Gercke*, in: HK-StPO, Rn. 10 zu § 110, sind Datenträger zur Auswertung aus Gründen der Verhältnismäßigkeit zu kopieren.

[1333] So etwa *Tsambikakis*, in: Löwe/Rosenberg, Rn. 23 zu § 110.

[1334] Vgl. etwa LG Limburg, Beschluss vom 22.08.2005 – 5 Qs 96/05 –, StraFo 2006, 198: „In einem Vermerk hielt KOK S [...] fest, dass beim PP Mittelhessen wegen akuter Überlastung nicht vor Ablauf von 6 Monaten mit einer Auswertung zu rechnen sei." Bemerkenswert insoweit AG Karlsruhe, Beschluss vom 24.01.2007 – 31 Gs 151/07 –, juris, Rn. 2: „[Es ist] einfach unerträglich, dass die Herausgabe nach schneller Spiegelung unter dem Gesichtspunkt verweigert wird, dass keine passenden Festplatten vorhanden seien und für ca. 200,- Euro neue beschafft werden müssten. [...] Bei der [...] wachsenden Anzahl der Verfahren, die eine Auswertung von Computern erforderlich

für den Betroffenen nicht zur Folge haben, unverhältnismäßige Grundrechtseingriffe hinnehmen zu müssen.[1335] Die Sicherstellung von Originalhardware ist für den Zugriff auf Daten schlechterdings nicht erforderlich.[1336] Auf die einzelfallbezogene Angemessenheit der „vorläufigen Sicherstellung" kommt es daher nicht an, sodass auch die Durchsicht i. S. d. § 110 Abs. 1 StPO mit Kopien durchzuführen ist. Schon gar nicht kann die angemessene Dauer dieser Durchsicht abhängig von der „Menge des vorläufig sichergestellten Materials und der Schwierigkeit seiner Auswertung" sein:[1337] Mit zunehmender Alltagsintegration und abhängig vom individuellen Nutzerverhalten steigt nicht nur die Größe des Datenbestands und die Schwierigkeit seiner Auswertung, sondern auch die Intensität der mit der Vorenthaltung der Hardware verbundenen Grundrechtseingriffe.[1338] Wird der Datenbestand hingegen kopiert und die Hardware unverzüglich an den Betroffenen herausgegeben, können Eingriffe in Eigentums- und Informationsfreiheit ihrer Schwere nach minimiert werden. Zugleich kann so dem – Fehler provozierenden – Zeitdruck begegnet werden, welchem die Ermittlungsbehörden bei der Auswertung sichergestellter Hardware angesichts der von der Rechtsprechung statuierten „Monatsgrenzen" im Einzelfall und mit regionalen Unterschieden unterliegen, was wiederum die Qualität der Ermittlungsergebnisse sichert und das Verfahren effektiviert. Eine Beeinträchtigung der funktionsfähigen Strafrechtspflege ist hiernach auch eingedenk des finanziellen Mehraufwands für die Anfertigung der Kopien nicht auszumachen, sodass unter Ange-

---

machen, können die Rechte der Beschuldigten aber nicht einfach unverhältnismäßig eingeschränkt werden, weil mit einem personellen und sachlichen Budget gearbeitet wird, wie zu Zeiten, als die Tatbegehung mit oder unter Zuhilfenahme von Computern noch nicht so weit verbreitet war."

[1335] Vgl. OLG Köln, Beschluss vom 22.03.2013 – I-16 Wx 16/12, 16 Wx 16/12 –, juris, Rn. 22 ff.

[1336] Dies gilt unabhängig davon, ob Daten verschlüsselt sind: Eine blockweise 1:1-Kopie dupliziert Daten unabhängig von ihrer Lesbarkeit. Siehe hierzu oben S. 22 f.

[1337] So aber *Pfeiffer*, StPO, Rn. 2 zu § 110. Ähnlich auch Meyer-Goßner/*B. Schmitt*, StPO, Rn. 2a zu § 110.

[1338] Siehe hierzu die Beispiele oben S. 2 ff.

messenheitsgesichtspunkten ebenfalls nichts für die Sicherstellung der Hardware spricht.[1339]

(2) Exkurs: Beweisthemen mit Hardwarebezug

Bei Beweisthemen mit Hardwarebezug[1340] kommt es hingegen nicht auf den innerhalb eines IT-Systems gespeicherten Datenbestand an, sondern allenfalls auf solche Daten[1341], mit denen sich bestimmte Hardwarekomponenten individualisieren lassen. Erfolgt die Sicherstellung von Hardware zum Beweis der Tatsache, dass der Betroffene über *gerade diese* Hardware verfügt, kommt ein Belassen beim Betroffenen von vornherein nicht in Betracht, wenn die individuellen Merkmale der Hardware verändert werden können:[1342] Ein Veränderungs- und Verfügungsverbot[1343] ist zur Beweissicherung nicht ebenso geeignet wie der Besitzentzug, der jede nachträgliche Manipulation durch den Betroffenen ausschließt. Doch auch, soweit Identifikationsmerkmale unveränderlich sind, spricht der drohende Beweismittelverlust – anders als etwa bei Immobilien – im Rahmen der Erforderlichkeitsprüfung *gegen* ein Belassen beim Betroffenen. Nicht erforderlich ist indes die besitzentziehende Sicherstellung eines *vollständigen* IT-Systems, soweit der bezweckte Beweis auch mit einzelnen Hardwarekomponenten zu führen ist. Soll z. B. eine Straftat gemäß § 202a Abs. 1 StGB dadurch bewiesen werden, dass der Beschuldigte über denjenigen Netzwerkadapter verfügt, der unter Überwindung einer Zugangssicherung[1344] zur unbefugten

---

[1339] Ähnlich – allerdings für den Fall der Sicherstellung einer Festplatte bei einem unverdächtigen Dritten, der diese Festplatte gewerblich Dritten zur Nutzung über das Internet überließ – AG Reutlingen, Beschluss vom 05.12.2011 – 5 Gs 363/11 –, juris, Rn. 3. Das *AG Reutlingen* hielt hier eine „mehr als 3 Werktage" andauernde Sicherstellungsmaßnahme für unangemessen; eine 1:1-Kopie sei unverzüglich anzufertigen.

[1340] Siehe hierzu oben S. 35.

[1341] Siehe hierzu die Beispiele oben Fn. 181.

[1342] Siehe hierzu oben Fn. 122.

[1343] Ein solches kann als Sicherstellung i. S. d. § 94 Abs. 1 StPO in Ausnahmefällen genügen, vgl. BGHSt 15, 149 (150), dort mangels Eignung verneint für den Fall, dass eine sicherzustellende Handakte beim Betroffenen belassen wird.

[1344] Die Einwahl in ein *ungesichertes* Netzwerk ist nach derzeitiger materieller Rechts-

Einwahl in ein Netzwerk genutzt wurde, genügt die Sicherstellung dieses Netzwerkadapters.[1345] Erst recht gilt dies für solche Hardwarekomponenten, die bereits baulich als vom IT-System separate Geräte[1346] konzipiert sind. In der Erforderlichkeitsprüfung ist außerdem zu berücksichtigen, dass der Entzug der Nutzungsmöglichkeit an vollständigen IT-Systemen den Betroffenen vor allem dadurch beeinträchtigt, dass ihm die darin gespeicherten *Daten* nicht zur Verfügung stehen. Ein Vorenthalten dieser Daten ist weder Zweck der Sicherstellung, noch ist sie zur Beweissicherung hinsichtlich der Hardware vonnöten. Dem Betroffenen sind daher auf Verlangen Kopien dieser Daten zu überlassen, soweit die Herausgabe der Datenträger technisch nicht möglich ist.[1347]

(3)   Sicherstellung vollständiger Datenbestände

Bei Beweisthemen mit Datenbezug ist weiter fraglich, ob allein durch das Kopieren von Datenträgern und ihre anschließende Herausgabe an den Betroffenen dem Verhältnismäßigkeitsprinzip genügt ist – denn auch die Sicherstellung *vollständiger* Datenträgerkopien ist jedenfalls nach erfolgter Auswertung der Daten nicht mehr erforderlich, soweit Daten nicht potentiell beweiserheblich sind.[1348]

Rein technisch können Daten auf physischer Ebene bzw. auf Parti-

---

lage nicht strafbar, vgl. LG Wuppertal, Beschluss vom 19.10.2010 – 25 Qs 10 Js 1977/08 - 177/10, 25 Qs 177/10 –, juris Rn. 4 ff.

[1345] Natürlich nur, soweit diese ohne Zerstörung des IT-Systems möglich ist. Bei Smartphones oder Tablets scheidet die Sicherstellung einzelner Hardwarekomponenten daher regelmäßig aus. Der Netzwerkadapter eines PC oder Laptops kann hingegen ohne Weiteres ausgebaut und separat sichergestellt werden.

[1346] Z. B. Drucker oder Router.

[1347] Siehe hierzu auch oben Fn. 1325.

[1348] Entgegen *Schilling/Rudolph/Kuntze*, HRRS 2013, 207 (210), fehlt es insoweit nicht bereits an einer Befugnisnorm: Bei der Sicherstellung vollständiger Datenträgerkopien handelt es sich um eine Minusmaßnahme (siehe hierzu unten bei Fn. 1431) zur körperlichen Sicherstellung der Datenträger gemäß § 94 StPO, die – weil eine „teilweise körperliche Sicherstellung" von Datenträgern nicht denkbar ist – ebenfalls beweiserhebliche und irrelevante Daten gleichermaßen erfasst.

tions-,[1349] auf Dateisystem- und auf Dateiebene[1350] kopiert werden.[1351] Werden Datenträger Block für Block dupliziert bzw. ganze Partitionen gespiegelt, umfasst die Kopie auch im Dateisystem gelöschte Daten, die wiederhergestellt werden können, soweit ihr Speicherbereich noch nicht überschrieben wurde.[1352] Anders verhält es sich auf Datei(system)ebene: Hier werden entweder alle oder einzelne *im Dateisystem vorhandene(n)* Dateien kopiert.[1353]

(a)   Selektion vor der Auswertung

Im Schrifttum wird vereinzelt vorgeschlagen, schon vor der eigentlichen Auswertung eine Selektion der Daten vorzunehmen und Kopien nur auf Datei- bzw. Dateisystemebene zu fertigen. Dies spare Geld für Speicherkapazitäten und Arbeitszeit bei der Auswertung.[1354] So könnten etwa in Ermittlungsverfahren wegen § 184b StGB Datenträger auf Dateien mit bestimmten, der Ermittlungsbehörde bereits bekannten Hashwerten[1355] durchsucht und ausschließlich diese Dateien gesichert werden.[1356] Auch gebe es Beweisthemen, die nur die Auswertung von Dateien eines bestimmten Dateityps[1357] oder mit bestimmten Metadaten – z. B. einer bestimmten Zugriffszeit – erforderten.[1358] Verglichen mit der Anfertigung einer 1:1-Kopie könnten hierdurch statistischen Erhebungen zufolge die zu sichernden Daten je nach Beweisthema auf 1 bis 36 % des Gesamtdatenbestandes der vorläufig zur Auswertung sichergestellten Datenträger reduziert werden.[1359]

[1349] Siehe hierzu oben Fn. 116.

[1350] Siehe hierzu oben S. 19.

[1351] *Bäcker/Freiling/S. Schmitt*, DuD 2010, 80 (82).

[1352] Siehe hierzu oben S. 21.

[1353] Vgl. *Bäcker/Freiling/S. Schmitt*, DuD 2010, 80 (83).

[1354] *Stüttgen*, Selective Imaging, S. 73.

[1355] D. h. von im Internet verbreiteten kinderpornografischen Bild- und Videodateien.

[1356] *Freiling/K. Sack*, DuD 2014, 112 (116).

[1357] Im Beispiel des § 184b StGB etwa nur Video- und Bilddateien.

[1358] Vgl. *Freiling/K. Sack*, DuD 2014, 112.

[1359] *Freiling/K. Sack*, DuD 2014, 112 (116).

(b) Selektion während der Auswertung

Eine so verstandene Selektion erweist sich jedoch als *Bestandteil* der Auswertung, sodass auch sie aus Erforderlichkeitserwägungen mit Kopien auf Partitionsebene durchgeführt werden muss, um die Herausgabe der Originaldatenträger nicht unnötig zu verzögern.[1360] Auch ist im Zeitpunkt der vorgeschlagenen Selektion nicht bekannt, welches tatsächliche Vorbringen im weiteren Verfahrensverlauf u. U. anhand der sichergestellten Datenträger zu be- bzw. widerlegen sein wird: Werden im Beispielsfall des § 184b StGB Bilddateien zum Beweis der Tatsache gesichert, dass der Beschuldigte in ihrem Besitz war, liegt der Verteidigungseinwand nahe, Dritte hätten diese Bilddateien auf dem IT-System des Beschuldigten platziert. In diesem Fall werden ggf. Protokolldateien[1361] zu Netzwerkverbindungen beweiserheblich. Diese können jedoch bereits im Dateisystem gelöscht sein, sodass auch die vorsorgliche Sicherung der dort vorhandenen Protokolldateien nicht hinreicht. Es ist daher – auch im Interesse des Beschuldigten – im Regelfall[1362] erforderlich, Datenträger *vollständig* IT-forensisch untersuchen zu können. Die Rechtsprechung des *BVerfG* steht dem nicht entgegen: Verfahrensirrelevante Daten dürfen lediglich nicht *dauerhaft* gespeichert werden.[1363] Es ist demnach unbedenklich, Daten erst dann zu löschen, wenn ihre Beweiserheblichkeit ausgeschlossen werden kann.

Hiergegen lässt sich auch nicht mit Erfolg einwenden, die Anfertigung vollständiger Kopien sei unverhältnismäßig, soweit dabei beschlagnahmefreie Daten i. S. d. § 97 StPO oder Inhalte des Kernbe-

---

[1360] Soweit dem nicht im Einzelfall die ermittlungsanlässlichen Delikte entgegenstehen: Der Herausgabe bedarf es zwar auch in Fällen des § 184b StGB – hier sind lediglich diejenigen Daten zu löschen, die ihrem Inhalt nach der Einziehung unterliegen, vgl. BGHSt 53, 69. Eine *unverzügliche* Herausgabe der zur Auswertung sichergestellten Datenträger scheidet aber aus, da vor der Auswertung auch keine der Besitzstrafbarkeit unterliegenden Daten gelöscht werden können.

[1361] Derartige sog. *logs* werden automatisiert von Programmen und vom Betriebssystem angelegt, vgl. *Geschonneck*, Computer-Forensik, S. 153; *Raghavan*, CSIT 2013, 91 (92).

[1362] So auch *BSI*, Leitfaden „IT-Forensik", S. 26.

[1363] Vgl. BVerfGE 124, 43 (76).

reichs der privaten Lebensgestaltung gesichert werden.[1364] Hierbei handelt es sich nicht um Fragen der Verhältnismäßigkeit, sondern um (Ausschluss-)Tatbestandsmerkmale der Eingriffsgrundlage. Liegen sie vor, sind die entsprechenden Daten unabhängig von Verhältnismäßigkeitserwägungen[1365] zu löschen.[1366] *Vor* der Auswertung der Daten kann hierüber keine Aussage getroffen werden.[1367]

(4) Angemessenheit der Auswertung unter Geltung des IT-Grundrechts

Die zweifelhafte Verknüpfung zwischen Kernbereichsschutz und Verhältnismäßigkeit wird im Anwendungsbereich des IT-Grundrechts auch als grundlegendes Argument gegen die Sicherstellung und Auswertung von IT-Systemen ins Feld geführt. So wirft *Kurz* die Frage auf, ob es „bei einfachen Verstößen", in denen es „ganz offenkundig nicht um Terrorismusgefahr, nicht um Gefahren für Leib und Leben von Menschen oder um Menschenhandel" gehe, „überhaupt erlaubt sein sollte, dass alle IT-Systeme bei einer Durchsuchung mitgenommen werden dürfen, vor allem auch die Privatrechner mit sensiblen Daten".[1368] In eine ähnliche Richtung tendiert *Rath*, der die vom *BVerfG* für die heimliche Online-Durchsuchung aufgestellten Anforderungen auf die körperliche Sicherstellung von IT-Systemen übertragen will, weil hierbei „dem

---

[1364] So aber wohl *Bäcker/Freiling/S. Schmitt*, DuD 2010, 80 (85).

[1365] Andernfalls wären Beschlagnahmeverbote und Persönlichkeitskern letztlich einer Interessenabwägung zugänglich, die weder nach § 97 StPO noch im Rahmen des zweistufigen Schutzkonzepts angestellt werden darf.

[1366] Siehe hierzu bereits oben S. 259 f. Entsprechend sind auch Beschlagnahmeverbote i. S. d. § 97 StPO (erst) zu beachten, sobald sie bekannt sind, vgl. *Greven,* in: KK StPO, Rn. 2 zu § 97.

[1367] Entgegen *Korge*, Beschlagnahme, S. 159, sind Kopien „irrelevante[r] Daten private[r] Träger von Berufsgeheimnissen" deshalb auch nicht *„ungeöffnet* [Hervorh. d. Verf.] zu vernichten": Ohne Kenntnisnahme des wenigstens groben Inhalts der Daten kann weder ihre Beweisrelevanz noch ihre ggf. bestehende Beschlagnahmefreiheit beurteilt werden. Die von *Korge* (a. a. O., S. 146) vorgeschlagene „Anfertigung von Teilkopien der potentiell beweiserheblichen Dateien" *vor* der Auswertung ist schlicht unmöglich.

[1368] *Kurz*, Betrifft Justiz 2009, 164 (168).

Betroffenen das ‚ausgelagerte Gehirn' mitten aus dem Leben weg-
genommen" werde.[1369] Mit vergleichbarem Duktus meint *Ziebarth*,
die Sicherstellung und Auswertung von IT-Systemen bei „jeder
noch so geringfügigen Straftat" stehe „in krassem Missverhältnis zu
den hohen Hürden für Online-Durchsuchungen".[1370]

Uneingeschränkt zuzustimmen ist *Kurz* und *Rath* darin, dass die
Sicherstellung aller bei einer Durchsuchungsmaßnahme aufgefun-
denen IT-Systeme und Datenträger – also auch aller Backups –[1371]
gravierende Auswirkungen auf die Lebensführung des Betroffenen
haben kann. Dem ist jedoch auf Ebene der Erforderlichkeit und ggf.
kompensatorisch[1372] Rechnung zu tragen.

Im Übrigen beruht ihre und auch *Ziebarths* Argumentation auf der
Annahme einer besonderen Eingriffsschwere, wann immer eine
Ermittlungsmaßnahme den Kernbereich der privaten Lebensgestaltung potentiell berührt. Wie bereits gezeigt werden konnte, müsste
diese Annahme im zweistufigen Schutzkonzept folgenlos für die
Zulässigkeit einer Ermittlungsmaßnahme bleiben, sodass sie in Ermangelung eines Mehrwerts für den Betroffenen insgesamt verfehlt
anmutet.[1373] Dass bei Ermittlungsmaßnahmen in der persönlichen
Sphäre des Betroffenen auch intime Informationen ohne Bezug zur
ermittlungsanlässlichen Straftat zur Kenntnis der Ermittler gelangen, ist ein nicht aufzulösendes Dilemma des Ermittlungsverfahrens.[1374] Erkennt man die Erforderlichkeit von Ermittlungen in dieser persönlichen Sphäre aber grundsätzlich an, erscheint die Forderung geradezu paradox, für das Ermittlungsverfahren irrelevante,
intime Informationen dürften den Ermittlern keinesfalls bekannt

---

[1369] *Rath*, DRiZ 2009, 117.

[1370] *Ziebarth*, Online-Durchsuchung, S. 233 f.

[1371] *Kurz*, Betrifft Justiz 2009, 164 (167).

[1372] Siehe hierzu sogleich unten S. 279.

[1373] Siehe hierzu oben S. 100 ff. Die Forderung *Ziebarths*, Online-Durchsuchung,
S. 234, wonach für Fälle der offenen Sicherstellung und Auswertung von IT-Systemen
ein gesonderter Kernbereichsschutz vorzusehen sei, verdient daher keine Zustimmung.

[1374] Ähnlich *Dammann*, Kernbereich, S. 49.

werden.

Ob eine hiernach erforderliche Ermittlungsmaßnahme auch angemessen ist, richtet sich zwar u. a. nach Schwere und Bedeutung der Tat.[1375] Abseits von Bagatellen[1376] ist jedoch etwa eine Durchsuchungsmaßnahme gemäß § 102 StPO auch in Fällen leichter und mittlerer Kriminalität schon dann zumutbar, wenn sie Erfolg hinsichtlich des mit der Anordnung verfolgten Zwecks verspricht.[1377] Liegt dieser Zweck im Auffinden von bestimmten beweiserheblichen Dokumenten oder Hinweisen zu Mittätern, darf die Wohnung des Verdächtigen hierauf durchsucht werden. Finden sich darin IT-Systeme oder einzelne Datenträger – die ohne Weiteres Relevantes zum Durchsuchungszweck enthalten können und deren bloße Existenz dafür spricht, dass sie vom Verdächtigen (auch insoweit) genutzt werden – erschließt sich nicht, weshalb ihre Sicherstellung unter dem Aspekt der Kenntnisnahme intimer Inhalte nur in Fällen von Terrorismus, Gefahren für Leib und Leben oder Menschenhandel zumutbar sein soll, wohingegen alle „analog" in der Wohnung befindlichen Gegenstände von den Ermittlern zur Kenntnis genommen und Papiere nach Maßgabe des § 110 Abs. 1 u. 2 StPO umfassend ausgewertet werden dürfen.

Soweit hiergegen die Argumentation des *BVerfG* im Online-Durch-

---

[1375] Siehe hierzu oben S. 113.

[1376] Deren Anwendungsbereich ist ohnehin überschaubar: So soll es sich nach Auffassung des *LG Freiburg* dann um (stets zur Unverhältnismäßigkeit einer Durchsuchungs- und Beschlagnahmeanordnung gereichende) Bagatellen handeln, wenn lediglich ein Strafrahmen von Geldstrafe bis zu 180 Tagessätzen oder Freiheitsstrafe bis zu sechs Monaten eröffnet ist, vgl. Beschluss vom 19.01.2006 – 2 Qs 8/06 –, juris, Rn. 3. Gleiches gilt in Verfahren wegen Ordnungswidrigkeiten im Straßenverkehr, vgl. BVerfGK 9, 143 (147 f.). Demgegenüber sind bereits eine Nötigung im Straßenverkehr (BVerfGK 5, 56 [58]) oder eine Beleidigung (vgl. BVerfGK 5, 347 [355]) *keine* Bagatellen mehr.

[1377] BVerfGK 5, 56 (354 f.); BVerfGE 96, 44 (51). Die von *Ziebarth*, Online-Durchsuchung, S. 233, angenommenen strengen Anforderungen an Maßnahmen nach § 102 StPO bestehen mithin schon nicht in behaupteter Weise. Der Rückschluss, dass die restriktive Handhabung des § 102 StPO bei der Sicherstellung und Auswertung von IT-Systemen erst recht zu hohen Hürden führen müsse, ist daher fehlerhaft.

suchungsurteil bemüht wird,[1378] kann nicht unberücksichtigt bleiben, dass dort die Angemessenheit einer heimlichen, auf längere Dauer angelegten und potentiell einer Totalüberwachung nahekommenden Ermittlungsmaßnahmen zu beurteilen war. Die Eingriffsintensität einer Sicherstellung gemäß § 94 Abs. 1 StPO ist ungleich geringer, weil der Betroffene unmittelbar Kenntnis erlangt, ihm der Rechtsweg offensteht und er insbesondere nicht fortwährend unbemerkt und allumfassend bei der Nutzung seiner IT-Systeme beobachtet wird.

Eine andere Bewertung ergibt sich auch nicht daraus, dass – wie *Kurz* kritisiert –[1379] z. T. private Dienstleister in die Auswertung sichergestellter Datenbestände einbezogen werden und damit ggf. Inhalte aus der Intimsphäre des Betroffenen zur Kenntnis nehmen können. Die StPO sieht – unbeschadet der Pflicht der Staatsanwaltschaft, gemäß § 160 Abs. 2 StPO auch *ent*lastende Umstände zu ermitteln – die Einbeziehung unparteiischer Sachverständiger (vgl. § 79 Abs. 2 StPO) gerade *im Interesse des Beschuldigten* vor, wie es die Rechtslage in anderen intimen Bereichen – etwa der psychiatrischen Begutachtung gemäß § 81 StPO oder der molekulargenetischen Untersuchung gemäß § 81e StPO[1380] – verdeutlicht. Vereinzelt wird daher ausdrücklich gefordert, für den Nachweis technischer Umstände, die den Beweiswert von Daten begründen oder negieren, nicht auf weisungsgebundene Angehörige der Ermittlungsbehörde, sondern auf unabhängige Dritte zurückzugreifen.[1381] Da ein externer

---

[1378] So *Rath*, DRiZ 2009, 117, und *Ziebarth*, Online-Durchsuchung, S. 233 f.

[1379] *Kurz*, Betrifft Justiz 2009, 164 (167 f.).

[1380] Hier bestimmt § 81f Abs. 2 S. 1 StPO ausdrücklich, dass Sachverständige zu beauftragen sind, die öffentlich bestellt oder nach dem Verpflichtungsgesetz verpflichtet oder Amtsträger sind, die der ermittlungsführenden Behörde nicht angehören oder einer Organisationseinheit dieser Behörde angehören, die von der ermittlungsführenden Dienststelle organisatorisch und sachlich getrennt ist. Die Trennung soll nach dem Willen des Gesetzgebers „Missbrauchsgefahren eindämmen", BT-Drucks. 13/667, S. 11.

[1381] Vgl. *Kirmes*, Private IT-Forensik, S. 92. Von unabhängigen Dritten kann indessen keine Rede mehr sein, wenn diese in einem Näheverhältnis zum Geschädigten der ermittlungsanlässlichen Straftat stehen, vgl. etwa LG Kiel, Beschluss vom 14.08.2006 – 37 Qs 54/06 –, juris, Rn. 5 ff. zur Auswertung eines IT-Systems zum Nachweis von

Sachverständiger gemäß Nr. 69 RiStBV nur zu beauftragen ist, wenn sein Gutachten für die vollständige Aufklärung des Sachverhalts *unentbehrlich* ist, den Ermittlungsbehörden aber mit Spezialabteilungen der LKÄ und des BKA interner und zugleich organisatorisch und sachlich selbstständiger[1382] Sachverstand zur Verfügung steht,[1383] wird man zwar zumindest im Regelfall keine privaten Dienstleister in die Auswertung einbeziehen müssen. Soweit dies aber erforderlich ist, führt der potentielle Inhalt der auszuwertenden Daten nicht zur Unangemessenheit der Sachverständigenbeauftragung.[1384] Tatsächlich bestehende Missbrauchsmöglichkeiten – die Amtsträgern gleichermaßen gegeben sind – führen ggf. zu Ausgleichsansprüchen des Betroffenen und sind strafbewehrt.[1385] Will man nicht von in der Regel rechtswidrig handelnden Sachverständigen ausgehen und damit die Eignung des Beweismittels insgesamt in Zweifel ziehen, können lediglich denkbare Missbrauchsszenarien ohne konkrete Anhaltspunkte für deren Eintreten im Einzelfall keine Berücksichtigung finden.

bb) Bei Durchsuchungsmaßnahmen

Die Verhältnismäßigkeit von Durchsuchungsmaßnahmen[1386] zum Auffinden von IT-Systemen bzw. einzelnen Datenträgern setzt im Rahmen der Erforderlichkeit insbesondere voraus, dass der Betroffene die gesuchten Gegenstände nicht freiwillig herausgibt. Da aber ein Herausgabeverlangen ohne die Möglichkeit einer unmittelbar anschließenden Durchsuchungsmaßnahme den Verlust des Beweismittels nach sich ziehen kann, ist nicht schon die Durchsuchungsanordnung als solche unverhältnismäßig, sondern erst deren

---

Urheberrechtsverstößen durch einen von der Ermittlungsbehörde hinzugezogenen Mitarbeiter der *Gesellschaft zur Verfolgung von Urheberrechtsverletzungen e.V.*

[1382] Vgl. *Ritzert,* in: BeckOK StPO, Rn. 6 zu § 81f.

[1383] Vgl. *Bär,* EDV-Beweissicherung, S. 265.

[1384] Ähnlich auch *Beukelmann,* NJW-Spezial 2008, 280.

[1385] Siehe hierzu oben S. 255.

[1386] Vgl. hierzu im Allgemeinen ausführlich *Tsambikakis,* in: Löwe/Rosenberg, Rn. 59 ff. zu § 105.

Vollzug, soweit die Ermittlungspersonen dem Betroffenen nicht vorab die freiwillige Herausgabe ermöglichen.[1387] Zweckmäßig erscheint daher die Aufnahme einer ausdrücklichen „Abwendungsbefugnis" in den Text der Durchsuchungsanordnung,[1388] soweit die Maßnahme zum Auffinden *bestimmter* IT-Systeme[1389] führen soll.

d) Rechtsfolgen bei Verfahrensverstößen

aa) Unverhältnismäßige Dauer der Sicherstellung von Hardware

Soweit sichergestellte IT-Systeme oder einzelne Datenträger zur Auswertung nicht unverzüglich kopiert und zurückgegeben werden, obwohl die über den Zeitraum des Kopierens hinausgehende Sicherstellung der Hardware nicht erforderlich ist,[1390] greift die (auch „vorläufige") Sicherstellung unverhältnismäßig und damit rechtswidrig in die Eigentums- und Informationsfreiheit des Betroffenen ein. Auf das Beweisergebnis haben diese Grundrechtsverstöße – verglichen mit der rechtmäßigen Auswertung von 1:1-Kopien – zwar keinen Einfluss. Mit wachsender Alltagsintegration von IT-Systemen beeinträchtigt ihre Sicherstellung aber zunehmend den notwendigen Lebensbedarf[1391] des Betroffenen, sodass dieser

---

[1387] Vgl. *Park*, Durchsuchung und Beschlagnahme, Rn. 154; LG Berlin, Beschluss vom 24.07.2003 – 502 Qs 49/03, 502 Qs 50/03 –, juris, Rn. 15 f., im vergleichbaren Fall der Durchsuchung einer Rechtsanwaltskanzlei zum Auffinden einer bestimmten Handakte.

[1388] Vgl. etwa LG Mannheim, Beschluss vom 03.07.2012 – 24 Qs 1/12, 24 Qs 2/12 –, juris. Krit. zur Praxis insoweit *Tsambikakis*, in: Löwe/Rosenberg, Rn. 62 zu § 105.

[1389] Sollen lediglich (nicht näher bestimmbare) potentiell beweisrelevante IT-Systeme und Datenträger gesucht werden, kommt eine Abwendungsbefugnis indes nicht in Betracht: Der Betroffene wird zumeist über mehrere derartige Gegenstände verfügen und könnte den Erfolg der Maßnahme daher durch die Herausgabe irrelevanter Datenträger vereiteln.

[1390] Wenn also die ermittlungsanlässliche Tat nicht erwarten ließ, dass Teile des sichergestellten Datenbestandes vor der Herausgabe zu löschen sein werden, siehe hierzu oben Fn. 1360, und soweit IT-Systeme ihrem Datenumfang nach mit den von der Ermittlungsbehörde vorzuhaltenden Ressourcen hätten kopiert werden können, siehe hierzu oben S. 267.

[1391] Siehe hierzu oben S. 2 ff. Zutreffend LG Stuttgart, Urteil vom 15.05.2009 – 15 O 306/08 –, juris, Rn. 18: „Nach den heutigen Lebensumständen ist die Nutzung eines

sich für die Dauer beeinträchtigenden[1392] Besitzentzugs Ersatz beschaffen muss, wodurch ein bezifferbarer Vermögensnachteil entsteht.[1393] Zur Kompensation ist daher eine finanzielle Entschädigung geboten, die sich der Höhe nach an marktüblichen Mieten orientiert.[1394] Diese Rechtsfolge relativiert zugleich das Argument, die Anfertigung von Kopien auf behördlichen Datenträgern sei aus finanziellen Gründen nicht zu bewerkstelligen.[1395]

bb) Keine Löschung beschlagnahmefreier Datenbestände

Sind gemäß § 97 StPO beschlagnahmefreie Daten nicht gelöscht worden, nachdem sie als solche identifiziert wurden, unterliegen sie einem absoluten Verwendungsverbot, soweit es sich um Daten von Berufsgeheimnisträgern i. S. d. § 53 Abs. 1 S. 1 Nr. 1, 2 und 4 StPO oder von Rechtsanwälten handelt: Da § 97 StPO die Rechtsfolgen von Verstößen gegen Beschlagnahmeverbote nicht regelt, gilt § 160a Abs. 1 StPO.[1396] Demgegenüber ist für Verstöße gegen Beschlagnahmeverbote bei anderen Berufsgeheimnisträgern § 160a Abs. 2 StPO maßgeblich, sodass die Erkenntnisse als Spuren- bzw. Ermitt-

---

Computers wesentlicher Bestandteil der eigenwirtschaftlichen Lebenshaltung. Ein Computer ist als Endgerät für den Zugang zum Internet erforderlich. Ohne diesen Zugang sind angesichts der heutigen Bedeutung dieses Mediums zahlreiche Besorgungen des Alltags – etwa die [...] Internet-Telefonie, das Online-Banking und der Abschluss vieler privater Geschäfte [...] – erschwert oder gänzlich unmöglich. Das Internet vermittelt dem Computer auch eine wesentliche Funktion als Informationsbeschaffungs-, Kommunikations- und Unterhaltungsmedium. [...] Als weitere wesentliche Funktion des Computers ist seine Nutzung „offline" als EDV-Gerät für zahlreiche alltägliche Arbeiten zu berücksichtigen, wie etwa das Erstellen von Schriftstücken und Briefen oder [die] Erledigung beruflicher Arbeit zu Hause.

[1392] Wurden dem Betroffenen seine IT-Systeme zurückgegeben und/oder hat er von der eingeräumten Möglichkeit, aus Kapazitätsgründen einbehaltene externe Datenträger zu kopieren, keinen Gebrauch gemacht, kann eine Beeinträchtigung der Lebensführung nicht mehr angenommen werden.

[1393] OLG München, Beschluss vom 23.03.2010 – 1 W 2689/09 –, juris, Rn. 5; LG Stuttgart, Urteil vom 15.05.2009 – 15 O 306/08 –, juris, Rn. 18.

[1394] Vgl. OLG München, Beschluss vom 23.03.2010 – 1 W 2689/09 –, juris, Rn. 7.

[1395] Siehe hierzu oben S. 265 und Fn. 1334.

[1396] BT-Drucks. 16/5846, S. 38. Der Vorrangregel in § 160a Abs. 5 StPO kommt hier keine Bedeutung zu.

lungsansätze stets genutzt werden dürfen und ihre unmittelbare Verwertung zu Beweiszwecken erlaubt ist, wenn dies angesichts der Bedeutung der Straftat verhältnismäßig erscheint.[1397]

cc) Keine Löschung von Kernbereichsinhalten und sonstigen irrelevanten Daten

Nicht gelöschte Kernbereichsinhalte unterliegen einem absoluten Verwendungsverbot,[1398] dem jedoch ohne Weiteres zu genügen sein sollte, weil es sich insoweit nur um Informationen handeln kann, die ohnehin keinen Straftatbezug aufweisen[1399]. Die „Verwendung" der Daten in Gestalt ihrer Offenbarung gegenüber Dritten ist strafbewehrt,[1400] sodass eine weitergehende Kompensation allein für den Umstand, dass sich kernbereichsrelevante Informationen in der Verfahrensakte bzw. den Asservaten befinden, nicht geboten erscheint – zumal die Löschung nachgeholt werden kann, sobald der Verfahrensverstoß erkannt wurde. Ebenso verhält es sich, wenn irrelevante Daten *ohne* Bezug zum Kernbereich der privaten Lebensgestaltung nicht gelöscht worden sind.

2. Zugriff auf verschlüsselt permanent gespeicherte Daten

Das vorstehend beschriebene Eingriffsregime gilt dem Grunde nach unabhängig davon, ob Daten verschlüsselt oder unverschlüsselt sind: Auch verschlüsselt permanent gespeicherte Daten sind physikalische Zustände auf Datenträgern mit potentieller Beweisbedeutung, sodass die Datenträger gemäß § 94 Abs. 1 StPO ebenso sichergestellt werden können wie etwa Dokumente in einer (Fremd- oder Code-)Sprache, die inhaltlich (noch) nicht zu verstehen ist. Die Beweisbedeutung der Daten kann jedoch erst beurteilt werden, nachdem diese für die Ermittlungsbehörde lesbar gemacht wurden.

[1397] Vgl. BVerfGE 129, 208 (265 f.). Krit. zur Unterscheidung zwischen den Berufsgruppen *Puschke/Singelnstein*, NJW 2008, 113 (117).

[1398] Siehe hierzu oben S. 99 f.

[1399] Siehe hierzu oben S. 100 ff.

[1400] Siehe hierzu oben S. 100 ff.

Es ist zu prüfen, welche Ermittlungsbefugnisse hierfür in Betracht kommen und wie sich die Verschlüsselung von Datenbeständen auf die Anwendbarkeit der §§ 94 ff., 102 ff. StPO und in der Verhältnismäßigkeitsprüfung auswirkt.

a) Ermittlungsbefugnisse

aa) Brechung und Umgehung der Verschlüsselung

Ohne Weiteres zulässig ist es, zur Entschlüsselung sichergestellter Datenbestände bekannte technische Schwachstellen in den verwendeten Verschlüsselungsverfahren auszunutzen[1401] oder – soweit der Schlüssel mit einem Passwort geschützt ist –[1402] dieses Passwort per Dictionary Attack[1403] oder Brute Force-Angriff[1404] zu ermitteln: Die Entschlüsselung verschlüsselt sichergestellter Daten, um diese inhaltlich auf ihre Beweisrelevanz prüfen zu können, ist notwendiger Bestandteil der Beweismittelauswertung.[1405] Insbesondere bestehen insoweit für den Eingriff in das IT-Grundrecht keine höheren Anforderungen als bei der Auswertung originär unverschlüsselter Datenbestände: Die grundrechtlich geschützten *rechtlich* berechtigten Erwartungen an Vertraulichkeit und Integrität eines IT-Systems hängen nicht vom Einsatz besonderer Sicherungsvorkehrungen gegen unautorisierte Zugriffe ab.[1406]

Für Zugriffe auf den Datenbestand solcher verschlüsselten IT-Systeme, die zugleich als Telekommunikationsendgeräte genutzt werden können, nimmt *Hauck* an, dass der Gesetzgeber mit § 100j Abs. 1 S. 2 StPO eine abschließende Regelung getroffen habe, sodass „jede polizeiliche Umgehung [...] z. B. durch eigenes Ausprobieren oder [das] Ausnutzen von Lücken im Betriebssystem" die Ermitt-

---

[1401] Siehe hierzu oben Fn. 223.

[1402] Siehe hierzu oben S. 39.

[1403] Siehe hierzu oben Fn. 209.

[1404] Siehe hierzu oben S. 38.

[1405] Vgl. BVerfG, Beschluss vom 30.01.2002 – 2 BvR 2248/00 –, juris, Rn. 5.

[1406] Siehe hierzu oben S.159 ff.

lungsmaßnahme rechtswidrig und u. U. nach § 202a StGB strafbar mache.[1407] Diese Ansicht verdient keine Zustimmung. Der in Bezug genommenen Fassung des § 100j StPO liegt eine Entscheidung des *BVerfG* zugrunde,[1408] in welcher das *Gericht* § 113 Abs. 1 S. 2 TKG a. F. für verfassungswidrig erklärte, weil Telekommunikationsdiensteanbieter darin zur Herausgabe von Zugangsdaten zu Telekommunikationsendgeräten nach Maßgabe der §§ 161, 163 StPO verpflichtet waren –[1409] denn soweit die Zugangsdaten den Ermittlungsbehörden für Zugriffe auf laufende Telekommunikationsvorgänge dienen sollten, konnten die Voraussetzungen der §§ 100a, 100b StPO umgangen werden.[1410] Für unbedenklich befand das *BVerfG* indes die Abfrage von Zugangsdaten, um damit auf einem Endgerät gespeicherte Daten nach Maßgabe der § 94 ff. StPO auszulesen.[1411] Wenn nunmehr § 100j Abs. 1 S. 2 StPO die Herausgabe von Zugangsdaten für den Zugriff auf den Datenbestand von Endgeräten nur unter der Maßgabe gestattet, dass die gesetzlichen Voraussetzungen der Nutzung der Daten vorliegen, bestehen insoweit keine strengeren Anforderungen, als sie sich für die Auswertung von nach § 94 Abs. 1 StPO sichergestellten Datenträgern ohnehin ergeben.[1412] Die An-

---

[1407] *Hauck*, StV 2014, 360 (362), unter Verweis auf *Graf*, in: BeckOK StPO, Rn. 14 zu § 100j, dieser unter Verweis auf *Hauck*, in: Löwe/Rosenberg, Rn. 12 zu § 100j, dort wiederum unter Verweis auf *Graf* a. a. O.

[1408] Vgl. BT-Drucks. 17/12879, S. 1.

[1409] Vgl. BVerfGE 130, 151 (161).

[1410] BVerfGE 130, 151 (208).

[1411] Vgl. BVerfGE 130, 151 (208), mit Verweis auf BVerfGE 115, 166 (192 ff.).

[1412] Ganz abgesehen davon, dass bereits die Vorstellung des Gesetzgebers fragwürdig anmutet, wonach Telekommunikationsdiensteanbieter derartige Zugangsdaten überhaupt herausgeben können. Zumindest die Behauptung bei *Dalby*, CR 2013, 361 (363), dass mit PIN und PUK auf Smartphones oder Tablets zugegriffen werden könnte, ist schlicht falsch. Die Zugangsdaten, die ggf. als Passwörter einer Datenträgerverschlüsselung des Endgeräts dienen, werden vom Nutzer selbst festgelegt. Kein auch nur in Ansätzen sicherheitsbewusster Nutzer wird hierfür die vierstellige PIN der SIM-Karte verwenden. Verwundern müssen daher auch die Ausführungen bei *Graf*, in: BeckOK StPO, Rn. 13 zu § 100j, der von der Auskunftspflicht des § 100j Abs. 1 S. 2 StPO „Zugangsdaten zu einzelnen Geräten" für erfasst hält, „unabhängig davon, ob diese bereits durch den Hersteller oder Provider voreingestellt sind oder vom Nutzer selbst erst angelegt wurden". Woher soll der Telekommunikationsdiensteanbieter Letztere kennen?

nahme einer abschließenden Regelung führte überdies zu dem – weil zufallsabhängig – bedenklichen Ergebnis, dass nur solche IT-Systeme durch das Ausprobieren von Passwörtern und das Ausnutzen von Sicherheitslücken entschlüsselt werden dürfen, die nicht auch Telekommunikationsendgeräte i. S. d. § 100j StPO sind.

bb) Mitwirkungspflichten

Nach einhelliger Meinung in Schrifttum[1413] und Rechtsprechung[1414] kann zwar nach geltender Rechtslage der Beschuldigte selbst infolge des nemo tenetur-Grundsatzes nicht zur Mitwirkung an seiner eigenen Überführung dadurch verpflichtet werden, dass er verschlüsselte Daten lesbar macht. Allerdings sind Passwörter nicht zwingend ausschließlich dem Beschuldigten bekannt und verfügt dieser nicht zwangsläufig allein über Schlüsseldateien. In Betracht kommt damit eine Inpflichtnahme Dritter.

(1) Herausgabepflicht gemäß § 95 Abs. 1 StPO

Gemäß § 95 Abs. 1 StPO sind nicht zeugnisverweigerungsberechtigte Dritte verpflichtet, nach § 94 Abs. 1 StPO sicherzustellende Gegenstände in ihrem Gewahrsam[1415] auf Erfordern vorzulegen und auszuliefern.[1416] Vereinzelt wird angenommen, diese Vorlagepflicht beinhalte die Verpflichtung zur Entschlüsselung von Daten, weil Beweisbedeutung i. S. d. § 94 StPO Lesbarkeit voraussetze.[1417] Dem lässt sich jedoch entgegenhalten, dass *Ausliefern* und *Vorlegen* ihrem Wortlaut nach lediglich die Übertragung der Verfügungsgewalt an Beweisgegenständen auf die Ermittlungsbehörde umfassen, sodass

---

[1413] Vgl. *Bär*, EDV-Beweissicherung, S. 297; *H. Bunzel*, Erkenntnisgewinn aus konzelierten Daten, S. 410; *Gerhards*, Verschlüsselung, S. 296, jeweils m. w. N.

[1414] Vgl. OVG Berlin-Brandenburg, Beschluss vom 25.03.2013 – OVG 1 S 104.12 –, juris, Rn. 12.

[1415] Siehe hierzu auch unten S. 352 f.

[1416] Für den Beschuldigten selbst besteht diese Pflicht nicht, vgl. *Greven*, in: KK StPO, Rn. 2 zu § 95.

[1417] So etwa *Ritzert*, in: BeckOK StPO, Rn. 4a zu § 95.

schon die Vorlage von (eigens hierfür gefertigten) Ausdrucken nicht nach § 95 Abs. 1 StPO gefordert bzw. nach Abs. 2 erzwungen werden darf; eine Mitwirkung dergestalt, Passwörter für verschlüsselte Datenträger mitzuteilen oder entschlüsselte Daten herauszugeben, geht gleichfalls über den Wortlaut der Norm hinaus.[1418]

Von Passwortherausgabe und aktiver Entschlüsselung zu unterscheiden ist die Herausgabe von *Schlüsseldateien* auf externen Datenträgern.[1419] Da diese nötig sind, um verschlüsselte Datenträger auszuwerten, sind sie selbst von potentieller Beweisbedeutung und damit Gegenstände i. S. d. § 94 Abs. 1 StPO, sodass der nicht beschuldigte Gewahrsamsinhaber zu ihrer Herausgabe verpflichtet ist[1420] und gemäß § 95 Abs. 2 StPO mit den Zwangsmitteln des § 70 StPO belegt werden kann, soweit er die Herausgabe verweigert und ihm kein Zeugnis- bzw. Auskunftsverweigerungsrecht zusteht.

(2) Zeugnispflicht gemäß §§ 48, 161a Abs. 1 StPO

Passwörter im Wissen Dritter können als Zeugenaussagen in das Verfahren eingeführt werden. Zeugen sind gemäß § 48 bzw. 161a Abs. 1 StPO verpflichtet, vor dem Richter bzw. Staatsanwalt wahrheitsgemäß (§ 57 StPO) auszusagen, wobei einer unberechtigten Zeugnisverweigerung mit den Zwangsmitteln des § 70 StPO begegnet werden kann und Falschaussagen vor dem Richter nach §§ 153, 154 StGB strafbewehrt sind. Kennt ein nicht beschuldigter Dritter Passwörter, die für die Entschlüsselung sichergestellter Datenbestände erforderlich sind, ist dieses Wissen beweisrelevant und damit Gegenstand seiner Zeugnispflicht.[1421]

[1418] *Bär*, EDV-Beweissicherung, S. 303; *H. Bunzel*, Erkenntnisgewinn aus konzelierten Daten, S. 119. Dies schließt freilich nicht aus, dass ein Betroffener die Sicherstellung vollständiger Datenträger in seinem Gewahrsam dadurch abwenden kann, dass er einzelne (entschlüsselte) Dateien in Kopie oder ausgedruckt *freiwillig* herausgibt, vgl. *Greven*, in: KK StPO, Rn. 1 zu § 95.

[1419] Siehe hierzu oben S. 39.

[1420] Vgl. *Gerhards*, Verschlüsselung, S. 301.

[1421] Vgl. LG Trier, Beschluss vom 16.10.2003 – 5 Qs 133/03 –, NJW 2004, 869 (870);

(3) Zwangsmittel bei behaupteter Unmöglichkeit der Mitwirkung?

Gibt ein Mitwirkungsverpflichteter an, Schlüsseldateien nicht in Besitz zu haben oder beweisrelevante Passwörter nicht zu kennen, sind Zwangsmittel gemäß § 70 StPO nur anwendbar, wenn diese Erklärung *offensichtlich unrichtig* ist und zudem erkennen lässt, dass der Betroffene seine Mitwirkung an der Sachverhaltsaufklärung *bewusst verweigert*.[1422] Andernfalls handelt es sich lediglich um wahrheitswidrige Angaben, denen mit Zwangsmitteln des § 70 StPO nicht begegnet werden darf.[1423]

cc) Sicherung und Auswertung während des Betriebs

Auf verschlüsselte Daten kann weiter immer dann zugegriffen werden, wenn sich das verschlüsselte IT-System in Betrieb befindet bzw. eine Containerdatei in das System eingebunden ist.[1424]

(1) Sicherung von Daten per körperlichem Zugriff auf ein in Betrieb befindliches verschlüsseltes IT-System gemäß § 94 Abs. 1 StPO

Fraglich ist, ob § 94 Abs. 1 StPO auch die Befugnis für den körperlichen Zugriff auf ein in Betrieb befindliches verschlüsseltes IT-System zur Sicherung der unverschlüsselten Daten enthält. Hierbei müssen entweder *inhaltlich* potentiell beweisrelevante Daten auf Datenträger der Ermittlungsbehörde kopiert[1425] oder *Arbeitsspeicherabbilder* angefertigt und später auf Schlüssel durchsucht[1426] werden, um damit sichergestellte verschlüsselte Datenbestände lesbar zu

---

Gerhards, Verschlüsselung, S. 303; *Lemcke*, Sicherstellung, S. 171 ff.

[1422] BVerfG, Beschluss vom 19.10.1990 – 2 BvR 761/90 –, juris, Rn. 24 f.; BGHSt 9, 362 (364).

[1423] BVerfG, Beschluss vom 19.10.1990 – 2 BvR 761/90 –, juris, Rn. 25. Vgl. hierzu ausführlich *Krehl*, NStZ 1991, 416 (417 f.).

[1424] Siehe hierzu oben S. 39.

[1425] Siehe hierzu oben S. 44.

[1426] Siehe hierzu oben S. 43 f.

machen. Sicherstellungsobjekte sind in beiden Fällen keine körperlichen Gegenstände, sondern Daten als solche.

Im Schrifttum wird überwiegend davon ausgegangen, dass Gegenstände i. S. d. §§ 94 ff. StPO ausschließlich körperlich zu verstehen seien,[1427] was bei der Sicherstellung von Daten aber unproblematisch sei, weil diese notwendig auf (irgend-)einem (körperlichen) Datenträger erfolge[1428] und die Anfertigung von (unkörperlichen) Kopien auf behördlichen Datenträgern eine Minusmaßnahme zur Sicherstellung vollständiger IT-Systeme des Betroffenen darstelle[1429].

Für den Fall des Zugriffs auf verschlüsselte Daten überzeugen beide Argumente nicht. Dass Daten auf Datenträgern der Ermittlungsbehörde „verkörpert" werden, macht nicht diese Datenträger zu Sicherstellungsobjekten: Sie befanden sich von vornherein in Verwahrung der Ermittlungsbehörde, sodass nur ihr (neuer) Inhalt „Gegenstand" i. S. d. § 94 Abs. 1 StPO ist. Auch handelt es sich nicht um eine Minusmaßnahme: Die körperliche Sicherstellung von Datenträgern mag den Betroffenen zwar stärker in seiner Eigentums- und Informationsfreiheit[1430] beeinträchtigen als die Anfertigung von Kopien. Allerdings zeichnen sich Minusmaßnahmen gerade dadurch aus, dass sie zur Erreichung eines Zwecks bei geringerer Beeinträchtigung des Betroffenen *die gleiche* Eignung aufweisen.[1431] Werden verschlüsselte Daten kopiert, während sie entschlüsselt sind, ist die Art und Weise der Sicherstellung im Vergleich zur Sicherstellung bzw. Kopie vollständiger verschlüsselter Datenträger indes *ungleich besser* zur Zweckerreichung geeignet. Da zudem auch die Sicherstellung vollständiger verschlüsselter Datenträger aus Gründen der Erforderlichkeit regelmäßig in Kopie zu erfolgen

---

[1427] *Bär*, in: Wabnitz/Janovsky, Kapitel 25, Rn. 37; *Greven*, in: KK StPO, Rn. 3 zu § 94; *Ritzert*, in: BeckOK StPO, Rn. 1 zu § 94; *G. Schäfer*, in: Löwe/Rosenberg, Rn. 11 zu § 94; *Wohlers*, in: SK StPO, Rn. 20 zu § 94.

[1428] *Bär*, EDV-Beweissicherung, S. 276.

[1429] Vgl. *Greven*, in: KK StPO, Rn. 4 zu § 94.

[1430] Siehe hierzu oben S. 249.

[1431] Vgl. *H. Bunzel*, Erkenntnisgewinn aus konzelierten Daten, S. 98 f.; *Korge*, Beschlagnahme, S. 62 f.

hat,[1432] wird mit deren vollständiger körperlicher Sicherstellung für die Herleitung der vermeintlichen Minusmaßnahme auf einen Bezugsfall rekurriert, der i. d. R. unverhältnismäßig ist und schon deshalb nicht als rechtmäßige, belastendere Alternative in Betracht kommt.

Um Daten gemäß § 94 Abs. 1 StPO sicherstellen zu können, müsste der Gegenstandsbegriff mithin auch Unkörperliches erfassen. Dies bedarf der Prüfung.

(a) Auslegung am Wortsinn

(aa) Ansicht: Gegenstand meint nur körperliche Objekte

Janssen hält den Begriff des Gegenstands in der Umgangssprache für ein Synonym des Begriffs der *Sache*.[1433] Deren Legaldefinition als körperlicher Gegenstand in § 90 BGB ergebe für die Wortsinnauslegung eine Beschränkung auf verkörperte Objekte.[1434] *Lemcke* und *Bär* halten den umgangssprachlichen Begriff des Gegenstands dem Wortsinne nach für einen „eher körperlichen".[1435] Demgegenüber werde der Begriff in der Rechtssprache insgesamt zwar sowohl für körperliche als auch für unkörperliche Objekte verwandt;[1436] hierbei bestünden jedoch Unterschiede zwischen Zivil- und Strafrecht: Während das Zivilrecht unter Gegenständen neben Sachen auch Energien, Immaterialgüterrechte und Forderung fasse, sei der Gegenstandsbegriff im Strafrecht auf verkörperte Objekte beschränkt, weil sich die StPO in ihrem Zweck – der Beweismittelsicherung – vom bürgerlichen Recht unterscheide.[1437] *Bär* zieht zur Verdeutlichung § 242 StGB heran, bei dem Forderungen und andere Vermö-

---

[1432] Hierbei handelt es sich tatsächlich um eine Minusmaßnahme zur körperlichen Sicherstellung, vgl. *Schlegel*, HRRS 2008, 23 (24). Siehe hierzu oben S. 265 ff.

[1433] *Janssen*, Regulierung im Internet, S. 124.

[1434] *Janssen*, Regulierung im Internet, S. 124.

[1435] *Bär*, Zugriff auf Computerdaten, S. 241; *Lemcke*, Sicherstellung, S. 20.

[1436] *Bär*, Zugriff auf Computerdaten, S. 242; *Lemcke*, Sicherstellung, S. 21.

[1437] *Bär*, Zugriff auf Computerdaten, S. 242.

gensrechte keine Tatobjekte sein können.[1438]

(bb) Ansicht: Gegenstand meint körperliche und unkörperliche Objekte

Einem rein körperlichen Wortsinnverständnis des Gegenstandsbegriffs trat ausdrücklich zuerst *Matzky* entgegen: Sinn und Zweck der Beschlagnahme dürften mit der Wortsinnauslegung nicht vermengt werden;[1439] ein „Gegenstand" sei aber sowohl in der Alltagssprache als auch in der Rechtssprache der Oberbegriff für körperliche und unkörperliche Bezugsobjekte.[1440] *T. Böckenförde* zieht die etymologische Herkunft des Begriffs heran und gelangt ebenfalls zu dem Ergebnis, dass hieraus gerade keine Inhaltsbegrenzung auf Körperliches angezeigt sei:[1441] Als Lehnwort aus dem Lateinischen sei „Gegenstand" ein Bezugspunkt des Subjekts; als solcher komme alles in Frage, was dem wahrnehmenden Subjekt gegenüberstehen könne.[1442] Daneben machten bereits die häufig verwandten Attribute „körperlich" und „unkörperlich" klar, dass Gegenstände körperlich und unkörperlich sein könnten.[1443] *Meininghaus* stellt auf die Verwendung des Begriffs „Gegenstand" an anderen Stellen der StPO ab, wonach der Begriff ebenfalls körperlich und unkörperlich verstanden werden könne.[1444] So meine § 153 Abs. 1 S. 1 StPO mit dem „Gegenstand des Verfahrens" ersichtlich nichts Körperliches.[1445]

(cc) Stellungnahme

Die Stimmen im Schrifttum, die bei der Wortsinnauslegung einen rein körperlichen Begriffsinhalt ausmachen wollen, überzeugen nicht. Der von *Janssen* bemühte Verweis auf § 90 BGB läuft leer: Da-

---

[1438] *Bär*, Zugriff auf Computerdaten, S. 242.

[1439] *Matzky*, Zugriff auf EDV, S. 89.

[1440] *Matzky*, Zugriff auf EDV, S. 90.

[1441] *T. Böckenförde*, Die Ermittlung im Netz, S. 276.

[1442] *T. Böckenförde*, Die Ermittlung im Netz, S. 276.

[1443] *T. Böckenförde*, Die Ermittlung im Netz, S. 277.

[1444] *Meininghaus*, Zugriff auf E-Mails, S. 199.

[1445] *Meininghaus*, Zugriff auf E-Mails, S. 199.

raus, dass Sachen i. S. d. § 90 BGB nur körperliche Gegenstände sind, folgt gerade nicht, dass es keine unkörperlichen Gegenstände gibt. Aus demselben Grund führt *Bärs* Hinweis auf § 242 StGB nicht weiter: Tatobjekte des § 242 StGB sind fremde bewegliche *Sachen* – der Begriff des Gegenstands kommt im § 242 StGB nicht vor. Schon deshalb kann § 242 StGB jedenfalls unmittelbar nichts zur Wortsinnauslegung beitragen. Bei näherer Betrachtung gelangt man über § 242 StGB sogar zum gegenteiligen Ergebnis, zieht man eine Norm ergänzend heran, die überhaupt von einem „Gegenstand" spricht: Gemäß §§ 242, 23 Abs. 3 StGB kann es Gegenstände des Diebstahls geben, an denen die Tat nicht zur Vollendung führen kann. Dies wiederum können auf Ebene des Tatbestandes Gegenstände sein, die nicht fremd, nicht beweglich oder *keine Sachen* sind. Keine Sachen sind etwa unkörperliche Gegenstände wie elektrische Energie. Dass aber elektrische Energie als unkörperlicher Gegenstand kein Tatobjekt des Diebstahls sein kann, lässt nicht den Schluss zu, ein Gegenstand sei strafrechtlich stets körperlich zu verstehen – schließlich ist fremde elektrische Energie im vorgenannten Sinne Gegenstand des § 248c StGB.

Zustimmung verdienen daher die Stimmen, die unter Gegenständen dem Wortsinne nach Körperliches und Unkörperliches verstehen. Insbesondere der Ansatz *T. Böckenfördes*[1446] hierzu überzeugt. Der Begriff „Gegenstand" war ursprünglich ein Ersatzwort für den Begriff „Objekt",[1447] der wiederum auf den lateinischen Begriff „obiectum" zurückgeht[1448]. Dieser bezeichnet eine „unabhängig vom Bewusstsein existierende Erscheinung der materiellen Welt, auf die sich das Erkennen, das Wahrnehmen richtet" und ist damit das Gegenstück zum (erkennenden, wahrnehmenden) Subjekt.[1449] So bezeichnet das Adjektiv „objektiv" einen unabhängig vom Bewusst-

---

[1446] Vgl. *T. Böckenförde*, Die Ermittlung im Netz, S. 276.
[1447] Duden, S. 969.
[1448] Duden, S. 1907.
[1449] Duden, S. 1907.

sein eines Subjekts existenten Zustand.[1450] Erkenn- und wahrnehmbar ist sowohl Körperliches als auch Unkörperliches. Der Wortsinn des Begriffs „Objekt" ist insoweit unzweifelhaft. Der Begriff des Gegenstandes hat demgegenüber in seinem Alltagsgebrauch eine doppelte Bedeutung gewonnen: Er bezeichnet (rein physische) Körper, Dinge, Sachen ebenso wie (rein geistige) Themen und Untersuchungsfragen.[1451] Hieraus folgt aber entgegen *Korge*[1452] kein denkbares rein körperliches Wortsinnverständnis des Gegenstandsbegriffs: Wenn schon erkannt wurde, dass sowohl im alltäglichen Sprachgebrauch als auch in der spezifischen Rechtssprache[1453] beide Alternativen zu finden sind,[1454] liegt auf der Hand, dass dem Begriff des Gegenstands nach seinem Wortsinn sowohl körperliche als auch unkörperliche Objekte unterfallen.

(b) Systematische Auslegung

(aa) Ansicht: Gegenstand meint nur körperliche Objekte

Lemcke folgert aus § 97 StPO, Gegenstände seien in der Systematik der Beschlagnahmevorschriften körperlich zu verstehen, weil Beschlagnahmeverbote auf bestimmte Gewahrsamsverhältnisse abstellten und Gewahrsam die tatsächliche Herrschaft einer Person über eine Sache voraussetze, die nur über körperliche Gegenstände bestehen könne.[1455] Würde man auch unkörperliche Objekte unter den Gegenstandsbegriff fassen, liefe dies dem Schutzzweck des § 97 StPO – der Verhinderung einer Umgehung von Zeugnisverweigerungsrechten – zuwider, weil sich diese nicht im Gewahrsam einer zur Verweigerung des Zeugnisses berechtigten Person befinden könnten.[1456] *Bär* zieht § 111b Abs. 1 StPO heran, worin seinerzeit von

---

[1450] Duden, S. 1907.

[1451] Duden, S. 969.

[1452] Vgl. *Korge*, Beschlagnahme, S. 45.

[1453] Siehe hierzu oben S. 134.

[1454] Vgl. *Korge*, Beschlagnahme, S. 45 f.

[1455] *Lemcke*, Sicherstellung, S. 21.

[1456] *Lemcke*, Sicherstellung, S. 22.

„Gegenstände[n] und andere[n] Vermögensvorteile[n]" die Rede war.[1457] Daran sei erkennbar, dass „Vermögensvorteil" in den Beschlagnahmevorschriften der Oberbegriff für Sachen und Rechte sei, dessen es nicht bedurft hätte, wären Gegenstände auch unkörperlich zu verstehen.[1458]

(bb) Ansicht: Gegenstand meint körperliche und unkörperliche Objekte

Gegen die Argumentation *Lemckes* wendet *Matzky* ein, dass sie am Gegenstandsbegriff vorbeiführe: Indem *Lemcke* seine Überlegungen auf den Gewahrsamsbegriff konzentriere, ohne diesen zuvor unter der Prämisse der Unkörperlichkeit erörtert zu haben, lege er seinem Ergebnis die herrschende, auf Körperlichkeit beschränkte Definition zugrunde, deren Überprüfung gerade Ziel der Überlegungen war.[1459] Der Rückschluss aus § 97 StPO, wonach Gegenstände körperlich zu verstehen seien, weil Gewahrsam nur an körperlichen Bezugsobjekten bestehen könne, sei daher fehlerhaft.[1460] Hieran stellt *Matzky* auch heraus, dass es sich bei dem Hinweis auf die mangelnde Rückgabefähigkeit unkörperlicher Beschlagnahmegegenstände[1461] um ein Scheinproblem handle. Die Rückgabepflicht hinsichtlich körperlicher Gegenstände gehe auf Grundrechtspositionen des von der Beschlagnahme Betroffenen zurück.[1462] Wenn Gegenstände aus privatem Eigentum im Strafverfahren nicht mehr benötigt würden, führten die Interessen des Eigentümers an der Verfügbarkeit seines Eigentums zu einem grundrechtlich geschützten Anspruch auf Herausgabe.[1463] Bei unkörperlichen Gegenständen bestehe dieses Problem nicht, weil der Betroffene bei deren Be-

---

[1457] *Bär*, Zugriff auf Computerdaten, S. 243.

[1458] *Bär*, Zugriff auf Computerdaten, S. 244.

[1459] *Matzky*, Zugriff auf EDV, S. 94 f.

[1460] *Matzky*, Zugriff auf EDV, S. 96. Dieselbe Argumentation findet sich auch bei *T. Böckenförde*, Die Ermittlung im Netz, S. 287, und bei *Meininghaus*, Zugriff auf E-Mails, S. 201.

[1461] *Matzky*, Zugriff auf EDV, S. 96 f.

[1462] *Matzky*, Zugriff auf EDV, S. 97.

[1463] *Matzky*, Zugriff auf EDV, S. 97.

schlagnahme unverändert über sie verfügen könne.[1464] Für eine systematische Auslegung des Gegenstandsbegriffs im Zusammenhang mit Daten seien viele Beschlagnahmevorschriften hiernach schlicht untauglich.[1465]

Korge zieht zur systematischen Herleitung der möglichen Unkörperlichkeit von Gegenständen Überlegungen zu § 97 Abs. 5 S. 1 StPO heran.[1466] Hiernach ist die Beschlagnahme von Schriftstücken, Ton-, Bild- und Datenträgern, Abbildungen und anderen Darstellungen, die sich im Gewahrsam der in § 53 Abs. 1 S. 1 Nr. 5 StPO genannten Personen oder der Redaktion, des Verlages, der Druckerei oder der Rundfunkanstalt befinden, unzulässig, soweit das Zeugnisverweigerungsrecht reicht. Dies umfasse, so *Korge*, Daten, weil andernfalls die Anfertigung von Kopien der genannten Beschlagnahmegegenstände als erlaubt angesehen werden müsse und § 97 Abs. 5 StPO hierdurch leer liefe.[1467] Daneben zeigten die §§ 98a ff. und der § 110 StPO, dass der Gesetzgeber „Daten für die Ermittlung eines potentiellen Täters als beweiserheblich" ansehe.[1468] Hieraus leitet *Korge* insgesamt die Geltung des unkörperlichen Gegenstandsbegriffs aus systematischen Gründen ab.[1469]

Meininghaus weist auf die Verwendung der Begriffe „Sache" und „Gegenstand" in den Vorschriften über die Durchsuchung hin.[1470] Wenn in § 102 StPO von „Sachen" des Verdächtigen, in § 103 StPO hingegen von der Beschlagnahme bestimmter „Gegenstände" die

---

[1464] *Matzky*, Zugriff auf EDV, S. 98 f. Als Beispiel zieht *Matzky* die Anfertigung und Beschlagnahme von Datenkopien heran.

[1465] *Matzky*, Zugriff auf EDV, S. 100.

[1466] *Korge*, Beschlagnahme, S. 49. *Korge* geht jedoch offenbar davon aus, dass § 97 Abs. 5 S. 1 StPO erst im Jahre 2000 in die StPO eingefügt wurde. Tatsächlich ist der Wortlaut des von ihm in Bezug genommenen Abs. 5 S. 1 bis auf eine redaktionelle Änderung im Jahre 2002 (vgl. BGBl. 2002 I, S. 683) seit 1975 unverändert, vgl. BGBl. 1975 I, 1973.

[1467] *Korge*, Beschlagnahme, S. 50.

[1468] *Korge*, Beschlagnahme, S. 51 f.

[1469] *Korge*, Beschlagnahme, S. 53.

[1470] *Meininghaus*, Zugriff auf E-Mails, S. 202.

Rede sei und hierbei Sachen Durchsuchungsobjekte und Gegenstände Beweismittel seien, liege nahe, dass der Unterschied in nicht zwingender Körperlichkeit der Gegenstände bestehe.[1471]

(cc) Stellungnahme

Die systematische Auslegung ergibt ebenfalls einen sowohl körperlichen als auch unkörperlichen Gegenstandsbegriff.

Allerdings ist *Matzky*[1472] zuzustimmen, soweit er Parallelen zu anderen Beschlagnahmevorschriften in Bezug auf Daten tendenziell für untauglich hält: Wann immer der Sachzusammenhang einen *bestimmten*, nicht durch Kopien vertretbaren Gegenstand meint, ist die Frage seiner Körperlichkeit für die in Rede stehende Auslegungsfrage irrelevant. Geht es um die Reichweite einer den Betroffenen begünstigenden Verfahrensvorschrift, ist für die Erörterung des Gegenstandsbegriffs primär der Schutzzweck der Norm entscheidend. Die im Schrifttum vorgebrachten systematischen Argumente erweisen sich daher allesamt als wenig überzeugend:

Das Argument *Bärs*[1473] ist durch die Änderung des § 111b Abs. 1 StPO nicht nur hinfällig,[1474] sondern sogar in sein Gegenteil verkehrt worden.[1475] Darüber hinaus ist der Rückgriff auf die §§ 111b ff. StPO unter systematischen Gesichtspunkten insgesamt bedenklich:[1476] Bei den §§ 111b ff. StPO geht es um die Sicherstellung von Gegenständen, die der Einziehung, dem Verfall oder der Rückgewinnungshilfe unterliegen, § 111b Abs. 1 und 5 StPO. Der Zugriff erfolgt demnach nicht auf den *Informations*-, sondern auf den *Vermögens*gehalt der Gegenstände i. S. d. Art. 14 Abs. 1 GG[1477]. Im Gegensatz zum Infor-

---

[1471] *Meininghaus*, Zugriff auf E-Mails, S. 202 f.

[1472] *Matzky*, Zugriff auf EDV, S. 100.

[1473] *Bär*, Zugriff auf Computerdaten, S. 244.

[1474] So aber *Matzky*, Zugriff auf EDV, S. 93.

[1475] Siehe hierzu sogleich S. 299.

[1476] Dies verkennt *T. Böckenförde* bei seinen Überlegungen zu § 111b StPO, vgl. Die Ermittlung im Netz, S. 289.

[1477] Siehe hierzu oben S. 172.

mationsgehalt lässt sich der Vermögensgehalt durch die Anfertigung von Kopien nicht sichern, weshalb der für die systematische Auslegung erforderliche Sachzusammenhang[1478] fehlt.

Meininghaus[1479] lässt in seinem Rückgriff auf die §§ 102, 103 StPO außer Acht, dass „Gegenstand" und „Sache" in § 103 Abs. 1 S. 1 StPO synonym gebraucht werden: Durchsuchungen bei anderen Personen (als dem Verdächtigen i. S. d. § 102 StPO) sind nur zur Ergreifung des Beschuldigten, der Verfolgung von Spuren oder der Beschlagnahme bestimmter *Gegenstände* zulässig, wenn Tatsachen den Schluss zulassen, *die(se)* gesuchte Person, Spur oder *Sache* befinde sich in den zu durchsuchenden Räumen. Die Vorschrift ist insoweit seit 1877 unverändert[1480] und kann zur systematischen Auslegung des Gegenstandsbegriffs nichts beitragen.

Die Ausführungen *Lemckes*[1481] und *Korges*[1482] zu § 97 StPO betreffen nicht die Frage, was aus systematischen Gründen unter den Gegenstandsbegriff fällt. Stattdessen erörtern sie Sinn und Zweck des § 97 StPO als vermeintliche Gesetzessystematik. Durch den Verweis in § 97 StPO auf die Zeugnisverweigerungsrechte der §§ 52 f. StPO ist jedoch offensichtlich, dass es für die Schutzrichtung des § 97 StPO auf die Körperlichkeit oder Unkörperlichkeit der in Rede stehenden Information nicht ankommt. So dürfen elektronische Daten in Fällen des § 97 StPO weder deshalb nicht erhoben werden, weil sie unkörperlich und damit keine Gegenstände sind (*Lemcke*), noch dürften sie kopiert werden, würde man den Gegenstandsbegriff rein körperlich verstehen (*Korge*). Letzteres zeigt schon der Umstand, dass aus Gründen der Verhältnismäßigkeit nicht die Originaldatenträger, sondern Kopien sicherzustellen sind,[1483] ohne dass dies Auswirkun-

---

[1478] *Gast*, Juristische Rhetorik, S. 287.

[1479] *Meininghaus*, Zugriff auf E-Mails, S. 202 f.

[1480] *Hahn/Mugdan*, Materialien StPO, Abt. 2, S. 2391.

[1481] *Lemcke*, Sicherstellung, S. 21.

[1482] *Korge*, Beschlagnahme, S. 50.

[1483] Siehe hierzu oben S. 265 ff.

gen auf die Verfahrensweise in Fällen des § 97 StPO hätte[1484].

Die Darlegungen *Korges*[1485] zu den §§ 98a ff. und zu § 110 StPO sind ebenfalls ungeeignet, die Geltung eines unkörperlichen Gegenstandsbegriffs aus systematischen Gründen zu belegen. Dass der Gesetzgeber (unkörperliche) Daten für beweiserheblich hält, ist offenkundig; ob Daten aber auch Gegenstände der §§ 94 ff. StPO und diese Normen damit Eingriffsgrundlagen für die Sicherstellung von Daten darstellen, lässt sich hieran nicht beantworten. Denn der Gesetzgeber sieht auch andere unkörperliche Beweismittel als relevant an, deren prozessuale Behandlung er indes eigens geregelt hat. So sind Zeugenaussagen i. S. d. §§ 48 ff. StPO oder Gespräche i. S. d. §§ 100a ff. StPO zwar unkörperlich, aber keine Gegenstände i. S. d. § 94 Abs. 1 StPO.

Für einen auch unkörperlichen Gegenstandsbegriff spricht demgegenüber der systematische Zusammenhang zwischen § 94 Abs. 1 und § 110 Abs. 3 StPO: Wenn die Durchsicht eines Speichermediums des Betroffenen am Durchsuchungsort auf ein hierüber erreichbares, räumlich getrenntes Speichermedium erstreckt werden darf und gefundene Daten mit potentieller Beweisbedeutung gesichert werden dürfen, muss dies für Daten auf dem (verschlüsselten, aber in Betrieb befindlichen) IT-System am Ort der Durchsuchung erst recht gelten. Andernfalls wäre deren Durchsicht, die § 110 Abs. 3 StPO als „erstreckungsfähig" voraussetzt, erlaubt, ohne dass potentiell beweisrelevante Daten sodann gesichert werden dürften. Wie also Papiere i. S. d. § 110 Abs. 1 StPO nach ihrer Durchsicht und Beurteilung als beweisrelevant (nicht mehr nur vorläufig) nach § 94 Abs. 1 StPO sicherzustellen sind, gilt es für Daten auf Datenträgern am Ort der Durchsuchung nach erfolgter Durchsicht.

[1484] Siehe hierzu oben S. 273 f.
[1485] *Korge*, Beschlagnahme, S. 51 f.

(c) Historisch-genetische Auslegung

(aa) Ansichten im Schrifttum

Im Schrifttum wird vielfach darauf verwiesen, dass in den Gesetzgebungsmaterialien zur StPO die Begriffe „Sache" und „Gegenstand" synonym verwandt worden seien.[1486] *Lemcke* folgert hieraus, der historische Gesetzgeber habe mit den §§ 94 ff. StPO erkennbar nur körperliche Gegenstände erfassen wollen.[1487] *Bär* stellt auf die vor Normierung der StPO üblichen Beschlagnahmen ab, auf die der historische Gesetzgeber sich nur habe beziehen können: In den Strafprozessordnungen der einzelnen Länder habe die Beschlagnahme alles erfasst, was körperlich gewesen sei und über die Tat oder den Beschuldigten habe Aufklärung verschaffen können.[1488] *Matzky* wendet ein, dass der historische Gesetzgeber jedenfalls im BGB zwischen (körperlichen) Sachen und Gegenständen (als weitergehendem Oberbegriff) unterschieden habe; aufgrund der technischen Gegebenheiten in den 1870er Jahren habe er zur heute maßgeblichen Inhaltsbestimmung schlicht nicht Stellung nehmen können.[1489]

(bb) Auffassung des BVerfG

Das *BVerfG* hat im Jahre 2005 hingegen gerade historische Argumente *für* die Anwendbarkeit des § 94 Abs. 1 StGB auf Daten ins Feld geführt: Die Normierung der §§ 98a ff. StPO und die Erwägungen in den Gesetzesmaterialien zu § 97 Abs. 5 S. 1 StPO und zur Änderung des § 110 Abs. 1 StPO im Jahre 2004 zeigten, dass der Gesetzgeber (unkörperliche) Daten grundsätzlich für sicherstellungsfähig halte.[1490]

[1486] *T. Böckenförde*, Die Ermittlung im Netz, S. 282; *Korge*, Beschlagnahme, S. 46; *Lemcke*, Sicherstellung, S. 22; *Meininghaus*, Zugriff auf E-Mails, S. 200.

[1487] *Lemcke*, Sicherstellung, S. 22 f.

[1488] *Bär*, Zugriff auf Computerdaten, S. 243.

[1489] *Matzky*, Zugriff auf EDV, S. 92 f.

[1490] Vgl. BVerfGE 113, 29 (50 f.).

(cc) Stellungnahme

Für die historische Auslegung stehen nur wenige tragfähige Ansätze zur Verfügung. Diese sprechen für einen auch unkörperlichen Gegenstandsbegriff.

In den Gesetzgebungsmaterialien zur – der heutigen StPO vorangegangenen – RStPO von 1877 geht es um *Gegenstände* im Zusammenhang mit Durchsuchungen und Beschlagnahmen.[1491] Ein unkörperlicher Kontext, wie ihn das Digitalzeitalter eröffnet, war Ende des 19. Jahrhunderts nicht denkbar. Folgerichtig knüpfen die Debatten um die Beschlagnahmevorschriften der §§ 85 ff. RStPO an Besitz- und Verfügungsrechte an[1492] und erörtern Gegenstände „in den Händen des Gerichts"[1493]. Hieraus folgt aber nicht, dass Gegenstände aufgrund einer bewussten Wertentscheidung des historischen Gesetzgebers nur körperlich zu verstehen sind; das Begriffsverständnis entspringt ausschließlich den technischen Rahmenbedingungen der Zeit. Auch hat der historische Gesetzgeber den Begriff des Gegenstandes an anderer Stelle unkörperlich verstanden.[1494] So war z. B. in § 56 Nr. 3 RStPO die Rede vom „Gegenstand der Untersuchung", in § 68 RStPO vom „Gegenstande [der] Vernehmung", in § 69 RStPO vom „Gegenstande [der] That" und in § 115 RStPO vom „Gegenstand der Beschuldigung". Der jeweilige Sachzusammenhang steht systematischen Rückschlüssen auf die §§ 85 ff. RStPO zwar entgegen. Wie aber *Matzky* zutreffend herausstellt,[1495] ist im bürgerlichen Recht von Sachen die Rede, wenn körperliche Gegenstände gemeint sind, sodass der historische Gesetzgeber bei einer grundlegend bezweckten Reduzierung auf körperliche Beweisobjekte in der RStPO „Sachen" an die Stellen nur körperlicher „Gegen-

---

[1491] Vgl. *Hahn/Mugdan*, Materialien StPO, Abt. 1, S. 124; 126.

[1492] *Hahn/Mugdan*, Materialien StPO, Abt. 1, S. 623.

[1493] *Hahn/Mugdan*, Materialien StPO, Abt. 1, S. 624.

[1494] Da *Meininghaus* dies bei der Auslegung am Wortsinn berücksichtigt, vgl. *Meininghaus*, Zugriff auf E-Mails, S. 199, ist sein Schluss, die historische Auslegung sei nicht ergiebig, insoweit unverständlich.

[1495] *Matzky*, Zugriff auf EDV, S. 92.

stände" im Gesetzestext hätte setzen können. Dieses Argument verliert nicht dadurch an Stärke, dass das BGB seine ursprüngliche Fassung erst 1896 erhielt. Denn fast zeitgleich mit der RStPO entstand 1877 die „Civilprozeßordnung". Dort ist in § 729 von Forderungen und anderen Vermögensrechten als *Gegenständen* der Zwangsversteigerung, in § 712 hingegen ausdrücklich von *körperliche Sachen* die Rede.

Fraglich ist, inwieweit Gesetzesänderungen und -erweiterungen im Kontext der Sicherstellungsvorschriften Rückschlüsse auf den Gegenstandsbegriff nach gesetzgeberischem Verständnis zulassen.

Im Jahre 1992 wurden die §§ 98a ff. in die StPO eingefügt.[1496] Sie bilden die gesetzliche Grundlage für die Rasterfahndung, bei der bestimmte, nach kriminalistischen Erfahrungssätzen ausgewählte Merkmale aus verschiedensten – zu anderen Zwecken erhobenen – Beständen personenbezogener Datensätze automatisiert zusammengeführt und abgeglichen werden, um Personen mit tätertypischen Merkmalen zu identifizieren.[1497] Die dabei genutzten Daten sind zwar naturgemäß unkörperlich. Aus systematischen Gründen folgt hieraus aber nicht, dass auch Gegenstände i. S. d. § 94 Abs. 1 StPO unkörperlich zu verstehen sind – vielmehr ist die Rasterfahndung eine völlig eigenständige Ermittlungsmaßnahme.[1498]

Ein weiteres historisches Argument lässt sich scheinbar aus der ebenfalls 1992 vorgenommenen Änderung des § 111b Abs. 1 StPO ableiten. Hierbei wurde die Formulierung „Gegenstände und andere Vermögensvorteile" durch „Gegenstände" ersetzt.[1499] Der Gesetzgeber begründete dies damit, die Struktur der Vorschrift redaktionell verbessern zu wollen,[1500] sodass davon ausgegangen werden kann, dass Vermögensvorteile – ob körperlich oder unkörperlich –

[1496] BGBl. 1992 I, S. 1302.
[1497] BT-Drucks. 12/989, S. 56.
[1498] Siehe hierzu oben S. 296.
[1499] BGBl. 1992 I, S. 372.
[1500] BT-Drucks. 12/1134, S. 12.

schon immer vom Begriff des Gegenstands erfasst waren. Die Beschlagnahme der Gegenstände i. S. d. § 111b Abs. 1 StPO richtet sich nach § 111c StPO. Darin unterscheidet der Gesetzgeber zwischen beweglichen Sachen (Abs. 1), Grundstücken und grundstücksgleichen Rechten (Abs. 2) und Forderungen und anderen Vermögensrechten (Abs. 3). Rechte und Forderungen sind nicht körperlich, aber Gegenstände i. S. d. § 111b Abs. 1 StPO. Infolge des divergierenden Sachzusammenhangs ist hieraus jedoch für den Gegenstandsbegriff des § 94 Abs. 1 StPO gleichfalls nichts herzuleiten.[1501]

Ergiebiger ist die Betrachtung der historischen Entwicklung des § 110 StPO. Anders als vom *BVerfG* angenommen,[1502] gibt aber die Neufassung des Abs. 1 im Jahre 2004 noch nichts für die Auslegung des Gegenstandsbegriffs her: Aus den Gesetzesmaterialien folgt keine Wertentscheidung des Gesetzgebers dafür, dass dieser unkörperlich zu verstehen sei, sondern lediglich, warum auch Ermittlungspersonen mit der Auswertung von Papieren befasst werden sollten: Deshalb nämlich, weil insbesondere die Auswertung von Datenbeständen Spezialkenntnisse erfordere, über die hierfür gesondert ausgebildete Beamte, nicht aber Staatsanwälte verfügten.[1503] Dass aber solche Datenbestände überhaupt von § 110 StPO umfasst seien, wird in den Materialien ohne jede Erörterung mit Fundstellen zur vorangegangenen Rechtslage belegt.[1504] Diese Argumentation ist schlechterdings nicht nachvollziehbar,[1505] denn ursprünglich sollte § 110 StPO *verhindern*, dass Ermittlungspersonen bei der Durchsicht von Papieren unverwertbare oder intime, verfahrensirrelevante Informationen zur Kenntnis nehmen – nur deshalb war die Durch-

---

[1501] Siehe hierzu oben S. 294.

[1502] BVerfGE 113, 29 (50 f.). Auch der Verweis des *BVerfG* auf die Materialien zu § 97 Abs. 5 S. 1 StPO aus dem Jahre 1974 überzeugt mitnichten: An der zitierten Stelle wird lediglich die Erweiterung der Norm von Schriftstücken auf Datenträger mit „der Entwicklung der Technik" begründet. Zu Daten als solchen enthalten die Materialien keine Aussage, vgl. BT-Drucks. 7/2539, S. 11.

[1503] BR-Drucks. 378/03, S. 54.

[1504] Vgl. BR-Drucks. 378/03, S. 54.

[1505] Krit. zur Änderung des § 110 StPO ausführlich auch *Schlegel*, GA 2007, 648 (661 f.).

sicht zuerst dem Richter, später (auch[1506]) dem Staatsanwalt vorbehalten[1507]. Die Rechtsprechung wandte § 110 StPO diesem Schutzzweck entsprechend *über den Wortlaut hinaus*[1508] auf alle Mitteilungen und Aufzeichnungen unabhängig vom Informationsträger an.[1509] So trug auch die entsprechende Anwendung auf elektronische Daten[1510] dem für den Betroffenen *günstigen* Normzweck Rechnung: Es handelte sich um eine im Strafverfahren zulässige begünstigende Analogie.[1511]

Im Jahre 2007 fügte der Gesetzgeber einen Abs. 3 in § 110 StPO ein,[1512] wonach die Durchsicht eines elektronischen Speichermediums bei dem von der Durchsuchung Betroffenen auf davon räumlich getrennte Speichermedien erstreckt werden darf, wenn andernfalls Beweisverlust droht. Diese Regelung irritiert zwar abermals angesichts des ursprünglichen Normzwecks, wandelt sie doch § 110 StPO von einer Schutznorm in eine Eingriffsgrundlage um.[1513] Auch führt der Gesetzgeber in den Materialien aus, dass „Daten grundsätzlich *wie* [Hervorh. d. Verf.] ein beschlagnahmter Gegenstand zu behandeln" seien –[1514] eine Formulierung, der es nicht bedurft hätte, hielte der Gesetzgeber Daten per se für Gegenstände i. S. d. § 94 Abs. 1 StPO. Die Materialien zu § 110 StPO lassen damit insgesamt nicht erkennen, dass der Gesetzgeber – trotz ausführlicher Erörterung im Schrifttum – zu elektronischen Daten im Kontext des Ge-

---

[1506] Dies ist entgegen dem Wortlaut noch immer der Fall, vgl. *Wohlers,* in: SK StPO, Rn. 12 zu § 110 m. w. N.

[1507] Vgl. *Tsambikakis,* in: Löwe/Rosenberg, Rn. 2 zu § 110.

[1508] Dass Daten dem Wortsinn nach zwar ggf. *Gegenstände,* aber jedenfalls keine *Papiere* sind, sollte keiner weiteren Erörterung bedürfen.

[1509] BGH, Beschluss vom 23.11.1987 – 1 BGs 517/87 –, StV 1988, 90.

[1510] BGH, Beschluss vom 14.12.1998 – 2 BGs 306/98 –, juris, Rn. 13.

[1511] Siehe hierzu oben S. 124.

[1512] BGBl. 2007 I, S. 3204.

[1513] Der Gesetzgeber hat dies in den Materialien erneut nicht thematisiert, sondern ging ohne Begründung davon aus, dass es sich bei § 110 StPO schlechthin um die Ermächtigungsgrundlage zur Durchsicht von Daten handle, vgl. BT-Drucks. 16/5846, S. 63.

[1514] BT-Drucks. 16/6979, S. 45.

genstandsbegriffs überhaupt Erwägungen angestellt hat.

Die Normhistorie des § 110 StPO kann aber allein durch eine vergleichende Betrachtung des geänderten Gesetzeswortlauts zur Auslegung herangezogen werden: Wenn § 110 StPO die Durchsicht potentieller Sicherstellungsobjekte zur Beurteilung ihrer Beweisrelevanz und Beschlagnahmefähigkeit i. S. d. §§ 94 Abs. 2, 98 Abs. 2 StPO regelt, sind Daten jedenfalls seit der Neufassung des § 110 Abs. 3 StPO im Jahre 2007 – mit ausdrücklichem Verweis auf § 98 Abs. 2 StPO – hiervon umfasst und damit nach Vorstellung des Gesetzgebers Gegenstände i. S. d. 94 Abs. 1 StPO.

(d) Auslegung nach Sinn und Zweck

(aa) Ansicht: Gegenstand meint nur körperliche Objekte

Lemcke erkennt „das Wesen" der §§ 94 ff. StPO darin, dem Inhaber eines Gegenstandes „dessen uneingeschränkten Gebrauch zu entziehen" und bemüht als Referenz eine Veröffentlichung des *Dutch Committee on Computer Crime* aus dem Jahre 1988.[1515] Da unkörperliche Gegenstände ihrem Inhaber auch bei staatlichem Zugriff nicht entzogen würden, seien die §§ 94 ff. StPO teleologisch auf körperliche Gegenstände zu beschränken.[1516] Auch *Aepli* hält nach Sinn und Zweck nur körperliche Gegenstände für von den Beweismittelvorschriften erfasst: Dass es im gerichtlichen Verfahren primär auf den Inhalt von Informationen, nicht aber auf deren Träger ankomme, ändere nichts daran, dass Beweismittel – körperlich – vorlegbar sein müssten.[1517]

[1515] *Lemcke*, Sicherstellung, S. 23. Krit. hierzu *Korge*, Beschlagnahme, S. 54 f. Die von *Lemcke* herangezogene Belegstelle enthält zum Wesen der §§ 94 ff. StPO zudem keinerlei Aussage.

[1516] *Lemcke*, Sicherstellung, S. 23 f.

[1517] *Aepli*, Sicherstellung, S. 58 f., zur identischen Problemlage im Strafverfahrensrecht der Schweiz.

(bb) Ansicht: Gegenstand meint körperliche und unkörperliche Objekte

Bär benennt als Zweck der Beschlagnahmevorschriften hingegen die Sicherung von Beweismitteln, um Veränderungen und Verdunklungen vorzubeugen.[1518] Diesem Zweck könne auch die Beschlagnahme unkörperlicher Objekte dienen.[1519] Ebenso stellt *Meininghaus* auf den potentiellen Beweisverlust ab: Wenn mit der Sicherstellung einer verdunkelnden Einwirkung auf ein Beweisobjekt vorgebeugt werden soll, müssten nach Sinn und Zweck alle Beweisobjekte sicherstellungsfähig i. S. d. § 94 Abs. 1 StPO sein, die einem Beweisvorgang entzogen werden könnten.[1520] Gerade bei – unwiederbringlich löschbaren – elektronischen Daten sei dies der Fall.[1521]

(cc) Stellungnahme

Nach Sinn und Zweck der §§ 94 ff. StPO – der Sicherung von Beweismitteln für das weitere Verfahren –[1522] sind auch unkörperliche Objekte Gegenstände i. S. d. § 94 Abs. 1 StPO. Die hiergegen vorgebrachten Argumente überzeugen nicht:

Lemckes[1523] Verständnis von Sinn und Zweck der §§ 94 ff. StPO ist mit dem Verhältnismäßigkeitsprinzip nicht zu vereinbaren: Beweisgegenstände dürfen dem Betroffenen nur entzogen werden, soweit dies zur Sicherung des Strafverfahrens erforderlich ist,[1524] nicht aber, um etwa die von einem Gegenstand ausgehende Gefahr abzuwenden oder den Betroffenen gar bereits im Ermittlungsverfahren zu

---

[1518] *Bär*, Zugriff auf Computerdaten, S. 244. Dem schließen sich *Korge*, Beschlagnahme, S. 53; *T. Böckenförde*, Die Ermittlung im Netz, S. 290, und *Matzky*, Zugriff auf EDV, S. 100 f., an.

[1519] *Bär*, Zugriff auf Computerdaten, S. 244.

[1520] *Meininghaus*, Zugriff auf E-Mails, S. 203.

[1521] *Meininghaus*, Zugriff auf E-Mails, S. 203.

[1522] *Wohlers*, in: SK StPO, Rn. 1 zu § 94.

[1523] *Lemcke*, Sicherstellung, S. 23 f.

[1524] Siehe hierzu oben S. 265 ff.

„bestrafen".[1525]

Der Ansatz *Aeplis*[1526] stellt allein auf Fragen der Praktikabilität ab und ist daher gleichfalls abzulehnen: Für Aspekte des Gesetzeszwecks kann es nicht darauf ankommen, ob ein zweckentsprechendes Auslegungsergebnis in der Praxis leicht oder schwierig umsetzbar ist, zumal sich die Vorlage von auf behördlichen Datenträgern sichergestellten Daten rein praktisch nicht von der Vorlage sichergestellter Datenträger unterscheidet: Die Daten müssen jeweils durch technische Zwischenschritte visualisiert und hierdurch zu Augenscheinsobjekten gemacht werden.[1527]

(e)   Verfassungskonforme Auslegung

Die Auslegung des Gegenstandsbegriffs in § 94 Abs. 1 StPO im klassischen Methodenkanon ergibt seine Geltung sowohl für körperliche als auch für unkörperliche Beweisobjekte. Fraglich ist, ob verfassungsrechtliche Aspekte – namentlich Anforderungen des IT-Grundrechts – diesem Auslegungsergebnis im vorliegenden Kontext entgegenstehen. Dies wäre dann der Fall, wenn sich die Eingriffsintensität durch den Zugriff auf die (unkörperlichen) Daten selbst im Vergleich zum Zugriff auf (körperliche) Datenträger erhöhte und hierdurch über die §§ 94 ff., 102 ff. StPO hinausgehende Eingriffsanforderungen erforderlich würden. Beim körperlichen Zugriff auf ein in Betrieb befindliches verschlüsseltes IT-System am Ort einer Durchsuchungsmaßnahme ist dies aus mehreren Gründen nicht anzunehmen:

(aa)   Intensivere Vertraulichkeitsbeeinträchtigung?

So ist bereits zweifelhaft, ob sich die tatsächlich berechtigte Vertraulichkeitserwartung an Inhalte eines *in Betrieb befindlichen* verschlüsselten IT-Systems von derjenigen an Inhalte eines unver-

---

[1525] So auch *Korge*, Beschlagnahme, S. 54.
[1526] *Aepli*, Sicherstellung, S. 58 f.
[1527] Siehe hierzu oben Fn. 1239.

schlüsselten IT-Systems unterscheidet. Denn für den verständigen Nutzer ist ohne Weiteres ersichtlich, dass nicht nur er selbst, sondern auch jeder Dritte das IT-System nutzen und auf verschlüsselte Inhalte zugreifen kann, sobald hierfür die technischen Voraussetzungen – d. h. die Eingabe eines Passworts bzw. einer Schlüsseldatei, wodurch der Schlüssel in den Arbeitsspeicher geladen und für das IT-System verfügbar wird –[1528] vorliegen. Angesichts der Funktionsweise einer Datenträgerverschlüsselung führt der „Zugriffsschutz" eines dieserart laufenden IT-Systems durch einen Bildschirmschoner oder einen Ruhemodus, der durch die Eingabe eines Passworts verlassen werden kann, ebenso wenig zu gesteigerten tatsächlich berechtigten Vertraulichkeitserwartungen: Der Schlüssel ist im Arbeitsspeicher nicht nur für denjenigen verfügbar, der über das Passwort für den Bildschirmschoner bzw. Ruhemodus verfügt, sondern für jeden, der körperlich auf den Arbeitsspeicher bzw. DMA-Schnittstellen zugreifen kann.[1529]

(bb) Intensivere Integritätsbeeinträchtigung?

Auch von einer intensiveren Beeinträchtigung der Integrität des verschlüsselten IT-Systems im Vergleich zum Zugriff auf unverschlüsselte Datenträger ist nicht auszugehen. Wird auf Funktionen, Leistungen und Speicherinhalte des verschlüsselten IT-Systems zugegriffen, um während seines Betriebs lesbare beweisrelevante Daten oder Schlüssel auf Datenträger der Ermittlungsbehörde zu kopieren, unterscheidet sich dies physikalisch weder von der Nutzung eines (originär unverschlüsselten) Datenträgers zur Erzeugung einer – für die IT-forensisch sachgemäße Auswertung nötigen –[1530] Imagedatei[1531] noch rein praktisch vom Zugriff durch den Berechtigten selbst – insbesondere werden keine neuen Programme auf dem IT-System installiert und keine Netzwerkzugriffsmöglichkeiten neu

---

[1528] Siehe hierzu oben S. 39 f.
[1529] Siehe hierzu oben S. 43 f.
[1530] Siehe hierzu oben S. 260.
[1531] Siehe hierzu oben S. 23.

geschaffen.[1532]

(cc) Keine Heimlichkeit der Maßnahme

Entscheidend gegen die Annahme einer höheren Intensität des Eingriffs in das IT-Grundrecht spricht schließlich, dass der Zugriff auf ein in Betrieb befindliches verschlüsseltes IT-System im Rahmen einer Durchsuchungsmaßnahme offen erfolgt: Für den Betroffenen ist erkennbar, dass die Ermittlungspersonen Funktionen, Leistungen und Speicherinhalte des IT-Systems nutzen und Datenbestände inhaltlich zur Kenntnis nehmen können. Er kann daher unmittelbar nach § 98 Abs. 2 S. 2 StPO Rechtsschutz erlangen und ist zu keiner Zeit der unbemerkten Beobachtung bei der Nutzung seines IT-Systems ausgesetzt.

(f) Zwischenergebnis

Daten aus einem am Ort einer Durchsuchungsmaßnahme in Betrieb befindlichen verschlüsselten IT-System können zur Sicherstellung gemäß § 94 Abs. 1 StPO auf Datenträger der Ermittlungsbehörde kopiert werden.

(2) Online-Durchsicht

Zur Durchführung einer sog. Online-Durchsicht[1533] besteht für das Strafverfahren nach mittlerweile einhelliger Meinung hingegen keine Befugnisnorm.

Auf die §§ 102, 103 StPO kann eine solche Maßnahme nicht gestützt werden, weil sie für den Betroffenen i. d. R. nicht erkennbar ist, Durchsuchungsmaßnahmen i. S. d. StPO indes ausweislich der §§ 105, 106 Abs. 1, 107 StPO *offene* Ermittlungsmaßnahmen sind.[1534]

[1532] Gerade hierdurch würde eine intensive Integritätsbeeinträchtigung begründet, vgl. BVerfGE 120, 274 (308 ff.). Siehe hierzu unten S. 329 ff.

[1533] Siehe hierzu oben S. 45 ff.

[1534] BGHSt 51, 211 (213); *Birkenstock*, Zur Online-Durchsuchung, S. 87; *Redler*, Online-Durchsuchung, S. 97 f.; *Tsambikakis*, in: Löwe/Rosenberg, Rn. 43 zu § 102; *Weiß*, Online-

Selbst wenn die §§ 105 ff. StPO als bloße Ordnungsvorschriften anzusehen wären, deren Verletzung grundsätzlich kein Beweisverwertungsverbot nach sich zieht,[1535] handelte es sich jedenfalls bei der
planmäßigen Durchführung einer heimlichen Online-Durchsicht auf
Grundlage der §§ 102, 103 StPO um *bewusste* Verfahrensverstöße –
auch Ordnungsvorschriften stehen jedoch nicht zur freien Dispositi-
on der Strafverfolgungsbehörden.[1536] Eine Analogie zu den §§ 102 ff.
StPO kommt wegen des im Strafverfahren für Grundrechtseingriffe
bestehenden Analogieverbots[1537] ebenfalls nicht in Betracht.[1538]
§ 100a StPO ist nicht anwendbar, weil formale Kommunikationsvorgänge i. S. d. § 3 Nr. 22 TKG – die Durchsicht des Datenbestands
und die Übertragung potentiell beweisrelevanter Daten an die Ermittlungsbehörde – nicht zwischen dem Betroffenen und einem
Dritten erfolgen, sondern erst von der Ermittlungsbehörde selbst für
den Betroffenen unbemerkt veranlasst werden.[1539] § 100c StPO
scheidet aus, weil das nichtöffentlich gesprochene Wort mit Datenbeständen eines IT-Systems nicht gleichgesetzt werden kann.[1540]
Entsprechend verhält es sich mit „Observationszwecken" i. S. d.
§ 100h Abs. 1 S. 1 Nr. 2 StPO[1541] und den in § 100i Abs. 1 StPO abschließend aufgezählten Identifikationsdaten im Mobilfunkbe-
reich[1542]. Die §§ 161, 163 StPO ermächtigen schließlich nur zu

---

Durchsuchungen im Strafverfahren, S. 66 f.; *Wohlers,* in: SK StPO, Rn. 15 zu § 102.
Anders noch BGH, Beschluss vom 21.02.2006 – 3 BGs 31/06 –, juris, Rn. 12 ff.; *Hofmann,*
NStZ 2005, 121 (124).

[1535] Offengelassen in BGHSt 51, 211 (214). Siehe hierzu auch oben Fn. 1092.

[1536] BGHSt 51, 211 (214 f.).

[1537] Siehe hierzu oben S. 124.

[1538] *Redler*, Online-Durchsuchung, S. 99 f.; *Weiß*, Online-Durchsuchungen im Strafverfahren, S. 68.

[1539] BGHSt 51, 211 (217 f.); *Birkenstock*, Zur Online-Durchsuchung, S. 88; *Kohlmann*,
Online-Durchsuchungen, S. 73 f.; *Redler*, Online-Durchsuchung, S. 101; *Weiß*, Online-
Durchsuchungen im Strafverfahren, S. 70 f.

[1540] BGHSt 51, 211 (218); *Kohlmann*, Online-Durchsuchungen, S. 74; *Redler*, Online-
Durchsuchung, S. 101 f.; *Weiß*, Online-Durchsuchungen im Strafverfahren, S. 73.

[1541] BGHSt 51, 211 (218); *Kohlmann*, Online-Durchsuchungen, S. 74; *Redler*, Online-
Durchsuchung, S. 102; *Weiß*, Online-Durchsuchungen im Strafverfahren, S. 74 f. Siehe
hierzu auch unten Fn. 1721.

[1542] *Redler*, Online-Durchsuchung, S. 103.

Grundrechtseingriffen geringer Intensität,[1543] wozu die Online-Durchsicht schon aufgrund ihrer Heimlichkeit nicht zählt.[1544]

Die von *Bär* vorgeschlagene Kombination der vorgenannten Eingriffsbefugnisse bis zur ausdrücklichen Normierung einer strafprozessualen Online-Durchsicht[1545] verstößt zum einen gegen den Vorbehalt des Gesetzes, wonach die Grundentscheidung für oder gegen einen bestimmten Grundrechtseingriff durch den parlamentarischen Gesetzgeber zu treffen ist,[1546] und gegen die Gebote der Normenklarheit und Bestimmtheit, die kontrollierbare Handlungsanweisungen im Wortlaut einer Eingriffsbefugnis erfordern[1547].[1548] Zum anderen enthalten die Normen keinerlei Vorgaben für die technische Umsetzung der Maßnahme, sodass auch den Anforderungen an den Schutz der Integrität i. S. d. IT-Grundrechts[1549] auf diese Weise nicht zu genügen ist. Dieselben Gründe sprechen gegen eine Legitimation der Online-Durchsicht nach Maßgabe des § 34 StGB.[1550]

dd) Hinterlegung der Schlüssel

Für eine Verpflichtung der Nutzer von Verschlüsselungsprogrammen, Schlüssel bzw. Passwörter bei Dritten zu hinterlegen, besteht gleichfalls keine Rechtsgrundlage.[1551]

ee) Schwächung von Verschlüsselungsprodukten

Ebenso verhält es sich mit einer Verpflichtung der Hersteller von

---

[1543] Siehe hierzu oben S. 124 ff.

[1544] BGHSt 51, 211 (218); *Kohlmann*, Online-Durchsuchungen, S. 75; *Redler*, Online-Durchsuchung, S. 103; *Weiß*, Online-Durchsuchungen im Strafverfahren, S. 76 f.

[1545] *Bär*, MMR 2007, 175 (177).

[1546] Siehe hierzu oben S. 119 ff.

[1547] Siehe hierzu oben S. 127 ff.

[1548] BGHSt 51, 211 (218 f.); *Weiß*, Online-Durchsuchungen im Strafverfahren, S. 78 f.

[1549] Siehe hierzu oben S. 153 und unten S. 329.

[1550] Vgl. zu dieser Lösung ausführlich (und i. E. richtigerweise ablehnend) *Weiß*, Online-Durchsuchungen im Strafverfahren, S. 81 ff.

[1551] Vgl. *H. Bunzel*, Erkenntnisgewinn aus konzelierten Daten, S. 290 ff.; *Diehl*, DuD 2008, 243 (246 f.).

Verschlüsselungsprogrammen, Backdoors bzw. technischen Schwächen für den behördlichen Zugriff zu implementieren.[1552]

ff) Ermittlung des Passworts per Keylogger

Der Einsatz eines Keyloggers, um die Eingabe von Passwörtern für Verschlüsselungsprogramme aufzuzeichnen, ist – sofern er per *Software* im Wege des Fernzugriffs auf ein IT-System umgesetzt wird – aus denselben Gründen unzulässig wie die Durchführung einer Online-Durchsicht.

Auch ein *Hardware*-Keylogger kann nach derzeit geltender Rechtslage nicht eingesetzt werden. Der mit ihm verbundene Eingriff in das IT-Grundrecht[1553] dient der Realisierung einer späteren Sicherstellung *lesbarer* Daten und ist damit wesentlicher Bestandteil einer Maßnahme mit Zwangscharakter, sodass die §§ 161, 163 StPO als Eingriffsgrundlage nicht in Betracht kommen. Im Schutzbereich des Art. 13 Abs. 1 GG bedürfte es ferner einer Befugnis zum heimlichen Betreten der Wohnung. Für beide Grundrechtseingriffe ist keine Spezialermächtigung ersichtlich. Insbesondere enthalten die §§ 94 ff. StPO weder eine Annexkompetenz zum heimlichen Anbringen eines Keyloggers im Vorfeld einer Durchsuchungs- und Sicherstellungsmaßnahme noch zum heimlichen Betreten einer Wohnung: Im Unterschied zu § 100c StPO – der ohnehin zum heimlichen Eingriff in Art. 13 Abs. 1 GG ermächtigt und deshalb zur Begründung einer Annexkompetenz für die heimliche Installation von Abhöreinrichtungen herangezogen werden kann –[1554] handelt es sich beim heimlichen Anbringen eines Hardware-Keyloggers bzw. beim heimlichen Betreten einer Wohnung verglichen mit Maßnahmen nach den §§ 94

[1552] Vgl. *BMI*, Antworten zum Fragenkatalog des BMJ, S. 19; *Fox*, Stellungnahme zur „Online-Durchsuchung", S. 7. Ohnehin vorhandene bekannte Schwachstellen in Verschlüsselungsprogrammen dürfen hingegen auch von Ermittlungsbehörden genutzt werden, siehe hierzu oben S. 282.

[1553] BVerfGE 120, 274 (315).

[1554] Vgl. BT-Drucks. 13/8651, S. 13; *Bruns*, in: KK StPO, Rn. 4 zu § 100c; *B. Gercke*, in: HK-StPO, Rn. 7 zu § 100c; *Wolter*, in: SK StPO, Rn. 40 zu § 100c.

ff., 102 ff. StPO um *ungleich schwerere* Grundrechtseingriffe, sodass die zur Annahme einer Annexkompetenz erforderliche untergeordnete Eingriffsintensität[1555] fehlt.[1556] Es versteht sich von selbst, dass hiernach auch das heimliche Anbringen eines Hardware-Keyloggers im Rahmen einer „Alibi-Maßnahme" – etwa einer Wohnungsdurchsuchung aus vorgeblich anderen Gründen – nicht zulässig ist.[1557]

gg) Schlüsselrekombination aus dem Hardwareverhalten

Schließlich sind auch die derzeit bekannten Möglichkeiten unzulässig, Schlüssel aus dem Hardwareverhalten zu rekombinieren.[1558] Die akustische Überwachung eines IT-Systems zu diesem Zweck kann nicht auf § 100c StPO gestützt werden. Die Norm ermächtigt ihrem Wortlaut nach zum Abhören und Aufzeichnen des nichtöffentlich gesprochenen Wortes, nicht aber zur Aufzeichnung und Auswertung von Geräuschen eines IT-Systems, um in der Folge auf dessen Datenbestände zugreifen zu können. Da Letzteres einen eigenständigen, schwerwiegenden Eingriff in das IT-Grundrecht darstellt,[1559] handelt es sich auch nicht um eine Minusmaßnahme zu § 100c StPO. Eine Eingriffsermächtigung im Wege der Analogie ist ausgeschlossen.[1560]

b) Einzelfragen zur Verhältnismäßigkeit

aa) Brechung und Umgehung der Verschlüsselung

Auch zur Sicherstellung verschlüsselter IT-Systeme, um die Ver-

---

[1555] Siehe hierzu oben S. 129 ff.

[1556] I. E. ebenso zur Frage, ob ein Programm zur Durchführung von Internet-Fernzugriffen heimlich auf einem IT-System im Schutzbereich des Art. 13 Abs. 1 GG installiert werden darf *Birkenstock*, Zur Online-Durchsuchung, S. 254.

[1557] Siehe hierzu auch unten Fn. 1913.

[1558] Siehe hierzu oben S. 44.

[1559] Vgl. BVerfGE 120, 274 (315), für den vergleichbaren Fall der Messung elektromagnetischer Abstrahlungen von Bildschirm oder Tastatur.

[1560] Siehe hierzu oben S. 124.

schlüsselung mit technischen Mitteln zu brechen oder zu umgehen,[1561] genügt die Sicherstellung kopierter Datenbestände –[1562] die andauernde Sicherstellung der Hardware ist nicht erforderlich und daher unverhältnismäßig.[1563]

bb) Mitwirkungspflichten

Bei der Verhältnismäßigkeitsprüfung von Zwangsmitteln des § 70 StPO zur Durchsetzung von Mitwirkungspflichten ist zwischen den Ordnungsmitteln gemäß Abs. 1 und der Beugehaft gemäß Abs. 2 zu differenzieren: Ordnungsgeld bzw. ersatzweise Ordnungshaft für den Fall, dass das verhängte Ordnungsgeld nicht beigetrieben werden kann, ist eine nach dem Gesetzeswortlaut *zwingende* Folge der Mitwirkungsverweigerung; ein Entscheidungsspielraum besteht daher nur hinsichtlich der *Höhe bzw. Dauer* des Ordnungsgeldes bzw. der Ordnungshaft, bei dessen Ausfüllung es auf die Bedeutung der Mitwirkungshandlung für die Sachverhaltsaufklärung, den Grund, die Dauer und die Beharrlichkeit der Verweigerung, die Schwere und Bedeutung der Anlasstat und die wirtschaftlichen Verhältnisse des Betroffenen ankommt.[1564]

Die Verhängung von Beugehaft steht hingegen grundsätzlich im Ermessen des Gerichts. Dieses Ermessen ist (gegen die Verhängung der Beugehaft) auf null reduziert, wenn eine Mitwirkungshandlung den weiteren Verfahrensgang nicht beeinflussen kann und daher nicht erforderlich ist.[1565] Verhältnismäßig i. e. S. ist die Verhängung

---

[1561] Siehe hierzu oben S. 38.

[1562] Siehe hierzu oben S. 22 f.

[1563] Die in der Praxis zu beobachtende – rechtswidrige – Vorgehensweise, verschlüsselte Datenträger solange nicht herauszugeben, bis deren Beweisrelevanz beurteilt werden kann, um auf diese Weise den Betroffenen zur Entschlüsselung anzuhalten – vgl. etwa BVerfG, Beschluss vom 30.01.2002 – 2 BvR 2248/00 –, juris, Rn. 5; OVG Berlin-Brandenburg, Beschluss vom 25.03.2013 – OVG 1 S 104.12 –, juris, Rn. 12 – nötigt dem Betroffenen u. U. eine Mitwirkungshandlung ab, zu der er rechtlich nicht verpflichtet ist, siehe hierzu oben S. 284 ff.

[1564] *B. Gercke*, in: HK-StPO, Rn. 7 zu § 70; *Ignor/Bertheau*, in: Löwe/Rosenberg, Rn. 10 ff. zu § 70; *Rogall*, in: SK StPO, Rn. 17 ff. zu § 70.

[1565] Vgl. BGH, Beschluss vom 04.08.2009 – StB 32/09 –, juris, Rn. 9.

der Beugehaft nur, wenn sie für die Sachverhaltsaufklärung uner-lässlich ist[1566] und in einem angemessenen Verhältnis zur Bedeutung der Anlasstat und der zu erwartenden Erkenntnisse für das weitere Verfahren steht[1567].

cc) Sicherung und Auswertung während des Betriebs

Soweit zur Sicherung und Auswertung verschlüsselter Datenbe-stände auf ein in Betrieb befindliches IT-System zugegriffen werden soll, beeinflusst dies die Verhältnismäßigkeit *der Art und Weise* einer Durchsuchungs- und Sicherstellungsmaßnahme: Da bereits die kurzzeitige Stromunterbrechung den Verlust der flüchtigen Daten im Arbeitsspeicher – und damit auch den Verlust der Zugriffsmög-lichkeit bzw. des zu sichernden Schlüssels – zur Folge hat,[1568] muss gewährleistet sein, dass sich das IT-System im Zeitpunkt des Zu-griffs tatsächlich in Betrieb befindet und der Betroffene keine Mög-lichkeit zur Abschaltung bzw. Stromunterbrechung erhält. So wurde etwa ein Beschuldigter in einem Ermittlungsverfahren der *Staatsan-waltschaft Rostock*[1569] wegen des Verdachts der Bildung einer krimi-nellen Vereinigung in einem besonders schweren Fall telefonisch unter einem Vorwand zum Einschalten seines verschlüsselten PCs veranlasst und unmittelbar darauf von einem Spezialeinsatzkom-mando überwältigt. Von einem ähnlichen Fall berichtete *Vetter* an-schaulich auf einem Vortrag an der Fachhochschule Münster:[1570] In einem Ermittlungsverfahren wegen des Verdachts des bandenmäßi-gen Vertriebs von Kinderpornographie wurde der Datenverkehr am Internetanschluss eines Beschuldigten in Echtzeit überwacht, um Aktivitäten des anvisierten IT-Systems abzuwarten. Als solche fest-gestellt werden konnten, seilten sich Beamte eines Spezialeinsatz-

---

[1566] BVerfGK 10, 216 (225)

[1567] BVerfGK 6, 197 (203).

[1568] Siehe hierzu oben S. 16.

[1569] Az. 412 Js 8587/11, nicht veröffentlicht.

[1570] Vortrag vom 03.07.2012, abrufbar unter https://www.youtube.com/watch?v=amCSEldzKIU (dort ab 1h 24').

kommandos vom Dach des Hauses bis an das Fenster des Raumes ab, in welchem sich der Beschuldigte aufhielt. Dort erfolgte der Zugriff, wobei der Beschuldigte abrupt vom Arbeitsplatz an seinem IT-System entfernt wurde, um das Abschalten des IT-Systems zu verhindern.

Die vorgenannten Zugriffsmodalitäten sind zur Zweckerreichung ohne Weiteres erforderlich.[1571] Ob sie auch angemessen sind – ob es sich also um zumutbare Sonderopfer der Betroffenen im Interesse der funktionstüchtigen Strafrechtspflege handelt – hängt von den *durch die Art und Weise* des Zugriffs beeinträchtigten Grundrechtspositionen, nicht aber von der Verletzung der Vertraulichkeit der verschlüsselten IT-Systeme ab: Der Eingriff in das IT-Grundrecht durch die Sicherstellung und Auswertung der Datenbestände eines in Betrieb befindlichen verschlüsselten IT-Systems unterscheidet sich in seiner Schwere nicht von demjenigen beim Zugriff auf ein unverschlüsseltes IT-System, weil bei Vorliegen der Eingriffsvoraussetzungen die rechtlich berechtigten Vertraulichkeitserwartungen den u. U. tatsächlich berechtigten nicht entsprechen.[1572] Es ist mithin dieselbe Abwägung anzustellen, wie sie zur Beurteilung der Angemessenheit einer Durchsuchungsmaßnahme stets zu erfolgen hat.[1573] In den vorgenannten Fällen bleiben damit neben dem Eingriff in Art. 13 Abs. 1 GG Eingriffe in Art. 14 Abs. 1 GG dadurch, dass Fenster und Türen beschädigt wurden, und – im von *Vetter* geschilderten Fall – Eingriffe in das IT-Grundrecht und das Fernmeldegeheimnis dadurch, dass die formale Internetkommunikation überwacht wurde[1574], zu beurteilen, die angesichts der Anlasstaten weder offensichtlich in einem groben Missverhältnis zur Zweckerreichung stehen noch besonders schwerwiegend sind.[1575]

[1571] Siehe hierzu oben S. 113 f.

[1572] Siehe hierzu oben S. 166 ff.

[1573] Siehe hierzu oben S. 276.

[1574] Siehe hierzu oben S. 195.

[1575] Für die Überwachung des Internetanschlusses gilt dies jedenfalls dann, wenn – wie dargestellt – lediglich Aktivitäten des IT-Systems ausgemacht, aber keinerlei Inhal-

c) Rechtsfolgen bei Verfahrensverstößen

aa) Brechung und Umgehung der Verschlüsselung

Für die nicht erforderliche Vorenthaltung verschlüsselter Hardware ist der Betroffene finanziell zu entschädigen.[1576] Wurde durch den Entzug der Hardware die Entschlüsselung der Daten erzwungen, liegt ein Verstoß gegen die Selbstbelastungsfreiheit vor, der zu einem Beweisverwertungsverbot führt.[1577]

Fraglich ist, inwieweit diesem auch Fernwirkung zukommt. Hierbei kann nicht außer Betracht bleiben, dass die (unverhältnismäßige) körperliche Sicherstellung von Hardware bei Beweisthemen mit ausschließlichem Datenbezug bis heute die Regel ist.[1578] Soweit die Ermittlungsbehörde den Betroffenen nicht ausdrücklich zur Entschlüsselung aufgefordert und für diesen Fall die Rückgabe der Hardware in Aussicht gestellt hat, wird man daher allein in der anhaltenden Sicherstellung keine *bewusste Entwertung* der Selbstbelastungsfreiheit sehen können. Zudem gibt es im Bereich der Entschlüsselung mittels Passworts hypothetische Ermittlungsverläufe, die eine Fernwirkung aus Systemschutzgründen[1579] zweifelhaft erscheinen lassen: Finden sich im Nachgang mitwirkungsbereite und -fähige Dritte, hatte der Betroffene das Passwort schriftlich niedergelegt und sind diese Aufzeichnungen bereits asserviert oder wurde durch die Offenbarung des Passworts klar, dass es aufgrund seiner Länge binnen weniger Wochen durch einen Brute Fore-Angriff hätte ermittelt werden könne, wäre bei anzunehmender Fernwirkung der Datenbestand – auch mittelbar – unverwertbar, obwohl seine Entschlüsselung auch ohne die unfreiwillige Passwortherausgabe ge-

---

te überwacht wurden. Zur auf Dauer angelegten heimlichen (inhaltlichen) Überwachung der Internetnutzung siehe aber unten S. 344.

[1576] Insoweit bestehen keine Unterschiede zur unverhältnismäßigen Dauer der Sicherstellung unverschlüsselter Hardware, siehe hierzu oben S. 279 f.

[1577] Siehe hierzu oben S. 226.

[1578] Siehe hierzu oben S. 267 ff.

[1579] Siehe hierzu oben S. 243 ff.

lungen wäre.

Ein Beweisverwertungsverbot mit Fernwirkung liegt demgegenüber nahe, wenn die Ermittlungsbehörde dem Betroffenen (nur) für den Fall der Passwortoffenbarung die zeitnahe Herausgabe der Hardware in Aussicht stellt, ihm weiter nicht ermöglicht, Kopien benötigter Daten anzufertigen und zugleich offensichtlich ist, dass der Betroffene hierdurch in eine Zwangslage versetzt wird – etwa, weil er aus beruflichen Gründen auf die sichergestellten IT-Systeme samt Datenbestand angewiesen ist. Gegen die Fernwirkung sprechen jedoch auch in derartigen Fällen konkrete Anhaltspunkte für zu berücksichtigende hypothetische Ermittlungsverläufe.[1580]

bb) Mitwirkungspflichten

Auch fehlerhaft angeordnete Zwangsmittel nach § 70 StPO sind gemäß Art. 5 Abs. 5 EMRK finanziell zu entschädigen.[1581] Dienten sie der Erzwingung wahrer Angaben, nachdem der Betroffene seiner Mitwirkungspflicht bereits – wenn auch wahrheitswidrig – nachgekommen war, unterliegen die so gewonnenen Informationen gemäß §§ 69 Abs. 3, 136a Abs. 1 StPO einem Beweisverwertungsverbot, dessen Fernwirkung wiederum durch aufgrund konkreter Anhaltspunkte zu berücksichtigende hypothetische Ermittlungsverläufe durchbrochen werden kann.[1582]

cc) Maßnahmen ohne Rechtsgrundlage

Wurde trotz Fehlens der erforderlichen Spezialermächtigung per Online-Durchsicht, Hardware-Keylogger oder Schlüsselrekombination aus dem Hardwareverhalten Zugriff auf Daten eines verschlüsselten IT-Systems erlangt, besteht ein absolutes Verwendungsverbot

---

[1580] Siehe hierzu oben S. 231 f.

[1581] BGHSt 36, 236 (239 f.); *Ignor/Bertheau*, in: Löwe/Rosenberg, Rn. 32 zu § 71; *Rogall*, in: SK StPO, Rn. 45 zu § 70.

[1582] Siehe hierzu oben S. 231 f.

der erhobenen Daten.[1583]

3. Überwachung der Nutzung

a) Nutzung zur funktionalen Internet-Kommunikation

aa) Grundrechtseingriffe

Die Überwachung der mittels IT-Systems geführten funktionalen Internet-Kommunikation greift in das Fernmeldegeheimnis des Betroffenen ein.[1584] Soweit Funktionen und Leistungen des IT-Systems eigens hierfür genutzt werden, indem ein Programm zur Überwachung auf dem IT-System installiert wird, liegt zugleich ein Eingriff in das IT-Grundrecht[1585] und die Eigentumsfreiheit[1586] vor. Zudem kommen Eingriffe in die Unverletzlichkeit der Wohnung[1587] dadurch in Betracht, dass im Wege der akustischen Wohnraumüberwachung auf Inhalte der funktionalen Internet-Kommunikation zugegriffen wird.

bb) Ermittlungsbefugnisse

(1) Abhören der Internet-Telefonie

(a) Durch Inpflichtnahme von Anbietern und Mitwirkenden

Gemäß §§ 100a, 100b Abs. 3 S. 1 StPO sind Anbieter von und Mitwirkende an Telekommunikationsdiensten verpflichtet, den Ermittlungsbehörden TKÜ-Maßnahmen zu ermöglichen. Die Normen sind

---

[1583] Siehe hierzu oben S. 246.

[1584] Siehe hierzu oben S. 195.

[1585] *F. Albrecht/Dienst*, JurPC 5/2012, Abs. 50; *Buermeyer/Bäcker*, HRRS 2009, 433 (439); *Hoffmann-Riem*, JZ 2008, 1009 (1022); *Hornung*, CR 2008, 299 (300 f.); *Michalke*, StraFo 2008, 287 (291). Siehe hierzu oben S. 153 f.

[1586] Siehe hierzu oben S. 171.

[1587] Siehe hierzu oben S. 179.

mit Art. 10 Abs. 1 GG vereinbar.[1588]

(aa) ISPs als Verpflichtete i. S. d. § 100b Abs. 3 S. 1 StPO

Unproblematisch von § 100b Abs. 3 StPO i. V. m. § 110 TKG, §§ 3 ff. TKÜV[1589] erfasst sind ISPs: Sie erbringen Telekommunikationsdienste für die Öffentlichkeit i. S. d. § 110 Abs. 1 S. 1 TKG, indem sie Internetzugänge öffentlich anbieten.[1590]

(bb) Anbieter nutzerbasierter VoIP-Dienste als Verpflichtete i. S. d. § 100b Abs. 3 S. 1 StPO

Umstritten ist, ob auch Anbieter nutzerbasierter VoIP-Dienste[1591] Anbieter von bzw. Mitwirkende an Telekommunikationsdiensten i. S. d. § 100b Abs. 3 S. 1 StPO sind.

Hiergegen spricht zwar nicht, dass ihr Angebot zumindest in der Grundfunktionalität kostenlos ist.[1592] Das Tatbestandsmerkmal der *regelmäßigen Entgeltlichkeit* aus § 3 Nr. 24 TKG wird schon dadurch erfüllt, dass für den Nutzer kostenlose Angebote über Werbeanzeigen Dritter finanziert werden und damit aus der maßgeblichen Perspektive des Anbieters gar nicht unentgeltlich sind.[1593] Auch zielen zahlreiche Anbieter gerade darauf ab, durch kostenlose Basisangebote Kunden für kostenpflichtige Zusatzfunktionen zu akquirieren und hierüber Gewinne zu erwirtschaften.[1594] Zudem findet das Anbieten von bzw. Mitwirken an Telekommunikationsdiensten i. S. d. § 100b Abs. 3 S. 1 StPO eine Entsprechung in § 3 Nr. 6 TKG, worin lediglich auf die *Geschäftsmäßigkeit* der Handlungen abgestellt wird,

---

[1588] BVerfGE 129, 208 (240 ff.); *Bruns*, in: KK StPO, Rn. 1 zu § 100a; *B. Gercke*, in: HK-StPO, Rn. 5 zu § 100a; *Wolter*, in: SK StPO, Rn. 12 zu § 100a.

[1589] Die Ausschlussgründe des § 3 Abs. 2 TKÜV können bei einzelnen ISPs gleichwohl vorliegen.

[1590] *Eckhardt*, in: Beck-TKG, Rn. 28 zu § 110; *Klesczewski*, in: Säcker, TKG, Rn. 33 zu § 110 m. w. N.

[1591] Siehe hierzu oben S. 61.

[1592] Vgl. hierzu *Bratke*, Quellen-TKÜ im Strafverfahren, S. 207 f.

[1593] *C. Mayer*, K&R 2009, 313 (314).

[1594] Vgl. *Bratke*, Quellen-TKÜ im Strafverfahren, S. 208.

die gemäß § 3 Nr. 10 TKG keinerlei Gewinnerzielungsabsicht erfordert. Aus systematischen Gründen ist mithin schon Telekommunikationsdiensteanbieter i. S. d. TKG, wer i. d. R. mit Kostendeckungsabsicht handelt.[1595] Anderes ist für keinen Anbieter nutzerbasierter VoIP-Dienste anzunehmen.

Teilweise wird jedoch vertreten, der erbrachte Dienst bestehe lediglich in der Verbreitung der VoIP-Software und Vermittlung von Verbindungen zwischen deren Nutzern, nicht aber ganz oder überwiegend in der Übertragung von Signalen über Telekommunikationsnetze, wie es § 3 Nr. 24 TKG für einen Telekommunikationsdienst erfordert; die Signalübertragung leiste wie bei jedem formalen Internet-Kommunikationsvorgang allein der ISP; folglich seien Anbieter nutzerbasierter VoIP-Dienste keine Telekommunikationsdiensteanbieter i. S. d. TKG, weshalb sie auch nicht nach § 100b Abs. 3 S. 1 StPO zur Mitwirkung verpflichtet werden könnten.[1596]

Diese Argumentation überzeugt aus zwei Gründen nicht: Zum einen setzt nutzerbasierte VoIP-Telefonie voraus, dass jeder Teilnehmer als Nutzer einer VoIP-Software identifizierbar und damit für andere Nutzer erreichbar ist; ohne die Vermittlung von Verbindungen zwischen Nutzern käme kein Telefonat zustande. Die Erbringung eines Telekommunikationsangebots i. S. d. § 3 Nr. 10 TKG liegt insoweit auch in der reinen Verbindungsvermittlung.[1597] Dass der Anbieter eines VoIP-Dienstes die physikalische Signalübermittlung nicht selbst bewirkt, sondern hierfür eine vorhandene Internetverbindung nutzt, steht seiner Eigenschaft als Telekommunikationsdiensteanbieter i. S. d. TKG nicht entgegen. So geht das TKG etwa in § 110 Abs. 1 S. 2 davon aus, dass es Telekommunikationsdiensteanbieter gibt, die selbst keine Telekommunikationsanlagen i.

[1595] BT-Drucks. 15/2316, S. 60; *C. Mayer*, K&R 2009, 313 (315).

[1596] So etwa *Bonnekoh*, Voice over IP, S. 199; *Martini/v. Zimmermann*, CR 2007, 368 (373). Ähnlich, aber i. E. offen *Bratke*, Quellen-TKÜ im Strafverfahren, S. 186 ff., der die gesetzliche Einordnung der Anbieter nutzerbasierter VoIP-Software für „jedenfalls [...] nicht eindeutig möglich" hält, a. a. O., S. 211.

[1597] Vgl. *Heun*, in: ders., Telekommunikationsrecht, Teil 1, Rn. 43; *Säcker*, in: ders., TKG, Rn. 73 zu § 3.

S. d. § 3 Nr. 23 TKG[1598] betreiben. Gegen diesen Rückschluss spricht nicht, dass Anbieter nutzerbasierter VoIP-Dienste – anders als etwa ISPs ohne eigene Anlagen – auf die Auswahl des Anlagenbetreibers keinen Einfluss haben und sich daher auch nicht i. S. d. § 110 Abs. 1 S. 2 TKG vergewissern können, dass dieser Anordnungen zur Überwachung der Telekommunikation technisch umsetzt:[1599] Nach einhelliger Meinung handelt es sich jedenfalls bei Anbietern von Gateway-Diensten[1600] um Telekommunikationsdiensteanbieter i. S. d. § 110 Abs. 1 TKG.[1601] Auch diese haben auf die Wahl des Anlagenbetreibers keinen Einfluss, sondern vermitteln die Verbindung aus dem (nutzerbasierten) „VoIP-Netz"[1602] an eine beliebige Telefonnummer. Wenn allein aus jener Vermittlung der „Betrieb einer Anlage" i. S. d. § 3 Nr. 23 TKG folgt,[1603] erschließt sich nicht, weshalb bei der Vermittlung nutzerbasierter Verbindungen anderes gelten soll. Der bloße Übergang aus dem Internet in das öffentliche Telefonnetz kann hierfür nicht maßgeblich sein, weil § 3 Nr. 17 TKG als öffentlich zugängliche Telefondienste alle Telefondienste definiert, die direkt oder indirekt über eine oder mehrere Nummern eines nationalen oder internationalen Telefonnummernplans *oder eines anderen Adressierungsschemas* Gespräche ermöglichen. Mit dieser Formulierung wollte der Gesetzgeber ausdrücklich die Adressie-

---

[1598] D. h. technische Einrichtungen oder Systeme, die als Nachrichten identifizierbare elektromagnetische oder optische Signale senden, übertragen, vermitteln, empfangen, steuern oder kontrollieren können.

[1599] VoIP-Software funktioniert unabhängig von Art und Anbieter des Internetzugangs. Ein Nutzer ist unter seinem Nutzernamen über die VoIP-Software erreichbar, sobald er mit dem Internet verbunden ist – gleich ob am eigenen Festnetz- bzw. Kabelanschluss, in einem Mobilfunknetz oder in einem öffentlichen WLAN. Siehe hierzu bereits oben S. 61.

[1600] Siehe hierzu oben S. 61.

[1601] *Bonnekoh*, Voice over IP, S. 191; *Bratke*, Quellen-TKÜ im Strafverfahren, S. 204 f.; *Holznagel/Bonnekoh*, MMR 2005, 585 (590); *Martini/v. Zimmermann*, CR 2007, 368 (373); *Säcker*, in: ders., TKG, Rn. 73 zu § 110.

[1602] D. h. aus dem Kreis der Nutzer ihrer VoIP-Software.

[1603] *Bonnekoh*, Voice over IP, S. 199, hält für maßgeblich, dass Anbieter von Gateway-Diensten „ein Gateway" – und damit „eine Telekommunikationsanlage" – bereitstellen. Eine Erklärung für den vermeintlichen technischen Unterschied zur Vermittlung einer nutzerbasierten VoIP-Verbindung bleibt sie schuldig.

rung im Bereich der Internet-Telefonie einbeziehen.[1604]

Zum anderen sind Anlagenbetreiber bzw. Telekommunikations-diensteanbieter i. S. d. § 110 Abs. 1 TKG und der Adressatenkreis der §§ 100a, 100b StPO nicht zwingend deckungsgleich: § 100b Abs. 3 S. 1 StPO verpflichtet *jeden*, der Telekommunikationsdienste erbringt oder daran mitwirkt, Maßnahmen nach § 100a StPO zu ermöglichen und die erforderlichen Auskünfte zu erteilen. Die *Art* – d. h. auch die konkrete Umsetzung –[1605] einer TKÜ-Maßnahme wird gemäß § 100b Abs. 2 Nr. 3 StPO durch den Richter bestimmt; die in § 110 TKG als verpflichtend benannten technischen und organisatorischen Vorkehrungen zur Ermöglichung bestimmter TKÜ-Maßnahmen regeln die Umsetzungsmodalitäten einer konkreten TKÜ-Maßnahme – wie schon § 110 Abs. 1 S. 6 TKG verdeutlicht – nicht abschließend.[1606] Nach § 100b Abs. 3 S. 1 StPO können mithin auch solche Anbieter zur – anderweitigen – Mitwirkung verpflichtet werden, denen Vorkehrungen i. S. d. § 110 Abs. 1 TKG aus tatsächlichen Gründen z. T. nicht möglich sind.[1607] Soweit diese Anbieter ausschließlich[1608] im Ausland ansässig sind, ist hierfür allerdings aus völkerrechtlichen Gründen ein Rechtshilfeersuchen an den betreffenden Staat erforderlich.[1609]

(cc) Zwischenergebnis

Da sowohl ISP als auch VoIP-Anbieter zur Ermöglichung einer TKÜ-Maßnahme verpflichtet werden können, kommen für das Abhören der Internet-Telefonie gemäß §§ 100a, 100b StPO zwei Vorge-

---

[1604] BT-Drucks. 17/5707, S. 49. Vgl. hierzu ausführlich *Eckhardt*, in: Beck-TKG, Rn. 12 zu § 110.

[1605] *Eckhardt*, CR 2007, 336 (338).

[1606] Vgl. *Bär*, TK-Überwachung, Rn. 13 f. zu § 100b StPO; *Eckhardt*, in: Beck-TKG, Rn. 22 f. zu § 110; *Klesczewski*, in: Säcker, TKG, Rn. 5 zu § 110.

[1607] Gleiches gilt i. Ü., wenn Anbieter nach Maßgabe des § 3 Abs. 2 TKÜV von den Vorkehrungspflichten befreit sind, vgl. *Eckhardt*, CR 2001, 670 (676).

[1608] Zur Einordnung von Anbietern, die eine Niederlassung im Inland betreiben, siehe unten S. 357 ff.

[1609] Siehe hierzu näher unten S. 356 f.

hensweisen in Betracht: Erstens kann der VoIP-Anbieter zur Ausleitung und Übermittlung unverschlüsselter Gespräche,[1610] zweitens
können der ISP zur Aufzeichnung und Ausleitung des verschlüsselte VoIP-Datenstroms[1611] und zugleich der VoIP-Anbieter entweder
zur Übermittlung eines passenden Schlüssels oder zur Entschlüsselung der aufgezeichneten Daten verpflichtet werden.

(b) Im Wege der Quellen-TKÜ

Fraglich ist, ob die §§ 100a, 100b StPO auch zur Durchführung der
Quellen-TKÜ[1612] ermächtigen.

(aa) Auffassungen der Rechtsprechung

Das *LG Hamburg* lehnte dies im Jahre 2007[1613] mit Hinweis darauf
ab, dass § 100a StPO ausschließlich zu Eingriffen in das Fernmeldegeheimnis ermächtige, die Installation der Überwachungssoftware
auf einem IT-System hingegen einen Eingriff in Art. 13 Abs. 1 GG
darstelle, soweit sich das IT-System in einer Wohnung befinde.[1614]
Im zugrunde liegenden Fall hatte die Staatsanwaltschaft beantragt,
dem Betroffenen die Installationsroutine der Überwachungssoftware als „unverdächtigen" E-Mail-Anhang oder Datenträger übermitteln zu dürfen, worüber der Betroffene selbst zur Installation
veranlasst werden sollte –[1615] ein heimliches Betreten der Wohnung
durch Ermittlungsbeamte war nicht vorgesehen. Das *LG Hamburg*
nahm gleichwohl eine Verletzung der „Privatheit der Wohnung"

[1610] Zumindest der Anbieter Skype kann dies umsetzen, siehe hierzu oben Fn. 353.

[1611] Die Isolation dieses Datenstroms aus dem gesamten Internetdatenverkehr des
Betroffenen ist technisch möglich, vgl. *Buermeyer*, StV 2013, 470 (471); *Frei-
re/Ziviani/Sallas*, Journal of Network and Systems Management 2009, 53 ff.; OLG Köln,
Beschluss vom 22.03.2013 – I-16 Wx 16/12, 16 Wx 16/12 –, juris, Rn. 7.

[1612] Siehe hierzu oben S. 64 f.

[1613] In einem Ermittlungsverfahren wegen des Verdachts der Einfuhr von Betäubungsmitteln in nicht geringer Menge und des unerlaubten Handeltreibens mit Betäubungsmitteln in nicht geringer Menge, vgl. LG Hamburg, Beschluss vom 01.10.2007 –
629 Qs 29/07 –, juris, Rn. 1.

[1614] LG Hamburg, Beschluss vom 01.10.2007 – 629 Qs 29/07 –, juris, Rn. 22 ff.

[1615] LG Hamburg, Beschluss vom 01.10.2007 – 629 Qs 29/07 –, juris, Rn. 12.

an.[1616] Diese sei im Vergleich zum bezweckten Eingriff in Art. 10 Abs. 1 GG weder von untergeordneter Qualität noch sonst typische Begleitmaßnahme von Maßnahmen nach §§ 100a, 100b StPO, sodass auch eine Annexkompetenz nicht in Betracht komme.[1617]

Das *AG Bayreuth* ordnete demgegenüber 2009[1618] eine Quellen-TKÜ aufgrund § 100a StPO an.[1619] Eine ausdrückliche gesetzliche Regelung zur Installation der Überwachungssoftware hielt es für entbehrlich: Der hiermit „verbundene *ausschließliche* [Hervorh. d. Verf.] Eingriff in das Fernmeldegeheimnis" sei „als Begleitmaßnahme zur Umsetzung der Überwachung [...] im Wege der Annexkompetenz zulässig, weil andere, mildere Mittel nicht zur Verfügung" stünden.[1620]

Im Ergebnis ebenso entschied das *LG Hamburg* im Jahre 2010:[1621] Die Internet-Telefonie stelle eine „wesentliche Fallgruppe innerhalb des Anwendungsbereiches des § 100a StPO dar", sodass keine Anhaltspunkte dafür bestünden, dass der Gesetzgeber sie nicht unter Telekommunikation i. S. d. § 100a StPO habe fassen wollen.[1622] In der Installation der Überwachungssoftware liege allenfalls ein zu vernachlässigender Eingriff in das IT-Grundrecht und damit eine zulässige Begleitmaßnahme, weil sie nur „eine geringfügige Belastung der Rechen- und Speicherkapazität des betroffenen Computers sowie eine je nach Datenmenge und Übertragungsgeschwindigkeit unterschiedlich ausfallende Verlangsamung der Internet-Datenverbindung aufgrund der durch das Überwachungspro-

---

[1616] LG Hamburg, Beschluss vom 01.10.2007 – 629 Qs 29/07 –, juris, Rn. 26 f.

[1617] LG Hamburg, Beschluss vom 01.10.2007 – 629 Qs 29/07 –, juris, Rn. 30 ff.

[1618] In einem Ermittlungsverfahren wegen des Verdachts des unerlaubten Handeltreibens mit Betäubungsmitteln in nicht geringer Menge, vgl. AG Bayreuth, Beschluss vom 17.09.2009 – Gs 911/09 –, juris, Rn. 4.

[1619] AG Bayreuth, Beschluss vom 17.09.2009 – Gs 911/09 –, juris.

[1620] AG Bayreuth, Beschluss vom 17.09.2009 – Gs 911/09 –, juris, Rn. 12.

[1621] In einem Ermittlungsverfahren wegen des Verdachts des organisierten Zigarettenschmuggels, vgl. LG Hamburg, Beschluss vom 13.09.2010 – 608 Qs 17/10 –, juris, Rn. 1, 26 ff.

[1622] LG Hamburg, Beschluss vom 13.09.2010 – 608 Qs 17/10 –, juris, Rn. 40 f.

gramm zusätzlich versandten Datenkopie" verursache, was „im Wesentlichen [nur] den Bedienungskomfort des genutzten Computers" beeinträchtige und sich „regelmäßig in einer für den Nutzer kaum wahrnehmbaren Größenordnung" bewege.[1623] Letztlich sei das IT-Grundrecht jedoch nach der Rechtsprechung des *BVerfG* gar nicht betroffen und die Maßnahme allein an Art. 10 Abs. 1 GG zu messen: § 100a StPO sei eine *rechtliche Vorgabe* i. S. d. Online-Durchsuchungsurteils,[1624] die sicherstelle, dass nur Inhalte „aus einem laufenden Telekommunikationsvorgang" erfasst werden.[1625] Die vom *BVerfG* hierfür geforderten *technischen Vorkehrungen*[1626] bedürften keiner gesetzlichen Regelung, sondern seien allein durch die Ermittlungsbehörden bei der Durchführung der Maßnahme zu treffen: „Durch zweckentsprechende Programmierung" sei sicherzustellen, dass „allein diejenigen Daten überwacht und aufgezeichnet werden, die für die Versendung in das Fernkommunikationsnetz vorgesehen sind und auf die dort zugegriffen werden könnte, wenn ihre Auswertung nicht aufgrund der Verschlüsselung praktisch unmöglich wäre".[1627] Es dürften daher nur Programme verwendet werden, bei denen die Übermittlung anderer Daten und Datenmanipulationen am infiltrierten IT-System „sicher ausgeschlossen werden können".[1628] Die Ermittlungsbehörde habe deshalb die Überwachungssoftware entweder selbst zu programmieren „oder sie bei Ankauf von einem privaten Hersteller aus eigener technischer Sachkunde auf die Richtigkeit der Funktionsweise hin zu überprüfen" – wenn dies nicht möglich sei, habe die Maßnahme insgesamt zu unterbleiben.[1629]

Auch das *LG Landshut* hielt im Jahre 2011[1630] die Quellen-TKÜ ein-

---

[1623] LG Hamburg, Beschluss vom 13.09.2010 – 608 Qs 17/10 –, juris, Rn. 41.

[1624] BVerfGE 120, 274 (309).

[1625] LG Hamburg, Beschluss vom 13.09.2010 – 608 Qs 17/10 –, juris, Rn. 50.

[1626] BVerfGE 120, 274 (309).

[1627] LG Hamburg, Beschluss vom 13.09.2010 – 608 Qs 17/10 –, juris, Rn. 51 f.

[1628] LG Hamburg, Beschluss vom 13.09.2010 – 608 Qs 17/10 –, juris, Rn. 52.

[1629] LG Hamburg, Beschluss vom 13.09.2010 – 608 Qs 17/10 –, juris, Rn. 52 f.

[1630] In einem Ermittlungsverfahren wegen des Verdachts des gewerbsmäßigen uner-

schließlich der Installation der Überwachungssoftware unter Bezugnahme auf die vorgenannte Entscheidung des *LG Hamburg* von § 100a StPO umfasst.[1631]

(bb) Auffassungen im Schrifttum

Teile des Schrifttums halten § 100a StPO – im Wesentlichen unter Berufung auf die Ausführungen des *LG Hamburg* von 2010[1632] und sodann auf all jene, die dieser Entscheidung gleichsam (weitgehend unreflektiert) folgen – ebenfalls für eine hinreichende Ermächtigungsgrundlage zur Durchführung der Quellen-TKÜ nebst vorangehender Installation der Überwachungssoftware als Begleitmaßnahme von untergeordneter Eingriffsschwere.[1633] Eine intensive Auseinandersetzung mit den rechtlichen Problemen dieser Ansicht findet dabei zumeist nicht statt.[1634]

Die Vertreter der Gegenposition nehmen z. T. an, dass es sich bei den im Rahmen der Quellen-TKÜ aufgezeichneten und ausgeleiteten Daten schon nicht um solche aus einem laufenden Kommunikationsvorgang handelt: Dieser sei mit der Übertragung der (verschlüsselten) Gesprächsinhalte abgeschlossen;[1635] das Endgerät werde vielmehr „zu einer Art Abhöranlage" für die zuvor im Wege der Telekommunikation übertragenen Daten „umfunktioniert".[1636] Die §§ 100a, 100b StPO setzten zudem ausweislich des § 100b Abs. 3 StPO ein Mitwirken des Telekommunikationsdiensteanbieters vo-

---

laubten Handeltreibens mit Betäubungsmitteln in teils nicht geringer Menge und der bandenmäßigen unerlaubten Ausfuhr von Betäubungsmitteln in nicht geringer Menge, vgl. LG Landshut, Beschluss vom 20.01.2011 – 4 Qs 346/10 –, juris, Rn. 14.

[1631] LG Landshut, Beschluss vom 20.01.2011 – 4 Qs 346/10 –, juris, Rn. 16.

[1632] LG Hamburg, Beschluss vom 13.09.2010 – 608 Qs 17/10 –, juris.

[1633] *Bär*, MMR 2008, 215 (218 f.); *Bratke*, Quellen-TKÜ im Strafverfahren, S. 419 f.; *Bruns,* in: KK StPO, Rn. 28 zu § 100a; *Graf,* in: BeckOK StPO, Rn. 107c zu § 100a; Meyer-Goßner/*B. Schmitt*, StPO, Rn. 7a zu § 100a.

[1634] Eine Ausnahme bildet die umfangreiche Untersuchung *Bratkes*, Quellen-TKÜ im Strafverfahren, S. 321 ff., der im Ergebnis eine Erweiterung der §§ 100a, 100b StPO für geboten hält, um den Anforderungen des BVerfG zu genügen, vgl. a. a. O., S. 493 ff.

[1635] *C. Becker/Meinicke*, StV 2011, 50 (51).

[1636] *Wolter*, in: SK StPO, Rn. 27 zu § 100a.

raus, sodass sie nur Maßnahmen in dessen Herrschaftsbereich zuließen.[1637] Entscheidend sei aber, dass die §§ 100a, 100b StPO keine Regelung zu den vom *BVerfG* geforderten technischen Vorkehrungen zur Beschränkung der Maßnahme auf Inhalte der laufenden Telekommunikation enthielten[1638] und dass es an einer Ermächtigungsgrundlage für die Installation der Überwachungssoftware fehle: Eine Annexkompetenz hierzu lasse sich aus § 100a StPO nicht herleiten, weil die Installation als eigenständiger Eingriff in das IT-Grundrecht im Vergleich zum Abhören der VoIP-Telefonate gerade nicht von untergeordneter Intensität sei –[1639] eine technische Beschränkung der Maßnahme auf Inhalte der laufenden Telekommunikation sei aus tatsächlichen Gründen ausgeschlossen, sodass es zu allein an Art. 10 Abs. 1 GG zu messenden Anwendungsfällen gar nicht kommen könne.[1640]

(cc) Ansicht des Generalbundesanwalts

Aus den letztgenannten Erwägungen gelangte auch der *GBA* bereits im Jahre 2010 in einem – zunächst –[1641] internen Vermerk zu dem Ergebnis, dass die §§ 100a, 100b StPO keine tauglichen Befugnisnormen für eine Quellen-TKÜ seien: Es könne zumindest „derzeit technisch nicht gewährleistet werden", dass mit der Maßnahme allein in Art. 10 Abs. 1 GG eingegriffen werde.[1642] Die §§ 100a, 100b StPO rechtfertigten jedoch keine Eingriffe in das IT-Grundrecht,

---

[1637] *Sankol*, CR 2008, 13 (14). Ähnlich auch *Buermeyer*, StV 2013, 470 (471 f.).

[1638] *C. Becker/Meinicke*, StV 2011, 50 (51); *Buermeyer*, StV 2013, 470 (472); *Hauck*, in: Löwe/Rosenberg, Rn. 76 zu § 100a; *Hoffmann-Riem*, JZ 2008, 1009 (1022).

[1639] *Birkenstock*, Zur Online-Durchsuchung, S. 223; *Buermeyer/Bäcker*, HRRS 2009, 433 (439); *Buermeyer*, StV 2013, 470 (472); *Hoffmann-Riem*, JZ 2008, 1009 (1022); *Klesczewski*, ZStW 123 (2011), 737 (743 f.); *Popp*, ZD 2012, 51 (54); *Sieber*, 69. DJT, Bd. I, S. C 104; *Singelnstein*, NStZ 2012, 593 (598 f.).

[1640] *Buermeyer/Bäcker*, HRRS 2009, 433 (439); *Hauck*, in: Löwe/Rosenberg, Rn. 75 zu § 100a; *Hoffmann-Riem*, JZ 2008, 1009 (1022); *Michalke*, StraFo 2008, 287 (291); *Singelnstein*, NStZ 2012, 593 (598).

[1641] Der Vermerk vom 29.10.2010 wurde am 23.01.2013 nach einer Anfrage gemäß §§ 475 Abs. 4, 478 Abs. 1 StPO bekannt und sodann im Internet veröffentlicht, vgl. https://fragdenstaat.de/anfrage/gutachten-zum-einsatz-der-quellen-tku.

[1642] *Generalbundesanwalt*, StV 2013, 476 (477).

„weil sie auf eine anschlussbasierte Telekommunikationsüberwachung zugeschnitten" seien und „daher gerade keine rechtlichen Vorgaben" enthielten, „um die Integrität eines infiltrierten Endgerätes unter Verhältnismäßigkeitsgesichtspunkten zu minimieren und Datenveränderungen oder Datenerfassungen über die bloße Überwachung hinaus auszuschließen".[1643]

(dd) Stellungnahme

[i] Reichweite des Telekommunikationsvorgangs i. S. d. § 100a Abs. 1 StPO

Einer Anwendbarkeit der §§ 100a, 100b StPO steht nicht entgegen, dass der Zugriff auf dem Endgerät des Betroffenen und dort auf noch nicht ver- bzw. bereits entschlüsselte Kommunikationsdaten erfolgt. Hält man Telekommunikation i. S. d. § 100a Abs. 1 StPO und i. S. d. § 3 Nr. 22 TKG für deckungsgleich,[1644] darf gemäß § 100a Abs. 1 StPO der technische Vorgang des Aussendens, Übermittelns und Empfangens von Signalen mittels Telekommunikationsanlagen überwacht werden. Der Übermittlungsvorgang im Internet ist demnach nur eine von drei Phasen, während derer ein rechtmäßiger Zugriff in Betracht kommt – maßgeblich für den Anwendungsbereich der §§ 100a, 100b StPO ist mithin, wann das Aussenden bzw. Empfangen beginnt bzw. abgeschlossen ist. Isoliert betrachtet kann die Spracheingabe mittels Mikrofons für den Beginn des Aussendens zwar nicht entscheidend sein, weil Sprache innerhalb eines IT-Systems generell nur digital verarbeitet werden kann – die Digitalisierung erfolgt unmittelbar an der Hardwareschnittstelle und bewirkt zunächst nur, dass Programme auf diese Daten zugreifen

---

[1643] *Generalbundesanwalt*, StV 2013, 476 (478).

[1644] So etwa *Bonnekoh*, Voice over IP, S. 192 ff.; *Bratke*, Quellen-TKÜ im Strafverfahren, S. 190. Krit. unter Verweis auf die unterschiedlichen Adressaten von StPO und TKG hingegen *B. Gercke*, in: HK-StPO, Rn. 9 zu § 100a. Siehe hierzu auch unten S. 344 ff. Zumindest auf die im Rahmen des Art. 10 Abs. 1 GG zur Abgrenzung vom IT-Grundrecht gebotene Unterscheidung zwischen formaler und funktionaler Kommunikation (siehe hierzu oben S. 181 ff.) kommt es an dieser Stelle jedoch nicht an, weil VoIP-Telefonie unzweifelhaft (auch) funktionale Kommunikation ist.

können. Von Bedeutung ist aber, wie (jede) VoIP-Software mit den Daten dieser Hardwareschnittstelle verfährt: Ist eine VoIP-Verbindung zwischen den Gesprächspartnern hergestellt, wird jedes über die von der VoIP-Software genutzte Hardwareschnittstelle eingegebene digitalisierte Audiosignal mit dem zwischen den Teilnehmern ausgehandelten Sitzungsschlüssel verschlüsselt und über das IP übertragen, ohne dass es weiterer Eingaben der Teilnehmer bedarf; in der Gegenrichtung werden die empfangenen VoIP-Daten unmittelbar entschlüsselt und zur Ausgabe an eine Hardwareschnittstelle geleitet, sodass sie dort per Lautsprecher, Kopfhörer etc. abgegriffen und (analog) ausgegeben werden können.[1645] Mit *Bratke* ist daher anzunehmen, dass die Sprachein- und -ausgabe einen „gesamtheitlich zu betrachtenden Telekommunikationsvorgang" darstellt, dessen technische Zwischenschritte für den Nutzer ab der Eingabe von Sprache über das Mikrofon nicht mehr beherrschbar sind.[1646] Wann immer eine VoIP-Verbindung hergestellt ist, beginnt das Aussenden demnach mit der Spracheingabe und endet das Empfangen mit der Sprachausgabe an der jeweiligen Hardwareschnittstelle, sodass jedes Ausleiten der Audiodaten nach ihrer Ein- bzw. vor ihrer Ausgabe einen Zugriff auf Telekommunikation i. S. d. § 100a Abs. 1 StPO darstellt.

Ein Vergleich der verschiedenen VoIP-Umsetzungsformen[1647] zeigt, dass der Zugriff auf dem Endgerät nicht mit dessen Einsatz als „Abhöranlage" innerhalb der besonders geschützten Privatsphäre gleichgesetzt werden kann:[1648] Sowohl beim Carrier-Einsatz als auch bei Gateway-Diensten wird Sprache zur Übertragung digitalisiert, streckenweise verschlüsselt und zur Ausgabe wiederum in analoge Audiosignale umgewandelt. Auch wenn sich die genutzten Endgeräte – üblicherweise Telefone – innerhalb einer Wohnung

---

[1645] Siehe hierzu oben S. 60.

[1646] *Bratke*, Quellen-TKÜ im Strafverfahren, S. 325 ff.

[1647] Siehe hierzu oben S. 60 f.

[1648] So aber LG Hamburg, Beschluss vom 01.10.2007 – 629 Qs 29/07 –, juris, Rn. 22 ff.; *Wolter,* in: SK StPO, Rn. 27 zu § 100a.

befinden, genießen Telefonate nicht den Schutz des Art. 13 Abs. 1 GG. Eine hiervon abweichende Beurteilung der Überwachung nutzerbasierter VoIP-Telefonie setzte voraus, dass Gesprächsinhalte „in der Wohnung ankommen" und dort – quasi zeitgleich – dem Betroffenen und „der Abhöranlage" zur Kenntnis gelangen. Dies ist aber gerade nicht der Fall, weil der (digitale) Zugriff auf dem Endgerät noch vor der Ausgabe analoger Audiosignale erfolgt. Diese Wertung steht im Einklang mit der Rechtsprechung des *BVerfG*, wonach auch durch ein am Telefon angebrachtes Abhörgerät zum Mitschneiden der Telefonate in den Schutzbereich des Art. 10 Abs. 1 GG, nicht aber in die – möglicherweise besonders geschützte – räumliche Sphäre eingegriffen wird, in der sich das Telefon befindet.[1649]

[ii] Beschränkung der §§ 100a, 100b StPO auf Maßnahmen unter Mitwirkung des Telekommunikationsdiensteanbieters

Die §§ 100a, 100b StPO erfordern ferner nicht zwingend die Mitwirkung eines Telekommunikationsdiensteanbieters. Aus § 100b Abs. 3 S. 1 StPO folgt lediglich dessen Verpflichtung, Vorkehrungen für TKÜ-Maßnahmen in seinem technischen Herrschaftsbereich zu treffen. Hieraus kann jedoch nicht geschlossen werden, dass es gemäß §§ 100a, 100b StPO *nur* TKÜ-Maßnahmen in diesem technischen Herrschaftsbereich geben darf: Der Gesetzgeber hat in den Materialien zu § 100b Abs. 3 StPO klargestellt, dass die – technisch regelmäßig notwendige – Mitwirkung des Telekommunikationsdiensteanbieters keine Obliegenheit für die Ermittlungsbehörden begründet, bei Maßnahmen nach § 100a StPO *stets* auf diese Mitwirkung zurückzugreifen – vielmehr dürfen die Ermittlungsbehörden TKÜ-Maßnahmen nach Maßgabe der richterlichen Anordnung i. S. d. § 100b Abs. 2 Nr. 3 StPO auch mit eigenen technischen Mitteln durchführen.[1650]

[1649] Siehe hierzu oben Fn. 1004.

[1650] BT-Drucks. 16/5846, S. 47. Zustimmend *Bär*, TK-Überwachung, Rn. 32 zu § 100a StPO; *Bratke*, Quellen-TKÜ im Strafverfahren, S. 215 f.; *B. Gercke*, in: HK-StPO, Rn. 13

[iii] Anforderungen des IT-Grundrechts und der Eigentumsfreiheit

Die §§ 100a, 100b StPO genügen jedoch dem IT-Grundrecht und der Eigentumsfreiheit nicht. Es liegt auf der Hand, dass bei der Quellen-TKÜ Leistungen, Funktionen und Speicherinhalte des hierzu infiltrierten IT-Systems genutzt werden[1651] und dessen Datenbestand durch die Installation der Überwachungssoftware verändert wird[1652]. Zu Eingriffen in das IT-Grundrecht des Betroffenen kommt es somit in zweifacher Hinsicht: Durch die unbemerkte Installation der Überwachungssoftware und durch deren Nutzung. Für beide Eingriffe fehlt es an einer Ermächtigungsgrundlage.

Die Installation der Überwachungssoftware kann nicht auf eine Annexkompetenz zu § 100a StPO gestützt werden. Das *BVerfG* hat die Intensität dieses Eingriffs im Online-Durchsuchungsurteil treffend als besonders gravierend charakterisiert: Mit der technischen Infiltration sei „die entscheidende Hürde genommen, um das System insgesamt auszuspähen".[1653] Die Ausführungen des *LG Hamburg* zur nur geringfügigen Beeinträchtigung des Betroffenen dadurch, dass Rechen-, Speicher- und Netzwerkkapazität seines IT-Systems zum Anfertigen und Übertragen der Datenkopie des überwachten VoIP-Telefonats genutzt werden,[1654] liegen mithin neben der Sache: Zu beurteilen war nicht, in welchem Ausmaß die Leistungen eines geschützten IT-Systems (bei der Überwachung) beeinträchtigt werden, sondern *ob überhaupt* in dessen Integrität eingegriffen wird und wie schwer *dieser* Eingriff wiegt.

Der Intensitätsunterschied zur TKÜ unter Mitwirkung eines Telekommunikationsdiensteanbieters liegt dabei nicht etwa in einer

---

zu § 100a; Meyer-Goßner/*B. Schmitt*, StPO, Rn. 8 zu § 100a. Krit. *Wolter*, in: SK StPO, Rn. 19 zu § 100b.

[1651] Siehe hierzu oben S. 64 f.

[1652] Siehe hierzu oben S. 171.

[1653] BVerfGE 120, 274 (308).

[1654] LG Hamburg, Beschluss vom 13.09.2010 – 608 Qs 17/10 –, juris, Rn. 41.

gesteigerten Schutzwürdigkeit der *Vertraulichkeit* von VoIP-Gesprächsinhalten.[1655] Vielmehr ist die Gefährdungslage des Betroffenen einer Quellen-TKÜ eine völlig andere als bei der Ausleitung von Gesprächen beim Telekommunikationsdiensteanbieter: Die Infiltration eines IT-Systems für einen Internet-Fernzugriff erfordert die Installation und Ausführung von Software, die aus dem Internet angesprochen werden kann bzw. selbst Daten über das Internet versendet. Die Möglichkeit einer Software, selbstständig ein- und ausgehende Verbindungen aufzubauen, ist ein Sicherheitsrisiko für das IT-System und wird daher vom Betriebssystem bzw. eigenständigen Sicherheitsprogrammen per *Firewall*[1656] reglementiert.[1657] Nach Installation und Autorisierung kann jeder die Überwachungssoftware nutzen, dem es gelingt, eine Verbindung zu ihr aufzubauen. Der Frage, inwieweit der Funktionsumfang der Überwachungssoftware technisch auf das Abhören der laufenden VoIP-Telefonie beschränkt werden kann, ist mithin die Frage vorgeschaltet, wie technisch sichergestellt werden kann, dass *nur die Ermittlungsbehörde* Fernzugriffsmöglichkeiten auf das infiltrierte IT-System erhält. Es spricht für sich, dass das *LG Hamburg* die Lösung technischer Einzelheiten der Ermittlungsbehörde überantwortet, selbst aber gerade dieses entscheidende technische Problem überhaupt

---

[1655] Eine solche besteht nicht. Siehe hierzu oben S. 166 ff. und unten S. 342.

[1656] Hierbei handelt es sich um Netzwerkfilter auf Hard- oder Softwarebasis, *P. Fischer/Hofer*, Lexikon der Informatik, S. 329 f.

[1657] Nutzer, die hierfür über Administratorrechte verfügen müssen, werden vom Betriebssystem bzw. der Firewall eines Drittanbieters zur Autorisierung der jeweiligen Software aufgefordert. Bei der heimlichen Installation einer Überwachungssoftware über das Internet lässt sich dies dadurch umsetzen, dass die Installationsroutine zum Bestandteil eines anderen Programms wird, das der Nutzer planmäßig installiert und daher – soweit vom Programm gefordert – auch autorisieren dürfte. Siehe hierzu oben S. 47 f. Daneben kommt in Betracht, dass die Ermittlungsbehörde die Überwachungssoftware unmittelbar – d. h. per körperlichem Zugriff – auf dem Zielsystem installiert und dabei auch die notwendige Konfiguration der Firewall vornimmt. Hierfür ist jedoch ein Zugriff (mit Administratorrechten) auf das in Betrieb befindliche IT-System erforderlich. Verschlüsselte oder gesperrte IT-Systeme bieten diese Möglichkeit nicht, sodass eine unmittelbare Installation (gerade bei sicherheitsbewussten Betroffenen) regelmäßig ausscheiden dürfte, vgl. hierzu *Rehak*, Technische Möglichkeiten einer heimlichen Online-Durchsuchung, S. 18 f.

nicht gesehen hat.[1658]

Die Bedeutung jener Sicherheitsarchitektur der Überwachungs-software ist keineswegs nur theoretischer Natur. Im Jahre 2011 veröffentlichte der *CCC* die Analyse einer Überwachungssoftware, die u. a.[1659] von der bayerischen Polizei in einem Ermittlungsverfahren im BtM-Bereich[1660] zur Quellen-TKÜ eingesetzt wurde.[1661] Im Nachgang haben auch der *Bundesbeauftragte für den Datenschutz und die Informationsfreiheit* und der *Bayerische Landesbeauftragte für den Datenschutz* diese Überwachungssoftware – soweit möglich –[1662] überprüft. Sie wies mehrere frappierende Sicherheitsmängel auf: Die ausgeleiteten Daten übertrug sie unzureichend verschlüsselt[1663] an

---

[1658] Vgl. LG Hamburg, Beschluss vom 13.09.2010 – 608 Qs 17/10 –, juris, Rn. 51 f.

[1659] Der Analyse lagen mehrere Versionen der Überwachungssoftware aus verschiedenen Ermittlungsverfahren zugrunde, vgl. *CCC*, Analyse einer Regierungs-Malware, S. 4.

[1660] Siehe hierzu oben Fn. 1630.

[1661] Dass es sich bei der untersuchten Software tatsächlich um die von der Polizei eingesetzte handelt, hat das Bayerische Staatsministerium des Innern im Rahmen einer Pressekonferenz am 11.10.2011 bestätigt, vgl. *Petri*, Prüfbericht Quellen-TKÜ, S. 9. Vom *CCC* veröffentlichte Spezifikationen der Überwachungssoftware stimmen ferner mit denen jener Software überein, die das *BKA* später dem Bundesbeauftragten für den Datenschutz und die Informationsfreiheit zur Prüfung übermittelte, vgl. *Schaar*, Bericht zur Quellen-TKÜ, S. 23.

[1662] Die Überwachungssoftware wurde vom kommerziellen Hersteller *DigiTask* bezogen. Der Quelltext lag den Ermittlungsbehörden nicht zur Überprüfung vor und konnte daher auch den Datenschutzbeauftragten nicht zur Verfügung gestellt werden, vgl. *Petri*, Prüfbericht Quellen-TKÜ, S. 21; *Schaar*, Bericht zur Quellen-TKÜ, S. 45. Im Rahmen der datenschutzrechtlichen Prüfung durch *Schaar* bot *DigiTask* an, den Quelltext in eigenen Räumlichkeiten und unter der Bedingung zur Verfügung zu stellen, dass der Datenschutzbeauftragte eine Geheimhaltungsvereinbarung unterzeichnet und der Aufwand *DigiTasks* mit 1.200,00 Euro zzgl. USt. pro Tag und Mitarbeiter vergütet wird. *Schaar* verzichtete hierauf mit Blick auf seine Berichtspflicht gemäß § 26 BDSG, welcher infolge der geforderten Geheimhaltungsvereinbarung nicht nachzukommen sei, vgl. *Schaar*, Schreiben an den Vorsitzenden des Innenausschusses des Deutschen Bundestages vom 14.08.2012, S. 3 f., abrufbar unter http://www.ccc.de/system/uploads/122/original/Schaar-Staatstrojaner.pdf. Die *Bundesregierung* verteidigte die Haltung *DigiTasks* daraufhin in Beantwortung einer Kleinen Anfrage damit, dass „der Quellcode einer vermarkteten Software [...] als Vermögenswert eines Unternehmens beurteilt und demzufolge als Geschäfts- und Betriebsgeheimnis geschützt" werde, sodass seine Veröffentlichung „unüblich" sei, vgl. BT-Drucks. 17/11598, S. 9.

[1663] Genutzt wurde eine – schon ihrem Standard (AES im ECB-Modus) nach ungenü-

einen Server in den USA,[1664] über den (nicht nur[1665]) die Ermittlungsbehörden die Überwachungssoftware ohne Verbindungsverschlüsselung[1666] ansteuerten.[1667] Es fehlte an hinreichenden Authentisierungsverfahren, sodass Dritte sich gegenüber der Überwachungssoftware als Server der Ermittlungsbehörde ausgeben bzw. selbst über den unzureichend gesicherten Server mit der Überwachungssoftware kommunizieren konnten.[1668] Dies wiegt umso schwerer, führt man sich vor Augen, dass die Überwachungssoftware einen weit größeren Funktionsumfang aufwies als das Abhören der VoIP-Telefonie: Der vom *CCC* per Reverse Engineering[1669] ermittelte Quelltext offenbarte ein „Baukastensystem", das nicht nur

---

gende – symmetrische Verschlüsselung, deren Schlüssel zudem fest in der Überwachungssoftware einprogrammiert und bei mehreren Überwachungsmaßnahmen identisch war, vgl. hierzu anschaulich *CCC*, Analyse einer Regierungs-Malware, S. 2, 4 f.; *Schaar*, Bericht zur Quellen-TKÜ, S. 45 f.

[1664] Entgegen *Ziercke*, BT-Ausschussdrucks. 17(4)366, S. 11, kommt es hierbei für die Zugriffsmöglichkeit Dritter nicht darauf an, ob die ausgeleiteten Daten über diesen Server „weitergeleitet" oder dort „gespeichert" werden: Der Betreiber des Servers kann den Datenverkehr in beiden Fällen zur Kenntnis nehmen.

[1665] Mitglieder des *CCC* wiesen im Dezember 2011 anlässlich eines Vortrags zum technischen Hintergrund des „Staatstrojaners" auf dem *28. Chaos Communication Congress* – einem jährlich stattfindenden mehrtägigen internationalen Kongress der IT- und Hackerszene mit jeweils mehreren tausend Teilnehmern – nach, dass auch sie bei der Analyse der Überwachungssoftware auf den Administrationsbereich dieses Servers zugreifen konnten. Ein Video des zweistündigen Vortrags ist unter http://media.ccc.de/browse/congress/2011/28c3-4901-de-der_staatstrojaner_aus_sicht_der_technik.html abrufbar.

[1666] Siehe hierzu oben S. 51 f.. Insbesondere die Kommunikation zwischen Server und Überwachungssoftware war gänzlich unverschlüsselt, sodass auf dem Übertragungsweg – etwa in einem öffentlichen WLAN – Kommandos mitgelesen und sodann von Dritten an die Überwachungssoftware hätten gesandt werden können, vgl. *CCC*, Analyse einer Regierungs-Malware, S. 4 f.

[1667] *CCC*, Analyse einer Regierungs-Malware, S. 3.

[1668] *CCC*, Analyse einer Regierungs-Malware, S. 4; *Petri*, Prüfbericht Quellen-TKÜ, S. 40 f.; *Schaar*, Bericht zur Quellen-TKÜ, S. 24. Die in allen Versionen der Überwachungssoftware fest einprogrammierte IP-Adresse des Servers war im Übrigen noch lange nach Beendigung einzelner Quellen-TKÜ-Maßnahmen erreichbar, und die Überwachungssoftware selbst war bei der Rückgabe des überwachten und zwischenzeitlich asservierten IT-Systems nicht gelöscht, sodass der Betroffene die fest einprogrammierten Daten für Zugriffe auf andere Überwachungsmaßnahmen hätte nutzen können, vgl. *CCC*, a. a. O., S. 2 f. und Analyse einer Regierungs-Malware, Teil 2, S. 15.

[1669] Siehe hierzu oben Fn. 84 a. E.

die Anfertigung von Screenshots und Zugriffe auf das Dateisystem, Tastaturanschläge, Mikrofon und Kamera, sondern auch das Nachladen und Ausführen beliebiger Programme ermöglichte.[1670] Aufgrund der vorgenannten Sicherheitsdefizite ist es für die Gefährdung des infiltrierten Systems mithin irrelevant, ob die Überwachungssoftware für den Einzelfall „individuell [mit] von den Behörden vorgegeben[en] Funktionen fertiggestellt"[1671] wurde und damit nur diejenigen Funktionen umfasst[1672], die sie ausweislich der zugrunde liegenden richterlichen Anordnung enthalten darf.[1673] Auch kommt es nicht darauf an, ob *die Ermittlungsbehörden* die technischen Möglichkeiten des Internet-Fernzugriffs bewusst missbrauchen oder die Vorgaben in richterlichen Beschlüssen zur Quellen-TKÜ einhalten –[1674] die Missbrauchsmöglichkeit war bei der untersuchten Überwachungssoftware *jedem* technisch Sachkundigen eingeräumt.

Gegen all dies lässt sich nicht einwenden, dass die rechtswidrige Umsetzung der Quellen-TKÜ in den vom *CCC* analysierten Fällen – insbesondere die Beschaffung der unzulänglichen Überwachungssoftware eines zweifelhaften Anbieters[1675] – einzig auf das Unver-

---

[1670] *CCC*, Analyse einer Regierungs-Malware, S. 11 ff.

[1671] So die Stellungnahme von *DigiTask* zur Analyse des *CCC*, S. 3, abrufbar unter http://www.ccc.de/system/uploads/80/original/Stellungnahme_DigiTask.pdf.

[1672] Tatsächlich fehlten lediglich Aufrufroutinen, sog. *Call Paths*, für die jeweiligen Funktionen. Dies führt streng genommen gerade nicht dazu, dass die Überwachungssoftware die betreffenden Funktionen „nicht enthält" – sie müssen nur noch „aktiviert" werden, was im Wege des Fernzugriffs ohne Weiteres möglich ist, vgl. *CCC*, Analyse einer Regierungs-Malware, S. 11 ff., und den Vortrag oben Fn. 1665.

[1673] Es ist daher auch unerheblich, ob die „Nachladefunktion" nur der Behebung von Schwierigkeiten bei der Kommunikation mit der Überwachungssoftware dient, vgl. hierzu *Schaar*, Bericht zur Quellen-TKÜ, S. 21 f.

[1674] Hierin lag nach der Veröffentlichung der Analyse durch den *CCC* das wesentliche Argument zur Rechtfertigung der Quellen-TKÜ seitens der Verantwortlichen, vgl. etwa *Ziercke*, BT-Ausschussdrucks. 17(4)366, S. 2.

[1675] Ein ehemaliger führender Mitarbeiter *DigiTasks* ist laut *Spiegel* (http://www.spiegel.de/netzwelt/netzpolitik/digitask-trojaner-hersteller-beliefert-etliche-behoerden-und-bundeslaender-a-791112.html) vom Landgericht Köln rechtskräftig zu einer (zur Bewährung ausgesetzten) Freiheitsstrafe von 21 Monaten und Zahlung von 1,5 Millionen Euro wegen Bestechung von Beamten des ZKA verurteilt worden. Zwischen 1994 und 1999 habe *DigiTask* – damals firmierend unter *Reuter Leiterplatten GmbH* – mutmaßlich im Zusammenhang mit dieser Tat Aufträge des ZKA

mögen der Ermittlungsbehörden zurückzuführen sei, die Maßnahme dem Grunde nach aber auf die §§ 100a, 100b StPO gestützt werden könne.[1676]

Wie *Braun* und *Roggenkamp* treffend anmerken, ist die Beschaffung von technischen Sachmitteln für die Ermittlungstätigkeit in anderen, weit weniger grundrechtsrelevanten Bereichen streng reglementiert: So dürfen etwa Geschwindigkeitsmessgeräte oder Rotlichtüberwachungsanlagen von der Polizei nur mit Bauartzulassung der *Physikalisch-Technischen Bundesanstalt*[1677] und gemäß Eichordnung betrieben werden.[1678] Es mache die Staatstrojaner-Affäre daher erst zur Affäre, dass sich Ermittlungsbehörden, „denen der Gesetzgeber nicht zutraut, in freier Entscheidung eine Rotlichtüberwachungsanlage zu beschaffen, für befähigt hielten, die Erstellung einer Software zur Überwachung der Internet-Telefonie in Auftrag zu geben".[1679] Die von *Braun* und *Roggenkamp* unterstellte Selbstüberschätzung der Ermittlungsbehörden war indes nicht allein ausschlaggebend: Wenn eine richterliche Anordnung verlangt, dass eine Überwachungssoftware verwendet wird, bei der die Übermittlung anderer Daten und Datenmanipulationen am infiltrierten IT-System „sicher ausgeschlossen" sind[1680] und dies dadurch sichergestellt werden soll, dass die Ermittlungsbehörde die Überwachungssoftware entweder selbst programmiert oder „aus eigener technischer Sachkunde auf die Richtigkeit der Funktionsweise hin" überprüft,[1681] überschätzt auch das Gericht (nicht nur) das ermittlungsbehördliche Leistungsver-

---

mit einem Volumen von über 22 Millionen DM erhalten. Von 2008 bis 2009 habe das ZKA *DigiTask* erneut Aufträge für insgesamt über 3 Millionen Euro erteilt, wobei auch Software zur Quellen-TKÜ erworben worden sei.

[1676] So wohl *Graf*, in: BeckOK StPO, Rn. 107g zu § 100a; Meyer-Goßner/*B. Schmitt*, StPO, Rn. 7b zu § 100a.

[1677] Hierbei handelt es sich um eine Bundesoberbehörde im Geschäftsbereich des Bundesministeriums für Wirtschaft und Energie, § 1 Abs. 1 Satzung-PTB. Prüfkompetenzen sind der PTB in Fachgesetzen zugewiesen.

[1678] *Braun/Roggenkamp*, NK 2012, 141 (145).

[1679] *Braun/Roggenkamp*, NK 2012, 141 (145).

[1680] LG Hamburg, Beschluss vom 13.09.2010 – 608 Qs 17/10 –, juris, Rn. 52.

[1681] LG Hamburg, Beschluss vom 13.09.2010 – 608 Qs 17/10 –, juris, Rn. 52 f.

mögen. Der formelhafte Verweis auf den „Grundsatz, dass die Ermittlungsbehörden eine richterlich angeordnete strafprozessuale Maßnahme sorgfältig, rechtstreu und unter Beachtung der inhaltlichen Grenzen der Anordnung durchzuführen haben",[1682] führt zu keiner anderen Bewertung: Die Frage, ob sich eine Ermittlungsmaßnahme auf eine Befugnisnorm stützen lässt und damit überhaupt rechtmäßig angeordnet werden kann, hat das Gericht zu beantworten. Hierbei ist zunächst zu klären, ob und ggf. welche Grundrechtseingriffe mit einer Ermittlungsmaßnahme verbunden sind. Sodann hat das Gericht zu bewerten, ob eine Ermittlungsmaßnahme aufgrund ihrer Eingriffsschwere einer Spezialermächtigung bedarf und ggf. zu prüfen, ob eine solche besteht und ob ihre Voraussetzungen vorliegen. Das *LG Hamburg* und die ihm folgenden Stimmen in Rechtsprechung und Schrifttum übersehen den mit der Quellen-TKÜ verbundenen Eingriff in das IT-Grundrecht und gelangen daher zur Anwendbarkeit einer unzureichenden Befugnisnorm.

Auch der Verweis[1683] auf die Abgrenzung des *BVerfG* zwischen Quellen-TKÜ und Online-Durchsuchung[1684] geht fehl: Ein Eingriff in die Integritätskomponente des IT-Grundrechts kann niemals allein an Art. 10 Abs. 1 GG zu messen sein.[1685] Vielmehr ist die *Durchführung* der Quellen-TKÜ – d. h. die Ausleitung von Daten „aus einem laufenden Telekommunikationsvorgang" – *dann* allein an Art. 10 Abs. 1 GG zu messen, wenn „durch technische Vorkehrungen und rechtliche Vorgaben sichergestellt" ist, dass *keine anderen* Daten *erfasst* werden.[1686] Die Abgrenzung im Online-Durchsuchungsurteil betrifft demnach ausschließlich die Vertraulichkeitskomponente des IT-Grundrechts – und nur insoweit enthalten die §§ 100a, 100b StPO

[1682] LG Hamburg, Beschluss vom 13.09.2010 – 608 Qs 17/10 –, juris, Rn. 53.

[1683] Vgl. LG Hamburg, Beschluss vom 13.09.2010 – 608 Qs 17/10 –, juris, Rn. 50.

[1684] BVerfGE 120, 274 (309).

[1685] Siehe hierzu oben Fn. 1585. Bezeichnenderweise wird dies im Schrifttum gerade von denjenigen deutlich herausgestellt, die das IT-Grundrecht erarbeitet haben, vgl. *Buermeyer/Bäcker*, HRRS 2009, 433 (439); *Hoffmann-Riem*, JZ 2008, 1009 (1022). Siehe hierzu auch oben Fn. 994.

[1686] BVerfGE 120, 274 (309).

rechtliche Vorgaben. Welche technischen Vorkehrungen zu treffen sind, um den Überwachungsvorgang auf den Schutzbereich des Art. 10 Abs. 1 GG zu beschränken, ist jedoch ebenso regelungsbedürftig wie die technische Umsetzung der Maßnahme insgesamt: Die Grundentscheidung, ob und ggf. unter welchen zusätzlichen Voraussetzungen staatliche Stellen heimlich Software auf IT-Systemen Privater installieren und hierzu bzw. hierüber Internet-Fernzugriffe durchführen dürfen, hat der Gesetzgeber zu treffen.[1687]

In den §§ 100a, 100b StPO kommt eine solche Grundentscheidung nicht zum Ausdruck.[1688] Dass die Internet-Telefonie einen wesentlichen Teil der Telekommunikation ausmacht, zu deren Überwachung § 100a StPO nach Wortlaut und Zweck ermächtigt,[1689] ist unerheblich: Die Grundentscheidung für oder gegen einen Grundrechtseingriff erfordert die Abwägung der widerstreitenden Interessen, die nur beurteilt werden können, wenn Klarheit über die Eingriffsintensität herrscht. Diese hängt in Fällen heimlicher Internet-Fernzugriffe von deren technischer Umsetzung ab. Die vom *CCC* analysierte Überwachungssoftware genügte hier selbst minimalen Datensicherheitsstandards nicht.[1690] Die dadurch Dritten eröffneten Zugriffsmöglichkeiten können nicht als maßnahmeninhärent hingenommen werden; stattdessen hat die zu treffende Grundentscheidung des Gesetzgebers die Einhaltung dem Stand der Technik entsprechender Datensicherheitsstandards vorzuschreiben – was nur möglich erscheint, wenn der Gesetzgeber sich des Problems bewusst ist. Weder der Gesetzeswortlaut noch die Gesetzesmaterialien zu jüngeren Änderungen des § 100a StPO enthalten hierzu aber Erwägungen – im Gegensatz zu § 20l Abs. 2 S. 2 i. V. m. § 20k Abs. 2 S. 2 BKAG[1691]. Es muss daher konstatiert werden, dass der

---

[1687] Siehe hierzu oben S. 119 ff.

[1688] So auch *Birkenstock*, Zur Online-Durchsuchung, S. 225 f.; *Buermeyer*, StV 2013, 470 (472); *Stadler*, MMR 2012, 18 (19 f.). Ähnlich *Braun/Roggenkamp*, K&R 2011, 681 (684).

[1689] Vgl. LG Hamburg, Beschluss vom 13.09.2010 – 608 Qs 17/10 –, juris, Rn. 40 f.

[1690] So auch *Roggenkamp*, Peters/Kersten/Wolfensteiner (Hrsg.): Innovativer Datenschutz 2012, 267 (273).

[1691] Vgl. BT-Drucks. 16/10121, S. 29: „Satz 2 bestimmt [...], dass das eingesetzte tech-

Gesetzgeber für das Strafverfahren keine Grundentscheidung zugunsten heimlicher Internet-Fernzugriffe auf IT-Systeme Privater getroffen hat. Auch Quellen-TKÜ-Maßnahmen sind daher im Strafverfahren unzulässig.

Auf die Frage, inwieweit es der ausführenden Ermittlungsbehörde obliegen darf, die Nutzung der Überwachungssoftware technisch auf Daten aus einem laufenden Telekommunikationsvorgang zu begrenzen, kommt es mithin nicht an. Gegen eine derartige Gestaltungsfreiheit spricht allerdings schon der Wortlaut des § 100b Abs. 1 S. 1 StPO: Die Maßnahme nach § 100a StPO ist durch das Gericht bzw. die Staatsanwaltschaft anzuordnen, wobei die Anordnung gemäß § 100b Abs. 2 Nr. 3 StPO auch die *Art* der Maßnahme betrifft. Es ist hiernach gerade ausgeschlossen, dass die mit der Durchführung der Quellen-TKÜ betrauten Polizeibeamten diese Art – zu der auch die technische Umsetzung einer Maßnahme gehört – selbst festlegen.[1692] Hinzu kommt, dass das Gericht i. d. R. mangels hinreichender technischer Sachkunde weder selbst geeignete technische Vorkehrungen anordnen und deren Einhaltung überprüfen, geschweige denn beurteilen kann, ob die mit der Durchführung der Maßnahme betraute Behörde über die nötige Sachkunde verfügt, Überwachungssoftware nach Vorgaben der Anordnung selbst zu programmieren oder – beim Bezug von privaten Herstellern – auf den in der Anordnung benannten Funktionsumfang hin zu testen.[1693]

---

nische Mittel gegen unbefugte Nutzung zu schützen ist. Insbesondere hat das BKA dafür Sorge zu tragen, dass die eingesetzte Software nicht durch Dritte (Hacker) zweckentfremdet werden kann. [...] Die Verpflichtung [...] bedeutet, dass sich das BKA der fortschrittlichsten technischen Verfahren bedienen muss, die nach Auffassung führender Fachleute aus Wissenschaft und Technik auf der Grundlage neuester wissenschaftlicher Erkenntnisse erforderlich sind." Siehe hierzu aber unten S. 427 ff.

[1692] Vgl. *Wolter*, in: SK StPO, Rn. 19 zu § 100b.

[1693] So führt es auch nicht weiter, „den Ermittlungsbehörden dringend anzuraten, [...] künftighin nur noch eine Software anzuwenden, welche ohne Zweifel allein zur Durchführung der konkreten Überwachungsaufgabe geeignet ist". So aber wohl *Graf*, in: BeckOK StPO, 107g zu § 100a.

(c)   Durch akustische Überwachungsmaßnahmen

Unbenommen bleibt lediglich die Möglichkeit, das gesprochene Wort des Adressaten der Überwachungsmaßnahme gemäß § 100c Abs. 1 StPO innerhalb einer Wohnung bzw. gemäß § 100f Abs. 1 StPO außerhalb von Wohnungen abzuhören und damit wenigstens Kenntnis vom seinerseits gesprochenen Teil des zu überwachenden nutzerbasierten VoIP-Telefonats zu erlangen.[1694] Unschädlich ist, wenn auf diese Weise *vollständige* VoIP-Gespräche erfasst werden, weil der Betroffene anstelle von Kopfhörern oder einer Smartphone-VoIP-App die Lautsprecher seines IT-Systems zur Wiedergabe der empfangenen Gesprächsinhalte nutzt: Für das nichtöffentlich gesprochene Wort i. S. d. § 100c Abs. 1 StPO kommt es nicht darauf an, ob es *unmittelbar* in der abgehörten Wohnung ausgesprochen wurde; es genügt, dass es in der räumlich besonders geschützten Sphäre *hörbar gemacht* wird.[1695]

(2)   Überwachung textbasierter Kommunikation

Problematisch ist auch die Überwachung der textbasierten funktionalen Kommunikation. Zwar können auf dem IT-System des Betroffenen gespeicherte Inhalte asynchroner Kommunikationsvorgänge im Zuge der Auswertung nach §§ 94 ff. StPO sichergestellter Datenbestände und unverschlüsselt übertragene Daten textbasierter funktionaler Kommunikationsvorgänge unter Inpflichtnahme des ISP gemäß § 100a, 100b StPO in Erfahrung gebracht werden. Auch hat das *BVerfG* im Jahre 2009 in den §§ 94 ff. StPO hinreichende Ermächtigungsgrundlagen für die offene Sicherstellung von E-Mails auf dem Mailserver des Providers und den damit verbundenen Eingriff in das Fernmeldegeheimnis ausgemacht.[1696] Wurde jedoch eine

---

[1694] So wohl auch *Hegmann*, in: BeckOK StPO, Rn. 6 zu § 100c, zum Abhören klassischer Telefonate.

[1695] Vgl. *Hauck*, in: Löwe/Rosenberg, Rn. 93 zu § 100c m. w. N.

[1696] BVerfGE 124, 43 (58 ff.). Die Entscheidung übergeht allerdings den Diskussionsstand in Rechtsprechung und Literatur weitestgehend ohne nähere Erörterung und ist daher im Schrifttum nahezu einhellig auf entschiedene Ablehnung gestoßen, vgl. etwa

Inhaltsverschlüsselung genutzt, sind diese Ansätze ungeeignet.[1697] Gleiches gilt für die Überwachung verschlüsselter synchroner text-basierter Kommunikationsvorgänge: Ein Zugriff auf dem Übertra-gungsweg unter Mitwirkung des ISP nach Maßgabe der §§ 100a, 100b StPO ist hier – vergleichbar mit der Ausleitung verschlüsselter nutzerbasierter VoIP-Gesprächsdaten –[1698] zumeist nicht zielfüh-rend.

Eine Rechtsgrundlage zur Verpflichtung der Anbieter inhaltsver-schlüsselter Kommunikationslösungen, Backdoors für den strafpro-zessualen Zugriff vorzuhalten oder MITM-Angriffe auf ihre Inhalts-verschlüsselungen durchzuführen, ist nicht ersichtlich.[1699] Für den heimlichen Internet-Fernzugriff auf Kommunikationsinhalte vor oder nach ihrer (Ende-zu-Ende-)Verschlüsselung auf dem IT-System eines Kommunikationsteilnehmers fehlt es unter den zur Quellen-TKÜ erörterten Gesichtspunkten[1700] an einer gesetzgeberischen Grundentscheidung.

Darüber hinaus ist zweifelhaft, ob eine solche Grundentscheidung – auch unter Berücksichtigung aller datensicherheitsrelevanten An-forderungen des *BVerfG* – zur Anwendbarkeit der §§ 100a, 100b StPO gereichte: Im Gegensatz zur VoIP-Telefonie, die technisch durch einen ineinandergreifenden Eingabe-, Verschlüsselungs-, Übertragungs- und Entschlüsselungsvorgang der Kommunikations-

---

B. Gercke, StV 2009, 624 ff; *Kasiske*, StraFo 2010, 228 (230); *Klesczewski*, ZStW 123 (2011), 737 (747 ff.); *Hartmut Krüger*, MMR 2009, 680 (682 f.); *Meinicke*, Zugriff auf E-Mails, S. 60 ff.; *Neuhöfer*, Zugriff auf E-Mails, S. 159; *Singelnstein*, NStZ 2012, 593 (596); *Wolter*, in: SK StPO, Rn. 32 ff. zu § 100a. Siehe hierzu im Kontext heimlicher Zugriffe auf dezentrale IT-Systeme unten S. 373 ff.

[1697] Siehe hierzu oben S. 53 ff.

[1698] Siehe hierzu oben S. 60 ff.

[1699] *Brodowski*, JR 2011, 533 (534), verwechselt hier Verbindungs- und Inhaltsver-schlüsselung. Für einen MITM-Angriff auf eine Inhaltsverschlüsselung genügt es gera-de nicht, den ISP gemäß §§ 100a, 100b Abs. 3 S. 1 StPO zur „Zwischenschaltung" eines IT-Systems zu verpflichten, welches den Kommunikationspartnern jeweils vortäuscht, die gewünschte Gegenstelle zu sein. Auch die vorgeschlagene Nutzung gefälschter Zertifikate verspricht keinen Erfolg. Siehe hierzu oben S. 56 und unten S. 445 f.

[1700] Siehe hierzu oben S. 329 ff.

inhalte gekennzeichnet ist,[1701] erfordert die textbasierte Kommunikation je nach genutzter Software verschiedene Zwischenschritte. Zwar weisen synchrone Chatprogramme, die einen Sitzungsschlüssel für die Dauer eines Chats vereinbaren und jede Eingabe mit diesem Sitzungsschlüssel verschlüsseln, an den/die Kommunikationspartner übertragen und dort unmittelbar entschlüsseln,[1702] eine gewisse Ähnlichkeit zur VoIP-Telefonie auf. Auch die Verschlüsselung asynchroner textbasierter Kommunikationsvorgänge – etwa mittels PGP/GPG – erfordert u. U. nur eine einzige zusätzliche Eingabe, bei der Nutzung von PGP/GPG etwa das Absenden der E-Mail: Der Bedienkomfort der entsprechenden Programme nimmt kontinuierlich zu.[1703] Inhaltsverschlüsselte Messenger unterscheiden sich in ihrer Handhabung nicht mehr von unverschlüsselten Messengern, sodass etwa der Versand von Nachrichten mit Messenger-Apps auf Smartphones dem Versand von SMS-Nachrichten gleicht – es sind weder besondere Fertigkeiten des Nutzers noch weitere Bedienschritte nötig.

Dennoch besteht zur VoIP-Telefonie ein grundlegender Unterschied: Per Mikrofon eingegebene Kommunikationsinhalte werden unmittelbar Bestandteil des laufenden VoIP-Telefonats, während die textbasierte Kommunikation die Eingabe *potentieller* Kommunikationsinhalte mittels Tastatur und – in (mindestens) einem weiteren Schritt – deren manuelle Bestätigung/Absendung erfordert. Ein mit der Überwachung der VoIP-Telefonie per Quellen-TKÜ vergleichbarer Zugriff machte es mithin erforderlich, die Daten nach ihrer

---

[1701] Siehe hierzu oben S. 326 f.

[1702] Siehe hierzu etwa ob S. 60.

[1703] Vgl. etwa zur vergleichsweise komplizierten Anwendung von GPG im Jahre 2006 *Lucas*, PGP & GPG, S. 116 ff. So mussten die öffentlichen Schlüssel der Empfänger manuell ausgewählt und auf den zu verschlüsselnden Text angewendet werden. Der verschlüsselte Text konnte anschließend in einen E-Mail-Client oder die Web-Oberfläche des E-Mail-Providers kopiert und von dort versandt werden. Mittlerweile gibt es Erweiterungen für zahlreiche E-Mail-Clients, die den jeweiligen öffentlichen Schlüssel automatisch der E-Mail-Adresse des Empfängers zuordnen. Der Absender muss lediglich einmalig den öffentlichen Schlüssel des Empfängers importieren und im E-Mail-Client die Verschlüsselung per Standardeinstellung aktivieren.

„Freigabe" durch den Nutzer, aber vor ihrer Verschlüsselung aufzuzeichnen und auszuleiten. Eine technische Lösung hierfür müsste innerhalb des zur Kommunikation genutzten Programms ansetzen und ist daher ohne Mitwirkung des Herstellers bzw. ohne Eingriff in die Programmstruktur[1704] nicht möglich.

Das *AG Landshut* sah 2010 die Anfertigung sog. *Screenshots*[1705] von Eingaben in der Benutzeroberfläche eines Chatprogramms und im Fenster eines Browsers zur Aufzeichnung von E-Mail-Eingaben im 30-Sekunden-Takt als TKÜ i. S. d. § 100a StPO an.[1706] Die hiergegen gerichtete Beschwerde zum *LG Landshut* hatte Erfolg: Da nicht sicher sei, ob die Inhalte der Screenshots tatsächlich zum Versand gelangen oder ob sie zuvor geändert oder gänzlich verworfen werden, handle es sich nicht um Kommunikationsinhalte.[1707] Im Schrifttum hat diese Entscheidung zu Recht Zustimmung auch seitens derjenigen erfahren, die §§ 100a, 100b StPO für taugliche Befugnisnormen zur Durchführung von Quellen-TKÜ-Maßnahmen bei VoIP-Telefonaten halten.[1708] Das – ggf. entwurfsmäßige – Abfassen von Mitteilungen in Textform kann mit der Aussprache von Mitteilungen im Rahmen eines Telefonats nicht gleichgesetzt werden. Die Überwachung der inhaltsverschlüsselten textbasierten Kommunikation durch die Anfertigung von Screenshots könnte daher auch dann nicht auf §§ 100a, 100b StPO gestützt werden, wenn der Gesetzgeber eine Grundentscheidung zugunsten heimlicher Internet-Fernzugriffe im Strafverfahren träfe.

[1704] Ein solcher käme bei quelloffenen Programmen zumindest theoretisch in Betracht, siehe hierzu oben Fn. 84.

[1705] Hierbei handelt es sich um eine Bilddatei, die den sichtbaren Bildschirminhalt zu einem bestimmten Zeitpunkt abbildet, vgl. *P. Fischer/Hofer*, Lexikon der Informatik, S. 795.

[1706] AG Landshut, Beschluss vom 04.10.2010 – II Gs 833/10 –, nicht veröffentlicht.

[1707] LG Landshut, Beschluss vom 20.01.2011 – 4 Qs 346/10 –, juris, Rn. 17 f.

[1708] Vgl. etwa *Bär*, MMR 2011, 691 (692); *Bratke*, Quellen-TKÜ im Strafverfahren, S. 175; *Graf*, in: BeckOK StPO, Rn. 107c zu § 100a.

cc) Einzelfragen zur Verhältnismäßigkeit

Soweit Internet-Telefonie unter Mitwirkung des ISP und/oder VoIP-Anbieters abgehört wird, bestehen bei der Verhältnismäßigkeitsprüfung keine Unterschiede zu hergebrachten TKÜ-Maßnahmen: Die Subsidiaritätsklausel der 3. Stufe[1709] in § 100a Abs. 1 Nr. 3 StPO konkretisiert die Erforderlichkeitsprüfung dergestalt, dass alternative Ermittlungsansätze *entweder* fehlen müssen bzw. keinen Erfolg versprechen dürfen *oder* erheblich mehr Zeit in Anspruch nehmen bzw. Aussicht auf deutlich weniger wertvolle Erkenntnissen bieten müssen.[1710]

Die Angemessenheitsprüfung ist durch den Straftatenkatalog in § 100a Abs. 2 StPO, das Erfordernis einer auch im Einzelfall schwerwiegenden Tat[1711] gemäß § 100a Abs. 1 Nr. 2 StPO und den auf bestimmte Tatsachen begründeten Verdacht[1712] i. S. d. § 100a Abs. 1 Nr. 1 u. Abs. 3 StPO determiniert. Weitergehende Anforderungen ergeben sich insbesondere nicht daraus, dass die nutzerbasierte VoIP-Telefonie infolge ihrer Verschlüsselung als im Vergleich zur hergebrachten Telefonie „sicherer" gilt: Die Vertraulichkeit der zwischenmenschlichen Kommunikation ist im Verhältnis zum Staat dann nicht mehr geschützt, wenn die Voraussetzungen einer Eingriffsgrundlage erfüllt sind.[1713] Dies ändert sich nicht dadurch, dass die Kommunikationsteilnehmer – ggf. aufgrund einer besonderen (technisch vermittelten) Vertraulichkeitserwartung – das Kommunikationsmedium auch zur Übertragung solcher Informationen nutzen, die dem Kernbereich der privaten Lebensgestaltung zuzuordnen sind: Ein umfassendes Erhebungsverbot schon dann, wenn anzunehmen ist, dass *auch* Kernbereichsinhalte erfasst werden, eröffnete Straftätern überwachungsfreie Kommunikationsmöglichkeiten

---

[1709] Siehe hierzu oben Fn. 493.

[1710] Vgl. *Hauck*, in: Löwe/Rosenberg, Rn. 51 zu § 100a m. w. N.

[1711] Siehe hierzu oben S. 84 ff.

[1712] Siehe hierzu oben S. 87.

[1713] Siehe hierzu im Kontext des IT-Grundrechts bereits oben S. 166 ff.

und ist daher abzulehnen.[1714] Soweit daher nicht von vornherein anzunehmen ist, dass eine TKÜ-Maßnahme *allein* Kernbereichsinhalte hervorbringen wird (§ 100a Abs. 4 StPO),[1715] ist sie bei Vorliegen der Voraussetzungen des § 100a StPO zumutbar und gelangt das zweistufige Schutzkonzept des *BVerfG*[1716] zur Anwendung.[1717]

dd) Rechtsfolgen bei Verfahrensverstößen

Die Durchführung der dargestellten heimlichen Internet-Fernzugriffe auf IT-Systeme trotz fehlender Rechtsgrundlage muss – als bewusster Verstoß gegen Verfahrensrecht – ein absolutes Verwendungsverbot der erlangten Erkenntnisse zur Folge haben.[1718]

b) Sonstige Nutzungsarten

aa) Grundrechtseingriffe

Die Überwachung der Nutzung von IT-Systemen zu anderen als funktionalen Kommunikationszwecken greift in das IT-Grundrecht und ggf. in die Unverletzlichkeit der Wohnung ein.

bb) Ermittlungsbefugnisse

(1) Online-Überwachung

Für den Eingriff in das IT-Grundrecht bei Durchführung einer Online-Überwachung im Sinne einer allumfassenden Beobachtung des Betroffenen bei der Nutzung seines IT-Systems per Internet-Fernzugriff besteht keine Rechtsgrundlage.[1719]

[1714] Vgl. BVerfGE 129, 208 (247).

[1715] Womit sie allerdings schon nicht tatbestandsmäßig und daher rechtswidrig wäre, vgl. *Rogall*, FS Fezer 2008, 61 (81).

[1716] Siehe hierzu oben S. 99 f.

[1717] BVerfGE 129, 208 (245 ff.).

[1718] Siehe hierzu oben S. 246.

[1719] Es fehlt auch insoweit an einer Grundentscheidung des Gesetzgebers sowohl für

(2) Van-Eck-Phreaking

Ebenso verhält es sich mit der Messung der elektromagnetischen Abstrahlung des Bildschirms oder der Tastatur eines IT-Systems: Insbesondere erfasst der Wortsinn des § 100c StPO die Maßnahme nicht. Eine analoge Anwendung der Vorschrift kommt infolge der Grundrechtsintensität der Maßnahme nicht in Betracht.[1720] Gleiches gilt außerhalb von Wohnungen für eine analoge Anwendung des § 100f Abs. 1 bzw. § 100h Abs. 1 S. 1 Nr. 2 StPO: Bei den Daten eines IT-Systems handelt es sich weder um nichtöffentlich gesprochene Worte noch um zulässige Gegenstände einer Observation[1721].

(3) Überwachung der nicht funktional-kommunikativen Internetnutzung

Fraglich ist, ob die nicht funktional-kommunikative Internetnutzung nach geltender Rechtslage überwacht werden darf.

In der Praxis erfolgt die sog. *IP-gestützte TKÜ*, bei der ISPs den Ermittlungsbehörden Kopien des vollständigen Internet-Datenverkehrs eines Anschlussinhabers übermitteln, regelmäßig nach Maßgabe der §§ 100a, 100b StPO i. V. m. §§ 110 TKG, 3 Abs. 1, 9 TKÜV.[1722] Auf den ersten Blick erscheint dies sachgerecht: Der Datentransfer im Internet ist ein technischer Vorgang des Aussendens, Übermittelns und Empfangens von Signalen mittels Telekommunikationsanlagen und damit Telekommunikation i. S. d. § 3 Nr. 22 TKG, der ISP ist Telekommunikationsdiensteanbieter i. S. d.

---

den Internet-Fernzugriff – siehe hierzu bereits oben S. 329 ff. – als auch für die konkrete Ermittlungsmaßnahme, siehe hierzu oben S. 119 ff.

[1720] Siehe hierzu oben S. 124 f.

[1721] Technische Mittel i. S. d. § 100h Abs. 1 S. 2 Nr. 1 StPO dürfen lediglich die Beobachtung des Betroffenen hinsichtlich seiner Fortbewegung oder seines Aufenthaltsorts ermöglichen, vgl. *Bruns*, in: KK StPO, Rn. 5 zu § 100h; *Hegmann*, in: BeckOK StPO, Rn. 6 zu § 100h.

[1722] Vgl. BGH, Beschluss vom 23.03.2010 – StB 7/10 –, juris, Rn. 2, 6; *Braun*, jurisPR-ITR 18/2013, Anm. 5, Abs. A; *F. Albrecht/Braun*, HRRS 2013, 500; *Meinicke*, Traeger (Hrsg.): Law as a Service 2013, 967 (969).

§ 3 Nr. 6 TKG[1723]. Hierbei würde jedoch unterstellt, der Telekommunikationsbegriff der StPO sei deckungsgleich mit dem technischen (formalen) Begriff des TKG und bedürfe keiner individuell-zwischenmenschlichen Komponente, sodass es Telekommunikationsvorgänge gebe, die – jedenfalls seit Statuierung des IT-Grundrechts – nicht in den Schutzbereich des Art. 10 GG fallen[1724] und dennoch von den §§ 100a, 100b StPO erfasst seien.

Wie bereits dargestellt, greift die Überwachung des Abrufs öffentlich zugänglicher Internetangebote in das IT-Grundrecht ein.[1725] Der Zugriff auf den *vollständigen* Internet-Datenverkehr muss sich daher sowohl an Art. 10 GG[1726] und als auch am IT-Grundrecht messen lassen.[1727] Da § 100a StPO im Ausgangspunkt nur die Ermächtigung zu Eingriffen in Art. 10 GG enthält,[1728] käme er als Ermittlungsbefugnis allenfalls dann in Betracht, wenn der Zugriff auf formale Telekommunikationsinhalte von geringerer Eingriffsintensität wäre als der Zugriff auf funktionale.

Das Gegenteil ist der Fall: Die Überwachung der nicht funktional-kommunikativen Internetnutzung kann – abhängig von den Nutzungsmodalitäten des Betroffenen – zu Erkenntnissen führen, die in Inhalt und Umfang denen einer Online-Überwachung gleichen.[1729] Dabei kommt es nicht entscheidend darauf an, dass es sich vielfach um Informationen aus dem Kernbereich der privaten Lebensgestaltung handeln wird, denn solche können auch Gegenstand funktionaler Kommunikationsvorgänge sein. Die besondere Eingriffsintensität ergibt sich vielmehr daraus, dass der Betroffene im Rahmen

---

[1723] Siehe hierzu oben S. 317.

[1724] Siehe hierzu oben S. 190 ff.

[1725] Siehe hierzu oben 195.

[1726] Weil er mit VoIP-Telefonie, E-Mails, Chats etc. auch funktionale Kommunikationsinhalte umfasst.

[1727] Siehe hierzu oben S. 191.

[1728] Vgl. bereits BT-Drucks. 5/1880, S. 11 f., und zuletzt BGBl. 2007 I, S. 3211; BVerfGE 129, 208 (240).

[1729] So auch *F. Albrecht/Braun*, HRRS 2013, 500 (504 f.); *Hiéramente*, StraFo 2013, 96 (100 f.), *Meinicke*, Traeger (Hrsg.): Law as a Service 2013, 967 (978).

funktionaler Kommunikationsvorgänge bewusst Informationen mit Dritten teilt und deshalb nicht darauf vertrauen kann, dass diese Informationen nicht gegen oder ohne seinen Willen staatlichen Stellen bekannt werden – Kommunikationspartner könnten den Inhalt von VoIP-Telefonaten, E-Mails, Chats etc. schließlich aus freien Stücken, fahrlässig oder aufgrund gesetzlicher Pflichten den Strafverfolgungsbehörden mitteilen.[1730] In der nicht funktional-kommunikativen Internetnutzung spiegeln sich hingegen Interessen, Neigungen und Lebensumstände des Betroffenen, die er jedenfalls in ihrer Gesamtheit regelmäßig niemandem offenbaren würde.[1731] Deren Überwachung kann zwar gleichwohl ermittlungsrelevant (und damit nicht kernbereichsgegenständlich) sein, zugleich aber einer – in jedem Fall rechtswidrigen –[1732] Totalüberwachung näher kommen als die bloße Kenntnisnahme funktionaler Kommunikationsinhalte – erst recht, wenn Letztere parallel erfolgt.

Das *LG Ellwangen*[1733] erkannte 2013 zumindest, dass die Überwachung sämtlicher Internetaktivitäten eines IT-Systems in das IT-Grundrecht des Betroffenen eingreift.[1734] Nicht nachvollziehbar ist allerdings die sodann hergeleitete Rechtfertigung dieses Eingriffs unter Anwendung der §§ 100a, 100b StPO: Mit verfehltem Verweis auf eine Passage des Online-Durchsuchungsurteils, in der das *BVerfG* die „Internetaufklärung" – d. h. den Aufruf von Internetangeboten *durch die Ermittlungsbehörden* – erörtert,[1735] führt das *LG Ellwangen* aus, dass es sich bei der Internetnutzung um Telekommunikation i. S. d. § 100a Abs. 1 StPO handle, weil man andernfalls

---

[1730] Diese Wertung ergibt sich insbesondere daraus, dass Art. 10 GG keinen Schutz vor durch Kommunikationspartner autorisierten Zugriffen auf Kommunikationsinhalte und -umstände vermittelt, siehe hierzu oben S. 195.

[1731] *Hiéramente*, StraFo 2013, 96 (100), weist exemplarisch auf die Informationsmöglichkeiten zu beruflichen, politischen, gesundheitlichen und sexuellen Themen hin.

[1732] Siehe hierzu oben S. 97 f.

[1733] LG Ellwangen, Beschluss vom 28.05.2013 – 1 Qs 130/12 –, juris. Sehr krit. zu dieser Entscheidung mit Recht *F. Albrecht/Braun*, HRRS 2013, 500 (501 f.); *Braun*, jurisPR-ITR 18/2013, Anm. 5, Abs. C f.

[1734] Vgl. LG Ellwangen, Beschluss vom 28.05.2013 – 1 Qs 130/12 –, juris, Rn. 61.

[1735] Vgl. BVerfGE 120, 274 (340 ff.).

„die Betätigung durch ‚Surfen' [...] nur an der allgemeinen Vorschrift des § 161 StPO messen" müsste; der Abruf von öffentlich zugänglichen Internetangeboten unterfalle aber „auch dann *dem Schutz* [Hervorh. d. Verf.] der entsprechenden Vorschriften, wenn bei rein förmlichem semantischem Verständnis der herkömmliche Wortsinn nicht mit der gesetzlichen Formulierung überein zu stimmen scheint".[1736]

Diese Argumentation ist schon deshalb nicht tragfähig, weil sie ausdrücklich einräumt, eine dem Wortsinne nach – gemeint dürfte eher der Gesetzeszweck sein – unpassende Vorschrift heranzuziehen. Der Einwand, dass andernfalls § 161 StPO anzuwenden wäre, geht vollends fehl: Wenn eine Ermittlungsmaßnahme heimlich und auf Dauer angelegt in ein Grundrecht eingreifen soll, der Tatbestand einer Spezialermächtigung jedoch zugegebenermaßen nicht erfüllt ist, kann gerade nicht auf die Ermittlungsgeneralklausel zurückgegriffen werden – die Ermittlungsmaßnahme ist dann schlicht unzulässig.[1737]

Der Vorschlag *F. Albrechts* und *Brauns*, die Überwachung der Internetnutzung unter den Voraussetzungen des § 100c StPO zuzulassen, weil der insoweit „erforderliche Verdachtsgrad sowie die in dessen Straftatenkatalog genannten besonders schweren Anlasstaten [...] den verfassungsrechtlich erforderlichen Eingriffsschwellen" entsprächen und „eine längerfristige Überwachung aller Internetaktivitäten des Betroffenen [...] möglich sein" müsse, „wenn unter denselben Voraussetzungen eine die Privatheit ebenso beeinträchtigende Maßnahme gestattet ist",[1738] überzeugt ebenfalls nicht. Die StPO hält zahlreiche Ermittlungsbefugnisse bereit, die in ihrer Intensität mit nicht ausdrücklich normierten Ermittlungsmaßnahmen vergleichbar sein mögen. Es verstieße aber gegen den Grundsatz der Gewaltenteilung, wollte man es den Ermittlungsbehörden und Ge-

---

[1736] LG Ellwangen, Beschluss vom 28.05.2013 – 1 Qs 130/12 –, juris, Rn. 63.

[1737] Siehe hierzu oben S. 124 ff. und S. 136.

[1738] *F. Albrecht/Braun*, HRRS 2013, 500 (507 f.).

richten überlassen, ihrem tatsächlichen Inhalt nach unpassende Spezialermächtigungen jeweils zu Rechtsgrundlagen für „ähnlich eingriffsintensive" Ermittlungsmaßnahmen zu erklären: Die Grundentscheidung für oder gegen den mit einer bestimmten Ermittlungsmaßnahme verbundenen Grundrechtseingriff hat ausschließlich der Gesetzgeber zu treffen,[1739] der die Überwachung der nicht funktional-kommunikativen Internetnutzung bei Normierung der akustischen Wohnraumüberwachung ersichtlich nicht erwogen hat.

Es ist daher *Hiéramente*,[1740] *Meinicke*[1741] und mittlerweile auch *B. Schmitt*[1742] zu folgen, nach denen die Überwachung der nicht funktional-kommunikativen Internetnutzung im Strafverfahren derzeit unzulässig ist.

cc) Rechtsfolgen bei Verfahrensverstößen

(1) Bei der Online-Überwachung und dem Van-Eck-Phreaking

Die Erkenntnisse aus einer Online-Überwachung mittels heimlichen Internet-Fernzugriffs auf ein IT-System bzw. aus der Messung seiner elektromagnetischen Abstrahlungen unterliegen – weil die Maßnahmen sich auf keine Rechtsgrundlage stützen lassen und daher als bewusste Verstöße gegen Verfahrensrecht zu bewerten sind – einem absoluten Verwendungsverbot.

(2) Bei der Überwachung der nicht funktional-kommunikativen Internetnutzung

Die Überwachung der nicht funktional-kommunikativen Internetnutzung nach §§ 100a, 100b StPO kann angesichts der bis dato nicht revidierten Rechtsprechung des *BGH*[1743] zwar nicht als bewusster

---

[1739] Siehe hierzu oben S. 119 ff.

[1740] *Hiéramente*, StraFo 2013, 96 (102).

[1741] *Meinicke*, Traeger (Hrsg.): Law as a Service 2013, 967 (977).

[1742] Meyer-Goßner/*B. Schmitt*, StPO, Rn. 7d zu § 100a.

[1743] BGH, Beschluss vom 23.03.2010 – StB 7/10 –, juris. Mit *Meinicke*, Traeger (Hrsg.):

Verfahrensverstoß eingestuft werden; anhand der im Einzelfall gewonnenen Erkenntnisse lässt sich jedoch beurteilen, ob die Maßnahme einer Totalüberwachung nahekommt. Ist dies der Fall, muss die seitens des Gesetzgebers bei Fassung des § 100a StPO insoweit unterbliebene Abwägung spätestens bei der Beurteilung der Verwertbarkeit der Erkenntnisse nachgeholt werden. Ergibt sich hier ein relativer subjektiv-rechtlicher Eingriff in den Wesensgehalt[1744] des IT-Grundrechts, besteht ein Beweisverwertungsverbot,[1745] dem aber im Interesse der Vermeidung das Beweisergebnis absichernder eingriffsintensiver Parallelmaßnahmen[1746] keine Fernwirkung zukommt.

4. „Analoge" Überwachung mittels IT-Systems

Die „analoge" Überwachung des Nutzers mittels Kamera und Mikrofons seines IT-Systems kann mangels gesetzgeberischer Grundentscheidung zugunsten strafprozessualer Internet-Fernzugriffe auf IT-Systeme nicht auf die §§ 100c[1747], 100f, 100h StPO gestützt werden. Verstöße haben ein absolutes Verwendungsverbot der Erkenntnisse zur Folge.[1748]

Law as a Service 2013, 967 (978), ist allerdings anzunehmen, dass diese Entscheidung – in der die Überwachung des vollständigen Internet-Datenverkehrs eines unverdächtigen Dritten im Rahmen eines Terrorismusverfahrens nach § 100a StPO ohne nähere Erörterung der Norm für statthaft befunden wurde – „eher eine bedauerliche Eskapade" sein dürfte als die wohlüberlegte, allgemeingültige Legitimation einer umstrittenen Ermittlungsmaßnahme.

[1744] Siehe hierzu oben S. 110.

[1745] Aufgrund des Eingriffs in den Kernbereich eines Grundrechts, siehe hierzu oben S. 226.

[1746] Siehe hierzu oben S. 246.

[1747] Insbesondere kann die Installation der Überwachungssoftware nicht auf eine Annexkompetenz zu § 100c StPO gestützt werden: Der mit ihr verbundene Eingriff in das IT-Grundrecht ist mit – der Schwere nach untergeordneten – Eingriffen in Art. 13 Abs. 1 GG bei Vorbereitungshandlungen zur akustischen Wohnraumüberwachung nicht gleichzusetzen, weil die Schutzbereiche beider Grundrechte nicht übereinstimmen. Vgl. hierzu *Kohlmann*, Online-Durchsuchungen, S. 89 f.

[1748] Siehe hierzu oben S. 246.

II. Zugriffe auf dezentrale IT-Systeme

1. Grundrechtseingriffe

Zugriffe auf dezentrale IT-Systeme unterscheiden sich in ihrer Grundrechtsrelevanz nicht von Zugriffen auf zentrale IT-Systeme, soweit hierfür auf ein angeschlossenes Endgerät zugegriffen wird.[1749] Darüber hinaus greifen alle Zugriffe auf dezentrale IT-Systeme in das IT-Grundrecht und – soweit das IT-System zur funktionalen Kommunikation genutzt wird – in das Fernmeldegeheimnis ein, sodass sie sich an beiden Grundrechten messen lassen müssen.[1750]

2. Ermittlungsbefugnisse

a) Zugriff auf dem Übertragungsweg

Vereinzelt wird angenommen, dass ISPs „unproblematisch" gemäß §§ 100a, 100b StPO zur Ausleitung von Daten auf dem Übertragungsweg zwischen einzelnen Bestandteilen eines dezentralen IT-Systems – etwa zwischen Cloud-Server und Endgerät des Betroffenen – verpflichtet werden könnten.[1751] Diese Ansicht übersieht, dass es sich – wie auch beim Abruf öffentlich zugänglicher Internetangebote – bei den formalen Telekommunikationsvorgängen innerhalb eines dezentralen IT-Systems nicht um (funktionale) Telekommunikation i. S. d. § 100a StPO handelt.[1752] In Fällen, in denen die Datenspeicherung eines IT-Systems nahezu vollständig auf räumlich entfernten Datenträgern erfolgt,[1753] entspricht der Zugriff auf die Daten während ihrer Übertragung einer partiellen Online-Durchsicht, bei der u. U. sogar eine Filterung nach (Ermitt-

---

[1749] Siehe hierzu oben S. 249 ff.

[1750] Siehe hierzu oben S. 191.

[1751] So ausdrücklich *Kudlich*, GA 2011, 193 (207). Ähnlich auch *M. Gercke*, CR 2010, 345 (346).

[1752] Siehe hierzu oben S. 344.

[1753] Siehe hierzu oben S. 25.

lungs-)Relevanz dadurch stattfindet, dass erkennbar wird, welche Daten der Betroffene abruft bzw. speichert. Die Eingriffsintensität der Maßnahme ist in solchen Fällen mit einer mehrmaligen Online-Durchsicht[1754] vergleichbar,[1755] sodass die erforderliche gesetzgeberische Grundentscheidung in § 100a Abs. 1 StPO nicht auszumachen ist.

Hieran ändert sich nichts, wenn im Vorfeld nicht bekannt ist, in welchem Maße der Betroffene Cloud-Lösungen nutzt: Bereits die Anordnung der IP-gestützte TKÜ zur Überwachung des Datenverkehrs „mit der Cloud" impliziert, dass der Betroffene dort ermittlungsrelevante *eigene* Daten ablegt bzw. abruft – eine funktional-kommunikative Nutzung i. S. d. § 100a StPO steht nicht in Rede. Auf den tatsächlich zu erlangenden Datenumfang und -inhalt kommt es zur Beurteilung der Intensität von Eingriffen in das IT-Grundrecht zudem nicht an: Ein dezentrales IT-System ist ein *potentiell* datenintensives IT-System, das den Schutz des IT-Grundrechts genießt, gerade damit der Nutzer darin Daten verarbeiten und speichern kann, deren Vertraulichkeit er erwartet.[1756] Der Zugriff auf Daten dezentraler IT-Systeme auf ihrem Übertragungsweg beim ISP ist daher nach geltender Rechtslage unzulässig.

b)   Inpflichtnahme öffentlicher Cloud Computing-Anbieter

Fraglich ist, ob öffentliche Cloud Computing-Anbieter zur Herausgabe der Datenbestände eines bestimmten Nutzers verpflichtet sind. Als Ermittlungsbefugnis kommt hierfür § 95 Abs. 1 StPO in Betracht.

[1754] Siehe hierzu oben S. 45 ff.

[1755] So auch *Sieber*, 69. DJT, Bd. I, S. C 107.

[1756] Siehe hierzu oben S. 148 f. Es ist daher auch unerheblich, ob der Betroffene Cloud-Lösungen im Einzelfall auch zu funktional-kommunikativen Zwecken nutzt, siehe hierzu oben S. 191.

aa) Gewahrsam i. S. d. §§ 94 ff. StPO

Problematisch erscheint zunächst, dass die Norm *Gewahrsam* an den herauszugebenden Beweisgegenständen voraussetzt. Der strafrechtliche Begriffsgehalt, nämlich die von einem Herrschaftswillen getragene, tatsächliche Verfügungsgewalt über eine *Sache*,[1757] schließt Daten als Gewahrsamsobjekte aus. Im Schrifttum wird überwiegend angenommen, dass der strafrechtliche Gewahrsamsbegriff dem strafprozessualen entspricht.[1758] Der reine Wortsinn als *Obhut* lässt hingegen auch einen anderen Begriffsinhalt zu.[1759] Zudem zeigt der Wortstamm *gewahr* – da man sich z. B. unkörperlicher Umstände gewahr sein kann –, dass Gewahrsam semantisch nicht nur an Sachen in Betracht kommt.[1760] Hiergegen lässt sich nicht einwenden, dass Gewahrsam jedenfalls in der spezifischen Rechtssprache ausschließlich im Sinne von „Sachherrschaft" verwandt werde:[1761] Wie bereits dargelegt,[1762] erfasst der Begriff des *Gegenstandes* in den §§ 94 ff. StPO sowohl körperliche als auch unkörperliche Objekte. § 94 Abs. 2 StPO geht davon aus, dass solche Gegenstände sich in dem Gewahrsam einer Person befinden können. Im Kontext unkörperlicher Gegenstände kann Sachherrschaft hiermit nicht gemeint sein.

Auch die im Begriff der Sach*herrschaft* angelegte Verfügungsgewalt als tatsächliche Möglichkeit, auf einen Gegenstand beliebig einzuwirken,[1763] schließt einen unkörperlichen Gewahrsamsbegriff nicht aus: Der strafprozessuale Zugriff auf Beweisgegenstände im Gewahrsam einer Person dient der Beweissicherung. Kann ein Beweis

---

[1757] *Kindhäuser*, in: ders./Neumann/Paeffgen, Rn. 28 zu § 242 m. w. N.

[1758] *Bär*, EDV-Beweissicherung, S. 302; *Korge*, Beschlagnahme, S. 57; *Lemcke*, Sicherstellung, S. 52; *Menges*, in: Löwe/Rosenberg, Rn. 40 zu § 94; *Ritzert*, in: BeckOK StPO, Rn. 7 zu § 94.

[1759] So auch *T. Böckenförde*, Die Ermittlung im Netz, S. 338.

[1760] So auch *Matzky*, Zugriff auf EDV, S. 95.

[1761] Womit die Wortsinnauslegung auf diesen Begriffsgehalt beschränkt wäre, siehe hierzu oben S. 134. So aber *Korge*, Beschlagnahme, S. 61.

[1762] Siehe hierzu oben S. 286 ff.

[1763] Vgl. *Kindhäuser*, in: ders./Neumann/Paeffgen, Rn. 9 zu § 246.

für das weitere Verfahren gesichert werden, ohne dass der Beweisgegenstand dem von der Beweiserhebungsmaßnahme Betroffenen entzogen wird, ist nur diese Form der Beweissicherung überhaupt rechtmäßig.[1764] Im Unterschied zum strafrechtlichen Gewahrsamsbegriff im Kontext der Eigentumsdelikte, kommt es auf eine Veränderung der vermögensrechtlichen Zuordnung von Beweisgegenständen im Rahmen der §§ 94 ff. StPO nicht an –[1765] wohl aber darauf, ob ein Beweisgegenstand in der tatsächlichen Verfügungsgewalt einer Person steht, denn gerade dies ist u. U. das Beweisthema und in jedem Fall der tatsächliche Grund, weshalb gerade bei dieser Person auf den Beweisgegenstand zugegriffen werden soll. Gewahrsam i. S. d. §§ 94 ff. StPO meint daher richtigerweise die tatsächliche Verfügungsgewalt über (körperliche oder unkörperliche) Beweisgegenstände.[1766]

bb) Herausgabe von Kopien als Mitwirkungspflicht

Noch nicht geklärt ist damit aber, wie weit die Herausgabepflicht eines öffentlichen Cloud Computing-Anbieters reicht. Wie bereits ausgeführt, begründet § 95 Abs. 1 StPO keine Mitwirkungspflicht dahingehend, den Ermittlungsbehörden durch die Herausgabe einen im Vergleich zum zwangsweisen Zugriff verbesserten, gewissermaßen aufbereiteten Beweisinhalt aktiv zugänglich zu machen.[1767] Hieraus könnte man folgern, dass die Herausgabe des Datenbestandes eines bestimmten Nutzers über das hinausgeht, was den Ermittlungsbehörden im Wege der Beschlagnahme von Hardware des öffentlichen Cloud Computing-Anbieters zugänglich würde: Die Herausgabe umfasst exakt (und nur) denselben Datenbe-

---

[1764] Siehe hierzu oben S. 265 ff.

[1765] Ähnlich auch *T. Böckenförde*, Die Ermittlung im Netz, S. 342 ff.

[1766] In diese Richtung auch AG Reutlingen, Beschluss vom 31.10.2011 – 5 Ds 43 Js 18155/10 jug –, juris, Rn. 8, wonach der Betreiber eines sozialen Netzwerks Gewahrsam an Nachrichten und Chat-Unterhaltungen innerhalb eines Benutzerkontos hat. Im Ergebnis ebenso – aber ohne Erörterung des Gewahrsamsbegriffs – bereits BVerfGE 124, 43 (58 ff.).

[1767] Siehe hierzu oben S. 284.

stand, den der Betroffene beim öffentlichen Cloud Computing-Anbieter verarbeitet und/oder gespeichert hat. Die Auswertung der vollständigen Hardware – u. U. mit den Daten tausender Nutzer – ist im Vergleich hierzu kaum handhabbar und damit allein unter Effektivitätsgesichtspunkten nicht gleichwertig.

Übersehen würde hierbei allerdings, dass ein öffentlicher Cloud Computing-Anbieter selbst nur Gewahrsam an den Datenbeständen seiner Nutzer – genauer: an den Datenbeständen innerhalb der für sein Cloud Computing-Angebot weltweit selbst betriebenen oder angemieteten Hardwareressourcen in Rechenzentren – hat, nicht aber an bestimmbaren Datenträgern mit den potentiell beweiserheblichen Daten.[1768] Wie auch der Nutzer, kann der öffentliche Cloud Computing-Anbieter auf die einem bestimmten Benutzerkonto zugeordneten Daten nur zugreifen, indem er jeweils Kopien aus der Hardwareinfrastruktur – entweder Verarbeitungsergebnisse von SaaS- und PaaS-Angeboten oder Duplikate der in IaaS-Angeboten gespeicherten Dateien – auf einem Endgerät fertigt. Die eigene Verfügungsgewalt, die ein öffentlicher Cloud Computing-Anbieter i. S. d. § 95 Abs. 1 StPO auf die Ermittlungsbehörde zu übertragen imstande ist,[1769] beschränkt sich damit von vornherein auf Kopien der Datenbestände seiner Nutzer. Die Herausgabe solcher Kopien geht mithin nicht über das hinaus, worauf die Ermittlungsbehörden zwangsweise zugreifen könnten: Eine „Festplatte der Cloud", die beschlagnahmt und ausgewertet werden könnte, existiert nicht, sodass im Rahmen einer gemäß § 103 Abs. 1 S. 1 StPO durchzuführenden Durchsuchungsmaßnahme vor Ort zwangsweise – d. h. nötigenfalls unter Verwendung von Zugangsdaten, zu deren Mitteilung Mitarbeiter des öffentlichen Cloud Computing-Anbieters als Zeugen verpflichtet sind –[1770] auf die Hardwareinfrastruktur zuzugreifen wäre, um Kopien der potentiell beweisrelevanten Daten

---

[1768] Siehe hierzu oben Fn. 161.
[1769] Siehe hierzu oben S. 284.
[1770] Siehe hierzu oben S. 285 f.

anzufertigen.[1771] Die hierbei zu erlangenden Beweisinhalte entsprechen denen, die der Ermittlungsbehörde durch die Herausgabe von Kopien gemäß § 95 Abs. 1 StPO zugänglich werden.

cc) Zwischenergebnis

Öffentliche Cloud Computing-Anbieter sind zur Herausgabe von Datenbeständen einzelner Nutzer gemäß § 95 Abs. 1 StPO verpflichtet.

dd) Insbesondere: öffentliche Cloud Computing-Anbieter mit Auslandsbezug

Als problematisch kann sich jedoch die Inpflichtnahme eines öffentlichen Cloud Computing-Anbieters mit Auslandsbezug erweisen.

(1) Ausschließlich im Ausland ansässige Anbieter

Derzeit sind 42 Vertragsparteien[1772] des ComKrimÜbk[1773] gemäß Art. 23, 31 Abs. 1 ComKrimÜbk verpflichtet, auf Ersuchen einer anderen Vertragspartei von Personen, die in ihrem Hoheitsgebiet bestimmte Computerdaten unter ihrer Kontrolle haben, die Herausgabe gemäß der hierfür zu schaffenden Rechtsgrundlage (Art. 18 Abs. 1 Buchst. a ComKrimÜbk) zu verlangen und die herausgegebenen Daten an die ersuchende Vertragspartei weiterzugeben. Schon eine derartige Rechtsgrundlage fehlt jedoch oftmals.[1774] Hinzu

---

[1771] Ähnlich auch *Wicker*, MMR 2013, 765 (768); *dies.*, Traeger (Hrsg.): Law as a Service 2013, 981 (994).

[1772] Bis zum 01.07.2014 sind insgesamt 53 Staaten der Cybercrime-Konvention beigetreten, wovon 42 sie bereits ratifiziert haben, darunter u. a. die USA vgl. http://conventions.coe.int/Treaty/Commun/print/ChercheSig.asp?NT=185&CL=ENG.

[1773] Siehe hierzu oben Fn. 53.

[1774] § 95 StPO ist in seiner hier vertretenen Auslegung die Norm i. S. d. Art. 14, 18 Abs. 1 Buchst. a ComKrimÜbk, sodass jedenfalls Deutschland einem Ersuchen gemäß Art. 23, 31 Abs. 1 ComKrimÜbk nachkommen kann. Demgegenüber verspräche etwa ein Ersuchen gemäß Art. 23, 31 Abs. 1, 29 ComKrimÜbk derzeit keinen Erfolg, weil

kommt – unabhängig davon, ob der ersuchte Staat überhaupt Vertragspartei des ComKrimÜbk ist –, dass das zeitaufwendige formale Verfahren zum Rechtshilfeersuchen,[1775] der Vollzug der Maßnahme und hiergegen ggf. statthafte Rechtsmittel zu Verzögerungen führen können, die den Ermittlungserfolg gefährden.[1776]

Abhilfe könnte ein unmittelbar an den ausländischen Anbieter gerichtetes Herausgabeverlangen schaffen. Ein solches kommt wegen Art. 25 GG i. V. m. dem Territorialprinzip[1777] gemäß Nr. 121 Abs. 1 RiVASt jedoch nur in Betracht, wenn nicht damit zu rechnen ist, dass der betreffende Staat dieses Verfahren als einen unzulässigen Eingriff in seine Hoheitsrechte beanstandet. In Fällen, in denen im betreffenden Staat keine Rechtsgrundlage für das Herausgabeverlangen besteht oder die Tatbestandsvoraussetzungen der Rechtsgrundlage nicht erfüllt sind, ist ohne Weiteres von einem solchen Eingriff auszugehen.[1778] Doch auch, wenn es eine dem Recht des ermittelnden Staates vollends entsprechende Ermittlungsbefugnis im betreffenden Staat gibt, stellt die Anwendung ausländischen Rechts im Ausland einen Eingriff in die Souveränität des betreffenden Staates dar und spricht zudem unter Vertragsparteien des ComKrimÜbk die Regelung in Art. 32 ComKrimÜbk zu grenzüberschreitenden Zugriffen auf gespeicherte Computerdaten ohne Genehmigung der anderen Vertragspartei für die Unzulässigkeit der darin nicht geregelten Konstellation.[1779]

Deutschland bislang entgegen Art. 14, 16 ComKrimÜbk das sog. *Quick Freeze*-Verfahren nicht normiert hat. Krit. hierzu *M. Gercke*, ZUM 2013, 605 (607).

[1775] Vgl. hierzu *B. Gercke*, StraFo 2009, 271 (272); *Obenhaus*, NJW 2010, 651 (654).

[1776] Vgl. *M. Gercke*, CR 2010, 345 (347). Dies insbesondere dann, wenn die gerichtliche Auseinandersetzung von Medienberichterstattung begleitet wird und noch vor der Entscheidung des Rechtsmittelgerichts allgemein bekannt ist, gegen wen und aufgrund welchen Straftatverdachts das Ermittlungsverfahren im ersuchenden Staat geführt wird.

[1777] Vgl. hierzu *B. Gercke*, in: HK-StPO, Rn. 26 zu § 110 m. w. N.

[1778] So auch *Gaede*, StV 2009, 96 (101); *Obenhaus*, NJW 2010, 651 (654).

[1779] D. h. für die Unzulässigkeit von Zugriffen ohne Genehmigung der betreffenden Vertragspartei auf nicht offen zugängliche Daten ohne die rechtmäßig und freiwillig erteilte Zustimmung des Betroffenen.

(2) Auch im Inland ansässige Anbieter

Zu erwägen ist jedoch, ob Herausgabeverlangen gemäß § 95 Abs. 1 StPO zumindest an solche öffentlichen Cloud Computing-Anbieter gerichtet werden können, die *auch* im Inland ansässig sind. Hierfür spricht, dass sie Verfügungsgewalt auch über diejenigen Daten haben, die auf Servern im Ausland gespeichert sind, soweit sie die technische Administration ihres Cloud Computing-Angebots (auch) von Deutschland aus vornehmen. Ist der anvisierte Datenbestand eines Nutzers (wie regelmäßig) auf mehrere Datenträger aufgespalten,[1780] kann ein auf *bestimmte* Daten gerichtetes Herausgabeverlangen wie gezeigt[1781] nur durch denjenigen erfüllt werden, der diese Daten zusammenführen und kopieren kann.

Handelt es sich um einen Anbieter, der – etwa aufgrund weniger strenger Datenschutzvorschriften, höherer Übertragungsgeschwindigkeiten oder geringerer Unterhaltskosten – Hardwareinfrastruktur im Ausland nutzt,[1782] diese aber aus dem Inland verwaltet, gibt es mitunter am physischen Speicherort der Daten überhaupt keinen Administrator, sodass dort zwar Gewahrsam Dritter an der Hardware[1783] besteht, nicht aber Kontrolle über *bestimmte* Computerdaten i. S. d. Art. 18 Abs. 1 Buchst. a ComKrimÜbk. Es wäre widersinnig, in derartigen Fällen ein Vorgehen nach Art. 23, 31 Abs. 1 ComKrimÜbk zu fordern. Dies gilt erst recht, wenn der Datenbestand eines Nutzers sich auf Hardware in *verschiedenen* Staaten befindet, die von Deutschland aus administriert wird. Insoweit ist auch keine Verletzung fremder Hoheitsrechte auszumachen: Das an einen öffentlichen Cloud Computing-Anbieter im Inland gerichtete Herausgabeverlangen greift nicht in Ermittlungsbefugnisse des Belegen-

---

[1780] Siehe hierzu oben Fn. 161.

[1781] Siehe hierzu oben S. 354.

[1782] Derartige Modelle sind durchaus üblich. So nutzt etwa der US-amerikanische Anbieter *Simpliq* ausschließlich Hardwareinfrastruktur in Rumänien, vgl. http://www.simpliq.com/info.html.

[1783] D. h. an IT-Systemen mit zahlreichen Datenträgern, die den Datenbestand tausender Nutzer umfassen können und bei denen nicht bekannt ist, welche Datenträger den Datenbestand eines bestimmten Nutzers enthalten.

heitsstaates ein, weil dort schon aus tatsächlichen Gründen keine Zugriffsmöglichkeit auf *bestimmte* Daten besteht. Im Gegenteil könnte der Belegenheitsstaat erfolgversprechend nur unter Mitwirkung des in Deutschland ansässigen Anbieters auf bestimmte (und ggf. nur z. T.) in seinem Hoheitsgebiet gespeicherte Daten zugreifen.

Doch auch in Fällen, in denen der Datenbestand eines international niedergelassenen öffentlichen Cloud Computing-Anbieters von verschiedenen Staaten aus administriert wird und damit grundsätzlich die Möglichkeit besteht, auf den Datenbestand eines bestimmten Nutzers von dem Staat aus zuzugreifen, in welchem dieser Datenbestand auch physisch belegen ist, sprechen gute Gründe dafür, ein Herausgabeverlangen des ermittelnden Staates an die Niederlassung im Inland einem Rechtshilfeersuchen i. S. d. Art. 23, 31 Abs. 1 ComKrimÜbk vorzuziehen. So stellt bereits Art. 18 Abs. 1 Buchst. a ComKrimÜbk selbst nicht ausdrücklich auf den physischen Belegenheitsort der Daten ab, sondern auf *Personen im Hoheitsgebiet einer Vertragspartei*, die Kontrolle über bestimmte Daten haben. Die Regelung ähnelt damit Art. 4 Abs. 1 Buchst. a S. 1 der Richtlinie 95/46/EG, wonach das Datenschutzrecht des jeweiligen EU-Mitgliedstaates für alle Verarbeitungen personenbezogener Daten gilt, die *im Rahmen der Tätigkeiten einer Niederlassung* ausgeführt werden, die der für die Verarbeitung Verantwortliche *im Hoheitsgebiet dieses Mitgliedstaats* innehat. Der *EuGH* hat hieraus gefolgert, dass etwa das Datenschutzrecht Spaniens unabhängig von Serverstandorten auf die Internet-Suchmaschine *Google* anwendbar ist, weil *Google* in Spanien „für die Förderung des Verkaufs der Werbeflächen der Suchmaschine und diesen Verkauf selbst eine Zweigniederlassung oder Tochtergesellschaft [gegründet hat], deren Tätigkeit auf die Einwohner dieses Staates ausgerichtet ist".[1784] Einer gleichlaufenden Auslegung ist auch Art. 18 Abs. 1 Buchst. a ComKrimÜbk zugänglich. Letztlich wird auch nur sie der Realität des Cloud Computing gerecht: Wenn die Lokalisierung des physischen Speicherorts der sicherzustellenden Daten bisweilen schwierig oder

---

[1784] EuGH, Urteil vom 13.05.2014 – C-131/12 –, juris, Rn. 60.

gar unmöglich ist, demgegenüber aber bekannt ist, welcher – auch im Inland ansässige – öffentliche Cloud Computing-Anbieter diese Daten unter Kontrolle hat, ist nicht ersichtlich, weshalb gerade der (ggf. unbekannte) physische Belegenheitsort der Daten die Zuständigkeit der (ggf. ausländischen) Ermittlungsbehörden begründen soll.[1785]

(3) Zwischenergebnis

Auf § 95 Abs. 1 StPO können auch Herausgabeverlangen an in Deutschland ansässige öffentliche Cloud Computing-Anbieter, die ihr Angebot ausschließlich auf Hardwareinfrastruktur im Ausland erbringen, und an ausländische Anbieter, die in Deutschland eine Niederlassung betreiben, gestützt werden.

c) Zugriff mit Zugangsdaten des Betroffenen

aa) Am Ort einer Durchsuchungsmaßnahme

Mit § 95 Abs. 1 StPO vergleichbare Problemlagen bestehen im Kontext des § 110 Abs. 3 StPO, wonach die Durchsicht eines elektronischen Speichermediums bei dem von einer Durchsuchung Betroffenen auf hiervon räumlich getrennte Speichermedien, soweit auf sie von dem Speichermedium aus zugegriffen werden kann, erstreckt werden darf, wenn andernfalls der Verlust der gesuchten Daten zu besorgen ist. Letzteres ist am Ort – also während – einer Durchsuchung anzunehmen: Der Betroffene erhält von der Maßnahme Kenntnis und damit die Gelegenheit, Daten privater oder öffentlicher Cloud Computing-Lösungen zu löschen, noch bevor die Ermittlungsbehörde im Rahmen der Auswertung sichergestellter IT-Systeme[1786] darauf zugreifen kann. Auch sind Cloud-Inhalte unzweifelhaft Daten auf räumlich getrennten Speichermedien, auf die von Speichermedien am Ort der Durchsuchung aus zugegriffen

---

[1785] So aber wohl *Kudlich*, GA 2011, 193 (208).
[1786] Siehe hierzu unten S. 365 f.

werden kann.

Fraglich ist, inwieweit die Durchsicht nach § 110 Abs. 3 StPO auf Speichermedien im Ausland erstreckt werden darf. § 110 Abs. 3 StPO setzt zunächst Art. 19 Abs. 2 ComKrimÜbk um,[1787] der im Gegensatz zu Art. 18 Abs. 1 Buchst. a ComKrimÜbk für Auslegung wenig Raum lässt: Die Umsetzungsnorm soll zu Zugriffen auf vom Ort einer Durchsuchungsmaßnahme räumlich getrennte Computersysteme *im Hoheitsgebiet der betreffenden Vertragspartei* ermächtigen. Im Schrifttum wird daher überwiegend angenommen, dass § 110 Abs. 3 StPO für Zugriffe auf Cloud-Lösungen im Ausland keine Befugnis enthält[1788] und solche daher allenfalls erfolgen dürfen, wenn der Betroffene hierzu freiwillig seine Zustimmung erteilt hat[1789]. Auf den ersten Blick entspricht dies der Regelung in Art. 32 Buchst. b ComKrimÜbk, die einen grenzüberschreitenden Zugriff auf im Ausland gespeicherte Daten ohne Genehmigung des betreffenden Staates gestattet, wenn der Verfügungsberechtigte den Ermittlungsbehörden seines Staates rechtmäßig und freiwillig Zugriff darauf gewährt.

Einer näheren Prüfung hält diese Ansicht nicht stand. Der Wortsinn des § 110 Abs. 3 StPO ergibt keinerlei Beschränkung auf Speicherorte im Inland. Auch gesetzessystematisch regelt § 110 StPO schlicht die Verfahrensweise mit Papieren und Daten auf elektronischen Speichermedien bei Durchsuchungsmaßnahmen nach § 102 bzw. § 103 StPO.[1790] Bereits hieraus ließe sich folgern, dass Gegenstand der Durchsicht gerade nicht *Datenträger an entfernten Orten*, sondern *die am Ort der Durchsuchung erreichbaren Daten selbst* sind, womit die Ermittlungsmaßnahme insgesamt im Inland stattfän-

---

[1787] BT-Drucks. 16/5846, S. 63 f.

[1788] *Bär*, MMR 2008, 215 (221); *M. Gercke*, CR 2010, 345 (347); *Kudlich*, GA 2011, 193 (208); *Obenhaus*, NJW 2010, 651 (652); *Tsambikakis*, in: Löwe/Rosenberg, Rn. 9 zu § 110.

[1789] *Brodowski/Eisenmenger*, ZD 2014, 119 (125 f.). A. A. wohl *Sieber*, 69. DJT, Bd. I, S. C 145.

[1790] Vgl. *Tsambikakis*, in: Löwe/Rosenberg, Rn. 1 zu § 110.

de.[1791] Für diese Ansicht spricht, dass die Durchsicht auf dem Endgerät des von der Durchsuchung Betroffenen die physische Existenz der Daten auch dort voraussetzt: Jedenfalls im Zeitpunkt ihrer Kenntnisnahme sind sie auf einem Peripheriegerät und im Speicher vorhanden.[1792] Dem lässt sich jedoch entgegenhalten, dass der Abruf von räumlich entfernt gespeicherten Daten zum Zwecke ihrer Durchsicht bereits Teil dieser Durchsicht ist. Soweit die genutzte Cloud Computing-Lösung nicht ohnehin permanent den Datenbestand von Cloud und Endgerät synchronisiert,[1793] erscheint dieser Einwand berechtigt.

Eine Beschränkung des § 110 Abs. 3 StPO auf Datenspeicherorte im Inland ist allerdings aus folgenden Erwägungen abzulehnen: Wenngleich § 110 Abs. 3 StPO eine eigenständige Ermächtigungsgrundlage für die räumliche Erstreckung einer Durchsuchungsmaßnahme auf ein erreichbares, aber räumlich getrenntes Speichermedium darstellt,[1794] hängt die Durchsicht gemäß § 110 Abs. 3 StPO doch zwingend davon ab, dass eine (erstreckungsfähige) Durchsuchungsmaßnahme überhaupt stattfindet. Dies setzt wiederum voraus, dass sie entweder gemäß § 105 Abs. 1 StPO angeordnet wurde oder dass der Betroffene – ggf. nach Belehrung darüber, dass die Voraussetzungen des § 102 bzw. § 103 StPO nicht vorliegen – aus freien Stücken einwilligt;[1795] die Einwilligung des Betroffenen wird demnach durch die Durchsuchungsanordnung entbehrlich. Wenn nun Art. 32 Buchst. b ComKrimÜbk grenzüberschreitende

---

[1791] So die Argumentation bei *Wicker*, Traeger (Hrsg.): Law as a Service 2013, 981 (997 f.); *dies.*, MMR 2013, 765 (768 f.).

[1792] Siehe hierzu oben S. 25 ff.

[1793] Insbesondere öffentliche Cloud Storage-Anbieter wie *Dropbox* bieten die Möglichkeit, die bei ihnen gespeicherten Daten fortlaufend mit einem Ordner auf dem Endgerät abzugleichen. Neue Dateien werden hierbei automatisch in die Cloud bzw. auf das Endgerät kopiert. Vgl. hierzu *Süptitz/Utz/Eymann*, DuD 2013, 307 (308).

[1794] So auch *B. Gercke*, StraFo 2009, 271 (272). A. A. *Wicker*, Traeger (Hrsg.): Law as a Service 2013, 981 (995 f.), die § 110 StPO insgesamt lediglich für eine Verfahrensvorschrift im Rahmen des Eingriffs nach § 102 bzw. 103 StPO hält.

[1795] *Hegmann,* in: BeckOK StPO, Rn. 2 zu § 105; *Tsambikakis,* in: Löwe/Rosenberg, Rn. 4 f. zu § 105.

Zugriffe auf Computerdaten von der Zustimmung des Verfügungsberechtigten abhängig macht, und wenn weiter das Recht der zugreifenden Vertragspartei diesen Zugriff entweder mit Einwilligung des Betroffenen oder bei Vorliegen der Voraussetzungen einer Zwangsmaßnahme vorsieht, sind auch im zweiten Fall die Vorgaben für den grenzüberschreitenden Zugriff unter Vertragsparteien des ComKrimÜbk erfüllt: Als Ausfluss parlamentarischer Gesetzgebung ist § 110 Abs. 3 StPO die normierte Bereitschaft der Rechtsgemeinschaft, unter den Voraussetzungen des § 102 bzw. § 103 StPO im Interesse einer funktionstüchtigen Strafrechtspflege auf die freiwillige Zustimmung zur Durchsicht räumlich getrennter Speichermedien ebenso zu verzichten wie bereits auf die Möglichkeit, den Ermittlungsbehörden den Zutritt zur grundrechtlich geschützten Wohnung zu verwehren.[1796] Für dieses Normverständnis spricht auch die im Regierungsentwurf ursprünglich vorgesehene Formulierung des § 110 Abs. 3 S. 1 StPO, wonach die Durchsicht elektronischer Speichermedien auf räumlich getrennte Speichermedien, *auf die der Betroffene den Zugriff zu gewähren berechtigt ist*, erstreckt werden *durfte*:[1797] Das *Dürfen* (der Ermittlungsbehörde) ersetzte hier die *freiwillige Zustimmung* des Verfügungsberechtigten i. S. d. Art. 32 Buchst. b ComKrimÜbk, während dessen darin geforderte Berechtigung zur Datenweitergabe unberührt blieb. Der konsolidierten Fassung liegt die Überlegung zugrunde, dass Inhaber des räumlich getrennten Speichermediums ein Dritter sein kann, der dem von der Durchsuchung Betroffenen gerade nicht gestattet, Daten an die Ermittlungsbehörde weiterzugeben, sodass die Norm ihrem Wortlaut nach leer liefe.[1798] Die Formulierungsänderung war vor diesem Hintergrund zwar sachgerecht, rechtfertigt aber im Kontext des Cloud Computing – wo Verfügungsberechtigter über die am Ort der

---

[1796] Siehe hierzu bereits oben S. 74 ff. Nicht überzeugen können daher *B. Gercke*, StraFo 2009, 271 (273), und *Meinicke*, Zugriff auf E-Mails, S. 72, die trotz § 110 Abs. 3 StPO Zugriffe im Ausland nur bei freiwilliger Zustimmung des Verfügungsberechtigten für zulässig halten.

[1797] BT-Drucks. 16/5846, S. 15.

[1798] BT-Drucks. 16/6979, S. 45.

Durchsuchung erreichbaren Daten regelmäßig[1799] *nur* der Nutzer des dezentralen IT-Systems ist – keine vom ursprünglichen Gesetzeszweck abweichende Interpretation der Norm.

Soweit der grenzüberschreitende Zugriff (auch) Staaten betrifft, die nicht Vertragspartei des ComKrimÜbk sind, kann mittlerweile von einer völkergewohnheitsrechtlichen Übung ausgegangen werden, die der Regelung des Art. 32 Buchst. b ComKrimÜbk entspricht.[1800] Maßgeblich hierfür ist neben den technischen Gegebenheiten – die schon die (ggf. zwangsweise) Durchsetzbarkeit der „Datenhoheit" des Belegenheitsstaates der Datenträger in Fällen erfolgreicher Rechtshilfeersuchen zweifelhaft erscheinen lassen –[1801] die Tatsache, dass der ermittlungspraktischen Relevanz grenzüberschreitender dezentraler Datenverarbeitung in anderen Bereichen längst ohne Ansehung ggf. beteiligter Datenträger und Übertragungswege im Hoheitsgebiet fremder Staaten Rechnung getragen wird, indem man allein die rechtmäßig begründete Verfügungsgewalt des von einer Ermittlungsmaßnahme Betroffenen berücksichtigt: So findet etwa die funktionale Kommunikation im Internet fast immer auch über ausländische Infrastruktur statt. Dies hat zum einen rein physikalische Gründe, solange Datenleitungen nicht an Ländergrenzen gekoppelt, sondern über internationale Netzknoten verbunden sind;[1802] zum anderen sind an Kommunikationsvorgängen – abhängig von den gewählten Anbietern und deren interner Struktur – Server an weltweit verteilten Standorten beteiligt, auf deren Auswahl keiner der Kommunikationspartner Einfluss hat. Findet der Zugriff auf funktionale Kommunikationsinhalte auf dem inländi-

---

[1799] Zur Nutzung von Cloud-Zugangsdaten durch mehrere siehe unten S. 366.

[1800] A. A. noch *Sieber*, 69. DJT, Bd. I, S. C 145 f., der allerdings von einer „Zustimmung der zugangsberechtigten (Privat-)Person zum Zugriff auf ihre Daten durch eine *ausländische* [Hervorh. d. Verf.] Hoheitsgewalt" ausgeht. Im hier interessierenden Kontext gestattet indes der Verfügungsberechtigte der Hoheitsgewalt *seines eigenen Staates* den Zugriff, sodass eine Souveränitätsverletzung in dieser Dimension nicht auszumachen ist.

[1801] Siehe hierzu oben S. 357 f.

[1802] Vgl. *Marit Hansen*, DuD 2014, 439 (443); *Diersch*, ZFAS 2014, 67 (68).

schen Übertragungsweg – d. h. unter Inpflichtnahme eines deutschen ISP – oder auf einem Mailserver in Deutschland statt,[1803] ist es nahezu ausgeschlossen, hierbei nicht zugleich auf Daten mit Auslandsbezug zuzugreifen. Wenn insoweit jeder Staat für sich in Anspruch nimmt, Maßnahmen im eigenen Hoheitsgebiet durchführen zu dürfen, wird hierbei richtigerweise auf den Ort abgestellt, an dem rechtmäßig Datenhoheit – nämlich durch den Belegenheitsort der für den Zugriff genutzten Infrastruktur – besteht. Es ist dann aber kein Grund ersichtlich, weshalb dies nicht auch für Cloud-Inhalte gelten sollte, deren rechtmäßige Datenhoheit der Nutzer einer Cloud Computing-Lösung von jedem Ort der Welt mittels irgendeines Endgeräts begründen kann[1804] und die gerade auch am Ort einer – rechtmäßigen – Durchsuchungsmaßnahme begründet ist.[1805]

§ 110 Abs. 3 StPO stellt hiernach eine Ermittlungsbefugnis auch für Zugriffe auf solche räumlich getrennten Daten dar, die sich (auch) auf physischen Speichermedien im Ausland befinden, soweit hierauf berechtigt[1806] mit demjenigen Endgerät zugegriffen werden kann, das sich am Ort einer Durchsuchung i. S. d. § 102 bzw. § 103 StPO befindet.

bb) Per Endgerät der Strafverfolgungsbehörde

Soll der Zugriff auf den Datenbestand eines dezentralen IT-Systems zwar mit den Zugangsdaten des Betroffenen, aber von einem Endgerät der Ermittlungsbehörde aus erfolgen, ist danach zu differenzieren, auf welche Weise die Zugangsdaten erlangt wurden.

[1803] Vgl. zur Zulässigkeit beider Maßnahmen BVerfGE 124, 43 (58 ff.).

[1804] Ähnlich auch *Wicker*, Traeger (Hrsg.): Law as a Service 2013, 981 (998).

[1805] A. A. *Schön*, Ermittlungsmaßnahmen über das Internet, S. 204 f., die allerdings insoweit widersprüchlich die unmittelbare Inpflichtnahme eines ausländischen VoIP-Anbieters durch deutsche Behörden für unproblematisch hält, vgl. a. a. O., S. 199.

[1806] D. h. bei öffentlichem Cloud Computing im Verhältnis zwischen Betroffenem und Anbieter, bei privatem Cloud Computing im Verhältnis des Betroffenen zu seiner eigenen, im Ausland befindlichen Hardware.

(1) Mit Zugangsdaten aus einem sichergestellten Endgerät

Soweit die Zugangsdaten zum sichergestellten Datenbestand eines IT-Systems des Betroffenen gehören, welches zugleich Endgerät eines dezentralen IT-Systems ist, handelt es sich bei ihrer Nutzung um einen Bestandteil der Auswertung.[1807] Gleiches gilt, wenn Zugangsdaten anderweitig im Rahmen einer offenen Ermittlungsmaßnahme – etwa notiert auf einem Schriftstück – sichergestellt wurden. In beiden Fällen muss der Betroffene damit rechnen, dass die Zugangsdaten zur Auswertung seines dezentralen IT-Systems genutzt werden, sodass es sich keinesfalls um heimliche Ermittlungsmaßnahmen handelt.[1808]

Nicht überzeugen können daher diejenigen Stimmen im Schrifttum, die für die Nutzung derart in Erfahrung gebrachter Zugangsdaten analog zur – ebenfalls fragwürdigen – Argumentation im Kontext des Zugriffs auf E-Mail-Konten ohne Mitwirkung des E-Mail-Anbieters die strengeren Anforderungen des § 100a StPO zur Anwendung bringen wollen:[1809] Neben der fehlenden Heimlichkeit spricht hiergegen, dass der Betroffene die Zugangsdaten zu Cloud Computing-Lösungen nach der Sicherstellung mittels eines anderen Endgeräts ändern und damit insbesondere heimliche und auf Dauer angelegte Zugriffe der Ermittlungsbehörde abwenden kann – die Zugangsdaten werden daher regelmäßig nur *unverzüglich* und zur Anfertigung einer *punktuellen* Kopie der Cloud-Inhalte, wie sie gerade zur Zeit der offenen Sicherstellungsmaßnahme beim Betroffenen bestehen, genutzt werden können. Es ist dann aber kein inhaltlicher Unterschied zur Auswertung des vollständig sichergestellten Datenbestandes eines zentralen IT-Systems ersichtlich. Unter diesem Aspekt geht auch der Hinweis auf den ggf. besonders umfangrei-

---

[1807] Siehe hierzu im Kontext des IT-Grundrechts bereits oben S. 253 ff.

[1808] Vgl. BT-Drucks. 17/12879, S. 11; *Bär*, MMR 2013, 703 (703). So auch für den Zugriff auf E-Mail-Postfächer in diesen Konstellationen BVerfGE 124, 43 (63).

[1809] Vgl. hierzu *Meininghaus*, Zugriff auf E-Mails, S. 274 ff. So auch in der Tendenz, im Ergebnis aber ablehnend mangels Vorliegens funktionaler Kommunikation *Dalby*, CR 2013, 361 (368).

chen, die Schwere des Grundrechtseingriffs erhöhenden Datenbestand fehl:[1810] Darauf, wie umfangreich der öffentliche Cloud Computing-Anbieter (vom Nutzer ggf. bereits gelöschte) Daten sichert und (für den Nutzer nicht erkennbar) duplizieren kann, kommt es nicht an – die Zugangsdaten des Nutzers eröffnen genau denjenigen Zugriff, der auch dem Nutzer offensteht. Soweit er (auch alte und nicht mehr benötigte) Daten nicht gelöscht hat, sind sie Bestandteil des auszuwertenden Datenbestandes – egal, ob sie zentral oder dezentral gespeichert sind.

Auch der Umstand, dass bei Zugriffen auf Cloud-Inhalte funktionale Kommunikationsinhalte mit erfasst werden können, führt zu keiner anderen Bewertung. Soweit es sich *offensichtlich* um solche Kommunikationsinhalte handelt – etwa in Form gespeicherter E-Mails – hat der Betroffene hierüber die Verfügungsgewalt – einerlei, ob sie im E-Mail-Client eines zentralen IT-Systems,[1811] im E-Mail-Client einer Cloud Computing-Lösung oder auf einem vom Betroffenen selbst betriebenen Mailserver als private Cloud Computing-Lösung gespeichert ist. Derartige funktionale Kommunikationsinhalte können nach Maßgabe der §§ 94 ff. StPO sichergestellt werden.[1812] Nutzt der Betroffene öffentliche Cloud Computing-Lösungen unmittelbar zur funktionalen Kommunikation – etwa, indem er Daten mit Dritten über ein gemeinsames Cloud Storage-Konto teilt, ohne dass dies für die Ermittlungsbehörde zunächst erkennbar ist –, besteht hinsichtlich seiner Verfügungsgewalt kein Unterschied. Auch ein erhöhtes Schutzbedürfnis der Kommunikationspartner ist nicht auszumachen: Haben sie Daten (auch) in die Verfügungsgewalt des Betroffenen entlassen, müssen sie davon ausgehen, dass staatlicherseits auf diese Daten nach Maßgabe derjenigen Vorschriften zugegriffen wird, die für *alle* dort verfügbaren Daten gelten. Die Sachlage entspricht derjenigen von im Herrschaftsbereich des Betroffenen befindlichen Sachen Dritter, die etwa

---

[1810] So aber *Meinicke*, Zugriff auf E-Mails, S. 64.
[1811] Vgl. hierzu *Meininghaus*, Zugriff auf E-Mails, S. 205.
[1812] BVerfGE 115, 166 (183 ff.).

bei einer Wohnungsdurchsuchung regelmäßig zur Kenntnis der Ermittlungsbehörde gelangen.[1813]

(2) Nach Zugangsdatenauskunft gemäß § 100j Abs. 1 S. 2 StPO

Problematischer sind strafprozessuale Zugriffe auf Cloud-Inhalte mit Zugangsdaten, von denen die Strafverfolgungsbehörde *ohne* Wissen des Betroffenen Kenntnis erlangt hat.

Im Schrifttum wird teilweise vertreten, dass Zugangsdaten zu öffentlichen Cloud Computing-Lösungen gemäß § 100j Abs. 1 S. 2 StPO auf ein entsprechendes Auskunftsersuchen hin durch den Anbieter mitgeteilt werden müssen.[1814] Gestützt wird dies auf eine Passage der Gesetzesmaterialien, die den Richtervorbehalt des § 100j Abs. 3 StPO damit begründet, durch ihn werde der „Rechtsschutz bei heimlichen Maßnahmen, insbesondere im Hinblick auf Zugriffsmöglichkeiten auf Cloud-Dienste ohne das Endgerät", gestärkt.[1815] Auch der Wortlaut der Norm – der auf Daten Bezug nimmt, mittels derer der Zugriff auf Endgeräte *oder auf Speichereinrichtungen*, die in diesen Endgeräten *oder hiervon räumlich getrennt eingesetzt werden*, geschützt wird – scheint diese Ansicht zu untermauern.

Übergangen wird dabei jedoch die Frage, ob es sich bei öffentlichen Cloud Computing-Anbietern überhaupt um Telekommunikationsdiensteanbieter i. S. d. TKG und damit um Adressaten des § 100j Abs. 1 StPO handelt. Dies muss umso mehr verwundern, als die einhellige Meinung dies in anderen Zusammenhängen ablehnt: Öffentliche Cloud Computing-Anbieter stellen Hardware- und

---

[1813] Und damit u. U. Beweisgegenstände in einem – ggf. nur aufgrund ihres zufälligen Auffindens – gegen einen solchen Dritten geführten Ermittlungsverfahren werden können, § 108 Abs. 1 StPO.

[1814] So etwa *Bär*, MMR 2013, 700 (702 ff.); *Brodowski/Eisenmenger*, ZD 2014, 119 (125); *Bruns*, in: KK StPO, Rn. 3 zu § 100j; *Graf*, in: BeckOK StPO, Rn. 17 zu § 100j. Ebenso, aber im Ergebnis gegen eine *Nutzungs*befugnis der auf diese Weise heimlich erlangten Zugangsdaten durch die Ermittlungsbehörde *Dalby*, CR 2013, 361 (363, 368).

[1815] BT-Drucks. 17/12879, S. 11.

Softwareressourcen zur Verfügung, sind aber weder ganz noch überwiegend mit der Übertragung von Signalen über Telekommunikationsnetze (§ 3 Nr. 24 TKK) befasst und somit auch keine Telekommunikationsdiensteanbieter i. S. d. TKG.[1816] Sie können mithin nicht nach § 100j Abs. 1 S. 2 StPO zur Auskunft über Zugangsdaten verpflichtet werden.[1817]

Fraglich ist allenfalls, ob die Norm solche öffentlichen Cloud Computing-Anbieter erfasst, die *zugleich* Telekommunikationsdiensteanbieter sind. In Betracht kommen hier zum einen Kombinationen aus ISP und Cloud Storage,[1818] zum anderen aus funktionalen Kommunikationsdiensten und Cloud Computing-Lösungen, wie sie zunehmend in sozialen Netzwerken angeboten werden[1819]. Auch dies ist jedoch abzulehnen, weil die jeweilige Cloud Computing-Lösung unabhängig vom TK-Angebot besteht.[1820] Allein der (zufallsabhängige) Umstand, dass ein Anbieter mehrere Dienstleistun-

---

[1816] *Bedner*, Cloud Computing, S. 115 f.; *Boos/Kroschwald/Wicker*, ZD 2013, 205 (206); *A. Grünwald/Döpkens*, MMR 2011, 287 (290); *Heidrich/Wegener*, MMR 2010, 803 (805); *Schuster/Reichl*, CR 2010, 38 (43).

[1817] So auch *Wicker*, MMR 2014, 298 (300). Der Wortlaut des § 100j Abs. 1 S. 2 StPO dürfte daher als verunglückt weit gefasste Bezugnahme auf Zugangsdaten zu (kaum mehr praxisrelevanten) Mailboxen zu deuten sein. Der Hinweis auf Cloud-Inhalte in den Gesetzesmaterialien ist hingegen verfehlt und scheint von der vollkommen praxisfernen Vorstellung auszugehen, dass mit dem Zugriff auf ein Endgerät mittels (dem Telekommunikationsdiensteanbieter bekannter, weil vom Nutzer unveränderter) PIN automatisch auf Cloud-Inhalte zugegriffen werden kann, weil hierzu ein Zugang auf dem Endgerät eingerichtet ist. Wie ein solches Zugangsdatum aber „Zugriffsmöglichkeiten auf Cloud-Dienste *ohne das Endgerät* [Hervorh. d. Verf.]" (BT-Drucks. 17/12879, S. 11) ergeben soll, bleibt rätselhaft. Hinzu kommt, dass öffentlichen Cloud Computing-Anbietern die Zugangsdaten ihrer Nutzer zumeist selbst nicht bekannt sind, weil sie als Hashwerte vorliegen – siehe hierzu oben Fn. 217 –, sodass Zugriff nur erlangt, wer den Benutzernamen und das richtige (nur dem Nutzer bekannte) Passwort eingibt – worauf eine Ausschussempfehlung des *Bundesrates* ausdrücklich hingewiesen hatte, vgl. BR-Drucks. 664/1/12, S. 13 f.

[1818] So etwa bei der sog. *TelekomCloud*, vgl. http://www.telekom.de/telekomcloud, und der sog. *VodafoneCloud*, vgl. https://cloud.vodafone.de/web.

[1819] Vgl. hierzu *Boos/Kroschwald/Wicker*, ZD 2013, 205 (206); *A. Grünwald/Döpkens*, MMR 2011, 287 (288 f.).

[1820] So kann etwa die *TelekomCloud* auch nutzen, wer darüber hinaus in keinem Vertragsverhältnis zur Telekom steht, also auch auf einen anderen ISP zurückgreift, vgl. http://www.telekom.de/telekomcloud.

gen erbringt, von denen eine mit strafprozessualen Auskunftspflichten einhergeht, kann – schon zur Vermeidung Art. 3 Abs. 1 GG zuwiderlaufend provozierter Wettbewerbsnachteile – nicht zur Folge haben, dass dieser Anbieter zur Auskunft über Zugangsdaten zu völlig anderen Dienstleistungen verpflichtet ist.

(3) Nach Zugangsdatenauskunft gemäß §§ 161, 163 StPO i. V. m. § 14 Abs. 2 TMG

Zu prüfen bleibt, ob Zugangsdaten zu öffentlichen Cloud Computing-Lösungen im Wege des Auskunftsersuchens gemäß § 161, 163 StPO i. V. m. 14 Abs. 2 StPO in Erfahrung gebracht werden können.[1821]

Auf den ersten Blick ist dies anzunehmen: Öffentliche Cloud Computing-Anbieter unterfallen regelmäßig der Definition des § 2 Nr. 1 TMG, denn bei allen Varianten des öffentlichen Cloud Computing[1822] werden eigene oder fremde Telemedien – d. h. elektronische Informations- und Kommunikationsdienste, die weder (ganz) TK-Dienste noch Rundfunk sind (§ 1 Abs. 1 S. 1 TMG) – zur Nutzung bereitgehalten.[1823] § 14 Abs. 2 TKG verpflichtet Telemediendiensteanbieter, für Zwecke der Strafverfolgung Auskunft über Bestandsdaten zu erteilen. Zugangsdaten sind Bestandsdaten i. S. d. § 14 Abs. 1 TMG.[1824]

Der Anwendbarkeit der §§ 161, 163 StPO i. V. m. § 14 Abs. 2 TMG auf Zugangsdaten zu Cloud-Inhalten steht jedoch die Rechtspre-

---

[1821] So der Vorschlag bei *Wicker*, MMR 2014, 298 (302), allerdings mit zutreffendem Hinweis darauf, dass die Herausgabe dem öffentlichen Cloud Computing-Anbieter zumeist aus tatsächlichen Gründen unmöglich sein wird. Siehe hierzu oben Fn. 1535.

[1822] Siehe hierzu oben S. 25.

[1823] *Bedner*, Cloud Computing, S. 116; *Heidrich/Wegener*, MMR 2010, 803 (805); *Wicker*, MMR 2014, 298 (300). Einschränkend auf öffentliche Cloud Computing-Lösungen, die mit sog. *Filehostern* – d. h. mit Anbietern, die für jedermann zugänglichen Speicherplatz zum Up- und Download von Dateien bereitstellen – vergleichbar sind *Boos/Kroschwald/Wicker*, ZD 2013, 205 (206).

[1824] *Boos/Kroschwald/Wicker*, ZD 2013, 205 (207); *Spindler/Nink*, in: Spindler/Schuster, Rn. 3 zu § 14 TMG.

chung des *BVerfG* zu § 113 Abs. 1 S. 2 TKG a. F. entgegen. Dieser verpflichtete Telekommunikationsdiensteanbieter nach Maßgabe der §§ 161 Abs. 1 S. 1, 163 Abs. 1 StPO zu Auskünften über Daten, mittels derer der Zugriff auf Endgeräte oder in diesen oder im Netz eingesetzte Speichereinrichtungen geschützt wird.[1825] Das *BVerfG* erkannte hierin eine Umgehung der Voraussetzungen, die für *die Nutzung* derartiger Zugangsdaten bestehen.[1826] So unterschieden sich insbesondere die Voraussetzungen für das bloße (einmalige[1827]) Auslesen gespeicherter Daten von jenen für die Durchführung von – mit den Zugangsdaten ebenfalls möglichen – Online-Durchsuchungen oder TKÜ-Maßnahmen.[1828]

Ebenso verhält es sich mit den Zugangsdaten zu öffentlichen Cloud Computing-Lösungen: Im Unterschied zu (einmaligen und offenen) Zugriffen im Rahmen von bzw. im Anschluss an Durchsuchungsmaßnahmen und (ebenfalls einmaligen und offenen[1829]) Herausgabeverlangen gemäß § 95 StPO würden die Ermittlungsbehörden durch die Mitteilung der Zugangsdaten in die Lage versetzt, heimlich und dauerhaft auf ein dezentrales IT-System des Betroffenen zuzugreifen. Der hiermit verbundene schwerwiegende Eingriff in das IT-Grundrecht und ggf. in das Fernmeldegeheimnis kann nicht auf die §§ 161, 163 StPO gestützt werden.[1830] Da § 14 Abs. 2 TMG keine weitergehenden Voraussetzungen enthält, ist die Norm derart verfassungskonform zu reduzieren, dass sie für Zugangsdaten zu öffentlichen Cloud Computing-Angeboten nicht gilt.

[1825] Vgl. BVerfGE 130, 151 (161).

[1826] BVerfGE 130, 151 (209).

[1827] Das *BVerfG* bezieht sich hier auf den Datenbestand eines sichergestellten Mobiltelefons (vgl. BVerfGE 130, 151 [208]), den der Betroffene nach der Sicherstellung naturgemäß nicht mehr verändern kann.

[1828] Vgl. BVerfGE 130, 151 (208), unter Verweis auf BVerfGE 120, 274 (332).

[1829] Siehe hierzu unten S. 373 ff.

[1830] Siehe hierzu oben S. 124 ff.

(4) Zwischenergebnis

Mit einem Endgerät der Ermittlungsbehörde darf nach geltender Rechtslage nur dann auf dezentrale IT-Systeme zugegriffen werden, wenn die Zugangsdaten beim Betroffenen erhoben wurden.

3. Einzelfragen zur Verhältnismäßigkeit

a) Angemessenheit von Herausgabeverlangen gemäß § 95 Abs. 1 StPO an öffentliche Cloud Computing-Anbieter

Wie dargestellt, kommen Zugriffe auf Cloud-Inhalte nach Maßgabe der §§ 94 ff. StPO nur in Betracht, wenn sie *offen* erfolgen: Heimliche Zugriffe erhöhen die Schwere des Eingriffs[1831] in IT-Grundrecht und ggf. Fernmeldegeheimnis, sodass die (einzige) Eingriffsvoraussetzung des § 94 Abs. 1 StPO – die potentielle Beweisbedeutung der Daten wegen des Verdachts irgendeiner Straftat – einer Angemessenheitsprüfung nicht standhält. Verfassungsrechtlich problematisch erscheint daher die Möglichkeit, den Datenbestand eines Nutzers vom öffentlichen Cloud Computing-Anbieter gemäß § 95 Abs. 1 StPO herauszuverlangen.

aa) Beschränkung in Anlasstaten und Verdachtsgrad?

Zwar könnte man einwenden, dass der Nutzer immer dann, wenn er seine Daten ohne Inhaltsverschlüsselung auf Datenträger eines öffentlichen Cloud Computing-Anbieters überträgt, damit rechnen muss, dass der Anbieter diese Daten inhaltlich zur Kenntnis nimmt – was zur Folge hätte, dass auch im Verhältnis zum Betroffenen nicht mehr von (die Eingriffsintensität erhöhender) Heimlichkeit i. S. d. *BVerfG* auszugehen wäre.[1832] Der objektiv-rechtliche Schutzgehalt des IT-Grundrechts steht dieser Argumentation jedoch entgegen: Wenn die Erwartungen des Grundrechtsträgers an die Ver-

---

[1831] Siehe hierzu oben S. 95 f.
[1832] Siehe hierzu oben S. 93.

traulichkeit der – auch dezentral gespeicherten bzw. verarbeiteten – Daten seines IT-Systems grundrechtlichen Schutz genießen, ergeben sich hieraus vielmehr Handlungspflichten des Gesetzgebers dahingehend, den technisch möglichen Zugriff privater Dritter – hier: des öffentlichen Cloud Computing-Anbieters – rechtlich auszuschließen,[1833] etwa durch die Verpflichtung, bei Cloud Storage-Angeboten eine Inhaltsverschlüsselung zu implementieren, die jeden Zugriff ohne (dem Anbieter unbekannte[1834]) Zugangsdaten verhindert[1835]. Soweit dies aufgrund der angebotenen Cloud Computing-Variante technisch (noch) unmöglich ist,[1836] ändert sich hierdurch die objektiv-rechtliche Dimension des IT-Grundrechts nicht,[1837] sodass Anbietern öffentlicher Cloud Computing-Lösungen die inhaltliche Kenntnisnahme der Daten ihrer Nutzer eher *zu untersagen* wäre – woraus folgte, dass ein Nutzer *gerade nicht* davon ausgehen muss, Cloud-Inhalte würden dem jeweiligen Anbieter ohnehin *rechtmäßig* bekannt. Die vom *BVerfG* für heimliche Eingriffe in das IT-Grundrecht statuierten hohen Anforderungen[1838] legen mithin eine verfassungsrechtliche Reduktion des § 95 Abs. 1 StPO auf Anlasstaten gesteigerter Schwere und Bedeutung und aufgrund eines über § 152 Abs. 2 StPO hinausgehenden Verdachtsgrads nahe,[1839] soweit die Norm für Herausgabeverlangen an öffentliche Cloud Computing-Anbieter herangezogen wird – was die Frage aufwirft, ob nicht der parlamentarische Gesetzgeber zur Positivierung einschränkender Voraussetzungen berufen ist.

[1833] Vgl. *Hoffmann-Riem*, JZ 2008, 1009 (1020); *Petri*, DuD 2008, 443 (446 f.).

[1834] Siehe hierzu oben Fn. 1535 a. E.

[1835] So etwa der Vorschlag von *Marit Hansen*, DuD 2014, 439 (443), als Konsequenz aus der NSA-Affäre, die im Sommer 2013 durch Veröffentlichungen des ehemaligen NSA-Mitarbeiters *Edward Snowden* ausgelöst wurde. Vgl. hierzu eingehend *Ruhrmann*, DuD 2014, 40 ff.

[1836] Siehe hierzu oben S. 68 f.

[1837] Siehe hierzu oben S. 96.

[1838] Siehe hierzu oben S. 168 f.

[1839] Siehe hierzu oben S. 113.

bb) Benachrichtigungspflicht

Fraglich ist, ob der Verhältnismäßigkeit i. e. S. auch anderweitig Rechnung getragen werden kann. Um dies beurteilen zu können, bedarf der Klärung, inwieweit die Heimlichkeit des – einmaligen und punktuellen – Zugriffs auf den Datenbestand eines dezentralen IT-Systems im Wege des § 95 Abs. 1 StPO die Eingriffsintensität im Vergleich zum offenen Zugriff erhöht.

Als vergleichbarer offener Zugriff kommt die Durchsicht der Cloud-Inhalte gemäß § 110 Abs. 3 StPO bzw. mit Zugangsdaten aus einem sichergestellten Endgerät in Betracht: Im ersten Fall erfährt der Betroffene von der Maßnahme zeitgleich mit ihrer Durchführung, im zweiten Fall muss er mit ihr rechnen. Jeweils steht ihm der Rechtsweg gemäß § 98 Abs. 2 S. 2 StPO offen; eine Abwendungsbefugnis[1840] wird ihm hingegen regelmäßig nicht zuzugestehen sein: Wann immer die Auswertung eines IT-Systems im Hinblick auf Vorbereitungshandlungen, Spuren der Tatbegehung oder Kommunikationsinhalte mit Tatbezug erfolgt, rechtfertigt die freiwillige Herausgabe bestimmter Daten nicht die Annahme, dass keine weiteren – ggf. gerade die gesuchten – Daten auf dem dezentralen IT-System vorhanden sind. Der Betroffene kann daher weder die Durchsicht vor Ort noch die spätere Auswertung verhindern.

Möglicherweise ergeben sich aber Unterschiede daraus, dass der Betroffene der Durchsicht am Ort der Durchsuchung gemäß § 106 Abs. 1 S. 1 StPO beiwohnen darf. Soweit im Kontext der Online-Durchsuchung darauf hingewiesen wird, die Ermittlungsbeamten könnten Beweise heimlich manipulieren,[1841] ist zunächst festzuhalten, dass böswillig (und strafbar) handelnden Amtsträgern – von denen die *Rechts*ordnung schon begrifflich nicht ausgeht – dies ebenso bei offenen Durchsuchungsmaßnahmen gelingen kann. Auch erhalten die Ermittlungsbeamten gemäß § 95 Abs. 1 StPO im

---

[1840] Siehe hierzu oben S. 278 f.

[1841] Vgl. hierzu *Kurz*, Betrifft Justiz 2009, 164 (165); *Weiß*, Online-Durchsuchungen im Strafverfahren, S. 243.

Unterschied zur Online-Durchsuchung – verstanden als allumfassenden (lesenden und schreibenden) heimlichen Zugriff auf den Datenbestand des Betroffenen, der zugleich selbst Zugriffsmöglichkeiten behält, sodass allein anhand der Schreibzugriffszeiten nicht ersichtlich ist, wer eine Datei angelegt oder verändert hat – nur Zugriff auf denjenigen Datenbestand, den der öffentliche Cloud Computing-Anbieter herausgegeben hat. *Nachträgliche* Manipulationen sind anhand der Zugriffszeiten nachweisbar und können durch die verfahrenssichernde Dokumentation der Hashwerte des ursprünglich vom Anbieter herausgegebenen Datenbestandes ausgeschlossen werden.[1842] Es bleibt damit allenfalls die Möglichkeit einer Manipulation des Datenbestandes seitens des Anbieters oder sonstiger Dritter *vor der Herausgabe*, die jedoch ebenso bzgl. desjenigen Datenbestandes besteht, der nach § 110 Abs. 3 StPO bzw. mit Zugangsdaten aus einem sichergestellten Endgerät des Betroffenen ausgewertet wird und daher keine spezifische Folge der Heimlichkeit ist. Da zudem die (tatsächlich ggf. bestehende) Möglichkeit des Betroffenen, beweisrelevante Daten während oder unmittelbar vor einer Durchsuchung zu vernichten oder unzugänglich zu machen, nicht Zweck des Anwesenheitsrechts aus § 106 Abs. 1 S. 1 StPO ist, liegt der einzig relevante Unterschied zwischen Herausgabeverlangen und Auswertung mit Wissen des Betroffenem im Zeitpunkt, ab welchem der Betroffene Rechtsschutz erlangen kann.

Dieser Unterschied kann dadurch ausgeglichen werden, dass der Betroffene unmittelbar im Anschluss an die Herausgabe der verlangten Daten über die Maßnahme informiert wird – was zugleich verhindert, dass durch mehrere Herausgabeverlangen über einen längeren Zeitraum im Ergebnis eine heimliche Überwachung stattfindet. Der Annahme einer derart verfassungsrechtlich begründeten Benachrichtigungspflicht steht die abschließende Regelung[1843] des § 101 StPO nicht entgegen: Die darin normierten Benachrichtigungspflichten betreffen ausschließlich *heimliche* Ermittlungsmaß-

---

[1842] Siehe hierzu oben S. 260 f.
[1843] Vgl. BT-Drucks. 16/5846, S. 2.

nahmen.[1844] Nach der Rechtsprechung des *BVerfG* ist die auf §§ 94, 98 StPO zu stützende – und der Sache nach mit einem Herausgabeverlangen an einen öffentlichen Cloud Computing-Anbieter vergleichbare – E-Mail-Beschlagnahme beim Provider eine *offene* Ermittlungsmaßnahme.[1845] Im zugrunde liegenden Sachverhalt war der Betroffene über die Maßnahme im Vorfeld informiert, weil sie in seiner Gegenwart während einer Durchsuchung telefonisch angeordnet wurde.[1846] Die Erwägungen des *BVerfG* lassen sich daher nicht auf Fälle übertragen, in denen der Betroffene *keine* Kenntnis von der Maßnahme hat. Auf Heimlichkeit bzw. Offenheit *im Verhältnis zum E-Mail-Provider bzw. öffentlichen Cloud Computing-Anbieter* kann es nicht ankommen, weil andernfalls Maßnahmen nach §§ 100a ff. StPO ebenfalls als „nicht heimlich" klassifiziert werden müssten, soweit sie der Mitwirkung eines Telekommunikationsdiensteanbieters bedürfen –[1847] wovon weder § 101 Abs. 1 StPO noch das *BVerfG* an anderer Stelle[1848] ausgeht. Auch § 101 Abs. 5 S. 1 StPO, der eine Benachrichtigung des von einer heimlichen Ermittlungsmaßnahme Betroffenen ausschließt, wenn hierdurch der Untersuchungszweck gefährdet würde, führt zu keinem anderen Ergebnis: Bei einer originär offenen Ermittlungsmaßnahme *kann* die Kenntnis des Betroffenen den Untersuchungszweck schlechterdings nicht gefährden, wollte man nicht – jeder Logik widersprechend – von der Existenz offener Ermittlungsmaßnahmen ausgehen, die nur

---

[1844] *Hauck,* in: Löwe/Rosenberg, Rn. 1 zu § 101.

[1845] BVerfGE 124, 43 (65).

[1846] *Klesczewski,* ZStW 123 (2011), 737 (749).

[1847] Auch die Nutzung von Überwachungseinrichtungen i. S. d. § 2 Nr. 13 TKÜV, die Telekommunikationsdiensteanbieter nach Maßgabe des § 3 TKÜV (auch) für Strafverfolgungsbehörden ständig zur Verfügung halten müssen, erfordert in jedem Einzelfall eine an den Telekommunikationsdiensteanbieter gerichtete Anordnung gemäß § 12 TKÜV, vgl. hierzu *Riegers* Stellungnahme vom 26.06.2014 im NSA-Untersuchungsausschuss des Deutschen Bundestages, http://www.bundestag.de/bundestag/ausschuesse18/ua/kw26_1ua_nsa/283442, dort ab 2h 18'.

[1848] Vgl. für §§ 100a, 100b StPO BVerfGE 129, 208 (238); für § 100g StPO BVerfGE 130, 151 (183 ff.). Die Heimlichkeit im Verhältnis zum Betroffenen bei „offenen" Maßnahmen gegen Dritte bejahend auch BVerfGE 107, 299 (321).

dann zur Zweckerreichung geeignet sind, wenn sie heimlich durchgeführt werden. Umgekehrt setzt eine offene Maßnahme nicht zwingend voraus, dass der Betroffene tatsächlich bereits vor bzw. während ihrer Durchführung von ihr weiß, was sich etwa aus § 106 Abs. 1 S. 2 StPO ergibt, wonach das Gesetz auch Durchsuchungen kennt, bei denen Betroffene – und in Ausnahmefällen auch Zeugen – nicht anwesend sind.[1849] Erfährt der Betroffene erstmals durch ein ausgewechseltes Türschloss von einer Durchsuchungsmaßahme, hat er dieselben Rechtsschutzmöglichkeiten wie derjenige, der über die Herausgabe seiner Cloud-Inhalte im Nachgang informiert wird.

cc) Zwischenergebnis

Ein Herausgabeverlagen gemäß § 95 Abs. 1 StPO kann ohne weitere Anforderungen an die Anlasstat und/oder den Verdachtsgrad an einen öffentlichen Cloud Computing-Anbieter gerichtet werden, wenn der Betroffene unverzüglich nach der Herausgabe über die Maßnahme informiert wird.

b) Angemessenheit der Durchsicht gemäß § 110 Abs. 3 StPO bei betroffenen Dritten

Ähnlich verhält es sich bei der Durchsicht gemäß § 110 Abs. 3 StPO, soweit die betreffenden räumlich getrennten Speichermedien Daten Dritter umfassen und (auch) solche im Rahmen der Durchsicht sichergestellt werden. Im Verhältnis zu diesen Dritten findet die Durchsicht zunächst unbemerkt statt. Auch hier ist jedoch eine Benachrichtigung geboten und zugleich ausreichend, um dem Charakter einer offenen Maßnahme Rechnung zu tragen: § 110 Abs. 3 S. 2, letzter Halbs. StPO verweist auf § 98 Abs. 2 StPO. Hiernach soll der Ermittlungsbeamte binnen 3 Tagen die gerichtliche Bestätigung

---

[1849] Die §§ 105 Abs. 2 S. 1, 106 Abs. 1 S. 2 StPO erfordern über die *Möglichkeit* der Hinzuziehung eine Ermessensentscheidung des die Durchsuchung leitenden Beamten zur Frage, ob der Durchsuchungserfolg durch die Hinzuziehung gefährdet würde, vgl. *B. Gercke*, in: HK-StPO, Rn. 74 zu § 105; *Tsambikakis*, in: Löwe/Rosenberg, Rn. 121 zu § 105.

der Beschlagnahme beantragen, wenn bei der Beschlagnahme weder der davon Betroffene noch ein erwachsener Angehöriger anwesend war oder wenn der Betroffene und im Falle seiner Abwesenheit ein erwachsener Angehöriger gegen die Beschlagnahme ausdrücklichen Widerspruch erhoben hat. Bei einer Durchsicht nach § 110 Abs. 3 StPO ist der betroffene Dritte nicht anwesend: Auch wenn er die betreffende Cloud Computing-Lösung zeitgleich nutzt, ist für ihn nicht ersichtlich, dass ein Zugriff seitens der Ermittlungsbehörde erfolgt.[1850] Einen Widerspruch kann er ebenfalls nicht erheben. Vor der hiernach gebotenen gerichtlichen Entscheidung ist dem Betroffenen – hier: dem Dritten – gemäß § 33 Abs. 3 StPO rechtliches Gehör zu gewähren. Auch kann er selbst jederzeit gemäß § 98 Abs. 2 S. 2 StPO die gerichtliche Entscheidung beantragen, worüber er nach S. 5 der Vorschrift zu belehren ist. Beide Vorschriften setzen demnach voraus, dass der Betroffene über die Maßnahme in Kenntnis gesetzt wird.[1851] Da die Belehrung nach § 98 Abs. 2 S. 5 StPO durch diejenige Stelle zu erfolgen hat, welche die Beschlagnahme anordnet,[1852] erscheint es sachgerecht, von der Zuständigkeit derselben Stelle für die Benachrichtigung des betroffenen Dritten auszugehen.[1853]

4. Rechtsfolgen bei Verfahrensverstößen

a) Bei Zugriffen auf dem Übertragungsweg

Die Rechtslage für Zugriffe auf Daten dezentraler IT-Systeme während ihrer Übertragung beim ISP entspricht derjenigen für die Überwachung der nicht funktional-kommunikativen Internetnutzung nach Maßgabe der §§ 100a, 100b StPO, sodass die dortigen

---

[1850] Soweit hierüber eine technische Protokollierung erfolgt, kann der Dritte lediglich erkennen, dass mit den Zugangsdaten des von der Durchsuchung Betroffenen zugegriffen wird.

[1851] So auch *B. Gercke*, in: HK-StPO, Rn. 31 zu § 110; *Schlegel*, HRRS 2008, 23 (30).

[1852] *Menges*, in: Löwe/Rosenberg, Rn. 40 zu § 98; *Wohlers*, in: SK StPO, Rn. 40 zu § 98.

[1853] So wohl auch *Schlegel*, HRRS 2008, 23 (30).

Ausführungen zu den Rechtsfolgen entsprechend gelten.[1854]

b) Bei der Inpflichtnahme öffentlicher Cloud Computing-Anbieter

aa) Herausgabeverlangen an ausländische Anbieter

Wurde ein Herausgabeverlangen nach § 95 Abs. 1 StPO unmittelbar an einen ausschließlich im Ausland ansässigen öffentlichen Cloud Computing-Anbieter gerichtet, liegt darin ein Verstoß gegen Nr. 121 Abs. 1 RiVASt. Fraglich ist, ob dies Auswirkungen auf die Verwertbarkeit der so erlangten Daten hat. Zutreffend weist zwar *Bär* darauf hin, dass die Verletzung des Territorialprinzips nicht in subjektive Rechte des Beschuldigten eingreift,[1855] sodass nach der Rechtskreistheorie des *BGH*[1856] kein Verweisverwertungsverbot anzunehmen ist.[1857] Unberücksichtigt blieben hierbei aber Sinn und Zweck der jeweils geltenden Abkommen zur gegenseitigen Rechtshilfe dahingehend, Verfahrensrechte der Betroffenen *auch im ersuchten* Staat zu wahren.[1858] Insoweit darf nicht verkannt werden, dass in Fällen, in denen das Strafverfahrensrecht im Drittstatt keine § 95 Abs. 1 StPO entsprechende Regelung enthält,[1859] ein Nr. 121 Abs. 1 RiVASt genügendes Vorgehen gar nicht zum Erfolg führen kann. Der Drittstaat kann die im Wege des unmittelbaren Herausgabeverlangens nach § 95 Abs. 1 StPO gewonnenen Erkenntnisse daher auch nicht der Verwertbarkeit zuführen, indem er ihre Nutzung nachträglich genehmigt,[1860] weil er hiermit seine eigenen Verfah-

---

[1854] Siehe hierzu oben S. 348.

[1855] *Bär*, ZIS 2011, 53 (59), im Kontext der Durchsicht gemäß § 110 Abs. 3 StPO.

[1856] Siehe hierzu oben S. 217.

[1857] Krit. hierzu *B. Gercke*, StraFo 2009, 271 (274).

[1858] Vgl. *Zehetgruber*, NZWiSt 2013, 464 (468).

[1859] Etwa in Staaten, die Art.18 Abs. 1 Buchst. a SEV Nr. 185 noch nicht in nationales Recht umgesetzt haben.

[1860] Zu widersprechen ist daher zumindest in solchen Konstellationen *Bär*, ZIS 2011, 53 (59), der es für die Verwertbarkeit genügen lässt, dass der betroffene Drittstatt der Verwertung nicht „bereits im Vorfeld widersprochen hat". Ein Widerspruch des Drittstaates wird – worauf *B. Gercke*, StraFo 2009, 271 (273 f.), zutreffend hinweist – zudem

rensrechte – auch diejenigen des betroffenen Anbieters – außer Kraft setzte. Dass im Drittstaat fehlende Ermittlungsbefugnisse damit dem Betroffenen im Inland zugute kommen, ist rechtspolitisch unbefriedigend, lässt sich aber ohne Verletzung des Völkerrechts nur durch vertragliche Regelungen zwischen den betroffenen Staaten überwinden. Kann hingegen ein Herausgabeverlangen im Wege der Rechtshilfe dem Grunde nach Erfolg haben, ließe der Verfahrensfehler sich durch die Wiederholung der Beweiserhebung heilen, sodass die nachträgliche Genehmigung des Drittstaats in Fällen, in denen einem Rechtshilfeersuchen nach den Voraussetzungen des Rechts im ersuchten Staat nachzukommen wäre, zur Verwertbarkeit der Daten führt, die der öffentliche Cloud Computing-Anbieter unmittelbar herausgegeben hat.

Die Rechtsfolge des Verfahrensfehlers hängt damit von der – womöglich unsicheren – Rechtslage im Drittstaat ab. Eine möglichst frühzeitige Fehlerkompensation setzt mithin voraus, diese Rechtslage zutreffend beurteilen zu können. Hinge hiervon ab, ob ein absolutes Verwendungsverbot der per Herausgabeverlangen erhobenen Beweise besteht, wären die Ermittlungsbehörden gehalten, im Zweifel weitere, ggf. eingriffsintensivere Ermittlungsmaßnahmen parallel durchzuführen, um das verwertbare Ermittlungsergebnis abzusichern.[1861] In Fällen nicht heilbarer Verstöße gegen Nr. 121 Abs. 1 RiVASt unterliegen die hierüber erlangten Daten daher aus normativen Erwägungen[1862] einem Beweisverwertungsverbot ohne Fernwirkung.

bb) Keine Benachrichtigung des Betroffenen

Wird der Betroffene nicht unverzüglich über die rechtmäßige Herausgabe von Cloud-Inhalten informiert, handelt es sich faktisch um eine heimliche Ermittlungsmaßnahme, die nicht auf § 95 Abs. 1

---

regelmäßig schon daran scheitern, dass er von der Maßnahme keine Kenntnis erlangt.

[1861] Zu denken ist hier etwa an eine Durchsuchungsmaßnahme nebst Durchsicht des dezentralen IT-Systems nach § 110 Abs. 3 StPO.

[1862] Siehe hierzu oben S. 246.

StPO gestützt werden kann. Zwar hat die Entscheidung des *BVerfG* zur E-Mail-Beschlagnahme gerade deshalb Kritik erfahren,[1863] weil die Charakterisierung der Maßnahme als „regelmäßig offen"[1864] Fehlinterpretationen[1865] Bahn bricht, sodass jedenfalls nicht von einem *bewussten* Verfahrensverstoß der Ermittlungsbehörde ausgegangen werden kann, wenn die Benachrichtigung unterbleibt.

Gleichwohl haben – ggf. mehrfache – Herausgabeverlangen ohne Kenntnis des Betroffenen mit der gemäß §§ 94, 98 StPO statthaften offenen Maßnahme nichts gemein.[1866] Soweit das *BVerfG* in vergleichbaren Konstellationen nachträglich die Voraussetzungen der für den erfolgten Grundrechtseingriff bestehenden strengeren Vorschrift prüft und unter Berücksichtigung der konkreten Anlasstat und des Verdachtsgrads ggf. zur Rechtmäßigkeit der Maßnahme gelangt[1867] – was im hiesigen Kontext die Verwertbarkeit der Erkenntnisse zur Folge hätte –, ist einzuwenden, dass derzeit *überhaupt keine* Spezialermächtigung für den heimlichen strafprozessualen Zugriff auf IT-Systeme besteht und hypothetischen Erwägungen

---

[1863] Siehe hierzu oben Fn. 1696.

[1864] BVerfGE 124, 43 (65).

[1865] Bezeichnend LG Mannheim, Beschluss vom 12.10.2010 – 24 Qs 2/10 –, juris, Rn. 4 f.: Hier hatte die Ermittlungsbehörde einem (deutschen) E-Mail-Provider einen Beschlagnahmebeschluss bzgl. der E-Mails eines bestimmten Nutzers und eines bestimmten Zeitraums übersandt. Der E-Mail-Provider richtete hierauf Anfang März 2010 einen Gastzugang ein, über den die Ermittlungsbehörde (alle) E-Mails des Betroffenen selbstständig abrufen konnte. Das *LG Mannheim* hielt die hierauf erfolgte Beschlagnahme von Zufallsfunden bzgl. möglicher Straftaten Dritter unter ausdrücklichem Verweis auf die Entscheidung des *BVerfG* zur E-Mail-Beschlagnahme für rechtmäßig, obwohl es sich um E-Mails außerhalb des Zeitraums handelte, die der ursprüngliche Beschlagnahmebeschluss umfasste. Der Betroffene erfuhr erst im Wege der Akteneinsicht Mitte Mai 2010 von der „offenen und punktuellen" Maßnahme. Richtungsweisend hingegen OVG Rheinland-Pfalz, Beschluss vom 05.09.2013 – 7 F 10930/13 –, juris, Rn. 4 ff., wonach die heimliche gefahrenabwehrrechtliche Sicherstellung von E-Mails beim Provider nicht auf die Sicherstellungsvorschriften des Polizeirechts gestützt werden kann.

[1866] Ähnlich *Kelnhofer/Nadeborn*, StV 2011, 352 (353); *Klesczewski*, ZStW 123 (2011), 737 (748 ff.), jeweils zur heimlichen E-Mail-Beschlagnahme.

[1867] BVerfGE 107, 299 (321 ff.), für ein Auskunftsersuchen beim Telekommunikationsdiensteanbieter über Verbindungsdaten unter den Voraussetzungen der §§ 100a, 100b StPO.

damit der Rechtsgrund fehlt. Auch können – wenngleich metho-
disch ähnlich – die Erfolgsaussichten unterstellter Rechtsschutzbemühungen des unverzüglich benachrichtigten Betroffenen jedenfalls in Fällen *mehrfacher* Herausgabeverlangen mit zeitlichem Abstand nicht nachträglich geprüft und zum Maßstab der Verwertbarkeit gemacht werden: Die Benachrichtigung eröffnet nicht nur die
Möglichkeit des § 98 Abs. 2 S. 2 StPO, sondern konfrontiert den Betroffenen u. U. erstmals mit dem Anlassverfahren. Die zu erlangenden Erkenntnisse aus Folgemaßnahmen mit und ohne Benachrichtigung dürften sich daher deutlich unterscheiden. Wenn aber die
heimliche Überwachung eines IT-Systems nur unter strengen, spezialgesetzlich geregelten Voraussetzungen zulässig ist, verletzt die
heimliche Durchführung mehrerer dem Gesetz nach offener Maßnahmen das Recht auf ein faires Verfahren in eklatanter Weise.[1868]
Ob diese Verletzung bewusst oder „nur" unter Verkennung der
Rechtsprechung des *BVerfG* erfolgt, ändert ihre Bedeutung für die
Verfahrensposition des Betroffenen nicht. Die Erkenntnisse *aus meh-*
reren mit zeitlichem Abstand an öffentliche Cloud Computing-
Anbieter gerichteten Herausgabeverlangen ohne unverzügliche
Benachrichtigung des Betroffenen müssen daher ein absolutes Ver-
wendungsverbot der Cloud-Inhalte zur Folge haben.

Bei *einmaligen* Herausgabeverlangen kommt es demgegenüber zur
normativen Zerschlagung[1869] der Kausalität zwischen Verfahrensverstoß und mittelbaren Erkenntnissen, soweit Rechtsschutzbemühungen offensichtlich keine Aussicht auf Erfolg gehabt hätten, sodass zumindest kein Beweisverwertungsverbot mit Fernwirkung
eingreift. Erweist sich der Verstoß in der Gesamtschau der Maßnahme zudem nicht als bewusste Umgehung der Verfahrensrechte

---

[1868] Man stelle sich nur vor, es würden innerhalb mehrerer Wochen heimlich mehrere
Wohnungsdurchsuchungen bei einem Betroffenen durchgeführt, hierbei für das Beweisthema bedeutsame, aufeinander aufbauende Erkenntnisse erlangt und diese später
unter der Begründung für verwertbar erklärt, dass jede einzelne Maßnahme auch
rechtmäßig hätte durchgeführt werden können und unmittelbare Rechtsschutzbemühungen des Betroffenen keine Aussicht auf Erfolg gehabt hätten.
[1869] Siehe hierzu oben S. 231.

des Betroffenen, liegt auch ein unmittelbares Beweisverwertungsverbot fern: Die durch den einmaligen Zugriff erlangten Erkenntnisse stehen inhaltlich mit dem Verstoß gegen die Benachrichtigungspflicht in keinem Zusammenhang, sodass allenfalls eine beweiswertneutrale Fehlerkorrektur[1870] in Betracht kommt.

c)   Bei Zugriffen mit Zugangsdaten des Betroffenen

aa)   Keine Benachrichtigung eines betroffenen Dritten

Ähnlich zu beurteilen ist ein Verstoß gegen die Benachrichtigungspflicht[1871] hinsichtlich eines betroffenen Dritten bei Zugriffen gemäß § 110 Abs. 3 StPO: Ein absolutes Verwendungsverbot der Erkenntnisse *gegen den Dritten* besteht, wenn die Benachrichtigung unterlassen wurde, um ohne Rechtsgrundlage eine heimliche Überwachung *seines* dezentralen IT-Systems zu ermöglichen – etwa, indem bei einer Durchsuchung Zugangsdaten sichergestellt und diese zur Auswertung des zugehörigen dezentralen IT-Systems mit einem Endgerät der Strafverfolgungsbehörde genutzt werden, hierbei festgestellt wird, dass ein Dritter – dem Durchsuchung und Sicherstellung nicht bekannt geworden sind – dieses dezentrale IT-System ebenfalls in ermittlungsrelevanter Weise verwendet und deshalb wiederholt – und für den Dritten heimlich – Zugriffe auf das dezentrale IT-System erfolgen.

Beschränkt sich die Maßnahme hingegen auf eine einmalige Durchsicht am Ort der Durchsuchung bzw. bei der nachfolgenden Auswertung mit sichergestellten Zugangsdaten, kommt ein Beweisverwertungsverbot hierbei gegen den Dritten erlangter Erkenntnisse nur in Betracht, wenn die Benachrichtigung bewusst unterblieben ist, um die richterliche Kontrolle auszuschalten,[1872] wobei Fernwir-

---

[1870] Siehe hierzu oben S. 235 ff.

[1871] Siehe hierzu oben S. 376.

[1872] So auch zur entgegen § 98 Abs. 2 S. 5 StPO unterbliebenen Belehrung *Wohlers*, in: SK StPO, Rn. 40 zu 98.

kung besteht, wenn die Kausalität zwischen Verfahrensverstoß und mittelbaren Erkenntnissen dadurch hergestellt ist, dass Rechtsschutzbemühungen des Dritten im Falle der Benachrichtigung Aussicht auf Erfolg gehabt hätten.

Ein Beweisverwertungsverbot von Erkenntnissen *gegen den originär Betroffenen* folgt aus der Drittbetroffenheit in keinem Fall, weil die Durchsicht bzw. Auswertung nur Daten umfassen kann, die (auch) in der Verfügungsgewalt des originär Betroffenen stehen. Wurden hiervon ermittlungsrelevante Teile im Übrigen rechtmäßig sichergestellt, werden durch die unterbliebene Benachrichtigung des Dritten keine Verfahrenspositionen des originär Betroffenen entwertet.

bb) Heimliche Nutzung von Zugangsdaten nach Herausgabe durch den Anbieter

Für die heimliche Nutzung von Zugangsdaten zu Cloud-Inhalten, die ein öffentlicher Cloud Computing-Anbieter auf Ersuchen der Ermittlungsbehörde herausgegeben hat, besteht – wie schon für das Herausgabeersuchen – keine Rechtsgrundlage, sodass die hieraus gewonnenen Erkenntnisse einem absoluten Verwendungsverbot unterliegen. Insbesondere vermag die Diskussion im Schrifttum nicht darüber hinwegzutäuschen, dass öffentliche Cloud Computing-Anbieter schon nach dem Wortlaut keine Adressaten des § 100j Abs. 1 StPO sind und infolge der Rechtsprechung des *BVerfG* zu § 113 Abs. 1 S. 2 TKG a. F. auch nicht auf Grundlage der Ermittlungsgeneralklausel zur Auskunft verpflichtet werden können.[1873] Eine „freiwillige" Herausgabe der Zugangsdaten durch den Anbieter führt zu keinem anderen Ergebnis: Die grundrechtsrelevante heimliche Ermittlungsmaßnahme ist nicht das Herausgabeersuchen, sondern *die Nutzung* der Zugangsdaten durch die Ermittlungsbehörde, sodass letztlich irrelevant ist, auf welche Weise sie die Zugangsdaten ohne Wissen des Betroffenen erlangt hat.[1874]

[1873] Siehe hierzu oben S. 367 ff.

[1874] Ähnlich zur heimlichen Beschlagnahme von E-Mails auf dem Mailserver des

III. Zusammenfassung

Nach geltender Rechtslage bestehen hinreichende Ermittlungsbefugnisse für die Sicherstellung des Datenbestandes zentraler bzw. dezentraler IT-Systeme, soweit diese bzw. die für den Zugriff genutzten Endgeräte unverschlüsselt oder verschlüsselt, aber im Zeitpunkt des Zugriffs in Betrieb sind. Der Datenbestand nicht in Betrieb befindlicher verschlüsselter IT-Systeme kann weiter ebenso sichergestellt werden wie der Datenbestand unverschlüsselter IT-Systeme und sodann unter Ausnutzung technisch oder durch den Nutzer bedingter Schwachstellen entschlüsselt werden. Ferner haben nicht zur Zeugnis- bzw. Auskunftsverweigerung berechtigte Dritte Passwörter mitzuteilen bzw. Schlüsseldateien herauszugeben. Der Datenbestand dezentraler IT-Systeme darf – über die Auswertung des Datenbestands eines sichergestellten Endgeräts hinaus – im Wege an öffentliche Cloud Computing-Anbieter gerichteter (auch im Verhältnis zum Betroffenen) offener Herausgabeverlangen sichergestellt werden, soweit es sich um (auch) in Deutschland ansässige Anbieter handelt. Die Nutzung eines IT-Systems zur funktionalen Internet-Kommunikation darf nur auf dem Übertragungsweg unter Inpflichtnahme des ISP und/oder des Anbieters nutzerbasierter VoIP-Telefonie und im Wege der §§ 100c, 100f StPO überwacht werden. Alle anderen tatsächlichen Zugriffsmöglichkeiten auf IT-Systeme sind zu strafprozessualen Zwecken derzeit unzulässig.

Providers *Kelnhofer/Nadeborn*, StV 2011, 352 (353); *Meinicke*, Zugriff auf E-Mails, S. 74.

F. Reformdiskussion und Reformvorschläge

I. Normierung von Online-Durchsuchung und Quellen-TKÜ?

Stellt man die bisherigen Erkenntnisse den Beschlüssen des 69. DJT zur Normierungsbedürftigkeit von Quellen-TKÜ und Online-Durchsuchung gegenüber, ist a prima vista zu konstatieren, dass mit der Positivierung beider Maßnahmen auch diejenigen IT-systembezogenen Beweisthemen zugänglich würden, für die es derzeit an rechtmäßigen Zugriffsmöglichkeiten fehlt: Gerade die Online-Durchsuchung in Gestalt einer umfassenden Online-Überwachung, wie sie dem Online-Durchsuchungsurteil zugrunde liegt,[1875] verschaffte der Ermittlungsbehörde derart weitreichende Zugriffsmöglichkeiten, dass es alternativer – derzeit ebenfalls unzulässiger – Maßnahmen kaum noch bedürfte.

1. Gesetzesentwürfe zur Online-Durchsuchung

a) Freistaat Bayern (2008)

Scheinbar folgerichtig hat der *Freistaat Bayern* bereits im Mai 2008 – nur drei Monate nach dem Online-Durchsuchungsurteil – im Bundesrat einen Gesetzesantrag für eine Befugnisnorm zur Online-Durchsuchung eingebracht:[1876]

> „§ 100k StPO-E
>
> (1) Auch ohne Wissen des Betroffenen darf mit technischen Mitteln auf informationstechnische Systeme zugegriffen werden, um Zugangsdaten und gespeicherte Daten zu erheben, wenn
>
> 1. bestimmte Tatsachen den Verdacht begründen, dass jemand als Täter oder Teilnehmer eine in Absatz 2 bezeichnete Straftat begangen hat, in Fällen, in denen der Versuch strafbar ist, zu begehen versucht, oder durch eine Straftat vorbereitet hat,
>
> 2. die Tat auch im Einzelfall besonders schwer wiegt und

[1875] Vgl. BVerfGE 120, 274 (282, 310).
[1876] BR-Drucks. 365/08, S. 1 ff.

3. die Erforschung des Sachverhalts oder die Ermittlung des Aufenthaltsortes eines Beschuldigten auf andere Weise – insbesondere durch eine Durchsuchung nach § 102, § 103 – unverhältnismäßig erschwert oder aussichtslos wäre.

(2) Straftaten im Sinne des Absatzes 1 Nr. 1 sind:

1. aus dem Strafgesetzbuch:

a) Straftaten des Friedensverrats, des Hochverrats und der Gefährdung des demokratischen Rechtsstaates sowie des Landesverrats und der Gefährdung der äußeren Sicherheit nach den §§ 80, 81, 82, nach den §§ 94, 95 Abs. 3 und § 96 Abs. 1, jeweils auch in Verbindung mit § 97b, sowie nach den §§ 97a, 98 Abs. 1 Satz 2, § 99 Abs. 2 und den §§ 100, 100a Abs. 4,

b) Bildung krimineller Vereinigungen nach § 129 Abs. 1 in Verbindung mit Abs. 4 Halbsatz 2 und Bildung terroristischer Vereinigungen nach § 129a Abs. 1, 2, 4, 5 Satz 1 Alternative 1, jeweils auch in Verbindung mit § 129b Abs. 1,

c) Straftaten gegen die sexuelle Selbstbestimmung in den Fällen des § 176a Abs. 2 Nr. 2 oder Abs. 3, § 177 Abs. 2 Nr. 2 oder § 179 Abs. 5 Nr. 2,

d) Verbreitung, Erwerb und Besitz kinderpornografischer Schriften nach § 184b Abs. 1 bis 3,

e) Mord und Totschlag nach den §§ 211, 212,

f) Straftaten gegen die persönliche Freiheit in den Fällen der §§ 234, 234a Abs. 1, 2, §§ 239a, 239b und Menschenhandel zum Zweck der sexuellen Ausbeutung und zum Zweck der Ausbeutung der Arbeitskraft nach § 232 Abs. 3, Abs. 4 oder Abs. 5, § 233 Abs. 3, jeweils soweit es sich um Verbrechen handelt,

g) schwerer Raub und Raub mit Todesfolge nach § 250 Abs. 1 oder Abs. 2, § 251,

h) räuberische Erpressung nach § 255 und besonders schwerer Fall einer Erpressung nach § 253 unter den in § 253 Abs. 4 Satz 2 genannten Voraussetzungen,

2. aus dem Aufenthaltsgesetz:

Einschleusen mit Todesfolge oder gewerbs- und bandenmäßiges Einschleusen nach § 97,

3. aus dem Betäubungsmittelgesetz:

a) besonders schwerer Fall einer Straftat nach § 29 Abs. 1 Satz 1 Nr. 1, 5, 6, 10, 11 oder 13, Abs. 3 unter der in § 29 Abs. 3 Satz 2 Nr. 1 genannten Voraussetzung,

b) eine Straftat nach den §§ 29a, 30 Abs. 1 Nr. 1, 2, 4, § 30a,

4. aus dem Gesetz über die Kontrolle von Kriegswaffen:

a) eine Straftat nach § 19 Abs. 2 oder § 20 Abs. 1, jeweils auch in Verbindung mit § 21,

b) besonders schwerer Fall einer Straftat nach § 22a Abs. 1 in Verbindung mit Abs. 2,

5. aus dem Völkerstrafgesetzbuch:

a) Völkermord nach § 6,

b) Verbrechen gegen die Menschlichkeit nach § 7,

c) Kriegsverbrechen nach den §§ 8 bis 12,

6. aus dem Waffengesetz:

a) besonders schwerer Fall einer Straftat nach § 51 Abs. 1 in Verbindung mit Abs. 2,

b) besonders schwerer Fall einer Straftat nach § 52 Abs. 1 Nr. 1 in Verbindung mit Abs. 5.

(3) [1]Die Anordnung darf sich nur gegen den Beschuldigten oder gegen Personen richten, von denen auf Grund bestimmter Tatsachen anzunehmen ist, dass sie für den Beschuldigten bestimmte oder von ihm herrührende Mitteilungen entgegennehmen, entgegengenommen haben, weitergeben oder weitergegeben haben oder dass der Beschuldigte ihre informationstechnischen Systeme benutzt oder benutzt hat. [2]Die Maßnahme darf auch durchgeführt werden, wenn Dritte unvermeidbar betroffen werden.

(4) [1]Liegen tatsächliche Anhaltspunkte für die Annahme vor, dass durch eine Maßnahme nach Absatz 1 allein Erkenntnisse aus dem Kernbereich privater Lebensgestaltung erlangt würden, ist die Maßnahme unzulässig. [2]Soweit dies informationstechnisch und ermittlungstechnisch möglich ist, ist durch geeignete Vorkehrungen sicherzustellen, dass die Erhebung von Daten unterbleibt, die dem Kernbereich der privaten Lebensgestaltung zuzurechnen sind. [3]Erkenntnisse aus dem Kernbereich privater Lebensgestaltung, die durch eine Maßnahme nach Absatz 1 erlangt wurden, dürfen nicht verwertet werden, es sei denn, es bestehen Anhaltspunkte dafür, dass diese Daten dem Zweck der Herbeiführung eines Erhebungsverbots dienen sollen. [4]Aufzeichnungen über unverwertbare Erkenntnisse sind unverzüglich zu löschen oder bei Zweifeln dem für die Anordnung zuständigen Gericht zur Entscheidung über ihre Löschung vorzulegen. [5]Die Tatsache ihrer Erlangung und Löschung ist aktenkundig zu machen.

(5) [1]Unter den Voraussetzungen des Absatz 1 dürfen technische Mittel auch eingesetzt werden, um

1. spezifische Kennungen zur Vorbereitung einer Maßnahme nach Absatz 1 sowie

2. den Standort eines informationstechnischen Systems zu ermitteln.

[2]Personenbezogene Daten Dritter dürfen dabei nur erhoben werden, wenn dies aus technischen Gründen unvermeidbar ist. [3]Nach Beendigung der Maßnahme sind diese unverzüglich zu löschen.

(6) [1]Maßnahmen nach Absatz 1 und Absatz 5 dürfen nur auf Antrag der Staatsanwaltschaft durch das Gericht angeordnet werden. [2]§ 100b Abs. 1 Sätze 4 und 5, Abs. 2 Satz 1, Abs. 4 Satz 1 sowie § 110 Abs. 1 gelten entsprechend. [3]Neben den Angaben gemäß § 100b Abs. 2 Satz 2 Nr. 1 und 3 muss die Anordnung auch die Bezeichnung des informationstechnischen Systems enthalten. [4]Maßnahmen nach Absatz 1 und Absatz 5 und insbesondere dadurch bedingte Veränderungen von Daten auf dem informationstechnischen System sind zu dokumentieren.

(7) [1]Zur Durchführung von Maßnahmen nach Absatz 1 und Absatz 5 können Sachen verdeckt durchsucht sowie die Wohnung, in der sich das informationstechnische System befindet, ohne Einwilligung betreten und durchsucht werden. [2]Für die Anordnung der Begleitmaßnahmen finden die für die Maßnahme nach Absatz 1 und Absatz 5 jeweils geltenden Vorschriften entsprechende Anwendung."

b)   Gudermann (2009)

Einen anderen Vorschlag unterbreitete *Gudermann* im Jahre 2009:[1877]

„(1) [1]Ohne Wissen des Betroffenen darf mittels Infiltration über Kommunikationsnetze in vom Betroffenen genutzte informationstechnische Systeme eingegriffen und aus ihnen Daten erhoben werden, wenn

1. bestimmte Tatsachen den Verdacht begründen, dass der Betroffene als Täter oder Teilnehmer eine Straftat des § 100c II Nr. 1 a-b, d-g, Nr. 3 b, Nr. 5, Nr. 6 StPO begangen oder in den Fällen, in denen der Versuch strafbar ist, zu begehen versucht hat,

2. die Tat im Einzelfall besonders schwer wiegt und

3. die Erforschung des Sachverhalts oder die Erhebung von Beweismitteln über die Untersuchung der Inhalte des Speichermediums mittels einer Beschlagnahme der Hardwarekomponenten des informationstechnischen Systems oder auf andere Weise gefährdet oder aussichtslos wäre.

[2]Verdeckte Begleitmaßnahmen sind von dieser Vorschrift nicht erfasst, sondern sind nur zulässig, wenn sie selbst die Anordnungsvoraussetzungen der Vorschriften dieses Gesetzes erfüllen.

[1877] *Gudermann*, Online-Durchsuchung, S. 234 ff.

(2) [1]Die Maßnahme darf sich ausschließlich gegen den Beschuldigten richten. [2]Im Rahmen von Vorermittlungen ist sicherzustellen, dass

1. mit überwiegender Sicherheit tatsächlich nur das von der Zielperson beherrschte System infiltriert wird und das Risiko der Betroffenheit unbeteiligter Dritter [so weit] wie möglich reduziert wird und

2. sich das informationstechnische System zu dem Zeitpunkt des Eingriffs im Geltungsbereich des deutschen Rechts befindet.

(3) [1]Die Maßnahme darf nur durch den zuständigen Richter angeordnet werden. [2]Die Anordnung ergeht schriftlich. [3]In ihr sind Namen und Anschrift der Person, gegen die sich die Maßnahme richtet, eine möglichst genaue Bezeichnung des informationstechnischen Systems, in das zur Datenerhebung eingegriffen werden soll, Art, Umfang, Dauer der Maßnahme unter Nennung des Endzeitpunktes, sowie individualisierte Ausführungen zu den materiellen Voraussetzungen nach Abs. 1 und zu den wesentlichen Gründen anzugeben. [4]Die Anordnung ist auf höchstens drei Monate zu befristen. [5]Eine Verlängerung um jeweils nicht mehr als drei Monate ist zulässig, soweit die Anordnungsvoraussetzungen unter Berücksichtigung der gewonnenen Erkenntnisse fortbestehen. [6]Liegen die Voraussetzungen der Anordnung nicht mehr vor, sind die aufgrund der Anordnung ergriffenen Maßnahmen unverzüglich zu beenden. [7]Der Betroffene ist über die Maßnahme nach Abs. 1 unverzüglich zu benachrichtigen, sobald der Erfolg der Untersuchung dadurch nicht mehr gefährdet wird.

(4) [1]Sowohl das eingesetzte Mittel als auch die kopierten Daten sind nach dem Stand von Wissenschaft und Technik gegen unbefugte Nutzung, Veränderung, Löschung und Kenntnisnahme zu schützen. [2]Bei Beendigung der Maßnahme sind die vorgenommenen Veränderungen soweit technisch möglich automatisiert rückgängig zu machen.

(5) [1]Liegen konkrete Anhaltspunkte für die Annahme vor, dass durch die Maßnahme der Kernbereich privater Lebensgestaltung berührt wird, muss sie unterbleiben. [2]Soweit möglich, ist technisch sicherzustellen, dass Daten, die den Kernbereich privater Lebensgestaltung betreffen, nicht erhoben werden. [3]Erhobene Daten sind unverzüglich dem anordnenden Richter zur Entscheidung zur Verwertbarkeit oder Löschung der Daten vorzulegen. [4]Daten, die den Kernbereich privater Lebensgestaltung betreffen, dürfen nicht verwertet werden und sind unverzüglich zu löschen. [5]Die Tatsachen der Erfassung der Daten und der Löschung sind zu dokumentieren. [6]Die Dokumentation ist unverzüglich zu löschen, wenn sie zum Zwecke der nachträglichen Überprüfung des Betroffenen nicht mehr erforderlich ist.

(6) [1]In den Fällen der §§ 53, 53a StPO ist eine Maßnahme nach Abs. 1 unzulässig; ergibt sich während oder nach der Durchführung der Maßnahme, dass ein Fall der §§ 53, 53a StPO vorliegt, gilt Abs. 5 Satz 4 bis 6 entsprechend. [2]In den Fällen des § 52 StPO dürfen aus einer Maßnahme nach Abs. 1 gewonnene Erkenntnisse nur verwertet werden, wenn dies unter Berücksichtigung der Bedeutung des zugrunde liegenden Vertrauensverhältnisses nicht außer Verhältnis zum Interesse an der Erforschung des Sachverhalts steht.

(7) [1]Die Datenverwendung und die Übermittlung der Informationen, die auf dieser Grundlage erlangt wurden, an andere Behörden sind nur unter den Voraussetzungen zulässig, unter denen auch die Erhebung der Daten möglich gewesen wäre. [2]Im Falle der parallelen Befugung anderer Behörden muss im Vorfeld, um eine doppelte Datenerhebung auszuschließen, eine interbehördliche Abstimmung erfolgen.

(8) [1]Die Vorschrift unterliegt einer Evaluationsfrist von zwei Jahren. [2]Sie bedarf der ausdrücklichen Verlängerung. [3]Nach Ablauf der Frist hat der Gesetzgeber eine wissenschaftliche Studie über ihre Praxis zur parlamentarischen Beratung vorzulegen. [4]Die Feldforschung über die Maßnahme ist mit Beginn ihrer Anwendung durch die Staatsanwaltschaft und [die] Polizei in dafür geeigneter Weise aufzunehmen. [5]Dazu sind anhand anonymisierter Anwendungsfälle sowohl deren Effizienz und Relevanz im Hinblick auf damit verbundene Beeinträchtigungen des Rechtes auf informationelle Selbstbestimmung sowie [des Grundrechts auf] Gewährleistung der Vertraulichkeit und Integrität informationstechnischer Systeme als auch die Fälle von betroffenen Dritten umfassend zu würdigen."

c) Redler (2012)

Redler schlug im Jahre 2012 folgenden § 100k StPO-E vor:[1878]

„§ 100k

(1) Auch ohne Wissen des Betroffenen darf durch den verdeckten Einsatz technischer Mittel in Form der Ferninfiltration via Internet oder mittels unwissentlicher Mithilfe des Betroffenen auf informationstechnische Systeme zugegriffen und dürfen auf diese Weise Daten erhoben und ausgewertet werden, wenn

1. bestimmte Tatsachen den dringenden Verdacht begründen, dass jemand als Täter oder Teilnehmer eine in Absatz 2 bezeichnete Straftat begangen hat oder in Fällen, in denen der Versuch strafbar ist, zu begehen versucht, oder durch eine Straftat vorbereitet hat,

---

[1878] *Redler*, Online-Durchsuchung, S. 167 ff.

2. die Tat auch im Einzelfall besonders schwer wiegt,

3. auf Grund tatsächlicher Anhaltspunkte anzunehmen ist, dass durch die Online-Durchsuchung Daten des Beschuldigten erfasst werden, die für die Erforschung des Sachverhalts von Bedeutung sind, und

4. die Erforschung des Sachverhalts oder die Ermittlung des Aufenthaltsortes eines Beschuldigten auf andere Weise – insbesondere durch eine Durchsuchung nach §§ 102, 103 StPO – unverhältnismäßig erschwert oder aussichtslos wäre.

(2) Straftaten im Sinne des Absatzes 1 Nr. 1 sind:

1. aus dem Strafgesetzbuch:

a) Straftaten des Friedensverrats, des Hochverrats und der Gefährdung des demokratischen Rechtsstaates sowie des Landesverrats und der Gefährdung der äußeren Sicherheit nach den §§ 80, 81, 82, 89a, nach den §§ 94, 95 Abs. 3 und § 96 Abs. 1, jeweils auch in Verbindung mit § 97b, sowie nach den §§ 97a, 98 Abs. 1 Satz 2, §§ 99 Abs. 2 und den §§ 100, 100a Abs. 4,

b) Bildung krimineller Vereinigungen nach § 129 Abs. 1 in Verbindung mit Abs. 4 Halbsatz 2 und Bildung terroristischer Vereinigungen nach § 129a Abs. 1, 2, 4, 5 Satz 1 Alternative 1, jeweils auch in Verbindung mit § 129b Abs. 1,

c) Verbreitung, Erwerb und Besitz kinderpornografischer Schriften in den Fällen des § 184b Abs. 3,

d) Mord nach § 211,

e) gemeingefährliche Straftaten in den Fällen der §§ 307, 308 Abs. 1, 2 und 3, 309, 310, 313 und 314,

2. aus dem Völkerstrafgesetzbuch:

a) Völkermord nach § 6,

b) Verbrechen gegen die Menschlichkeit [nach] § 7,

(3) Ein informationstechnisches System ist ein System, welches aus Hard- und Software sowie aus Daten besteht und der Erfassung, Speicherung, Verarbeitung, Übertragung und Anzeige von Informationen und Daten dient; insbesondere fallen darunter fest installierte und mobile Personalcomputer, Mobiltelefone, elektronische Terminkalender, der Zusammenschluss mehrerer einzelner informationstechnischer Systeme zu einem gesamtinformatorischen System sowie interne, externe und über eine Netzwerkverbindung angeschlossene Speichermedien und virtuelle Speicher im Internet.

(4) [1]Die Anordnung darf sich nur gegen den Beschuldigten richten. [2]Gegen andere Personen als den Beschuldigten darf sich die Maßnahme nur richten, wenn von diesen Personen auf Grund bestimmter Tatsachen anzunehmen ist, dass sie für den Beschuldigten bestimmte oder von ihm herrührende Kommunikationsinhalte entgegennehmen, entgegengenommen haben, weitergeben oder weitergegeben haben oder dass der Beschuldigte ihre informationstechnischen Systeme benutzt oder benutzt hat. [3]Die Maßnahme darf auch durchgeführt werden, wenn Dritte unvermeidbar betroffen werden.

(5) [1]Liegen tatsächliche Anhaltspunkte für die Annahme vor, dass durch eine Maßnahme nach Absatz 1 allein Erkenntnisse aus dem Kernbereich privater Lebensgestaltung erlangt würden, und bestehen keine Anhaltspunkte dafür, dass kernbereichsbezogene Kommunikationsinhalte mit Inhalten verknüpft sind, die dem Ermittlungsziel unterfallen, ist die Maßnahme unzulässig und muss bereits die Datenerhebung unterbleiben. [2]Mittels automatisierter Durchsicht durch ein Filter-System anhand von kernbereichsspezifischen Suchkriterien oder durch andere geeignete Vorkehrungen vor der Datenerhebung ist sicherzustellen, dass die Erhebung von Daten mit Kernbereichsbezug unterbleibt. [3]Nur dann, wenn sich die Kernbereichsrelevanz der erhobenen Daten vor oder während der Erhebung nicht klären lässt, gleichwohl aber ein für die Strafverfolgungszwecke relevanter Inhalt nicht ausgeschlossen werden kann, darf die Prüfung auf Kernbereichsrelevanz erst auf der Ebene der Auswertung, erfolgen. [4]Diese muss unverzüglich und erneut mittels automatisierter Durchsicht durch ein Filter-System anhand von kernbereichsspezifischen Suchkriterien oder durch andere geeignete Vorkehrungen erfolgen. [5]Aufgefundene, erhobene und/oder ausgewertete Daten mit Kernbereichsbezug dürfen nicht verwertet werden; sie müssen unverzüglich gelöscht und ihre Weitergabe und Verwertung ausgeschlossen werden. [6]Die Prüfung auf kernbereichsrelevante Inhalte ist zu protokollieren; die Tatsache der Erlangung und die Löschung von kernbereichsrelevanten Inhalten ist zu dokumentieren. [7]§ 110 gilt entsprechend. [8]Soweit ein Verwertungsverbot nach Satz 5 dieses Absatzes in Betracht kommt, hat die Staatsanwaltschaft unverzüglich eine Entscheidung des anordnenden Gerichts über die Verwertbarkeit der erlangten Erkenntnisse herbeizuführen. [9]Soweit das Gericht eine Verwertbarkeit verneint, ist dies für das weitere Verfahren bindend.

(6) [1]Maßnahmen nach Absatz 1 dürfen nur auf Antrag der Staatsanwaltschaft in entsprechender Anwendung des § 74a Abs. 4 Gerichtsverfassungsgesetz durch die in § 74a Abs. 4 Gerichtsverfassungsgesetz genannte Kammer des Landgerichts angeordnet werden, in dessen Bezirk die Staatsanwaltschaft ihren Sitz hat. [2]Die Anordnung ist auf höchstens 3 Monate zu befristen. [3]Eine Verlängerung um jeweils nicht mehr als 3 Monate ist zulässig, soweit die Voraussetzungen der Anordnung unter Berücksichtigung der gewonnenen Ermittlungsergebnisse fortbestehen. [4]Die Anordnung ergeht schriftlich mit Gründen. [5]In der Anordnung sind

insbesondere anzugeben die Bezeichnung des informationstechnischen Zielsystems, – soweit möglich – der Name und die Anschrift des Betroffenen, gegen den sich die Maßnahme richtet, Art, Umfang und Dauer der Maßnahme unter Benennung des Endzeitpunktes sowie die Art der durch die Maßnahme zu erhebenden Informationen und ihre Bedeutung für das Verfahren. [6]In der Begründung der Anordnung oder Verlängerung sind deren Voraussetzungen und die wesentlichen Abwägungsgesichtspunkte darzulegen. [7]Insbesondere sind einzelfallbezogen anzugeben, die bestimmten Tatsachen, die den Tatverdacht im Sinne des Absatz 1 Nr. 1 begründen sowie die wesentlichen Erwägungen zur Erforderlichkeit, Verhältnismäßigkeit und der Kernbereichsrelevanz der Maßnahme. [8]Liegen die Voraussetzungen für die Anordnung nicht mehr vor, so sind die auf Grund der Anordnung ergriffenen Maßnahmen unverzüglich zu beenden. [9]Nach Beendigung der Maßnahme ist das anordnende Gericht über die Ergebnisse der Maßnahme zu unterrichten. [10]Verstöße gegen die Formvorschriften dieses Absatzes begründen ein Beweisverwertungsverbot.

(7) [1]Bei der Ausführung der Maßnahme nach Absatz 1 ist technisch sicherzustellen, dass

1. an dem informationstechnischen System nur Veränderungen vorgenommen werden, die für die Datenerhebung unerlässlich sind,

2. die vorgenommenen Veränderungen bei Beendigung der Maßnahme – soweit technisch möglich automatisiert – rückgängig gemacht werden und

3. keine Schäden am Zielsystem verursacht werden.

[2]Die auf dem Zielrechner erhobenen Daten müssen dabei direkt vom Zielcomputer an das Landeskriminalamt übermittelt werden; eine Rückleitung an den Betroffenen oder Weiterleitung an Dritte darf nicht möglich sein. [3]Über die Ausführung der Maßnahme ist ein Protokoll zu erstellen; dieses muss insbesondere die Bezeichnung der tätigen Ermittlungsbeamten, den Zeitpunkt des Einsatzes, Angaben zur Identifizierung des informationstechnischen Systems und die daran vorgenommenen nicht nur flüchtigen Veränderungen und eine Übersicht über die jeweils vorgenommenen Einzelmaßnahmen und erhobenen Datensätze enthalten.

(8) Durch die Maßnahme erlangte personenbezogene Informationen dürfen für andere Zwecke nur nach folgenden Maßgaben verwendet werden:

1. Die durch eine Maßnahme nach Absatz 1 bis 7 erlangten verwertbaren personenbezogenen Daten dürfen in anderen Strafverfahren ohne Einwilligung der insoweit überwachten Personen nur zur Aufklärung einer Straftat, auf Grund derer die Maßnahme nach Absatz 1 angeordnet werden könnte, oder zur Ermittlung des Aufenthalts der einer solchen Straftat beschuldigten Person verwendet werden.

2. Die Verwendung der durch eine Maßnahme nach Absatz 1 bis 7 erlangten personenbezogenen Daten zu Zwecken der Gefahrenabwehr ist nur zur Abwehr einer im Einzelfall bestehenden Lebensgefahr oder einer dringenden Gefahr für Leib oder Freiheit einer Person oder Gegenstände, die der Versorgung der Bevölkerung dienen, oder für den Bestand des Staates und seiner Einrichtungen zulässig. Sind die Daten zur Abwehr der Gefahr oder für eine vorgerichtliche oder gerichtliche Überprüfung der zur Gefahrenabwehr getroffenen Maßnahmen nicht mehr erforderlich, so sind Aufzeichnungen über diese Daten von der für die Gefahrenabwehr zuständigen Stelle unverzüglich zu löschen. Die Löschung ist aktenkundig zu machen. Soweit die Löschung lediglich für eine etwaige vorgerichtliche oder gerichtliche Überprüfung zurückgestellt ist, dürfen die Daten nur für diesen Zweck verwendet werden; für eine Verwendung zu anderen Zwecken sind sie zu sperren.

3. Sind verwertbare personenbezogene Daten durch eine entsprechende polizeirechtliche Maßnahme erlangt worden, dürfen sie in einem Strafverfahren ohne Einwilligung der insoweit überwachten Personen nur zur Aufklärung einer Straftat, auf Grund derer die Maßnahme nach Absatz 1 angeordnet werden könnte, oder zur Ermittlung des Aufenthalts der einer solchen Straftat beschuldigten Person verwendet werden.

(9) [1]Sind die durch die Maßnahme erlangten personenbezogenen Daten zur Strafverfolgung und für eine etwaige gerichtliche Überprüfung der Maßnahme nicht mehr erforderlich, so sind sie unverzüglich zu löschen. [2]Über die Löschung ist eine Niederschrift als Aktenvermerk in die Ermittlungsakten aufzunehmen, der insbesondere Zeitpunkt, Art der Vernichtung und Bezeichnung des vernichteten Dateninhalts umfassen muss. [3]Soweit die Löschung lediglich für eine etwaige gerichtliche Überprüfung der Maßnahme zurückgestellt ist, dürfen die Daten ohne Einwilligung der Betroffenen nur zu diesem Zweck verwendet werden; sie sind entsprechend zu sperren.

(10) Der Betroffene als Zielperson und erheblich mitbetroffene Personen sind über die Maßnahme nach Absatz 1 in entsprechender Anwendung der Vorschriften des § 101 Abs. 4 bis 7 zu benachrichtigen.

(11) [1]In den Fällen des § 53 ist eine Maßnahme nach Absatz 1 unzulässig; ergibt sich während oder nach Durchführung der Maßnahme, dass ein Fall des § 53 vorliegt, so ist eine weitere Datenerhebung und Auswertung aufgrund der Maßnahme unverzüglich zu unterbrechen. [2]Aufzeichnungen über § 53 betreffende Äußerungen sind unverzüglich zu löschen. [3]Erkenntnisse über solche Äußerungen dürfen nicht verwertet werden. [4]Die Tatsache der Erfassung der Daten und ihrer Löschung ist zu dokumentieren. [5]Ist eine Maßnahme nach Satz 1 unterbrochen worden, so darf sie unter den in Absatz 1 genannten Voraussetzungen fortgeführt werden. [6]Im Zweifel ist über die Unterbrechung oder Fortführung der Maßnahme unverzüglich eine Entscheidung des Gerichts herbeizuführen; § 100d Abs. 4 gilt entsprechend. [7]In den Fällen der §§ 52

und 53a dürfen aus einer Maßnahme nach Absatz 1 gewonnene Erkenntnisse nur verwertet werden, wenn dies unter Berücksichtigung der Bedeutung des zugrunde liegenden Vertrauensverhältnisses nicht außer Verhältnis zum Interesse an der Erforschung des Sachverhalts oder der Ermittlung des Aufenthaltsortes eines Beschuldigten steht. [8]§ 160a Abs. 4 gilt entsprechend. [9]Verstöße gegen Satz 1 bis 3 und 7 begründen ein Beweisverwertungsverbot.

(12) [1]Werden anlässlich einer Maßnahme nach Absatz 1 Daten erlangt, die auf den Versuch oder die Begehung einer anderen Straftat als der für die Maßnahme Anlass gebenden Straftat hindeuten, und handelt es sich dabei um eine Straftat im Sinne des Straftatenkatalogs des Absatz 2, so sind sie einstweilen zu verwahren. [2]Davon ausgenommen sind Daten, die dem Kernbereich privater Lebensgestaltung zuzuordnen sind. [3]Der Staatsanwaltschaft ist hiervon unverzüglich Kenntnis zu geben. [4]Im Übrigen gilt § 477 Abs. 2 Satz 2 StPO."

d) Stellungnahme

Einer kritischen Prüfung hält keiner der vorgenannten Entwürfe stand.

aa) Zum bayerischen § 100k StPO-E

Dass der bayerische Gesetzesantrag im Bundesrat keine Mehrheit fand,[1879] überrascht nicht.

(1) Ermittlungspraktische Widersprüche

Schon seine ermittlungspraktische Begründung birgt Widersprüche: So wird für die Notwendigkeit der Maßnahme u. a. auf das Kommunikationsverhalten Krimineller unter Nutzung von Verschlüsselungstechnik Bezug genommen,[1880] später jedoch betont, dass § 100k StPO-E nicht für „Daten aus einem laufenden Telekommunikationsvorgang" gelten solle, weil „§ 100a StPO eine Sonderregelung" enthalte.[1881] Weiter wird auf „unüberwindbare Hindernisse" bei der Auswertung verschlüsselter Datenbestände hingewie-

---

[1879] Vgl. BR-Drucks. 365/08(B).
[1880] BR-Drucks. 365/08, S. 5.
[1881] BR-Drucks. 365/08, S. 9.

sen,[1882] aber die heimliche Installation der Überwachungssoftware in der Wohnung des Betroffenen gestattet –[1883] was die Frage aufwirft, warum nicht nach § 102 bzw. 103 i. V. m. §§ 94 ff., 110 Abs. 3 StPO vorgegangen werden kann, wenn man in der Wohnung ein in Betrieb befindliches verschlüsseltes oder gar ein unverschlüsseltes IT-System vorzufinden erwartet.[1884]

(2)   Verfassungsrechtliche Bedenken

Auch verfassungsrechtlich ist der Entwurf in mehrfacher Hinsicht bedenklich.

(a)   Unzureichender Schutz des Kernbereichs der privaten Lebensgestaltung?

Unberechtigt erscheint allerdings der dem Entwurf in der Bundesratsdebatte attestierte unzureichende Schutz des Kernbereichs der privaten Lebensgestaltung, weil sichergestellt sein müsse, „dass die Durchsicht der gewonnenen Erkenntnisse auf kernbereichsrelevante Inhalte jedenfalls dem Staatsanwalt, der – anders als die polizeilichen Ermittlungsbeamten – die Befähigung zum Richteramt hat, übertragen wird".[1885] Das zweistufige Schutzkonzept des *BVerfG* berücksichtigt, dass die *Erhebung* von Kernbereichsinhalten bei Zugriffen auf IT-Systeme i. S. d. IT-Grundrechts vielfach nicht vermieden werden kann, sodass „durch geeignete Verfahrensvorschriften" sicherzustellen ist, „dass dann, wenn Daten mit Bezug zum Kernbereich privater Lebensgestaltung erhoben worden sind, die Intensität der Kernbereichsverletzung und ihre Auswirkungen für die Persön-

---

[1882] BR-Drucks. 365/08, S. 5.

[1883] BR-Drucks. 365/08, S. 14 f.

[1884] Der Verfasser verkennt nicht, dass theoretische Möglichkeiten – etwa die Nutzung eines unverschlüsselten IT-Systems zur Verarbeitung einzelner verschlüsselter (Container-)Dateien – verbleiben. Bei den ausweislich der Entwurfsbegründung erwarteten „gezielt [...] hinsichtlich neuester Technologien" geschulten Zielpersonen (vgl. BR-Drucks. 365/08, S. 5) mutet der erhoffte Verzicht auf vollständige Datenträgerverschlüsselung (auch im Jahre 2008) jedoch praxisfern an.

[1885] So *Hartenbach*, BR-Plenarprotokoll Nr. 845, S. 175.

lichkeit und Entfaltung des Betroffenen so gering wie möglich blei-ben".[1886]

Welche Anforderungen an „geeignete" Verfahrensvorschriften ge-stellt sind, hat der *Zweite Senat* 2011 im Beschluss zur TKÜ-Neuregelung[1887] näher dargelegt: In § 100a Abs. 4 StPO ist der Kern-bereichsschutz seit dem 01.01.2008[1888] wie folgt normiert:

> (4) [1]Liegen tatsächliche Anhaltspunkte für die Annahme vor, dass durch eine Maßnahme nach Absatz 1 allein Erkenntnisse aus dem Kernbereich privater Lebensgestaltung erlangt würden, ist die Maßnahme unzulässig. [2]Erkenntnisse aus dem Kernbereich privater Lebensgestaltung, die durch eine Maßnahme nach Absatz 1 erlangt wurden, dürfen nicht verwertet werden. [3]Aufzeichnungen hierüber sind unverzüglich zu löschen. [4]Die Tatsache ihrer Erlangung und Löschung ist aktenkundig zu machen.

Das *BVerfG* sieht diese Regelung als verfassungsgemäß an. Da die Maßnahme einem Richtervorbehalt unterliegt, sei „sichergestellt, dass der Kernbereichsschutz bereits im Vorfeld von einer unabhän-gigen Instanz in den Blick genommen wird und Beachtung fin-det".[1889] Nach Beendigung der Maßnahme stehe mit § 101 Abs. 7 S. 2 bis 4 StPO hinreichender Rechtsschutz zur Verfügung, „soweit die Ermittlungsbehörde in Einzelfällen ein Verwertungsverbot verneint, weil die erhobenen Daten nach ihrer Einschätzung nicht zum Kern-bereich gehören".[1890]

§ 100k Abs. 4 StPO-E enthält in Abs. 6 ebenfalls einen Richtervor-behalt; in Verbindung mit der gemäß § 101 Abs. 1 und 4 StPO-E vorgesehenen[1891] Benachrichtigung des Betroffenen entspricht der

---

[1886] BVerfGE 120, 274 (338).

[1887] BVerfGE 129, 208.

[1888] BGBl. 2007 I, S. 3198.

[1889] BVerfGE 129, 208 (250). Dass sich der Richtervorbehalt in der Praxis berechtigter Kritik ausgesetzt sieht (siehe hierzu oben Fn. 512), ist bereits auf Ebene der Verhält-nismäßigkeit einer Befugnisnorm bei Beurteilung der Eingriffsschwere zu berücksich-tigen. Ähnlichen ressourcenbedingten Unzulänglichkeiten unterläge auch eine Pflicht der Staatsanwaltschaft zur unverzüglichen Beurteilung der Kernbereichsrelevanz aller erhobenen Daten einer Ermittlungsmaßnahme.

[1890] BVerfGE 129, 208 (250).

[1891] Vgl. BR-Drucks. 365/08, S. 15.

Kernbereichsschutz insoweit demjenigen in § 100a Abs. 4 StPO. Mit § 100k Abs. 4 S. 4 StPO-E, wonach im Zweifel unverzüglich die Entscheidung des für die Anordnung zuständigen Gerichts über die Löschung einzuholen ist, wird die gerichtliche Kontrolle sogar noch stärker ausgestaltet: Gemäß §§ 100a Abs. 4, 101 Abs. 7 StPO kommt es zur gerichtlichen Entscheidung über die Kernbereichsrelevanz erlangter Erkenntnisse im Ermittlungsverfahren „im Zweifel" *nur* auf Initiative des Betroffenen.

(b) Unverhältnismäßigkeit des Straftatenkatalogs

Fragwürdig ist jedoch der Straftatenkatalog des § 100k Abs. 2 StPO-E. Mit der Aufnahme des § 184b Abs. 1 und 2 StGB geht er über § 100c Abs. 2 StPO hinaus, obwohl das *BVerfG* im Online-Durchsuchungsurteil die präventive Online-Durchsuchung infolge des mit ihr verbundenen schwerwiegenden Eingriffs in das IT-Grundrecht auf überragend wichtige Rechtsgüter wie „Leib, Leben und Freiheit der Person" und „Güter der Allgemeinheit, deren Bedrohung die Grundlagen oder den Bestand des Staates oder die Grundlagen der Existenz der Menschen berührt", beschränkt hat.[1892] Zwar sah § 100k Abs. 1 StPO-E – im Gegensatz zu § 5 Abs. 2 Nr. 11 VSG-NRW a. F. nach Lesart des *BVerfG* im Online-Durchsuchungsurteil –[1893] mit der Erhebung von Zugangsdaten und gespeicherter Daten[1894] die „analoge" Überwachung mittels IT-Systems[1895] nicht unmittelbar vor. Die in § 100k Abs. 5 S. 1 Nr. 2 StPO-E angedachte Möglichkeit, den Standort des überwachten IT-Systems zu erheben, rückt die Maßnahme dennoch in die Nähe verfassungswidriger Totalüberwachung. Zudem erkennt die Entwurfsbegründung bereits

---

[1892] BVerfGE 120, 274 (328).

[1893] Vgl. BVerfGE 120, 274 (310).

[1894] Die Unterscheidung zwischen *Zugangsdaten* und *gespeicherten Daten* in Abs. 1 zielte darauf ab, neben „im Arbeitsspeicher gehaltenen [bzw.] temporär oder dauerhaft auf den Speichermedien des Systems abgelegten Daten" auch Tastatureingaben überwachen zu dürfen, um Passwörter für verschlüsselte Daten zu erlangen, vgl. BR-Drucks. 365/08, S. 8.

[1895] Siehe hierzu oben S. 66.

in § 100c StPO eine hinreichende Befugnisnorm zur akustischen Wohnraumüberwachung unter Verwendung des infiltrierten IT-Systems,[1896] sodass die StPO-E im Ergebnis eine umfassende Online-Überwachung ermöglichen sollte, bei der parallel stattfindende Maßnahmen nach §§ 100a, 100c, 100k StPO-E durch heimliche Internet-Fernzugriffe auf IT-Systeme[1897] im „Höchstmaß" den Anforderungen des § 100c StPO unterlägen. Dies erscheint nicht sachgerecht. Es erschließt sich nicht, weshalb eine die Maßnahme rechtfertigende (noch abzuwehrende) Gefahr schwerer wiegen sollte als eine (bereits eingetretene) Rechtsgutsverletzung der mit ebendieser Maßnahme aufzuklärenden Straftat.[1898] Angezeigt ist mithin nicht die *Erweiterung* des Katalogs aus § 100c Abs. 2 StPO, sondern vielmehr seine *Reduzierung* auf Straftaten gegen „überragend wichtige Rechtsgüter",[1899] die im strafrechtlichen Kontext noch zu eruieren wären[1900].

(c) Verstoß gegen Art. 13 Abs. 1 GG

Noch problematischer erscheint § 100k Abs. 7 StPO-E, wonach zur Durchführung der Maßnahme unter den Voraussetzungen der „Hauptmaßnahme" Sachen verdeckt durchsucht sowie die Wohnung, in der sich das IT-System befindet, ohne Einwilligung betreten und durchsucht werden können, um das zu überwachende IT-System zu finden und Überwachungssoftware zu installieren oder Hardware-Keylogger anzubringen.[1901] Erlaubt würde hierdurch – jedenfalls laut Entwurfsbegründung –[1902] ein heimlicher Eingriff in

---

[1896] BR-Drucks. 365/08, S. 9.

[1897] Diesen Ansatz begrüßend *Ziercke*, Informatik Spektrum 2008, 62 (63).

[1898] So auch *Hartenbach*, BR-Plenarprotokoll Nr. 845, S. 175. Siehe hierzu auch unten S. 427 ff.

[1899] So auch *Bäcker*, Uerpmann-Wittzack (Hrsg.): Das neue Computergrundrecht 2009, 1 (23 f.); *T. Böckenförde*, JZ 2008, 925 (935); *Gudermann*, Online-Durchsuchung, S. 234; *Ziebarth*, Online-Durchsuchung, S. 135.

[1900] Siehe hierzu unten S. 450.

[1901] BR-Drucks. 365/08, S. 14.

[1902] Vgl. BR-Drucks. 365/08, S. 14. Wortsinn und Systematik sprechen allerdings eher gegen dieses Normverständnis: Wie *Ziebarth*, Online-Durchsuchung, S. 204, mit Recht

Art. 13 Abs. 1 GG. Dazu wird ausgeführt, Offenheit sei kein Wesensmerkmal einer Durchsuchung i. S. d. Art. 13 Abs. 2 GG; eine solche sei vielmehr jeder Eingriff in Art. 13 Abs. 1 GG, der „von einem ziel- und zweckgerichteten Suchen staatlicher Organe in einer Wohnung nach etwas Verborgene[m] geprägt" ist.[1903] Belegt wird dies mit zwei Entscheidungen[1904] des *BVerfG*, die indes keinerlei Aussage zur Heimlichkeit oder Offenheit einer Durchsuchung i. S. d. Art. 13 Abs. 2 GG enthalten: BVerfGE 51, 97, betrifft das Erfordernis einer richterlichen Durchsuchungsanordnung in Fällen der Zwangsvollstreckung durch den Gerichtsvollzieher gemäß § 758 ZPO.[1905] Dass etwa eine Zwangsräumung oder die Verhaftung des Schuldners[1906] heimlich erfolgen könnten, ist abwegig. Die heimliche Pfändung von Gegenständen wäre ausweislich §§ 808 Abs. 3, 766 ZPO rechtswidrig und dürfte daher auch vom *BVerfG* nicht erwogen worden sein. BVerfGE 75, 318, behandelt die Frage des Wohnungsbetretungsrechts für Sachverständige im Rahmen eines Zivilrechtsstreits zwischen Dritten.[1907] Die Verfassungsbeschwerde richtete sich gegen eine einstweilige Verfügung, mit welcher der Beschwerdeführer nach zuvor erklärter Mitwirkungsverweigerung zur Duldung der Maßnahme verpflichtet und in der Folge eine Schallmesseinrichtung in seiner Wohnung aufgestellt wurde.[1908] Beide Entscheidungen betreffen mithin offene Eingriffe in Art. 13 Abs. 1 GG.

Gegen die Annahme von Art. 13 Abs. 2 GG umfasser heimlicher Maßnahmen spricht die Quintessenz der in den 1990er Jahren geführten Debatte um die Normierung der akustischen Wohnraum-

---

einwendet, finden auch Durchsuchungen gemäß § 102 StPO regelmäßig „ohne Einwilligung", aber offen statt. Die Unterscheidung zwischen der „verdeckten" Durchsuchung von Sachen und dem Betreten und Durchsuchen von Wohnungen „ohne Einwilligung" legt nahe, dass Letzteres gerade nicht verdeckt erfolgen darf.

[1903] Vgl. BR-Drucks. 365/08, S. 14.
[1904] BVerfGE 51, 97 (106 f.) und 75, 318 (327).
[1905] BVerfGE 51, 97 (98 ff.).
[1906] U. a. diese Maßnahmen sind Gegenstand des § 758 ZPO, vgl. *Heßler*, in: MüKo-ZPO, Rn. 2 zu § 758.
[1907] BVerfGE 75, 318 (319).
[1908] BVerfGE 75, 318 (320).

überwachung im Strafverfahren: Art. 13 GG a. F. wurde hiernach gerade deshalb geändert, weil Abs. 2 nach letztlich überwiegender Ansicht[1909] keine heimlichen Maßnahmen erlaubt und Abs. 3 nur für den Bereich der Gefahrenabwehr galt.[1910] Infolgedessen wurde der Ansatz, die akustische Wohnraumüberwachung als (heimliche) „akustische Durchsuchung" zu begreifen und der Schrankenregelung des Art. 13 Abs. 2 GG a. F. zu unterwerfen, im Gesetzgebungsverfahren seit Ende 1997 nicht mehr verfolgt[1911] und stattdessen eine spezifische Schrankenregelung für erforderlich gehalten.[1912] Art. 13 Abs. 2 GG ist bis heute unverändert. Das im Entwurf vorgesehene heimliche Wohnungsbetretungs- und -durchsuchungsrecht ist daher mit Art. 13 GG nicht in Einklang zu bringen.[1913]

(d) Verstoß gegen die Integritätskomponente des IT-Grundrechts

Schließlich genügt § 100k StPO-E auch der Integritätskomponente des IT-Grundrechts nicht. Die Entwurfsbegründung bezieht sich

---

[1909] Vgl. *Eisenberg*, NJW 1993, 1033 (1038); *Glauben*, DRiZ 1993, 41; *Krey/Haubrich*, JR 1992, 309 (313); *Kutscha*, NJW 1994, 85 (87); *Papier*, in: Maunz/Dürig, Rn. 47 zu Art. 13; *Weil*, ZRP 1992, 243 (245).

[1910] Art. 13 Abs. 3 GG i. d. F. v. 01.01.1967 gestattete nur Eingriffe und Beschränkungen zur Abwehr einer gemeinen Gefahr oder einer Lebensgefahr für einzelne Personen, auf Grund eines Gesetzes auch zur Verhütung dringender Gefahren für die öffentliche Sicherheit und Ordnung, insbesondere zur Behebung der Raumnot, zur Bekämpfung von Seuchengefahr oder zum Schutze gefährdeter Jugendlicher.

[1911] Vgl. BT-Drucks. 13/8651; 13/9642; 13/9660.

[1912] Vgl. *Hauck*, in: Löwe/Rosenberg, § 100c, Entstehungsgeschichte 2. m. w. N.

[1913] Ebenso *Hartenbach*, BR-Plenarprotokoll Nr. 845, S. 175; *Ziebarth*, Online-Durchsuchung, S. 204. Entschieden abzulehnen ist der Vorschlag *Bratkes*, Quellen-TKÜ im Strafverfahren, S. 259 f., die Heimlichkeit des Eingriffs dadurch zu überwinden, die Wohnung unter einem Vorwand – etwa als „Computerreparaturdienst" – offen zu betreten. Ein solches Vorgehen – seine Erfolgsaussicht einmal unterstellt – verstieße gegen den Grundsatz des fairen Verfahrens und hat insbesondere mit erlaubter kriminalistischer List wenig zu tun; zutreffend insoweit *Birkenstock*, Zur Online-Durchsuchung, S. 257 ff., die darauf hinweist, dass ein Betretungsrecht im Rahmen des § 100c StPO als Begleitmaßnahme zur Wohnraumüberwachung nicht gemäß Art. 13 Abs. 2 GG, sondern gemäß Abs. 3 verfassungskonform ist, die Online-Durchsuchung aber gerade keine Wohnraumüberwachung ist, sodass auch Begleitmaßnahmen nicht nach Maßgabe des Art. 13 Abs. 3 GG normiert werden können.

mehrfach auf das Online-Durchsuchungsurteil[1914] und vermeint, sich an dessen Vorgaben zu orientieren[1915]. Im Unterschied zu § 20k Abs. 2 BKAG[1916] enthält § 100k StPO-E jedoch keinerlei Vorgaben zur technischen Umsetzung der Maßnahme: Die in Abs. 6 S. 4 vorgesehene Dokumentationspflicht hat allenfalls Bedeutung für den Beweiswert der erhobenen Daten; die Lösch- und Dokumentationspflichten in Abs. 4 betreffen ausschließlich den Schutz des Kernbereichs der privaten Lebensgestaltung. Der Eingriff in das IT-Grundrecht kann demgegenüber gerade durch eine (technisch vermittelte) Integritätsbeeinträchtigung charakterisiert sein: Die Eingriffsschwere bemisst sich dann u. a. danach, welche *unvermeidbaren* belastenden Begleiterscheinungen der Maßnahme immanent sind.[1917] Enthält die Befugnisnorm hierzu keine Regelung, obliegt es dem anordnenden Gericht und den ausführenden Beamten, zu entscheiden, auf welche Weise die Maßnahme technisch umgesetzt wird. Es ist dann aber gerade nicht in der Norm selbst angelegt, welche Begleiterscheinungen bei Positivierung der Maßnahme durch den Gesetzgeber erwogen und bei Vorliegen der weiteren Eingriffsvoraussetzungen für zumutbar erachtet wurden. Damit fehlt ein maßgebliches Element der nach der Wesentlichkeitstheorie vom Gesetzgeber zu treffenden Grundentscheidung.

bb) Zum Vorschlag Gudermanns

Im Gegensatz hierzu beinhaltet der Vorschlag *Gudermanns* in Abs. 4 an § 20k BKAG orientierte technische Vorgaben. Auch ist mit der „Infiltration über Kommunikationsnetze" (Abs. 1 S. 1) und dem Ausschluss verdeckter Begleitmaßnahmen (Abs. 1 S. 2) ausdrücklich *kein* Eingriff in Art. 13 Abs. 1 GG vorgesehen. Die in Abs. 8 statuierte Evaluationsfrist erscheint zumindest erwägenswert, um Eignung

---

[1914] Vgl. BR-Drucks. 365/08, S. 6 ff.

[1915] Vgl. BR-Drucks. 365/08, S. 7.

[1916] Dessen Gesetzesmaterialien beziehen sich für das Erfordernis derartiger Vorgaben ausdrücklich auf das Online-Durchsuchungsurteil, vgl. BT-Drucks. 16/10121, S. 29.

[1917] Vgl. BVerfGE 120, 274 (325 f.). Siehe hierzu bereits oben S. 329 ff.

und Erforderlichkeit der Maßnahme vor ihrer ggf. zu normierenden Verlängerung auf einer belastbaren Basis überprüfen zu können.[1918] Im Ergebnis ist dem Vorschlag *Gudermanns* dennoch nicht zu folgen.

(1) Ermittlungspraktische Bedenken

„Im Rahmen von Vorermittlungen" sicherstellen zu müssen, dass sich *das infiltrierte IT-System* „zu dem Zeitpunkt des Eingriffs im Geltungsbereich des deutschen Rechts befindet", machte die Maßnahme regelmäßig unzulässig und scheiterte überdies an technischen Gegebenheiten: Soweit das infiltrierte IT-System zugleich Endgerät eines dezentralen IT-Systems mit Komponenten im Ausland ist,[1919] kann im Rahmen von Vorermittlungen – etwa im Wege der Überwachung der formalen Telekommunikation – zwar festgestellt werden, dass das Zielsystem stets (auch) Daten im Ausland verarbeitet und/oder speichert. Die Maßnahme wäre dann aber bei jedem Nutzer nicht auf Deutschland beschränkter Cloud Computing-Lösungen von vornherein unzulässig. Soweit demgegenüber sichergestellt werden soll, dass sich jedenfalls *das infiltrierte Endgerät* im Geltungsbereich des deutschen Rechts befindet, geben Vorermittlungen keinen Aufschluss: Selbst wenn bekannt ist, wo der Betroffene das zu infiltrierende IT-System regelmäßig nutzt, folgt hieraus keine Antwort auf die Frage, von welchem Ort aus die Überwachungssoftware nach erfolgter Installation eine Verbindung zum Server der Ermittlungsbehörde aufnehmen wird – möglich ist dies, wann immer dem Endgerät eine Internetverbindung zur Verfügung steht. Serverseitig kann dessen Belegenheitsstaat auch nicht zuverlässig anhand der IP-Adresse festgestellt werden: Soweit der Betroffene seinen gesamten Datenverkehr über ein (auch im Ausland verlaufendes) VPN[1920] leitet, meldet sich die Überwachungssoftware

---

[1918] Eine Evaluierung kann allerdings nur erfolgen, wenn es zu Anwendungsfällen binnen der gesetzten Frist überhaupt kommt – was abermals von der technischen Umsetzbarkeit der Maßnahme abhängt, auf die sogleich zurückzukommen ist.

[1919] Siehe hierzu oben Fn. 161 und S. 360 ff.

[1920] Siehe hierzu oben Fn. 323.

stets unter einer „ausländischen" IP-Adresse. Aufgrund dieser praktischen Ausgangslage kann zur Einhaltung völkerrechtlicher Pflichten lediglich von Bedeutung sein, dass sich *der Betroffene* bei der Nutzung seines IT-Systems – d. h. in Ausübung seiner (als Anknüpfungspunkt einzig sachgerechten[1921]) Datenhoheit – zum Zeitpunkt des Zugriffs im Geltungsbereich des deutschen Rechts befindet. Dies bedarf jedoch angesichts des räumlichen Geltungsbereichs der StPO keiner Regelung innerhalb einzelner Ermittlungsbefugnisse.

(2) Verfassungsrechtliche Bedenken

(a) Überbordender Kernbereichsschutz

Der Kernbereich der privaten Lebensgestaltung wird durch die von *Gudermann* in Abs. 5 S. 3 vorgesehene unverzügliche Vorlage der erhobenen Daten beim anordnenden Richter nicht besser geschützt als durch die (verfassungskonforme) Regelung in § 100a Abs. 4 StPO.[1922] Die Kernbereichsberührung auf der ersten Stufe des zweistufigen Schutzkonzepts kann die nachträgliche Prüfung und ggf. Löschung nicht ungeschehen machen; weshalb die Löschung einmal als kernbereichsrelevant identifizierter Daten auf der zweiten Stufe dem Richter vorbehalten sein sollte, ist nicht ersichtlich.

(b) Unzureichender Straftatenkatalog

Der Straftatenkatalog (§ 100c Abs. 2 Nr. 1 Buchst. a-b, d-g, Nr. 3 Buchst. b, Nr. 5, Nr. 6 StPO i. d. F. vom 01.01.2008 bis 03.08.2009) ist bei *Gudermann* zwar enger gefasst als § 100k Abs. 2 StPO-E des bayerischen Entwurfs, überzeugt aber dennoch nicht. Die Beschränkung der in § 100c Abs. 2 StPO a. F. aufgeführten Delikte folgt weder dogmatisch einer erkennbaren Linie, noch erscheint sie in Anbetracht der Strafrahmen sachgerecht: So leuchtet nicht ein, weshalb etwa Verbreitung, Erwerb und Besitz kinderpornografischer Schrif-

---

[1921] Siehe hierzu oben S. 360 ff.
[1922] Siehe hierzu oben S. 396 f.

ten in den Fällen des § 184b Abs. 3 StGB (§ 100c Abs. 2 Nr. 1 Buchst. e StPO a. F.) mit einem Strafrahmen von sechs Monaten bis zu zehn Jahren Eingang in *Gudermanns* Katalog fand, nicht aber schwerer Raub und Raub mit Todesfolge nach § 250 Abs. 1 oder Abs. 2, § 251 StGB (§ 100c Abs. 2 Nr. 1 Buchst. i StPO a. F.) mit einer Strafandrohung von nicht unter drei bzw. nicht unter fünf bzw. nicht unter zehn Jahren. Die Tatsache, dass kinderpornografisches Material häufig im Internet verbreitet wird und daher mitunter keine anderen Ermittlungsansätze zur Verfügung stehen,[1923] kann hierfür schon deshalb nicht ausschlaggebend sein, weil so die in der Strafandrohung zum Ausdruck gebrachte Schwere und Bedeutung der Tat[1924] gänzlich unberücksichtigt bliebe und damit allein die „Internetspezifizität" einer Tat zur Legitimierung eingriffsintensivster Ermittlungsmaßnahmen auch bei Delikten leichter Kriminalität[1925] mit ähnlich begrenzten Ermittlungsansätzen gereichte. Im Abgleich mit § 97 Abs. 1 AufenthG – einer keineswegs internetspezifischen Norm, die wiederum Teil des von *Gudermann* vorgeschlagenen Katalogs (§ 100c Abs. 2 Nr. 3 Buchst. b StPO a. F.) ist und deren Strafandrohung derjenigen des § 250 Abs. 1 StGB entspricht –, mutet die Auswahl der Delikte letztlich willkürlich an.

cc) Zum Vorschlag Redlers

Auch *Redlers* § 100k StPO-E enthält in Abs. 7 Vorgaben für die technische Umsetzung der Maßnahme. Ihr Vorschlag ist aus anderen Gründen abzulehnen: Im Ergebnis kombiniert er in 12 Absätzen Fragmente verschiedener Normen und – teilweise überholte – Elemente der Rechtsprechung des *BVerfG*, die den Eindruck einer überladenen Verwaltungsanweisung hinterlassen und auch inhaltlich nicht überzeugen.

[1923] Diese bedenkliche Begründung findet sich auch zur Aufnahme des § 184b Abs. 1 und 2 StGB in den Katalog des bayerischen § 100k Abs. 2 StPO-E, vgl. BR-Drucks. 365/08, S. 10.

[1924] Siehe hierzu oben S. 84.

[1925] Zu denken ist hier an Verstöße gegen § 106 UrhG durch die Teilnahme an sog. Tauschbörsen im Internet.

(1) Systematische Bedenken

§ 100k Abs. 1 Nr. 1 StPO-E setzt einen dringenden Tatverdacht voraus.[1926] Das vorläufige Ermittlungsergebnis im Anordnungszeitpunkt muss mithin mit einer die Verurteilungswahrscheinlichkeit des § 203 StPO übersteigenden Wahrscheinlichkeit auf die Täter- oder Teilnehmerschaft des Beschuldigten hindeuten, wozu es einer bereits ermittelten und verwertbaren Tatsachenbasis bedarf.[1927] Die Norm geht damit über die in den §§ 100a ff. StPO sonst geforderten, einen – weder dringenden noch hinreichenden – Verdacht begründenden *bestimmten Tatsachen*[1928] hinaus. Sie kombiniert den stärksten Verdachtsgrad der StPO mit der zweitstrengsten Subsidiaritätsklausel[1929] (§ 100k Abs. 1 Nr. 4 StPO-E), was der Systematik der §§ 100a ff. StPO zuwiderläuft: Die heimlichen Ermittlungsmaßnahmen der §§ 100a ff. StPO erfordern einen lediglich schwächeren Verdachtsgrad gerade deshalb, weil über die bestimmten Tatsachen „zwischen Anfangsverdacht und hinreichendem Tatverdacht" hinaus keine Erkenntnisse vorliegen und – nach Maßgabe der jeweiligen Subsidiaritätsklausel – auch nicht zu ermitteln sein werden; die Tatsachenbasis, die mutmaßlich zur Annahme eines hinreichenden und ggf. dringenden Tatverdachts führt, wäre demnach gerade unter Anwendung der heimlichen Ermittlungsmaßnahme aufzuklären, sodass für sie kaum ein Anwendungsfall verbliebe, würde sie selbst nur bei dringendem Tatverdacht zugelassen.[1930]

Auch die „Definition" des IT-Systems in § 100k Abs. 3 StPO-E unter Aufzählung „einige[r] Beispiele [...] zur Verdeutlichung"[1931] bietet Ansätze für sachwidrige Beschränkungen, soweit ein anvisiertes IT-System aufgrund der fortschreitenden technischen Entwicklung

---

[1926] Die „Entwurfsbegründung" paraphrasiert dies später lediglich ohne weitergehende Erläuterung, vgl. *Redler*, Online-Durchsuchung, S. 175.

[1927] *Krauß*, in: BeckOK StPO, Rn. 5 zu § 112; *Paeffgen*, in: SK StPO, Rn. 7 zu § 112.

[1928] Siehe hierzu oben S. 87 f.

[1929] Siehe hierzu oben Fn. 493.

[1930] Ähnlich zur akustischen Wohnraumüberwachung BVerfGE 109, 279 (351).

[1931] *Redler*, Online-Durchsuchung, S. 177.

(noch) nicht erwähnt ist.[1932] Die Wendung „insbesondere" macht die Liste insgesamt überflüssig. Da der Begriff des IT-Systems zudem in etlichen Gesetzen verwendet wird,[1933] erscheint eine Legaldefinition innerhalb der StPO systematisch verfehlt.

§ 100k Abs. 12 StPO-E ist angesichts der Regelung in § 477 Abs. 2 S. 2 StPO ebenso entbehrlich wie ein „deklaratorische[r] Verweis"[1934] auf diese Norm in Abs. 12 S. 4. Die Bezugnahme auf „Daten, die dem Kernbereich privater Lebensgestaltung zuzuordnen sind", unterstellt überdies, dass es straftatbezogene Informationen gibt, die aufgrund ihrer Kernbereichsrelevanz unverwertbar sind. Wie bereits dargestellt,[1935] ist dies nicht der Fall.

(2) Verfassungsrechtliche Bedenken

(a) Überbordender Kernbereichsschutz

Die Regelungen zum Schutz des Kernbereichs der privaten Lebensgestaltung in *Redlers* § 100k Abs. 5 StPO-E orientieren sich weitgehend an §§ 100c, 100d StPO und lassen damit die Weiterentwicklung des Kernbereichsschutzes in der Rechtsprechung *BVerfG* seit dem Urteil zum Großen Lauschangriff[1936] aus dem Online-Durchsuchungsurteil[1937] und dem Beschluss zur TKÜ-Neuregelung[1938] unberücksichtigt.[1939] Die vorgeschlagene Verwendung eines „Filter-Systems", welches „anhand von kernbereichsspezifischen Suchkriterien den größten Schutz der Interessen des Betroffenen bietet",[1940]

[1932] So enthält *Redlers* Vorschlag etwa „elektronische Terminkalender", nicht aber Tablets wie das 2010 vorgestellte iPad.

[1933] Z. B. in Art. 91c GG, § 2 Abs. 2 Nr. 1 BSIG, Art. 6e BayVSG, Art. 34d BayPAG, § 15b HSOG, § 31 POG RP.

[1934] *Redler*, Online-Durchsuchung, S. 184.

[1935] Siehe hierzu oben S. 100 f.

[1936] BVerfGE 109, 279.

[1937] BVerfGE 120, 274.

[1938] BVerfGE 129, 208.

[1939] Siehe hierzu oben S. 99 ff.

[1940] *Redler*, Online-Durchsuchung, S. 179.

ist zudem impraktikabel.[1941]

(b)   Unzureichender Straftatenkatalog

Als besonders missglückt muss *Redlers* Straftatenkatalog bezeichnet werden. Zutreffend[1942] versteht *Redler* die Bezugnahme auf „überragend wichtige Rechtsgüter" im Online-Durchsuchungsurteil mit *T. Böckenförde*[1943] zwar als Beschränkung auf überindividuelle Schutzgüter: „Leib, Leben und Freiheit der Person" beträfen die „Existenz *der* Menschen", nicht die Rechtsgüter des Einzelnen, sodass der Straftatenkatalog für die Online-Durchsuchung sich nicht allein am Strafmaß, sondern am Schutzzweck der jeweiligen Norm zu orientieren habe und nur Delikte umfassen dürfe, „die dem Schutze überragend wichtiger Rechtsgüter der Allgemeinheit und nicht ‚nur' dem von Individualrechtsgütern dienen".[1944]

Diesen Vorgaben genügt der Katalog des § 100k Abs. 2 StPO-E mitnichten. Schon § 129 Abs. 1 und 4 StGB (§ 100k Abs. 2 Nr. 1 Buchst. b StPO-E) kann mit Geld- und Wertzeichenfälschung, Straftaten gegen die sexuelle Selbstbestimmung, Verbreitung, Erwerb und Besitz kinderpornografischer Schriften und Straftaten gegen die persönliche Freiheit Delikte enthalten, die zwar ausweislich der Strafandrohung z. T. im Bereich der schweren und schwersten Kriminalität angesiedelt sind, nicht aber „die Existenz der Menschen insgesamt" betreffen. Noch weniger nachvollziehbar ist *Redlers* Begründung für die Aufnahme der §§ 307-310, 313, 314 StGB und des § 184b Abs. 1 und 2 StGB in den Katalog, es handle sich dabei „um besonders gravierende typische Delikte der Internetkriminalität, bei

---

[1941] Einmal außer Betracht gelassen, dass Kernbereichsinhalte sich schwerlich zweifelsfrei anhand von Worten definieren lassen, wäre es ein Leichtes, ermittlungsrelevante Dateien mit vorgeblichen Intimsphärengehalten anzureichern. Das „Filter-System" würde diese Dateien bereits von der Erhebung ausschließen, sodass Betroffene den Erfolg der Maßnahme mit einfachsten Mitteln vereiteln könnten. Vgl. hierzu auch *Ziebarth*, Online-Durchsuchung, S. 105.

[1942] Siehe hierzu unten S. 450 f.

[1943] *T. Böckenförde*, JZ 2008, 925 (931).

[1944] *Redler*, Online-Durchsuchung, S. 176.

denen mit Hilfe von [IT-Systemen] via Internet vorgegangen wird".[1945] Abgesehen davon, dass *Redlers* Einordnung der §§ 307 ff. StGB als „typisch" für den Bereich der Internetkriminalität verwundert,[1946] widerspricht die auf den Mangel an alternativen Ermittlungsansätzen abzielende Rechtfertigung der nur einen Absatz zuvor dargelegten Begrenzung der Maßnahme auf überragend wichtige Rechtsgüter; wie schon die Entwurfsbegründung des bayerischen § 100k StPO-E, verzichtet *Redler* aus derselben Erwägung heraus nicht auf die Aufnahme des § 184b Abs. 3 StGB, wodurch der Katalog des § 100c Abs. 2 StPO entgegen allen pathetischen Vorworten noch erweitert wird.[1947] Schlichtweg absurd ist die Reduzierung des § 100c Abs. 3 Nr. 1 Buchst. f StPO von „Mord und Totschlag nach den §§ 211, 212" auf „Mord nach § 211" mit folgender Begründung: „Der Tatbestand des Mordes wurde mit aufgenommen trotzdem es dabei in erster Linie um den Schutz des Individualinteresses geht. § 211 StGB schützt das Leben als höchstes Rechtsgut vor Bedrohung aus niederen Beweggründen und geht damit letztlich jeden Bürger und damit die Allgemeinheit an."[1948]

2. Gesetzesentwurf zur Quellen-TKÜ

a) Bratke (2013)

Zur strafprozessualen Normierung der Quellen-TKÜ unterbreitete

---

[1945] *Redler*, Online-Durchsuchung, S. 177.

[1946] Wie etwa *über das Internet* Kernenergie freigesetzt (§ 307 StGB), Sprengstoffexplosionen herbeigeführt (§ 308 StGB), ionisierende Strahlen missbraucht (§ 309 StGB), Kernbrennstoffe, sonstige radioaktive Stoffe, Sprengstoffe oder die zur Ausführung der Tat erforderlichen besonderen Vorrichtungen hergestellt, sich oder einem anderen verschafft, verwahrt oder einem anderen überlassen werden (§ 310 StGB), Überschwemmungen (§ 313 StGB) oder gemeingefährliche Vergiftungen herbeigeführt (§ 314 StGB) werden sollen, bleibt *Redlers* Geheimnis. „Cyberwar"-Szenarien, in denen Hacker Kraft- und Wasserwerke angreifen, mag in dystopischen Planspielen eine wichtige Rolle zukommen – um „typische Delikte der Internetkriminalität" handelt es sich hierbei offenkundig nicht.

[1947] Siehe hierzu oben S. 398 f. und 405 f.

[1948] *Redler*, Online-Durchsuchung, S. 177.

Bratke 2013 einen Vorschlag für Ergänzungen in den §§ 100a, 100b StPO:[1949]

„§ 100a StPO-E

[...]

(2) Die Überwachung und Aufzeichnung der Telekommunikation darf auch ohne Wissen des Betroffenen in der Weise erfolgen, dass mit technischen Mitteln in von dem Betroffenen genutzte informationstechnische Systeme eingegriffen wird, wenn

1. durch technischen Maßnahmen sichergestellt ist, dass ausschließlich laufende Telekommunikation überwacht und aufgezeichnet wird, und

2. der Eingriff in das informationstechnische System notwendig ist, um die Überwachung und Aufzeichnung der Telekommunikation insbesondere auch in unverschlüsselter Form zu ermöglichen.

[...]

§ 100b StPO-E

[...]

(2) [...]

4. im Falle des § 100a Abs. 2 auch eine möglichst genaue Bezeichnung des informationstechnischen Systems, in das zur Datenerhebung eingegriffen werden soll.

[...]

(4) [1]Bei Maßnahmen nach § 100a Abs. 2 ist technisch sicherzustellen, dass

1. an dem informationstechnischen System nur Veränderungen vorgenommen werden, die für die Datenerhebung unerlässlich sind, und

2. die vorgenommenen Veränderungen bei Beendigung der Maßnahme soweit technisch möglich automatisiert rückgängig gemacht werden.

[2]Das eingesetzte Mittel ist nach dem Stand der Technik gegen unbefugte Nutzung zu schützen. [3]Kopierte Daten sind nach dem Stand der Technik gegen Veränderung, unbefugte Löschung und unbefugte Kenntnisnahme zu schützen. [4]Von dem Einhalten der technischen Anforderungen des § 100a Abs. 2 Nr. 1 sowie der Sätze 1 bis 3 ist in der Regel auszugehen, wenn ein vom Bundesamt für Sicherheit in der Informationstechnik zertifiziertes technisches Mittel eingesetzt wird. [5]Bei jedem Einsatz des technischen Mittels sind zu protokollieren

---

[1949] *Bratke*, Quellen-TKÜ im Strafverfahren, S. 456 ff.

1. die Bezeichnung des technischen Mittels und der Zeitpunkt seines Einsatzes,

2. die Angaben zur Identifizierung des informationstechnischen Systems und die daran vorgenommenen nicht nur flüchtigen Veränderungen,

3. die Angaben, die die Feststellung der erhobenen Daten ermöglichen,

4. die Organisationseinheit, die die Maßnahme durchführt.

⁶Die Protokolldaten dürfen nur verwendet werden, um dem Betroffenen oder einer dazu befugten öffentlichen Stelle die Prüfung zu ermöglichen, ob die Maßnahme nach § 100a Abs. 2 rechtmäßig durchgeführt worden ist. ⁷Sie sind unverzüglich zu löschen, soweit sie für den in Satz 6 genannten Zweck nicht mehr erforderlich sind.

[...]"

b) Stellungnahme

Der Vorschlag *Bratkes*, der sich ausdrücklich an den gefahrenabwehrrechtlichen Ermächtigungsgrundlagen zur Quellen-TKÜ in den §§ 20l Abs. 2 BKAG, 15b HSOG orientiert,[1950] setzt in § 100a Abs. 2 Nr. 1 StPO-E die Vorgabe des *BVerfG* aus dem Online-Durchsuchungsurteil zur Beschränkung der Maßnahme auf Inhalte laufender funktionaler Kommunikation i. S. d. Art. 10 Abs. 1 GG[1951] um. Im Weiteren trägt der Entwurf den technisch vermittelten Begleitgefahren der heimlichen Infiltration eines IT-Systems dadurch Rechnung, dass die eingesetzte Software von sachverständiger Stelle nach datensicherheitsrelevanten Kriterien zertifiziert wird (§ 100b Abs. 4 S. 4 StPO-E).[1952] Auch berücksichtigt er, dass der Beweiswert im Wege des Internet-Fernzugriffs erhobener Daten vermindert ist, weil im Vergleich zur Auswertung sichergestellter punktueller Datenbestände eine fortlaufende Veränderung im „Original" stattfindet, sodass der Rechtsprechung des *BVerfG* genügende Protokollierungspflichten[1953] vorgesehen sind (§ 100b Abs. 4 S. 5 StPO-E).[1954]

[1950] Vgl. *Bratke*, Quellen-TKÜ im Strafverfahren, S. 456.

[1951] Siehe hierzu oben S. 335.

[1952] Vgl. *Bratke*, Quellen-TKÜ im Strafverfahren, S. 466.

[1953] Siehe hierzu oben S. 146.

[1954] Vgl. *Bratke*, Quellen-TKÜ im Strafverfahren, S. 467 ff. Siehe hierzu auch unten

Den Straftatenkatalog des § 100a Abs. 2 StPO[1955], die Subsidiaritätsklausel und das Erfordernis einer auch im Einzelfall (nicht besonders schwer[1956], sondern „nur") schwer wiegenden Tat des § 100a Abs. 1 Nr. 2 und 3 StPO lässt *Bratke* demgegenüber unberührt. Seinem Entwurf liegt mithin die Vorstellung zugrunde, dass die zu bewertende Eingriffsintensität im Rahmen der Quellen-TKÜ derjenigen der überkommenen TKÜ gemäß § 100a StPO entspricht. § 100a Abs. 2 Nr. 2 StPO-E positiviert insoweit lediglich den Grundsatz der Erforderlichkeit – ist diesem genügt, bestehen keine über § 100a Abs. 1 StPO hinausgehenden Anforderungen.

Es ist zu prüfen, ob dies mit dem Online-Durchsuchungsurteil in Einklang steht. Art. 10 Abs. 1 GG ist hiernach zwar der alleinige Maßstab zur Beurteilung einer Maßnahme, wenn diese – sichergestellt durch technische Vorkehrungen und rechtliche Vorgaben – ausschließlich „Daten aus einem laufenden Telekommunikationsvorgang" zum Gegenstand hat.[1957] Ebendieser Eingriff *in Art. 10 Abs. 1 GG* kann nicht schwerer wiegen, soweit er durch einen heimlichen Internet-Fernzugriff umgesetzt wird: Das Fernmeldegeheimnis schützt nicht vor der Gefahr für ein IT-System, insgesamt ausgespäht, überwacht und manipuliert zu werden. Gerade diese Gefahr ist dem Einsatz jeder Software zum Internet-Fernzugriff aber immanent.[1958] Die Herleitung des *BVerfG*, wonach ein Eingriff *in das IT-Grundrecht* stets anzunehmen ist, „wenn die Integrität des geschützten [IT-Systems] angetastet wird, indem auf das System so zugegriffen wird, dass dessen Leistungen, Funktionen und Speicherinhalte durch Dritte genutzt werden können", weil „dann [...] die entscheidende technische Hürde für eine Ausspähung, Überwachung oder Manipulation des Systems genommen [ist]",[1959] gilt daher auch für

---

Fn. 2089.

[1955] Bei *Bratke*, Quellen-TKÜ im Strafverfahren, S. 457, als § 100a *Abs. 3* StPO-E.
[1956] Im Gegensatz zu § 100c Abs. 1 Nr. 2 StPO.
[1957] BVerfGE 120, 274 (309). Siehe hierzu bereits oben S. 335.
[1958] Siehe hierzu oben S. 64.
[1959] BVerfGE 120, 274 (314).

den Fall der Quellen-TKÜ.[1960]

Hieraus ließen sich zwei Schlüsse ziehen: Zum einen könnte es sich bei dem Abschnitt über die Quellen-TKÜ im Online-Durchsuchungsurteil um einen bedauerlichen „Sündenfall" des *BVerfG* handeln, um den Sicherheitsbehörden unbeschadet der hohen Eingriffsanforderungen für die „echte" Online-Durchsuchung den ermittlungspraktisch notwendigen Weg zu vergleichbaren Maßnahme offen zu halten.[1961] Zum anderen könnte die Intensität des bei der Quellen-TKÜ vorgesehenen Eingriffs in die Integritätskomponente des IT-Grundrechts im Vergleich zur Schwere des Eingriffs in das Fernmeldegeheimnis schlicht zu vernachlässigen sein: Wird eine Überwachungssoftware eingesetzt, die den von *Bratke* in § 100b Abs. 4 StPO-E formulierten Anforderungen nach Stand der Wissenschaft und Technik genügt, ist dies der Fall.[1962] An dieser Stelle tritt das eigentliche Dilemma hervor: Die Eingriffsschwere einer *planmäßigen* Ermittlungsmaßnahme unter Durchführung eines heimlichen Internet-Fernzugriffs auf ein IT-System mit der für das Ermittlungsziel *idealtypischen* Software unterscheidet sich deutlich von der Eingriffsschwere, die einer technisch fehlerhaften Umsetzung innewohnen kann.[1963]

Fraglich ist, welche Konsequenzen hieraus zu ziehen sind. Zu berücksichtigen ist einerseits, dass der Gesetzgeber sich bei der Normierung von Ermittlungsbefugnissen darüber im Klaren sein muss, welche Belastungen für die Betroffenen typischerweise mit einer Maßnahme einhergehen: Nur so kann er eine Grundentscheidung für oder gegen einen bestimmten Grundrechtseingriff sachgerecht

---

[1960] Siehe hierzu auch oben S. 329 ff.

[1961] So die Einschätzung *Buermeyers* im Rahmen eines Vortrags auf dem *28. Chaos Communication Congress* (siehe hierzu oben Fn. 1665), vgl. http://media.ccc.de/browse/congress/2011/28c3-4901-de-der_staatstrojaner_aus_sicht_der_technik.html (dort ab 18' 30'').

[1962] Insoweit ist auch dem *LG Hamburg* (aber auch nur) hinsichtlich der Beurteilung einer „lege artis" durchgeführten Quellen-TKÜ zuzustimmen, siehe hierzu oben S. 322 f.

[1963] Siehe hierzu oben S. 331 ff.

treffen. Führte dies aber dazu, stets den schlimmsten anzunehmenden Fall fehlerhaft handelnder Ermittlungsbeamter mit unzureichender technischer Ausstattung in die Abwägungsentscheidung einbeziehen zu müssen, wären gerade technisch komplexe Ermittlungsmaßnahmen entweder gar nicht normierbar oder blieben infolge ihrer hohen Eingriffsintensität auf den Bereich der Schwerstkriminalität beschränkt. Andererseits dürfen zur Beurteilung der Eingriffsintensität einer Maßnahme nicht (weniger eingriffsintensive) Umsetzungsmodalitäten als typisch unterstellt werden, die aus tatsächlichen Gründen nicht zur Verfügung stehen. Für die verfassungsrechtliche Beurteilung von Ermittlungsmaßnahmen, die heimliche Internet-Fernzugriffe auf IT-Systeme erfordern, ist daher maßgeblich, in welchem tatsächlichen Rahmen sie später stattfinden werden. Hierzu gehört die technische Umsetzbarkeit auf Softwareebene ebenso wie die (hinreichend sachverständige) personelle Ausstattung der mit der Durchführung der Maßnahme betrauten staatlichen Stellen.

Letztere bleibt bei der von *Bratke* in § 100b Abs. 4 S. 4 StPO-E vorgesehenen Zertifizierung der Software durch das *BSI* außen vor. Auch wenn man seinem Entwurf zugute halten muss, dass er eine nach Stand der Wissenschaft und Technik idealtypisch programmierte Software voraussetzt und deren Einsatz zum Maßstab für die Eingriffsintensität der Integritätsbeeinträchtigung – und damit zum einzig zulässigen technischen Mittel i. S. d. § 100a Abs. 2 StPO-E – erhebt, verbleiben ermittlungspraktische Fragen, die – unbeschadet der schwierigen Prognose, ob es eine solche idealtypisch programmierte Software überhaupt gibt – bei der gesetzgeberischen Grundentscheidung der Beantwortung bedürfen:[1964] Wie soll eine Be-

---

[1964] Der – hier nicht zu behandelnden – vorgeschalteten Frage, wie das zu überwachende IT-System identifiziert werden kann, wenn einzig die IP-Adresse des Beschuldigten bekannt ist, geht *Birkenstock*, Zur Online-Durchsuchung, S. 102–183, im Kontext der Vorratsdatenspeicherung und des sog. *Quick Freeze*-Verfahrens nach. Die politische Entwicklung hierzu ist jedoch – nicht erst, seitdem der *EuGH* die Richtlinie zur Vorratsdatenspeicherung für europarechtswidrig erklärt hat, vgl. EuGH, Urteil vom 08.04.2014, C-293/12, Celex-Nr. 62012CJ0293 – kaum absehbar, sodass alle Anschlussüberlegungen derzeit spekulativ anmuten.

schränkung „der Maßnahme" auf Inhalte der laufenden Telekommunikation i. S. d. Art. 10 Abs. 1 GG erfolgen, wo doch zumindest die Installation der Überwachungssoftware Administratorrechte erfordert und damit der ausführenden Ermittlungsperson vollen Zugriff auf das Zielsystem gewährt? Wie wird sichergestellt, dass die mit der Installation betraute Ermittlungsperson[1965] im Einzelfall in der Lage ist, die Überwachungssoftware ohne Eingriff in Art. 13 Abs. 1 GG – und damit regelmäßig ohne die Möglichkeit, körperlich auf das Zielsystem zuzugreifen – zu installieren, ohne hierbei anderweitige Beschädigungen oder Sicherheitslücken herbeizuführen? Soweit diese Fragen nicht allgemeingültig beantwortet werden können, ist die Intensität des mit der Quellen-TKÜ verbundenen Eingriffs in die Integritätskomponente des IT-Grundrechts unklar, sodass sich die Annahme einer im Vergleich zum Eingriff in das Fernmeldegeheimnis generell untergeordneten Eingriffsschwere verbietet. Die Quellen-TKÜ kann dann aber nicht unter denselben Eingriffsvoraussetzungen für zulässig erklärt werden wie die überkommene TKÜ, mit der überhaupt kein Eingriff in das IT-Grundrecht einhergeht.

3. Praktische Umsetzungsprobleme von Online-Durchsuchung und Quellen-TKÜ

Die praktischen Umsetzungsprobleme, denen *Brakte* mit einer Zertifizierung der Überwachungssoftware durch das BSI begegnen will und derer sich auch *Gudermann*[1966] und *Redler*[1967] in ihren Entwürfen annehmen, sind bereits im Kontext der §§ 20k, 20l BKAG zutage getreten. Nach den Veröffentlichungen des *CCC* über den strafprozessualen Einsatz unzulänglicher Überwachungssoftware[1968] kamen Bund und Länder zunächst darin überein, auf die Durchführung

---

[1965] Soweit hierfür Exploits genutzt werden, siehe hierzu oben S. 46 f. und sogleich unten S. 420 ff.

[1966] In Abs. 4 ihres Vorschlags, siehe oben S. 389.

[1967] In Abs. 7 ihres § 100k StPO-E, siehe oben S. 393.

[1968] Siehe hierzu oben S. 331 ff.

heimlicher Internet-Fernzugriffe auf IT-Systeme zu verzichten, bis eine geeignete Software zur Verfügung steht.[1969] Im September 2012 wurde ein *Kompetenzzentrum Informationstechnische Überwachung* (CC ITÜ) beim BKA eingerichtet.[1970] Darin soll im Fachbereich *Software-entwicklung und -pflege ITÜ* „BKA-eigene Software zur Durchführung von Maßnahmen der Quellen-TKÜ entwickelt sowie die im BKA eigenentwickelte Software zur Durchführung von Maßnahmen der Online-Durchsuchung fortentwickelt und für den jeweiligen Einzelfall bereitgestellt" werden, während der Fachbereich *Einsatz und Service TKÜ/ITÜ* die Überwachungsmaßnahmen nach dem BKAG durchführt und auswertet und der Fachbereich *Monitoring, Test und Protokollierung ITÜ* die „rechtskonforme Entwicklung [und den] rechtskonformen Einsatz einschließlich der Protokollierung" der Überwachungssoftware sicherstellt.[1971]

Im Jahre 2012 standen dem CC ITÜ 2,2 Millionen Euro zur Entwicklung eigener Überwachungssoftware als haushaltsrechtlicher Sondertatbestand zur Verfügung, im Jahre 2013 weitere 419.000,00 Euro, jeweils ohne Berücksichtigung der Personalkosten für BKA-Mitarbeiter – hier wurden 30 neue Planstellen geschaffen – und eingebundene Kräfte der LKÄ Bayern, Hessen und Baden-Württemberg und des ZKA.[1972] Das CC ITÜ hat indes „als Übergangslösung" kommerzielle Produkte namens *FinFisher*[1973] bzw. *FinSpy* beim privaten Anbieter *Gamma International* beschafft und diese unter Beteiligung vom BSI zertifizierter[1974] privater Dienstleister[1975] auf ihre Übereinstimmung mit den gesetzlichen Vorgaben[1976]

[1969] BT-Drucks. 17/13046, S. 6.

[1970] BT-Drucks. 17/14714, S. 14.

[1971] BT-Drucks. 17/14714, S. 14.

[1972] BT-Drucks. 17/14714, S. 15.

[1973] Siehe hierzu bereits oben Fn. 264.

[1974] Vgl. https://www.bsi.bund.de/DE/Themen/ZertifizierungundAnerkennung/Personen/Liste-Auditteamleiter/liste-auditteamleiter_node.html

[1975] Hierbei handelt es sich um die Unternehmen *CSC Deutschland Solutions GmbH* und *4Soft GmbH (München)*, BT-Drucks. 17/13046, S. 5. Erstgenanntes ist eine Tochter des US-amerikanischen IT-Dienstleisters *CSC*, der seit 2003 in – z. T. umstrittene –

getestet.[1977] Ob eine Eigenentwicklung des CC ITÜ überhaupt noch angestrebt wird, ist ungeklärt. Das *BMI* beantwortete Anfang August 2014 zwar eine parlamentarische Anfrage dahingehend, dass eine vom BKA selbst entwickelte Software zur Online-Durchsuchung einsatzbereit sei und eine Software zur Quellen-TKÜ sich in der Implementierungsphase befinde, in absehbarer Zeit aber nicht zur Verfügung stehen werde.[1978] Demgegenüber geht aus einer – ebenfalls im August 2014 veröffentlichten – Sachstandsmitteilung des *BKA* hervor, dass die als Übergangslösung beschaffte Quellen-TKÜ-Software *FinSpy* des Anbieters *ELAMAN*[1979] der Standardisierten Leistungsbeschreibung[1980] nicht entspricht, weshalb seit Januar 2014 die CSC Deutschland Solutions GmbH[1981] und Mitarbeiter der FinFisher GmbH gemeinsam mit dem BKA daran arbeiteten, *FinSpy* den gesetzlichen Anforderungen anzupassen.[1982] Es liegt mithin

---

Projekte der US-Geheimdienste CIA und NSA involviert ist, so etwa in die Überstellung von Terrorverdächtigen mittels getarnter Flüge, vgl. http://www.theguardian.com/world/2011/dec/18/border-agency-deals-cia-rendition-firm. In Deutschland war *CSC* u. a. an der Entwicklung von De-Mail und der Einführung der elektronischen Akte für Bundesgerichte beteiligt, vgl. http://www.sueddeutsche.de/politik/csc-konzern-deutschland-vergibt-auftraege-an-us-spionagefirma-1.1820085.

[1976] Hierzu wurde eine sog. „Standardisierte Leistungsbeschreibung" erstellt, die u. a. die Offenlegung des Quelltexts vorschreibt, um die Funktionsweise der Überwachungssoftware nachvollziehen zu können, vgl. https://fragdenstaat.de/files/foi/8095/leistungsbeschreibung-quellen-tku.pdf.

[1977] BT-Drucks. 17/14714, S. 15.

[1978] Antwort des *BMI* auf die Anfrage des Abgeordneten *Hunko*, http://www.andrej-hunko.de/start/download/doc_download/489-schriftliche-fragen-zur-eigenentwicklung-einer-trojaner-software-durch-das-bka.

[1979] Die *ELAMAN GmbH – German Security Solutions* ist zwischenzeitlich anstelle der *Gamma International GmbH* mit dem Vertrieb von *FinFisher*-Produkten in Deutschland befasst, https://netzpolitik.org/2014/geheimes-dokument-bundeskriminalamt-darf-finfisherfinspy-nicht-einsetzen-versucht-einfach-neue-version-nochmal. Das Unternehmen hat seinen Sitz unter derselben Adresse wie die Firma *FinFisher GmbH*, vgl. http://www.elaman.de/contact.php und http://www.finfisher.com/FinFisher/contact.php.

[1980] Siehe hierzu oben Fn. 1976.

[1981] Siehe hierzu oben Fn. 1975.

[1982] https://netzpolitik.org/2014/geheimes-dokument-bundeskriminalamt-darf-finfisherfinspy-nicht-einsetzen-versucht-einfach-neue-version-nochmal.

nahe, dass *FinFisher*-Produkte – ggf. in modifizierter Form – in Wahrheit die „Eigenentwicklungen" des CC ITÜ sind.

4. Verfassungsrechtliche Bedenken gegen die derzeitige praktische Umsetzung

Erfüllten diese Produkte die rechtlichen Vorgaben, wäre ihre Beschaffung bei einem privaten Anbieter für sich betrachtet unschädlich: Eine staatliche Pflicht, die zur Wahrnehmung von Staatsaufgaben erforderliche technische Ausstattung selbst herzustellen, besteht nicht – wohl aber die Pflicht, zu gewährleisten, dass die bei Privaten beschaffte Ausstattung die jeweilige Aufgabe verfassungskonform erfüllen kann.[1983] Letzteres erscheint fraglich.

a) Eignung kommerzieller Überwachungssoftware

Im August 2014 kam es zu einem Zwischenfall, der die künftige Eignung der besagten Software in Zweifel zieht: Hackern gelang es, ca. 40 GB Daten von Servern der *Gamma International* zu kopieren und für Dritte zum Download anzubieten.[1984] Im Zuge der Analyse dieser Daten wurden u. a. mehrere *FinFisher/FinSpy*-Programmdateien öffentlich,[1985] sodass sie nunmehr von Virenscannern erkannt und beseitigt werden können.[1986] Es ist hiernach ungewiss, ob die vom CC ITÜ derzeit geprüfte Quellen-TKÜ-Software

---

[1983] Vgl. *Braun/Roggenkamp*, NK 2012, 141 (143) m. w. N.

[1984] https://netzpolitik.org/2014/gamma-finfisher-hacked-40-gb-of-internal-documents-and-source-code-of-government-malware-published. Die kopierten Daten sind bis heute als Torrent-Download verfügbar und dürften mittlerweile mehrtausendfach dupliziert worden sein.

[1985] Vgl. https://wikileaks.org/spyfiles4/index.html.

[1986] Anfang Oktober 2014 erkannten bereits 46 von 54 getesteten Virenscannern die betreffenden Dateien, darunter das kostenlose und weit verbreitete Programm *Avira* und die Standard-Antivirensoftware der Microsoft-Betriebssysteme, vgl. https://www.virustotal.com/de/file/f827c92fbe832db3f09f47fe0dcaafd89b40c7064ab9 0833a1f418f2d1e75e8e/analysis. Das Problem einer Offenlegung der Überwachungssoftware übersieht *Ziebarth*, Online-Durchsuchung, S. 29 f., der davon ausgeht, dass „die Hersteller von Schutzsoftware mangels Verbreitung [der Überwachungssoftware] vor deren Einsatz keinerlei Gelegenheit" hätten, sie in Datenbanken bekannter Schadsoftware aufzunehmen.

FinSpy überhaupt noch erfolgversprechend eingesetzt werden kann, sollte sie einmal der Standardisierten Leistungsbeschreibung genügen. Gleiches gilt für *FinFishers* Software zur Online-Durchsuchung. Modifikationen im Quelltext der Programmdateien vor dem jeweiligen Einsatz beheben dieses Problem nicht, weil Virenscanner nicht nur Hashwerte bekannter Dateien, sondern auch bekannte Funktionsweisen – etwa den Aufruf bestimmter Prozesse oder bestimmte Verhaltensmuster einer Programmstruktur nach ihrer Ausführung – als Schadsoftware identifizieren und entfernen können.[1987]

Ansatzpunkt für die Hacker war das Support-Forum des *FinFisher*-Vertreibers, ihre Motivation der (u. a. in diesem Support-Forum dokumentierte) Einsatz von *FinFisher*-Produkten durch totalitäre Staaten[1988] gegen Oppositionelle.[1989] Eine in staatlicher Eigenregie entwickelte Überwachungssoftware benötigte weder einen Internetauftritt zur Kundenakquise noch ein Support-Forum, sodass ein vergleichbarer Hack unter Offenlegung der Programmdateien nicht in Betracht käme.[1990]

[1987] Man spricht hierbei von *heuristischen Analysen*. Solche gehören seit Anfang der 1990er Jahre zum Funktionsumfang von Virenscannern, vgl. *Lehner/Hermann*, DuD 2006, 768 (769 ff.); Zum technischen Hintergrund und Stand der Entwicklung vgl. *Canfora/Iannaccone/Vissagio*, Journal of Computer Virology and Hacking Techniques 2014, 11 (13 ff); *Ziebarth*, Online-Durchsuchung, S. 29 f., hält heuristische Methoden für ineffektiv, weil bei der Herstellung der Überwachungssoftware berücksichtigt werden könne, welche Software auf dem Zielsystem zum Einsatz kommt; die Überwachungssoftware könne in ihrem Verhalten ähnlich den vorhandenen Programmen gestaltet werden. Unklar bleibt, wie die hierfür nötige Analyse des Zielsystems erfolgen soll. Auch wird nicht beachtet, dass die Überwachungssoftware keineswegs für jeden Einzelfall „neu programmiert" werden kann, sondern schon funktionalitätsbedingt wiederkehrende Verhaltensmuster aufweist. Letztlich ist eine vollkommene „Neukonzeption" der Überwachungssoftware für jeden Einsatz auch unter dem Aspekt begrenzter Ressourcen fernliegend.

[1988] Vgl. https://netzpolitik.org/2014/gamma-finfisher-ueberwachungstechnologie-made-in-germany-gegen-arabischen-fruehling-in-bahrain-eingesetzt.

[1989] Vgl. https://netzpolitik.org/2014/gamma-finfisher-hacked-40-gb-of-internal-documents-and-source-code-of-government-malware-published.

[1990] Siehe aber zur gleichwohl bestehenden Gefahr einer Offenlegung der Programmdateien unten S. 424.

b) Staatliche Pflichtenkollision

Ein weiteres verfassungsrechtliches Problem liegt in der Nutzung von (Less than) Zero Day-Exploits[1991], wie sie gerade für *FinFisher/FinSpy* ausdrücklich beworben wird: Die veröffentlichten Dokumente der *Gamma International* umfassen eine Datei mit Antworten auf häufig gestellte Fragen, worin es heißt, dass Kunden stets eine tagesaktuelle Auswahl solcher Exploits zur Verfügung gestellt wird, um beliebige Programme – nicht nur *FinFisher/FinSpy* – per Internet-Fernzugriff auf einem IT-System zu installieren.[1992] Auch staatliche Stellen können sich damit fortwährend Kenntnis von Vulnerabilities[1993] mit offenkundiger Datensicherheitsrelevanz verschaffen. Während nun der Gewährleistungsauftrag einer funktionstüchtigen Strafrechtspflege die Geheimhaltung dieser Kenntnisse verlangt, begründet die objektiv-rechtliche Dimension des IT-Grundrechts[1994] die Pflicht, sie öffentlich zu machen, um Herstellern und Nutzern der betroffenen Programme Gegenmaßnahmen zu ermöglichen. Ebendiese Schutzpflicht veranlasste den Gesetzgeber 2009 zur Normierung der öffentlichen Warnung durch das BSI gemäß § 7 Abs. 1 S. 1 BSIG.[1995] Nach dieser Vorschrift kann das BSI zur Erfüllung seiner Aufgaben nach § 3 Abs. 1 S. 2 Nr. 14 BSIG – der Beratung und Warnung der Stellen des Bundes, der Länder sowie der Hersteller, Vertreiber und Anwender in Fragen der Sicherheit in der Informationstechnik unter Berücksichtigung der möglichen Folgen fehlender oder unzureichender Sicherheitsvorkehrungen – u. a. Warnungen vor Sicherheitslücken in informationstechnischen Produkten und Diensten und vor Schadprogrammen an die Öffentlichkeit weitergeben. Andere Bundesbehörden sind gemäß § 4 Abs. 3 BSIG verpflichtet, dem BSI Informationen über Sicherheitslücken, Schadprogramme und erfolgte oder versuchte Angriffe auf die Si-

---

[1991] Siehe hierzu oben S. 46 f.

[1992] Vgl. https://netzpolitik.org/2014/gamma-finfisher-hacked-40-gb-of-internal-documents-and-source-code-of-government-malware-published m. w. N.

[1993] Siehe hierzu oben Fn. 249.

[1994] Siehe hierzu oben S. 162 f.

[1995] Vgl. BT-Drucks. 16/11967, S. 10.

cherheit in der Informationstechnik und die dabei beobachteten Vorgehensweisen unverzüglich mitzuteilen, soweit andere Vorschriften dem nicht entgegenstehen.

Eine gesetzgeberische Grundentscheidung für die Nutzung von Sicherheitslücken i. S. d. BSIG zur Infiltration von IT-Systemen zu strafprozessualen Zwecken führte zwar zu einer Vorschrift, die eine (ggf. freiwillige[1996]) Meldung dieser Sicherheitslücken durch die jeweilige Behörde ausschließt; da Sicherheitslücken aber nicht zweckgebunden sind, müsste entweder bei dem BSI anderweitig bekannt gewordenen und zu strafprozessualen Zwecken genutzten Sicherheitslücken von einer öffentlichen Warnung stets abgesehen oder riskiert werden, dass eine öffentliche Warnung die Einsatzfähigkeit einer Überwachungssoftware gefährdet – wobei bereits fraglich ist, wie das BSI von der ermittlungspraktischen Relevanz einer Sicherheitslücke überhaupt erfahren soll, wenn die behördliche Meldung unterbleibt.

Darüber hinaus fördern staatliche Stellen durch die Inanspruchnahme kommerziell angebotener Exploits im Ergebnis denjenigen (Schwarz-)Markt, der dazu führt, dass Sicherheitslücken in der IT-Infrastruktur nicht unmittelbar nach ihrer Entdeckung geschlossen werden, sondern auch potentiellen Straftätern für unbestimmte Zeit erhalten bleiben –[1997] ein Markt, der zudem in direkter (und womöglich zahlungskräftigerer[1998]) Konkurrenz zu den 2014 vom *Bundestagsausschuss Digitale Agenda* angeregten[1999] staatlichen Bug Bounty-

---

[1996] § 4 Abs. 3 BSIG betrifft infolge der Gesetzgebungskompetenz des Bundes nur Bundesbehörden. Landesbehörden können Leistungen des BSI aber im Wege des Ersuchens gemäß § 3 Abs. 2 BSIG ebenso in Anspruch nehmen. Eine Mitteilungs*pflicht* für Landesbehörden besteht jedoch nicht.

[1997] Vgl. zur Bedeutung von Exploits für die Internetkriminalität auch den Neunten Zwischenbericht der *Enquete-Kommission „Internet und digitale Gesellschaft"* vom 19.03.2013, BT-Drucks. 17/12541, S. 54, worin u. a. die Effektivität öffentlicher Warnungen durch das BSI hervorgehoben wird.

[1998] Siehe hierzu oben S. 46.

[1999] *Deutscher Bundestag*, Ausschuss Digitale Agenda, Wortprotokoll-Nr. 18/7, S. 9 f. Vgl. hierzu auch *L. Neumann*, Stellungnahme Digitale Agenda, S. 3; *T. Schröder*, Stellungnahme Digitale Agenda, S. 6.

Programmen[2000] steht.

Als inkonsequent erweisen sich hiernach die Ausführungen des *BVerfGE* im Online-Durchsuchungsurteil, wonach heimliche Internet-Fernzugriffe auf IT-Systeme unter Ausnutzung von bisher unbekannten Sicherheitslücken auf die Abwehr von Gefahren für überragend wichtige Rechtsgüter beschränkt werden müssten, weil andernfalls „das Vertrauen der Bevölkerung [darauf], dass der Staat um eine möglichst hohe Sicherheit der Informationstechnologie bemüht ist", dadurch Schaden nehmen könnte, dass „die Ermittlungsbehörde es [...] unterlässt, gegenüber anderen Stellen Maßnahmen zur Schließung solcher Sicherheitslücken anzuregen":[2001] Die vorgenannte Pflichtenkollision lässt sich nicht durch eine *Begrenzung* der staatlichen Ausnutzung von IT-Sicherheitslücken auflösen, sondern allein durch den *vollständigen Verzicht* hierauf.

5. Konsequenzen

a) Einsatz von Überwachungssoftware aus staatlicher Eigenentwicklung

Zu erwägen ist, ob die Pflichtenkollision beim Einsatz von Exploits und die zweifelhafte Eignung kommerziell beschaffter Überwachungssoftware durch staatliche Eigenentwicklungen überwindbar sind.

Wie bereits gezeigt wurde, kann die Nutzung von Exploits zur Installation der Überwachungssoftware grundsätzlich durch die Inpflichtnahme des ISP entbehrlich gemacht werden, indem die Installationsroutine zum Bestandteil einer herunterzuladenden ausführbaren Datei gemacht bzw. ein vom Betroffenen veranlasster Download einer solchen Datei auf einen anderen Server und damit zur Installationsdatei der Überwachungssoftware umgeleitet wird.[2002]

[2000] Zum Begriff siehe oben Fn. 254.
[2001] Vgl. BVerfGE 120, 274 (326).
[2002] Siehe hierzu oben S. 47 f.

Voraussetzung hierfür ist allerdings, dass der Betroffene kein VPN[2003] nutzt und die Authentizität der herunterzuladenden Datei nicht durch den Hersteller kryptographisch gesichert ist.[2004] Von Letzterem kann jedenfalls bei Programmupdates nicht ausgegangen werden, weil die Hersteller Updatedateien regelmäßig digital signieren.[2005] Es verbleibt aber die Möglichkeit, die Installationsroutine der Überwachungssoftware zum Bestandteil (irgend-)einer herunterzuladenden ausführbaren Datei zu machen, mit welcher der Betroffene ein bestimmtes Programm erstmals installiert. Wird hierbei eine in staatlicher Eigenregie entwickelte Überwachungssoftware verwendet, die abseits rechtmäßiger (inner-)staatlicher Zwecke nicht zum Einsatz kommt und die bei kommerzieller Software vorzufindenden Ansatzpunkte für Hacker nicht bietet,[2006] lassen sich die gegen die Eignung von Internet-Fernzugriffen als Bestandteile strafprozessualer Ermittlungsmaßnahmen bestehenden Bedenken zumindest verringern.[2007]

All dies sieht sich indes einem banalen aber bedeutsamen praktischen Problem ausgesetzt: Die Beteiligung von Privatunternehmen bei der Überprüfung kommerziell beschaffter Überwachungssoftware und der Ankauf dieser Software selbst belegen, dass auch das CC ITÜ zumindest derzeit nicht über die Personalausstattung verfügt, derer es bedürfte, um eine den technischen und verfassungsrechtlichen Anforderungen genügende Überwachungssoftware selbst zu entwickeln. Die hierfür im Jahre 2012 geschaffenen 30 Planstellen führten nach Stellenausschreibungen durch das BKA bis zum April 2013 zu lediglich vier „noch nicht abgeschlossenen" Auswahlverfahren.[2008] Wenn es aber gelänge, das CC ITÜ personell hinreichend qualifiziert zu besetzen, eröffnete dies über die Ent-

---

[2003] Siehe hierzu oben Fn. 323.

[2004] Siehe hierzu oben S. 47 f.

[2005] Vgl. *K.-R. Müller*, IT-Sicherheit mit System, S. 187.

[2006] Siehe hierzu oben S. 419.

[2007] Siehe hierzu aber sogleich unten S. 424 ff.

[2008] BT-Drucks. 17/13046, S. 6.

wicklung der Überwachungssoftware hinaus interessante Möglichkeiten zur verfassungsmäßigen Durchführung heimlicher Internet-Fernzugriffe: Die Konzeption der Überwachungssoftware für das jeweilige – nicht nur strafprozessuale – Ermittlungsziel, deren Installation auf dem Zielsystem und die Einrichtung der für die jeweilige Ermittlungsmaßnahme nötigen Zugriffsmodalitäten unter Ausschluss aller sonstigen technischen Möglichkeiten, die infolge der bei der Installation gegebenen Administratorrechte bestehen, könnte vollständig beim CC ITÜ angesiedelt werden; ähnlich § 81f Abs. 2 S. 1 StPO wäre ein grundrechtsintensiver Teilbereich aller per Internet-Fernzugriff realisierbaren Ermittlungsmaßnahmen damit auf Amtsträger ausgelagert, die der ermittlungsführenden Behörde nicht angehören bzw. organisatorisch und sachlich von ihr getrennt sind. Hierdurch würde es möglich, dem mit der Durchführung der jeweiligen Ermittlungsmaßnahme i. e. S. betrauten Amtsträger – also demjenigen, der unter den weiteren Voraussetzungen einer Befugnisnorm funktionale Kommunikationsvorgänge abhört, verschlüsselte in Betrieb befindliche Datenträger durchsieht oder den Betroffenen mittels IT-Systems bei dessen Nutzung bzw. optisch und/oder akustisch „analog" überwacht – ausschließlich die jeweils erforderlichen Zugriffsrechte[2009] einzuräumen.

Der Einsatz von Überwachungssoftware aus staatlicher Eigenentwicklung erweist sich damit insgesamt sowohl als die einzig verfassungsgemäße als auch die ihrer technischen Umsetzbarkeit nach erfolgsaussichtsreichste Vorgehensweise zur Durchführung heimlicher Internet-Fernzugriffe auf IT-Systeme, scheitert derzeit aber an tatsächlichen Gegebenheiten im Verantwortungsbereich des CC ITÜ.

b) Restriktiver Einsatz heimlicher Internet-Fernzugriffe

Auch die soeben geschilderten Vorzüge einer vom CC ITÜ zu entwickelnden und im Einzelfall zu betreuenden Überwachungs-

---

[2009] Siehe hierzu oben S. 20.

software können allerdings über ein anderes – und im Ergebnis entscheidendes – Problem nicht hinwegtäuschen: Die Gefahr der Entdeckung und Offenlegung, die zur Unbrauchbarkeit der Überwachungssoftware für künftige Verfahren führt, ist auch beim Einsatz staatlich entwickelter Software nicht gänzlich auszuschließen. Wie im Fall der vom CCC analysierten kommerziellen Software ist es dem Betroffenen möglich, sie zu bemerken – nicht nur, wenn sie *nach* ihrem Einsatz nicht (hinreichend[2010]) gelöscht wurde,[2011] sondern schon deshalb, weil sie *während* ihres Einsatzes notwendig permanent in der Beherrschungssphäre des Betroffenen verbleibt und dort als Systemprozess wahrgenommen werden kann.[2012]

aa) Öffentliches Verfügbarkeitsinteresse

Die in den Aufbau des CC ITÜ investierten finanziellen Mittel, dessen Personalausstattung und die bislang für die Entwicklung der Überwachungssoftware aufgewandte Zeit von mehr als zwei Jahren verdeutlichen eindrucksvoll die schwer zu rechtfertigende Diskrepanz im Verhältnis zwischen Einsatz und Nutzen staatlicher Ressourcen, die mit der Unbrauchbarkeit der schlussendlich einsatzbereiten Überwachungssoftware entstünde. In diesem Zusammenhang darf nicht übersehen werden, dass heimliche Internet-Fernzugriffe auf IT-Systeme – ihre fachgerechte Durchführung vorausgesetzt – zwar Ermittlungsansätze eröffnen, zu denen es mitunter keine Alternative gibt, zugleich aber das Risiko einer Offenlegung der Überwachungssoftware mit der Zahl ihrer Einsätze steigt, sodass die Effektivität aller per Internet-Fernzugriff umsetzbaren Ermittlungsmaßnahmen potentiell abnimmt, je häufiger sie tatsächlich angewandt werden.

Für das öffentliche Interesse an der Durchführung gerade derjeni-

---

[2010] Siehe hierzu oben S. 21.

[2011] So im Fall der vom *CCC* analysierten Überwachungssoftware, siehe hierzu oben S. 331 ff.

[2012] Siehe hierzu oben S. 47.

gen[2013] Ermittlungsmaßnahme, die einen Internet-Fernzugriff auf ein IT-System beinhaltet, folgt hieraus, dass sich der zu berücksichtigende Aufwand nicht nur anhand der Bereitstellung[2014] und Installation der Überwachungssoftware *im Einzelfall*, sondern auch anhand der *gesamten* bis zur Verfügbarkeit der einsatzbereiten Überwachungssoftware erforderlich gewordenen personellen und sachlichen Mittel bemisst. Es ist mithin abzuwägen, ob eingedenk begrenzter Ressourcen und anderer, womöglich gewichtigerer Zwecke (auch abseits der Strafverfolgung[2015]) zur Aufklärung der Anlasstat der Verlust der jeweiligen Ermittlungsmaßnahme für künftige Verfahren – und damit der Einsatz *aller* bis dahin aufgewandten Ressourcen für den in Rede stehenden Fall – riskiert werden darf. Kalkulierbar bleibt dieses Risiko nur bei restriktivstem Einsatz der betreffenden Ermittlungsmaßnahmen. Im Tatbestand der jeweiligen Befugnisnorm ließe sich dies durch eine Subsidiaritätsklausel der 5. Stufe[2016], das Erfordernis einer auch im Einzelfall besonders schwerwiegenden Tat und einen Straftatenkatalog abbilden, welcher nicht *an der Eingriffsintensität der jeweiligen Ermittlungsmaßnahme* nach erfolgter Installation einer idealtypischen, in ihrem Funktionsumfang technisch auf eine bestimmte Ermittlungsaufgabe beschränkten Überwachungssoftware orientiert ist, sondern primär *an der Begrenzung aller mit heimlichen Internet-Fernzugriffen verbundenen Maßnahmen* auf wenige, in ihrem Unrechtsgehalt besonders gravierende Anlasstaten: Das besonders große öffentliche Interesse an der Aufklärung derartiger Straftaten in Fällen, in denen alternative – weniger eingriffsintensive und mit geringerem Aufwand verbundene – Ermittlungsansätze nicht zur Verfügung stehen, beinhaltet zugleich das öffentliche Interesse daran, dass heimliche Internet-Fernzugriffe in allen anderen Fällen unterbleiben, um die hierfür

---

[2013] Siehe hierzu oben S. 90 ff.

[2014] Siehe hierzu oben S. 45 f.

[2015] Siehe hierzu sogleich unten S. 427 ff.

[2016] D. h. bei Aussichtslosigkeit anderer Ermittlungsansätze, siehe hierzu oben Fn. 493.

erforderlichen technischen Mittel verfügbar zu halten.[2017]

bb) Strafprozessuale Zwecke im Gesamtkontext staatlicher Sicherheitsarchitektur

Die vorstehenden Erwägungen gelten nicht nur für den Bereich der Strafverfolgung, sondern für die gesamte staatliche Sicherheitsarchitektur, soweit sie sich zur Erfüllung ihrer Aufgaben heimlicher Internet-Fernzugriffe auf IT-Systeme bedient. Ob und inwieweit – d. h. für welche Anlasstaten – solche für das Strafverfahren normiert werden sollten, kann daher nur in der Zusammenschau mit den weiteren (geplanten) Einsatzbereichen der vom CC ITÜ entwickelten (bzw. zu entwickelnden) technischen Mittel beantwortet werden. Hierzu sind die Zwecke der bestehenden Ermächtigungsgrundlagen zur Quellen-TKÜ und Online-Durchsuchung in den Blick zu nehmen.

Das BKAG enthält in § 20k Abs. 1 die Befugnis zur Durchführung heimlicher Online-Durchsuchungen zur Abwehr von Gefahren für Leib, Leben oder Freiheit einer Person oder solche Güter der Allgemeinheit, deren Bedrohung die Grundlagen oder den Bestand des Staates oder die Grundlagen der Existenz der Menschen berührt, wobei noch nicht mit hinreichender Wahrscheinlichkeit festgestellt sein muss, dass ohne Durchführung der Maßnahme in näherer Zukunft ein Schaden eintritt, sofern bestimmte Tatsachen auf eine im Einzelfall durch bestimmte Personen drohende Gefahr für die bezeichneten Schutzgüter hinweisen. Die Norm erweitert die dem Grunde nach erforderliche konkrete Gefahrenlage hierdurch auf ein Vorfeldstadium – was vom *BVerfG* zur Abwehr von Gefahren für überragend wichtige Rechtsgüter durch den internationalen Terrorismus als verfassungsgemäß erachtet wird.[2018] § 20k Abs. 1 S. 3

[2017] Auch aus diesem Grund sind etwa der Ansatz *Bratkes* zur Normierung der Quellen-TKÜ unter den weiteren Voraussetzungen des § 100a StPO und erst recht die Auffassung, die Quellen-TKÜ könne ohne Weiteres auf §§ 100a, 100b StPO gestützt werden, abzulehnen.

[2018] BVerfGE 120, 274 (319 ff.). Vgl. hierzu *Soiné*, NVwZ 2012, 1585 (1587).

BKAG beschränkt die Maßnahme folgerichtig auf § 4a BKAG, der die Zuständigkeit des BKA für die Terrorismusabwehr normiert. Nicht zulässig sind Online-Durchsuchungen durch das BKA damit insbesondere zur Strafverfolgung als Zuständigkeit gemäß § 4 BKAG. § 20l Abs. 2 BKAG ermächtigt indes zur Quellen-TKÜ unter den weniger strengen Voraussetzungen des § 20l Abs. 1 BKAG[2019], soweit sie notwendig ist, um die Überwachung und Aufzeichnung der Telekommunikation in unverschlüsselter Form zu ermöglichen. In Landesgesetzen ist die Online-Durchsuchung in Bayern mit Art. 34d BayPAG und Art. 6e BayVSG [2020] und in Rheinland-Pfalz mit § 31c POG RP vorgesehen. Während Art. 6e BayVSG auf den Straftatenkatalog des § 6a Abs. 2 BayVSG[2021] verweist, gestatten die

---

[2019] D. h. bei einer Person,

1. die entsprechend § 17 oder § 18 des Bundespolizeigesetzes verantwortlich ist, und dies zur Abwehr einer dringenden Gefahr für den Bestand oder die Sicherheit des Staates oder für Leib, Leben oder Freiheit einer Person oder Sachen von bedeutendem Wert, deren Erhaltung im öffentlichen Interesse liegt, geboten ist,

2. bei der bestimmte Tatsachen die Annahme rechtfertigen, dass sie Straftaten gemäß § 4a Abs. 1 Satz 2 vorbereitet,

3. bei der bestimmte Tatsachen die Annahme rechtfertigen, dass sie für eine Person nach Nummer 1 bestimmte oder von dieser herrührende Mitteilungen entgegennimmt oder weitergibt, oder

4. bei der bestimmte Tatsachen die Annahme rechtfertigen, dass eine Person nach Nummer 1 deren Telekommunikationsanschluss oder Endgerät benutzen wird,

[2020] Krit. hierzu *Gudermann*, Online-Durchsuchung, S. 240 f., die mit Recht auf einen Verstoß gegen das Trennungsgebot zwischen Polizei und Geheimdienst (Art. 1 Abs. 4 S. 2 u. 3 BayVSG) hinweist.

[2021] Dieser umfasst

1. Straftaten des Friedensverrats, Hochverrats und Landesverrats (§§ 80, 81, 82, 94 StGB),

2. Straftaten gegen die öffentliche Ordnung (§§ 129a, 129b StGB),

3. Straftaten gegen das Leben (§§ 211, 212 StGB, § 6 Völkerstrafgesetzbuch),

4. Straftaten gegen die persönliche Freiheit (§§ 232, 233, 233a Abs. 2, §§ 234, 234a Abs. 1, §§ 239a, 239b StGB),

5. Gemeingefährliche Straftaten in den Fällen der §§ 306a, 306b, 307 Abs. 1 und 2, § 308 Abs. 1, § 309 Abs. 1, § 310 Abs. 1, § 313 Abs. 1, § 314 Abs. 1, § 315 Abs. 3, § 315b Abs. 3, § 316c StGB und

6. Straftaten nach dem Waffengesetz (WaffG) und dem Gesetz über die Kontrolle von Kriegswaffen (§ 51 Abs. 1 in Verbindung mit Abs. 2, § 52 Abs. 1 Nr. 1 in Verbindung mit Abs. 5 WaffG; § 19 Abs. 2, § 20 Abs. 1, jeweils auch in Verbindung mit § 21 des Gesetzes über die Kontrolle von Kriegswaffen; § 22a Abs. 1 in Verbindung mit

---

polizeigesetzlichen Normen die Online-Durchsuchung zur Abwehr von (dringenden[2022]) Gefahren für den Bestand oder die Sicherheit des Bundes oder eines Landes, Rechtsgüter der Allgemeinheit, deren Bedrohung die Grundlagen der Existenz der Menschen berührt, oder Leib, Leben oder Freiheit einer Person. Eine ausdrückliche[2023] Ermächtigungsgrundlage zur Quellen-TKÜ zur Abwehr einer gegenwärtigen Gefahr für Leib, Leben oder Freiheit einer Person enthält § 15b HSOG für Hessen. In Thüringen (§ 34a Abs. 2 ThürPAG) und Rheinland-Pfalz (§ 31 Abs. 3 POG RP) ist die Quellen-TKÜ zulässig zur Abwehr einer Gefahr für den Bestand oder die Sicherheit der Bundesrepublik Deutschland oder eines Landes, für Leben, Gesundheit oder Freiheit einer Person oder zur Abwehr einer gemeinen Gefahr für Sachen bzw. zur Abwehr einer Gefahr für Leib oder Leben einer Person oder für solche Güter der Allgemeinheit, deren Bedrohung die Grundlagen oder den Bestand des Staates oder die Grundlagen der Existenz der Menschen berührt.

Das in § 20l Abs. 2 S. 1 Nr. 1 BKAG, § 15b Abs. 1 Nr. 1 HSOG, § 34a Abs. 2 S. 1 Nr. 1 ThürPAG und § 31 Abs. 3 S. 1 Nr. 1 POG RP statuierte Erfordernis technischer Maßnahmen, die sicherstellen, dass ausschließlich laufende Telekommunikation überwacht und aufgezeichnet wird, mag zwar der vom *BVerfG*[2024] entwickelten Abgrenzung zur in ihrer Eingriffsintensität vorgeblich schwerwiegenderen Online-Durchsuchung genügen; dem öffentlichen Interesse an der restriktiven Handhabung jedweder Ermittlungsmaßnahme, die einen heimlichen Internet-Fernzugriff auf ein IT-System umfasst, läuft

---

Abs. 2 des Gesetzes über die Kontrolle von Kriegswaffen).

[2022] In § 31c POG RP ist keine *dringende* Gefahr gefordert. *Dringend* meint in Art. 34d BayPAG indes keine zeitliche Dimension, sondern soll lediglich auf ein auch im Einzelfall bedrohtes hochrangiges Rechtsgut hinweisen, vgl. *Ziebarth*, Online-Durchsuchung, S. 205 m. w. N.

[2023] Soweit in anderen, lediglich zur überkommenen TKÜ ermächtigenden Normen eine Befugnis zur Durchführung der Quellen-TKÜ ausgemacht wird, ist dies unter den zu §§ 100a, 100b StPO erörterten Gründen (siehe hierzu oben S. 326 ff.) abzulehnen. Vgl. hierzu auch *F. Albrecht/Dienst*, JurPC 5/2012, Abs. 35 ff., im Kontext von § 34a BayPAG.

[2024] Siehe hierzu aber oben S. 329.

es zuwider. Ebenso eröffnen mit Ausnahme von § 20k BKAG alle Befugnisnormen zur Online-Durchsuchung einen Anwendungsbereich, der seiner Weite nach nicht geeignet ist, den restriktiven Einsatz heimlicher Internet-Fernzugriffe zu gewährleisten: So liegt etwa eine abzuwehrende Gefahr für den Leib einer Person bereits in jeder drohenden (einfachen) Körperverletzung. Der Bundesgesetzgeber hat sich bei Schaffung des § 20k BKAG demgegenüber bewusst auf die Abwehr von Gefahren für überragend wichtige Rechtsgüter durch den internationalen Terrorismus beschränkt – und dies erkennbar nicht nur, weil andere Ermittlungsinstrumente in diesem Bereich am Einsatz von Verschlüsselungstechniken, der Nutzung mobiler Internetzugänge und dem länderübergreifenden Vorgehen der Zielpersonen scheitern:[2025] Denselben Problemlagen sieht sich auch die Strafverfolgung im Rahmen des § 4 Abs. 1 S. 1 BKAG – etwa bei der Bekämpfung der international organisierten Kriminalität – ausgesetzt. Hier ist das BKA gleichwohl auch nach Inkrafttreten der §§ 4a, 20k BKAG im Jahre 2009 auf die Ermittlungsbefugnisse der StPO verwiesen.[2026]

In der Bezugnahme auf § 4a BKAG in § 20k Abs. 1 S. 3 BKAG und dem Verzicht auf einen Verweis auf § 4 BKAG und korrespondierende Änderungen der StPO liegt mithin eine Grundentscheidung des Gesetzgebers *gegen* den Einsatz der Online-Durchsuchung zu repressiven Zwecken selbst bei schwersten Anlasstaten. Wenn auch die Gesetzesmaterialien auf das mit zunehmendem Einsatz der Überwachungssoftware steigende Risiko ihrer Offenlegung nicht Bedacht nehmen, wird zumindest deutlich, dass der Gesetzgeber die *Abwendung noch nicht eingetretener Gefahren* für überragend wichtige Rechtsgüter in der Abwägung mit der hohen Eingriffsintensität der Online-Durchsuchung für gewichtiger erachtet hat als die *Aufklärung und Ahndung bereits erfolgter Verletzungen derselben Schutzgüter*.[2027] Bezieht man hier das öffentliche Interesse an der Verfügbar-

---

[2025] Vgl. BT-Drucks. 16/9588, S. 26 ff.
[2026] *Papsthart*, in: Erbs/Kohlhaas, Rn. 7 zu § 4 BKAG.
[2027] Für diese Gewichtung von Gefahrenabwehr und Strafverfolgung spricht im Üb-

keit heimlicher Internet-Fernzugriffe auf IT-Systeme in die Überlegungen ein und stellt man weiter in Rechnung, dass – wie vom Gesetzgeber erkannt –[2028] gerade im Bereich der Terrorismusabwehr häufig keine anderen Ermittlungsansätze bestehen, ergibt sich, dass die Online-Durchsuchung im Strafverfahren zu allen anderen Zwecken erst recht ausgeschlossen bleiben muss, um sie als wirksames Instrument der Gefahrenabwehr in den eng begrenzten Fällen des § 20k BKAG verfügbar zu halten. Die weitergehenden Regelungen in Art. 34d BayPAG, Art. 6e BayVSG und § 31c POG RP erweisen sich mithin allein aufgrund ihrer Fehlgewichtung öffentlicher Interessen als verfassungswidrig. Wenn zudem der Quellen-TKÜ ausweislich der Gesetzesmaterialien zur Novelle des BKAG bei der Bekämpfung des internationalen Terrorismus eine mit der Online-Durchsuchung vergleichbar wichtige Rolle zukommt,[2029] ist vor dem Hintergrund der einsatzzahlabhängigen Offenlegungsgefahr nicht einsichtig, weshalb sie unter weniger strengen Voraussetzungen statthaft sein soll. Gleiches gilt für die Regelungen zur Quellen-TKÜ in Landesgesetzen. Da die Maßnahme überdies wie dargelegt auch nicht als per se weniger eingriffsintensiv als die Online-Durchsuchung angesehen werden kann,[2030] bedürfen die derzeit bestehenden Ermächtigungsgrundlagen zur Quellen-TKÜ durchweg der Reduzierung ihres Anwendungsbereichs.[2031] Eine Normierung der Maßnahme für das Strafverfahren ist folglich wie im Fall der Online-Durchsuchung abzulehnen.

---

rigen auch die nicht unproblematische Eignung heimlicher Internet-Fernzugriffe zur Erhebung revisionssicherer Beweismittel für das Strafverfahren, siehe hierzu unten Fn. 2089.

[2028] Vgl. BT-Drucks. 16/9588, S. 26.

[2029] Vgl. BT-Drucks. 16/9588, S. 29.

[2030] Siehe hierzu oben S. 329 ff. und S. 412 ff.

[2031] Dies auch deshalb, weil bei bekanntem Aufenthaltsort des Adressaten der Maßnahme nutzerbasierte VoIP-Gespräche durch akustische Überwachungsmaßnahmen abgehört werden können. Siehe hierzu für das Strafverfahren oben S. 338.

6.   Zwischenergebnis

Ermittlungsmaßnahmen, die einen heimlichen Internet-Fernzugriff auf ein IT-System erfordern, sind gleichermaßen ressourcenaufwändigste, eingriffsintensivste und effektivste Werkzeuge. Ihre Effektivität ist jedoch abhängig davon, dass die Zahl ihrer Einsätze auf ein Minimum beschränkt bleibt – andernfalls erhöht sich das Risiko der Offenlegung und damit Unbrauchbarkeit der benötigten Software auf ein unkalkulierbares Maß. Im Gesamtkontext staatlicher Sicherheitsarchitektur müssen heimliche Internet-Fernzugriffe auf IT-Systeme deshalb der Abwehr von Gefahren für überragend wichtige Rechtsgüter in Bereichen vorbehalten bleiben, in denen andere Ermittlungsansätze nicht zur Verfügung stehen. Ihr Einsatz zur Strafverfolgung scheidet damit aus.

II.   Alternative Ermittlungsmaßnahmen

Der Verzicht auf Online-Durchsuchung und Quellen-TKÜ im Strafverfahren erfordert die Erörterung alternativer Ermittlungsmaßnahmen, die geeignet sind, der informationstechnischen Entwicklung geschuldete Schwächen im Instrumentarium der StPO auszugleichen, ohne zugleich nicht hinnehmbare Effektivitätseinbußen im Bereich der Gefahrenabwehr zu forcieren. Es ist daher zu prüfen, welche der weiteren derzeit im Strafverfahren unzulässigen tatsächlichen Zugriffsmöglichkeiten auf IT-System verfassungsgemäß normiert werden können.

1.   Heimliche Zugriffe auf Cloud-Inhalte?

Zu erwägen ist zunächst eine über § 95 Abs. 1 StPO hinausgehende Normierung der Verpflichtung von (auch) im Inland ansässigen Anbietern öffentlicher Cloud Computing-Lösungen, unter strengen Voraussetzungen heimlich und längerfristig mehrmals Datenbestände eines Beschuldigten herauszugeben bzw. den Strafverfolgungsbehörden unter denselben Voraussetzungen die heimliche Nutzung vom Anbieter herausgegebener Zugangsdaten zum Abruf von Cloud-Inhalten zu ermöglichen. Beide Ermittlungsmaßnahmen sind jedoch mit dem objektiv-rechtlichen Gehalt des IT-Grundrechts nicht in Einklang zu bringen – denn sie setzen voraus, dass öffentliche Cloud Computing-Anbieter Zugriff auf die Cloud-Inhalte ihrer Nutzer bzw. auf deren Zugangsdaten haben. Dies läuft dem regulatorischen Gewährleistungsauftrag[2032] hinsichtlich der Vertraulichkeit und Integrität solcher Daten ebenso zuwider wie der technischen Entwicklung[2033]. Von einer gegenläufigen Gesetzgebung zur Strafverfolgung ist mithin aus Gründen der Einheit der Rechtsordnung abzusehen.

2. Zugriffe auf verschlüsselt permanent gespeicherte Daten

a) Entschlüsselungspflicht des Beschuldigten?

Die Tatsache, dass den jeweils geltenden datensicherheitsrelevanten Standards genügend verschlüsselte Daten auf technischem Wege nicht ohne Kenntnis des Schlüssels lesbar gemacht werden können, hat einige Staaten zur Normierung von Mitwirkungspflichten des Beschuldigten veranlasst. In Großbritannien erklärt der *Regulation of Investigatory Powers Act* (RIPA) die Mitwirkungsverweigerung i. S. d. § 49 RIPA ihrerseits zur Straftat, die – in Abhängigkeit von der Anlasstat – gemäß § 53 Abs. 5 u. 5a RIPA mit bis zu fünf Jahren Freiheitsstrafe bedroht ist. Die (auch in Großbritannien anerkannte) Selbstbelastungsfreiheit des Beschuldigten gilt hierbei als nicht tangiert, soweit der verschlüsselte Datenbestand der Strafverfolgungsbehörde auch ohne Mitwirkung des Betroffenen vorliegt und infolge der Verschlüsselung unbekannt ist, ob er belastende Informationen überhaupt enthält.[2034] Eine entsprechende Regelung beinhaltet Art. 434-15-2 Code pénal für Frankreich, und auch in Irland, Indien, Malaysia, Australien, Marokko, Tunesien, Trinidad und Tobago, Südafrika und Antigua und Barbuda sind Beschuldigte in ähnlicher Weise zur aktiven Mitwirkung an der Entschlüsselung verpflich-

---

[2032] Siehe hierzu oben S. 162 ff.

[2033] Siehe hierzu auch unten bei Fn. 2121.

[2034] Vgl. *Mason*, ERA Forum 2014, 25 (30).

tet.[2035]

In den USA – wo die Selbstbelastungsfreiheit im 5. Zusatzartikel der Verfassung, dem sog. *Fifth Amendment*[2036], verankert ist – besteht eine richterrechtlich entwickelte Mitwirkungspflicht des Beschuldigten zumindest insoweit, als die Strafverfolgungsbehörde bereits anderweitig rechtmäßig Kenntnis vom Inhalt der verschlüsselten Daten erlangt hat und erwiesen ist, dass der Beschuldigte das erforderliche Passwort kennt: So ist etwa ein Beschuldigter, auf dessen IT-System bei einer Grenzkontrolle (unter freiwilliger Mitwirkung) kinderpornografisches Bildmaterial gefunden wurde, das nach Sicherstellung und Abschalten des IT-Systems verschlüsselungsbedingt nicht mehr zugänglich ist, zur Entschlüsselung der Festplatte verpflichtet,[2037] nicht aber ein Beschuldigter, von dessen verschlüsseltem IT-System die Strafverfolgungsbehörde noch keinerlei inhaltliche Kenntnis hat[2038].[2039]

Ob eine vergleichbare Entschlüsselungspflicht des Beschuldigten auch in Deutschland verfassungsgemäß normiert werden kann, erscheint fraglich.

Der Ansatz, die Weigerung der Mitwirkung des Beschuldigten an seiner eigenen Überführung zu Straftaten zu erklären, pönalisiert einfachgesetzlich ein Verhalten, das verfassungsrechtlich[2040] gerade

---

[2035] *Gerhards*, Verschlüsselung, S. 120. Zu den gesetzlichen Voraussetzungen vgl. im Einzelnen *Diehl*, DuD 2008, 243 (244 f.).

[2036] „No person shall be held to answer for a capital, or otherwise infamous crime, unless on a presentment or indictment of a Grand Jury, except in cases arising in the land or naval forces, or in the Militia, when in actual service in time of War or public danger; nor shall any person be subject for the same offence to be twice put in jeopardy of life or limb; *nor shall be compelled in any criminal case to be a witness against himself*, nor be deprived of life, liberty, or property, without due process of law; nor shall private property be taken for public use, without just compensation."

[2037] In re Grand Jury Subpoena to Sebastien Boucher, 2009 WL 424718.

[2038] United States of America v. Kirschner, 2010 WL 1257355; United States of America v. Doe, 2012 WL 579433.

[2039] Vgl. hierzu ausführlich *Oltmann*, Bulletin of Association for Information Science and Technology 2/2014, 22 (24).

[2040] Siehe hierzu oben Fn. 1041.

erlaubt ist. Daran, dass die unbedingte Mitwirkungspflicht gegen die Selbstbelastungsfreiheit verstößt, kann kein ernsthafter Zweifel bestehen: Dass ein Beschuldigter in der Lage ist, bestimmte verschlüsselte Daten lesbar zu machen, impliziert, dass er ihren Inhalt kannte.[2041] Seine Mitwirkung führt damit nicht nur zur Beurteilungsfähigkeit der Daten auf ihre Beweisrelevanz, sondern kann – etwa in Fällen des § 184b Abs. 1 Nr. 3 StGB – zugleich die zur Tatbestandsmäßigkeit eines Sachverhalts gereichende Information liefern. Ohnedies ist die gegen die Anwendbarkeit der Selbstbelastungsfreiheit vorgebrachte Argumentation, die Ermittlungsbehörde verfüge bereits über die „nur nicht lesbaren" Daten,[2042] fehlerhaft: Aus technischer Sicht verfügt die Ermittlungsbehörde über Daten, die – abgesehen von der Annahme, dass es sich bei ihnen um Ergebnisse der Berechnungen eines kryptographischen Algorithmus handelt – *überhaupt keinen* Informationswert aufweisen, solange ihr Schlüssel nicht zur Verfügung steht.[2043] Ist dieser durch ein Passwort geschützt, das nur der Beschuldigte kennt, verlangt die Mitteilungspflicht ihm die Preisgabe von Wissen ab, das ihn ggf. belastet – ohne das Wissen des Beschuldigten ist der Bezugsgegenstand demgegenüber zur Beweisführung wertlos. Abseits verschlüsselter Daten ist die Geltung der Selbstbelastungsfreiheit in vergleichbaren Konstellationen unbestritten: Der Beschuldigte kann sich z. B. auf sie berufen, wenn die Ermittlungsbehörde bei ihm eine Schusswaffe sichergestellt hat, der Leichnam des Opfers (über dessen Tötung Gewissheit herrscht) jedoch bislang nicht gefunden wurde und der Beschuldigte nunmehr über den Fundort (dessen Kenntnis man ihm aus anderen Gründen als der zwingenden Täterschaft unterstellen kann) Auskunft erteilen soll. Dass nicht bekannt ist, ob die Schusswaffe tatsächlich ein belastendes Beweismittel ist – ob also das Opfer mit ihr getötet wurde – ändert hieran nichts, denn falls die kriminaltechnische Untersuchung des Leichnams die Schusswaffe des

---

[2041] So auch *Šepec*, Digital Evidence and Electronic Signature Law Review 2013, 147 (153).

[2042] Siehe hierzu oben Fn. 2034.

[2043] Siehe hierzu oben S. 37 f.

Beschuldigten später als Tatmittel identifiziert, hat er mit der Bekanntgabe des Fundorts an seiner eigenen Überführung mitgewirkt. Dies aber soll die Selbstbelastungsfreiheit verhindern.

Nicht anders zu beurteilen ist die US-amerikanische Auffassung zur Entschlüsselungspflicht des Beschuldigten. Die geforderte Gewissheit der Ermittlungsbehörde sowohl über den Inhalt der verschlüsselten Daten als auch über die Passwortkenntnis des Beschuldigten vermögen nicht darüber hinwegzutäuschen, dass im Spannungsverhältnis zur Selbstbelastungsfreiheit nur Konstellationen der Entscheidung bedürfen, in denen es zum Tatnachweis der Mitwirkung des Beschuldigten (noch) bedarf: Kann bereits (verwertbar) nachgewiesen werden, dass der Beschuldigte über Daten straftatrelevanten Inhalts verfügt, lässt sich das diesem Nachweis zugrunde liegende Beweismittel anstelle der Angaben des Beschuldigten zur Beweisführung im Hauptverfahren heranziehen. Wo dies nicht möglich ist, greift die Selbstbelastungsfreiheit ein.[2044]

H. Bunzel schlägt vor, anstelle einer – auch nach dem Ergebnis ihrer Untersuchung verfassungswidrigen – Entschlüsselungspflicht des Beschuldigten eine ebensolche für gemäß § 55 StPO zur Auskunftsverweigerung berechtigte Dritte zu normieren und hierbei ein absolutes Verwendungsverbot der offenbar gewordenen Daten vorzusehen, soweit sie den Dritten belasten.[2045] Auch dieser Ansatz verdient keine Zustimmung. Abgesehen davon, dass in 90 % der relevanten Fälle *nur* der Beschuldigte das Passwort kennt[2046] und die Mitwirkungspflicht des sich selbst belastenden Dritten damit von

---

[2044] Wenn es mithin im Beschluss *In re Grand Jury Subpoena to Sebastien Boucher*, 2009 WL 424718, heißt, „again providing access to the unencrypted Z drive adds *little or nothing* [Hervorh. d. Verf.] to the sum total of the Government's information about the existence and location of files that *may contain* [Hervorh. d. Verf.] incriminating information", wird übersehen, dass es gerade auf die Prüfung des Inhalts der Daten auf belastende Informationen ankommt. Ist diese Prüfung ohne Mitwirkung des Beschuldigten nicht möglich, können die (inhaltlich unklaren) Daten im weiteren Verfahren bei Wahrung der Selbstbelastungsfreiheit nicht genutzt werden.

[2045] *H. Bunzel*, Erkenntnisgewinn aus konzelierten Daten, S. 410 f.

[2046] *Šepec*, Digital Evidence and Electronic Signature Law Review 2013, 147 (152).

äußerst geringem praktischen Wert wäre, liefe ein absolutes Verwendungsverbot aller Daten, die den Dritten belasten, der Dogmatik der Beweisverbote eklatant zuwider:[2047] Ergäbe der Datenbestand Hinweise auf eine durch den Dritten begangene Straftat, könnte diese ungeachtet ihrer Schwere und Bedeutung nicht verfolgt werden, soweit nicht parallel von den offenbarten Daten unabhängige belastende Erkenntnisse erlangt wurden – was ausgeschlossen erscheint, wenn der Datenbestand *erstmals* auf die betreffende Straftat hindeutete. Ausnahmen vom absoluten Verwendungsverbot – also auch die Verwendung der gewonnenen Erkenntnisse als Ermittlungsansätze mit der Argumentation, dass sie in ähnlicher Weise auch ohne Mitwirkung des (nunmehr) Beschuldigten (irgendwann) erlangt worden wären –[2048] verstießen unmittelbar gegen den nemo tenetur-Grundsatz; seine Beachtung führte demgegenüber zu nicht hinnehmbaren Abweichungen zwischen materieller und im Strafverfahren berücksichtigungsfähiger Wahrheit. Allein dieses Beispiel verdeutlicht, dass Selbstbelastungspflichten eines Straftäters in der deutschen Strafverfahrensdogmatik ein Fremdkörper sind und bleiben sollten.

b)   Hinterlegung der Schlüssel?

Auch eine Pflicht zur Hinterlegung der genutzten Schlüssel, wie sie im Schrifttum seit Anfang der 1990er Jahre unter dem Begriff *Key Escrow* diskutiert wird,[2049] erscheint verfassungsrechtlich problematisch. Das IT-Grundrecht verlangt in objektiv-rechtlicher Dimension nach Gesetzen, mit denen keine Erhöhung der Gefahren für die Vertraulichkeit und Integrität von IT-Systemen verbunden ist.[2050] Mit der Umsetzung eines Key Escrow-Verfahrens würde eine zentrale Instanz geschaffen, welche die Effektivität von Verschlüsselungsverfahren potentiell schwächt: Allein die Existenz auch nur einer

---

[2047] Siehe hierzu oben S. 247 f.

[2048] Siehe hierzu im Kontext beweisverbotsrelevanter Verfahrensfehler S. 229.

[2049] Vgl. *Gerhards*, Verschlüsselung, S. 118.

[2050] Siehe hierzu oben S. 162 f.

Schlüsselkopie außerhalb des Machtbereichs des Berechtigten verdoppelt das Risiko ihrer Offenlegung gegenüber unberechtigten Dritten – sei es durch gezielten Missbrauch oder Fehler bei der Pflege einer entsprechenden Datenbank.[2051] Der konzentrierte Speicherort umfangreicher IT-sicherheitsrelevanter Daten bietet zudem ein lohnendes Angriffsziel für Kriminelle. Darüber hinaus ist es angesichts zahlreicher Open Source-Lösungen und deren Verbreitung über das Internet praktisch ausgeschlossen, gerade von Straftätern die Hinterlegung der von ihnen genutzten Schlüssel regulatorisch durchzusetzen, sodass die Rechtsfolgen von Verstößen gegen die Hinterlegungspflicht zu diskutieren wären. Jede hierbei erwogene Zwangsmaßnahme liefe im Ergebnis abermals auf eine Entschlüsselungspflicht des Beschuldigten hinaus, die als Verstoß gegen die Selbstbelastungsfreiheit nicht verfassungskonform normiert werden kann.

c) Schwächung von Verschlüsselungsprodukten?

Verfassungswidrig wäre ferner eine gesetzliche Verpflichtung der Hersteller kommerzieller Verschlüsselungsprodukte, Backdoors[2052] für staatliche Zwecke vorzusehen oder Schlüssel von vornherein mit staatlicherseits bekannten Schwächen zu generieren[2053]. Der damit verbundene Eingriff in das IT-Grundrecht ist – seine zweifelhafte Eignung außer Betracht gelassen –[2054] nach Abwägung der Strafverfolgungsinteressen gegen die Interessen der Rechtsgemeinschaft an durch Verschlüsselungsverfahren erhöhter IT-Sicherheit unangemessen: Backdoors und schwache Schlüssel können nicht nur für

---

[2051] In diesem Zusammenhang sind auch internationale geheimdienstliche Tätigkeiten unter Ausnutzung von Sicherheitslücken in der Hardware von Rechenzentren – vgl. hierzu *Ruhrmann*, DuD 2014, 40 (44) – ein gewichtiges Argument gegen die zentrale Zusammenführung sensibler Datenbestände.

[2052] Siehe hierzu oben S. 42. Gleiches gilt für die staatliche Mitwirkung an Open Source-Projekten mit dem Ziel, Verschlüsselung zu schwächen.

[2053] Siehe hierzu oben S. 55.

[2054] *Brodowski*, JR 2011, 533 (534), weist mit Recht auf zahlreiche ausländische Verschlüsselungsprodukte hin, auf deren Hersteller der deutsche Gesetzgeber schwerlich Einfluss nehmen kann.

staatliche Zwecke, sondern ebenso von Kriminellen genutzt werden – Sicherheitslücken in besonders datensicherheitsrelevanten Programmen werden nach ihrer Entdeckung regelmäßig schon heute Bestandteile von Less than Zero Day-Exploits[2055], die für die Begehung von Straftaten erworben werden können, ohne dass sie allgemein bekannt und die zugrunde liegenden Sicherheitslücken geschlossen werden. Auch staatlich veranlasste Backdoors und Sicherheitslücken sind de facto Less than Zero Day-Exploits. Überdies führte die bewusste Schwächung von Sicherheitsinfrastruktur durch staatliche Stellen zu Verunsicherung und Vertrauensverlusten der Bürger[2056] im Umgang gerade mit derjenigen Technik, deren Einsatz der Staat ihnen an anderer Stelle gesetzlich vorschreibt.[2057] Beide Effekte lassen sich mit den infolge geschwächter Verschlüsselung für die Strafverfolgung gewonnenen Vorteilen nicht aufwiegen.

d) Hardware-Keylogger

Fraglich ist, ob der Einsatz von Hardware-Keyloggern[2058] zur Aufzeichnung von Passwörtern für Verschlüsselungsprogramme verfassungsgemäß normiert werden kann.

Wie bereits dargestellt, verstieße ein heimliches Wohnungsbetretungsrecht zwar gegen Art. 13 Abs. 1 GG.[2059] IT-Systeme werden jedoch nicht nur in dessen Schutzbereich verwendet. Hardware-Keylogger können mithin immer dann ohne Verstoß gegen die Unverletzlichkeit der Wohnung an einem IT-System angebracht werden, wenn es sich vom Betroffenen unbeobachtet außerhalb der

---

[2055] Siehe hierzu oben S. 46.

[2056] Vgl. hierzu im Kontext der Enthüllungen *Snowdens* über die gezielte Schwächung von IT-sicherheitsrelevanter Software durch die NSA *Marit Hansen*, DuD 2014, 439 (444); *Pohlmann*, DuD 2014, 655.

[2057] So etwa bei der Übermittlung von Schriftsätzen an das Gericht gemäß § 130d ZPO i. d. F. v. 01.01.2022, vgl. hierzu *Müller-Teckhof*, MMR 2014, 95 (100). Siehe hierzu auch oben Fn. 834.

[2058] Siehe hierzu oben S. 42.

[2059] Siehe hierzu oben S. 399 f.

räumlich geschützten Sphäre des Art. 13 Abs. 1 GG befindet.[2060] Dass sodann ggf. auch innerhalb von Wohnungen getätigte Tastatureingaben aufgezeichnet werden, berührt den Schutzbereich des Art. 13 Abs. 1 GG nicht.[2061]

Allerdings greift der Einsatz von Hardware-Keyloggern in jedem Fall in das IT-Grundrecht ein: Die Aufzeichnung der Tastatureingaben nutzt unautorisiert Funktionen des Systems; die spätere Verwendung aufgezeichneter Passwörter verletzt die Vertraulichkeit der verschlüsselt gespeicherten Daten.

Um die zur verhältnismäßigen Normierung der Ermittlungsmaßnahme zu beurteilende Eingriffsschwere auf den Anwendungsfall der Dechiffrierung verschlüsselt permanent gespeicherter Daten beschränken zu können, muss zunächst ausgeschlossen sein, dass über einen längeren Zeitraum heimlich alle Tastatureingaben aufgezeichnet und sodann im weiteren Verfahren verwendet werden. Zur Ermittlung des in Fällen vollständiger Datenträgerverschlüsselung beim Systemstart einzugebenden Passworts wäre dies zwar durch die technische Begrenzung der maximal aufzuzeichnenden Tastatureingaben umsetzbar; Passwörter für Container-Dateien oder einzelne Partitionen, die erst nach Systemstart eingebunden werden, würden in der Folge aber nicht mehr aufgezeichnet. Eine dieserart grundrechtskonform normierte Maßnahme wäre zur Zweckerreichung weitestgehend ungeeignet. Sollen alle möglicherweise als Passwort verwandten Eingaben später zur Verfügung stehen, müssen mithin zwingend alle Tastatureingaben aufgezeichnet werden. Die Begrenzung ihrer Verwendung auf das Ermittlungsziel lässt sich durch eine Kombination technischer und organisatorischer Vorkehrungen dennoch erreichen: Technisch können alle aufge-

---

[2060] So etwa im Bereich eines öffentlichen Hotspots zur (anonymen) Internetnutzung, wie ihn Kriminelle zur Begehung von Straftaten oder Kommunikation per IT-System nach Einschätzung des Gesetzgebers regelmäßig nutzen, vgl. BT-Drucks. 16/9588, S. 26.

[2061] Dies ergibt sich aus der Schutzbereichsabgrenzung zum IT-Grundrecht, siehe hierzu oben S. 179.

zeichneten Tastatureingaben – einzelne Zeichenfolgen jeweils getrennt durch die aufgezeichnete Betätigung der Eingabetaste – in einer Datei erfasst und nach erfolgter körperlicher Sicherstellung des IT-Systems als Dictionary Attack-[2062] „Wörterbuch" zur Umgehung der Verschlüsselung verwendet werden. Organisatorisch kann hiermit eine dritte Stelle betraut werden, die von der mit dem Anlassverfahren betrauten Ermittlungsbehörde unabhängig und ihr gegenüber nicht weisungsgebunden ist, sodass die Ermittlungsbehörde selbst keine Kenntnis von den aufgezeichneten Tastatureingaben erhält.

Ein derart verstandener Einsatz von Hardware-Keyloggern nutzt Funktionen des betreffenden IT-Systems, ohne dass der Betroffene hierbei Leistungseinbußen hinnehmen muss. Ein Missbrauchspotential für Dritte und die Gefahr der Beschädigung des IT-Systems auf Softwareebene bis hin zum Datenverlust bestehen nicht. Der entschlüsselte Datenbestand, der durch die Erlangung der Passwörter zugänglich wird, entspricht demjenigen eines in Betrieb befindlichen verschlüsselten IT-Systems. In die Vertraulichkeit dieses Datenbestandes wird dabei nur punktuell und einmalig – d. h. nach körperlicher Sicherstellung des verschlüsselten IT-Systems und Nutzung der Passwörter – und insoweit auch nicht heimlich[2063] eingegriffen. Die Ermittlungsmaßnahme gleicht damit in ihrer Intensität im Wesentlichen dem überraschenden Zugriff auf ein in Betrieb befindliches verschlüsseltes IT-System und kann daher verfassungskonform für das Strafverfahren normiert werden – allerdings nicht unter denselben Voraussetzungen: Das öffentliche Interesse am Einsatz von Hardware-Keyloggern wird durch den erforderlichen Personal- und Mitteleinsatz beschränkt. Zunächst bedarf es zur Durchführung der Maßnahme der Sondierung, ob ein Hardware-Keylogger bauartbedingt überhaupt am IT-System des Beschuldigten angebracht werden kann – was etwa im Wege der Observation zu ermitteln ist. Sodann muss ein geeigneter Hardware-Keylogger

---

[2062] Siehe hierzu oben Fn. 209.
[2063] Siehe hierzu oben S. 306.

beschafft werden. Während (sehr leicht zu entdeckende) Geräte, die zwischen Tastatureingang und Tastaturkabel angeschlossen werden, zu Preisen zwischen 30 und 70 Euro erhältlich sind,[2064] ist die für Notebooks erforderliche Hardware mit knapp 300 Euro[2065] erheblich teurer. Ihr unbemerkter Einbau – für den das Gehäuse des Notebooks geöffnet werden muss – erfordert neben geeignetem Personal insbesondere die Gelegenheit, was zu weiterem Observationsaufwand führt. Schließlich muss eine dritte, nicht mit der Auswertung der Daten zu befassende Stelle nach erfolgter Sicherstellung des verschlüsselten IT-Systems die Entschlüsselung von Datenträgern, Partitionen und/oder Containerdateien vornehmen. Die Ermittlungsmaßnahme ist damit überdurchschnittlich personal-, kosten- und zeitintensiv. Angesichts endlicher Ressourcen für die Erledigung aller Ermittlungsverfahren ist mithin ihre Beschränkung auf Straftaten, die auch im Einzelfall von erheblicher Bedeutung sind, im öffentlichen Interesse ebenso geboten wie die Statuierung einer Subsidiaritätsklausel. Ferner ist infolge der heimlichen Vorgehensweise vor Sicherstellung des IT-Systems ein Richtervorbehalt[2066] vorzusehen.

e) Schlüsselrekombination aus dem Hardwareverhalten

Eine Schlüsselrekombination aus dem Hardwareverhalten greift ebenfalls in das IT-Grundrecht ein, soweit sich das IT-System hierbei nicht im Schutzbereich des Art. 13 Abs. 1 GG befindet: Die Berechnung von Schlüsseln aus Geräuschen oder Stromaufnahmen des IT-Systems verletzt die Vertraulichkeit des verschlüsselten Datenbestandes, soweit die Schlüssel im Nachgang zur Dechiffrierung der Daten genutzt werden. Auch dieser Eingriff lässt sich jedoch für das Strafverfahren verfassungsrechtlich rechtfertigen: Die Eingriffsintensität der Maßnahme ist mit dem Einsatz technischer Mittel i. S. d.

[2064] Vgl. https://www.keelog.com/de/keylogger_comparison.html.

[2065] Vgl. etwa http://www.onlinespyshop.co.uk/product.php/212/laptop-keylogger.

[2066] Siehe hierzu oben S. 95.

§ 100h Abs. 1 S. 1 Nr. 2 StPO vergleichbar – wogegen sich insbesondere nicht einwenden lässt, dass Observationszwecke weniger schwer wiegen als die Entschlüsselung umfassender Datenbestände eines IT-Systems: Die Observation i. S. d. § 100h Abs. 1 S. 1 Nr. 2 StPO kann unter den weiteren Voraussetzungen des § 163f StPO auf einen längeren Zeitraum angelegt sein und damit ein genaues Bewegungsprofil des Beschuldigten ergeben,[2067] wohingegen die Schlüsselrekombination aus dem Hardwareverhalten eines IT-Systems nur die punktuelle und einmalige Auswertung nach dessen körperlicher Sicherstellung ermöglicht. Der hierbei ggf. zu erlangende erhebliche Datenumfang ist der Eigenart potentiell datenintensiver IT-Systeme geschuldet, aber nicht anders zu bewerten als der unverschlüsselte Datenbestand eines gemäß § 94 Abs. 1 StPO sicherzustellenden IT-Systems[2068] oder der Datenbestand eines verschlüsselten in Betrieb befindlichen IT-Systems[2069].

3. Überwachung der Nutzung von IT-Systemen

a) IP-gestützte ITÜ

Die nicht funktional-kommunikative Internetnutzung eines IT-Systems kann wie dargestellt auf dem Übertragungsweg unter Inpflichtnahme des ISP überwacht werden.[2070] Hierdurch wird in das IT-Grundrecht eingegriffen,[2071] wobei der Eingriff schwerer wiegt als der technisch vergleichbare Eingriff in Art. 10 Abs. 1 GG bei der Überwachung funktionaler Kommunikationsinhalte gemäß §§ 100a, 100b StPO[2072]. Nimmt man mit *F. Albrecht* und *Braun* an, dass die Überwachung der Internetnutzung in ihrer Intensität der akusti-

---

[2067] Vgl. *Hauck,* in: Löwe/Rosenberg, Rn. 8 ff. zu § 100h.

[2068] Siehe hierzu oben S. 251 ff.

[2069] Siehe hierzu oben S. 286 ff.

[2070] Siehe hierzu oben S. 344 f.

[2071] Siehe hierzu oben S. 193 ff.

[2072] Siehe hierzu oben S. 345 f.

schen Wohnraumüberwachung ähnelt,[2073] kommt hierfür eine in ihren Tatbestandsvoraussetzungen an § 100c StPO orientierte Befugnisnorm in Betracht.

Allerdings erfasst die derzeit praktizierte IP-gestützte TKÜ – die treffender als IP-gestützte *informationstechnische Überwachung* (ITÜ) zu bezeichnen ist – *alle* Daten, die unter Mitwirkung des ISP übertragen werden.[2074] Hierzu gehören neben (Art. 10 Abs. 1 GG unterfallenden) Daten funktionaler Kommunikationsvorgänge und (dem IT-Grundrecht unterfallenden) Daten öffentlich zugänglicher Internetangebote auch Cloud-Inhalte, deren IT-grundrechtlicher Schutz sich nicht vom Datenbestand eines zentralen IT-Systems unterscheidet.[2075] Die Persönlichkeitsrelevanz der hierbei zu erlangenden Daten erhöht sich verglichen mit der Erfassung aller aufgerufenen öffentlichen Internetangebote nochmals: Abhängig vom Grad der Cloud-Integration[2076] kann der Zugriff auf alle auf dem Übertragungsweg erreichbaren Daten – ähnlich einer Online-Überwachung mittels Fernzugriffs auf ein IT-System – einer Totalüberwachung nahekommen, sodass insoweit die vom *BVerfG* im Online-Durchsuchungsurteil erarbeiteten hohen Anforderungen an heimliche und auf Dauer angelegte Internet-Fernzugriffe auf ein IT-System zu beachten sind. Soll nun nicht *jede* IP-gestützte ITÜ diesen Anforderungen genügen müssen, ist durch gesetzliche Vorgaben sicherzustellen, dass der Ermittlungsbehörde nur die vom jeweiligen Ermittlungsziel umfassten Daten bekannt werden –[2077] also Daten funktionaler Kommunikationsvorgänge, Daten über die Nutzung öffentlich zugänglicher Internetangebote und/oder Cloud Computing-Daten, wobei die Restriktivität der Ermittlungsbefugnisse in dieser Reihenfolge zunehmen muss. Technisch kann dies etwa durch die automa-

---

[2073] Vgl. *F. Albrecht/Braun*, HRRS 2013, 500 (506 f.).

[2074] Siehe hierzu oben S. 344 f.

[2075] Siehe hierzu oben S. 158.

[2076] Siehe hierzu oben S. 25.

[2077] Diesen Rückschluss erlaubt auch BVerfGE 120, 274 (309), siehe hierzu oben S. 335. Ähnlich im Kontext der IP-gestützten TKÜ bei VoIP-Telefonie *F. Albrecht/Braun*, HRRS 2013, 500 (507); *F. Albrecht*, jurisPR-ITR 14/2013, Anm. 4.

tisierte Kategorisierung der Inhalte von über das IP übertragenen Datenpaketen[2078] vor ihrer Übergabe an die Ermittlungsbehörde realisiert werden.[2079] Diesbezügliche technische Vorgaben können – wenngleich von ihrer Tauglichkeit der Umfang der zu erhebenden Daten und damit die grundrechtsrelevante praktische Umsetzung der Ermittlungsmaßnahme abhängt – verfassungsgemäß durch spezialisierte und kurzfristig handlungsfähige Stellen der Exekutive in niederrangigem Recht getroffen werden; in der Befugnisnorm muss lediglich die Grundentscheidung des Gesetzgebers für IP-gestützte ITÜ-Maßnahmen im Strafverfahren nebst ihren jeweiligen Voraussetzungen und (technisch zu gewährleistenden) Zwecken geregelt sein.[2080]

Schon im Zeitpunkt der Erfassung des Datenstroms muss zudem die ggf. genutzte SSL/TLS-Verbindungsverschlüsselung durch einen MITM-Angriff[2081] unter Verwendung modifizierter Zertifikate[2082] umgangen werden. Ein über die inhaltliche Kenntnisnahme der sodann entschlüsselt erhobenen Daten hinausgehender Grundrechtseingriff ist hiermit nicht verbunden: Der Datentransfer ist weiterhin zwischen Server und MITM[2083] bzw. zwischen MITM und Client verschlüsselt, sodass unberechtigte Dritte die Daten auf dem Übertragungsweg nicht zur Kenntnis nehmen können. Auf dem überwachten IT-System findet abgesehen von der Übersendung des modifizierten Zertifikats keine Veränderung des Datenbestandes statt; das modifizierte Zertifikat kann von unberechtigten Dritten nicht verwendet werden.[2084] Zudem ist mit der Enttäuschung der bei

---

[2078] Siehe hierzu oben S. 23.

[2079] Sog. *deep packet inspection*, vgl. hierzu *Kelbert/Shirazi/Simo/Wüchner/Buchmann/Pretschner/Waidner*, in: Buchmann (Hrsg.): Internet Privacy, S. 234 f.

[2080] Siehe hierzu oben S. 119 ff.

[2081] Siehe hierzu oben S. 56.

[2082] Ausgegeben z. B. von einer staatlichen CA, siehe hierzu oben Fn. 321.

[2083] Der MITM ist technisch daher für die jeweilige Gegenstelle selbst Server bzw. Client, siehe hierzu oben S. 56.

[2084] Siehe zur Funktionsweise von SSL/TLS oben S. 51.

Nutzung von SSL/TLS aus tatsächlichen Gründen berechtigten höheren Erwartungen an die Vertraulichkeit der übertragenen Daten keine Intensivierung des Grundrechtseingriffs verbunden.[2085] Auch die Durchführung von MITM-Angriffen auf Verbindungsverschlüsselungen betrifft damit – sogar gänzlich ohne Einfluss auf die Eingriffsschwere – die *praktische Ausgestaltung* eines Grundrechtseingriffs, für den der parlamentarische Gesetzgeber hinsichtlich der Überwachung textbasierter funktionaler Telekommunikation in den §§ 100a, 100b StPO die Grundentscheidung bereits getroffen hat und hinsichtlich nur formaler Telekommunikation noch treffen kann, ohne dass technische Detailfragen hierbei Gegenstand des Parlamentsgesetzes werden müssen.[2086]

b) Hardware-Keylogger und Van-Eck-Phreaking

Soweit ein Beschuldigter nicht registrierte Prepaid-SIM-Karten oder öffentliche Hotspots zum Aufbau von Internetverbindungen nutzt, gibt es keinen ISP, der im Vorfeld des Verbindungsaufbaus zur Durchführung der IP-gestützten ITÜ verpflichtet werden könnte. Die Mitwirkung des ISP scheitert ferner bei der Nutzung von VPNs oder TOR,[2087] und auch gegen eine Inhaltsverschlüsselung kann die IP-gestützte ITÜ nicht erfolgversprechend angewandt werden[2088]. In den vorgenannten Fällen können die ermittlungsrelevanten Daten nur vor oder nach ihrer Übertragung im Internet bzw. vor oder nach ihrer Ver- bzw. Entschlüsselung erhoben werden.

Ohne Zugriffsmöglichkeit auf Softwareebene des betreffenden IT-Systems – d. h. ohne Online-Durchsuchung und Quellen-TKÜ – kommen hierfür der Einsatz eines Hardware-Keyloggers und das

---

[2085] Siehe hierzu oben S. 166 ff.

[2086] Die als Regelungsstandort in Betracht zu ziehende TR TKÜV – siehe hierzu oben Fn. 621 – enthält heute bereits Regelungen zur Übergabe unverschlüsselter Daten, soweit diese netzseitig verschlüsselt waren, vgl. etwa Teil A, Anlage D, 7.5.1 TR TKÜV.

[2087] Siehe hierzu oben Fn. 323 und Fn. 322.

[2088] Siehe hierzu oben S. 59.

Van-Eck-Phreaking in Betracht.[2089] Da heimliche Eingriffe in Art. 13 Abs. 1 GG durch das Betreten von Wohnungen zur Installation des Hardware-Keyloggers bzw. durch die Messung elektromagnetischer Abstrahlungen aus Wohnungen nicht ohne Verfassungsänderung normiert werden können,[2090] sind beide Maßnahmen auf Anwendungsbereiche außerhalb von Wohnungen[2091] beschränkt. Hierbei greifen sie je nach Dateninhalt wiederum in das IT-Grundrecht und/oder Art. 10 Abs. 1 GG ein, wobei die Eingriffsintensität wie bei der IP-gestützten ITÜ vom Ermittlungsziel abhängt.

aa) Begrenzung der Maßnahmen auf ein Ermittlungsziel?

Zweifelhaft ist, ob auch insoweit ein Regime verschiedener, dem jeweiligen Ermittlungsziel angepasster Befugnisnormen geschaffen werden kann.

Eine automatisierte Selektion der Daten vor ihrer Auswertung wie bei der IP-gestützten ITÜ kommt technisch nicht in Betracht: Ein Hardware-Keylogger zeichnet schlicht alle Tastatureingaben auf; die elektromagnetische Abstrahlung von Bildschirmen und Tastaturen lässt sich nicht auf bestimmte Dateninhalte begrenzen.

[2089] Beide Maßnahmen haben gegenüber Online-Durchsuchung und Quellen-TKÜ den (gerade im auf revisionssichere Beweismittel angewiesenen Strafverfahren) bedeutsamen Vorteil, dass keine Veränderungen im Datenbestand des zu überwachenden IT-Systems seitens der Ermittlungsbehörde vorgenommen werden müssen. *Pfitzmann*, Informatik Spektrum 2008, 65 (68), schlägt das Van-Eck-Phreaking gerade vor diesem Hintergrund als Alternative zu heimlichen Internet-Fernzugriffen auf IT-Systeme vor. *Pfitzmanns* Auffassung wird durch den Umkehrschluss einer Passage im Online-Durchsuchungsurteil gestützt, in der das BVerfG die Eignung der Online-Durchsuchung zur Gefahrenabwehr eingedenk des durch Schreibzugriffe verminderten Beweiswerts der Daten damit begründet, dass die „Gewinnung revisionsfester Beweise für ein Strafverfahren" nicht erforderlich ist, vgl. BVerfGE 120, 274 (321). *Ziebarth*, Online-Durchsuchung, S. 135 f., scheint den Einsatz von Hardware-Keyloggern und Van-Eck-Phreaking demgegenüber als „Unterfälle" der Online-Durchsuchung anzusehen – was schon begrifflich fragwürdig erscheint. Zur Bedeutung unveränderter Daten des beweisrelevanten IT-Systems für deren Beweiseignung siehe auch oben S. 256.

[2090] Siehe hierzu oben S. 309 und S. 344.

[2091] Siehe hierzu aber oben S. 440.

Im Unterschied zur Verwendung eines Hardware-Keyloggers oder anderer technischer Mittel, um Passwörter aufzuzeichnen bzw. Schlüssel zu rekombinieren, bedarf es zur Beurteilung aller Tastatureingaben bzw. Bildschirminhalte auf ihre Grundrechtsrelevanz der inhaltlichen Kenntnisnahme. Die Auslagerung dieser Kenntnisnahme auf eine dritte, mit dem Anlassverfahren nicht vertraute Stelle, scheiterte schon daran, dass dort die Ermittlungsrelevanz der ggf. aufzuzeichnenden Inhalte nicht beurteilt werden könnte – ganz abgesehen davon, dass damit ein derart wesentlicher Teil der Ermittlungsarbeit ausgelagert würde, dass auch bei der als „Filter" vorgesehenen Stelle Konflikte zwischen erlangten und für das weitere Verfahren verwertbaren – d. h. weiterzugebenden – Erkenntnissen unvermeidbar wären.

Auch ein zweistufiges Schutzkonzept wie im Problemkreis des Kernbereichs der privaten Lebensgestaltung[2092] kann keine Abhilfe schaffen: Soweit etwa das Van-Eck-Phreaking ausweislich der Anlasstat nur zur Überwachung funktionaler Kommunikationsinhalte zulässig wäre, hätten die ausführenden Ermittlungsbeamten ggf. straftatrelevante Erkenntnisse „wieder zu vergessen", soweit ihre Erhebung von der Befugnisnorm nicht gedeckt war; Inhalte des Kernbereichs der privaten Lebensgestaltung können hingegen schon der Sache nach nicht straftatrelevant sein.[2093]

Das Van-Eck-Phreaking und der Einsatz eines Hardware-Keyloggers in Anwendungsfällen der IP-gestützten ITÜ, in denen diese aus technischen Gründen keinen Erfolg verspricht, können hiernach – ungeachtet des tatsächlichen Ermittlungsziels – nur unter denjenigen Anforderungen verfassungsgemäß normiert werden, die an heimliche, längerfristig angelegte und einer Totalüberwachung nahekommende Maßnahmen[2094] zu stellen sind.

[2092] Siehe hierzu oben S. 99.

[2093] Siehe hierzu oben S. 100.

[2094] Hierfür macht es insbesondere keinen Unterschied, ob die Maßnahme im Schutzbereich des Art. 13 Abs. 1 GG unterbleibt: *Wo* ein Betroffener ein IT-System zu

bb) Konsequenzen für die Befugnisnorm

Die zu treffende Abwägungsentscheidung entspricht damit im Wesentlichen derjenigen bei heimlichen Internet-Fernzugriffen – mit der Einschränkung, dass die Abwägungsfaktoren außer Betracht bleiben, die sich aus dem Einsatz staatlicher Überwachungssoftware *auf dem IT-System* des Beschuldigten ergeben: die technisch vermittelten Begleitgefahren für das zu infiltrierende IT-System[2095] und das öffentliche Interesse am restriktivsten Einsatz der Ermittlungsmaßnahme, um die Verfügbarkeit der Überwachungssoftware zur Abwehr von Gefahren für überragend wichtige Rechtsgüter bei fehlenden Alternativmaßnahmen aufrecht zu erhalten[2096]. Zu prüfen ist, ob sich dies auf die Anforderungen aus dem Online-Durchsuchungsurteil auswirkt.

(1) Keine Unterscheidung zwischen Internet-Fernzugriffen und sonstigen Zugriffen mit technischen Mitteln

Der darin vom *BVerfGE* zu beurteilende § 5 Abs. 2 Nr. 11 VSG-NRW regelte den heimlichen Zugriff auf IT-Systeme *auch mit Einsatz technischer Mittel –*[2097] nicht aber ausschließlich heimliche *Internet-Fernzugriffe* auf IT-Systeme. Folgerichtig erstreckte das *BVerfG* den Schutz des IT-Grundrechts auf „Datenerhebungen mit Mitteln, die zwar technisch von den Datenverarbeitungsvorgängen des betroffenen informationstechnischen Systems unabhängig sind, aber diese Datenverarbeitungsvorgänge zum Gegenstand haben" und nannte hierbei ausdrücklich Hardware-Keylogger und die Messung elektromagnetischer Abstrahlungen als Beispiele.[2098] Auch die Angemessenheitsprüfung zu § 5 Abs. 2 Nr. 11 VSG-NRW berücksichtigt daher die Eingriffsintensität *aller technisch möglichen* heimlichen Zugrif-

---

welchen Zwecken wie umfangreich nutzt, ist letztlich vom Zufall abhängig. Siehe hierzu bereits oben S. 179.

[2095] Vgl. BVerfGE 120, 274 (325). Siehe hierzu oben S. 331 ff.

[2096] Siehe hierzu oben S. 424 ff.

[2097] Vgl. BVerfGE 120, 274 (282).

[2098] Vgl. BVerfGE 120, 274 (315).

fe auf IT-Systeme *gleichermaßen* zugunsten des betroffenen Grund-rechtsträgers[2099] infolge des maßnahmenübergreifend bestehenden Potentials, „die Persönlichkeit des Betroffenen einer weitgehenden Ausspähung durch die Ermittlungsbehörde [preiszugeben]"[2100]. Die *nur bei bestimmten* tatsächlichen Zugriffsmöglichkeiten bestehenden Begleitgefahren lässt das *BVerfG* an dieser Stelle unberücksichtigt. Mithin sind – abgesehen von technischen Vorgaben, die sich auf die Infiltration eines IT-Systems zum Internet-Fernzugriff beziehen – alle Anforderungen aus dem Online-Durchsuchungsurteil auch für anderweitige heimliche Zugriffe auf IT-Systeme zu beachten.

(2)   Restriktiver Straftatenkatalog

Der hohen Eingriffsintensität solcher Zugriffe steht in der gesetz-geberischen Abwägung das öffentliche Interesse am jeweiligen Zu-griff gegenüber, welches das *BVerfG* im Online-Durchsuchungsur-teil anhand der Wahrscheinlichkeit einer konkreten Gefahr für ein überragend wichtiges Rechtsgut bemisst.[2101] Dem entspricht im Be-reich der Strafverfolgung der auf bestimmte Tatsachen begründete Verdacht[2102] einer gegen ein solches Rechtsgut gerichteten Straftat. Welche Strafrechtsnormen *überragend wichtige* Rechtsgüter – d. h. „Leib, Leben und Freiheit der Person" und „solche Güter der All-gemeinheit, deren Bedrohung die Grundlagen oder den Bestand des Staates oder die Grundlagen der Existenz der Menschen berührt" – [2103] schützen, hat *T. Böckenförde* durch einen Abgleich mit dem Be-schluss des *BVerfG* zur Rasterfahndung aus dem Jahre 2006[2104] ver-deutlicht: Die darin in „Bestand oder [...] Sicherheit des Bundes oder [...] Leib, Leben oder Freiheit einer Person" ausgemachten[2105] *hoch-*

[2099] Vgl. BVerfGE 120, 274 (326).

[2100] BVerfGE 120, 274 (328).

[2101] BVerfGE 120, 274 (328).

[2102] Siehe hierzu oben Fn. 864.

[2103] BVerfGE 120, 274 (328).

[2104] BVerfGE 115, 320.

[2105] Vgl. BVerfGE 115, 320 (326).

rangigen Rechtsgüter[2106] hat das *BVerfG* im Online-Durchsuchungs-urteil nochmals gesteigert.[2107] Durch die Formulierungen *„der* Person" bzw. *„der* Menschen" hebt das Gericht nicht auf individuelle Rechtspositionen, sondern auf *Grundlagen* individueller Rechtspositionen ab.[2108] Ob eine Strafrechtsnorm ein Rechtsgut schützt, welches solche Grundlagen individueller Rechtspositionen umfasst, lässt sich nur zum Teil abstrakt-generell feststellen: Der Bestand des Staates (als Garant der Rechtsordnung, die individuelle Rechtspositionen sicherstellt) ist ein solches Rechtsgut. Folglich sind die Straftaten des § 100c Abs. 2 Nr. 1 Buchst. a StPO in den Katalog der Anlasstaten aufzunehmen.[2109] Gleiches gilt für den Bestand von Völkern und Völkergemeinschaften i. S. d. §§ 6 bis 12 VStGB, sodass auch § 100c Abs. 2 Nr. 6 StPO zu übernehmen ist.[2110] Bei allen anderen Straftaten ist zu differenzieren: So sind etwa im Anwendungsbereich des § 129 Abs. 1 und 4, Halbs. 2 StGB keineswegs nur Straftaten gegen überragend wichtige Rechtsgüter vorstellbar.[2111] Der Vorschlag *Ziebarths*, Straftatbestände mit der Maßgabe in den Katalog aufzunehmen, dass ihre Erfüllung im Einzelfall „bestimmte, konkret und abschließend zu nennende überragend wichtige Rechtsgüter betroffen" hat,[2112] erscheint nicht handhabbar. Mit vergleichbarem Ergebnis kann stattdessen das Erfordernis einer auch im Einzelfall besonders schwerwiegenden Tat um die Anforderung an das betroffene Rechtsgut ergänzt werden: Hier ist im Einzelfall zu prüfen, ob die Anlasstat die aus dem Online-Durchsuchungsurteil enumerativ zu übernehmenden überragend wichtigen Rechtsgüter – also bei individualrechtsgüterschützenden Strafrechtsnormen über die in Rede stehende Individualrechtsgutsverletzung hinaus die Grundla-

---

[2106] BVerfGE 115, 320 (360).

[2107] *T. Böckenförde*, JZ 2008, 925 (931).

[2108] *T. Böckenförde*, JZ 2008, 925 (935).

[2109] So auch *T. Böckenförde*, JZ 2008, 925 (935).

[2110] So wohl auch *Ziebarth*, Online-Durchsuchung, S. 134; a. A. wohl *T. Böckenförde*, JZ 2008, 925 (935).

[2111] A. A. wohl *T. Böckenförde*, JZ 2008, 925 (935), der § 100c Abs. 2 Nr. 1 Buchst. b StPO vollständig in den Katalog aufnehmen will.

[2112] *Ziebarth*, Online-Durchsuchung, S. 135.

gen der entsprechenden individuellen Rechtsposition – verletzt hat. Ist diese Anforderung erfüllt, müssen auch die gemeingefährlichen Straftaten gemäß §§ 307 bis 314 StGB taugliche Anlasstaten für heimliche Zugriffe auf IT-Systeme sein: Sie können im Einzelfall gegen die „Funktionsfähigkeit wesentlicher Teile existenzsichernder öffentlicher Versorgungseinrichtungen" gerichtet sein und damit überragend wichtige Rechtsgüter verletzt oder zu verletzen versucht haben.[2113]

(3) Subsidiaritätsklausel, Richtervorbehalt und Kernbereichsschutz

Die hohe Eingriffsintensität der Maßnahme und der mit ihr verbundene Ressourceneinsatz begründen allerdings zugleich ein öffentliches Interesse *am Unterbleiben* der Maßnahme,[2114] sodass eine restriktive Subsidiaritätsklausel vorzusehen ist. Schließlich sind die verfahrensrechtliche Absicherung des Betroffenen in Gestalt eines Richtervorbehalts[2115] und der Schutz des Kernbereichs der privaten Lebensgestaltung durch das zweistufige Schutzkonzept[2116] zu gewährleisten.

III. Normvorschläge

Unter Berücksichtigung der vorstehenden Erwägungen könnten die derzeit unzulässigen, aber verfassungskonform normierbaren Ermittlungsbefugnisse wie folgt Eingang in den Gesetzeswortlaut finden:

[2113] Vgl. BVerfGE 120, 274 (328).
[2114] Siehe hierzu oben S. 90 ff.
[2115] BVerfGE 120, 274 (331 f.).
[2116] Siehe hierzu oben S. 99.

§ 100a StPO-E

(1) Auch ohne Wissen der Betroffenen *dürfen mittels Telekommunikation übertragene korrespondierende Mitteilungsakte zwischen mindestens zwei Personen (funktionale Telekommunikationsvorgänge)* überwacht und aufgezeichnet werden, wenn

...

(5) [1]*Nach dieser Vorschrift dürfen Inhalte und Umstände von Telekommunikationsvorgängen, die nicht Gegenstand funktionaler Kommunikationsvorgänge sind (formale Telekommunikationsvorgänge), nur unter den weiteren Voraussetzungen des § 100c Abs. 1 bis 3, 6 und 7 überwacht und aufgezeichnet werden.* [2]*Formale Kommunikationsvorgänge, die Datenbestände informationstechnischer Systeme des Beschuldigten zum Gegenstand haben, dürfen nur unter den weiteren Voraussetzungen des § 100k überwacht und aufgezeichnet werden.* [3]*Maßnahmen nach diesem Absatz dürfen sich nur gegen den Beschuldigten richten.*

§ 100b StPO-E

...

(2)

...

4. soweit zutreffend, die Beschränkung der Maßnahme auf funktionale und/oder formale Telekommunikationsvorgänge, die nicht den Datenbestand eines informationstechnischen Systems des Betroffenen zum Gegenstand haben.

§ 100k StPO-E [Verdeckte Datenerhebung aus informationstechnischen Systemen]

(1) [1]*Außerhalb von Wohnungen darf auf Daten und Funktionen informationstechnischer Systeme des Beschuldigten mit technischen Mitteln, die weder den Datenbestand des informationstechnischen Systems verändern noch selbst Datenverarbeitungsvorgänge innerhalb des informationstechnischen Systems auslösen, zugegriffen werden.* [2]*Die Maßnahme ist nur zulässig, wenn*

1. bestimmte Tatsachen den Verdacht begründen, dass der Betroffene als Täter oder Teilnehmer eine in Absatz 2 bezeichnete besonders schwere Straftat begangen oder in Fällen, in denen der Versuch strafbar ist, zu begehen versucht hat,

2. die Tat auch im Einzelfall besonders schwer wiegt und in den Fällen des Absatzes 2 Nr. 2 und Nr. 3 Leib, Leben oder Freiheit der Person oder solche Güter der Allgemeinheit, deren Bedrohung die Grundlagen oder den Bestand des Staates oder die Grundlagen der Existenz der Menschen berührt (überragend wichtige Rechtsgüter) verletzt oder in den Fällen, in denen der Versuch strafbar ist, zu verletzen versucht hat,

3. *auf Grund tatsächlicher Anhaltspunkte anzunehmen ist, dass durch den Zugriff Daten erhoben werden, die für die Erforschung des Sachverhalts oder die Ermittlung des Aufenthaltsortes eines Mitbeschuldigten von Bedeutung sind, und*

4. *die Erforschung des Sachverhalts oder die Ermittlung des Aufenthaltsortes eines Mitbeschuldigten auf andere Weise unverhältnismäßig erschwert oder aussichtslos wäre.*

³*§ 100b gilt mit Ausnahme seines Absatzes 2 Nr. 4 und seines Absatzes 3 entsprechend mit der Maßgabe, dass anstelle der Daten gemäß seines Absatzes 2 Nr. 2 eine möglichst genaue Bezeichnung des informationstechnischen Systems anzugeben ist, auf welches zugegriffen werden soll.*

(2) Besonders schwere Straftaten im Sinne des Absatzes 1 Nr. 1 sind

1. *die in § 100c Abs. 2 Nr. 1 Buchst. a und Nr. 6 genannten Straftaten,*

2. *die weiteren in § 100c Abs. 2 genannten Straftaten,*

3. *die §§ 307 bis 314 des Strafgesetzbuches.*

(3) In den Fällen des § 53 ist eine Maßnahme nach Absatz 1 unzulässig; ergibt sich während oder nach Durchführung der Maßnahme, dass ein Fall des § 53 vorliegt, sind die erhobenen Daten unverzüglich zu löschen. Aus ihnen gewonnene Erkenntnisse dürfen nicht verwertet werden. Die Tatsache der Erfassung der Daten und ihrer Löschung ist zu dokumentieren. In den Fällen der §§ 52 und 53a dürfen aus einer Maßnahme nach Absatz 1 gewonnene Erkenntnisse nur verwertet werden, wenn dies unter Berücksichtigung der Bedeutung des zugrunde liegenden Vertrauensverhältnisses nicht außer Verhältnis zum Interesse an der Erforschung des Sachverhalts oder der Ermittlung des Aufenthaltsortes eines Beschuldigten steht. Die §§ 100a Abs. 4 und 160a Abs. 4 gelten entsprechend.

(4) Soweit ein Verwertungsverbot nach Absatz 3 in Betracht kommt, hat die Staatsanwaltschaft unverzüglich eine Entscheidung des anordnenden Gerichts über die Verwertbarkeit der erlangten Erkenntnisse herbeizuführen. Soweit das Gericht eine Verwertbarkeit verneint, ist dies für das weitere Verfahren bindend.

§ 110 StPO-E

...

(4) ¹Ist aufgrund bestimmter Tatsachen anzunehmen, dass ermittlungsrelevante elektronische Daten verschlüsselt gespeichert sind, dürfen Schlüsseldaten und Passwörter mit technischen Mitteln gemäß § 100k Abs. 1 Satz 1 erhoben werden, wenn die Erforschung des Sachverhalts oder die Ermittlung des Aufenthaltsortes eines Beschuldigten auf andere Weise erheblich weniger erfolgversprechend oder wesentlich erschwert wäre und Gegenstand der Untersuchung eine Straftat von erheblicher Bedeutung ist. ²§ 100k Abs. 1 S. 3 gilt entsprechend. ³Mit dem Einsatz des technischen Mittels sind Amtsträger zu betrauen, die der ermittlungsführenden Behörde nicht angehören oder einer Organisationseinheit dieser Behörde angehören, die von der ermittlungsführenden Dienststelle organisatorisch und sachlich getrennt ist; diese haben durch technische und organisatorische Maßnahmen zu gewährleisten, dass der ermittlungsführenden Behörde unvermeidbar mit erhobene Daten, die weder Schlüsseldaten noch Passwörter sind, ohne Einwilligung des Betroffenen nur zur Kenntnis gelangen, wenn sie unter den weiteren Voraussetzungen des § 100k Abs. 1 S. 2 Nr. 1 und 2, Abs. 2 hätten erhoben werden dürfen.

§ 6 TKÜV-E

...

(5) Der Verpflichtete hat seine Überwachungsanlage so zu gestalten, dass die Überwachungskopie auf in der Anordnung benannte Daten beschränkt werden kann.

§ 11 TKÜV-E

(1) Die technischen Einzelheiten zu § 4 Abs. 1, § 5 Abs. 1, 5 und 6, § 6 Abs. 3 *und* 5, ...

G. Fazit und Ausblick

Die vorliegende Untersuchung verdeutlicht, dass strafprozessuale Zugriffe auf IT-Systeme auch unter geltender Rechtslage in weiten Teilen sowohl grundrechtskonform als auch den Erfordernissen einer funktionstüchtigen Strafrechtspflege genügend durchgeführt werden können. Das Gesetz bedarf zwar punktueller Ergänzungen, um mit der informationstechnischen Entwicklung schrittzuhalten; mit den §§ 94 ff. stehen aber schon heute weitreichende Ermittlungsbefugnisse zur Verfügung, die gleichermaßen verfassungsgemäße wie effektive Zugriffe auf IT-Systeme ermöglichen. Voraussetzung hierfür sind informationstechnischer Sachverstand seitens der Ermittlungsbehörden und Gerichte ebenso wie die Berücksichtigung und Akzeptanz geänderter Lebenswirklichkeiten, wie sie die Verbreitung vernetzter Informationstechnik für immer mehr Menschen mit sich gebracht hat und weiter mit sich bringen wird.

Für diese – auch politisch forcierte –[2117] Entwicklung ist Datensicherheit eine Grundvoraussetzung. Vertraulichkeit und Integrität sind hierbei nicht nur Parameter auf technischer Ebene, sondern verfassungsrechtlich durch das IT-Grundrecht verbürgt. Dessen objektiv-rechtliche Dimension zwingt daher zum Verzicht auf staatliche Maßnahmen, die aktiv zur Schwächung der Datensicherheit beitrügen oder gebotenen Schritten zur Erhöhung der Datensicherheit entgegenstünden. Aus tatsächlichen Gründen sind überdies Ermittlungsmaßnahmen *für strafprozessuale Zwecke* auszuschließen, die nur bei restriktivstem Einsatz Gewähr für ihre Funktionsfähigkeit bieten und zugleich die einzigen Ermittlungsansätze bei schwersten – noch abwendbaren – Gefahrenlagen für überragend wichtige Rechtsgüter darstellen. Vor diesem Hintergrund kann den Beschlüssen des 69. DJT zur Normierungsbedürftigkeit von Quellen-TKÜ und Online-Durchsuchung für das Strafverfahren nicht gefolgt werden – was nicht bedeutet, dass den Strafverfolgungsbe-

---

[2117] Vgl. nur die *Digitale Agenda 2014-2017* der Bundesregierung, abrufbar unter http://www.bmwi.de/DE/Mediathek/publikationen.html.

hörden die zur Erfüllung ihrer Aufgaben benötigten Ermittlungswerkzeuge vorenthalten werden müssen: Im dargestellten Umfang
können für das Strafverfahren alternative Zugriffsmöglichkeiten auf
IT-Systeme mit technischen Mitteln verfassungskonform normiert
werden.

Unter ihnen wird mittelfristig indes nur die verdeckte Datenerhebung aus IT-Systemen von praktischer Relevanz sein: Die jüngere
Entwicklung zeigt, dass die immer häufiger angewandten[2118] Verfahren zur Verbindungsverschlüsselung[2119] auch gegen die derzeit
technisch möglichen Angriffsszenarien immunisiert werden können.[2120] Zugleich wird die Verbreitung inhaltsverschlüsselter Cloud
Computing-Angebote zunehmen,[2121] sodass IP-gestützten ITÜ-
Maßnahmen gemäß § 100a StPO(-E) in naher Zukunft insgesamt
kaum noch Erfolg beschieden sein dürfte.

Der Einsatz technischer Mittel i. S. d. hier vorgeschlagenen § 100k
Abs. 1 S. 1 StPO-E ist durch Art. 13 GG starken Einschränkungen
unterworfen. Im Interesse einer auch künftig funktionstüchtigen
Strafrechtspflege sollte die rechtspolitische Debatte vor einer behut-
samen – in ihren Voraussetzungen und Auswirkungen mit der
akustischen Wohnraumüberwachung vergleichbaren – Verfassungsänderung nicht generell zurückschrecken: Zum einen sind schwerwiegende Eingriffe in das IT-Grundrecht durch Online-Durchsuchung und Quellen-TKÜ zur Gefahrenabwehr infolge der Schutzbereichsabgrenzung[2122] sowohl innerhalb als auch außerhalb von

---

[2118] Siehe hierzu oben Fn. 16.

[2119] Siehe hierzu oben S. 51 ff.

[2120] So entwickelt etwa *Google* unter der Bezeichnung *Certificate Transparency* ein Projekt, das falsche SSL/TLS-Zertifikate durch einen fortwährenden Abgleich der in Umlauf befindlichen Zertifikate mit hinterlegten Originalen erkennen und sodann als nicht
vertrauenswürdig behandeln kann, vgl. hierzu *Fiedler/Thiel*, DuD 2014, 679 (680 ff.).
MITM-Angriffe unter Einsatz von staatlichen CAs erzeugter (falscher) Zertifikate
können damit allenfalls eine „Brückentechnologie" sein.

[2121] Vgl. zur Entwicklung anbieterübergreifender Lösungen etwa
http://www.omnicloud.sit.fraunhofer.de/index_de.php und oben Fn. 385, 388 und
392.

[2122] Siehe hierzu oben S. 179.

Wohnungen bereits jetzt verfassungsgemäß; sollen identische Ermittlungsziele mit anderen technischen Mitteln erreicht werden, ändert sich die Eingriffsintensität der Maßnahme dadurch nicht.

Zum anderen weisen der Einsatz von Hardware-Keyloggern und das Van-Eck-Phreaking gegenüber heimlichen Internet-Fernzugriffen einen entscheidenden Vorzug auf: Beide (und ggf. vergleichbare künftig in Betracht zu ziehende, derzeit noch nicht bekannte) Maßnahmen sind nicht auf Veränderungen des zu überwachenden IT-Systems auf Softwareebene angewiesen und bergen deshalb weder technische Begleitgefahren für dessen Datenbestand noch für dessen Funktionsfähigkeit. Im weiteren Verlauf der informationstechnischen Entwicklung könnte hierin ein Hauptargument gegen die „invasive" Nutzbarmachung privater IT-Systeme zu staatlichen Zwecken liegen: Wie *Pfitzmann* bereits 2007 in Grundzügen prognostizierte[2123] und es die medizinische Forschung[2124] mittlerweile in greifbare Nähe rücken lässt, werden IT-Systeme künftig lebenswichtige Funktionen des menschlichen Körpers unterstützen oder gar vollständig ersetzen können. Abgesehen vom kaum zu leugnenden Eingriff in die Menschenwürde, den staatliche Zugriffe auf derartige IT-Systeme begründeten, wären technisch nicht vollends vermeidbare „beeinträchtigende Begleiterscheinungen" spätestens auf dieser Ebene aus keinem noch so wichtigen öffentlichen Interesse hinnehmbar. In weniger plakativen Sphären haben IT-Systeme die letzte Hürde zu integralen Bestandteilen der Lebensführung für nicht wenige Menschen indes längst genommen. Diese Tatsache wird der Gesetzgeber angemessen zu berücksichtigen haben.

[2123] Im Rahmen der mündlichen Verhandlung des BVerfG am 10.10.2007 – 1 BvR 370/07; 1 BvR 595/07 –, als Manuskript abrufbar unter http://dud.inf.tu-dresden.de/literatur/BVG2007-10-10.pdf. *Pfitzmann* benennt als Beispiele implantierte Herzschrittmacher, Hör-, Erinnerungs- und Denkhilfen.

[2124] Vgl. die Darstellungen bei *Fernandez-Vargas/Pfaff/Rodríguez/Varona*, BMC Neuroscience 2013, P406, und *Zephaniah/Kim*, Biomedical Engineering Letters 2014, 223 ff.